W0268600

Informatik – Fachberichte

Band 1: Programmiersprachen. GI-Fachtagung 1976. Herausgegeben von
H.-J. Schneider und M. Nagl. VI, 270 Seiten. 1976

Band 2: Betrieb von Rechenzentren. Workshop der Gesellschaft für
Informatik 1975. Herausgegeben von A. Schreiner. VII, 283 Seiten. 1976

Band 3: Rechnernetze und Datenfernverarbeitung. Fachtagung der GI und
NTG 1976. Herausgegeben von D. Haupt und H. Petersen. VI, 309 Seiten. 1976

Band 4: Computer Architecture. Workshop of the Gesellschaft für Informatik 1975.
Edited by W. Händler. VIII, 382 pages. 1976

Band 5: GI – 6. Jahrestagung. Proceedings 1976. Herausgegeben von
E. J. Neuhold. X, 474 Seiten. 1976.

Band 6: B. Schmidt, GPSS-FORTRAN. Einführung in die Simulation diskreter
Systeme mit Hilfe eines FORTRAN-Programmpaketes. IX, 298 Seiten. 1977.

Band 7: GMR-GI-GfK. Fachtagung Prozessrechner 1977. Herausgegeben von

Informatik-Fachberichte

Herausgegeben von W. Brauer
im Auftrag der Gesellschaft für Informatik (GI)

7

GMR – VDI/VDE-Gesellschaft Meß- und
Regelungstechnik, Düsseldorf
GI – Gesellschaft für Informatik, München
GfK – Gesellschaft für Kernforschung mbH,
Karlsruhe

Fachtagung Prozessrechner 1977

Augsburg, 7. und 8. März 1977

Herausgegeben von G. Schmidt

Springer-Verlag
Berlin Heidelberg New York 1977

Herausgeber

Professor Dr.-Ing. Günther Schmidt
Lehrstuhl und Laboratorium für
Steuerungs- und Regelungstechnik
der Technischen Universität München
Arcisstraße 21
D-8000 München 2

Programmkomitee

T. Ankel, Ludwigshafen/Rh.
R. Baumann, München
B. Eichenauer, München
F. Hofmann, Erlangen
G. Krüger, Karlsruhe
R. Lauber, Stuttgart
W. Martin, Mannheim
U. Offer, Erlangen
G. Schmidt, München (Vorsitz)
W. Seifert, Seligenstadt
D. Stams, Karlsruhe
G. Strohrmann, Marl
M. Syrbe, Karlsruhe
H. Trauboth, Karlsruhe

Library of Congress Cataloging in Publication Data

Fachtagung Prozessrechner, Karlsruhe, 1977.
   Fachtagung Prozessrechner, 1977.

   (Informatik-Facberichte ; Bd. 7)
   English or German.
   1. Process control--Data processing--Congresses.
2. Electronic digital computers--Programming--Congresses.
I. Schmidt, Günther, 1935-   II. Title. III. Series.
TS156.8.F32   1977   658.5'3   77-523

ISBN-13:978-3-540-08123-4   e-ISBN-13:978-3-642-66599-8
DOI:10.1007/978-3-642-66599-8

This work is subject to copyright. All rights are reserved, whether the whole or part of the material is concerned, specifically those of translation, reprinting, re-use of illustrations, broadcasting, reproduction by photocopying machine or similar means, and storage in data banks.

Further, storage or utilization of the described programms on date processing installations is forbidden without the written permission of the author.

Under § 54 of the German Copyright Law where copies are made for other than private use, a fee is payable to the publisher, the amount of the fee to be determined by agreement with the publisher.

© by Springer-Verlag Berlin · Heidelberg 1977

4 3 2 1 0

VORWORT

Die Fachtagung PROZESSRECHNER 1977 setzt eine im Jahre 1974 in Karlsruhe begonnene, wissenschaftliche Veranstaltungsreihe fort, die sich
mit grundlegenden Fragen der Prozeßrechnertechnik, ihrem heutigen Stand
und ihrer Weiterentwicklung befaßt. Auch die zweite Fachtagung wurde
wieder gemeinsam von der Gesellschaft für Informatik, der Gesellschaft
für Kernforschung und der bei dieser Gelegenheit federführenden VDI/VDE-
Gesellschaft Meß- und Regelungstechnik ausgerichtet.

In einer vorbereitenden Sitzung erzielte das Programmkomitee Übereinstimmung darüber, das Tagungsprogramm bevorzugt auf die für den rationellen Einsatz der Prozeßrechner bedeutsamen Fragen der Software auszurichten. Bevorzugt behandelt werden sollten fortschrittliche Methoden zu Software-Produktion und -Betrieb, sowohl aus der Sicht des Anwenders wie des Systemherstellers. Dazu sollten auch Fragen der Wirtschaftlichkeit und Standardisierung von Software einbezogen werden.
Ferner erschien es wünschenswert, zu Beiträgen aufzurufen, die über
neue Entwicklungen der Hardware und deren Einwirkung auf Systemstruktur und Software berichten.

Die Resonanz, die der Aufruf zur Vortragsanmeldung bei Ingenieuren und
Wissenschaftlern der anwendenden und herstellenden Industrie sowie der
verschiedenen Forschungsinstitutionen fand, läßt sich aus dem vorliegenden, umfangreichen Tagungsband ablesen. Er umfaßt neben den vier
Hauptvorträgen die 37, in sieben Themengruppen gegliederten Fachvorträge der Veranstaltung. Während die Hauptvorträge einen weitgespann-
ten Überblick auf die verschiedensten Aspekte der Prozeßrechnertechnik
und ihrer Anwendung geben, zeichnen sich die überwiegend praxisnahen
Fachvorträge durch die Diskussion interessanter und neuartiger Lösungen oder Lösungsansätze für die mannigfaltigen Probleme der Prozeßrechner-Software und ihrer Randgebiete aus. Alles in allem dürfte der
vorliegende Band ein eindrucksvolles Bild der vielfältigen Anstrengungen vermitteln, die heute - nicht zuletzt angeregt und gefördert durch
die verschiedenen Datenverarbeitungsprogramme der Bundesregierung -
unternommen werden, um wesentliche Voraussetzungen für weitere Ratio-
nalisierungen, Kosteneinsparungen und Leistungsverbesserungen beim Einsatz von Prozeßrechnern in allen Bereichen der Volkswirtschaft zu erzielen.

Der Vollständigkeit halber sei angemerkt, daß das wissenschaftliche
Tagungsprogramm durch eine Serie von Rundtischgesprächen - organisiert
vom Bereich 4 "Technik der Prozeßrechner" der VDI/VDE-Gesellschaft Meß-
und Regelungstechnik - abgerundet wurde. Hierbei standen die folgenden,
für die zukünftige Entwicklung der Prozeßrechner und der Prozeßrechentechnik gleichermaßen bedeutungsvollen Themen zur Diskussion:
- Zentrale oder dezentrale Prozeßautomatisierung
- Problemorientierte Sprachen oder Assemblersprachen
- Dialog Mensch und Prozeß.

Den Mitgliedern des Programm- und Organisationskomitees sowie allen
anderen Mitarbeitern, die am Zustandekommen und Gelingen der Tagung
und insbesondere dieses Tagungsbandes mitgewirkt haben, sei an dieser
Stelle für ihre sachkundige Unterstützung und die verständnisvolle Zusammenarbeit herzlich gedankt. Dieser Dank gilt insbesondere auch den
Autoren, die sich bemühten ihre Manuskripte so früh vorzulegen, daß es
dem Springer-Verlag möglich sein wird, den Tagungsband rechtzeitig zur
Veranstaltung fertigzustellen.

München, im Dezember 1976

G. Schmidt

INHALTSVERZEICHNIS

ZUVERLÄSSIGKEIT UND SICHERHEIT

ERFÜLLUNG VON REALZEITAUFGABEN

NEUE ASPEKTE ZUR PROGRAMMAUSRÜSTUNG VON PROZESSRECHNERN

EXEMPLARISCHE ERFAHRUNGEN UND PROBLEME BEI
DER ANWENDUNG FORTSCHRITTLICHER MITTEL

PRÜFUNG, WARTUNG UND TESTMITTEL

ANSCHRIFTEN DER AUTOREN

Alt, M.; Abt. Stromerzeugung und Automatisierungstechnik im IVD
    der Univ. Stuttgart
    Pfaffenwaldring 23
    7000 Stuttgart 80

Angstmann, Rainer; Inst. f. Angewandte Informatik und Formale
    Beschreibungsverfahren d. Univ. Karlsruhe
    Kollegium am Schloß IV
    7500 Karlsruhe 1

Becherer, Egbert; Brown, Boveri & Cie.AG, Abt. KW/WV 2
    Kallstadter Straße 1
    6800 Mannheim-Käfertal

Bey, Ingward; Ges. f. Kernforschung mbH/PDV
    Postfach 3640
    7500 Karlsruhe 1

Bühler, J.; Abt. Stromerzeugung und Automatisierungstechnik
    im IVD der Univ. Stuttgart
    Pfaffenwaldring 23
    7000 Stuttgart 80

Burkhardt, Hans; Inst. f. Meß- und Regelungstechnik mit Ma-
    schinenlab. d. Univ. Karlsruhe
    Richard-Willstätter-Allee 2
    7500 Karlsruhe

Dietel, Guntram; Siemens AG / E STE 34
    Postfach 21 10 80
    7500 Karlsruhe 21

Drobnik, Oswald; Ges. f. Kernforschung mbH - IDT
    Weberstraße 5
    7500 Karlsruhe

Eggenberger, O.; Ges. f. Kernforschung mbH - IDT
    Postfach 3640
    7500 Karlsruhe 1

Elzer, Peter; Physikalisches Institut III der Univ.
    Erlangen-Nürnberg
    Erwin-Rommel-Str. 1-3
    8520 Erlangen

Ernst, Dietrich; Siemens AG, E STE
    Postfach 3240
    8520 Erlangen

Färber, G.; Institut für Prozeßrechner der
    Technischen Universität München
    Postfach 20 24 20
    8000 München 2

Geiger, Werner; Ges. f. Kernforschung mbH - IDT
    Postfach 3640
    7500 Karlsruhe 1

Haase, Volkmar; Institut für Angewandte Informatik und
     Formale Beschreibungsverfahren d. Univ. Karlsruhe
     Kollegium am Schloß IV
     7500 Karlsruhe 1

Heger, Jürgen; Brown, Boveri & Cie.AG, Abt. ZEK/D3
     Neustadter Str. 62
     6800 Mannheim 41

Heinzel, Werner; Lehrstuhl für Datenverarbeitung der
     Ruhr-Universität Bochum
     Universitätsstraße 150
     4630 Bochum

Hellmann, A.; Ges. f. Kernforschung mbH - IDT
     Postfach 3640
     7500 Karlsruhe 1

Henn, Richard; GPP, Ges. f. Prozeßrechnerprogrammierung mbH
     Balanstraße 138/I
     8000 München 90

Heusler, Werner; AEG-Telefunken/Prozeßtechnik,Hauptabt.
     Software
     Hohenzollerndamm 150
     1000 Berlin 33

Hirschberg, Günter; Siemens AG, Systemtechnische Entwicklung
     Günther-Scharowsky-Str. 2
     8520 Erlangen

Holler, Elmar; Ges. f. Kernforschung mbH - IDT
     Postfach 3640
     7500 Karlsruhe 1

Hultzsch, Hagen; Institut für Kernphysik der Johannes
     Gutenberg Universität Mainz
     Becher Weg 33
     6500 Mainz

Jakob, Wolfgang; Standard Elektrik Lorenz AG/Stkz. CBS/EWLZ
     Hellmuth-Hirth-Straße 42
     7000 Stuttgart-Zuffenhausen

Kersken, Manfred; Lehrstuhl f. Reaktordynamik und Reaktor-
     sicherheit der Techn. Univ. München
     Forschungsgelände
     8046 Garching

Knauer, Peter; MTU, Motoren-Turbinen-Union
     Postfach 289
     7990 Friedrichshafen

Knöpker, Rolf; Ges. f. Kernforschung mbH - IDT
     Postfach 3640
     7500 Karlsruhe 1

Kober, Rainer; Brown, Boveri & Cie. AG, ZEK/D3
     Neustadter Str. 62
     6800 Mannheim 41

Koch, Gerhard; Brown, Boveri & Cie. AG, Abt. ZEK/D
    Neustadter Str. 62
    6800 Mannheim 41

Korn, Granino A.; The University of Arizona
    on leave of absence at Max-Planck-Institut für
    Biophysikalische Chemie der Univ. Göttingen
    Postfach 968
    3400 Göttingen

Krieger, Joachim; Ges. f. Kernforschung mbH - IDT
    Postfach 3640
    7500 Karlsruhe 1

Krüger, Burkhard; Brown, Boveri & Cie. AG / Abt. ZEK/D
    Postfach 351
    6800 Mannheim 1

Kussl, Volkmar; Brown, Boveri & Cie. AG / Abt. ZAF/B
    06,10
    6800 Mannheim 1

Lalive d'Epinay, Thierry; ETH Zürich / Fachgruppe für
    Automatik
    Voltastraße 18
    CH-8044 Zürich/Schweiz

Lauber, Rudolf; Inst. f. Regelungstechnik und Prozeß-
    automatisierung d. Univ. Stuttgart
    Seidenstraße 36
    7000 Stuttgart

Mark, A.J.; Ges. f. Kernforschung mbH - IDT
    Postfach 3640
    7500 Karlsruhe 1

Michler, Martin; Standard Elektrik Lorenz AG / Stkz.CBS/EWLZ
    Hellmuth-Hirth-Str. 42
    7000 Stuttgart-Zuffenhausen

Nehmer, J.; Ges. f. Kernforschung mbH - IDT
    Postfach 3640
    7500 Karlsruhe 1

Oberle, Wolfgang; Brown, Boveri & Cie.AG, Abt. ZEK/D
    Neustadter Str. 62
    6800 Mannheim 41

Okroy, Klaus; Lehrstuhl f. Reaktordynamik und Reaktor-
    sicherheit der Techn. Univ. München, Forschungsgelände
    8046 Garching

Pelz, Kuno; Physikalisches Institut III der Universität
    Erlangen-Nürnberg
    Erwin-Rommel-Str. 1
    8520 Erlangen

Petereit, R.; Ges. f. Kernforschung mbH - IDT
    Postfach 3640
    7500 Karlsruhe 1

Prester, Franz-Josef; Physikalisches Institut III der
    Universität Erlangen-Nürnberg
    Erwin-Rommel-Str. 1
    8520 Erlangen

Ratzel, Gabriele; Brown, Boveri & Cie.AG / Abt. ZEK/D3
    Neustadter Str. 62
    6800 Mannheim 41

Reitz, Karl-Heinz; Siemens AG, E STE 13
    Werner-von-Siemens-Str. 50
    8520 Erlangen

Rieder, Peter; Siemens AG, E STE 333
    Postfach 21 10 80
    7500 Karlsruhe 21

Röck, Helmut; Inst. f. Regelungstechnik und Prozeßautomati-
    sierung der Univ. Stuttgart
    Seidenstr. 36
    7000 Stuttgart

Roestel, Thomas; Entwicklungsbüro Wulf Werum - Datenverarbei-
    tungssysteme -
    Waldweg 7
    3140 Lüneburg

Rosenbohm, Wilhelm; AEG-Telefunken, Bereich Nachrichten-
    technik, Forschungsinstitut Ulm
    Elisabethenstraße 3
    7900 Ulm-Donau

Rüb, Werner; Institut für Informatik der Technischen
    Universität München
    Postfach 20 24 20
    8000 München 2

Swik, Rolf; Lehrstuhl und Lab. f. Steuerungs- und Rege-
    lungstechnik der Techn. Univ. München
    Postfach 20 24 20
    8000 München 2

Schmidt, Günther; Lehrstuhl und Lab. f. Steuerungs- und
    Regelungstechnik der Techn. Univ. München
    Postfach 20 24 20
    8000 München 2

Schreck, Bruno; Brown, Boveri & Cie. AG/Abt. ZEK/D
    Neustadter Str. 62
    6800 Mannheim 41

Schrott, Gerhard; Institut für Informatik der Technischen
    Universität München
    Postfach 20 24 20
    8000 München 2

Stamer, Jürgen; AEG-Telefunken, Hauptabt. Software
    Hohenzollerndamm 150
    1000 Berlin 33

Tschammer, Volker; Hahn-Meitner-Institut für Kern-
    forschung Berlin GmbH
    Glienicker Str.100
    1000 Berlin 39

Voges, Udo; Ges. f. Kernforschung mbH - IDT
    Postfach 3640
    7500 Karlsruhe 1

Walke, Bernhard; AEG-Telefunken, Bereich Nachrichtentechnik
    Forschungsinstitut Ulm
    Elisabethenstraße 3
    7900 Ulm-Donau

Welfonder, Ernst; Abt. Stromerzeugung und Automatisierungs-
    technik im IVD der Univ. Stuttgart
    Pfaffenwaldring 23
    7000 Stuttgart 80

Welke, Christfried; AEG-Telefunken, A5/SW2-KN
    Bücklestraße 1-5
    7750 Konstanz

Wilske, Jürgen; AEG-Telefunken, A5/SW2-KN
    Bücklestraße 1-5
    7750 Konstanz

Windauer, Hans; mbp, Mathematischer Beratungs- und
    Programmierungsdienst GmbH
    Semerteichstraße 47
    4600 Dortmund 1

Zahn, Joachim; Hahn-Meitner-Institut für Kernforschung
    Berlin GmbH
    Glienicker Str. 100
    1000 Berlin 39

Zeh, Albrecht; Institut für Regelungstechnik und Prozeß-
    automatisierung der Univ. Stuttgart
    Seidenstraße 36
    7000 Stuttgart

<u>Begrüßung durch den Vorsitzenden der VDI/VDE-GMR</u>

<u>D. Ernst, Erlangen</u>

Die Prozeßrechnertechnik hat sich in den letzten Jahren als eine Wachstums-
branche ersten Ranges erwiesen, die trotz weltweiter Rezession mit allen ihren
Begleiterscheinungen eine hohe kontinuierliche Steigerungsrate beibehalten hat
und,wenn man den Prognosen glauben darf, auch noch eine Reihe von Jahren beibehalten wird.
Wenn wir uns hierzu den bundesdeutschen Markt ansehen und Wert- und Stückzahl-
änderungen seit unserer ersten Tagung 1974 bis heute, bzw. die prognostizierten
Werte für die nächsten 3 Jahre bis 1980 betrachten, so können wir folgendes
feststellen:*)

1) Die Stückzahlen werden vor allem durch den Zuwachs im unteren Leistungsbereich bis DM 50.000,-- bestimmt. Dadurch ergab sich von 1974 bis 1977 eine
   Verdreifachung des Bestandes an ausgelieferten Prozeßrechnern von ca. 5.500
   auf über 16.000 Stück und für das Jahr 1980 wird eine Verdoppelung auf über
   30.000 vorausgesagt.

2) Wichtiger noch als die Stückzahlen ist das daraus erwachsende Umsatzvolumen,
   das von ca. 780 Mio. DM im Jahre 1974 auf ca. 1,6 Mrd. DM im Jahr 1977 an-
   gewachsen ist und im Jahre 1980 ca. 2,6 Mrd. DM erreicht haben soll (kumu-
   lierte Werte).

Wenn man davon ausgeht, daß der deutsche Markt im Jahr 1980 nur ca. 25 % des
europäischen und weniger als 5 % des Weltmarktes ausmacht, kann man ermessen,
welche große wirtschaftliche Bedeutung unserer Technik heute und noch mehr in
der Zukunft beizumessen ist.
Dies gilt um so mehr, als sich für die Prozeßrechner immer neue Einsatzgebiete
in technischen und wissenschaftlichen Bereichen erschließen und sie somit für
viele Abläufe als "technische Hilfsmittel" laufend unentbehrlicher werden.
Doch nicht nur Umsatz und Einsatz der Prozeßrechner haben sich erfreulich entwickelt, auch ihre Technik ist und wird auch in Zukunft erheblichen Veränderungen unterworfen.
Hier denke ich z.B. an die Innovationen durch die Großintegration der Halbleitertechnik, die die Prozeßrechnertechnik entscheidend beeinflussen. So wurden
sowohl die Zentraleinheiten als auch die Kommunikationseinrichtungen und die
davorgeschalteten Daten-Ein/Ausgabeeinheiten durch den Einsatz von Mikroprozessoren und anderen LSI-Bausteinen in ihrem Volumen und in den Kosten stark reduziert und in der Leistungsfähigkeit z.T. wesentlich erhöht. Das gleiche gilt

---

*) Quelle: IDC Report '76

auch für die Halbleiterspeicher, was nicht nur zur Folge hatte, daß die Zentral-
speicherausbauten der Prozeßrechner immer größer wurden (bei gleichem Volumen),
sondern daß auch der Zusammenbau von Mikroprozessoren, EA-Bausteinen und Speichern zu leistungsfähigen Mikrocomputern ermöglicht wurde.
Durch die starke Reduzierung der Hardwarekosten erfolgte gleichzeitig eine gewisse Trendverschiebung durch vermehrte Verlagerung von bisher in Software abgearbeiteten Routinen in Hard- bzw. Firmware, was sicher langfristig Rechnerstrukturen ergeben wird, bei denen große Teile der heutigen Systemsoftware in
festen Hardwareroutinen ablaufen bzw. mikroprogrammierbar sind.
Ich sage Ihnen auch nichts Neues, wenn ich meine, daß die erwähnten Innovationen dazu beitragen, daß die Dezentralisierung in der Prozeßdatenverarbeitung
mit Datenvorverarbeitung, mit hierarchischen und vermaschten Rechnerverbundsystemen und neuerdings auch mit Mehrprozessorsystemen sich wesentlich schneller
als erwartet durchzusetzen beginnt.
Es wird hierbei versucht, durch Verlagerung bzw. Verteilung der "Intelligenz"
mittels Aufgabenverteilung auf mehrere parallel arbeitende Prozessoren bzw.
Rechner, folgende Vorteile zu erzielen:

- Erhöhung der Rechenleistung und der Ein-/Ausgabe-Leistung

- größere Speicherverfügbarkeit

- gleichmäßigere Auslastung der Prozessoren/Rechner

- höhere Zuverlässigkeit

Auch auf dem Softwaresektor sind umfangreiche Strukturüberlegungen im Gange.
Vor allem seit sich gezeigt hat, daß die Software-Erstellungskosten im Verhältnis zu den Hardwarekosten einen immer höheren Anteil in Anspruch nehmen, wurde
die Suche nach effektiven Rationalisierungsmöglichkeiten zur Erstellung von vor
allem Anwender-Software stark vorangetrieben.
Im wesentlichen sind hierbei zwei Entwicklungslinien zu beobachten:

- Standardprogrammsysteme, die dem projektierenden Ingenieur so weit wie möglich entgegenkommen, wobei hier allerdings die Bindung an bestimmte Prozeß-
  rechner-Modellreihen nicht zu übersehen ist, sowie

- die Möglichkeit, prozeßorientierte Programmiersprachen wie PROZESS-FORTRAN
  und vor allem PEARL zu verwenden. Der Vorteil solcher Sprachen, insbesondere
  bei PEARL, steht und fällt mit der Definition eines allgemein anerkannten
  Subsets und mit dem Grad der erreichbaren Portabilität.

Ich bin sicher, daß wir gerade zu diesen Themen auf unserer Tagung viele interessante Neuheiten erfahren werden.

Wie allerdings in der Zukunft - unter dem Einfluß der Großintegration - die Aufgabenverteilung Hardware/Software exakt aussehen wird, ist nicht eindeutig sichtbar, wenn auch davon ausgegangen werden kann, daß gewisse Routinen sowohl der System- als auch der Anwender-Software zukünftig in die Hardware verlegt werden.
Andererseits können der immer preiswerter werdende Speicherplatz und die laufend schneller werdenden Prozessoren dazu führen, daß noch mehr mit höheren Programmiersprachen gearbeitet wird und gleichzeitig der Trend zur Dezentralisierung sich wieder umkehrt.
Es wäre schön, wenn diese Tagung einige Antworten zu diesen Fragen bringen würde.

Doch nicht nur auf dem technischen Sektor werden für Hersteller und Anwender auf dem Gebiet der Prozeßrechnertechnik wichtige Fragen zu beantworten sein. Es wird für sie nicht einfach sein, die durch die hohen Innovationsraten verursachten Probleme befriedigend zu lösen. So wird die kurze Marktdauer bzw. die häufige Umstellung von Produkten, die Kontinuität in Anwendungsentwicklung, in Fertigung, Schulung, Projektierung, Vertrieb und Service nicht gerade positiv beeinflussen. Ebenso muß die Frage nach Kompatibilität und second source der Bauelemente im Vordergrund der Überlegungen stehen.
Ein interessantes Phänomen ist auch dadurch gegeben, daß sich die frühere klare Trennung zwischen verdrahtungsprogrammierten Systemen der Meß-, Steuerungs- und Regelungstechnik und dem Prozeßrechner immer stärker überlappt. Speicherprogrammierte Rechnermoduln sind heute schon mit verdrahteten Techniken zu Geräten kombiniert, z.B. bei Werkzeugmaschinensteuerungen, in der Meßtechnik oder bei Programmsteuerungen. Digital arbeitende Busregelsysteme ergänzen die bekannte Analogtechnik. Auch diese Entwicklungen werden Rückwirkungen auf Automatisierungsstrukturen der Zukunft haben.
Der weiter steigende Einsatz von Prozeßrechnern bzw. speicherprogrammierten Moduln trägt auch Impulse in die Gestaltung der Warten- und Bedientechnik. Zusammen mit den neuen Möglichkeiten der Darstellung und auch Bedienung des Prozeßablaufs auf Sichtgeräten vollziehen sich Entwicklungen, deren Ziel es auch sein muß, die Abläufe in den technologischen Prozessen für den Menschen transparenter und wieder anschaulicher zu gestalten.
Schließlich wird verstärkt an Fragen der Zuverlässigkeit der eingesetzten Mittel, der wählbaren Redundanz der Hardware-Systeme und der besseren Fehlererkennung, z.B. durch Selbstdiagnose zu arbeiten sein. Auch hier wird die weitere Kostendegression in der Halbleitertechnik neue Möglichkeiten bieten.

Zusammengefaßt; das Themenfeld unserer Tagung befindet sich auf absehbare Zukunft in stürmischer Innovation. Das wirtschaftliche - technische Gelingen dieser Innovationsschritte wird stark davon abhängen, ob ein sinnvoller Ausgleich von Kontinuität und sinnvoll geplanten Innovationsschritten gelingt.

Ich bin sicher, daß unsere Tagung wichtige Erkenntnisse und fruchtbare Diskussionen zu diesen Fragen bringen wird und dadurch mithilft, den Wissensstand bei allen Partnern in unserem Lande zu mehren.
In diesem Sinne wünsche ich der Tagung einen guten Verlauf.

AUTOMATISIERUNG MIT RECHNERN
STAND UND TENDENZEN

G. Hirschberg , Erlangen

Die Automatisierungstechnik allgemein und die Automatisierung mit Rechnern im besonderen erlebt z.Zt. eine neue Phase der Innovation. Hauptantrieb dieser Innovation ist
zweifellos die rasante Entwicklung der Halbleitertechnik. Ihre Auswirkungen auf die
Automatisierungstechnik sind in ihrer ganzen Tragweite noch gar nicht absehbar, werden aber mit Sicherheit die Automatisierungsstrukturen und damit auch das Engineering
erheblich beeinflußen. Noch pointierter ausgedrückt heißt dies:
"Die Rechneranwendung befindet sich am Ende einer Strukturepoche".
Das Konzept des zentralen Prozeßrechners wird abgelöst bzw. ergänzt durch eine Vielzahl weiterer Automatisierungskomponenten und Automatisierungsstrukturen, die nach
systemtechnischen Gesichtspunkten für die spezielle Automatisierungsaufgabe ausgewählt
und kombiniert werden.

Ende einer Strukturepoche

Anfang der sechziger Jahre begann man, die Anwendungsmöglichkeiten des Digitalrech-
ners für die Zwecke der Informationsverarbeitung in der Prozeßtechnik zu prüfen.
Nach den ersten Einsatzerfahrungen entstanden die eigentlichen Prozeßrechner, deren
Zentraleinheiten bereits die für Prozeßbetrieb erforderlichen Eigenschaften (z.B.
Interrupts) hatten und durch ein entsprechendes Echtzeitbetriebssystem unterstützt
wurden. Wegen des durch den Prozeßrechner bedingten Grundaufwandes hatten sich dabei
Automatisierungsstrukturen gebildet, bei denen möglichst viele Automatisierungsfunktionen mit möglichst großen Aufgaben von diesem Prozeßrechner gelöst und um Modell-
rechnungen, Optimierungsaufgaben und dgl. ergänzt wurden. Nur bei äußerst zeitkritischen Aufgaben oder aus Gründen der Zuverlässigkeit wurden zwischen Prozeßrechner
und zu automatisierendem Prozeß unterlagerte Elektronikbausteine (back-up Regler,
Steuerungssysteme u. dgl.) eingesetzt (Bild 11).

Betrachten wir parallel dazu die Entwicklung der Halbleitertechnik. Ihren Fortschritt
kann man besonders gut an der Entwicklung der Halbleiterspeicher erkennen (Bild 1).
Der erste Schreib-Lese-Speicher mit 32 Bit auf einem Kristall war 1967 verfügbar. Im
Verlauf von jeweils zwei weiteren Jahren wurden dann Speicher mit 256 Bit, 1024 Bit
und 4096 Bit entwickelt. Es ist anzunehmen, daß man bis spätestens 1980 100.000 Spei-
cherzellen auf einem Silizium-Kristall wirtschaftlich herstellen kann.

Die Verwendung großintegrierter Bausteine erlaubte zunächst den Ersatz diskreter Bauelemente bei weitgehender Beibehaltung der gezeigten Automatisierungsstruktur. Ebenso
beibehalten wurde die innere Struktur des Rechners und der unterlagerten Elektronik.
Die Hauptauswirkungen zeigten sich in einer Verringerung der äußeren Abmessungen und
einer starken Senkung der Hardwarekosten. Betrachten wir die Kostenentwicklung
wiederum am Beispiel der Halbleiterspeicher . 1967 lag der Preis noch bei 10 Pfennig
pro Bit, bis 1976 sank er umgekehrt proportional zur Integrationsdichte bereits auf
0,5 Pfennig/Bit. Es ist zu erwarten, daß bis 1980 ein Wert von ca. 0,1 Pfennig/Bit
erreicht wird.

Diese Entwicklung spiegelt sich ebenso, wenn auch nicht so extrem, in den Durch-
schnittspreisen bei Prozeßrechnern wider (Bild 2). Lag noch 1969 der Hardware-Durch-
schnittspreis eines neu installierten Rechners in der BRD bei DM '420, so sank er bis
1976 auf einen Wert von etwa DM '125. Diese Preisreduktion wird sich sicher noch
fortsetzen, wenn auch nicht in dem Maße wie bei der gezeigten Kostenentwicklung der
Halbleiterspeicher.

Eine Prozeßrechneranlage beinhaltet neben Prozessor, Speicher und Rechnerperipherie
die Peripherie zur Verbindung mit dem Prozeß und die Peripherie zur Kommunikation mit
dem Betriebspersonal. Für die weitere Preisentwicklung bei Prozeßrechnern ist entscheidend, wieweit die Preissenkung bei Halbleiterbausteinen auch auf diese Hardwarekomponenten weitergereicht werden kann. Bild 3 zeigt anhand von drei unterschiedlichen Prozeßrechneranwendungen die Kostenaufteilung auf die einzelnen Komponenten.
Mindestens die Hälfte des Wertes muß für die gesamte Peripherie aufgewendet werden,
etwa ein Viertel bis ein Drittel entfallen auf Speicher und nur ein fast verschwin-
dender Anteil entfällt auf den Zentralprozessor. Die gezeigten Anlagen wurden 1975
installiert. Inzwischen ist der Anteil der Speicherkosten noch weiter gesunken. Damit
ist der Zentralprozessor schon heute nicht mehr preisbestimmend und wird es in Zukunft noch viel weniger sein.

Bedingt durch die Kostensenkung entfällt der Zwang, möglichst viele Aufgaben von
einem einzigen Rechner erfüllen zu müssen. Die Ballung der Aufgaben auf einen zentralen Prozeßrechner ist nicht mehr nötig. Durch Aufteilung der Automatisierungsaufgaben
auf mehrere Zentraleinheiten ergeben sich aber eine Fülle von neuen Automatisierungsstrukturen, die sich durch die Art der Aufgabenteilung auf die einzelnen Rechner und
die Art ihrer Kommunikation untereinander unterscheiden. Unter ihnen befinden sich
z.B. hierarchische Rechnersysteme, dezentrale Rechnersysteme, verteilte Systeme mit
Busstruktur und Multiprozessorsysteme. Auf Aufbau und Anwendungsschwerpunkte dieser
Systeme wird später noch näher eingegangen.

Integration von Informationselektronik und Prozeßrechnertechnik

Die eingangs erwähnten Fortschritte der Halbleitertechnologie sind verständlicherweise auch an den unterlagerten elektronischen Bausteinsystemen nicht spurlos vorübergegangen. Sie haben zu Bausteinen immer größerer Informationsdichte und Verarbeitungstiefe geführt. Andererseits wird sich der Prozeßrechner, bedingt durch den Preisverfall bei der Hardware, neue Anwendungsgebiete, insbesondere für Einzweckaufgaben, erschließen, die bisher den verdrahteten Bausteinsystemen der Informationselektronik vorbehalten waren oder überhaupt nicht in Angriff genommen wurden.

Damit ergibt sich eine Überlappung der Einsatzgebiete der Informationselektronik und der Prozeßrechnertechnik, die durch das Aufkommen der Mikroprozessoren noch verstärkt wurde. Bild 4 zeigt diese Tendenz am Beispiel des Siemens-Prozeßrechnerspektrums und der entsprechenden elektronischen Bausteinsysteme. Das Prozeßrechnersystem reicht, ausgehend vom Hochleistungsrechner 340 über den 16-Bit-Rechner 330 bis hin zur 210 als 8-Bit-System. Bei den Bausteinsystemen der Informationselektronik verläuft der Trend umgekehrt. Verwendet das Steuerungssystem SIMATIC S31 einen 1-Bit-Prozessor, so besitzt der Meldedrucker MD 3 einen Prozessor mit 8 Bit bzw. 16 Bit Wortbreite und das Steuerungssystem SIMATIC S32 neben dem 1-Bit-Prozessor sogar zusätzlich einen 16-Bit-Prozessor, der die arithmetischen Operationen und den Worttransfer durchführt.

Eine weitere Annäherung zwischen Informationselektronik und Prozeßrechnertechnik ergibt sich bei den Automatisierungsstrukturen. Geht die Prozeßrechnertechnik in Richtung einer Dezentralisierung der Aufgaben, so versucht die Informationselektronik, die Kommunikation der eigenständigen Systemkomponenten durch Kopplung zu verbessern.

Es wird nun Aufgabe der nächsten Jahre sein, eine Integration von Informationselektronik und Prozeßrechnertechnik zu erreichen und gemeinsam eine optimale und einheitliche Lösung anstehender Automatisierungsaufgaben zu finden. Diese einheitliche Lösung ist unseres Erachtens vor allem hinsichtlich des Engineering unumgänglich, wobei die Erfahrungen und Methoden des Informatikers und die Erfahrungen und Methoden des Elektronikers miteinander verschmelzen bzw. sich gegenseitig ergänzen müssen.

Das Konzept der *Prozeßrechnertechnik* geht davon aus, daß die Prozeßrechnerhardware möglichst *universell* einsetzbar sein soll und erst die individuell zu erstellende Software auf den speziellen Anwendungsfall zugeschnitten wird. Änderungen, die z.B. während der Inbetriebnahmephase anfallen, werden durch individuelle Änderung der Software, sprich durch Umprogrammierung, eingebracht. Bedingt durch die Forderungen nach universeller Anwendbarkeit müssen die Softwareerstellungsmittel und insbesondere die Programmiersprachen ein möglichst breites Anwendungsfeld abdecken können.

Anders das Konzept der *Informationselektronik*. Dies geht davon aus, daß ein elektronisches Bausteinsystem auf einen ganz bestimmten Anwendungsbereich (z.B. Steuern, z.B. Melden) *zugeschnitten* werden kann, daß für diesen Anwendungsbereich ein entsprechender Markt vorliegt und daß die Anpassung auf den individuellen Anwendungsfall mit Projektierungsmethoden erfolgen kann. Eine Änderung während der Inbetriebnahme wird auf dieser Projektierungsebene vorgenommen.

Durch das Aufkommen billiger freiprogrammierbarer Einheiten wird die Hardware zwar teilweise durch Software ersetzt, der bisherige Funktionsumfang und die bisherigen Projektierungsmethoden bleiben aber weiterhin erhalten. Hier sind es die Mittel und Methoden zur Änderung des Funktionsablaufes während der Inbetriebnahme und zur Anpassung prozeßbedingter Erweiterungen während des Betriebes, die sich aufgrund der Eigenschaften der freiprogrammierbaren Einheiten erfolgreich verbessern lassen. Dabei wird zwischen Hardware und Software keine logisch so klare Trennung vorgenommen wie in der Prozeßrechnertechnik. Soweit möglich werden Hardwarefunktionen zur Unterstützung der Softwareerstellung, zum Softwaretesten und zur Erleichterung während der Inbetriebnahme eingesetzt. Diesen zusätzlichen Hardwarekomponenten liegt häufig ein ähnliches Prinzip zugrunde wie dem Wartungsfeld der Rechnertechnik. Da Hardware und Software aber von vornherein auf einen bestimmten Funktionsumfang zugeschnitten werden, können solche "Wartungsfelder" wesentlich aufwandsärmer und bedienungsfreundlicher aufgebaut werden.

Vom Funktionsplan zur automatischen Dokumentation

In manchen Anwendungsbereichen läßt sich schon heute anhand ausgeführter Komponenten
und Systeme der Übergang von der Informationselektronik zur Prozeßrechnertechnik er-
kennen. Betrachten wir hierzu das Beispiel einer Ablaufsteuerung. Je nach Umfang,
Komplexitätsgrad und Aufgabenstellung werden zu ihrer Lösung einfachste elektronische
Systeme, Mikroprozessorsysteme oder leistungsfähige Prozeßrechneranlagen eingesetzt.
Ausgangspunkt für die Vorgabe der Aufgabenstellung ist dabei in der Regel ein Funk-
tionsplan (Bild 7), eine Darstellungsart, die sich allgemein durchgesetzt hat und in
DIN 40719 näher beschrieben ist.

Bei verbindungsprogrammierten Steuerungen wird daraus der Verdrahtungsplan für die
verschiedenen Baugruppen, bei speicherprogrammierten Steuerungen werden die Funktionen
dieses Planes umgesetzt in eine *"Anweisungssprache"*. Diese Anweisungen werden über ein
Programmiergerät in den Speicher des Steuerungssystems eingegeben.

Für kleine Steuerungsaufgaben reicht ein einfaches Programmiergerät, das direkt in
eine entsprechende Anschlußschnittstelle des Steuerungsgerätes gesteckt werden kann
(Bild 5). An der Vorderseite des Gerätes kann wahlweise ein Bedienteil zum Programmieren oder ein Bedienteil zum Testen der Steuerung aufgesteckt werden. Mit dem
Bedienteil zum Programmieren können über Dekadenstecker und Schiebeschalter Anweisungen der erwähnten "Anweisungssprache" eingegeben werden. Über einen weiteren Schiebeschalter läßt sich das Steuerungsgerät von der Betriebsart "zyklisch" auf die Betriebsart "Halt" umstellen . Das *Bedienteil zum Testen* bietet die Möglichkeit, den Signal-
zustand von externen Ein- und Ausgängen oder internen Zeitzellen und Merkern anzuzei-
gen. Darüber hinaus können mit dem Testteil Ausgänge oder Merker programmzustandsun-
abhängig gelöscht oder gesetzt werden.

Bei umfangreichen Steuerungen empfiehlt sich der Einsatz eines leitstungsfähigeren
Programmiergerätes, welches z.B. wie in Bild 6 als transportables Koffergerät ausgeführt sein kann. Mit diesem Gerät können neben der Eingabe und Änderung der Ablauf-
steueranweisungen all die Testfunktionen durchgeführt werden, die der Prozeßrechner-
fachmann üblicherweise mit einem Debuggingsystem vornimmt. Dazu gehören u.a. Funktionen zur Simulation von Eingangswerten, Ausgabe und Anzeige von Zwischen- und End-
ergebnissen, Anhalten bei bestimmten Schritten, schrittweise Abarbeitung mit Ausgabe
relevanter Zwischenergebnisse u. dgl. Zur Sicherung des eingegebenen Steuerungsablauf-
fes kann ein gezielter Speicherabzug auf ein Kassettenmagnetband oder einer Floppy
Disk vorgenommen werden. Dieser Speicherabzug bietet die Voraussetzung für ein Neu-
laden.

Eine konsequente Fortsetzung in Richtung einfacherer Projektierung, leichterer Inbetriebnahme, besserer Anpassungsfähigkeit während des Betriebes und Unterstützung bei

der Dokumentation ergibt sich bei Nutzung dialogfähiger Geräte, wie Sichtgeräte und
Blattschreiber, in Verbindung mit einem Rechner. Bild 8 zeigt ein Beispiel für den
Aufbau eine Ablaufsteuerung über Blattschreiber. Ausgehend vom Funktionsplan entsprechend Bild 7 wird zunächst das Steuerungsprogramm erstellt. Im Dialog werden nun die
für diese Steuerung erforderlichen Daten und anschließend die Steuerungsbefehle eingegeben. Danach erfolgt der Übersetzungsvorgang mit Fehlerprüfung und Fehlermeldung.
Um auch Verknüpfungen realisieren zu können, die über diese spezielle Anweisungssprache
nicht oder nur schwer formulierbar sind, kann an beliebiger Stelle im Befehlsablauf
der Ablaufsteuerung ein in einer höheren Sprache formuliertes Programmstück eingebun-
den werden. Während der Inbetriebnahme oder auch im Betrieb können auch hier über Be-
dienungseingriff alle bei den o.g. Programmiergeräten möglichen Test- und Bedienfunktionen durchgeführt werden. Darüber hinaus werden "höherwertige Bedienungen" angeboten wie Ausgabe der aktuellen Parameter einer Steuerung, Sperren aller Signalausgänge
eines Schrittes u.a.m.

Angefangen von einfachen Programmiergeräten über Programmierkoffer bis hin zum Dialog
über Sichtgeräte ist eine stetige Zunahme der angebotenen Inbetriebnahme- und Ände-
rungsmittel zu erkennen. Ausgangspunkt der technologischen Aufgabenstellung bleibt jedoch weiterhin der Funktionsplan. Je einfacher aber Änderungen des Funktionsablaufes
auf der Anlage durchführbar sind, umso stärker fällt der Aufwand für das Nachführen
des Funktionsplanes und der übrigen Projektierungsunterlage ins Gewicht. Hier kann
der Rechner wesentliches leisten.

Die aktuelle Information über den letztgültigen Stand der modifizierten Ablaufsteuerung liefert das im Speicher des Prozeßrechners hinterlegte Abbild des Funktionsablaufes. Dieser Funktionsablauf kombiniert mit Zusatzinformationen, die bei jeder
Änderung im Rechner hinterlegt werden, erlaubt es, über eine Art Rückübersetzung
einen neuen, korrigierten Funktionsplan auszugeben. Ein Beispiel hierfür gibt Bild 9.
Links die zeichnerische Darstellung des Funktionsplanes, in der Mitte die Parameter
der Ablaufsteuerung und rechts der Kommentar.

Dieses Beispiel der Ablaufsteuerung zeigt stellvertretend für viele Anwendungen der
Automatisierungstechnik die Integration von Informationselektronik und Prozeßrechnertechnik. Vom Automatisierungsingenieur wird in Zukunft die Beherrschung beider Gebiete
verlangt werden, um aus der Fülle der zur Verfügung stehenden abgestuften Mittel und
Komponenten die für seine Aufgabe optimalen Methoden und Lösungen finden zu können.
Nicht der Informatiker wird im Vordergrund stehen, sondern der Automatisierungsingenieur. Er ist es auch, der an der Konzipierung neuer Automatisierungsstrukturen und
der Entwicklung neuer Automatisierungsmittel verantwortlich mitwirkt.

Beide, Automatisierungsmittel und Strukturen, sind voneinander abhängig und in Bewe-
gung geraten.

Suche nach neuen Automatisierungsstrukturen

Die Geschichte der Prozeßrechner ist etwa 15 Jahre alt und brachte ausgehend vom
Universalrechner etwa 1965 eine Abspaltung des Prozeßrechners. Seit etwa 1972 beobachten wir innerhalb der Prozeßrechnertechnik eine Adaptierung der Rechnerhardware
an bestimmten Anwendungen (Bild 10). Diese Entwicklung hat sich konsequent fortgesetzt
und führt heute zu einer Reihe von *Spezialrechnern*, zum großen Teil "single board
computer", angefangen vom Rechner für Werkzeugmaschinensteuerung über Prüfautomaten
bis hin zum Kommunikationsrechner in Mehrrechnersystemen.

Die Fortschritte der Halbleitertechnologie haben diese Speziallösungen technisch möglich gemacht, der wachsende Markt macht sie auch wirtschaftlich vertretbar.

Neben dem allgemeinen Prozeßrechner entstehen diese Speziallösungen zum Teil als eigenständige Geräterechner (z.B. für Gaschromatographie, für Röntgenspektrometrie, für
die Wägetechnik). Zum Teil sind sie schon Komponenten einer übergeordneten Automatisierungsstruktur und Systemtechnik und beeinflussen wesentlich die Automatisierungstechnik von morgen.

Drei Rechnergenerationen lang war die Prozeßrechneranwendung in ihrer Struktur auf den
alles lösenden, zentralen Prozeßrechner ausgerichtet, und erst die eingetretene Halb-
leiterinnovation und die Hardware-Kostensenkung erlauben es, eine Verteilung der Automatisierungsaufgabe auf mehrere Prozessoren vorzunehmen.

Dabei werden u.a. angestrebt:
- eine bessere Überschaubarkeit bei Entwurf, Projektierung und Betriebsführung
- die Möglichkeit einer stufenweisen Erweiterung
- eine leichtere Inbetriebsetzung
- eine Erhöhung der Zuverlässigkeit und Sicherheit
- eine Verbesserung der Wartbarkeit.

Automatisierungsinsel

Bild 11 zeigt die bisherige Automatisierungsstruktur einer Großanlage. Ganz unten das
Anlagenschema, darüber die Stellglieder und Meßgeber mit der Stellgliedersteuerung
und darüber der Prozeßrechner mit unterlagerter Elektronik. Der Prozeßrechner übernimmt die Prozeßführung, Prozeßregelung, Ablaufsteuerung, Prozeßüberwachung und Koordinierung. Die Antriebsregelung übernimmt ein analog arbeitendes elektronisches Bausteinsystem. Für Teile der Verriegelungssteuerung, für den Schutz und für die Anlagen-
teilüberwachung stehen ebenfalls jeweils zugeschnittene elektronische Bausteinsysteme
zur Verfügung.

Die naheliegendste Aufgabenteilung dieser Großanlage liegt in einer vertikalen Unterteilung der bisherigen Automatisierungsmittel Prozeßrechner und unterlagerte Elektronik und ihre Zuordnung zu einzelnen, festumrissenen Teilprozessen (Bild 12). Die Zuordnung der Automatisierungsmittel erfolgt nach Anlagenabschnitten, die möglichst autark sind und wenig Querinformationen zu den Nachbareinrichtungen benötigen. Zwecks Betonung dieser Autarkie werden diese Automatisierungseinheiten manchmal auch als Automatisierungsinseln bezeichnet.

Diese Art der Automatisierung ist *nicht* mehr *mittelorientiert, sondern prozeßorientiert*. Sie hat allerdings nur Erfolg, wenn hinsichtlich Projektierung, Inbetriebnahme, Fehlerdiagnose, Änderung und dergleichen Prozeßrechner und unterlagerte Elektronik ein – auf den Teilprozeß bezogen – voll aufeinander abstimmtes System darstellen. So dient z.B. der Wartungsplatz, links im Bild 12 angedeutet, zum Aufbau des Funktionsablaufes, zur Fehlerdiagnose und zur Änderung der Parameter während der Inbetriebnahme.

Die autarken Automatisierungsinseln werden untereinander meist mit einem einfachen Bus gekoppelt, um über ihn die wenigen Informationen zwischen den Automatisierungsinseln austauschen zu können.

Aufteilung nach Automatisierungsfunktionen

Angelehnt an die bisherige Struktur der unterlagerten Elektronik mit ihren zugeschnittenen elektronischen Bausteinsystemen sind auch Systeme bekannt, die eine Aufgabenteilung nach Regelung, Ablaufsteuerung, Verriegelungssteuerung, Überwachung u. dgl., ermöglichen (Bild 13).

Im Prinzip werden hier die elektronischen Bausteinsysteme durch Mikrocomputer substituiert, wobei zur Kommunikation untereinander ebenfalls ein Bus eingesetzt wird. Im Gegensatz zu den Automatisierungsinseln wird hier aber ein wesentlich intensiverer Informationsaustausch zwischen den einzelnen Automatisierungseinheiten erforderlich, weshalb höhere Anforderungen an die Übertragungsgeschwindigkeit und die Koordinierung des Busverkehrs gestellt werden. Die Koordinierung des Busverkehrs wird von den Automatisierungseinheiten bzw. Kleinrechnern selbst vorgenommen und ist aus Zuverlässigkeitsgründen nicht einem bestimmten Rechner fest zugeordnet.

Schwerpunktsanwendungen für dieses Konzept sind z.Zt. vor allem Regelungsaufgaben. Die Bearbeitung von Regelungsfunktionen und Regelalgorithmen in den Kleinrechnern wird fast immer zyklisch, z.B. jede Sekunde, vorgenommen, so daß aufgrund des zyklischen Verhaltens die notwendigen Busübertragungsraten gering und im voraus berechenbar sind.

Die Vorausberechnung der Busbelastung wird wesentlich schwieriger, wenn in den dezentral angeordneten Kleinrechnern interruptgesteuerte Aufgaben abgewickelt werden, wie dies bei Ablaufsteuerungen oder bei der Bearbeitung von Störmeldungen der Fall ist.

Die Kommunikation mit dem Betriebspersonal kann über die üblichen Peripheriegeräte wie Blattschreiber, Sichtgeräte, Anzeigenfelder u. dgl. erfolgen, die an den Kleinrechnern angeschlossen werden. Eine konsequentere Fortführung dieses Konzeptes einer Aufteilung nach Automatisierungsfunktionen liegt allerdings vor, wenn für die Kommunikation mit dem Betriebspersonal eigenständige Bedienungseinheiten installiert werden, die ebenfalls an den Bus angekoppelt sind. Die Ankopplung und Datenaufbereitung erfolgt über einen Mikroprozessor, die Anzeige in der Regel über Sichtgeräte.

Bussysteme_mit_dezentraler_Vorverarbeitung

Zu einer etwas anders gearteten Busstruktur gelangt man, wenn nicht die Aufgabenteilung auf dezentrale Kleinrechner im Vordergrund steht, sondern vor allem die Informationsübertragung zwischen der Prozeß-Anlage und dem Ort der Verarbeitung, also dem Prozeßrechner.

Die von den binären oder analogen Meßgeräten gelieferten Signale werden heute üblicherweise parallel zum Prozeßrechner übertragen und von dort nach entsprechender Verarbeitung wiederum parallel auf die Stell- und Befehlsgeräte ausgegeben. Zentrale Sammel- und Schaltstelle ist dabei ein Rangierverteiler, der in Großanlagen einige hunderttausend Verbindungsstellen enthalten kann.

Hier setzte vor ein paar Jahren die Entwicklung sogenannter *data highways* an, die die Informationen seriell über mehrere zentrale Busleitungen übertragen (Bild 14). Diese Busleitungen sollten über den gesamten Anlagenbereich geschleift werden, die einzelnen Stell- und Befehlsgeräte über eigene Anschlußschaltungen angekoppelt werden. Die angestrebten Vorteile liegen in der Einsparung von Kabelkosten, der wesentlichen Verringerung des Verkabelungsaufwandes und der besseren Erweiterungsfähigkeit.

Inwieweit solche Bussysteme die rein parallele Übertragung bis hin zum Geber bzw. Stellglied ersetzen können, bleibt abzuwarten. Vor allem gelöst werden muß noch das Problem kostengünstiger Anschlußschaltungen an den Bus bei entsprechend hoher Übertragungsgeschwindigkeit.

Eine interessante Variante für die Informationsübertragung ergibt sich, wenn man die bisherige parallele, sternförmige Informationsübertragung zum Prozeßrechner mit der Busstruktur kombiniert.

An ausgewählten Knotenpunkten werden Konzentratoren als Mikrocomputer eingesetzt. Dies bringt eine Reduzierung der Ankopplungskosten und eine Verringerung der Übertragungsgeschwindigkeit. Die dezentral angeordneten Kleinrechner können bei entsprechender Auslegung noch Aufgaben vom zentralen Prozeßrechner übernehmen, wodurch zusätzlich die Zuverlässigkeit des Gesamtsystems gesteigert werden kann.

Der zentrale Prozeßrechner bleibt weiterhin bestehen, er übernimmt neben seinen Verarbeitungsaufgaben noch die Koordinierung des Datenverkehrs auf dem Bus, das Laden der Verarbeitungsrechner, das Melden von Störfällen u.a.m. Dieses Konzept entspricht einem hierarchisch geführten System, bei dem durch dezentrale Vorverarbeitung eine gewisse Entlastung des Zentralrechners erreicht wird.

Hierarchische Rechnersysteme

Hierarchische Rechnersysteme sind ein Beispiel für eine Aufgabenverteilung, die schon längere Zeit in der Automatisierungstechnik angewandt wird, und zwar überall dort, wo ein Aufgabenumfang zu bewältigen war, der über die Leistungsfähigkeit eines einzelnen Rechners hinausgeht.

Beispiele hierfür liefert vor allem die Fertigungsleittechnik, wo ausgehend von der Automatisierung einzelner Prozesse eine Automatisierung ganzer Fertigungsbereiche mit ihren zum Teil komplexen Energie- und Materialflüssen vorgenommen wird. Es war daher naheliegend, die Automatisierungsstruktur den Aufgaben des Fertigungsbereiches anzupassen und sie hierarchisch anzuordnen.

Bild 15 zeigt zur Erinnerung am Beispiel einer hierarchischen Automatisierungsstruktur die Aufgabenverteilung bei der Automatisierung einer Fertigung. Sie ist gekennzeichnet durch die Ebene des Geräterechners bzw. der Gerätesteuerung, die eigentliche Prozeßrechnerebene, den Leitrechner und den Planungsrechner. Die erforderlichen Daten werden dezentral entweder direkt über Geber oder über spezielle Betriebsdatenerfassungsgeräte eingegeben. Die Fertigungssolldaten werden vom Planungsrechner übergeben.

Dieses Prinzip der hierarchischen Aufgabenverteilung wird in den nächsten Jahren auch für kleinere Automatisierungsbereiche an Interesse gewinnen. Es erlaubt, die Vorteile einer Dezentralisierung in der untersten Ebene zu kombinieren mit den Vorteilen einer zentralen Struktur, wo entsprechende Rechenleistung, umfangreiche Rechnerperipherie und leistungsfähige Softwarehilfsmittel bereitstehen.

Rechnernetze

Genau genommen sind sowohl Bussysteme wie hierarchische Rechnersysteme Spezialfälle von Rechnernetzen. Für ihren Aufbau gibt es eine Vielzahl vorgeschlagener und ausgeführter Lösungen, die sich an den Anwendungen orientieren und nach verschiedensten Kriterien eingeordnet werden könnten.

Ein Kriterium ist der Einsatzbereich, wie Prozeßrechnertechnik, mittlere Datentechnik oder Großrechenanlagen, ein anderes Kriterium ist z.B. die Betriebsart des Rechnernetzes (Bild 16). Die einfachste Betriebsart ist der *Datenverbund*, bei dem ein Benutzer einer Anlage auf Daten zugreift, die in einer anderen Anlage gespeichert sind. Diese Betriebsart ist vor allem wichtig bei der Verwaltung großer Datenmengen, z.B. bei Auskunftssystemen, Platzbuchungssystemen, Dokumentationssystemen u.a. In der Prozeßautomatisierung ist der Datenverbund bei allen Rechnerverbundsystemen realisiert, wobei Datenstruktur und Modus des Datenzugriffs jedoch meistens auf den Anwendungsfall zugeschnitten sind.

Beim *Funktionsverbund* greift ein Benutzer auf Hard- und Softwarefunktionen einer anderen Anlage zu. "Benutzer" ist dabei im weitesten Sinne gemeint. So können bei Bedarf parallel zu den Benutzern der DVA auch Prozeßrechner Leistungen des Verbundsystems in Anspruch nehmen. Das Fernziel ist der *Lastverbund,* bei dem sich das gesamte Verbundsystem dem Benutzer gegenüber wie ein einziger große Rechner verhält und bei Engpässen an einem Rechner automatisch geeignete "Jobs" auf einem anderen Rechner zum Ablauf gebracht werden. Dieses Fernziel ist heute schon interessant für kommerzielle und technisch-wissenschaftliche Anwendungen zur Steigerung der Rechenleistung. Für die Prozeßautomatisierung sind solche Lösungen z.Zt. nur für Sonderlösungen im Geräterechnerbereich denkbar.

Als Sonderfall kann noch der *Sicherheitsverbund* angesehen werden, bei dem die Gesichtspunkte der Ausfallsicherheit im Vordergrund stehen: ein Aspekt, der gerade in der Automatisierungstechnik sehr wesentlich ist.

Die unterschiedlichen Betriebsarten stellen naturgemäß auch unterschiedliche Anforderungen an die Rechnersoftware. Der Datenaustausch zwischen zwei Rechnern wird in der Regel vom Organisationsprogramm unterstützt, der Datenverbund wird häufig von Transportsystemen übernommen. Die Verständigung zwischen allen Rechnern erfordert im gesamten Rechnernetz gültige Regeln, die in einem sog. *Transportprotokoll* festgelegt sind. Das Transportprotokoll ist unabhängig von der Wahl der Übertragungsprozedur (MSV1, MSV2, HDLC u.a.), die nur zwischen jeweils 2 Rechnern abgesprochen sein muß. Hier liegt heute noch eine wesentliche Begrenzung im Aufbau von Rechnernetzen, da solche Transportprotokolle bisher herstellerspezifisch festgelegt und in der Rechnernetzsoftware berücksichtigt werden.

Zusätzliche Anforderungen ergeben sich bei einem Funktionsverbund, bei dem verschie-

dene (Satelliten-) Prozeßrechner die Hardware- und Softwarefunktionen anderer (Leit-)
Rechner mit benutzen. Im Bild 17 sind einige solcher Anwendungsfälle dargestellt. So
können z.B. Auswerteprogramme vom Peripherspeicher des Leitrechners II in den unterlagerten Rechner VII zum Ablauf geladen werden, der Rechner III kann Meldungen an den
Leitrechner II zur Protokollierung übergeben oder der Rechner IX über das Sichtgerät
des Rechners II bedient werden.

Die Ausführung solcher oder ähnlicher Funktionen übernehmen sog. *Subsysteme*. Dazu sind
auf der Basis des Transportprotokolls zusätzliche Vereinbarungen der beteiligten Subsysteme über den Inhalt und die Bedeutung der Nachrichtentelegramme erforderlich. Die
Nachrichtentelegramme selbst werden wie bisher vom Organisationsprogramm bzw. Transportsystem weitergeleitet und an das adressierte Subsystem vermittelt.

Funktionen, die von Subsystemen eines Prozeßrechners u.a. verlangt werden, sind
- Laden, Starten, Bedienen und Koordinieren von Programmen im Verbund
- Zugriff auf Dateien und Geräte im Verbund
- Urladen von am Verbund beteiligten Rechnern
- Datenaustausch zwischen beliebigen Programmen im Verbund.

Im Bild 18 wird der Aufbau verschiedener Rechnernetze dargestellt. Links ein hierar-
chisches Rechnernetz mit Teilvermaschung, wie wir es vorwiegend in der Prozeßautomatisierung finden. Die einzelnen Rechnerebenen der Hierarchie werden dabei logisch
weitgehend voneinander getrennt. Deshalb genügt eine einfache, aber schnelle Trans-
portsteuerung mit direkter Verbindung zwischen den Rechnern. Sofern zwischen einzelnen Rechnern ein Daten- und Funktionsverbund installiert ist, tritt eine hohe zusätzliche Belastung der Rechner durch die Verbundsteuerung auf, und der Aufwand bzgl.
Erweiterung und Test nimmt zu. Daher wird bisher versucht, im Bereich der Anlagenauto-
matisierungstechnik den Funktionsverbund nur zwischen wenigen Rechnern und sehr begrenzt zu nutzen. Das wird sich mit zunehmender Verlagerung von Softwarefunktionen in
mikroprogrammierte Anschaltungen oder Netzsteuerungen entscheidend ändern.

Bei Anwendungen, wo gleichberechtigte Prozeßrechner im Daten- und Funktionsverbund
simultan die Leistungen eines Großrechners nutzen, hat sich die Zentralisierung der
Vermittlungsfunktion in einem Kommunikationsrechner als zweckmäßig erwiesen (Bild
mitte).

Vorteile dieses sternförmigen Aufbaus sind:
- leichte Erweiterungsmöglichkeit
- Entlastung der "Teilnehmerrechner" von der Verbundsteuerung
- Vereinfachung zentraler Administration und Netzorganisation
- zentrale Adaptierung individueller Kopplungsschnittstellen

- Datenkonzentration und effiziente Leitungsausnutzung.
Nachteilig sind die geringe Ausfallsicherheit der Kommunikation.

Ein vermaschtes Netz (rechts im Bild 18) entsteht aus dieser Konfiguration, wenn örtlich verteilte Rechneranlagen über zugeordnete Kommunikationsrechner (Netzknoten) verbunden sind. Ein Rechnernetz dieser Art hat bisher vor allem dort Anwendung gefunden, wo teilweise bereits installierte Prozeßrechneranlagen oder Großrechenzentren über lokale Kommunikationsrechner zu einem Daten- und Funktionsverbund zusammengeschlossen werden. Zu den genannten Vorteilen treten Einsparungen von Leitungs- und Verlegungskosten sowie eine hohe Verfügbarkeit der Verbundfunktionen.

Die Kommunikationsrechner müssen neben der Koordinierung der Datenübertragung die Datenpufferung, Paketvermittlung und Netzsteuerung vornehmen. Solche Aufgaben stellen hohe Anforderungen an das Realzeitverhalten und die E/A-Eigenschaften des Rechners. Diese Eigenschaften sind es aber gerade, die den Prozeßrechner auszeichnen. Hier tut sich ein neues Anwendungsfeld für Prozeßrechner auf, und schon ausgeführte Netze beweisen die Eignung hierfür. Anhand dieser Netze sollen u.a. die Simulation von Rechnernetzen, Probleme des Datenschutzes und der Datensicherung sowie Fragen der Rekonfiguration und des Wiederanlaufes nach Netzzusammenbrüchen geklärt werden.

Suche nach neuen Rechnerstrukturen

Liegt den bisher aufgezeigten Anwendungen und Automatisierungsstrukturen vor allem der Wunsch nach Dezentralisierung und Aufgabenteilung zugrunde, so werden Überlegungen zu neuen Rechnerstrukturen vor allem geprägt von dem Wunsch nach
- Strukturunterstützung für Programmier- (bzw. Projektier-) Arbeiten
- höherer Rechenleistung
- kürzeren Programmlaufzeiten.

Die Basis für den Aufbau wirtschaftlicher Lösungen bieten wiederum die Fortschritte der Halbleitertechnologie.

Verlagerung der Intelligenz von ZE in Peripherie

Ein möglicher und auch erfolgversprechender Weg, die Rechenleistung der Zentraleinheit stärker für Anwenderaufgaben nutzen zu können, liegt darin, die Zentraleinheit von rechnerbedingten Verwaltungs- und Koordinierungsaufgaben zu entlasten und diese Aufgaben in die Peripherie zu verlagern.

In der Vergangenheit wurden Peripheriegeräte im allgemeinen über elektronische Anschaltungen an die Zentraleinheit angeschlossen. Diese elektronischen Anschaltungen werden zunehmend durch freiprogrammierbare Anschaltungen ersetzt, deren Kernstück ein Mikroprozessor ist. Damit wird eine kostengünstige Möglichkeit geboten, durch Erweiterung des Mikroprogrammes in der Anschaltung Zusatzfunktionen zu realisieren, die bisher im Betriebssystem der Zentraleinheit abgewickelt werden mußten. Einige Beispiele dazu:
- Konzentratoren für Kopplungsaufgaben können z.B. die Steuerung der Datenübertragungsoperationen, die Leitungspufferung und die Datensicherung übernehmen.
- Prozeßeingabesteuerungen können Meßwerte direkt übernehmen und ohne Zwischenschaltung der Zentraleinheit im Speicher ablegen.
- Anschaltungen für Peripherspeicher können z.B. um Dateiverwaltungsaufgaben erweitert und langfristig vielleicht als eigene Datenbankprozessoren ausgeführt werden.

Diese Idee der Verlagerung aus der Zentraleinheit in die Peripherie wird bei Peripheriegeräten für die Mensch-Maschine-Kommunikation noch unterstützt durch die Forderung, Intelligenz dem einzelnen Benutzer direkt an seinem Arbeitsplatz zur Verfügung zu stellen. Beispiele für diese Richtung geben z.B. intelligente Blattschreiber-Terminals und intelligente Sichtgeräte. Solche Terminals bringen allerdings nur dann eine Entlastung für die Zentraleinheit und das Betriebssystem, wenn Hard- *und* Softwareschnittstellen aufeinander abgestimmt sind. Insbesondere muß vermieden werden, daß die Zentraleinheit durch die Datentransformation zwischen Peripheriegeräten unterschiedlicher Intelligenz wieder zusätzlich belastet wird.

Multiprozessorsysteme

Eine weitere Möglichkeit zur Erhöhung der Rechenleistung bringen Multiprozessorsysteme.
Bei ihnen werden mehrere Prozessoren parallel geschaltet und als zusätzliche Zentralprozessoren und/oder als sogenannte Ein-/Ausgabe-Prozessoren eingesetzt. Die E/A-Pro-
zessoren übernehmen dabei Aufgaben, die früher über ein eigenes Kanalwerk abgewickelt
wurden, erweitert um Vorverarbeitungsfunktionen. Sie entlasten damit den Zentralprozessor und bringen indirekt eine Erhöhung der Rechenleistung. Dieser Weg wird bei
vielen Prozeßrechnern des oberen Leistungsbereiches eingeschlagen.

Werden mehrere, parallel arbeitende Zentralprozessoren eingesetzt, müssen die ablaufbereiten Prozeßprogramme dynamisch auf die gerade frei werdenden Prozessoren aufgeteilt werden, eine Aufgabe, die erhebliche Auswirkungen auf die Programmorganisation
und Programmkoordinierung hat. Dort liegt heute noch die Begrenzung in der Anzahl der
sinnvoll parallel betreibbaren Zentralprozessoren.

Wird die Programmorganisation von einem fest zugeordneten Prozessor abgewickelt, so
vereinfacht dies zwar den Koordinierungsaufwand und auch die Interruptbehandlung,
dieser Prozessor stellt aber gleichzeitig das Nadelöhr des Multiprozessorsystems dar.
Wird auf diesen Hauptprozessor verzichtet, muß die Programmorganisation und Prozessorzuteilung vom jeweils frei werdenden Prozessor übernommen werden. Dies bringt eine
gleichmäßigere Auslastung der Prozessoren, erschwert aber die Bearbeitung von Interrupts, da diese nicht mehr fest einem Prozessor zugeordnet werden können. Hier hilft
z.B. eine Überlagerung von Interruptebenen und Prozessorprioritäten.

Betrachtet man die Software eines heutigen Prozeßrechners, und zwar Betriebssystem
plus Anwendersoftware, so sind es gerade die Programmkoordinierung und Interruptbehandlung, die einen Großteil der Schwierigkeiten beim Testen, bei der Inbetriebnahme
und bei der Fehlersuche verursachen. Die zeitliche Reihenfolge des Ablaufs der Programme innerhalb der Gesamtanlage wird wesentlich von den gegenseitigen Programm-
abhängigkeiten und dem zeitlichen Eintreffen der Interrupts bestimmt und ist daher
schwer voraussehbar. Bei einer dynamischen Aufteilung der ablaufbereiten Programme auf
mehrere Prozessoren wird dieses Verständnis nicht gerade erleichtert. Multiprozessorsysteme im Prozeßrechnerbetrieb werden daher auf eine geringe Anzahl von parallel arbeitenden Zentralprozessoren beschränkt bleiben.

Diese Aussage gilt nicht mehr, wenn Multiprozessorsysteme auf bestimmte Anwendungsschwerpunkte hin ausgerichtet sind und damit das Prinzip des universellen Rechners
verlassen wird. Ein für Multiprozessorsysteme besonders geeigneter Anwendungsschwer-

punkt liegt bei numerischen Verfahren, bei denen viele Rechnungen mit jeweils ver-
änderten Parametern häufig wiederholt werden, z.B. zur Lösung partieller Differential-
gleichungen.

Eine charakteristische Lösung hierfür zeigt das Mehrprozessorsystem in Bild 19. Ein
Hauptspeicher mit einem Hauptprozessor ist über Kommunikationsspeicher K1-K8 mit den
Prozessoren P1-P8 verbunden, die ihrerseits wiederum je einen Privatspeicher PS1-PS8
besitzen. Der zeitliche Ablauf geht so vonstatten, daß zunächst der Hauptprozessor
die zu bearbeitenden Daten in den Kommunikationsspeicher hinterlegt und die Prozessoren P1 bis P8 anstößt. Diese bearbeiten dann in der autonomen Phase die Daten aus
den Kommunikationsspeichern mit den auf den Privatspeichern hinterlegten Programmen.
Nach Abschluß der Bearbeitung übernimmt der Hauptprozessor in der Kommunikationsphase
die Ergebnisse aus den Kommunikationsspeichern.
Mehrprozessorsysteme dieser Art sind im Versuchsaufbau bis an die 1000 Prozessoren geplant. Als Anwendungsbereiche werden die bekannten Beispiele für die Wettervorhersage,
für Prozeßmodelle und zur Simulation elektrischer Netze genannt. Hier bewegt man
sich noch im Vorfeld der industriellen Entwicklungen.

Von größerer Bedeutung in naher Zukunft sind Entwicklungen, die die Strukturverbesse-
rungen unserer Rechner betreffen.

Mikroprogrammierung bei Prozeßrechnern

Betrachtet man die Schnittstelle zwischen Hard- und Software von den Erstanwendungen
der Prozeßrechner bis heute, so hat sich diese - von einigen Veränderungen im E/A-
Bereich abgesehen - bis heute nicht wesentlich verschoben, obwohl sich sowohl die
Hardware- als auch die Softwaretechnologien rasant weiterentwickelt haben. Nach wie
vor bildet die Maschinensprache sozusagen die Hardwarearchitekturgrenze der Prozeßrechner zur Software, d.h. schon oberhalb dieser maschinennahen und prozeßunspezifi-
schen Ebene beginnt sich die Software anzusiedeln. Hier zeichnen sich die Möglichkeiten ab, durch Nutzung der Mikroprogrammierung diese Ebene zu verschieben und
damit die Vereinfachung bei der Softwareerstellung bzw. Softwareprojektierung zu
erreichen.

Die Technik der Mikroprogrammierung ist seit etwa 8-10 Jahren bekannt und war bisher
vorzugsweise dort eingesetzt, wo ihre höheren Kosten im Rahmen der Gesamtanlage nicht
ins Gewicht fielen, z.B. bei kommerziellen Großrechnern. Mit schnellen und preisgün-
stigen Speicherelementen ist die Mikroprogrammierung nunmehr auch für Prozeßrechner
nutzbar. Der Trend wird noch unterstützt durch die Mikroprozessortechnologie, die aus

Gründen der Fertigung an hohen Stückzahlen und einem einfachen Prozessoraufbau inte-
ressiert ist. Die leistungsfähigeren Funktionen (Befehle) eines Rechners werden daher
erst als Folgen von Elementarschritten ausgebildet und in einem zugeordneten Mikroprogrammspeicher abgelegt.

Für die Automatisierungstechnik wäre es nun unerheblich, ob ein Prozeßrechner aus
Hardwaregründen mikroprogrammiert ist oder nicht, wenn sich daraus nicht neue Möglichkeiten hinsichtlich der Nutzung für Prozeßaufgaben ergeben.

Die Möglichkeiten hierzu sind in Bild 20 angedeutet. Der Spezial- oder *Einzweckrech-
ner* (oben links) für Geräteanschaltungen, als intelligentes Terminal, Konzentrator
usw. braucht nur ein einfaches Mikroprogramm, z.B. mit Befehlen zum Steuern, Lesen
der Anzeigen, Steuerzeichenerkennung usw. Eine Maschinenbefehlsebene im bisherigen
Sinne kann ganz entfallen.

In *Geräterechneranwendungen* (oben rechts) sind oft spezielle Befehle erwünscht. Als
Teilmenge üblicher Maschinenbefehle lassen sie meistens Wünsche offen und brauchen
andere Befehle gar nicht. Die Mikroprogrammierung erlaubt dagegen Befehle nach Maß.
Betrachtet man als Beispiel für zugeschnittene Befehle die Ablaufsteuerung aus Bild 7
mit ihrer Anweisungssprache, so läßt sich unschwer erkennen, daß damit die Programmierung und vor allem die Programmänderung gegenüber einem Universalrechner vereinfacht werden kann.

Eine logische Fortführung ergibt sich bei Rechnern im *klassischen Prozeßeinsatz* mit
Regelung, Steuerung und Überwachung. Dort ist die Anwendungssoftware häufig baustein-
artig aufgebaut, wobei die Programmbausteine auf die spezielle Anwendung zugeschnit-
ten sind (z.B. Glättungsbaustein, PID-Reglerbaustein u. dgl.). Eine Abbildung dieser
Bausteine auf die Schnittstelle zum Mikroprogramm erleichtert die Änderbarkeit des
Programmablaufs und verringert vor allem die Programmlaufzeit.

Wenn man überlegt, Prozeßrechner in *höherer Sprache* zu programmieren (links unten),
bietet sich an, die Mikroprogrammierung speziell auf diese höhere Sprache zuzuschnei-
den. Entwicklungen dieser Art führen zu den sogenannten Sprachenmaschinen. Sie bieten
den Vorteil, daß Programme in dieser höheren Sprache etwa doppelt so schnell ablaufen wie auf vergleichbaren Rechnern mit zwischengeschalteter Maschinenbefehlsebene.

Bild 21 zeigt die Lösung eines Teilproblems links mit Prozeßrechnern heutiger Struktur, rechts bei einer Sprachenmaschine. Ganz links der Quellcode in Assemblersprache
und die 1:1 Abbildung im Hauptspeicher. Daneben die Formulierung in einer höheren
Sprache, die umgewandelt in Maschinencode etwa den 2-3fachen Speicherplatz und die
etwa 2-3fache Laufzeit benötigt. Wird die Befehlsstruktur des Rechners von vornherein
der höheren Sprache angepaßt, ergibt sich eine Speicherplatzreduzierung auf 25-50 %

(rechts im Bild). Dort wird die höhere Sprache in einen Zwischencode umgewandelt, der direkt von einem Firmwareinterpreter abgearbeitet wird. Der Firmwareinterpreter ist im schnellen Mikroprogrammspeicher abgelegt, wodurch eine Laufzeit erzielt wird, die unter Umständen noch unter der des Assemblerprogramms liegt.

Wir können für Anwendungen der Zukunft davon ausgehen,
- daß die Mikroprogrammierung für Hardware und Software freiere Entwurfsverfahren bietet,
- daß die bisher festgeschriebene Schnittstelle zwischen Hard- und Software entfällt und damit der Zwang, auf einer für den Anwendungsfall nicht optimale Maschinenbefehlsliste aufbauend die Software optimieren zu müssen,
- daß für jeden Anwendungsbereich das gemeinsame Optimum gesucht werden kann,
- daß die Schnittstelle Software/Mikroprogramm problemspezifisch und nicht hardwarebezogen festgelegt werden kann und damit auch dem durch die Hardware-Innovation verursachten "Verfall" der Software - gemeint ist die unwirtschaftliche Software-Lebensdauer - entgegengewirkt wird.

Sichtgerätesysteme

Eine weitere wichtige Entwicklungstendenz in der Anwendung der Prozeßrechnertechnik
der letzten Jahre betrifft die Schnittstelle zwischen Rechner und Bedienungs- bzw. Wartenpersonal. So kamen mit den graphischen Sichtgeräten Mittel der Kommunikation zum
Einsatz, die für das Wartenpersonal neu waren. Ihre funktionelle und gestaltungsmä-
ßige Eingliederung in die Warte ist z.Zt. noch nicht abgeschlossen.

Gegenüber der herkömmlichen Informationsdarstellung z.B. über Mosaikschaltbilder
bringt der Sichtgeräteeinsatz zwei wesentliche Neuerungen. Anstelle der Anzeigentafel
und der damit verbundenen festen Zuordnung jedes Anlagenteiles wird eine vom Prozeßzustand abhängige Auswahl und Anzeige von Teilanlagen vorgenommen. Anstelle des hardwaremäßigen Umrüstens von Anzeigetafeln bei jeder Erweiterung der Prozeßanlage werden
abgespeicherte Bilder von Anlagenteilen im Rechner verändert. Beide Komplexe, das
prozeßabhängige Selektieren der jeweils wesentlichen Informationsmenge und das einfache Ändern von Anlagenbildern bedingen - wie wir heute wissen - einen nicht zu un-
terschätzenden Softwareaufwand. Er reicht sowohl hinsichtlich seines Entwicklungsauf-
wandes wie auch hinsichtlich Prozessor- und Kanalwerksbelastung unter Umständen in
die Größenordnung von Betriebssystemen, eine Relation, die in vielen Fällen den
wirtschaftlichen Einsatz von interaktiven Sichtgeräten in der Warten heute noch
in Frage stellen. Doch auch hier beobachten wir ernsthafte Versuche, unter Ausnutzung der Fortschritte der Halbleitertechnologie zu neuen, softwaregünstigeren
Systemstrukturen zu gelangen.

Bild 22 zeigt schematisch den Aufbau eines Sichtgerätesystems. Rechts der Komplex
Bildbeschreibung, der über eine eigene Bildbeschreibungssprache die Projektierung
der Sichtgerätebilder erlaubt. Neben der statischen, unveränderlichen Bildgraphik
werden die prozeßabhängigen Bildelemente (z.B. die verschiedenen Stellungen eines bestimmten Schalters) sowie Art und Ort der eingeblendeten Prozeßwerte beschrieben. Die
projektierten Bilder werden über einen Bilddatengenerator umgewandelt und in einer
Bilddatenbank abgelegt. Abhängig vom Prozeßzustand wird die Bilddatenbank entweder
laufend oder vor Ausgabe auf ein Sichtgerät aktualisiert.

Da es unsinnig wäre, die Anwenderprogramme mit der Struktur der Bilddatenbank zu belasten, ist die gemeinsame Nahtstelle zum Sichtgeräteprogramm technologisch orientiert
(z.B. Werk Neustadt, 25 kV-Netz, Abzweig 456, Sammelschienentrenner 2, EIN). Über
diese technologische Nahtstelle erfolgt auch die Bildausgabe und der Bildwechsel
(z.B. Werk Neustadt, 25 kV-Netz).

Bei einer Erweiterung oder Änderung der Prozeßanlage müssen die abgespeicherten Bilder
dieser Erweiterung angepaßt werden. Soll dies vom Betriebspersonal vorgenommen werden,

ist bei größeren Anlagenkomplexen eine softwareorientierte Bildbeschreibungssprache hinderlich. Hier bietet sich an, das Anlagenbild z.B. mittels Lichtgriffel und technologisch orientierter Bildelemente, wie Leistungsschalter, Abzweige, Trenner, umzuzeichnen. Eine faszinierende Methode, deren Auswirkungen allerdings nicht bei der Sichtgerätesoftware haltmachen, sondern ebenso die Anwenderprogramme betreffen.

Bild 23 zeigt die einzelnen Funktionen eines Sichtgerätesystems und deren Zusammenhang. Die unterste Schicht steht in mehr oder weniger direktem Bezug zu den bei Sichtgeräten vorkommenden Ein- und Ausgabemedien, wie Drucker, Monitor, Rollkugel u. dgl. In der darüber liegenden Schicht werden Daten der Bilddatenbank anhand vorgenerierter Listen geprüft, identifiziert und transferiert. Hinzu kommen Aufgaben der Sichtgerätekoordinierung und der Listengenerierung.

Bei der Realisierung dieser Funktionen zeigt sich eine zunehmende Substitution von Hardware durch Firmware und eine Verlagerung des Sichtgerätesystems aus dem prozeßführenden Rechner in eigene Sichtgeräterechner. Mußte bisher die Sichtgerätesoftware auf die Softwarestruktur des prozeßführenden Rechners zugeschnitten werden (gemeint sind z.B. Laufbereichslänge, Programmprioritäten, Common-Bereiche usw.), so kann beim Sichtgeräterechner auf eine zugeschnittene, integrierte Hardware-Software-Lösung zurückgegriffen werden. Dies ermöglicht zum Beispiel,den Bildwiederholspeicher in den Speicher des Sichtgeräterechners zu verlegen und die Datenstruktur des Bildwiederholspeichers auf die Sichtgerätesoftware auszurichten und nicht wie bisher erforderlich, auf eine minimale Rechnerschnittstellenbelastung.

Das bedeutet für die Anwendung die Erschließung neuer Möglichkeiten. Der technologische Fortschritt bei den Anzeigeneinheiten selbst ist nicht abgeschlossen (Plasmadisplays..). Durch Nutzung der Möglichkeiten der Mikroprogrammierung wird auch hier eine Anpassung an veränderte Hardwareeigenschaften erleichtert. Eine weitestmögliche Abgrenzung der graphischen Funktionen von Aufgaben der eigentlichen Prozeßsteuerung erscheint auch aus der Sicht der noch im Fluß befindlichen anthropotechnischen Untersuchungen über die Wartengestaltung sinnvoll.

<u>Zusammenfassung</u>

In der Einleitung wurde die etwas provozierende Aussage getroffen, die Rechneranwendung befinde sich am Ende einer Strukturepoche. Gründe für diesen Eindruck liegen
vor allem in den enormen Fortschritten der Halbleitertechnologie, die noch lange
nicht abgeschlossen sind. Sie werden sich auswirken auf

- die Integration von Informationselektronik und Prozeßrechnertechnik
- die Struktur der Automatisierungssysteme
- die Struktur der Rechner (z.B. Spezialrechner, z.B. Multiprozessorsystem)
  und auf
- die Integration von Hardware und Software (z.B. Softmaschine, z.B. Sichtgeräterechner)

Dazu zusammenfassend nochmals die wichtigsten Aussagen:

1. Wir erleben über die ganze Breite der Automatisierungstechnik die Verschmelzung
   von Informationselektronik und Prozeßrechnertechnik.
2. Die Anwendung der freiprogrammierbaren Einheiten ist gekennzeichnet durch die Bereitstellung abgestufter Projektierungs- und Inbetriebnahmewerkzeuge vom einfachen
   Programmierkoffer bis zur automatischen Dokumentation mit Rückübersetzung.
3. Die Prozeßrechnertechnik wird in vielen Bereichen von Problemen und Lösungen der
   Informationselektronik leben und lernen. Geräte und Methoden der Informationselektronik werden bei Innovationen Pate stehen.
4. Die Fortschritte der Halbleitertechnologie haben Speziallösungen technisch möglich gemacht, der wachsende Markt macht sie auch wirtschaftlich vertretbar.
5. Die Konzentration der Aufgaben auf einen zentralen Rechner ist nicht mehr nötig.
6. Durch Aufteilung der Automatisierungsaufgaben ergeben sich eine Fülle neuer Strukturen. Der Entwurf neuer Konzepte wie Automatisierungsinsel, Bussysteme mit
   dezentraler Vorverarbeitung oder die Zuordnung von Rechnern und Automatisierungsfunktionen sind Beispiele dafür.
7. Mit der Verlagerung von Automatisierungsaufgaben auf verteilte Rechner gewinnt
   das Problem der Kommunikation neue Dimensionen. Hier ist der Stand der Technik
   gekennzeichnet durch anwendungsorientierte Lösungen von Rechnernetzen, die vom
   Datenverbund über den Funktionsverbund bis zum Sicherheitsverbund reichen.
8. Leistungen nach Funktionen, wie sie heute nur Großrechnernetze bieten, werden
   auch in Prozeßrechnernetzen zu fordern sein. Dazu gehört der Sicherheitsverbund
   ebenso wie eine netzorientierte Softwareerstellungstechnik und der Zugriff zu
   verteilten Datenbanksystemen.
9. Die wirtschaftliche Erschließung neuer Anwendungsbereiche und die Möglichkeiten
   der neuen Halbleitertechnologie führen zu neuen Rechnerstrukturen.
10. Beim Multiprozessorsystem stellt z.Zt. die Beherschung der Betriebsmittelorganisation eine praktische Grenze dar, die eine breite industrielle Anwendung erschwert.

11. Die Nutzung der Mikroprogrammierung wird größere praktische Bedeutung gewinnen.
    Sie ermöglicht eine Anpassung der Befehlsstruktur und Rechnerorganisation an
    unterschiedliche Anwendungsbereiche.

Der aufgezeigte Strukturwandel wird nicht abrupt erfolgen, sondern als stetiger Prozeß, der deshalb langwierig verläuft, weil Kostenfaktoren, Betriebssicherheit, Er-
probungszeiten und vielfältige Lernprozesse damit einher gehen.

Am schnellsten verläuft der Innovationsprozeß bei abgrenzbaren Spezialanwendungen,
wo in nächster Zeit mit einer Fülle von Individuallösungen zu rechnen ist.

Am schwierigsten wird der Erneuerungsprozeß bei der Integration Informationselektronik und Prozeßrechnertechnik sein, wo neue Systemlösungen für kombinierte Aufgaben
des Messens, Steuerns, Regelns, Überwachens und der modernen Methoden der Prozeßführung zu suchen sein werden. Ihrer Einführung muß eine umfangreiche Erprobung
vorausgehen. Nur so ist eine wirtschaftlich vertretbare Systemlebensdauer zu erreichen, die den Aufwand an Schulung, Projektierung und Inbetriebnahme-Know-How
rechtfertigt.

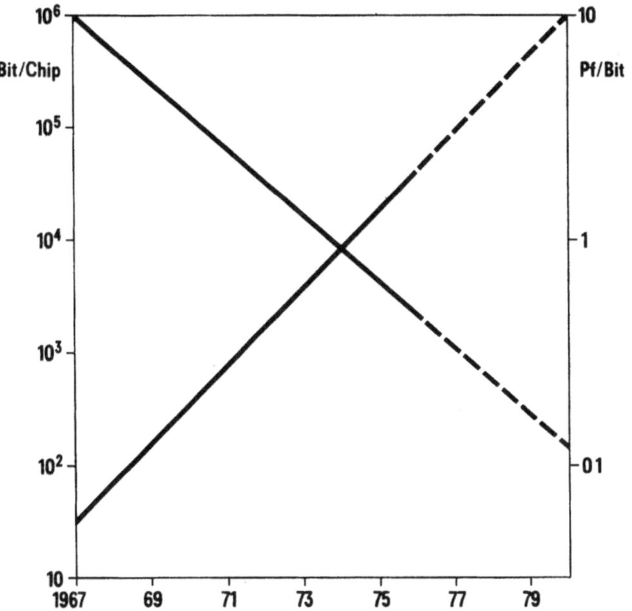

Bild 1: Integrationsdichte und Kosten bei Halbleiterspeichern

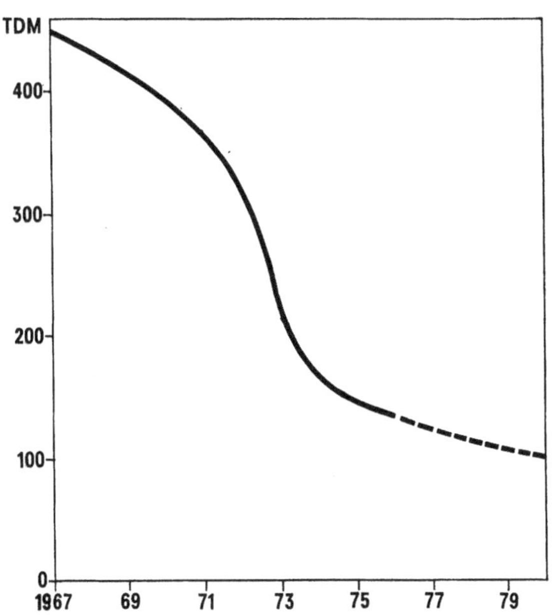

Bild 2: Durchschnittswerte der gelieferten Prozeßrechner (BRD)

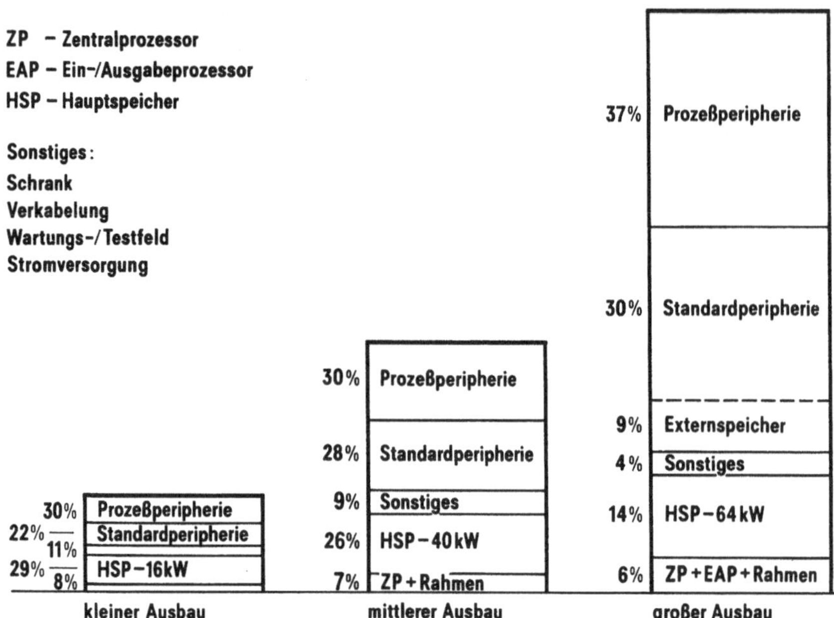

Bild 3: Kostenanteile der Prozeßrechner – Hardwarekomponenten

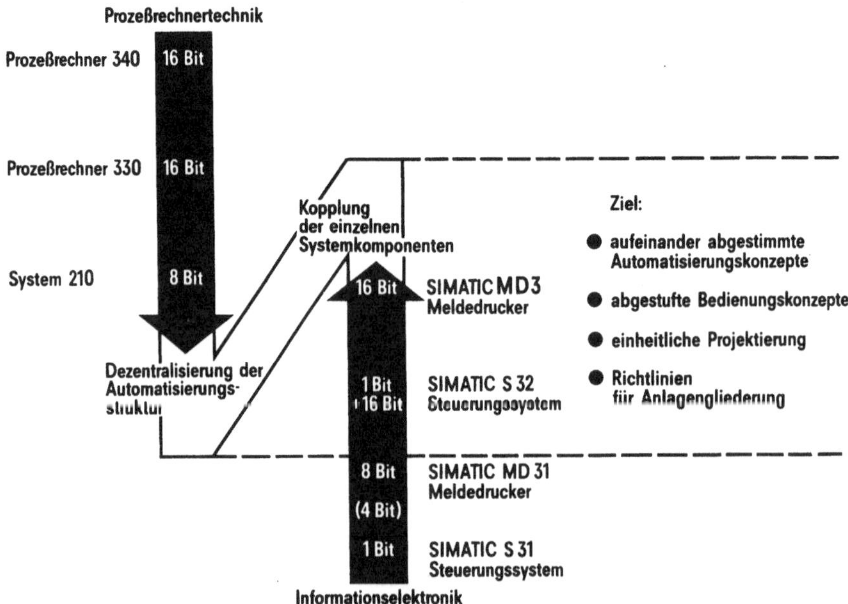

Bild 4: Integration von Informationselektronik und Prozeßrechnertechnik

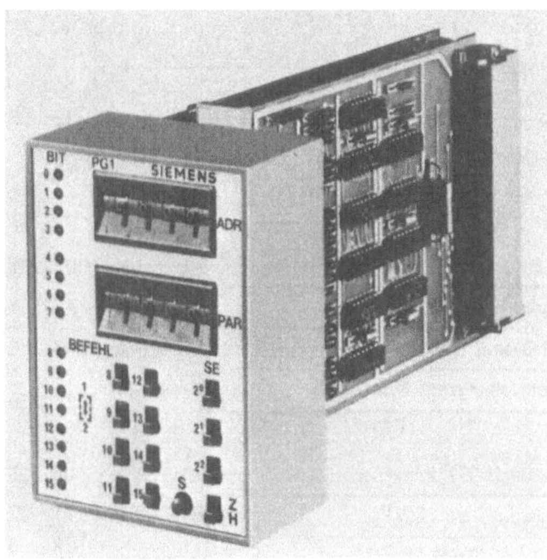

Bild 5:
Programmiergerät
für Ablaufsteuerungen

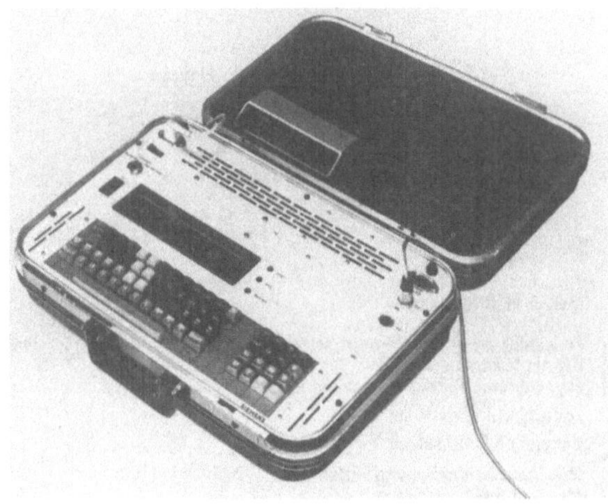

Bild 6.
Transportables
Programmiergerät

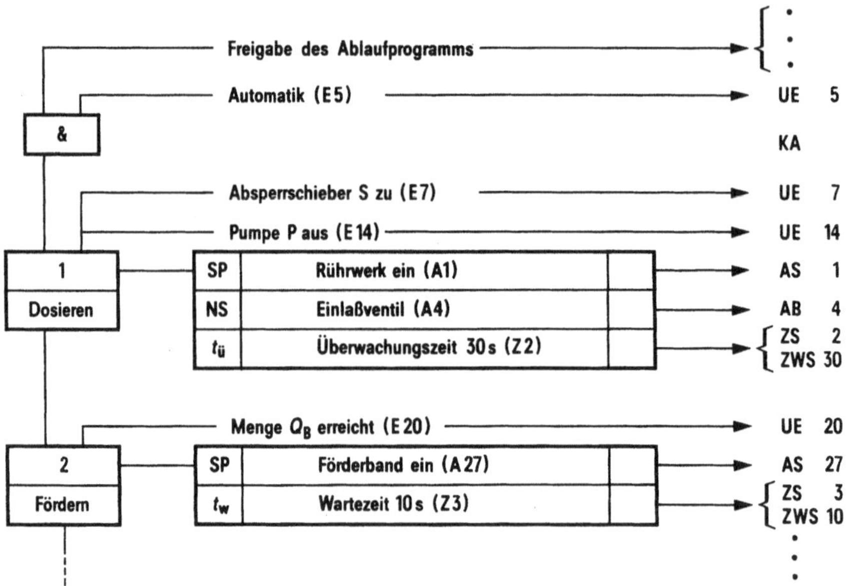

Bild 7: Programmierung einer Ablaufsteuerung

```
**  STEP C
*   STEUERUNG:            15
*   TAETIGKEIT:           EDIT
*   EINRICHTEN:           +
*   ZYKLUS/SEC:           4
*   1.ABL.-SCHRITT:       99
*   REZEPTPUFFER:         6
*   CHARGENPUFFER:        -
*   FUEHR.STEUERUNG:      2
***

SIMAT*C-EDITOR-JOB 0/712-1 START
ZULAESSIGE ANWEISUNGEN : /E /P /* /^

    1: STEUERUNG:         15
    2: ZYKLUS/SEC:        4
    3: REZEPTPUFFER:      6
    4: FUEHR.STEUERUNG:   2
    5: SCHRITT:           1
    6: UN:                V11
    7: UN:                V12
    8: BE:
    9: MS:                H10
   10: SCHRITT:           2
   11: U:                 N1
   12: BE:
   13: ML:                H10
   14: SCHRITT:           3
   15: U:                 H10
   16: U:                 M1000
   17: BE:
   18: ER:                5
   19: ZS:                2
   20: SCHRITT:           4
   21: U:                 ZZZ
   22: BE:
   23: AS:                S4000
   24: SCHRITT:           5
   25: ON:                H10
   26: ON:                M1000
   27: BE:
   28: AL:                S1000
   29: ZL:                2
   30: ENDE
   31: /*

SIMAT*C-EDITOR-JOB 0/712-1 ENDE
```

/E Geräteumschaltung für Eingabe

/P Protokoll gewünscht

/* Ende

/^ Letzte Eingabe löschen

Merker H 10 setzen

Merker H 10 löschen

Zeitzähler 2 auf den Zeitwert setzen, der als 5. Parameter in dem der Steuerung zugeordneten Rezept angegeben ist

Zeitzähler 2 abgelaufen

Ausgang S 4000 setzen

falls Einschaltbedingung entfällt, Ausgang S 4000 löschen

Zeitzähler 2 löschen

Prozeßrechnerausgabe   Bedienereingabe   Kommentar

Bild 8: Aufbau einer Ablaufsteuerung im Dialog

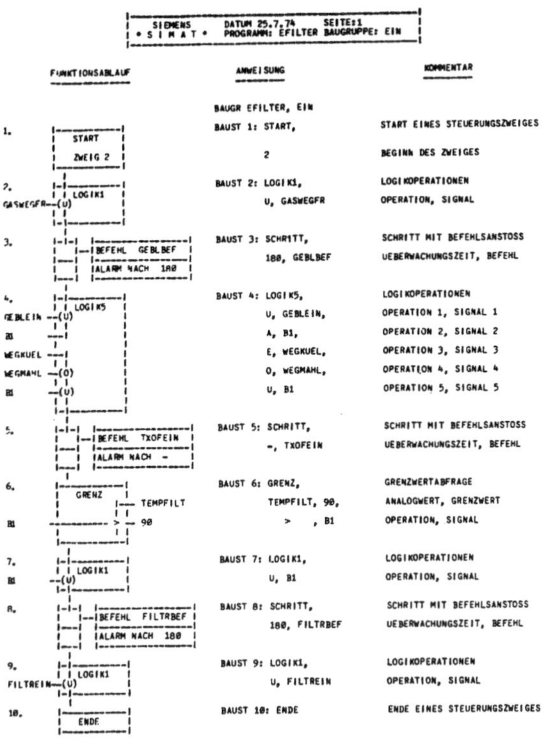

Bild 9: Dokumentation durch Rückübersetzung

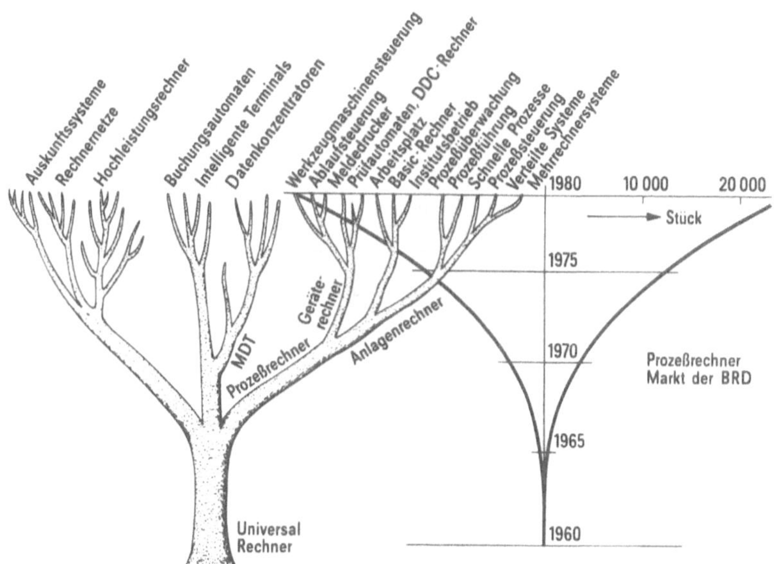

Bild 10: Vom Universalrechner zum Spezialrechner

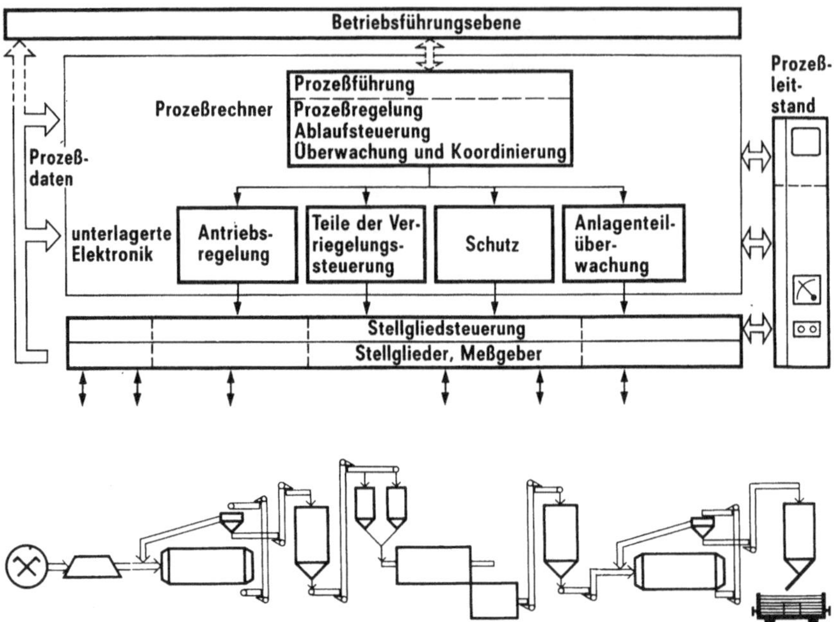

Bild 11: Bisherige Automatisierungsstruktur einer Großanlage

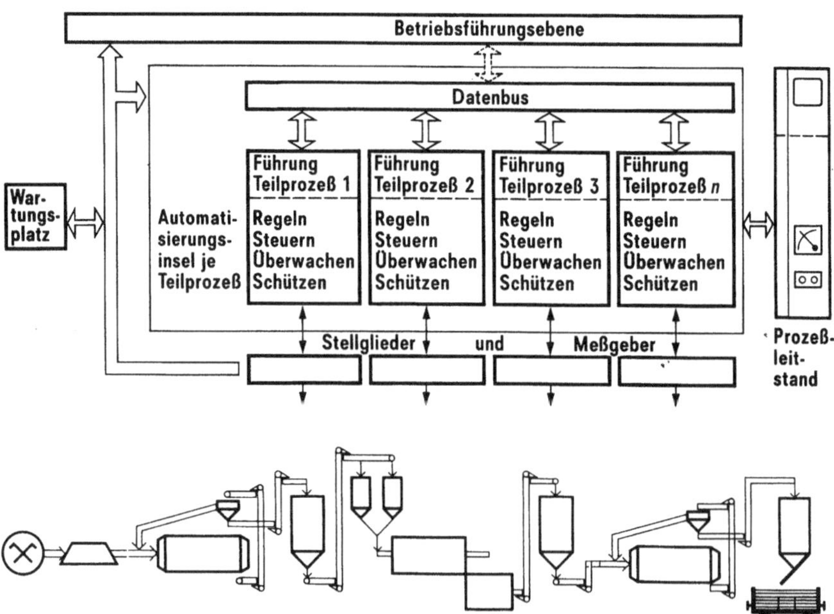

Bild 12: Automatisierungsinseln in einer Produktionsanlage

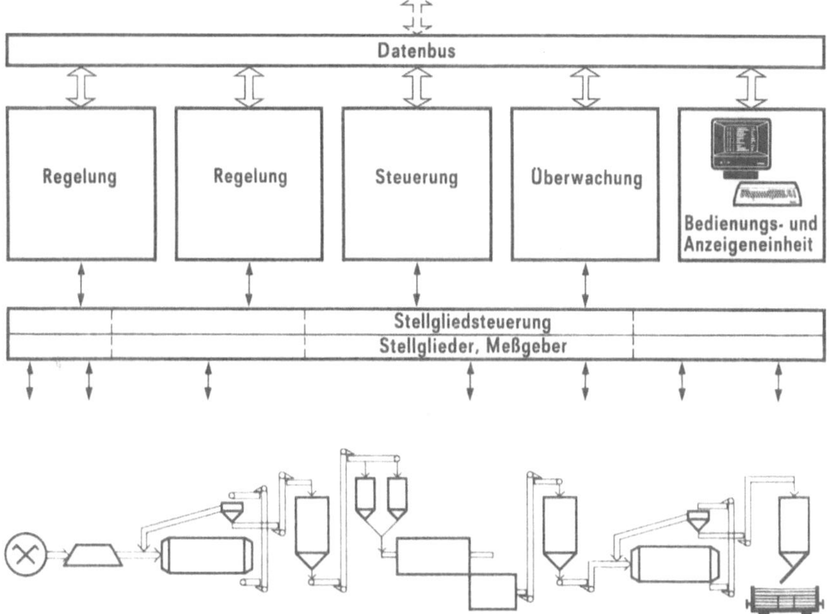

Bild 13: Aufteilung nach Automatisierungsfunktionen

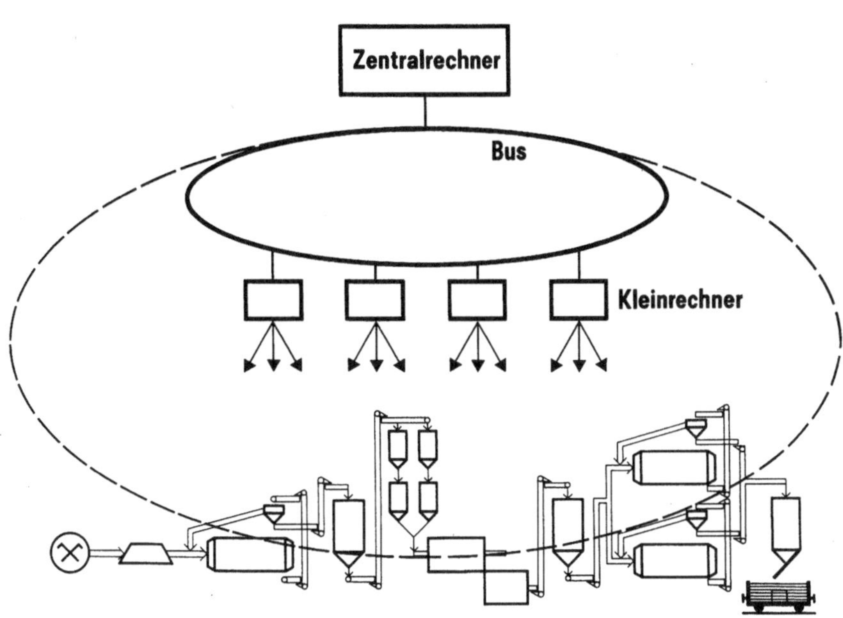

Bild 14: Bussystem und dezentrale Vorverarbeitung

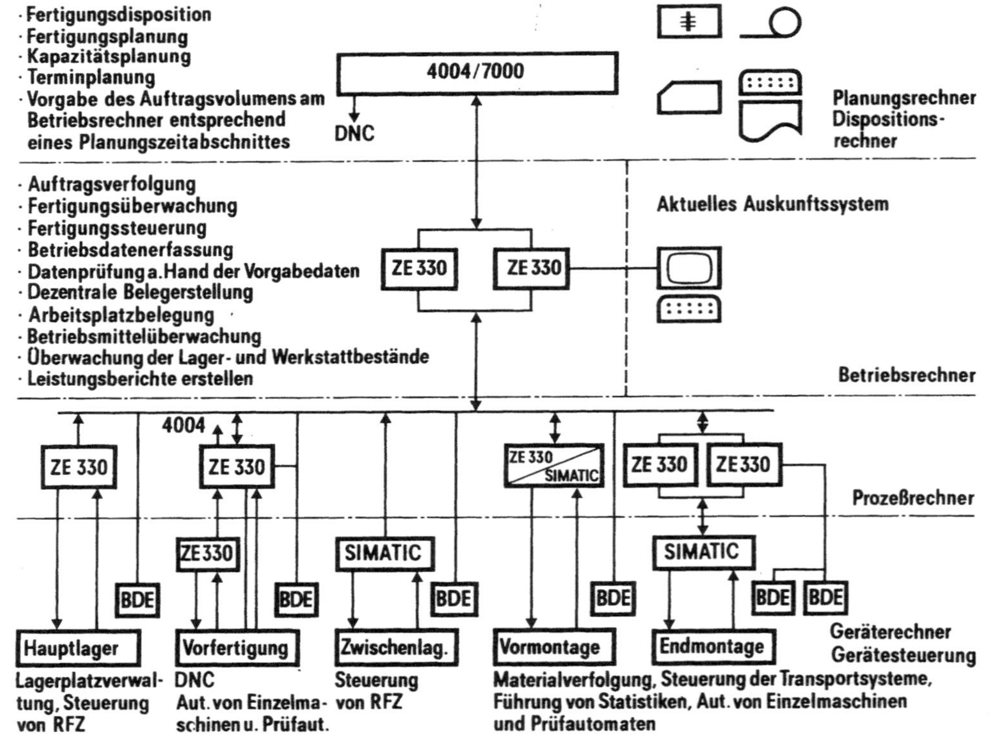

Bild 15: Aufgabenverteilung bei der Automatisierung einer Fertigung

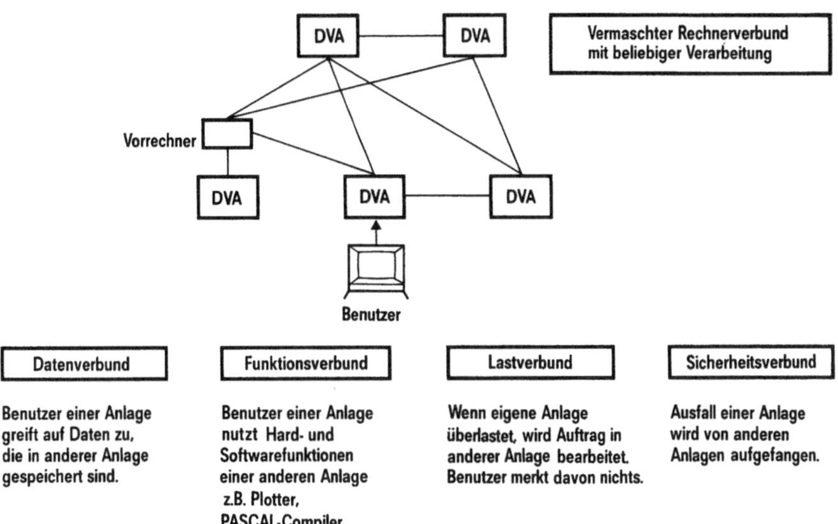

Bild 16: Betriebsarten eines Rechnerverbundsystems

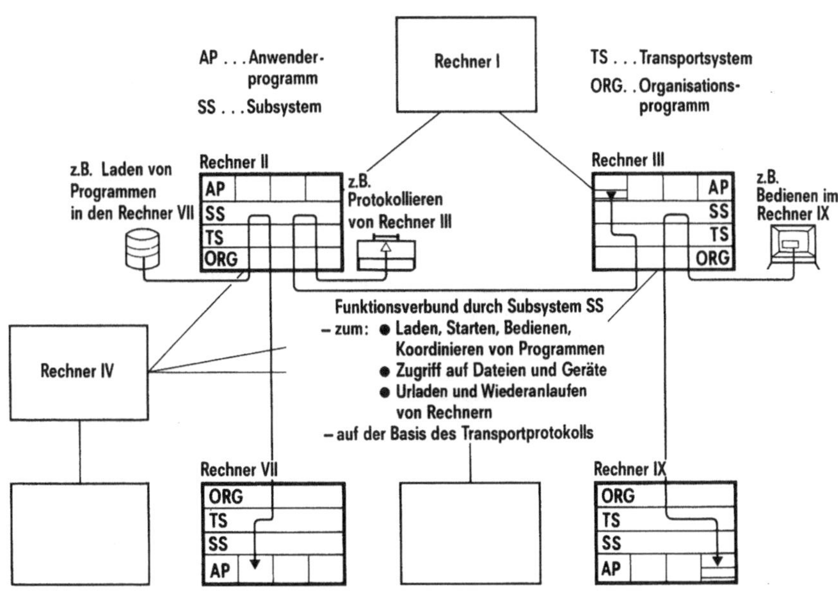

Bild 17: Anforderungen an die Software beim Rechnerverbund

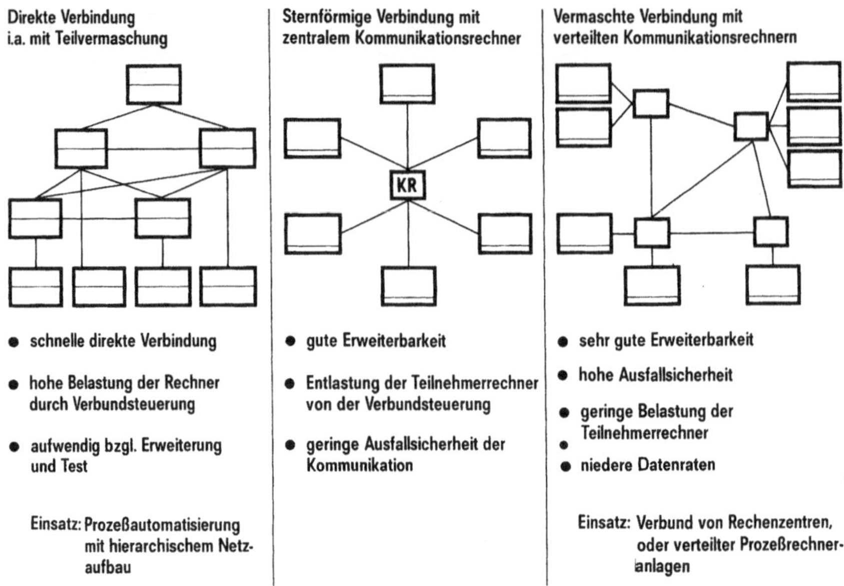

Bild 18: Aufbau von Rechnernetzen

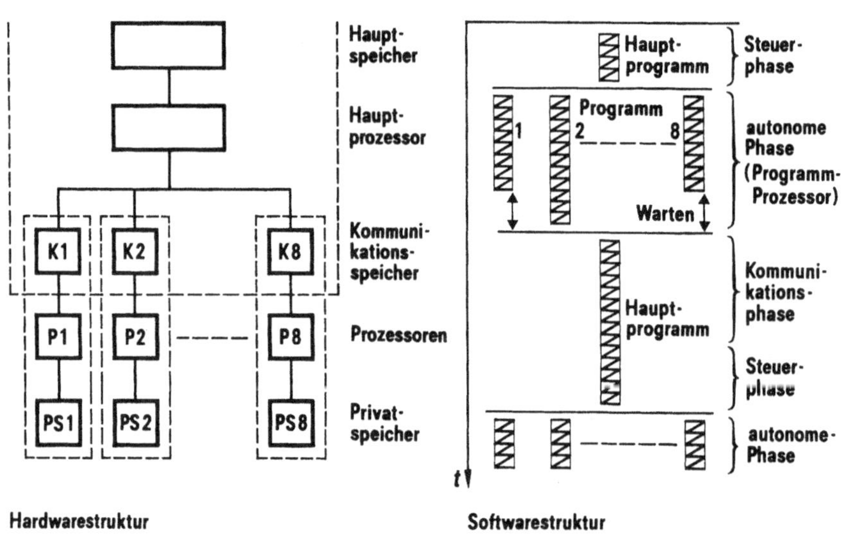

Bild 19: Beispiel eines Mehrprozessorsystems

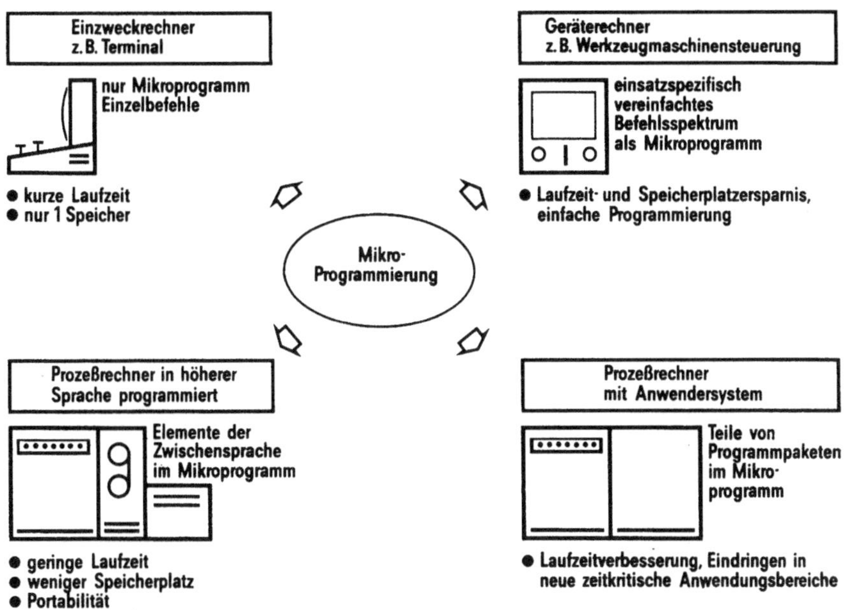

Bild 20: Anwendungen der Mikroprogrammierung

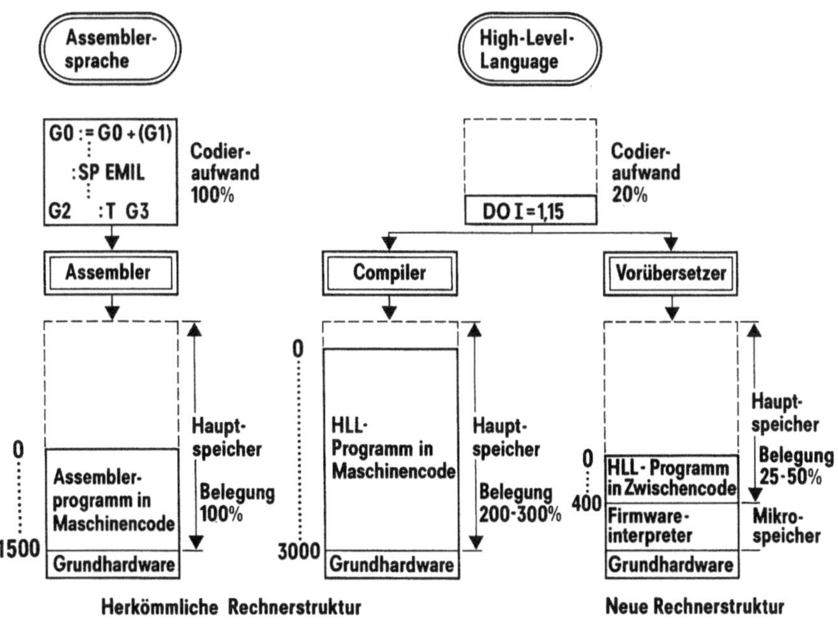

Bild 21: Einfluß der Mikroprogrammierung

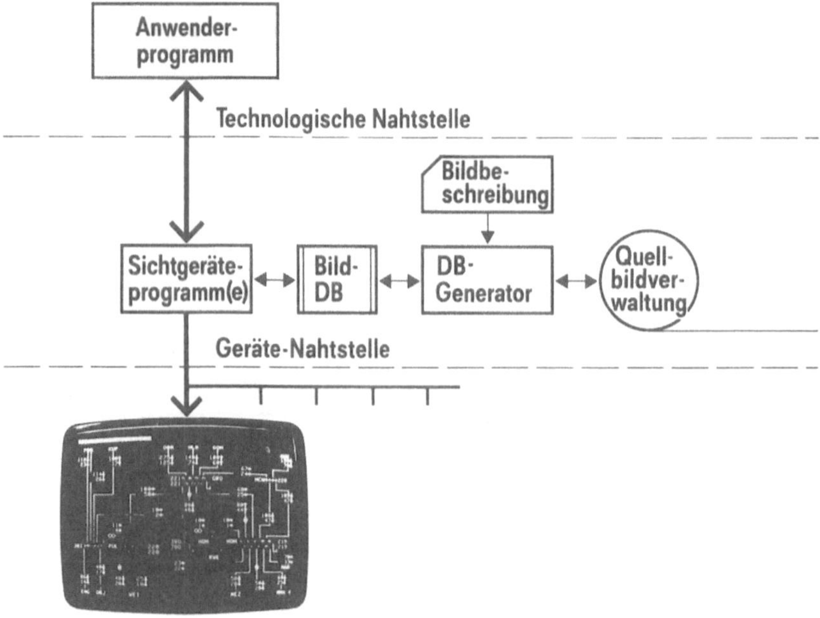

Bild 22: Aufbau eines Sichtgerätesystems

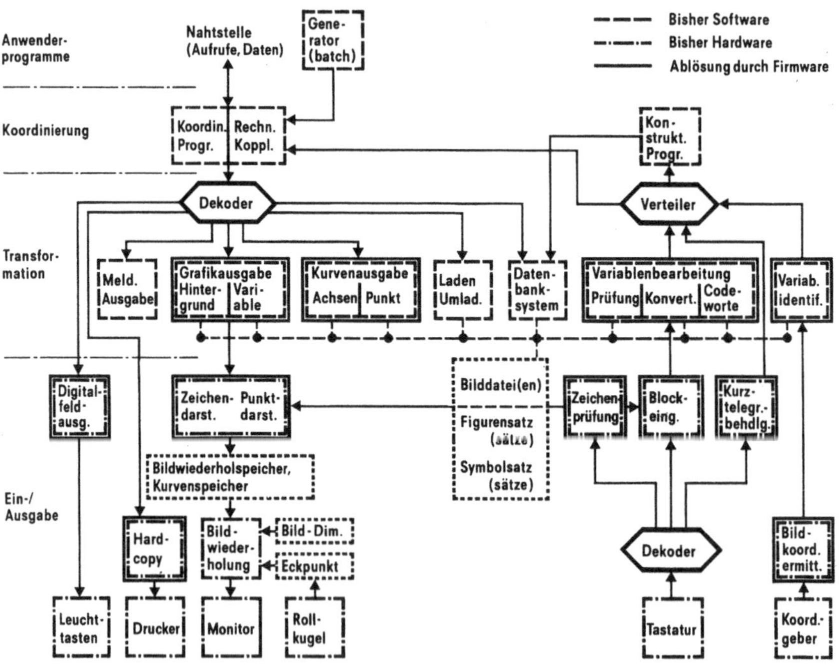

Bild 23: Funktionen eines Sichtgerätesystems

W. Heusler, Berlin

Rationalisierung der Softwareerstellung

In einer deutschen Computer-Fachzeitschrift wurde im April 1976 berichtet: "Die Produktivität der japanischen Softwarebranche soll bis 1980 verfünffacht werden. Parallel dazu sollen die Zuverlässigkeit der Software auf das Sechs- bis Siebenfache gesteigert und die Produktionskosten auf ein Viertel des derzeitigen Niveaus gesenkt werden. Um diese Ziele zu erreichen, plant das jetzt von 17 japanischen Softwarehäusern gegründete Gemeinschaftsunternehmen Kyodo-Software-Development-Corporation innerhalb der nächsten 5 Jahre ein umfangreiches Forschungs- und Entwicklungsprogramm, das mit 65 Mio DM Zuschüssen vom japanischen Ministerium für Internationalen Handel und Industrie finanziert werden soll".

Man würde bei einer solchen Meldung zur Tagesordnung übergehen, wenn man beruhigt sagen könnte: In unserem Lande gibt es dieses Problem nicht. Unsere Software-Produktionskosten liegen bereits in einem erträglichen Rahmen. Alle Fachleute sind sich jedoch einig: Die Praxis sieht anders aus. Als Folge dieses Zustandes entstehen eine Reihe schwerwiegender Probleme mit einem Kettenreaktionseffekt, der - bezogen auf die Prozeßrechentechnik - kurz wie folgt beschrieben werden kann.

- Der Bedarf an ausgebildetem und erfahrenem Personal kann nicht gedeckt werden.

- Trotz ständig fallender Hardwarepreise werden die Aufwendungen zur Realisierung von Automationsvorhaben wegen der hohen Softwarekosten kaum fallen.

- Damit tritt eine Beschränkung des Automationsfortschrittes in weiten Bereichen der deutschen Industrie ein.

- Die Folge dieser Beschränkung sind zu hohe Produktionskosten, die bei heute personalintensiven Fertigungen ständig steigen.

- Dadurch entstehen Konkurrenznachteile im internationalen Geschäft sowohl in direkter Form (durch hohe Softwarekosten bei der Lieferung von Automationsanlagen) als auch in sekundärer Weise (durch hohe Produktionskosten von Investitions- und Gebrauchsgütern).

Das Bundesministerium für Forschung und Technologie hat in richtiger Beurteilung dieser Sachlage und Zusammenhänge die Förderung der Softwaretechnologie zu einem Schwerpunkt des dritten DV-Programmes gemacht.

Aus der Fachpresse und von internationalen Tagungen ist bekannt, daß weltweit Anstrengungen in Theorie und Praxis durch Forschung, Methodenentwicklung, Piloterprobungen, durch Schulung und zum Teil schon durch praktischen Einsatz verschiedener Methoden unternommen werden, um dem allgemein erkannten Mangel zu begegnen. Wie später noch deutlich werden wird, kann dieser Weg nicht geradlinig zu dem gewünschten Ziel führen sondern besteht aus einer Vielzahl unterschiedlicher Ansätze mit mehr oder weniger über eine spezielle Situation hinausragender Bedeutung. Viele Erfolge sind projekt- und situationsabhängig und können nicht verallgemeinert werden.

Ziel dieses Referates ist es weder, eine neue Methode vorzustellen, noch ein Kompendium über den heutigen Stand der Softwaretechnologie in Theorie und Praxis zu geben, sondern Verständnis für die Bedeutung dieses Problems zu wecken sowie Zusammenhänge und Lösungsansätze aufzuzeigen.

Die Softwareerstellung bei Prozeßrechensystemen

Die meisten der heute bekannten softwaretechnologischen Methoden und Hilfsmittel haben ihren Ursprung im Bereich der allgemeinen, oder noch eingegrenzter, der kommerziellen Datenverarbeitung. Sie versuchen primär, die dort bekannten Probleme zu lösen und sind nur bedingt oder in übertragener Form auf die Prozeßrechentechnik anwendbar. Deshalb ist es notwendig, einmal die besonderen Probleme dieses Arbeitsgebietes herauszustellen.

Die Mehrzahl der Prozeßrechensysteme zählt bezüglich ihrer Hardwareausstattung zu den kleinen Systemen. Dies gilt sowohl für die Speichergrößen - häufig werden reine Hauptspeichersysteme eingesetzt - als auch für die Datenperipherie. Daraus resultierend ist der Bedienungskomfort für die Programmerstellung gering. Der Ausweg, die Programmerstellung auf größeren Systemen durchzuführen, trägt nur in bestimmten Arbeitsphasen zur Entlastung bei und scheitert zum Teil an dem fehlenden Zugang zu geeigneten Hostrechnern bzw. an mangelnder Investitionsbereitschaft zur Aufrüstung der Prozeßrechensysteme. Fallende Hardwarepreise werden hier sicher mehr und mehr Entlastung bringen, jedoch muß das Verständnis der Anwender für den Zusammenhang von Softwareproduktionskosten und Hardwarekosten noch verbessert werden.

Die Leistungsanforderungen an Prozeßrechensysteme bezüglich Verarbeitungsleistung und Reaktionszeit sind, wenn auch häufig nur für wenige kritische Aufgaben, sehr hoch. Die Folge davon ist die heute in der Anwendungsprogrammierung noch weit verbreitete Benutzung der Assemblersprache, die aufgrund ihres Niveaus die Programmierkosten von vornherein erheblich in die Höhe treibt und die Nutzung moderner Programmiermethoden behindert. Auch hier verbessert sich die Situation durch die Fortschritte der Hardware-entwicklung bezüglich der Preise und der Leistung ständig, so daß der Einsatz höherer Programmiersprachen erleichtert wird.

Prozeßrechensysteme sind immer Echtzeitsysteme mit einem hohen Komplexitätsgrad des Programmsystems bezüglich des Daten- und Funktionsverbundes. Dadurch wird sowohl der Entwurf als auch die Realisierung und Maintenance erschwert.

Die zu lösenden Aufgaben werfen oft neue technologische und meßtechnische Probleme auf, die zu Anpassungen und Änderungen während der Inbetriebnahme und Probebetriebsphase führen. Dazu müssen von vornherein beim Entwurf Vorkehrungen getroffen werden. Andererseits werden die Systeme nach Abschluß dieser Phase häufig nie mehr geändert, und die Systeme sollen letztlich auf diesen Endzustand hin optimiert werden.

Die Inbetriebnahme eines Prozeßrechensystems zusammen mit der Anlage muß meistens ohne Unterstützung durch ein Rechenzentrum mit dem entsprechenden Komfort für die Programmerstellung geschehen. Andererseits müssen Programme sehr schnell an die bei der Inbetriebnahme erkannten Änderungen angepaßt werden. Dies führt insbesondere beim Einsatz höherer Programmiersprachen zu Konflikten, wenn das Prozeßrechensystem selbst eine Programmproduktion nicht erlaubt.

Programmsysteme sind nur selten ohne oder mit geringen Änderungen mehrfach einsetzbar. Die spezifischen Anforderungen differieren selbst bei gleichem Kernproblem aufgrund der betrieblichen Gegebenheiten meist so stark, daß eine aufwendige Überarbeitung, wenn nicht ein Neuentwurf notwendig wird. Eine Produktivitätssteigerung durch Mehrfachverwendung kann nur erreicht werden, wenn die Anforderungen entsprechend reduziert werden bzw. eine gewisse Normierung eintritt. Auch dieses Argument muß sukzessive in das Bewußtsein der Anwender dringen.

Der größte zukünftige Personalbedarf liegt im Bereich der Anwendungssoftware. Um den richtigen Ansatzpunkt für methodische Maßnahmen zu erkennen, ist es notwendig, die Bearbeitungsphasen der Softwareerstellung und die Verteilung des Aufwandes zu betrachten.

Die Phasen lassen sich analog auch auf die Systemprogramm- und Standardsoftwareentwicklung übertragen.

Man kann im wesentlichen 5 große Projektphasen und eine Nachphase unterscheiden.

1. Systemanalyse und Systemdefinition: 25 %

2. Programmsystementwurf und Strukturierung: 15 %

3. Codierung: 10 %

4. Einzeltest und Systemtest: 25 %

5. Inbetriebnahme: 25 %

6. Systempflege

Die Prozentzahlen geben die Aufwandsverteilung an. Sie stellen Mittelwerte aus eigenen Erfahrungen und Literaturangaben dar. Für die Systempflege ist nur eine sehr stark schwankende Bereichsangabe möglich. Die Aufwendungen liegen beim 0,25 bis 10-fachen der eigentlichen Entwicklungskosten und hängen sehr stark von der Art und dem Umfang des Projektes und der Güte der Realisierung ab.

Die Dokumentation ist in ihren Aufwendungen den einzelnen Projektphasen zugerechnet.

Zur Erläuterung seien die einzelnen Phasen kurz erklärt:

Systemanalyse und Systemdefinition liefern als Ergebnis eine exakte Funktionsbeschreibung in Abstimmung mit dem Auftraggeber mit Angabe aller quantitativen und qualitativen Leistungsdaten.

Der Programmsystementwurf bildet die Grundlage für die folgende Realisierung. Er beinhaltet die Strukturierung des Gesamtsystems, die Modulaufteilung mit Festlegung von Daten und Funktionsschnittstellen sowie grobe Flußdiagramme.

Die Codierung stellt die Realisierung von Programmoduln mit Hilfe einer Programmiersprache dar.

Im Einzel- und Systemtest werden die Programme zunächst modulweise, dann in Zusammenschaltung (Systemintegration) von logischen Fehlern und Programmierfehlern befreit. Dabei wird im allgemeinen die echte Prozeßperipherie simuliert. Hierbei wird auch schon, soweit irgend möglich, das Zeitverhalten des Systems getestet.

Inbetriebnahme heißt, sukzessive Ankopplung an die Prozeßgeräte und den Prozeß und Erprobung des Systems unter realen Umweltbedingungen einschließlich Belastungs- und Dauertests.

Nach dem Anlaufbetrieb und der Übergabe an den Kunden beginnt die Systempflege, d. h. die Beseitigung von bisher nicht erkannten Fehlern während einer Garantiezeit und evtl. Ergänzung oder Modifikation nach ersten Betriebserfahrungen.

Die prozentuale Aufteilung des Aufwandes weist auf die fundamentale Bedeutung des Programmtests hin. Test, Systemtest und Inbetriebnahme nehmen etwa 50 % des Aufwandes in Anspruch. Hinzu kommt die Systempflege, in der ein wesentlicher Anteil ebenfalls die Fehlersuche ist. Der Aufwand steigt prozentual bei komplexeren Systemen.

Eine Analyse der Fehler zeigt, daß etwa 65 % Entwurfs- und Analysefehler sind und nur 35 % eigentliche Programmier- oder Codierfehler. Daraus ergibt sich der deutliche Hinweis, daß der Schlüssel in der methodischen Verbesserung der ersten beiden Phasen liegt, denn Fehler, die von vornherein vermieden werden, brauchen später nicht durch einen aufwendigen Test gefunden und beseitigt zu werden. Damit muß sich eine Verschiebung des Aufwandes bei gleichzeitiger Reduzierung des Gesamtaufwandes ergeben.

Der linear dargestellte Bearbeitungsablauf eines Projektes enthält selbstverständlich Rückkopplungen zwischen den einzelnen Phasen, so daß im allgemeinen ein mehrfaches Durchlaufen dieser Phasen erfolgt.

Ausserhalb der Prozeßdatenverarbeitung hat eine Erhebung im Herbst 1975 bei einer repräsentativen Gruppe von Anwendern mit Anlagen der Mittelklasse und größer folgende Aufteilung des Programmieraufwandes ergeben:

1. Problemdefinition 21 %

2. Programmplanung 21 %

3. Codierung 19 %

4. Übersetzungen 7 %

5. Test 22 %

6. Dokumentation 10 %

Hier fällt die Inbetriebnahme als Aufwand weg. Der Aufwand für Test und Übersetzungen liegt in derselben Größenordnung wie bei der Prozeßrechnerprogrammierung.

Softwaretechnologie, heutiger Stand und Erfolgschancen

Alle Anstrengungen auf dem Gebiet der Softwaretechnologie haben ein sehr einfach formulierbares Ziel:

Reduzierung des Aufwandes zur Herstellung korrekter, d.h. zuverlässiger Programme und Programmsysteme.

Teilziele, wie etwa die Erhöhung der Zuverlässigkeit von Programmen per se ohne Betrachtung des Aufwandes, sind im allgemeinen von untergeordneter Bedeutung.

Wenn wir Aufwand sagen, meinen wir in erster Linie Personalaufwand. Wie die noch im einzelnen zu betrachtenden Ansätze zeigen, geht diese Reduzierung des Personalaufwandes im allgemeinen einher mit einer Erhöhung des Betriebsmittelaufwandes, insbesondere der Rechenzeit. Bei der Entscheidung, bestimmte softwaretechnologische Methoden einzuführen, wird dieser Investitionsaufwand situationsbedingt eine Rolle spielen.

In der im Auftrag des Bundesministerium für Forschung und Technologie von der Diebold Deutschland GmbH durchgeführten Studie über "Einsatzmöglichkeiten softwaretechnologischer Methoden mit Normungseffekt", Forschungsbericht DV 76-03 vom August 1976 heißt es: "Die Softwaretechnologie erhebt den Anspruch, die in Softwareerstellung, Wartung und Einsatz auftretenden Probleme zu beseitigen oder zumindest nachhaltig zu verringern. Dabei wird in einem planmäßigen, methodischen Vorgehen, wie es in den Ingenieurdisziplinen ausgeprägt ist, das geeignete Mittel gesehen, den als zu teuer empfundenen Softwareerstellungs- und -wartungsprozeß zu rationalisieren sowie die gegenüber den Erwartungen zurückbleibenden Qualitäten der Softwareprodukte zu verbessern.

In dem knappen Jahrzehnt seit den ersten Ansätzen der Softwaretechnologie wurde bereits eine Vielzahl softwaretechnologischer Methoden entwickelt, zugänglich gemacht und mit zugeordneten Hilfsmitteln ausgestattet.

Einerseits kann daher bereits zwischen konkurrierenden Methoden ausgewählt werden. Andererseits stehen jedoch zahlreiche softwaretechnologische Methoden ungeordnet nebeneinander. Bekannte Probleme der Software selbst scheinen sich damit bei den Methoden zu wiederholen:

- Der Aufwand und die Kosten für die Einführung und den Einsatz softwaretechnologischer Methoden sind im Vergleich zum erzielten Nutzen zu hoch.

- Die Qualität der Methoden ist wegen fehlender Richtlinien und Vergleichsmaßstäbe weder qualitativ noch quantitativ bewertbar.

- Die Zielvorstellungen und Bedürfnisse der Methodenbenutzer werden nicht befriedigt.

- Softwaretechnologische Methoden in Verbindung mit Werkzeugen sind nicht verbreitungsfähig.

- Die den Methoden zugeordneten Hilfsmittel und Werkzeuge sind häufig fehlerhaft."

Die Diebold-Studie gibt einen sehr guten Überblick über die Situation und versucht eine Ordnung softwaretechnologischer Methoden, um daran Bewertungskriterien zu knüpfen. Sie arbeitet ferner Empfehlungen hinsichtlich einer Förerungsnotwendigkeit und Förderungswürdigkeit heraus.

Die Diebold-Studie hat über 50 konkrete Methoden herausgegriffen und eine Einordnung in ein Schema versucht. Darin enthalten sind die strukturierte Programmierung als Bündel von Methoden, die normierte Programmierung nach DIN 66220, die Technik des Chief-Programmer-Teams, aber auch Beschreibungsstandards wie ORGWARE oder BISAD, eine Fülle von Generatoren und Programmentwicklungswerkzeugen für den Dialogbetrieb wie z.B. COLUMBUS oder PET, aber auch neuere problemorientierte Programmiersprachen, und nicht zuletzt eine durch Softwarewerkzeuge unterstützte Methode zur schritthaltenden Projektüberwachung (PAC I).

Daraus lassen sich ca. 25 Methodentypen ableiten, bei denen zumindest <u>eine</u> konkrete Methode oder ein Konzept bekannt ist.

In der hier verfügbaren knappen Zeit soll der Versuch gemacht werden, eine kurze Übersicht mit Bezug auf die speziellen Probleme der Prozessdatenverarbeitung zu geben.

Als Orientierungshilfe wird eine Zusammenfassung der bekannten Methodentypen in folgende sechs Bereiche vorgenommen:

1. Rationalisierung durch Mehrfachverwendung von Software

2. Hilfsmittel der Systemanalyse und des Systementwurfs

3. Programmierungstechnologie

4. Test- und Integrationsstrategien

5. Projektstandards und Projektüberwachung

6. Teamaufbau

Selbst eine kurze Charakterisierung, die nun folgen soll, erfordert teilweise weitere Unterteilungen.

1. Rationalisierung durch Mehrfachverwendung von Software

Dieses Mittel ist so alt wie die Datenverarbeitung über programmierbare Rechner. Es reduziert nicht die Erst-Erstellungskosten sondern erhöht sie im allgemeinen erheblich, da das Merkmal der Mehrfachverwendbarkeit sowohl bei der Festlegung des Funktionsumfanges eines Programmes als auch bei der Realisierung berücksichtigt werden sollte. Die Chance zur Mehrfachverwendbarkeit hängt sehr entscheidend davon ab. Die Portabilität auf verschiedene Rechnertypen hängt von der Programmiersprache und den Betriebssystemschnittstellen ab.

Man kann drei Bereiche unterscheiden:

-1 Problemorientierte Algorithmen und Bausteine

Hier handelt es sich meistens um kleinere Einheiten, die in sehr unterschiedlichen technologischen Aufgabenbereichen und Systemstrukturen verwendet werden können.

Beispiele sind:

- Mathematische Algorithmen

- Regelungsfunktionen

- Statistikprogramme

- Protokollfunktionen

- Datenzugriffsfunktionen

- Meßwerterfassungsfunktionen

Entscheidend für die Mehrfachverwendbarkeit derartiger Bausteine ist eine gute Dokumentation und eine leicht zugängliche Katalogisierung mit geeigneten Zugangsschlüsseln (Schlagwörtern). Für den potentiellen Benutzer muß der Nutzen augenfällig und der Erschließungsaufwand klein sein.

Das Bereitstellen einer für diesen Zweck geeigneten Dokumentation und die Organisation eines kurzfristigen Zugriffs erfordert Aufwand. Bisher sind diese Dinge bestenfalls auf Firmen- oder Institutsebene realisiert, im Bereich der Prozeßrechentechnik sind sie selten.

-2 Funktions- und technologieorientierte Pakete

Seit vielen Jahren werden, hier auch im Bereich der Prozeßrechentechnik, von verschiednen Herstellern Programmpakete angeboten, die auch als Standard-Anwendungssoftware bezeichnet werden. Sie sind zur Lösung spezialisierter Aufgaben gedacht und werden durch anwendungsspezifische Parametertabellen so modifiziert, daß sie das spezielle Problem beherrschen. Zusätzlich ist meist die Erweiterungsmöglichkeit um anwendungsspezifische Funktionen vorgesehen. Diese tabellengesteuerten Programmpakete, die meist auch durch projektspezifische Funktionen erweitert werden können, sind einer formalen problemorientierten Sprache äquivalent. Der jeweilige Anpassungsaufwand ist verhältnismäßig gering.

Die Pakete sind entweder funktionsorientiert und damit für bestimmte Typen von Anwendungen technologieunabhängig einsetzbar oder enthalten starke technologische Komponenten meist in Form eines Prozeßmodells

Beispiele für die erste Art sind Pakete wie MADAM (Siemens), PROSPRO (IBM), ARSI (AEG-TELEFUNKEN), die im wesentlichen Meßwerterfassung und -verarbeitung, Protokollierung und Regelung für kontinuierliche Prozesse leisten.

Technologieorientierte Pakete können entweder die funktionsorientierten Pakete erweitern oder eigenständig entwickelt werden. Im Einsatz befinden sich Pakete für Hochofenautomatisierung, Zementherstellung, Stahlerzeugung, Gas- und Ölleitungsüberwachung, verschiedene Typen von Laborautomatisierung, um nur einige zu nennen.

Generell ist zu bemerken, daß die Standardisierung um so schwerer zu erreichen ist, je mehr betriebsorganisatorische Funktionen in einem Automationssystem gefordert werden. Hier sind die Unterschiede bereits bei den zu verarbeitenden Daten derartig groß, daß die Vereinheitlichung selten gelingt.

-3 Funktionskatalog und Systemstrukturen

Ein erster Schritt zur Standardisierung ist die Definition, d.h. möglichst exakte Beschreibung von möglichen Funktionen für bestimmte Einsatzbereiche. Damit wird insbesondere die häufig aufwendige Zielfindung in der Phase der Systemanalyse unterstützt. Realisierungsvarianten bleiben in bestimmten

Grenzen weiterhin möglich.

Hilfreich sind ferner exemplarisch festgelegte Systemstrukturen. Dies gilt sowohl für die Auswahl und Verknüpfung von Funktionen in der Phase der Analyse und des Entwurfs als auch als Leitlinie für die Realisierung insbesondere in der Testphase.

2. Hilfsmittel der Systemanalyse und des Systementwurfs

Wie bereits angedeutet, nimmt dieser Bereich wegen der weitreichenden Folgen auf alle Projektphasen eine Schlüsselstellung ein.

Eine Bestandsaufnahme für den Bereich der Prozeßrechentechnik zeigt jedoch, daß hier ein konkretes Verfahren am wenigsten existiert und individuelle, im allgemeinen nicht lehrbare Techniken eingesetzt werden. Dies bedeutet: Hoher Aufwand und Abhängigkeit von personengebundenen know how.

Anstrengungen bezüglich Forschung und praktischer Einführung müssen in folgenden Bereichen durchgeführt werden:

-1 Richtlinien für das Vorgehen bei der Systemanalyse

Eine zielstrebige Systemanalyse bedarf eines Leitfadens. Hierin muß anwendungsunabhängig festgelegt sein, wen der Systemanalytiker, wonach und in welcher Reihenfolge fragen muß, welcher Kritik und Plausibilitätskontrolle die empfangenen Informationen unterworfen werden müssen, nicht zuletzt jedoch, wie man verbindliche Entscheidungen des Auftraggebers herbeiführt.

-2 Beschreibungsstandards

Die Effektivität der Arbeit wird ganz wesentlich durch verbindliche Standards für die Dokumentation der Systembeschreibung oder Funktionsspezifikation bestimmt. Gleichzeitig wird dadurch eine Kommunikationsmöglichkeit zwischen Teammitgliedern, von Auftraggeber zu Auftragnehmer und hin zum mittleren Management geschaffen, so daß eine breitere Absicherung der technischen Konzepte möglich ist.

Die technischen Hilfsmittel (Formulare, grafische Darstellungstechniken, Gliederungen für Dokumente etc.) müssen der verschiedenen Detaillierungs- und Betrachtungsebene angepaßt sein. Eine pauschale Benutzung durchaus nützlicher Instrumente wie z.B. Flußdiagramme auf falschen Ebenen ist unbedingt zu vermeiden.

Wo immer möglich, ist die Unterstützung durch den Rechner einzubeziehen. Dies setzt flexible, benutzerfreundliche Hilfsmittel und den ständigen Zugang zu einem geeigneten Rechner voraus.

Natürlich treten hier, wie auch in später noch zu behandelnden Bereichen, zusätzliche Kosten durch die Rechnerbenutzung auf. Jedoch zahlt sich dies langfristig gesehen und unter Berücksichtigung aller - auch der sekundären - Kostenfaktoren sicher aus.

-3 Systembeschreibungssprachen

Die Formulierung systemanalytischer Ergebnisse in einer formalen maschinell verarbeitbaren Sprache ist in voller Allgemeinheit mit den heute verfügbaren Sprachen nicht möglich. Es gibt eine Reihe problemorientierter Sprachen für Spezialgebiete, wie z.B. für die Werkzeugmaschinensteuerung (EXAPT), für Prüfsysteme (ATLAS). Voraussetzung ist, daß das Aufgabengebiet ausreichend bekannt und beschreibbar ist, um alle Sprachelemente definieren zu können, die zur Formulierung der gewünschten Aufgaben nötig sind. Damit soll der Technologe in die Lage versetzt werden, seine Probleme unter Umgehung des Programmierers direkt zu formulieren.

Problemorientierte Sprachen beschreiben eine fachlich abgegrenzte Umwelt. Sie beschreiben diese in Begriffen der fachgeschulten Benutzer; sie sind gewissermaßen "Zunftsprachen". Deshalb können die Mitglieder der Zunft solche Sprachen leicht erlernen und anwenden.

Problemunabhängige Sprachen können weder auf eine bestimmte Umwelt eingeschränkt werden noch sind sie sonderlich gut an ein Fachvokabular anzupassen. Sie sollten ausdrücken, was sich in "Daten" beschreiben läßt und was zwischen Input und Output verarbeitbar ist.

Problemunabhängige Systembeschreibungssprachen sind nötig, weil sich nicht alles in das Skelett von Fachsprachen hineinzwängen läßt und weil die Bedeutung einer problemorientierten Sprache nur in einer umfassenderen Sprache beschrieben werden kann.
Eine umfassendere Sprache ist z.B. die deutsche Sprache; wie alle natür-

lichen Sprachen ist sie wenig präzise. Deshalb werden seit einiger Zeit Entwurfssprachen empfohlen, die formale Elemente mit freien Texten kombinieren (s. z.B. [3] eine stärker ausgearbeitete Form beschreibt C.A.R.Hoare, [4]).

Das eigentliche Problem jeder Sprache ist aber ihr "richtiger" Gebrauch. Gerade bei weniger spezialisierten Sprachen ist dieses Problem größer, als bei Fachsprachen. Systembeschreibungssprachen müssen deshalb im Zusammenhang mit einer Entwurfsmethodik gesehen werden; wir kommen darauf zurück.

3. Programmierungstechnologie

Im Bereich der eigentlichen Programmierung findet man die meisten Ansätze und auch Fortschritte. Am eindeutigsten zeigt dies der Weg vom Programmieren im Maschinencode zu der Fülle höherer Programmiersprachen mit einer gewaltigen Effizienzsteigerung. Trotzdem bietet sich auch hier insbesondere für die Prozeßrechnerprogrammierung noch ein breites Betätigungsfeld. Folgende Schwerpunkte sind zu nennen:

-1 Strukturierte Programmierung und Programmentwurf

Unter strukturierter Programmierung versteht man, knapp gesagt, die Technik des Top down Entwurfs, des modularen Systemaufbaus und einer Realisierung in Modultechnik unter Berücksichtigung einiger elementarer Grundsätze der Verknüpfung. Dazu gehören u.a. auch bestimmte Arbeitsmittel wie Nassi-Shneiderhahn-Diagramme etc. Über dieses Thema gibt es inzwischen viele Bücher und Kurse von Softwareinstituten.

Inzwischen zeichnet sich ab, daß die Ausdrucksmittel der strukturierten Programmierung zwar Regeln zur Gestaltung lesbarer Texte geben, nicht aber in sich eine Entwurfsmethodik bilden.

Wie in Komponenten zerlegt wird verbleibt nämlich eine hochintuitive Angelegenheit. Begriffe wie "Kohäsion" (innerer Zusammenhang) und "Kooperation" (äußere Verknüpfung) von Moduln , geben letztlich keine greifbaren Entscheidungsregeln her. Im Grunde gibt es nur zwei Ansatzpunkte: einmal die Datenströme durch Input und Output; zum anderen die Elementaroperationen, mit denen zu arbeiten ist.

Top to bottom Entwurf sollte von den Datenströmen ausgehen. Diese "Syntaxorientierte" Programmierung hat sich in der Compilertechnik bewährt; die Anwendbarkeit auf "niedere" Tagesprobleme kommerzieller Programmierung hat M. Jackson ⌐5⌐ demonstriert. Das gemeinsame Element beider Anwendungen - der "String"als zeitliche Folge von Input/Output-Daten - ist auch die Grundlage von Prozessrechneraufgaben. Hier scheint uns ein fruchtbarer Ansatz künftiger Arbeiten zu liegen.

Im Unterschied dazu ist Bottom to Top-Entwurf die Konzeption von Elementarkomponenten zur bequemen und effizienten Darstellung gewisser Problemklassen (etwa des Umganges mit Matrizen, mit I/0 usw.). Bottom to Top bedeutet die Konstruktion einer geeigneten Maschine. Programmiersprachen bieten mit Prozedurkonzepten, Standardfunktionen, Makroeinschüben und Generatoren eine Reihe von Möglichkeiten, die vielleicht noch ausdehnbarer wären. Standardisierungen sind am ehesten für Bottom to Top-Komponenten erreichbar, s. die oben erwähnten "Standard"-Funktionen.

Es versteht sich, daß eine wichtige Leistung der Bottom to Top-Elemente die Bereitstellung der Steuerstrukturen aus der strukturierten Programmierung (DO WHILE..., IF..., CASE...) ist. Vielfach ist dies eine Voraussetzung, um etwa in Assembler strukturiertes Programmieren überhaupt durchsetzen zu können.

-2 Programmiersprachen

Die Rationalisierungseffekte beim Einsatz höherer Programmiersprachen sind bekannt. Im kommerziellen und technisch-wissenschaftlichen DV-Bereich ist eine nahezu 100prozentige Umstellung erfolgt. Für den Bereich der Codierung und des Tests sind Aufwandsreduzierungen bis zu 80 % gegenüber Assemblerprogrammierung bekannt.

Die Gegenargumente in der Prozeßrechentechnik wurden bereits genannt, können jedoch nur vorübergehend die Entwicklung aufhalten. Höhere Programmiersprachen ermöglichen eine Rationalisierung auf zwei Ebenen. Erstens werden die Programmierkosten für ein Objekt gesenkt und zweitens wird die Portabilität zwischen Rechnern mit unterschiedlichen Hardwareeigenschaften ermöglicht oder zumindest bedeutend gestützt. Die Anstrengungen zur Definition geeigneter Programmiersprachen sind weltweit groß. Die Zahl der bereits verfügbaren mehr oder weniger zufriedenstellenden Sprachen ist ebenfalls groß und erschwert die Definition und Einführung einer neuen einheitlichen Sprache.

Die am weitesten verbreitet Sprache - FORTRAN mit Realzeiterweiterungen gemäß VDI/VDE- bzw. PURDUE-Empfehlungen - ist nur eine Übergangslösung und kann auf die Dauer nicht befriedigen.

In der Prozeßrechnerprogrammierung ist eine flexible und vielschichtige Kommunikation von Programmen in einem System, auch als Tasking und Timing bezeichnet, von zentraler Bedeutung. Die Voraussetzungen dafür müssen in den Betriebssystemen der Rechner geboten werden. Um die Grundlagen der FORTRAN-Sprache, die zunächst einmal eine rein sequentielle Abarbeitung vorschreibt, nicht zu sprengen, hat man sich auch bei den Realzeiterweiterungen sehr stark eingeschränkt. Damit wird man den Anforderungen nur bedingt gerecht, belastet den Programmierer zusätzlich beim Systementwurf und überläßt kritische Bereiche nach wie vor der Assemblerprogrammierung.

In Deutschland wird mit beträchtlicher finanzieller Unterstützung durch das BMFT im Rahmen des Projektes PDV in der Industrie und an Hochschulinstituten seit einigen Jahren an der Definition einer neuen Prozeßprogrammiersprache PEARL gearbeitet.Durch ein umfassendes Tasking- und Timing-Konzept bietet die Sprache alle erwünschten Kommunikationsmöglichkeiten. Als block- und prozedurorientierte Sprache unterstützt PEARL die Technik der strukturierten Programmierung. Die Trennung in einen Systemteil und einen Problemteil bietet erstmals die Möglichkeit,die Ankopplung der gerade bei Prozeßrechnern sehr umfangreichen Peripherie auf Sprachenebene zu beschreiben.

Pilotimplementierungen und erste Einsatzerfoge liegen vor und werden auf dieser Tagung vorgestellt.

Eine europäische oder internationale Vereinheitlichung auf dem Gebiet der Prozeßprogrammiersprachen ist wegen der unterschiedlichen nationalen Aktivitäten trotz großer Bemühungen verschiedener Gremien schwierig und deshalb nur langfristig zu sehen.

-3 Rechnergeführte Softwareentwicklung

Die rechnergeführte Softwareentwicklung basiert entweder auf einem Problemmodell, das in seiner Struktur und in Form von vorgefertigten Programmbausteinen vorliegt, oder auf einem Produktmodell, das eine bestimmte Struktur der zu entwickleln den Software definiert.

Die Entwicklung der Software geschieht im Dialog mit dem Rechner und unter dessen Führung. Durch Bereitstellen von Entscheidungsalternativen im Ablauf des Programmierprozesses und sofortige Bewertung der getroffenen Entscheidung wird der Programmierer unmittelbar korrigiert.

Je nach benutztem Werkzeug sind die Dialogformen teils alphanumerischer, teils grafischer Natur. Als Dokumentation werden Programmstrukturen meist als Nassi-Shneiderhahn- Diagramme ausgegeben. Ferner werden Programmquellen generiert; die Programmsprache hängt vom verwendeten Werkzeug ab und ist an die zu bearbeitenden Probleme angepaßt. Die Werkzeuge werden als Programmgeneratoren bezeichnet. Die recht stattliche Zahl der heute bereits bekannten und verfügbaren Generatoren wird im Bereich der kommerziellen Datenverarbeitung eingesetzt, d.h. es liegen ihnen die dort bekannten Problem- und Produktmodelle zugrunde.

Aus dem Bereich der Prozeßdatenverarbeitung sind wenige Ansätze bekannt.

Der Aufwand für die Methodenentwicklung und die Implementierung von Programmgeneratoren, insbesondere der auf Problemmodellen basierenden, ist sehr hoch. Voraussetzung ist - ebenso wie bei den bereits erwähnten checklistengesteuerten Programmpaketen - ein vollständiges Problemmodell und die Verfügbarkeit der Programmbausteine.

Der Rationalisierungseffekt kann sehr groß sein, da hier durch die Automatisierung des Arbeitsablaufs eine starke Einschränkung des Entscheidungsspielraums und der Fehlermöglichkeiten erfolgt. Die Wirtschaftlichkeit hängt letztlich von der Breite des Gültigkeitsbereiches und der darin liegenden Anzahl von Anwendungen ab.

-4 Interaktives Programmieren

In der Fachpresse wird heute immer noch lebhaft über den Nutzen des interaktiven Programmierens, d.h. des Programmierens im Dialogbetrieb mit dem Rechner, diskutiert. In der Praxis der Softwareerstellung und -wartung überwiegt heute insbesondere auch bei der Prozeßdatenverarbeitung noch in überaus starkem Maße der Batch-Betrieb. Gemeint ist damit, daß der Programmierer mit Papier und Bleistift und einem Rechenzentrum im closed-shop-Betrieb arbeitet. Dieser Betrieb hat zwei wesentliche Nachteile:

1. Eine direkte Unterstützung des Programmierers durch den Rechner zur Vermeidung von Programmierfehlern bzw. frühzeitigem Erkennen mindestens von syntaktischen Fehlern fällt aus. Die turn-around-Zeit im Programmierprozeß ist groß und führt damit im allgemeinen zu Leerlaufzeiten.

2. Durch das Einschalten einer unabhängigen Stufe, die die Angaben des Programmierers in rechnerlesbare Belege umsetzt, entsteht zusätzlicher Aufwand und eine weitere Fehlerquelle.

Selbst ein primitives interaktives Programmiersystem, das nur die Quellhaltung in einer Bibliothek, die Quellbearbeitung über einen Bildschirm und die Kompilation der Quelle ermöglicht, bringt erhebliche Einsparungen auf der Personalseite. Programmiersysteme mit komplexeren Leistungen und die soeben beschriebenen Programmgeneratoren erhöhen diesen Effekt.

Zwei Faktoren verhindern heute ein schnelleres Vordringen in der Praxis:

1. Noch zu wenige Prozeßdatenverarbeitungssysteme, insbesondere kleinere Systeme, bieten die notwendigen Hardware- und Systemsoftwarevoraussetzungen für einen Dialogbetrieb des Programmiersystems.

2. Die Kosten für einen Dialogarbeitsplatz sind hoch. Bei größeren Systemen, die den Dialogbetrieb heute als time-sharing-Betrieb ermöglichen, liegen die Sachkosten bei 30 bis 40 % der Personalkosten bei 2 Stunden Dialog pro Arbeitstag und Programmierer. Diese Kosten werden in den nächsten Jahren vor allem durch den Einsatz von kleineren Rechensystemen für die Softwareerstellung im Dialog erheblich reduziert werden. Dazu trägt auch der Trend steigender Personalkosten und sinkender Hardwarekosten bei.

-5 Softwaredokumentation

Fehlende oder unvollständige bzw. ungenaue Softwaredokumentation ist ein nicht zu unterschätzender Kostenfaktor in der Softwareherstellung. Die negativen Auswirkungen treten sowohl in der Produktentwicklungsphase als Behinderungen innerhalb eines Projektteams und bei der Überleitung von Arbeiten auf andere Bearbeiter als auch insbesondere in der Maintenancephase auf. Deshalb sind formale Festlegungen über Form und Inhalt der Dokumentation

(Dokumentationsnormen) sowie über den Zeitpunkt der Erstellung notwendig.

Für bestimmte softwaretechnologische Methoden der Teamarbeit ist eine gute und schritthaltende Softwaredokumentation unbedingte Voraussetzung.

Die Implementierung schritthaltender Softwaredokumentation kann durch entsprechende Softwarewerkzeuge unterstützt werden.

Die Diebold-Studie weist darauf hin, daß nur maximal 10 % der bei DV-Anwendern existierenden Software hinreichend vollständig und aktuell dokumentiert sind. Der Nutzen schritthaltender Dokumentation wird allgemein anerkannt, stößt jedoch in der Praxis nach wie vor auf viel Widerstand. Die unmittelbar entstehenden sogenannten Mehrkosten wirken abschreckend, und die benötigte Kapazität wird meist zur direkten Implementierung und Einhaltung von Auslieferungsterminen eingesetzt. Unterstützt wird dieses Vorgehen durch die ohnehin vorhandene Abneigung der meisten Softwareentwickler, die "lästigen Dokumentationsarbeiten" durchzuführen.

Der in diesem Bereich erzielbare Rationalisierungseffekt dürfte hoch anzusetzen sein.

4. Test- und Integrationsstrategien

Auf die Bedeutung des Programmtests wurde bei der Analyse der Aufwandsverteilung bei der Softwareerstellung bereits hingewiesen. Dies wird weiterhin gelten, selbst wenn durch das Wirksamwerden softwaretechnologischer Maßnahmen in den davorliegenden Bearbeitungsphasen die Gesamtzahl der Fehler reduziert werden wird.

Zu unterscheiden sind 2 Aufgaben:

1. Der Nachweis der Fehlerfreiheit eines Produktes gemäß Aufgabenstellung im Sinne einer Qualitätskontrolle;

2. Das Auffinden von Fehlerursachen und deren Beseitigung (eigentlicher Programmtest).

Beide Aufgaben müssen bereits in der Systementwurfs- und strukturierungsphase berücksichtigt werden, um später den Aufwand in Grenzen halten zu können. Hierzu zählt das Bereitstellen von Testdatenmaterial, Testprogrammen und Integrationsangaben genau so wie die Vorbereitung von Testanschlüssen im Objekt und eine den Test berücksichtigende Konstruktionsbeschreibung.

Das Testen selbst kann durch komfortable Testhilfen, die sich dem bei der Programmierung verwendeten Sprachniveau anpassen, reduziert werden.

Eine wirksame Unterstützung des Integrationstests, der bei Prozeßdatenverarbeitungssystemen zum überwiegenden Teil erst bei der Inbetriebnahme nach Anschluß des technischen Prozesses stattfindet, kann durch weitgehende Simulation der technischen Umgebung auf Programm- oder modelltechnischer Ebene erreicht werden.

Bei Systemen, die mit einer technischen Anlage zusammenwirken - durch Informationserfassung oder sogar durch Eingriff in den Prozeß - ist der Integrationstest sehr aufwendig, da im allgemeinen ein umfangreicher technischer und organisatorischer Apparat für Testläufe bereitgestellt werden muß. Der Aufwand an Hilfspersonal zum Bedienen der Anlage kann erheblich sein. Hier lohnt es sich Simulationseinrichtungen in einem Anlagenprüffeld bereitzustellen, die eine leichte und anpassungsfähige Nachbildung des technischen Prozesses und auch Grenzbelastungen ermöglichen. Als Simulationsmittel können auch Rechner eingesetzt werden, die an die normale Schnittstelle des Automationssystems angeschlossen werden und den technischen Prozeß nachbilden.

Eine programmtechnische Simulation des Prozesses auf dem Automationsrechner ist dann erlaubt, wenn das Zeitverhalten des Systems dadurch nicht nennenswert gestört wird oder eine Zeittransformation möglich ist.

Eine systematische Methodenentwicklung, die eng mit den programmierungstechnologischen Methoden zusammenhängt, und die Entwicklung komfortabler Testhilfsmittel ist notwendig.

5. Projektstandards und Projektüberwachung

Die Softwareerstellung für Automationssysteme ist eine eindeutig zielgerichteter Arbeitsprozeß, für dessen Ablauf Richtlinien festgelegt werden können. Solche Richtlinien heißen Projektstandards. Sie legen die Abwicklung eines Softwareprojektes fest und ermöglichen damit eine Projektüberwachung, d.h. die Messung von Abweichungen vom Sollwert und die Einleitung von Korrekturmaßnahmen im Sinne eines Regelkreises.

Den technischen Teil der Projektüberwachung nennt man Qualitätskontrolle. Eine von der Entwicklungs- oder Projektgruppe unabhängige Qualitätskontrolle, die an bestimmten Checkpunkten der Bearbeitung eingreift, ist heute ein auch in der Softwareentwicklung notwendiges und weitgehend anerkanntes Mittel zur Produktsicherung.

Die Anwendung von Projektstandards und Projektplanungs- und -überwachungsverfahren (Netzplantechniken) ist sinnvoll ab einem bestimmten Umfang eines Softwareprojektes. Projektstandards und rechnergestützte Verfahren sind heute bereits weit verbreitet. Sie erfordern immer einen nicht unerheblichen Grundaufwand. Zu kleine Objekte rechtfertigen diesen Aufwand nicht.

Projektstandards existieren in großer Vielfalt bei Anwendern und Herstellern und sind leider selbst keineswegs standardisiert. Quantitative Bewertungen über den Nutzen einzelner Methoden existieren nicht, so daß neue Anwender wieder auf das Experimentieren angewiesen sind. Eine benutzerorientierte Ordnung, verbunden mit einer entsprechenden Nutzwertanalyse, würde dieses wichtige Gebiet besser erschließen und den potentiellen Nutzen erhöhen.

Die Einführung von Projektstandards bringt nahezu überall erhebliche arbeitspsychologische Probleme mit sich, die nur durch geschicktes Vorgehen und einen unmittelbaren Nutzennachweis für die Beteiligten gemildert werden können.

6. Teamaufbau

Für die Zusammensetzung von Projektteams bei der Softwareerstellung und das Zusammenwirken der einzelnen Personen gibt es verschiedene Modelle. Moderne Modelle passen sich der Strukturierung der Software an und führen eine zweidimensionale Arbeitsteilung ein. Neben der Aufteilung nach funktionsmäßig abgegrenzten Systemteilen erfolgt eine Gliederung in arbeitstechnischer Hinsicht nach Phasen. Damit wird der Einsatz des allround-Softwaretechnikers beschränkt auf den Bereich des Teamleiters. Ansonsten erfolgt eine Spezialisierung. Der Teamleiter oder chief-programmer in der Methode des chief-programmer-teams hat den vollständigen Überblick über das gesamte Projekt und nimmt auch einen starken Einfluss auf die Realisierungsarbeiten in den späteren Projektphasen (Programmierung und Test).

Folgende Voraussetzungen sind für das Funktionieren derartig strukturierter Projektdienste zwingend:

- Eine saubere Strukturierung der zu entwickelnden Software mit klar definierten Schnittstellen,

- Fest eingeführte Dokumentationsnormen für eine schritthaltende Dokumentation,

- Verbindliche und akzeptierte Kommunikationswege,

- Eine dem Modell entsprechende Qualifikation der Teammitglieder auf allen Ebenen.

Die Methode des chief-programmer-teams, aber auch ähnliche Methoden, verlangen die Einführung eines Programmsekretariats, das u.a. die formale Integration des zu entwickelnden Programmsystems und der Dokumentation vornimmt, damit zu einem sehr wichtigen Kommunikationsknoten im Team wird und die Softwareentwickler entlastet. Diese Position des Sekretärs oder librarians erfordert gute softwaretechnische Grundkenntnisse, zumindest einen formalen Überblick über das Gesamtprojekt, und vor allen Dingen die Bereitschaft, eine oft unangenehme Dienstleistungsfunktion im Team zu übernehmen. Die Erfahrung zeigt, daß es Schwierigkeiten bereitet, geeignete Mitarbeiter zu finden.

Ähnlich wie bei den Projektstandards ist für einen sinnvollen Einsatz auch hier eine Mindestprojektgröße oder eine Teamgröße von mindestens 4 Mitarbeitern erforderlich.

<u>Rationalisierung - ein Ausbildungs- und Erziehungsproblem</u>

Der Überblick hat sicher deutlich gemacht, daß das Spektrum der Möglichkeiten zur Rationalisierung der Softwareerstellung groß ist und daß zur Erforschung, Durchdringung, Erprobung und Objektivierung mancher der Methoden noch sehr viel getan werden muß. Dies gilt insbesondere auch bezüglich der Anpassung an die speziellen Belange der Prozeßdatenverarbeitung .

Hier sollen nun einige Fragen und Probleme der Einführung behandelt werden.

Nahezu alle Methoden haben einen tiefgreifenden Einfluß auf die Arbeitstechnik und führen zu einer Strukturierung und Standardisierung von Arbeitsabläufen. Damit wird die Arbeit des Softwareentwicklers oder Programmierers transparenter und ist weniger dem Individualismus des einzelnen überlassen. Dieser erwünschte Effekt wird von den Softwareentwicklern zunächst keineswegs begrüßt, weil er zu einer Einschränkung der persönlichen Freiheit, zur Beschneidung von gewachsenen Kompeten-

zen und zu einer Aufgabe des Mythos der Unersetzbarkeit führt. Stattdessen werden
zum Teil neue Pflichten auferlegt, die als lästig empfunden werden, weil sie den
als wesentlich angesehenen, jedoch für den Projekterfolg vordergründigen schnelleren Teilerfolg behindern. Man spricht gelegentlich davon, daß die Softwareentwicklung in eine Softwarefertigung überführt werden müsse. Dazu benötigt man Werkzeuge und Einrichtungen, aber vor allen Dingen transparente, objektivierte und nach-
vollziehbare Arbeitsabläufe mit eindeutigen Kontrollpunkten zur Qualitätssicherung.
An jedem Kontrollpunkt wird das Produkt offengelegt und kann kritisiert und korrigiert werden. Die angewendeten Verfahren sind in den einzelnen Stadien des Ferti-
gungsprozesses unterschiedlich (Walk Through nach Abschluß der Designphase,
Code Reading nach Fertigstellung der Codierung etc.). Wesentlich ist, daß sie von
den Beteiligten an diesem Rollenspiel akzeptiert und als nützlich für den Projekt-
fortschritt aber auch die eigene Arbeit angesehen werden. Dieses Offenlegen der Arbeit zu Zeitpunkten wo mit sehr hoher Wahrscheinlichkeit noch "Fehler" enthalten
sind, die nach dem bisherigen Arbeitsstil in späteren Phasen in einem mühsamen
Iterationsprozess gefunden und beseitigt wurden, erfordert eine radikale Änderung
der inneren Einstellung zur Arbeit. Hierzu kommt, daß die vorhandene Personal-
struktur die Einführung einer funktionsorientierten Arbeitsteilung behindern kann.
Wenn man z.B. nur Systemanalytiker hat, die bisher auch die Codierung mit erledigt haben, dann fällt es schwer aus diesem Pool einen Programmsekretär zu gewinnen.

Kurzum: Die Auswahl von Methoden und die Einführung neuer Techniken durch Kurse reicht nicht aus, sondern führt eher zu einem Absinken der Leistung. Es müssen Wege gefunden werden, um die Lernwilligkeit und Motivation der Mitarbeiter zu
fördern. Dazu sind zwei Dinge wesentlich:

1. Die mit den Maßnahmen verfolgten Ziele müssen klar definiert und begründet
   werden. Dies muß auf der Basis einer Bestandsaufnahme mit konkretem Bezug
   auf die aktuelle Situation geschehen.

2. Der erwartete Nutzen muß möglichst quantitativ benannt und über eine Erfolgs-
   kontrolle nachgewiesen werden.

Die Erfüllung dieser beiden Punkte ist nicht trivial und kostet zunächst auch einigen Aufwand. Darüber muß sich das Management im klaren sein und seine volle
Unterstützung gewähren.

Jede Maßnahme muß sorgfältig in ihrer kurz- und langfristigen Wirkung geplant werden. Der größte Fehler besteht meist darin, von einer an sich wirkungsvollen Maßnahme, kurzfristige Erfolge zu erwarten und sie in das Termin- und Kostenkalkül eines Projektes einzubeziehen.

Sehr empfehlenswert bei der Einführung neuer Methoden ist eine exemplarische Erprobung an Pilotprojekten mit ausgewählten Mitarbeitern. Erfolge in derartigen Pilotprojekten bringen zwei Vorteile:

1. Aus dem unmittelbar bekannten Arbeitsbereich - nicht aus unverbindlichen und nicht nachprüfbaren Aussagen Dritter - werden Erfahrungen gesammelt und quantitative Aussagen möglich.

2. Für die folgende Verbreitung steht ein Kern nunmehr schon erfahrener und motivierter Mitarbeiter zur Verfügung.

Die Pilotprojekte sollten zunächst nicht zu umfangreich sein, um die Laufzeit klein zu halten.

Einige der angesprochenen Methoden,wie z.B. die schritthaltende Dokumentation oder der interaktive Programmierplatz, setzen maschinelle Hilfsmittel voraus. Das Verfügbarmachen dieser Mittel kostet Geld und erfordert damit eine sorgfältige Planung und Nutzwertanalyse. Es kann sein, daß bestimmte Methoden bei einem zu kleinen Softwarebedarf nicht,oder wegen der heutigen Hardwarekosten zumindest jetzt nicht, einsetzbar sind. Vor dem Versuch, derartige Methoden einzuführen, ohne die notwendigen Voraussetzungen in Qualität und Quantität zu schaffen, sei nachdrücklich gewarnt.

Die Diebold-Studie beschäftigt sich sehr intensiv mit der Bewertung software-technologischer Methoden im Hinblick auf ihre Einsatzbreite, den Nutzen, den Normungseffekt und die Einführungsprobleme. Dabei wird deutlich, daß eine Bewertung von vielen Parametern, die für verschiedene Methodenbenutzer und Softwaretypen unterschiedliche Gewichte haben, abhängt. Dadurch werden für den potentiellen Benutzer zumindest Wege aufgezeigt, wie die eigene Entscheidung fundiert werden kann.

Zusammenfassend kann man sagen: Die Zahl der methodischen Ansätze zur Rationalisierung der Softwareerstellung ist groß, die praktische Wirkung noch vergleichsweise gering. Weitere Forschungs- und Entwicklungsarbeiten sind notwendig zur Absicherung des Bestehenden und zur Verbreitung der Basis.

Die Prozeßdatenverarbeitung stellt teilweise andere Anforderungen und erfordert deshalb angepaßte Methoden.

Bei der Einführung neuer Methoden müssen technische und arbeitspsychologische Probleme überwunden werden, so daß vor dem sicher erreichbaren Nutzeffekt ein nicht unbeträchtlicher finanzieller Aufwand zu erbringen ist.

Literaturverzeichnis:

[1] Diebold Deutschland GmbH, Frankfurt / Main
    Einsatzmöglichkeiten software-technologischer Methoden mit Normungseffekt
    Bundesministerium für Forschung und Technologie
    Forschungsbericht DV 76-03, August 1976

[2] Infotech Maidenhead Berkshire England
    State of the Art Tutorial in "Structured Programming and Systems Design"
    Juli 1976

[3] Melekian, N.
    Neue Methoden und Techniken der Programmierung, Teil 7: Methodische Programmentwicklung (1)
    IBM Nachrichten, 26. Jahrgang, 1976, Heft 229, pp. 48 bis 55

[4] Hoare, C.A.R.
    Notes on Data Structuring
    Aus Dahl, Dykstra, Hoare:
    Structured Programming, 1972

[5] Jackson, M.
    Principles of Programm Design
    Academic Press, 1975

VERTEILUNG VON SYSTEMFUNKTIONEN AUF HARDWARE
UND SOFTWARE VON PROZESSRECHNERN

G. Färber
Technische Universität München

1. Einleitung

Viele Systemfunktionen, welche für die Automatisierung technischer Prozesse
von Prozeßrechnern bereitgestellt werden müssen, können sowohl durch Hardware-
als auch durch Softwarehilfsmittel realisiert werden. In den letzten Jahren
lassen sich zunehmend Verlagerungen beobachten: Funktionen, welche traditio-
nell der Software zugeordnet waren, werden an die Hardware übertragen und
umgekehrt. Im folgenden soll untersucht werden, worin diese Verlagerungen
ihre Ursachen haben.

Beim Entwurf von Prozessrechnersystemen kann die Verteilung von Systemfunktionen auf Hardware und Software als Optimierungsproblem aufgefasst werden:
Seine Lösung findet man durch Optimierung einer Zielfunktion unter Berücksichtigung von vorgegebenen Randbedingungen. Nun haben sich sowohl die Zielfunktion als auch die (technologischen) Randbedingungen in letzter Zeit erheblich verändert: Es ist daher nur konsequent, daß Umverteilungen von Systemfunktionen zu beobachten sind.

Die Zielfunktionen haben sich vor allem durch zunehmende Anforderungen an
Prozeßrechnersysteme gewandelt:

- Die Anforderungen sowohl an die Reaktionszeit als auch an die Verarbeitungsleistung werden immer größer. In zunehmendem Umfang werden den
  Prozeßrechnern zeitkritische Prozesse anvertraut und neue Aufgaben machen einen erhöhten Durchsatz erforderlich: Beispiele hierfür sind etwa
  die optische Qualitätsüberwachung in der Fertigung, welche bisher auf
  die Kontrolle sehr einfacher Gegenstände beschränkt war: Inzwischen be-
  herrscht man zwar auch die Algorithmen zur Überwachung komplexerer Objekte, es werden jedoch erst in allerjüngster Zeit die Hardwarevoraus-
  setzungen angeboten, welche die Durchführung dieser Überwachung in Echt-
  zeit gestatten. Bisher nahm die Auswertung mehr Zeit in Anspruch als der
  Takt der Produktionsanlage es zuließ. Ähnliches gilt auch für andere
  komplexe Prüfungsverfahren, z.B. auf Ultraschall-Basis.

- Nachdem zwar die Hardwarekosten laufend geringer werden, die Softwareaufwendungen dagegen kontinuierlich ansteigen, ist die Forderung nach
  einer Vereinfachung sowohl der System- als auch der Anwendungsprogrammierung verständlich. Eine geeignete konzipierte Hardware kann hierzu
  wesentlich beitragen.

- Die Entwicklung der Hardwarepreise hat dem alten Wunsch nach Dezentralisierung der Erfassungs- und Verarbeitungsfunktionen neuen Auftrieb gegeben. Es ist heute wirtschaftlich machbar, sich durch Dezentralisierung
  an die topologische und funktionelle Struktur der Prozesse anzupassen.

- Die Anforderungen an die Zuverlässigkeit sind stark gewachsen, da immer
  mehr wichtige und auch gefährliche Prozesse der Überwachung und Steuerung durch Prozessrechner anvertraut werden. Manche Systemfunktionen
  müssen in die Hardware verlagert werden, wenn entsprechende Anforderungen an Verfügbarkeit und Sicherheit gestellt werden.

- Eine letzte wesentliche Zielfunktion stellt die Minimierung der entstehenden Kosten dar. Dies gilt insbesondere für die zunehmende Zahl von
  kleineren Anwendungen der Prozeßrechentechnik, bei welchen es darauf an-
  kommt, Betriebsmittel mit möglichst günstigem Preisleistungsverhältnis
  einzusetzen und diese Betriebsmittel optimal zu nutzen.

Auch die <u>Randbedingungen</u> für das o.g. Optimierungsproblem haben sich geändert:
- Besonders die <u>Halbleitertechnologie</u> hat die Bereitstellung von billigerer,
  leistungsfähigerer und flexiblerer Hardware ermöglicht. Der sinkende
  Preis verschiebt einerseits das Optimum in Richtung Hardware, ermöglicht
  andrerseits sowohl die Dezentralisierung der Prozeßrechnersysteme als
  auch ihre Anwendung auf kleinere Probleme. Die anwachsende Leistungsfähigkeit erlaubt die Befriedigung der Anforderungen an Reaktionszeit und
  Durchsatz, die zunehmende Flexibilität gestattet die einfachere Übernahme
  von Softwarefunktionen in die Hardware.

- Die <u>Softwaretechnologie</u> hat wesentliche Fortschritte erzielt: Im Gegensatz zu früher, wo man mit gegebener Hardware zurechtkommen mußte, können
  Softwareingenieure heute einen Wunschkatalog darüber aufstellen, was sie
  von der bereitgestellten Hardware erwarten. So sind heute z.B. Basis-
  Betriebssystemfunktionen klar definiert, ebenso Sprachelemente für Zwischensprachen: Ihre Realisierung kann heute aufgrund der genauen Festlegung auch auf die Hardware übertragen werden.

Die Mikroprogrammierung spielt heute als Verfahren zur Ablaufsteuerung in Prozeßrechnern die entscheidende Rolle, so daß das Thema dieser Arbeit eigentlich
lauten müßte: "Verteilung von Systemfunktionen auf Hardware, Firmware und Software von Prozeßrechnern". Da die Übergänge hier fließend sind (Piko- und Nano-
programm, horizontale und vertikale Mikroprogramme, Mikroprogramme im Nur-Lese-
oder im Lese-Schreib-Speicher), wird die Firmware im folgenden je nach Stand-
punkt des Anwenders entweder zur Hardware oder zur Software hinzugerechnet.
Schon diese Willkür macht deutlich, wie fließend heute die Übergänge zwischen
Hardware und Software sind. Für den Anwender zählt allein, <u>daß</u> er die notwendigen Systemfunktionen mit ausreichender Leistung zur Verfügung hat, wie sie
auch immer realisiert sein mögen.

2. Verlagerungen in die Hardware

Zur Hardware wird in diesem Abschnitt auch die Firmware hinzugerechnet, erst
die Mikroprogrammierung macht ja die Verlagerung von Funktionen auf die Hard-
wareebene wirtschaftlich. Sowohl betriebliche als auch sprachliche Funktionen
sind von der Verlagerung in die Hardware betroffen.

2.1 Betriebliche Funktionen

Echtzeitbetriebssysteme sind heute schichtenweise aufgebaut: Auf die Hardware
lagert sich eine Basisschicht, in darüberliegenden Schichten folgen höhere Betriebssystemfunktionen sowie die Anwenderprogramme. Während die beiden letztge-
nannten Schichten von der Anwendungsklasse sowie von der speziellen Anwendung
abhängen, sind die in der Basisschicht zusammengefassten Betriebssystem-Grund-
funktionen anwendungsunabhängig. Sie sind daher weitgehend standardisierbar
und bieten so gute Voraussetzungen für eine Übertragung in die Hardware /1/.
Beispiele für solche Grundfunktionen sind:

- <u>Unterbrechungsverarbeitung.</u> Die in diesem Begriff zusammengefassten Vorgänge des Rettens und Zurückspeicherns von Prozessor-Zuständen, der Analyse der Unterbrechungsursache und der Verzweigung zu dem entsprechenden
  Bearbeitungsprogramm sind bereits heute in vielen Prozeßrechnern per Hardware realisiert. Häufig wird hier auch der Begriff "Kontext-Switching"
  verwendet. Folgende Verfahren sind dabei gebräuchlich:

  - Alle den Zustand des Prozessors charakterisierenden Register sind
    mehrfach vorhanden, beim Auftreten einer Programmunterbrechung
    wird auf einen anderen Registersatz umgeschaltet. Hier handelt
    es sich um eine reine Hardwarelösung, welche einen extrem schnel-
    len Programmwechsel gewährleistet. Nachteilig ist die Begrenzung
    auf eine festgelegte Anzahl von Registersätzen.

  - Die Arbeitsregister sind nicht im Prozessor, sondern im Arbeits-
    speicher realisiert. Bei der Programmunterbrechung werden auto-
    matisch der Programmstatus, der Befehlszähler sowie der Zeiger
    ausgetauscht, der auf die im Speicher stehenden Arbeitsregister
    zeigt. Hier handelt es sich um eine gemischte Hardware/Firmware-
    Realisierung, wobei der Vorgang des Kontext-Switching in wenigen
    Speicherzugriffen stattfinden kann. Die Zahl der Registersätze
    ist nur durch die Größe des Arbeitsspeichers begrenzt. Nachteil
    des Verfahrens ist, daß bei jedem auszuführenden Befehl auf die
    im Arbeitsspeicher stehenden Register zugegriffen werden muß, die
    Befehlsausführungszeiten werden somit verhältnismäßig lang. Diese
    Lösung ist dann optimal, wenn viele Programmunterbrechungen ein-
    treten und verhältnismäßig wenige Befehle pro Programmunterbre-
    chung ausgeführt werden müssen.

- Bei einigen Prozeßrechensystemen wird schließlich unter Firmware-
  kontrolle ein Austausch des Prozessorstatus mit Inhalten des Ar-
  beitsspeichers einmalig, zum Zeitpunkt der Programmunterbrechung
  vorgenommen. Die Programmunterbrechung selbst sowie die Rückkehr
  aus dem Unterbrechungsprogramm dauert etwas länger, während die
  Ausführungszeiten der Befehle kürzer werden.

- <u>Taskverwaltung.</u> Auch die mit der Taskverwaltung verbundenen Vorgänge
  können durch Firmware abgewickelt werden, an die Stelle einer längeren
  Folge von Maschinenbefehlen tritt ein einzelner Befehl, welcher die entsprechende Mikroprogramm-Routine anstößt.

- <u>Synchronisierung.</u> Hierzu gehört beispielsweise die Bereitstellung der P-
  und V-Operationen an Semaphorvariablen, wobei durch die Firmware-Reali-
  sierung automatisch die Unteilbarkeit dieser Befehle (Nichtunterbrech-
  barkeit von P und V) erreicht wird.

- <u>Zeitüberwachung.</u> Die Verwaltung der zahlreichen in Echtzeitsystemen benötigten Wecker und Uberwachungszeiten kann aus der Software in die Firmware übertragen werden, was wiederum zur Reduktion des durch die Betriebssoftware verursachten Overhead beiträgt.

Bei Prozeßrechnern werden auch besondere Anforderungen an die Verwaltung von
Ein/Ausgabe-Funktionen gestellt: Einerseits ist hier die Notwendigkeit kurzer
Reaktionszeiten zu erwähnen, zum anderen handelt es sich um vergleichsweise
viele simultane Ein/Ausgabevorgänge. Im Einzelnen können folgende Funktionen
aus der Software in die Hardware bezw. Firmware übernommen werden:

- <u>Kanalfunktionen.</u> Bei schnellen Peripheriegeräten ist es vertretbar,
  schnelle und relativ aufwendige DMA-Hardware (DMA = Direct Memory-Access)
  einzusetzen. Entsteht die verhältnismäßig hohe Summendatenrate aber nicht
  bei einem einzigen Gerät, sondern aus vielen, unabhängigen Kanälen, so
  ist einerseits der Aufwand für echte DMA-Hardware zu groß, andererseits
  führt die Realisierung der Kanalfunktionen durch Software zu einer zu
  hohen Belastung des Rechnerkerns. Ein Beispiel hierfür ist die Übertragung von Daten aus vielen, mit unterschiedlicher Geschwindigkeit abgetasteten analogen Eingangskanälen, die in kanalspezifischen Speicherta-
  bellen abgelegt werden sollen. Es ist sehr zweckmäßig, diese Funktionen
  an die Firmware zu übertragen, die Kanalfunktionen also über einen Satz
  von Mikroprogrammen zu realisieren. Ein Beispiel für diese Verlagerung
  der Kanalfunktionen in die Firmware bietet der integrierte Multiplex-
  kanal der AEG 80/20: Jeder Kanal wird durch eine kleine Tabelle im Hauptspeicher definiert, Mikroprogramme übernehmen die Abwicklung der Kanalfunktionen. Gegenüber der Software-Realisierung (welche bei vielen Prozeßrechnern die höchste Interruptebene belegt) wird so die prozentuale

Belastung des Rechnerkerns um eine Größenordnung vermindert.

- **Peripheriegeräte-Treiber.** Den Kanalfunktionen übergeordnet sind die Treiberprogramme, durch welche die Verwaltung des Gerätezustands einschließlich Fehlerüberwachung, der Start sowie die Beendigung von Ein/Ausgabevorgängen durchgeführt wird. Hinzu können auch Umcodierungsaufgaben kommen. Wurde bei dem Entwurf der Hardware darauf geachtet, daß die Peripheriegeräte-Anschlüsse nach demselben Grundschema aufgebaut sind, dann wird die Übernahme auch der Peripheriegeräte-Treiber in die Firmware wesentlich erleichtert.

- **Höhere Funktionen.** Auch höhere Funktionen, welche auf den Peripheriegeräte-Treibern aufbauen, eignen sich u.U. für eine Übernahme in die Hardware. Als Beispiel sei die häufige Forderung zitiert, Analogwerte gegen zwei Grenzen zu vergleichen und im Überschreitungsfall einen Alarm auszulösen. Besonders wichtig wird die effektive Ausführung höherer Funktionen bei der Kommunikation zwischen Rechnern, deren Bedeutung mit der zunehmenden Aufgabenverteilung auf mehrere Rechner zunimmt. Die von der Anwendung meist geforderten hohen Übertragungsraten führen bei einer SoftwareRealisierung der Kommunikationsfunktionen zu einer unerträglich hohen Belastung des Rechnerkerns. Überträgt man die Abwicklung der Übertragungsprozeduren sowie vielleicht noch überlagerte Kommunikationsfunktionen (z.B. Wegeauswahl) an die Hardware, so resultiert daraus eine weitere Rechnerkern-Entlastung.

Bereits in der Einleitung wurde darauf hingewiesen, daß die Anforderungen an die Zuverlässigkeit der Prozeßrechnersysteme ständig steigen. Auch hier kann die Übertragung von Systemfunktionen an die Hardware einen Beitrag leisten, wie die folgenden Beispiele zeigen:

- **Programmüberwachung.** Hardware-Überwachungseinrichtungen werden bereits heute in vielen Prozeßrechnern eingesetzt, um die Systeme gegen Programmierungsfehler zu schützen. Beispiele hierfür sind Speicherschutzfunktionen, die Überwachung privilegierter Befehle sowie die Bereitstellung von hardwaremäßigen Zeitüberwachungseinrichtungen. Möchte man diese Funktionen per Software realisieren, dann müssen die Anwenderprogramme interpretativ abgearbeitet werden, was zu enorm hohen Laufzeiten führt.

- **Eigenüberwachung.** Durch die Auswahl einer geeigneten Hardware-Struktur kann die Systemfunktion "Eigenüberwachung" wesentlich erleichtert werden. Die Ablaufsteuerung per Mikroprogramm bietet hier a priori Vorteile: Der verhältnismäßig einfache mikroprogrammierte Prozessor und der Mikroprogrammspeicher können getrennt analysiert werden, so daß anstelle eines komplexen Prozessors zwei einfachere Komponenten überwacht werden müssen. Außerdem können Prüfvorgänge während dem Programmlauf ausgeführt werden

(Mikrodiagnostics), welche nur einen kleinen Teil der zur Befehlsausführung benötigten Zeit in Anspruch nehmen. So wird eine einfache und kontinuierliche Eigenüberwachung möglich. Natürlich setzt dies auch gewisse Hardware-Vorkehrungen voraus.

- **Mehrrechnersysteme.** Versucht man, redundante Mehrrechnersysteme ohne spezielle Hardwareunterstützung aufzubauen, so stellt man fest, daß hierfür erhebliche Softwareaufwendungen erforderlich sind und eine beachtliche Zeitbelastung für alle beteiligten Rechner entsteht. Die Bereitstellung geeigneter Hardwareunterstützung kann diese Situation weitgehend entschärfen. Beispiele für diese Hardwareunterstützung sind etwa das Transportsystem, über welches den Rechnern die benötigte back up-Information mitgeteilt wird, oder die Einrichtungen, welche die gegenseitige Überwachung der Einzelrechner ermöglichen.

2.2 Sprachliche Funktionen

Die Maschinensprachen der meisten heutigen Prozeßrechner sind nur zum Teil aufgrund von Anforderungen der Software entstanden, im Vordergrund standen häufig Aufwandsbetrachtungen. Nahezu alle Hersteller bieten heute mikroprogrammierte Maschinen an, wobei allerdings aus Gründen der Softwarekompatibilität im allgemeinen der Maschinenbefehlssatz der früheren Modelle nachgebildet wird. Diese Maschinenbefehle werden also auf Mikroprogrammebene gewissermaßen interpretiert; da in den meisten modernen Softwaresystemen Programme, welche in höherer Sprache geschrieben sind, zunächst in eine Zwischensprache abgebildet werden und von dort auf die Maschinenebene herabgeführt werden, erfolgt eine 4-fache Umsetzung, bis die Programme ausschließlich auf dem mikroprogrammierten Prozessor ablaufen können. Bei jeder dieser Umsetzungen - ob es sich dabei um eine Interpretation oder um eine Übersetzung handelt - entstehen "Anpassungsverluste", welche die Effektivität der Programmausführung erheblich beeinträchtigen. Als Beispiel sei hier eine Diplomarbeit zitiert /2/, welche am Lehrstuhl für Prozeßrechner der Technischen Universität München ausgeführt wurde: Es wurde darin versucht, den Befehlssatz des Nova-Rechners (Data General) auf einem Intel 8080 zu interpretieren. Dabei zeigte sich, daß ein Geschwindigkeitsverlust von 1:100 in Kauf genommen werden muß, wobei etwa der Faktor 1:5 auf die unterschiedliche Verarbeitungsbreite sowie die Technologie zurückzuführen ist, während der Faktor 1:20 durch die schlechte Anpassung der Befehlssätze bedingt ist.

Mikroprogrammierte Prozessoren können so strukturiert sein, daß sie zur Interpretation besonders geeignet sind. Dies betrifft insbesondere ihre Kontroll-Struktur, Eigenschaften wie etwa die Mehrweg-Verzweigung erlauben eine effektive Interpretation durch direkten Ansprung von Mikroprogrammen. Es stellt sich die Frage, ob diese Eigenschaft nur dazu ausgenutzt werden sollte, eine

übliche Maschinensprache abzubilden; sehr viel sinnvoller wäre es doch, gleich
eine höhere Sprache oder zumindest eine Zwischensprache zu interpretieren. Bei
der Definition von Zwischensprachen darf man ja davon ausgehen, daß sie nicht
von der Hardware her definiert sind, sondern durch die Anforderungen der Software festgelegt ist (obwohl man bei genauer Analyse von vorhandenen Zwischensprachen erkennen kann, auf welchen Maschinen ihre "Erfinder" zuvor programmiert
haben); eine im Hinblick auf die Software-Anforderungen optimale Maschinensprache würde man erhalten, wenn man diese Zwischensprache direkt interpretieren
würde. Ein Beispiel für dieses Verfahren bietet etwa die Boroughs B1700; über-
raschend ist dabei, daß abhängig von der gewählten Quellsprache unterschiedliche Zwischensprachen interpretiert werden.

Abhängig von den Eigenschaften der Zwischensprachen müssen höhere sprachliche
Funktionen bereitgestellt werden. Hierzu gehören etwa die Hardware-Realisierung
des Prozedur-Aufruf-Mechanismus, wodurch block- und prozedurorientierte Sprachen effektiv übersetzt werden können. Ein anderes Beispiel liefert der deutlich beobachtbare Trend zur Stack-Maschine: Dies führt dazu, daß an die Stelle
von Assemblersprachen System-Implementierungs-Sprachen treten, welche schon
sehr viel Ähnlichkeit mit höheren Sprachen haben (z.B. SPL bei HP 3000). Auch
die Funktionen, mit welchen die unterschiedlichen Datentypen behandelt werden,
werden zunehmend (statt durch Software-Unterprogramme) in Firmware realisiert.

Zunehmende Bedeutung, gerade für kleinere Prozeßrechneranwendungen erlangen
tabellengesteuerte Sprachen. So werden heute Entscheidungstabellen durch Soft-
ware-Prozessoren abgearbeitet, die erforderlichen Aktionen werden durch Unterprogramme ausgeführt. Zweifellos kann der Entscheidungstabellen-Prozessor wesentlich effektiver in Firmware nachgebildet werden, dasselbe gilt für einfache
und standardisierbare Aktionen. Auf diese Weise kann eine leistungsfähige
"Entscheidungstabellen-Maschine" bereitgestellt werden und der wesentliche
Nachteil des Entscheidungstabellen-Prinzips, seine Ineffizienz, wird verringert.

Von den Halbleiterherstellern werden heute leistungsfähige Bausteine zur Realisierung von mikroprogrammierbaren Prozessoren angeboten. Leider war auch hier
wieder die Hardware schneller als die Software, viele der vorgestellten Bauelemente (z.B. Intel 3000) sind zwar für spezielle Aufgaben gut geeignet, sowohl ihre Kontrollstruktur als auch der Arithmetik-Teil ist jedoch für eine
generalisierte Anwendung nicht geeignet. So sollte die Sequenz der Mikroprogramm-
schritte sehr flexibel gesteuert werden können (z.B. Mehrwegverzweigung, Unter-
programm-Keller, Schleifenzähler usw.) und der Arithmetik-Teil sollte auch für
die effektive Realisierung etwa der Multiplikation und Division geeignet sein.
Die zweite Generation der "Bipolaren Mikroprozessoren" nimmt auf diese Forderungen bereits wesentlich mehr Rücksicht.

Die zunehmende Bedeutung der Signal- und Bildverarbeitung in Prozeßrechneranwendungen stellt erhebliche Anforderungen an die Leistungsfähigkeit der arithmetischen (und auch logischen) Funktionen. Während man früher etwa mit einem externen Gleitkommarechenwerk auskam (also mit einer Verlagerung der Gleitkommafunktionen in die Hardware), machen die Anforderungen, wie sie etwa durch die Verarbeitung optischer Bilder, akustischer oder Ultraschall-Signale entstehen, die Auslagerung komplexerer Funktionen an spezialisierte Hardware erforderlich. Daher gewinnen externe arithmetische Einheiten, z.B. Array-Prozessoren, auch in der Prozeßdatenverarbeitung zunehmend an Bedeutung.

3. Verlagerungen in die Software

Speziell für kleinere Anwendungen läßt sich in der Prozeßdatenverarbeitung der umgekehrte Trend beobachten: Funktionen, welche bisher durch Hardware ausgeführt wurden, werden an die Software übertragen, wobei in diesem Abschnitt auch die Firmware zum Bereich der Software hinzugerechnet wird. Zum einen handelt es sich um kleine, alleinstehende Systeme oder um Subsysteme, deren Systemfunktionen bisher durch reine Hardwarelösungen bereitgestellt wurden. Hier läßt sich aufgrund der Kostenentwicklung, insbesondere der Mikroprozessoren, die Tendenz beobachten, Standard-Kleinst-Prozeßrechner einzusetzen und die Anpassung an die Aufgabenstellung durch Software vorzunehmen. Beispiele hierfür sind:

- Numerische Steuerung von Werkzeugmaschinen, wobei immer komplexere Funktionen an das Steuerungssystem delegiert werden.

- Direkte digitale Regelung (DDC), wobei die Hardwareregler durch programmierbare digitale Regler ersetzt werden, welche mehrere Regelkreise bedienen können und auch komplexe Regelalgorithmen bereitstellen.

- Meßwert-Vorverarbeitung, z.B. im Laborbereich; die Anpassung an die individuellen Geräte sowie die Vorverarbeitung der Meßwerte bis zur Übergabe an den Prozeßrechner erfolgt zunehmend durch "intelligente" Einheiten: Das Wort "intelligent" bedeutet dabei, daß Funktionen durch Programme realisiert werden: Meist ist damit auch eine wesentliche Erweiterung der Funktionen verbunden.

- Subsysteme etwa der Überwachungs- und Leittechnik wurden bisher hardwaremäßig (random-logic) aufgebaut. Auch hier zeigt sich deutlich der Trend zum intelligenten Subsystem.

Andererseits ermöglicht es die leistungsfähige Prozessor-Hardware auch kleiner und preiswerter Systeme bei kleinen Prozeßrechneranwendungen, Systemfunktionen per Software oder Firmware zu realisieren, welche bisher Domäne der Hardware waren. Beispielsweise können jetzt Steuereinheiten für langsame und mittelschnelle Peripheriegeräte (z.B. Floppy Disk) per Firmware oder Software implementiert werden. Dabei zeigt sich eine Analogie zu den "frühen Tagen" der Prozeß-

datenverarbeitung: Beispielsweise wurde das DEC-tape (Bandeinheit) mit der
PDP 8 zunächst über einen programmgesteuerten Datenkanal verbunden. Erst später
war ein DMA-Kanal verfügbar, welcher den Prozessor erheblich entlastete. Geht
man davon aus, daß ein mikroprogrammierbarer Prozessor auch in der kleinsten
Ausbaustufe etwa 10 bis 20mal so schnell ist wie die PDP 8, so wird deutlich,
daß es heute bei einer vertretbaren Belastung des Prozessors möglich ist, diesem Controllerfunktionen zu übertragen.

Interessant ist dieses Prinzip auch dann, wenn man die Tendenz zu verteilten
Systemen beobachtet. Man möchte dabei verhältnismäßig viele, aber relativ kleine unabhängige Systeme haben, spezialisierte große Prozessoren sind im Interesse der Verfügbarkeit des Gesamtsystems problematisch. Es scheint daher durchaus sinnvoll, die Gesamt-Verarbeitungsleistung der mikroprogrammierbaren Prozessoren dieser Systeme auf die einzelnen notwendigen Systemfunktionen aufzuteilen (z.B. Verarbeitungsfunktionen, Betriebssystem-Funktionen, Controller-
Funktionen, Uberwachungsfunktionen). Natürlich bedeutet dies, daß der Prozessor
auch auf Mikroprogrammebene ein leistungsfähiges Kontext-Switching-System hat,
damit das "Mikro-Betriebssystem", das die Koordination zwischen diesen Funktionen steuert, die Prozessorleistung effektiv ausnutzen kann.

4. Schlußbetrachtung

Es wurde versucht deutlich zu machen, daß die optimale Schnittstelle zwischen
Hardware, Firmware und Software nicht statisch ist, sondern daß sie sich abhängig von den Anforderungen an die Leistung und von den technologischen Möglichkeiten laufend verschiebt. Um eine bestimmte Prozeßlenkungsaufgabe zu lösen,
benötigt man bestimmte Systemfunktionen, die zunächst einmal austauschbar in
Hardware, Firmware und Software realisiert werden können. Die Konzeption von
Rechnerfamilien mit aufwärts- und abwärtskompatiblen Familienmitgliedern, wie
sie heute von verschiedenen Herstellern angeboten wird, macht dies deutlich:
Um Kompatibilität sicherzustellen, müssen alle Systemfunktionen bei allen Mo-
dellen vorhanden sein; je nach Leistung und damit Preis werden sie in Hardware,
Firmware oder Software realisiert.

Das nachfolgende Schema soll das Optimierungsproblem nochmals verdeutlichen:

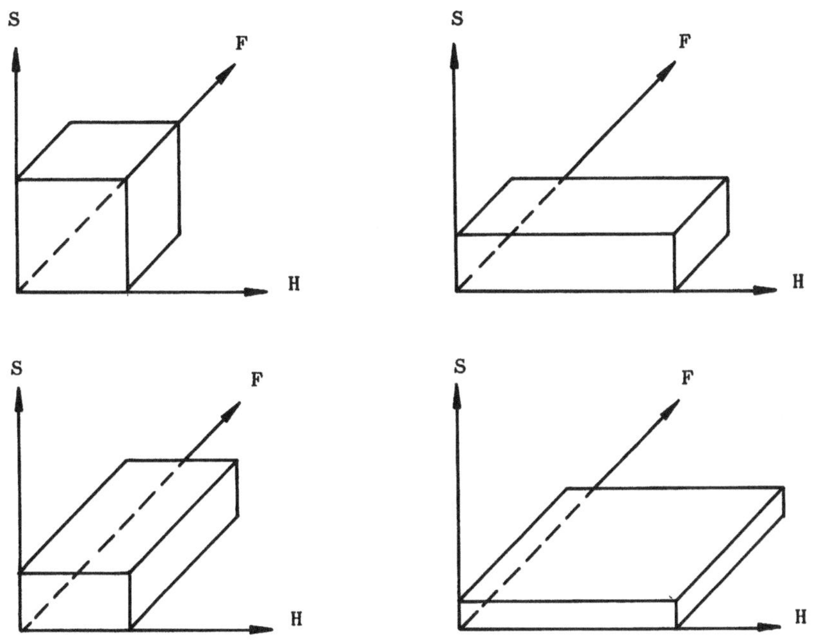

H: Hardware-Aufwand;   F: Firmware-Aufwand;   S: Software-Aufwand;

__Verteilung von Systemfunktionen auf Hardware, Firmware und Software__

Trägt man in einem dreidimensionalen Koordinatensystem den Aufwand für Hardware, Software und Firmware, der für die Realisierung einer bestimmten Systemfunktion benötigt wird, auf, so steht anschaulich das Volumen der dargestellten Quader für den Umfang der geforderten Systemfunktion. Der Gesamtaufwand ergibt sich aus der Summe der Kantenlängen dieses Quaders und das Optimierungsproblem besteht darin, diese Summe bei gegebenem Volumen möglichst klein zu halten. Bei einem hohen Hardware- und Firmwareaufwand entsteht eine leistungsfähige Befehlsliste, so daß relativ wenige Befehle für die Realisierung der Systemfunktion notwendig sind. Ein kleiner Hardwareaufwand kann entweder durch Firmware oder durch Software kompensiert werden, eine Maschine mit geringem Hardware- und Firmwareaufwand macht entsprechend hohe Software-Investitionen erforderlich.

Gelingt es, für die drei Dimensionen gleiche Maßstäbe zu finden, so liegt das Aufwands-Optimum bei einem Würfel. Es kann natürlich sein, daß dieses Optimum nicht die Leistungsanforderungen der speziellen Anwendung erfüllt: In diesem Fall muß der Hardware- und unter Umständen der Firmwareaufwand vergrößert werden, damit dieselbe Systemfunktion mit weniger Software-Befehlen realisiert werden kann: Das Optimierungsproblem erhält also hier eine Randbedingung, welche beispielsweise in einer maximal zulässigen Höhe des Quaders ihren Ausdruck findet.

Der bei der Realisierung einer Systemfunktion entstehende Entwicklungsaufwand ist in erster Näherung unabhängig davon, in welcher Weise diese auf Hardware, Firmware und Software verteilt ist. Die Hardware-Realisierung bringt allerdings zusätzliche Probleme mit sich, welche sich aus dem physikalischen Aufbau der Hardware-Komponenten und ihrer Verbindungen ergeben.

In der nachfolgenden Tabelle ist abschließend zusammengestellt, wie beim heutigen Stand der Technologie die einzelnen Systemfunktionen bei großen, mittleren und kleinen Prozeßrechensystemen realisiert werden. Man darf mit Sicherheit davon ausgehen, daß die technologische Entwicklung noch weitere, auch überraschende Umverteilungen auslösen wird.

System-Funktionen	klein	mittel	groß
Basis-Verarbeitungsfunktionen	H/F	H/F	H
Multiplikation/Division	F/S	F	H
Gleitkomma-Funktionen	S	F/S	H/F
Höhere sprachliche Funktionen	S	S	F/S
Kontext-Switching	F/S	F	H/F
Betriebssystem-Funktionen	S	F/S	F
Kanal-Funktionen	S	F/S	H/F
E/A-Verwaltung	S	S	F/S
Controller-Funktionen	F/S	H/F	H/F

H: Hardware;   F: Firmware;   S: Software;

/1/ W. Rüb, G. Schrott: Adaptierbare Funktionen zum stufenweisen Aufbau eines
Prozeßrechner-Betriebs-Systems. Fachtagung Prozeßrechner 1974, Springer-
Verlag Berlin, Heidelberg, New-York.

/2/ A. Eder, A. Engl, P. Roventa: Emulation von Minirechnern auf Mikroprozessoren. Diplomarbeit am Institut für Prozeßrechner, August 1974.

HIGH-SPEED BLOCK-DIAGRAM LANGUAGES FOR MICROPROCESSORS AND MINICOMPUTERS IN INSTRUMENTATION, CONTROL, AND SIMULATION

By

Granino A. Korn

Max-Planck-Institut für biophysikalische Chemie,
Göttingen, West Germany[*]

SUMMARY

Block-diagram languages implement instrumentation, control, and simulation programs in terms of analog-computer-like block diagrams. Block-operators, which range from simple adders to complete real-time controllers and amplitude-distribution analyzers, are assembly-language macros, ROM subroutines, or microprograms. Block-diagram languages are readily accepted by engineers, who need not learn assembly language and can still obtain essentially optimal execution speed on small machines. Block-diagram-programmed minicomputers can beat a CDC 6400 using FORTRAN, and microprocessor execution is much more efficient than PL/M. Machine independent block-diagram programs are sorted and cross-translated by optimizing translators, which eliminate redundant memory references. Efficient block-operator macros, subroutines, or microprograms are written once and for all by computer specialists, but new operators can be added at will. This paper discusses an optimal minicomputer translator, an interactive microcomputer system using BASIC to generate and test block-diagram programs, hand-translation for small microprocessor programs, and some applications.

---

[*] Professor of Electrical Engineering, The University of Arizona, on leave.

TABLE OF CONTENTS

1. THE PROGRAMMING GAP

Dramatic reductions in LSI processor and memory costs have opened up unheard-of design possibilities, including totally new distributed-intelligence systems. Now the recurring scheduling bottleneck, and the critical cost item, is computer programming. Initial system costs are governed by the iron-clad cost equation

COST PER COMPUTER (SUB-) SYSTEM

$$= \text{UNIT HARDWARE COST} + \frac{\text{DEVELOPMENT COST}}{\text{NUMBER OF SYSTEMS}}$$

Since interface design is not overly difficult, development cost is typically dominated by program development. This includes the easily overlooked items of program checkout and modification, often 30 to 40 per cent of the total programming cost.[1] The cost equation applies to the initial costs of dedicated minicomputer installations as well as to microprocessor-based systems. Operating costs of dedicated systems are usually dominated by maintenance, while end-user operating costs are again dominated by programming.

Hardware is now cheap, but software is not. A qualified applications programmer costs 15K to 20K Dollars/year (U.S., 1977), and this must be charged with perhaps 110 per cent overhead. At this rate, one line of code costs between 10 and 15 Dollars. These costs can be hideously amplified when high-level designers or scientists program computers.

These facts profoundly affect system design. They continue to sell disk operating systems, sophisticated microcomputer-development hardware, and top-of-the-line minicomputers fast enough to tolerate inefficient higher-order-language code. Such cost considerations have all but relegated 4-bit microprocessors to true mass-production applications (especially since more powerful processors also may save more in memory than the added processor cost). Many 8-bit processors will go the same way, and 32-bit minicomputers are increasingly attractive. Except for mass applications, hardware overkill is cheap (Fig. 1).

Look at the cost equation again. Many low-volume applications employ
a higher-order programming language (BASIC, FORTRAN, PL/M, etc.),
which is much easier for applications-oriented programmers than
assembly language. But assembly-language programming can reduce hardware cost through <u>better processor utilization</u> (faster execution, use
of a cheaper processor) and <u>reduced program memory</u> (especially important for microcomputers).

What we really need (and need very badly) are higher-order-language
systems which produce more efficient object code. Early minicomputer
FORTRAN compilers were compromised by the need to save memory. Fairly
respectable compilers are now available for the larger minicomputers,
but execution speeds are still below 1/2 to 1/10 of comparable assembly-language programs, depending, of course, on the problem. Inter-
preted BASIC, probably easier to learn than FORTRAN, is still less
efficient. Both FORTRAN and BASIC lack the data format which is probably most efficient for processing data from analog instruments,
viz. simple binary fractions between -1 and +1 "machine unit". Current microcomputer languages like PL/M, although usually cross-com-
piled on sophisticated large machines, are still primitive with re-
gard to both data formats and compilers. This is an important gap to
be filled: a better microcomputer language system, with a good optimizing compiler, could save many millions of Dollars in better hard-
ware/software tradeoffs. Such a development would justify very substantial expenditures.

2. BLOCK-DIAGRAM LANGUAGES: A FAMILY OF MODEST GAP-FILLERS

The super-PL/M of the future remains to be written. In the meantime,
we propose a modest, but remarkably efficient substitute suitable
for a variety of data-processing, instrumentation, and control applications of small computers. Figure 2a shows a simple <u>block diagram</u>,
which represents the computation of

$$P = X + B \qquad \text{and} \qquad Y = AP = A(X + B)$$

from an analog-to-digital converter output X in terms of <u>block-opera-
tors</u> such as ADC, SUM, MULT, etc.. Figure 2b shows a <u>block-diagram
language</u> representation of the same block-diagram program. We can

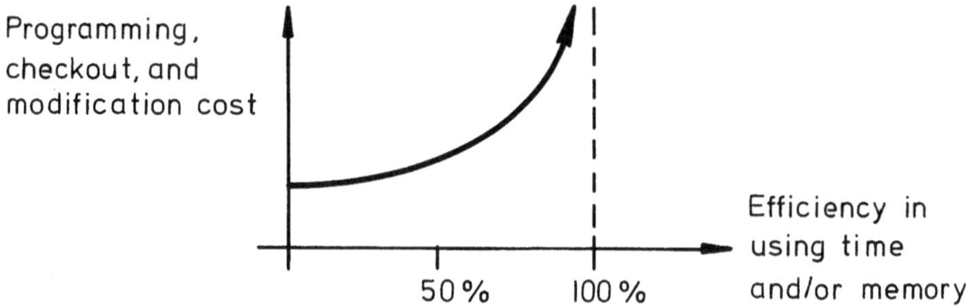

Fig. 1.   The high cost of programming efficiency (based on Reference 1).

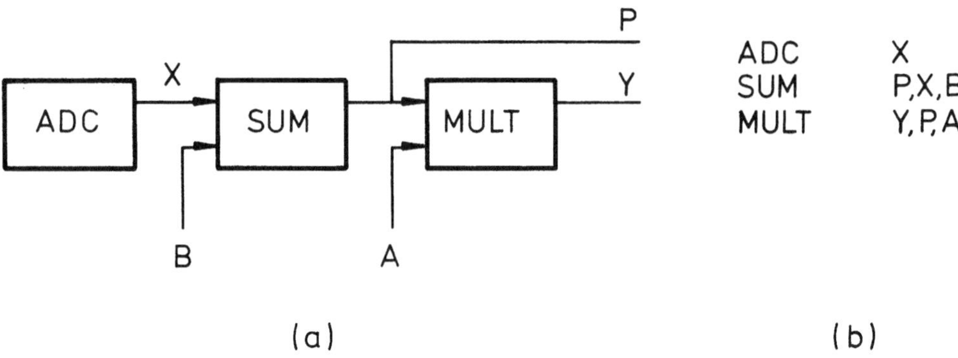

Fig. 2.   A block-diagram program (a) which reads an analog-to-digital converter (ADC) output X, adds an offset B, and produces unscaled and scaled outputs P and Y. Figure 2b shows the corresponding block-diagram-language statements in procedural order. Note that storing and fetching X in memory is unnecessary, but P is further used (as an output or intermediate result) and must be stored (based on Reference 4).

easily translate this program into assembly language for a specific
machine by writing a (reusable) program for each block-operator, e.g.

$$
\text{ADC X} \left\{
\begin{array}{l}
\text{TEST ADC FLAG} \\
\text{JUMP BACK IF NOT 1} \\
\text{READ ADC INTO ACCUMULATOR} \\
\text{STORE ACCUMULATOR (IN) X}
\end{array}
\right.
$$

$$
\text{SUM P,X,B} \left\{
\begin{array}{l}
\text{LOAD ACCUMULATOR (FROM) X} \\
\text{ADD (FROM) B} \\
\text{STORE ACCUMULATOR (IN) P}
\end{array}
\right.
$$

If we give a set of such block-operator programs as "macro definitions" to a computer with a macroassembler,[2,3] the latter would auto-
matically assemble (or cross-assemble) object code for any reasonable
block-diagram program. Our block-diagram language is a macro language,
and we note:

1. We can get an expert programmer to write us efficient macro
   definitions not only for "standard" operations like SUM, MULT,
   SUBTRACT, SQURT, etc., but also for special operators useful in our specific application, e.g. FLUKE DIGITAL VOLTMETER,
   MODULATOR, NOISE GENERATOR, etc.. Note that we can readily
   handle real-time operations.
2. Once this is done, the user need not know assembly language.
3. Block-diagram variables may be any reasonable type of data,
   in any format. Fixed-point integers and fractions, floating-
   point and double-precision numbers, and logical variables
   have all been used. Variables can even be arrays (vectors,
   picture representations, ASCII character strings).
4. Block-diagram-language programs as such are machine-indepen-
   dent. Only the macro definitions depend on the "target" machine. Moreover, an existing macroassembler for a byte-
   addressing 16-bit minicomputer can cross-assemble code for
   any 8-bit or 16-bit microprocessor!
5. The block-operators in a program like that in Fig. 2b must be
   sorted into procedural order, i.e. each block output must be
   computed before it can be used as an input of another block
   (the same is, of course, true for procedures in FORTRAN programs).

Block-diagram languages represent computer operations as a sort of super-analog computer, with "computing elements" tailored to the user's application requirements. This is readily accepted by many users, including some who do not like FORTRAN or BASIC programming.

In the following, we shall exhibit

1. Techniques for suppressing redundant memory references in block-diagram programs, and for using a processor stack to pass data from block to block. <u>This will produce object code essentially as efficient as good assembly-language code.</u>
2. A microprocessor programming system which saves program memory and permits easy hand-assembly.
3. Block-diagram implementation with fast microprograms.
4. Applications, including real-time dynamic-system simulations, digital filtering, and control of experiments or processes; and use of block-diagram programs as efficient FORTRAN or BASIC subroutines.

To be fair, we should also mention the <u>limitations</u> of block-diagram programming. Apart from the obviously greater convenience of compiler-language expressions like

$$Y = SQURT(A-B*SIN(W*T))/COS(B)$$

block diagrams are not well suited for implementing complex sequences of conditional operations (IF ... ELSE statements, GO TO), except <u>inside</u> a block-operator. If we write block-operators producing conditional jumps, we create a <u>general macro language</u>. Such languages share the advantages of block-diagram languages listed above, but are more general, and hence more difficult to use.

3. GENERATING THE BEST POSSIBLE MACHINE CODE

For efficient coding, the block diagrams themselves must, clearly, be designed (and perhaps re-designed) to avoid unnecessary operations. A block-diagram program which successively computes

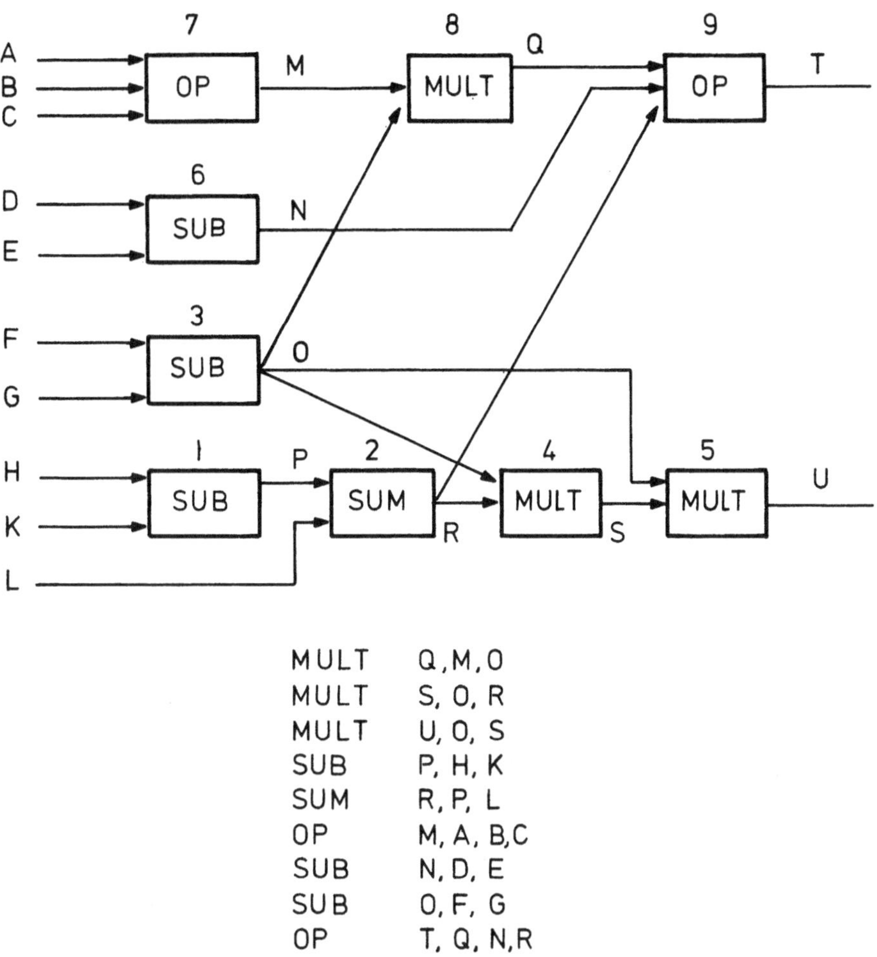

MULT   Q, M, O
MULT   S, O, R
MULT   U, O, S
SUB   P, H, K
SUM   R, P, L
OP   M, A, B, C
SUB   N, D, E
SUB   O, F, G
OP   T, Q, N, R

Fig. 3.   A block diagram with two tree-roots (T,U), multiple block-output connections (O,R), and a "feed-forward" connection (O). <u>Unsorted</u> block-diagram-language statements are shown. OP represents a three-input operator (OP M,A,B,C might, for instance, implement $M=AB+C^2$). Block numbers indicate an optimal sorting sequence for this block diagram.

```
A = SQRT(B*B - B*SIN(C))
P = B*B
Q = SIN(C)
V = A - SQRT(B*B - B*SIN(C))
W = A - SQRT(P - B*Q)
```

is inefficient in the same sense as the corresponding FORTRAN program
(a good FORTRAN compiler will eliminate some, but not all, of the in-
efficiency in the above). We will also avoid, inasfar as possible,
operations which are especially time-consuming on our specific computer (e.g. division).

With the block diagram graphically in front of us, it is easy to avoid
gross redundancies. Now, if competently written block-macros have been
put at our disposition, a simple block diagram like that in Fig. 2 is
already fairly efficient. To make the code for a given block diagram
essentially optimal (i.e. as good as good assembly-language code), we
minimize the number of memory-reference-instruction words needed to
pass data (e.g. X in Fig. 2) between blocks.

The block diagram of Fig. 3 illustrates data-passing possibilities.

1. The block-diagram inputs A,B,C,D,E,F,G,H,K,L and the outputs
   T,U are used outside the block-diagram program proper and will
   require explicit memory-reference instructions.
2. The block outputs O and R are each used more than once. They
   will also require explicit memory references.
3. With suitable block-macros, we can pass M, P, and Q from block
   to block by simply leaving the block output in a processor register (accumulator). This requires no instruction at all.
4. If blocks are sorted into a suitable procedural order ("reverse-Polish" order, as in a Hewlett-Packard pocket calcula-
   tor), then S and N also do not need multi-word explicit memory
   references. They can be passed through a processor stack in
   memory with one-word PUSH and POP-type instructions.

To optimize block-diagram code, then, we

1. Sort our blocks into a reverse-Polish sequence which permits

as much instruction-free data-passing as possible.

2. Define symbolic memory locations only for those variables
   which need them (thus, no symbolic addresses are defined for
   M,P,Q,S, and N).

3. Write block-macros so that each "undefined" block output is
   passed through the accumulator if it is the first input of the
   succeeding block, and through the processor stack otherwise.
   This is best done through conditional assembly.[2,3]

A suitable sorting algorithm is described in Appendix A. This is incorporated into a block-diagram-translator program, which scans block-
macro statements written in arbitrary order, counts the number of
times each block output is needed, and then sorts blocks into optimal
procedural order.

An appropriate conditional-assembly macro for the simple block-operator SUM discussed in Sec. 2 would be

```
    MACRO SUM        OUT,IN1,IN2

    IF DEFINED  IN1                LOAD IN1
    ELSE DECREMENT LOCATION COUNTER     ; kills PUSH
    END CONDITION                       ; from last block

    IF DEFINED  IN2                ADD IN2
    ELSE                           POP AND ADD
    END CONDITION

    IF DEFINED  OUT                STORE OUT
    ELSE                           PUSH OUT
    END CONDITION
```

We see that explicit memory-reference instructions will be assembled
only as needed. If OUT is not explicitly needed, we assemble an instruction to push the block output onto the processor stack; but this
will be cancelled (DECREMENT LOCATION COUNTER) if OUT is the first input of the succeeding block.

A slightly improved macro, which would store the "multiple" output O
in Fig. 3 explicitly, but would still suppress the redundant first-in-

put LOAD in Block 4, is shown in Fig. B-1 of Appendix B.

4. BLOCK-OPERATOR SUBROUTINES, MICROPROGRAMS, AND THREADED CODE

Block-diagram macros generating in-line code provide the highest possible execution speed. To save program memory at the expense of some computing time, some or all block-operator macros can call <u>subroutines</u>. Complex code segments can thus be re-used. With microprogammable computers, the very best way to implement block-operator macros is to <u>microprogram</u> them as applications-oriented "super-instructions" in <u>control memory</u>. This can produce very high execution speed. As an example, Reference 7 estimates 8 μsec to generate sin x (fixed-point table-lookup and interpolation) on a user-microprogrammed Interdata 85, versus 35 μsec for in-line code on a PDP-11/40. <u>This is often a good way to program fast bit-sliced bipolar microprocessors.</u>

Care is necessary with subroutine data-passing and temporary storage. We need <u>reentrant, pure-procedure routines</u>, which can be programmed or microprogrammed in read-only memory (Sec. 5) and are suitable for nested-interrupt service.[2,3] A processor stack can serve for intermediate storage within each routine.[3] Subroutine jumps and data-passing are neatly accomplished with the following <u>threaded-code technique</u> borrowed from compiler software.[12]

Figure 4 shows a threaded-code scheme for the block-diagram program of Fig. 2. Instead of conventional subroutine calls and calling sequences,[2,3] the ordered block-operator macros of Fig. 2b generate a simple <u>address table</u>, which merely lists successive subroutine and data addresses in appropriate order. The macros used for Fig. 4 are simply

<u>MACRO</u> ADC OUT	<u>MACRO</u> SUM OUT,IN1,IN2	<u>MACRO</u> MULT OUT,IN1,IN2
ADC	SUM	MULT
OUT	IN1	IN1
<u>END MACRO</u>	IN2	IN2
	OUT	OUT
	<u>END MACRO</u>	<u>END MACRO</u>

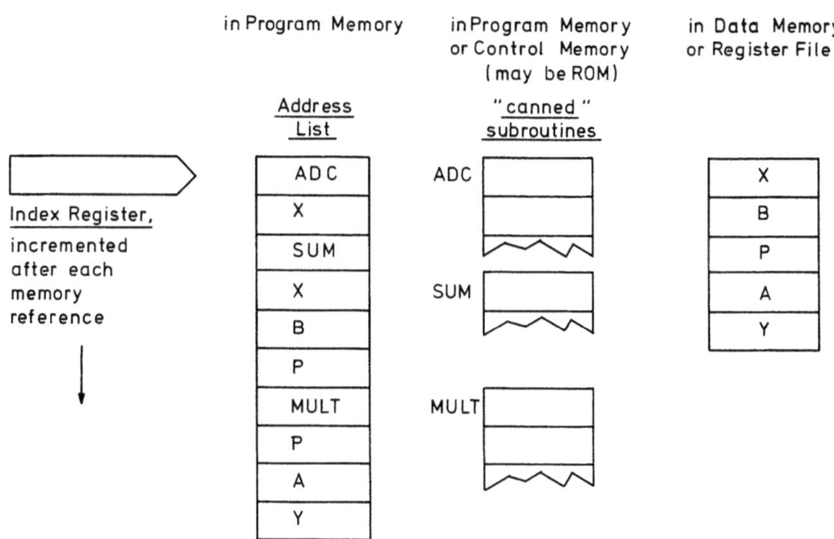

Fig. 4.   Threaded-code program and data structures in computer memory. The block-diagram program translates into an <u>address list</u> referenced by a pointer register which is incremented after each memory-reference instruction.

Our block diagram is completely represented by the address table,
which is loaded into the computer program memory. Here, ADC, SUM,...
are the addresses of block-operator subroutines or microprograms,
while data addresses X,B,P,A,Y point to corresponding locations in a
data table in the computer's data memory. This table contains values
of the block-operator outputs generated during a pass through the
block-diagram program, and also block-input values entered in the
course of a separate initialization routine (if any).

To run the program, we initially load the index register in Fig. 4
with the starting address of the address table, and the program counter with the entry-point address of the first subroutine. The first
two pure-procedure subroutines, ADC and SUM are

```
ADC:      TEST ADC FLAG
          JUMP BACK IF NOT 1
          READ ADC INTO ACCUMULATOR
          STORE VIA INDEX REGISTER, INDIRECT ⎫ one instruction in
          INCREMENT INDEX REGISTER           ⎬ PDP-11

          JUMP VIA INDEX REGISTER, INDIRECT  ⎫
          INCREMENT INDEX REGISTER           ⎭

SUM:      LOAD ACCUMULATOR VIA INDEX REGISTER, INDIRECT ⎫
          INCREMENT INDEX REGISTER                      ⎭

          ADD VIA INDEX REGISTER, INDIRECT   ⎫
          INCREMENT INDEX REGISTER           ⎭

          STORE VIA INDEX REGISTER, INDIRECT ⎫
          INCREMENT INDEX REGISTER           ⎭

          JUMP VIA INDEX REGISTER, INDIRECT  ⎫
          INCREMENT INDEX REGISTER           ⎭
```

MULT works exactly like SUM. Jumps and data-passing require indirect
addressing, because each address may be needed more than once. Computers without explicit indirect-address instructions can still emulate
this procedure.[5]

We can optimize appropriately sorted threaded-code block-diagram
programs by passing block outputs through the accumulator,[4] just as

shown for in-line code in Sec. 3. This is done through conditional assembly of an address list referencing <u>alternate subroutine entry points</u>, as shown in Fig. 5; substantial code improvement is possible.

The second trick used in Sec. 3, viz. passing block inputs through a processor stack, is less practical with threaded-subroutine code. This would require alternate subroutines for non-defined second, third etc. inputs, as well as alternate entry points for non-defined first inputs. The technique of Fig. B-1, however, can be used with the aid of <u>three</u> entry-point references.

5. EASY MICROCOMPUTER PROGRAMMING WITH ROM-CANNED BLOCK-OPERATORS

The threaded-subroutine technique is especially suitable for <u>microcomputer</u> programming. A set of pure-procedure, guaranteed-reentrant block-operator routines for mathematical operations and for various special applications areas, written by expert programmers, can be "canned" once and for all in read-only memory (ROM) modules. Such modules, perhaps sold by computer manufacturers or systems houses, could be plugged into specified computer-memory pages. For faster, microprogrammable microcomputers, ROM-canned block-operator modules would simply plug into the <u>control memory</u> in exactly the same fashion.

Now, hand-assembly of a (hand-sorted) program is spectacularly easy. If we are satisfied with non-optimized memory references, the address list in Fig. 4 <u>is</u> the block-diagram program, written word by word. No assembly language is needed. We merely assign a memory address to each symbolic variable and then enter these address-numbers in the address list together with the block-operator addresses furnished with our ROM modules. The address list, together with any given values of variables or parameters, is then loaded into the computer.

To get more efficient code, a block-diagram translator followed by a cross-macroassembler can assemble an optimized address list as a sequence of block-macros. The cross-assembler can also insert in-line macros for simple operators which do not justify a subroutine (this is really true for the SUM operation used in our example!).

The University of Arizona's DARE/ELEVEN software system, running on

```
MACRO SUM     OUT,IN1,IN2
IF DEFINED   IN1           WORD   SUM1    ;   entry point
                           WORD   Ø       ;   space for last output
                                          ;           address
                           WORD   IN1
ELSE                       WORD   SUM2    ;   alternate entry point
END CONDITION


                           WORD   IN2
IF DEFINED   OUT           WORD   O       ;   space for jump address
                           WORD   OUT     ;   output will be ahead
DECREMENT LOCATION COUNTER BY 2 WORDS     ;           of jump
END CONDITION
END MACRO
```

(a)

```
SUM1:    STORE ACCUMULATOR PRE-INDEXED, INDIRECT
               AND INCREMENT INDEX
         LOAD  ACCUMULATOR PRE-INDEXED, INDIRECT
               AND INCREMENT INDEX
SUM2:    ADD   PRE-INDEXED, INDIRECT AND
               INCREMENT INDEX
         JUMP  PRE-INDEXED, INDIRECT AND
               INCREMENT INDEX
```

ADC
SUM2
B
MULT
P
P
A
Y

(b)   (c)

Fig. 5.   Threaded-code macro (a), subroutine for SUM (b), and im-
           proved address list (c) designed to suppress redundant
           data-store/fetch pairs in the simple block-diagram program
           of Fig. 1. Note that P is needed as a block-diagram output
           and cannot be suppressed.

a Digital Equipment Corporation PDP-11, includes a disk operating system, a block-diagram translator, and two macro generators (see below). Used as a <u>microcomputer prototype development system</u>, DARE/ELEVEN can assemble code for any 8-bit or 16-bit microprocessor and load it into a <u>two-port memory</u> whose second port connects to the microcomputer. The latter can, then, immediately execute the program, which may exercise real I/O interfaces in real time. Figure 7 shows a proposed, more elaborate system of this type, which can also test microprograms with a special two-port control memory.

6. LOOPS, FEEDBACK, AND STATE-VARIABLE MODELS OF DYNAMICAL SYSTEMS

Block diagrams which contain <u>loops</u> (instantaneous or "algebraic" feedback, recursion) cannot be sorted into procedural order. The same is true in any procedural language. FORTRAN, for instance, cannot directly solve

$$Y = X-Y+A \qquad\qquad X = 2X+Y$$

or even

$$Y = X-Y$$

for Y. Such recursive relations must be replaced by an equation-solving procedure (or a block-operator) without recursive input. Automatic block-diagram sorting programs (Appendix A) flag such situations as <u>sort failures</u>.

Nevertheless, block-diagram languages neatly implement or simulate control systems and recursive filters with complicated feedback loops. Our dynamical-system models will produce successive samples $Q(T_0)$, $Q(T_1),Q(T_2),\ldots$ of each system variable $Q(T)$ with a block-diagram program which is called repeatedly for $T = T_0,T_1,T_2,\ldots$. In many important applications, one represents the state of a system at successive times $T_0,T_1,T_2,\ldots$ by n <u>state</u> variables $X_1,X_2,\ldots,X_n$. Given the <u>initial state</u> $X_1(T_0),X_2(T_0),\ldots$, all future states are determined by recursion relations

$$X_i(T_{k+1}) = X_i(T_k) + G_i[X_1(T_k),X_2(T_k),\ldots;T_k]$$

$$(i = 1,2,\ldots,n;\ k = 0,1,2,\ldots) \quad (\underline{\text{STATE EQUATIONS}})\,(1)$$

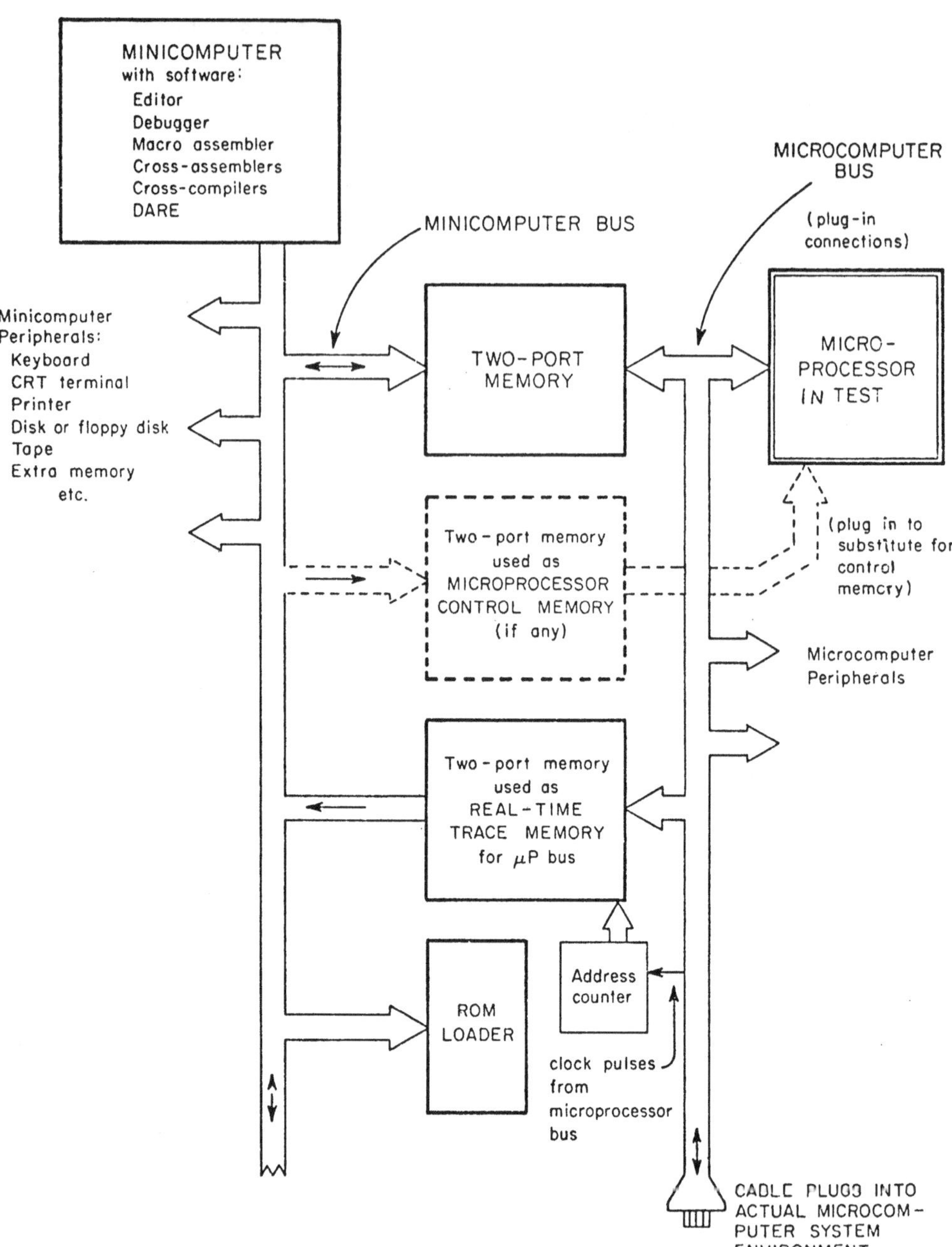

Fig. 6. Proposed microcomputer-program-development system using a standard minicomputer with two-port memories. The first two-port memory, which permits minicomputer software to load object programs directly usable by the microcomputer, is already implemented (based on Reference 4).

In physics, the recursive state-variable accumulation often approximates integration of <u>a set of differential equations</u>

$$\frac{dX_i}{dT} = F_i[X_1(T), X_2(T), \dots; T] \qquad (i = 1, 2, \dots, n) \tag{2}$$

and the difference equations (1) may be replaced by improved numerical integration rules. Efficient digital solution of such state equations for time histories of the state variables X_i and functions $Q(X_1, X_2, \dots, X_n; T)$ of the X_i (system outputs) is of the greatest practical importance.

Figure 7 shows how block-diagram programming systems deal with state-equation models. A differential-equation model (2) is illustrated, but difference-equation models are as readily accommodated. In the block diagram of Fig. 7a, an <u>integrator</u> (or other "state-variable accumulator") always produces and stores the state-variable value $X_i(T_{k+1})$ to be used as the block-diagram input X_i during the <u>next</u> successive pass through the block diagram. State variables, then, appear both as block-diagram <u>outputs</u> (integrator outputs) and as block-diagram <u>inputs</u>, which are updated before each block-diagram pass. The initial state-variable inputs $X_i(T_0)$ must be given, one for each integrator. The recursive relations (1) or (2) thus introduce feedback in a natural way; <u>each feedback loop necessarily includes an integrator</u>.

In practice, integrators are sorted to be at the end of the block-diagram program, which thus produces its own updated inputs for the next successive pass (Fig. 7b). Automatic sorting programs recognize integrators and reject "algebraic" block-diagram loops which do not contain any integrator. Figure 7c shows how a special RUN routine calls successive passes through a block-diagram program and integration procedure, which produces successive samples of all block-diagram variables. A variety of integration routines may be used. If desired, different integrators can even use different integration routines.

7. BLOCK-DIAGRAM PROGRAMS AS FORTRAN, BASIC, OR PL/M SUBROUTINES,
   CONTROL OF REPEATED EXPERIMENTS

Block-diagram programs are very useful as <u>fast subroutines</u> in programs otherwise written in FORTRAN, BASIC, or PL/M. In particular, Fig. 7c

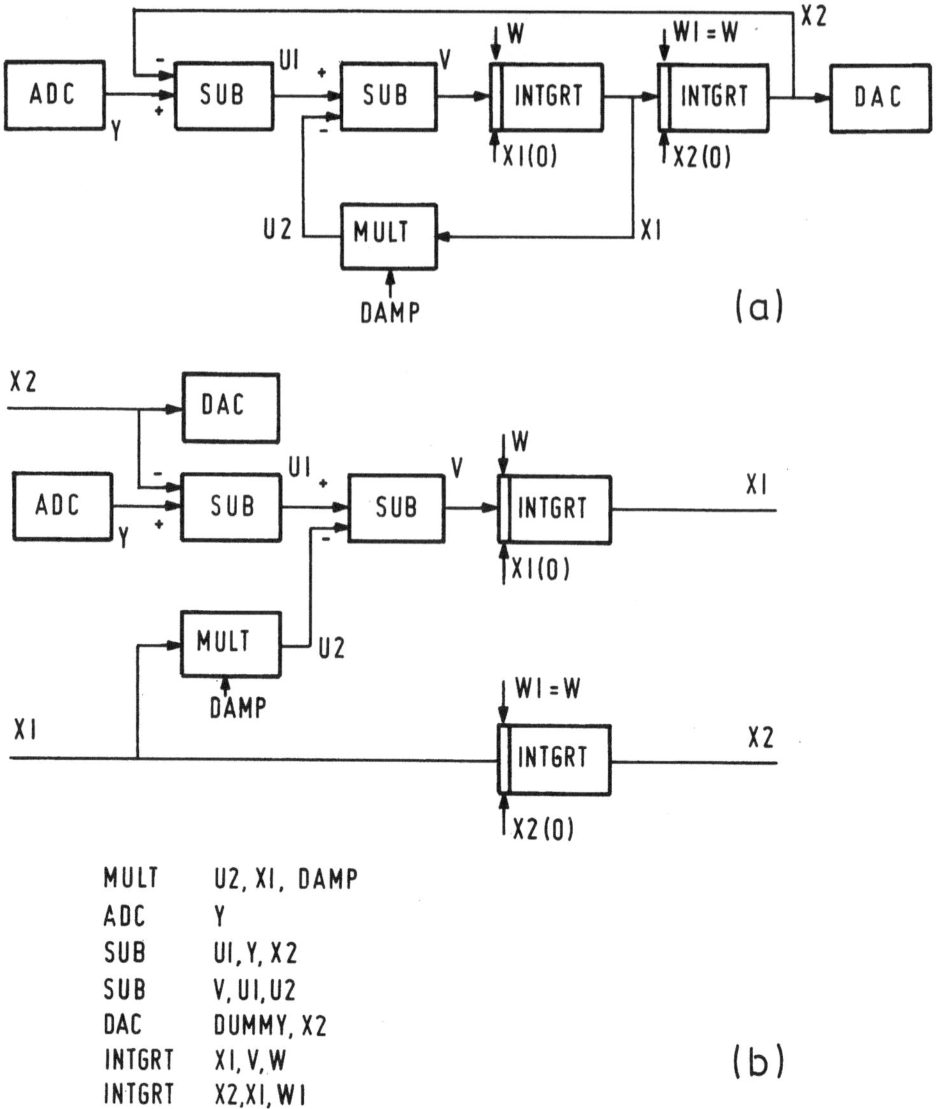

Fig. 7 a,b.   Block-diagram program for a system which filters the analog-to-digital-converter output Y and outputs successive samples of the filter output X2 to a digital-to-analog converter. With suitable integration routines, this program approximates solution of the state equations

$$\frac{dX1}{dT} = - W(DAMP*X1 + X2 - Y) \qquad \frac{dX2}{dT} = W1*X1$$

Figure 7b shows how each feedback loop has been opened at its integrator. Integrator outputs become block-diagram outputs or "tree roots".

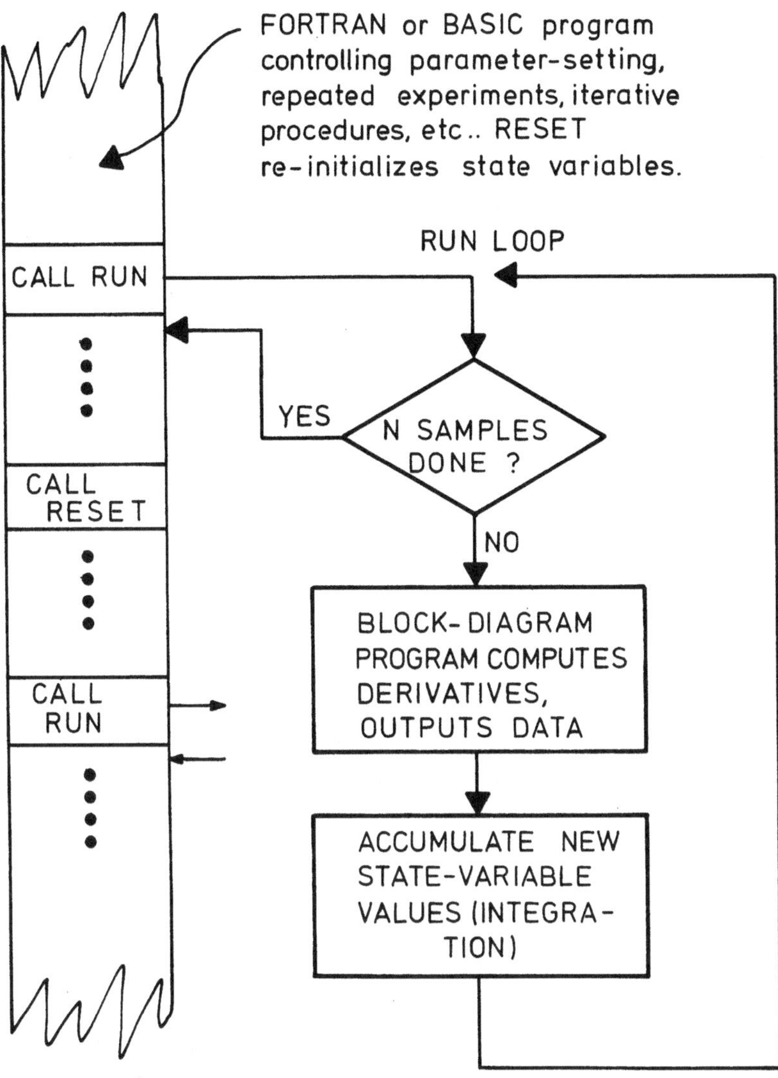

Fig. 7c. Flow diagram showing how block-diagram variables are initia-
lized and updated in successive passes through the block-
diagram subroutine. The integrator operations, sorted at
the end of the block-diagram program, may be combined into
a single integration routine.

indicates how an entire state-equation-model "run", which may produce, say, 1000 samples, can be called by a FORTRAN or BASIC logic-control program. The control-program statement CALL RUN produces an entire differential-saving run; CALL RESET causes all state variables to be reset to their initial values. CALL RUN without a preceding CALL RESET simply continues an earlier run, since the most recent integrator outputs are kept as initial values. Between runs, the control program can vary system parameters and initial conditions, make cross-plots, compute multi-run statistics, or do iterative parameter optimization and parameter identification. This is an excellent technique for controlling successive phases of a real-time experiment.

8. REFINEMENTS: "SUPER-MACROS", BLOCK-DIAGRAM SEQUENCING, AND CONDITIONAL OPERATIONS

Grown-up block-diagram programming systems, like those included in DARE/ELEVEN and MICRODARE, include an easy facility for defining new block-macros in host-computer assembly language or in machine language for various microcomputers. Often, block-diagram programs may be greatly simplified if an entire sub-block diagram is introduced as a new block-macro. As an example, the entire filter loop in Fig. 7 could be made into a single block with output X2 and inputs Y, DAMP, W and W1. Note, though, that the new "super-macros" will generate optimized code only if they are expanded before an optimizing translator is used (DARE/ELEVEN will have an extra macro generator for this purpose, which can even generate FORTRAN macros).

In the example of Fig. 7, the block-diagram program naturally establishes the correct time sequence of real-time operations. The analog-to-digital converter (ADC) is timed by a real-time clock; the program waits for each conversion to complete; and the digital-to-analog conversion (DAC) takes place after the ADC and filtering operations.

Figure 8 represents a different situation. Here, two digital-to-analog converters must operate first to set up a real-world experiment. Then the analog-to-digital converter operates after a suitable time delay. This timing sequence is also naturally established by the procedural order of our block-diagram program. But the connections between the DACs and the DAND and DDELAY (dummy AND and DELAY) blocks are "dummy" or "sequencing" variables <u>which require no data-passing operations</u>. Each sequencing connection merely indicates the proper procedural order to the block-diagram sorting program (or to the user for hand-sorting).

Such sequencing works nicely <u>and requires no extra computing time</u>. Block-diagram programs can also read real-time interface flags and do <u>conditional</u> sequencing. But ordinary block-diagram programs do not provide for <u>conditional execution</u> of program branches and will, therefore, execute all block operations even if some of them are never used by subsequent blocks (Fig. 9). Figure B-2 (Appendix) shows how conditional GO TO-type jumps to program labels can be incorporated in a block diagram. We are here, however, at the limits of block-diagram programming. An experienced programmer would, instead, include block-diagram segments in a more general macro-language program which implements conditional branching in a more "natural" way.

9. EXAMPLES OF APPLICATIONS AND SOFTWARE SYSTEMS

The first complete block-diagram programming systems were <u>batch</u> systems designed for dynamic-system simulation.[8] CSMP/1130 (originally called PACTOLUS)[8] was the first <u>interactive</u> system for a small computer. CSMP/1130 used floating-point block-subroutines (based on FORTRAN-library routines) called by either a line-by-line interpreter for fast turnaround or by a translator. This system, which was also adapted for PDP-9, 15, and 11 minicomputers, executes more slowly than a modern interactive equation-language simulation system[15] and is, therefore, obsolete.

The University of Arizona's DARE II system[10,11] had the first optimizing block-diagram translator. DARE/ELEVEN (Version 2) added reverse-Polish sorting to optimize PDP-11 code. Nowadays, we employ block-diagram language only for simulations (or portions of simulations) where more convenient <u>equation-type</u> simulation languages execute too slowly. Block-diagram programming is, for instance, ideal for <u>dedicated real-time flight simulators</u>. The most important block-diagram applications are to <u>real-time instrumentation and control</u>, especially with microcomputer systems. Here, <u>machine-independent block-diagram programming produces assembly-language efficiency without</u>

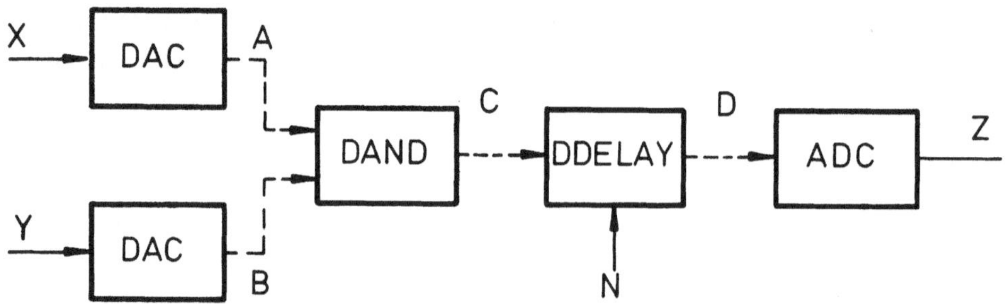

Fig. 8. Unlike Fig. 7a, this real-time program requires sequencing
connections (dash lines) if an automatic sorting translator is used. The program is

```
        DAC     A,X
        DAC     B,Y
        DAND    C,A,B       ; a no-operation macro!
        DDELAY  D,C,N       ; an N-unit time-delay loop
        ADC     Z,D
```

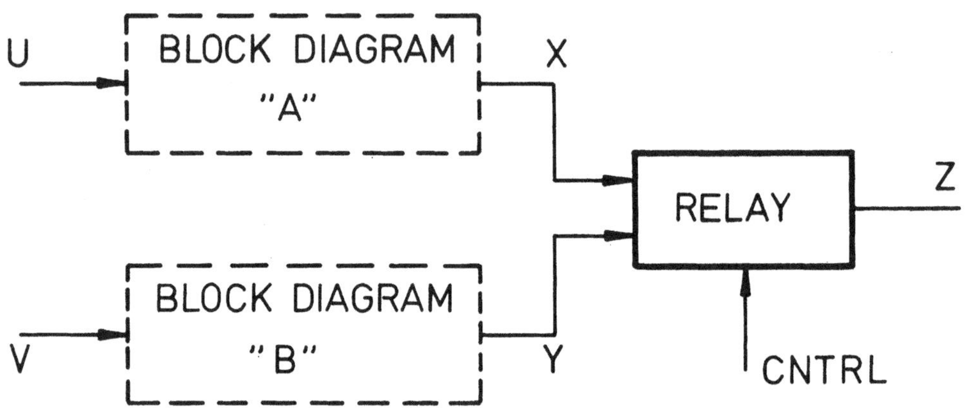

Fig. 9. The block-macro defined by

```
        MACRO     RELAY     Z,CNTRL,X,Y
        TEST      CNTRL
        BRANCH IF >O                    1$
        LOAD      U
        BRANCH    2$
1$:     LOAD      V
2$:     STORE     Z
        END MACRO
```

passes either X or Y depending on the sign of CNTRL. But
block-diagram sections "A" and "B" are both executed in
either case, although only one of them is needed.

<u>forcing applications-oriented programmers to learn assembly language</u>.

The block-diagram-programming facilities of DARE/ELEVEN, mentioned earlier, are actually only a subset of a larger software system designed for interactive simulation, experiments with real-time instrumentation/control programs, and microcomputer program development. DARE/ELEVEN includes a complete disk operating system with elaborate facilities for file manipulation, report preparation, graphic displays, and equation-language, FORTRAN, and assembly-language programming.[12,13,15]

The much simpler MICRODARE system[12] will run on small PDP-11's even without a disk and employs an improved BASIC system as its operating system. <u>Interpreted BASIC programs</u> (Fig. 7c) <u>can call threaded-code block-diagram programs for immediate execution</u>; there is, essentially, no wait for translation.

Figures 10 to 12 present a few examples of simple DARE block-diagram programs; others will be found in References 12 to 14. Figure 13 shows DARE/ELEVEN solution of a benchmark simulation problem (PHYSBE blood-circulation simulation)[13] which involves simultaneous solution of 7 nonlinear differential equations. The fixed-point DARE block-diagram system required 0.2 sec of computing time per simulated heartbeat on the PDP-11/40 (about 0.08 sec on a PDP-11/45 with bipolar memory). This should be compared with 4.5 sec computing time for the floating-point DARE equation language on the PDP-11/40 and <u>0.16 sec for FORTRAN solution on a CDC 6400</u>.

ACKNOWLEDGEMENTS

The writer is grateful to his former students T. Liebert, J. Goltz, A. Trevor, R. Martinez, and S. Conley for their contributions to block-diagram translation. The writer would also like to thank the United States Government (National Science Foundation), the University of Arizona, and the Burr-Brown Research Corporation for research support; the Alexander von Humboldt-Stiftung (West Germany) for a grant under which this paper was written; and the Max-Planck-Institut für biophysikalische Chemie, Göttingen, for its hospitality.

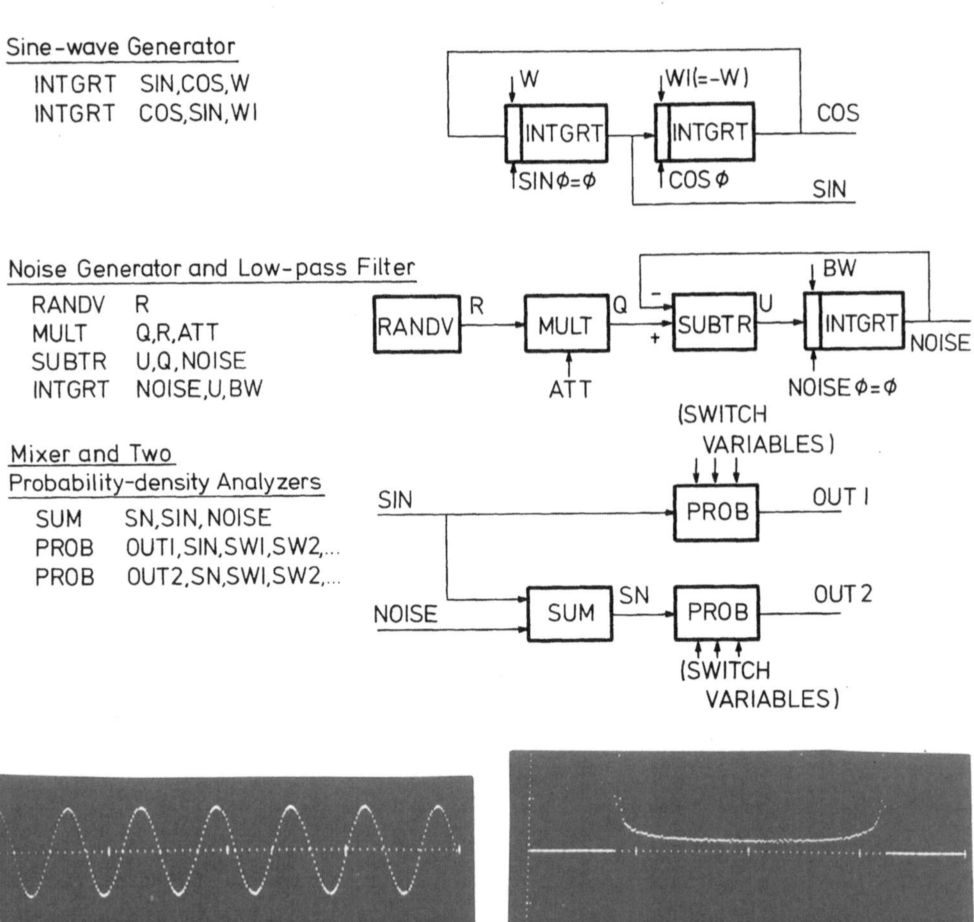

Fig. 10.   An example showing signal generation and data processing.
The sine/cosine generator solves the differential equation
$d^2X/dT^2 = -W^2X$. The Gaussian-noise generator low-pass
filters a real sampling-type noise generator, making this
a real-time experiment. Two probability-density analyzers
sample repeated runs and read out during the last run; their
switch variables are controlled by a FORTRAN control program,
which is not shown.

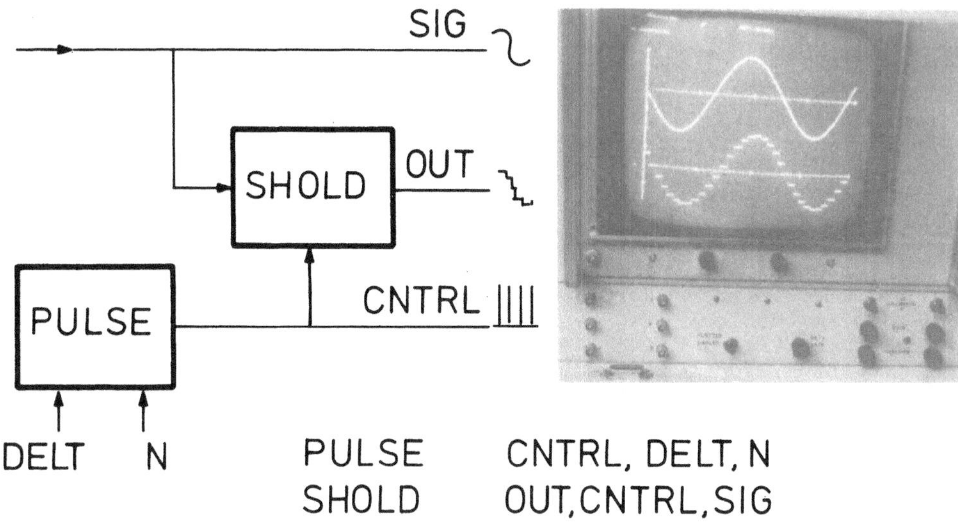

Fig. 11. Pulse generator and sample-hold.

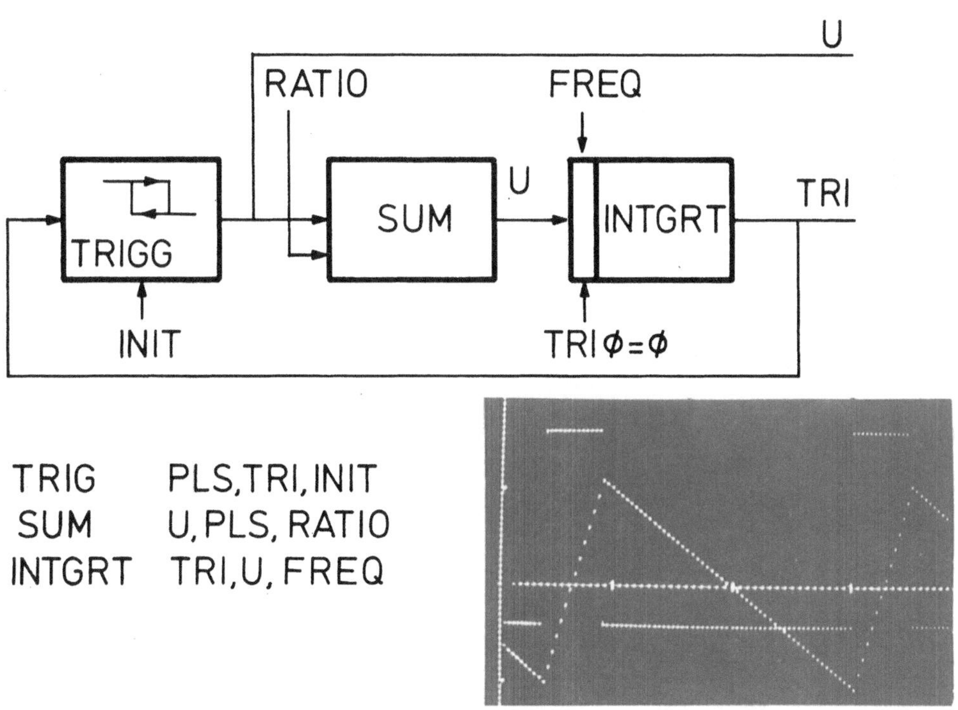

Fig. 12. A digital signal generator with frequency and pulse-ratio
modulation. TRIGG implements the input-output transfer
characteristic of a Schmitt trigger with hysteresis.

REFERENCES

1. Boehn, B.W.: Software and its Impact, _Datamation_, May, 1973.
2. Korn, G.A.: _Minicomputers for Engineers and Scientists_, McGraw-Hill, N.Y., 1973.
3. ——————: _Microprocessors and Small Digital Computer Systems_, McGraw-Hill, N.Y., 1977.
4. ——————: Microcomputer Program Development at the University of Arizona, _Proc. IEEE Region 6 Conf._, Tucson, Arizona, 1976.
5. ——————: A Proposed Method for Simplified Microcomputer Programming, _Computer_, October, 1975.
6. ——————: Ultra-fast Mini-computation with a Simple Microprogrammed Block-diagram Language, _Trans. ASEE/COED_, March, 1974.
7. Conley, S.: Block-diagram Routines Microprogrammed on Four Different Minicomputers, _CSRL Report No. 259_, Electr. Eng. Dept., University of Arizona, 1974.
8. Brennan, R.D., and R.N. Linebarger: A Survey of Digital Simulation, _Simulation_, December, 1964.
9. Benham, R.D.: Interactive Simulation Language ISL-8, _Simulation_, March, 1971.
10. Korn, G.A.: Project DARE: Differential-analyzer REplacement by On-line Digital Simulation, _Proc. AFIPS/FJCC_, 1971.
11. Liebert, T.: The DARE II System, _Ann. AICA_, January, 1972.
12. Conley, S.: _Ph. D. Dissertation_, Electrical Engineering Dept., University of Arizona, 1977.
13. Korn, G.A., and J.V. Wait: _Digital Continuous-system Simulation_, Prentice-Hall, Englewood Cliffs, N.J., 1977.
14. Korn, G.A., and O. Palusinski: Ultra-fast Analog-digital Computation with Convenient Simulation-language Software, _Trans. IMACS_, January, 1976.
15. Korn, G.A.: New Interactive Simulation Techniques, _Proc. SCSC_, Washington, 1976.

Inquiries about DARE/ELEVEN and MICRODARE software should be directed to Prof. J.V. Wait, Electrical Engineering Dept., The University of Arizona, Tucson AZ 85721.

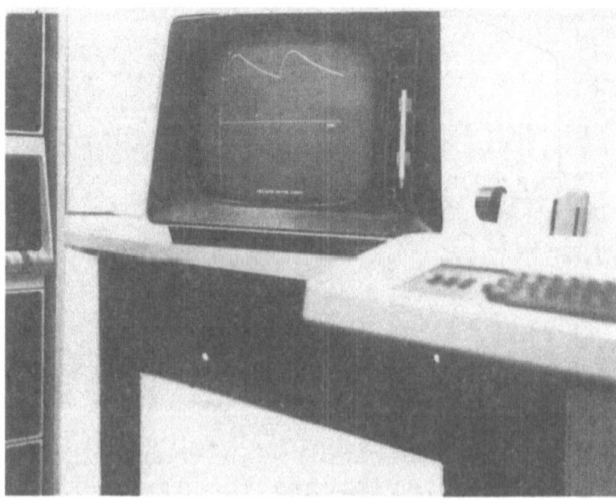

Fig. 13.   DARE/ELEVEN simulation of blood circulation.

APPENDIX A

OPTIMAL BLOCK-DIAGRAM TRANSLATION

Refer to the block diagram of Fig. 3. Pass 1 of the translator labels each block-operator statement with the number of times its output is used as a block input. If this count is zero, then the statement is deleted from the unsorted statement list and is pushed onto a sorting stack; these items are the tree roots of the block diagram.

The translator next defines symbolic memory addresses for the following three types of system variables:

1. Block-diagram inputs, i.e. variables which never appear as block-diagram outputs.
2. Block-diagram outputs, i.e. variables appearing in program statements calling for display, disk storage, state-variable accumulation etc. outside the block diagram.
3. "Intermediate" block-operator outputs used more than once as a block-operator input, as determined by the count in Scan 1.

These symbolic addresses make up the defined-variable list. "Intermediate" block outputs which are used only once as block inputs will not need any explicit memory references. Specifically, a block output serving only as the first input of the next block is simply left in a processor register (accumulator) without any need to program an instruction. A block output serving only as the second, third,... input of one other block is passed through the processor stack in memory, which requires only one-word PUSH and POP (or POP-ADD, POP-SUBTRACT, etc.) instructions. This will minimize the number of multi-word memory-reference instructions.

Now, Pass 2 of the translator sorts the block-diagram statements into a special procedural order which minimizes the number of data-passing memory-reference instructions. Items from the "old" (unsorted) statement list are moved to a "new" (sorted) list either directly or via the sorting stack. The latter, from Scan 1, already contains the tree-root items in the (arbitrary) order in which they were encountered (Figs. 3 and A-1 to A-4).

<u>Sorting Stack</u>   <u>Current Old List</u>, with

output counts

top

OP	T,Q,N,R		MULT	Q,M,O	(1)
MULT	U,O,S		MULT	S,O,R	(1)
			SUB	P,H,K	(1)
			SUM	R,P,L	(2)
			OP	M,A,B,C	(1)
			SUB	N,D,E	(1)
			SUB	O,F,G	(3)

Fig. A-1. After translator Pass 1, the tree-root items have been
           pushed onto a sorting stack, and each remaining old-list
           item is labeled with its output-connection count.

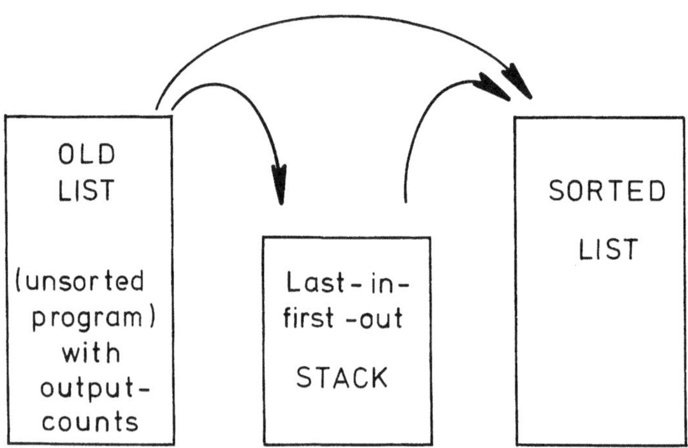

Fig. A-2. The Pass 2 sorting algorithm moves block-operator state-
           ments from the Old (unsorted) List to the New (sorted) List
           either directly or via a sorting stack.

Figure A-3 is a flow diagram of the sorting procedure. We proceed in reverse order, starting with the tree-root (final-output) blocks. We try to proceed up the tree by matching the <u>first input</u> of the current block with the <u>output</u> of the next block-statement selected from the old list, since this avoids a data-transfer instruction. If the output has a count (from Scan 1) greater than 1, we leave its block-statement in the old list, but decrement the count; this will take care of <u>multiple connections</u>. The only other possibility is that our first block input is a block-diagram input.

We next deal with the <u>second, third, etc. input</u> of the current block. These are pushed onto the sorting stack unless they have multiple output counts, which are treated as before. This stacking procedure ensures a Polish-reverse sequence of all variables used exactly once as a second, third, etc. block input. During execution, these variables can then be transferred through one-word PUSH and POP-type instructions via a processor stack, and no multi-word explicit memory references are needed for them.

When all inputs are done, we proceed to the new latest block in the New List, if one was obtained as a first-input match. If not, we pop the top item of the sorting stack into the New List and proceed. The sorting process <u>terminates</u> when both stack and Old List are empty. A <u>sort failure</u> due to an algebraic loop is indicated if the Old (unsorted) List is not empty when the sorting stack is exhausted at the end of the sorting pass. The items left in the Old List correspond to the loop locations.

Figures A-4 and A-5 illustrate the sorting procedure with a complete example. The program produced by the translator is optimal for the given block diagram. <u>The block diagram itself, though, ought to be scrutinized for possible improvements</u>. The code for our example could, in fact, be improved slightly if we interchanged the inputs of MULT U,O,S to read MULT U,S,O, so that S can be transferred through the accumulator.

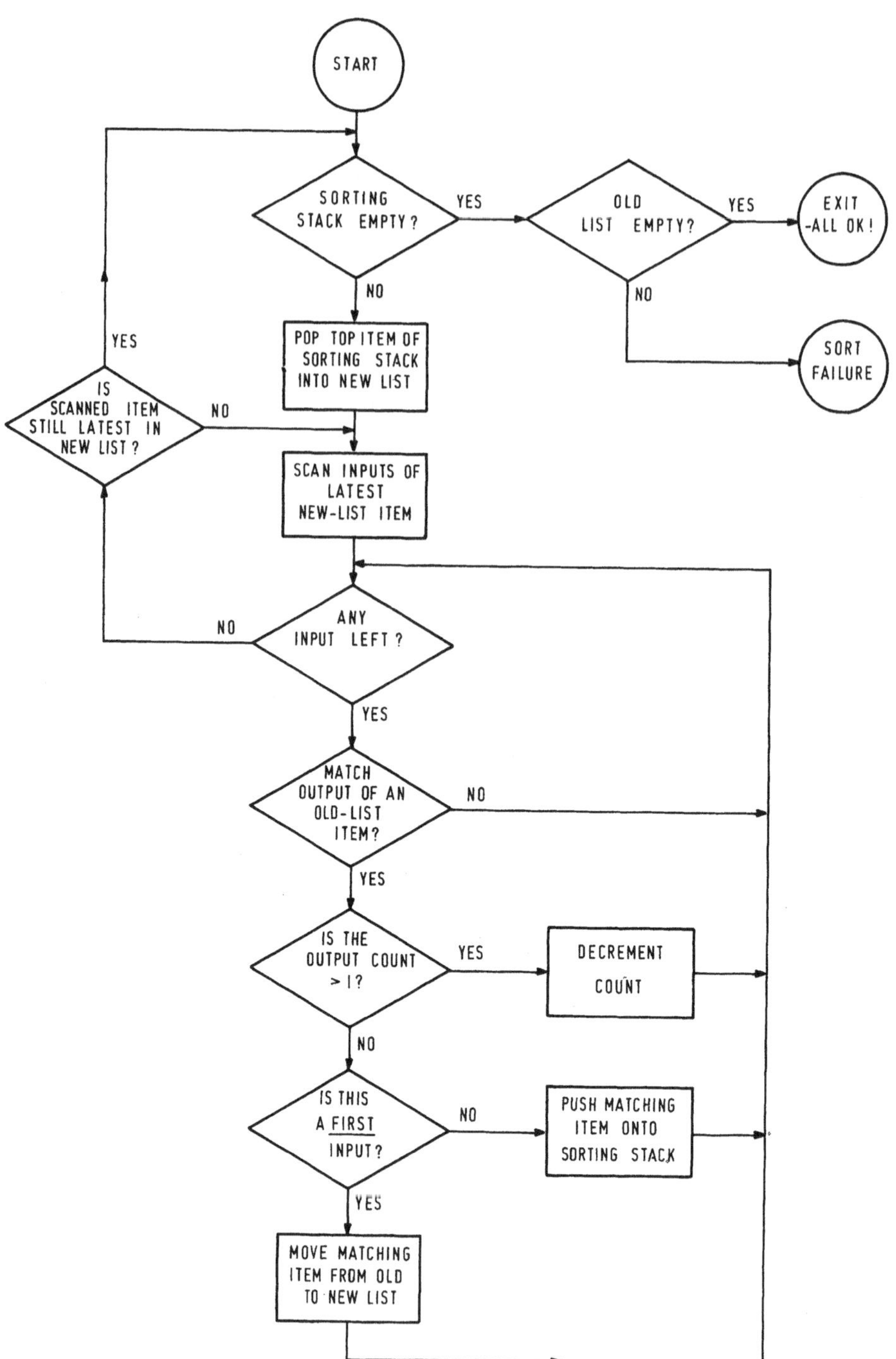

Fig. A-3. Sorting procedure in Pass 2 of the DARE/ELEVEN (Version 2) block-diagram translator.

1. OP   T,Q,N,R   from stack

2. MULT Q,M,O   <u>first-input match</u> from Old List

3. Push   SUB N,D,E (second-input match) onto sorting stack,
   which now contains

   top

   ↑   SUB   N,D,E

   │   MULT U,O,S

4. Decrement output count of SUM   R,P,L
   (third-input match) to 1 in Old List.

5. OP   M,A,B,C   <u>first-input match</u> for latest
                                       New List item

6. Decrement output count of SUB   O,F,G
   (second-input match) to 2 in Old List.

7. SUB N,D,E   from stack

8. MULT U,O,S   from stack (which is now tempora-
                                       rily empty)

9. Decrement output count of SUB   O,F,G
   (first-input match) to 1.

10. Push MULT S,O,R (second-input match) onto sorting stack.

11. MULT   S,O,R   from stack (which is now again
                                       empty)

12. SUB O,F,G   <u>first-input match</u> from Old List
                                       (note count was down to 1)

13. Push   SUM R,P,L (second-input match, count now 1) onto
    sorting stack

14. SUM R,P,L   from stack (now again empty)

15. SUB P,H,K   <u>first-input match</u> from Old List

    Both stack and Old List are now empty; all items are sorted
    correctly, bottom to top.

Fig. A-4. Sorting sequence, showing the procedures used to enter suc-
          cessive block-operator statements into the New (sorted)
          List in Polish-reverse order.

```
SUB     P,H,K    ⎫
                 ⎬   P stays in accumulator!
SUM     R,P,L    ⎭

SUB     O,F,G        O is stored for use later

MULT    S,O,R        O need not be fetched here

MULT    U,O,S        S is transferred via processor stack

SUB     N,D,E        N is transferred via processor stack

OP      M,A,B,C   ⎫
                  ⎬  M stays in accumulator!
MULT    Q,M,O     ⎬  Q stays in accumulator!
                  ⎭
OP      T,Q,N,R
```

Fig. A-5. Sorted block-diagram-language program for the block diagram
         of Fig. 3. "Defined" variables requiring explicit memory
         references are the inputs A,B,C,D,E,F,G,H,K,L; the outputs
         T,U; and the multiple intermediate block outputs O,R. S
         and N will be passed between blocks with one-word PUSH and
         POP-type instructions. P,M, and Q are simply left in the
         accumulator for use by the next block and require no data-
         passing instructions at all (arrows). See also the block-
         number sequence in Fig. 3.

APPENDIX B

ADDITIONAL PROGRAM FEATURES

Figures B-1 and B-2 illustrate additional programming features for interested readers.

```
    ; (SWITCH = O at the beginning of each program)


    MACRO      SUM      OUT,IN1,IN2
    IF DEFINED          IN1
    IF NOT EQUAL        SWITCH,IN1         LOAD IN1 ; tests assembler switch
    END CONDITION
    ELSE DECREMENT LOCATION COUNTER              ; kills PUSH
    END CONDITION
                        SWITCH = O                 ; resets switch
    IF DEFINED          IN2                ADD IN2
    ELSE                                   POP AND ADD
    END CONDITION

    IF DEFINED          OUT                STORE OUT
                        SWITCH = OUT               ; sets switch
    ELSE                                   PUSH OUT
    END CONDITION
    END MACRO
```

Fig. B-1. SUM macro written so that the first input of a block can be
          passed through the accumulator (LOAD instruction suppressed)
          even if this input must be stored in memory for use else-
          where.

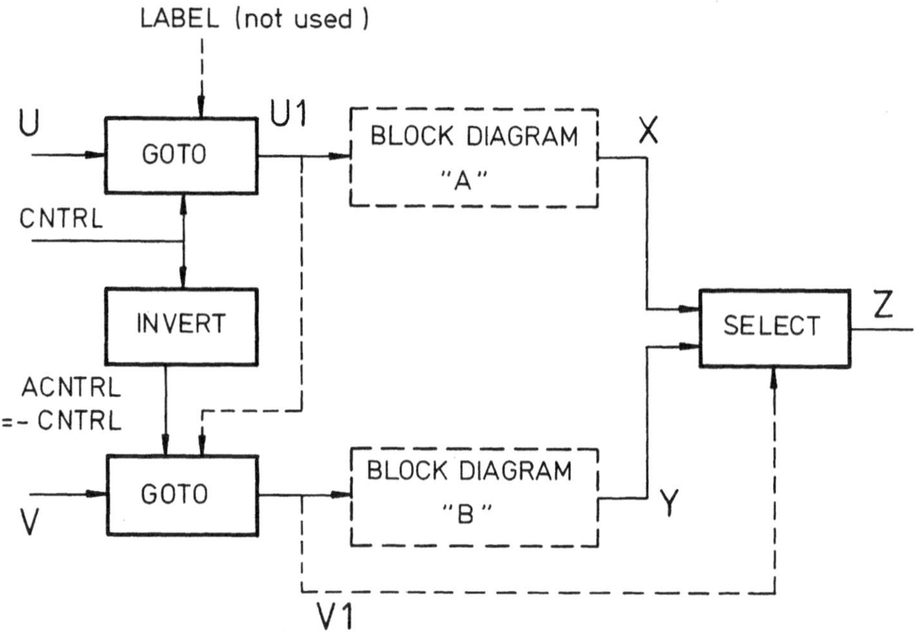

Fig. B-2. In contrast to Fig. 13, the block-macros

```
                MACRO      GO TO      UI, CNTRL, U, LABEL
                TEST       CNTRL
                BRANCH IF  >O         L'U1 ; translates into LU1
      L'LABEL:  LOAD       U
                STORE      U1
                END MACRO


                MACRO      SELECT     Z, X, Y, LABEL
                LOAD       X
                BRANCH     1$
      L'LABEL:  LOAD       Y
         1$:    STORE      Z
                END MACRO
```

implement true conditional branching to statements labeled
with LU1 or LV1 inside macro blocks. Only "A" or "B" is
executed, depending on the sign of CNTRL. But such tricks
spoil the intuitive simplicity of block-diagram programs.

Durch Systematisierung zu einem freiprojektier-
baren Software-Bausteinsystem zur Lösung von
Automatisierungsaufgaben im Sinne von Regeln,
Steuern und Überwachen.

K. H. Reitz , Erlangen

Zusammenfassung

Der steigende Anteil an Software- bzw. Ingenieurkosten entscheidet
zunehmend über die Wirtschaftlichkeit einer Automatisierung mit
einem Prozeßrechner. Mittel und Wege zur Eindämmung dieser Entwicklung sind dringend erforderlich. Es wird ein möglicher und auch be-
gangener Weg aufgezeigt, wie durch konsequente Systematisierung im
funktionalen und programmtechnischen Bereich ein Programmsystem für
die Aufgaben Regeln, Steuern und Überwachen erstellt werden konnte,
das in Verbindung mit leistungsfähigen Mitteln für Projektierung,
Inbetriebnahme und Dokumentation den rationellen Einsatz von Software ermöglicht.

Einleitung

Im Verlauf des Einsatzes von Prozeßrechnern zur Automatisierung von
Anlagen sind die Kosten für die Entwicklung, den Einsatz und die
Wartung/stark angestiegen. Die Kosten für die Hardware dagegen sind
durch ständige Innovation (z.B. Großintegration) beträchtlich gefal-
len. Über die Wirtschaftlichkeit einer Automatisierung mit Prozeßrechnern entscheidet nicht wie in früheren Jahren die teure Hardware,
sondern der steigende Anteil an Softwarekosten bzw. Ingenieurkosten.

Frühzeitig wurden gerade in der Anlagentechnik Anstrengungen gemacht,
durch Schaffung von Standardpaketen oder durch den Einsatz von höheren Programmiersprachen, diese Kosten zu senken. Erfolge wurden hiermit erzielt; deutlich wurden aber auch die Nachteile und Grenzen,
die eine weitere Rationalisierung der Anwendersoftware verhinderten.

Bei den Standardpaketen ist es die mangelnde Anpassungsfähigkeit an
geänderte oder gar neue Aufgaben und die mangelnde Mischbarkeit der
Funktionen Regeln, Steuern und Überwachen. Besonders in der Anlagentechnik kommt der Anpassungsfähigkeit große Bedeutung zu, da dort,
selbst in ein und derselben Technologie, der Änderungsgrad der Aufgaben von Anlage zu Anlage recht beträchtlich sein kann. Als Grund
seien beispielsweise die unterschiedlichen maschinentechnischen Aus-
rüstungen oder die unterschiedlichen Nahtstellen zu unterlagerten
/+ von Software

Instrumentierungen erwähnt.

Bei den höheren Programmiersprachen ist es die von Haus aus nicht
zwingende Strukturierung und damit die mangelnde Übersichtlichkeit
der Programmsysteme. Hinzu kommt die Notwendigkeit der Neuübersetzung
bei jeder größeren Änderung des Programms.

Eine weitere Erfahrung ist, daß die Leistungsfähigkeit eines Programmsystems nicht allein durch die Vielzahl der Funktionen bestimmt
wird, sondern in starkem Maße durch seine anwenderfreundliche Han-
tierbarkeit in den Phasen der Projektierung, Inbetriebnahme und
Dokumentation.

Forderungen an ein Programmsystem

Aus den in der Praxis bei der Automatisierung von verfahrenstechnischen Prozessen gemachten Erfahrungen resultieren folgende Forderungen an ein Programmsystem:

- Funktionsorientierte Projektierung und Inbetriebnahme auf
  der Basis von Funktionsplänen.

- Rechnergestützte Dokumentation in Form von Funktionsplänen.

- Änderbarkeit und Erweiterbarkeit während der Projektierung
  und Inbetriebnahme.

Dem Automatisierungsingenieur muß also ermöglicht werden, sein Problem ohne unnötigen programmtechnischen Ballast in einem ihm gewohnten Formalismus in Anlehnung an Blockschaltbilder oder Funktionsab-
laufpläne zu formulieren. Die Änderung der Funktionsabläufe muß
während der Projektierung, besonders aber während der Inbetriebnahme
auf der Kundenanlage, ohne Neuübersetzung oder Neugenerierung, d.h.
interaktiv möglich sein. Die leichte Änderbarkeit erfordert die
aktuelle und richtige Dokumentation des letztgültigen Systemzustands,
nicht aber in Form eines Übersetzungsprotokolls, sondern wiederum in
Form eines Funktionsplans bzw. Blockschaltbildes.
Diese Forderungen sind in das modulare Anwendersystem SIMAT^R(Siemens-
Automations-Programmpaket) eingeflossen und verwirklicht /1/. Es ist
in erster Linie für den Einsatz in mittelschnellen Prozessen der Ver-
fahrenstechnik entwickelt worden. Es vereint Flexibilität, die einer
höheren Programmiersprache nahe kommt, mit der Übersichtlichkeit
eines Programmpaketes. Es bietet technologische und programmtechnische Bausteine, die mit leistungsfähigen Projektierungsmitteln zum
eigentlichen Funktionsablauf kombiniert werden können.

Systematisierung

Das Ziel, ein solches Programmsystem zu erstellen und damit eine
Rationalisierung der Anwendersoftware zu erreichen, kann nur durch
eine konsequente Systematisierung im funktionalen und programmtechnischen Bereich erreicht werden. Die aufgestellten Forderungen haben
dabei wesentlichen Einfluß auf die Struktur des Systems.

Automatisierungsfunktionen

Im Verlauf der Automatisierung von verfahrenstechnischen Prozessen
hat sich gezeigt, daß sich die stark von einander abweichenden Aufgaben in den meisten Fällen auf viele elementare Funktionen zurückführen lassen. Die Systematik dieser Funktionen ist in Bild 1 aufgezeigt.

| | Grundfunktionen | | | Groß-funktionen | Rechnerfunktionen | |
	Arith	Gemischt	Logisch		Prozeß-funktionen	Programm-funktionen
Statische Funktionen	+-·/ MAX, MIN ABS $\sqrt{\ }$ EXP, LOG	Sprung Schleife Grenzwert-prüfung	AND, NAND, OR, NOR, NOT, XOR	Polynome Extremwert-auswahl Kennlinien	Ein/Ausgabe von Werten und Signalen Textausgabe Sichtgeräte-ausgabe	Programm starten Programm beenden
Dynamische Funktionen	Glättung Integration	Gradienten-prüfung	Zeitstufe Taktgeber	Sollwertführung Regler Steuerungs-schritt Extremwert-regelung Regler-adaption	Uhrzeitangabe Datums-ausgabe	Zykluswahl

Bild 1:   Automatisierungsfunktionen

Es gilt nun, diese Funktionen (z.B. Grenzwertprüfung, PID-Regler,
Zyklusauswahl) so in Programmbausteine einzukleiden und mit normierten Nahtstellen zu versehen, daß sie beliebig miteinander kombiniert
werden können. Aus technischen Gründen (Laufzeit, Platzbedarf), um aber
auch die Anzahl der Bausteine in Grenzen zu halten, sind z.B. die
arithmetischen, logischen und vergleichenden Funktionen in einem Universalbaustein zusammengefaßt. Er stellt ein systemkonformes Mittel
dar, mit dem Probleme, für die keine geeigneten Bausteine zur Verfügung stehen, oder für die es nicht lohnenswert ist, welche zu erstellen, wie mit einer Programmiersprache systemgerecht gelöst (programmiert) werden können. Der Universalbaustein ist programmierbar, die

übrigen Bausteine sind parametrierbar.

Die Hantierung bzw. Bedienbarkeit dieser Bausteine lassen sich ebenfalls auf elementare Bedienfunktionen zurückführen, wie z.B. das Laden, Starten, Beenden, Löschen, Einfügen, Ein/Ausgeben und Ein/Ausschalten.

<u>Programm- und Datenstruktur</u>

Allzuoft ist ein Automatisierungsingenieur bei der Lösung eines Problems auf einem Prozeßrechner mehr in programmtechnische Details verstrickt als in die ureigentlichen technologischen, da die zur Verfügung stehenden Programmiersprachen keine Strukturierung von Programmen, Daten, Nahtstellen und keine Strategie für die Bedienung und Generierung von Haus aus vorschreiben.

Untersuchungen haben gezeigt, daß gerade im Bereich der Prozeßaufgaben Überwachen, Regeln, Steuern mit einer einheitlichen Programm- und Datenstruktur gearbeitet werden kann. SIMAT baut auf diesen normierten Programm- und Datenstrukturen (PRODAS)^{R}auf $\underline{/2\underline{/}}$.

Im Prinzip besteht das Programmgerüst (Bild 2) von SIMAT aus einem oder mehreren Bearbeitungsteilen, einem Zentralteil und einem Bedienteil. Wesentliches Merkmal dieser Struktur ist die völlige Entkopplung von Befehlsteil (Bausteine) und Datenteil (Ablaufdaten). Bausteine bestehen aus Befehlsfolgen, die eine fest umrissene technologische (z.B. Grenzwertprüfung) oder programmtechnische Funktion (z.B. Programmstart) ausführen. Sie können je nach Notwendigkeit dem Zentralteil oder dem Bearbeitungsteil zugeordnet werden. Der Bearbeitungsteil (SIMAT-Programm) enthält die programmresidenten Bausteine, programminterne Buchführungs- und Hilfslisten, die Programmverteiler für analoge und binäre Prozeßdaten und die Ablaufdaten.

Die Ablaufdaten beinhalten den eigentlichen technologischen Funktionsablauf. Sie sind unterteilt in Baugruppen, die abgeschlossene technologische Funktionseinheiten (z.B. Überwachungskreis oder Steuerzweig) darstellen. Jede Baugruppe enthält Bausteinaufrufe (z.B. Grenzwertkontrolle) mit einem oder mehreren Parametersätzen (z.B. Meßstellen-Nr., Meßbereich, etc.) für einen oder mehrere Durchläufe. Die Baugruppen bilden eine organisatorische Einheit; sie sind unter einer eigenen Priorität startbar.

Der Zentralteil umfaßt einen übergeordneten Steuerteil und Ablaufinterpretor, die zentral eingesetzten Bausteine, die zentralen Buchführungs- und Hilfslisten und die zentralen Verteiler für analoge und binäre Prozeßdaten. Auf die Zentralverteiler haben alle Programme, auf die Programmverteiler nur das eigene Programm Zugriff. Über die Verteiler hinaus existieren sogenannte Versorgungslisten, die im wesentlichen zur Aufnahme von speziell strukturierten Daten, Textstücken und Formaten dienen.

Der Ablaufmechanismus ist wie folgt: nach dem Start durch das Organisationsprogramm erfolgt die Kopplung mit dem zentralen Steuerteil, der fortan die Steuerung des Programms übernimmt. Er interpretiert die Bausteinaufrufe und führt Parameter und Bausteine zum Ablauf zusammen.

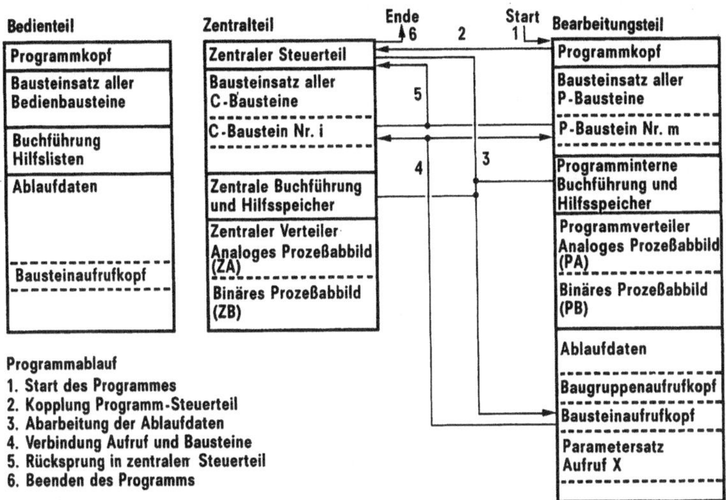

Bild 2:   Programmaufbau - Programmablauf

| Auftrag | : | Adresse | : | Parameter | ∂ | Gerät | ; | ◊ |

1. Teil	2. Teil	3. Teil
Eingabe	Programm	Vor
Ausgabe	Gruppe	Aus
Dokument	Baustein	Ergänzen
Löschen	Parameter	
Zuschalten	ZA-Verteiler	
Abschalten	ZB-Verteiler	
Testen	PA-Verteiler	
Sichern	PB-Verteiler	
Laden	Textstück	
Starten	Format	
Ordnen	System	
	Code	
	Versorgung	
	Gerät	

Bild 3:   Aufbau und Funktion der Bedienkommandos

Dem Bedienteil, der nach den gleichen Normen aufgebaut ist, kommt
innerhalb SIMAT große Bedeutung zu. Mit diesem Bedienteil können alle
Systemteile, Programme, Bausteine, Ablaufdaten und Verteiler gleichermaßen manipuliert werden. Er ist Dreh- und Angelpunkt des ganzen
Systems. Für die Bedienkommandos ist eine einheitliche Syntax festgelegt (Bild 3).
Der Auftrag legt die Bedienfunktionen fest. Er entsteht durch Kombination von 3 Codewortteilen, wobei nicht alle Kombinationen sinnvoll
und zulässig sind. Die Adresse bestimmt den Ort, wo sich der Auftrag
auswirken soll, z.B. Programm, Baugruppe, Bausteinaufruf. Die Parameter selbst können z.B. Zahlenwerte, Binärmuster und Zeichenfolgen
sein. Der Geräteteil beinhaltet einen logischen Gerätenamen, der das
Ein/Ausgabegerät angibt.
Der hierarchische Aufbau und die Bausteintechnik tragen zur Übersichtlichkeit, Anpassungsfähigkeit und sicheren Handhabung eines An-
wendersystems wesentlich bei.

Übersicht über ein SIMAT-Anwendersystem

Um die Betrachtungen zur Systematik abzuschließen, soll noch ein Ge-
samtüberblick über den Aufbau eines SIMAT-Systems gegeben werden
(Bild 4).

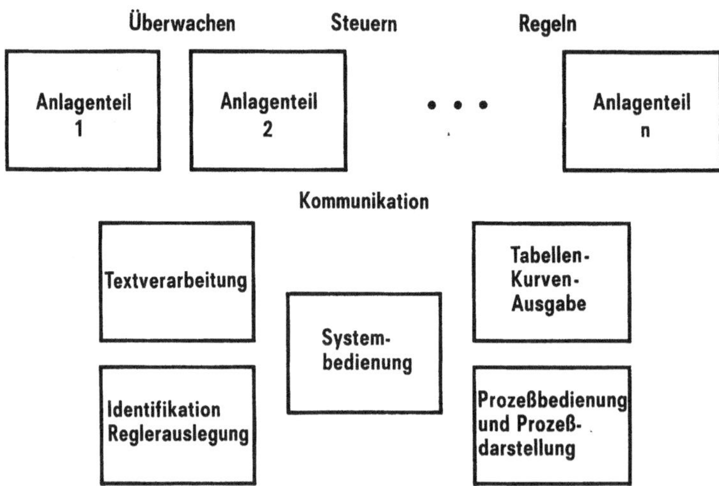

Bild 4:   Übersicht über SIMAT-Programme

Ein System umfaßt eine Vielzahl von Programmen, die sich im wesentlichen in prozeßbezogene und prozeßunabhängige Programme gliedern lassen. Die prozeßbezogenen Programme erfüllen die Aufgaben Regeln,
Steuern und Überwachen. Zur Verbesserung der Übersichtlichkeit ist
ihr Aufgabenumfang auf in sich geschlossene Prozeßabschnitte

beschränkt. Die prozeßunabhängigen Programme übernehmen zentral die
Aufgaben für die Kommunikation, wie Textverarbeitung, Tabellen- und
Kurvenausgabe, Prozeß- bzw. Betriebsbedienung, Reglerinbetriebnahme
und Systembedienung (Bedienteil).
Für die Realisierung der prozeßbezogenen Programme stehen die frei
kombinierbaren Bausteine zur Verfügung. Die zentralen Programme sind
zwar ebenfalls bausteinförmig aufgebaut, werden aber vorteilhafter-
weise als Standardprogramme (Komponenten) eingesetzt. Eine Zuordnung
der Bausteine zu den einzelnen Komponenten ist nur selten möglich
und auch nicht angestrebt, da gerade viele der Grundbausteine für
Überwachen, Steuern, Regeln und Rechnen gemischt einsetzbar sind.
Die Funktionen der einzelnen Komponenten werden nachfolgend kurz um-
rissen.

- Überwachen, Regeln, Steuern, Rechnen

Mit Hilfe der gemischt einsetzbaren Bausteine dieser Komponenten, können Alarm- und Binärsignale erfaßt und verarbeitet werden, Regelungen
als Festwert-, Verhältnis-, Extremwert- und Kaskadenregler sowie Steuerungen als Verriegelungs- und Ablaufsteuerung realisiert werden.

- Textverarbeitung

Über diese Komponente werden alle Protokollieraufgaben abgewickelt.
Kennzeichnend ist die Aufbereitung der von den Bausteinen abgegebenen
Rohinformation durch einen Formatinterpretor an Hand von Formatbe-
schreibungen zu einem ausgabefähigen Klartext. Über ein Puffersystem
erfolgt die zeitliche Entkopplung der anfallenden Information von der
eigentlichen Textausgabe.

- Tabellen- und Kurvenausgabe

Diese Komponente ermöglicht die Archivierung von Meßwerten und die
Ausgabe in Tabellen- und Kurvenform auf Kurvensichtgeräten oder
schreibenden Geräten.

- Identifikation und Reglerauslegung

Diese Komponente ist eine nützliche Hilfe bei der Inbetriebnahme von
Reglern. Zu diesem Zweck wird der Stellgröße oder dem Sollwert der
Strecke ein Testsignal aufgeschaltet. Im geschlossenen Regelkreis
wird aus den erfaßten Meßwerten der Regel- und Stellgröße ein Modell
(Kenngrößen) der unbekannten Regelstrecke berechnet /3/. Die Regler-
auslegung (Kenngrößen) erfolgt durch Simulation des Regelkreises
(Modell und Regler), wobei eine Güteziffer angibt, wie gut der Regler
an die Strecke angepaßt ist. Durch ein iteratives Verfahren werden

die Reglerparameter berechnet, für die die Güteziffer (z.B. mittlere quadratische Regelabweichungen) ein Minimum annimmt. Gerade bei den Regelstrecken mit großen Zeitkonstanten erlaubt dieses Verfahren eine rationelle Inbetriebnahme von Reglern.

- Systembedienung

Mit dieser Komponente läßt sich das gesamte System manipulieren, d.h. über Bedienkommandos kann das System aufgebaut, geändert, getestet, gesichert und dokumentiert werden. Die einzelnen Elemente lassen sich über Namen oder Nummern ansprechen. Die wesentlichen Funktionen sind:

Eingabe der Ablaufdaten, d.h. Aufbau des technologischen Funktionsablaufs in einer Art Projektierungssprache.

Änderung des Funktionsablaufs durch Einfügen oder Löschen von Bausteinaufrufen.

Ausgabe der Ablaufdaten in Graphik- und Protokollform (Dokumentation).

Ausgabe der Ablaufdaten auf maschinenlesbare Datenträger in Grundsprache (Datensicherung).

Überwachung und Ablaufverfolgung (Funktionsprüfung).

Codezuweisung, Codewortbedienung.

Mit Hilfe der Codezuweisung können mehrere Bedienkommandos zu _einer_ Codewortbedienung zusammengefaßt werden. So können z.B. gleichbleibende Bausteinfolgen mit teils unveränderlichen Parametern zu einer Codewortbedienung zusammengefaßt werden. Die veränderlichen Parameter werden bei den aktuellen Aufrufen des Codeworts an frei gehaltene Plätze gesetzt. Eine weitere Reduzierung des Projektierungsaufwands wird mit dieser Funktion erreicht.

- Prozeßbedienung, Prozeßdarstellung

Erfolgt die Bedienung über herkömmliche Bedienelemente (Tasten, Schalter), sind deren Signale wie die eigentlichen Prozeßsignale mit den Bausteinen der Grundverarbeitung zu erfassen und zu verarbeiten. Bei der Bedienung über Blattschreiber oder Zeichenbildschirmgeräte könnte die Prozeßbedienung prinzipiell mit der Systembedienung erfolgen. Um das Personal von den umfangreichen Bedienkommandos zu entlasten, können wiederkehrende Bedienkommandos durch die Codezuweisung zusammengefaßt werden. An die Stelle vieler Kommandos tritt _ein_ Codewort.

Die moderne Form der Prozeßbedienung und Prozeßdarstellung geschieht
über Zeichen- und Graphik-Bildschirmeinheiten. Mit der Komponente
Prozeßbedienung können Ablagenfließbilder als Hintergrundbild auf
graphischen Sichtgeräten dargestellt und die aktuellen Prozeßwerte
eingeblendet werden. Über Funktionstastaturen und Formulare können
Anweisungen zur Führung des Prozesses eingegeben werden.

Erweiterbarkeit

Reicht der Bausteinvorrat einschließlich des programmierbaren Univer-
salbausteines für die Lösung eines speziellen Problems nicht aus, kann
der Bausteinvorrat prinzipiell erweitert werden. So wurden z.B. für
das spezielle Problem der Mischungsregelung in der Zementindustrie
technologiespezifische Bausteine erstellt. Eine derartige Erweiterung
erfordert aber entsprechende Systemkenntnisse. Darüberhinaus besteht
die Möglichkeit zum Anschluß von individuell programmierten FORTRAN-
Programmen, sodaß noch ein zweiter Weg für die Lösung von speziellen
Problemen gegeben ist.

Generierung, Projektierung, Inbetriebnahme, Dokumentation

Nach Vorliegen der technologischen Aufgabenstellung muß zunächst das
Systemgerüst erstellt werden. Es sind hier programmspezifische Angaben (z.B. über Anzahl, Typ und Länge der Programme, Auswahl der Bausteine, Länge von Verteilern, Listen und Puffern) zu machen, aufgrund
derer in einem Generiervorgang aus dem Gesamtumfang von SIMAT die gewünschten Funktionselemente herausgeneriert und zueinander in Beziehung gesetzt werden. Das Ergebnis der Generierung ist ein Systemgerüst, das auf wählbaren Datenträgern vorliegt und auf die Kundenanlage übernommen werden kann. Es ist Aufgabe der Projektierung, mit Hilfe
der Systembedienung dieses Gerüst mit den eigentlichen Funktionsab-
läufen anzufüllen.
Das Arbeiten mit SIMAT wird an einem kleinen Beispiel aus der Zementindustrie verdeutlicht. Die technologische Aufgabe ist die Regelung
des Druckes im Klinkerkühler eines Drehofens. Einen Überblick über die
wichtigsten Stationen auf dem Weg von der Problemstellung bis zur
abschließenden Dokumentation zeigt Bild 5.
Zur Umsetzung des Problems in eine Kette von SIMAT-Bausteinen, stehen
Haftbilder zur Verfügung. Diese beschreiben im linken Teil symbolisch
die Funktion des Bausteins, im rechten Teil die vom Projektierer anzu-
gebenden Parameter (Bild 6).

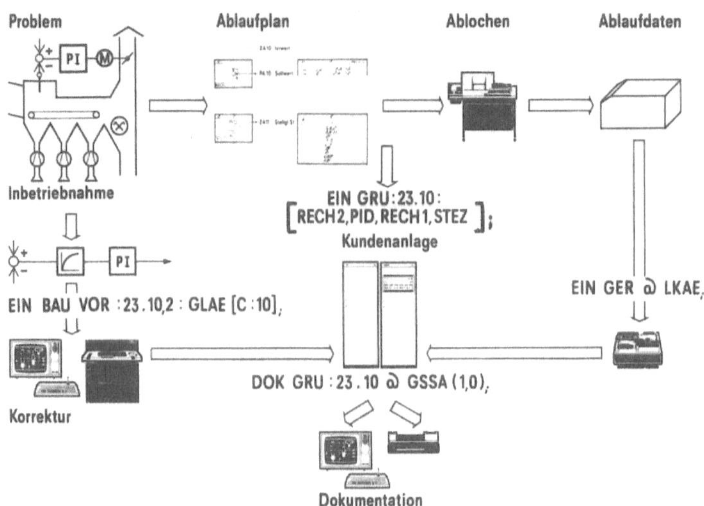

Bild 5:   Projektierung, Inbetriebnahme und Dokumentation

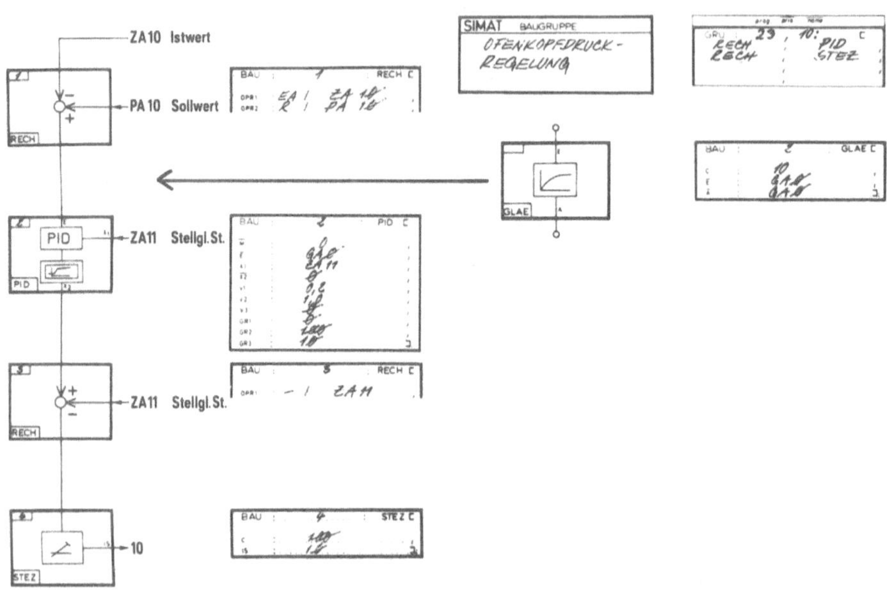

Bild 6:   Projektierung in Haftbildtechnik

Ein anderes Hilfsmittel ist das rechnererstellte Projektierungsformular, z.B. für eine Baugruppe. Hierbei wird eine Baugruppe mit den darin
aufzurufenden Bausteinen definiert, in das System eingegeben und über
die Systembedienung das Projektierungsformular ausgegeben. Links wird
in grafischer Form die Funktion des Bausteins dargestellt, rechts die
Parameter aufgelistet, die vom Projektierer zu vervollständigen

sind (Bild 7).

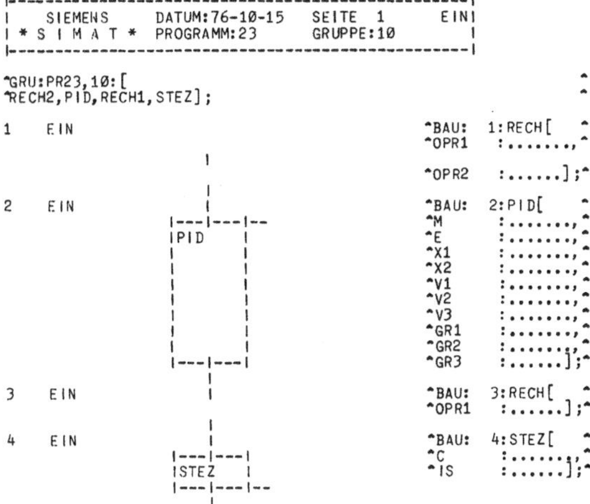

```
|-----------------------------------------------|
|   SIEMENS      DATUM:76-10-15   SEITE 1   EIN|
| * S I M A T *  PROGRAMM:23     GRUPPE:10      |
|-----------------------------------------------|

^GRU:PR23,10:[                                        ^
^RECH2,PID,RECH1,STEZ];                               ^

    1    EIN                        ^BAU:  1:RECH[    ^
                                    ^OPR1   :.......,^

                                    ^OPR2   :......];^

    2    EIN                        ^BAU:  2:PID[    ^
                  |---|---|--        ^M     :.......,^
                  |PID    |          ^E     :.......,^
                  |       |          ^X1    :.......,^
                  |       |          ^X2    :.......,^
                  |       |          ^V1    :.......,^
                  |       |          ^V2    :.......,^
                  |       |          ^V3    :.......,^
                  |       |          ^GR1   :.......,^
                  |       |          ^GR2   :......];^
                  |---|---|          ^GR3   :......];^

    3    EIN                         ^BAU:  3:RECH[  ^
                                     ^OPR1   :......];^

    4    EIN                         ^BAU:  4:STEZ[  ^
                  |---|---|          ^C     :......,;^
                  |STEZ   |          ^IS    :......];^
                  |---|---|--
```

Bild 7:   Rechnererstelltes Projektierungsformular

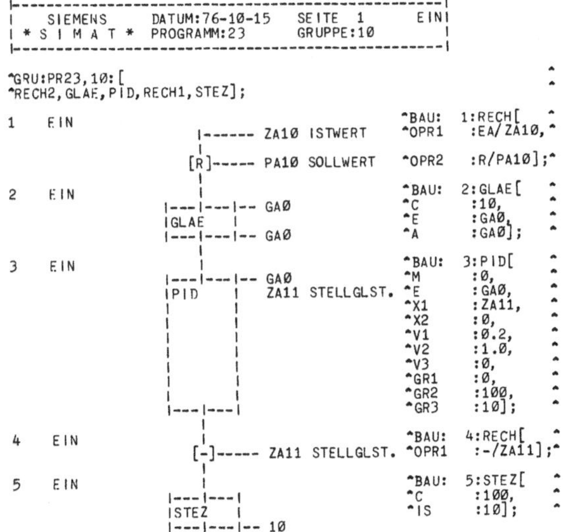

```
|-----------------------------------------------|
|   SIEMENS      DATUM:76-10-15   SEITE  1   EIN|
| * S I M A T *  PROGRAMM:23      GRUPPE:10     |
|-----------------------------------------------|

^GRU:PR23,10:[                                         ^
^RECH2,GLAE,PID,RECH1,STEZ];                           ^

    1    EIN                              ^BAU:  1:RECH[    ^
                  |------ ZA10 ISTWERT    ^OPR1   :EA/ZA10,^
                  |
                  [R]----- PA10 SOLLWERT  ^OPR2   :R/PA10];^
                  |
    2    EIN                              ^BAU:  2:GLAE[   ^
                  |---|---|-- GA0          ^C     :10,     ^
                  |GLAE   |                ^E     :GA0,    ^
                  |---|---|-- GA0          ^A     :GA0];   ^

    3    EIN                              ^BAU:  3:PID[    ^
                  |---|---|-- GA0          ^M     :0,      ^
                  |PID    | ZA11 STELLGLST.^E     :GA0,    ^
                  |       |                ^X1    :ZA11,   ^
                  |       |                ^X2    :0,      ^
                  |       |                ^V1    :0.2,    ^
                  |       |                ^V2    :1.0,    ^
                  |       |                ^V3    :0,      ^
                  |       |                ^GR1   :0,      ^
                  |       |                ^GR2   :100,    ^
                  |---|---|                ^GR3   :10];    ^

    4    EIN                              ^BAU:  4:RECH[   ^
                  [-]----- ZA11 STELLGLST. ^OPR1   :-/ZA11];^

    5    EIN                              ^BAU:  5:STEZ[   ^
                  |---|---|               ^C     :100,    ^
                  |STEZ   |               ^IS    :10];    ^
                  |---|---|-- 10
```

Bild 8:   Dokumentation in Graphik- und Protokollform

In beiden Fällen können die Ablaufdaten direkt über Blattschreiber
in Form der Bedienkommandos in das Systemgerüst eingegeben werden.
Bei großen Datenmengen werden die Bedienkommandos z.B. auf Lochkarten
übertragen und anschließend in das System eingelesen. Nach Aufbau der
Ablaufdaten durch die Systembedienung ist die Baugruppe ablauffähig
und inbetriebnahmebereit.

Während der gedachten Inbetriebnahme des Reglers muß aus regelungstechnischen Gründen eine zusätzliche Glättung in den Regler eingebracht werden. Diese Ergänzung der Baugruppe um einen weiteren Bausteinaufruf (Glättung) ist leicht durch ein Bedienkommando ohne
"Anbau eines Balkons" und ohne Neugenerierung- oder Neuübersetzung
auf der Kundenanlage möglich (Bild 5 und 6).
Um den Überblick über den aktuellen Funktionsablauf über ein sich gerade in der Inbetriebnahmephase änderndes System zu haben, läßt sich
z.B. jedes Programm, jede Baugruppe jederzeit mit Hilfe der Systembedienung in Graphik- und Protokollform dokumentieren (Bild 8).

Abschließende Betrachtungen

Durch eine konsequente Systematisierung in technologischer wie in
programmtechnischer Hinsicht, konnte ein Programmsystem geschaffen
werden, das durch die Bausteintechnik eine große Verarbeitungstiefe
und Anpassungsfähigkeit zuläßt und durch die normierten Programm- und
Datenstrukturen ein hohes Maß an Übersichtlichkeit gewährleistet. In
Verbindung mit den leistungsfähigen Hilfsmitteln für Projektierung,
Inbetriebnahme und Dokumentation, ermöglicht SIMAT die rationelle
Abwicklung von Software.
Wie jedes Standardsystem hat SIMAT auf Grund der Systematik und des
interpretativen Verfahrens einen höheren Aufwand an Speicherplatz und
Laufzeit als ein für eine spezielle Aufgabe erstelltes System. Gelten
andere Zielsetzungen für eine Aufgabenstellung, z.B. hohe Verarbei-
tungsgeschwindigkeit und geringstmöglicher Speicherplatzbedarf, statt
großer Verarbeitungstiefe und Anpassbarkeit, sind zum Teil auch andere
Lösungswege einzuschlagen.

Literatur:

/1/   SIMAT Projektierungshandbuch
       Bestell-Nr. P71100-S0031-X-X-35

/2/   PRODAS, ein System zum rationellen Erstellen von Anwender-
       programmsystemen
       R. Wendelin, Arnold Zankl
       Siemens Zeitschrift, 48, Heft 9 (1974) S. 3oo bis 7o2

/3/   Anwendung von Schätzverfahren für die Kenngrößen von Regel-
       strecken aufgrund von Messungen am geschlossenen Regelkreis.
       H. Schulze
       Regelungstechnik, 19, Heft 3 (1971) S. 113 bis 119

Rationelle Software-Produktion
durch
mehrstufiges Montieren und Modifizieren
von Prozessrechnerprogrammen

E. Becherer und V. Kussl , Mannheim

1. Bedeutung und Abgrenzung

Das Ziel dieser Betrachtung ist es, anwendergerechte (maßgeschneiderte) Prozeßrechnerprogramme rationell zu erzeugen. Eine weitgehend
automatisierte Produktion von Quellenprogrammen durch Montieren und
Modifizieren von Basisprogrammen (Urprogrammen) ist ein Weg der hier
beschrieben wird.

Das Verfahren leistet:
a) Verringerte Programmierzeit,
b) Erhöhte Programm-Zuverlässigkeit und Sicherheit.
c) Verbesserte Koordinierung, falls mehrere Programmierer an einem
umfangreichen Projekt arbeiten.
d) Verkürzter Programmtest.
e) Vereinfachte Programmwartung und
f) Erleichterte Erfahrungsfortschreibung.

"Makros" sind die Grundlage dieses Verfahrens. Das Besondere hierbei
ist, daß auf der Ebene einer höheren Programmiersprache (PL/I) und
einer Kommandosprache (z. B. LIBRARIAN) operiert wird, nicht jedoch
auf der schwer zu handhabenden Assembler-Ebene.

Dieses Verfahren kommt der "Strukturierten Programmierung" sehr entgegen: getestete Programm-Bausteine (Moduln) enthalten einen Algorithmus in einer höheren Programmiersprache (z. B. PEARL oder einer anderen Programmiersprache in der das Semikolon als Satzendezeichen vorgesehen ist). Diese Methode ist damit auch zur Programmierung der
Mikroprozessoren (z. B. in PLM) geeignet.

PEARL- oder PLM-Module bilden die Urprogramme (Basisprogramme) aus
denen die Anwender-Quellenprogramme in PEARL oder PLM erzeugt werden.

Die "Metaprogrammierung", so sei das Verfahren kurz genannt, ist neu.
Teile dieses Verfahrens haben sich seit einigen Jahren bei BBC in der
Kraftwerksabteilung bewährt.

Die Metaprogrammierung setzt eine gewisse Infrastruktur voraus: Neben
dem Prozeßrechner muß der Programmierer zu einem leistungsfähigen
Rechenzentrum zugreifen können.

Die Metaprogrammierung verlangt folgendes Instrumentarium:
a) Bibliotheks-Anweisungen (Kommandos zum Speichern, Kopieren, Ersetzen und Verändern von Quellenmodule, z. B. LIBRARIAN-System).
b) Preprozessor-Anweisungen (Befehle zum Verändern von Quellenprogrammen)
c) Prozeßrechner oder Mikroprozessoren mit problemorientierten Programmiersprachen (z.B. PEARL oder PLM).

2. Ablauforganisation der Software-Produktion

Ausgangspunkt sind generierfähige Quellenprogramm-Bibliotheken (Urprogramme, Stufe I, Bild 1).

Die Metaprogrammierung (Stufe II und III) beginnt mit dem
b i b l i o t h e k s n a h e n Montieren und Modifizieren in einer
Bibliothekssprache (z. B. LIBRARIAN).

Um in dieser Stufe die Veränderungen schnell und wirtschaftlich zu
testen, wird das Montieren und Modifizieren mit dem Attribut TEMP versehen. Was sich bewährt wird fixiert, alle anderen Proben verschwinden
automatisch.

In der nächsten Stufe (IV), dem c o m p i l e r n a h e n Montieren und Modifizieren werden nun vom Betriebssystem des Rechenzentrums
verwaltete Dateien (PDS = Partitioned Data Set) eingefügt, Bezeichner
umbenannt, Konstanten oder Variable eingesetzt oder abgeändert oder
das Compilieren von Teilen des Urprogrammes verhindert. Alles dies
geschieht mit dem PL/I-Preprozessor.

In dieser Stufe sind die %-Statements von PL/I (Compile-Time-Facilities)
zuständig.

Die %-Statements von PL/I können auch auf Programme in anderen Programmiersprachen angewandt werden, falls nicht gegen die Syntax des
PL/I-Preprozessors verstoßen wird.

Das compilernahe Montieren und Modifizieren hat folgende Vorteile:
a) automatischer Änderungsdienst: die z. Zt. gültige Version eines
Quellenprogrammes wird beim Compilieren eingefügt,
b) zentrale Programmwartung: Kollektivprogramme können zentral und unabhängig vom Produktionslauf gewartet werden (z. B. Anpassen der
Berichtsformen und Berichtsköpfe an neue Bestimmungen oder Abteilungs-
namen).
c) Jede Veränderung kann von einer Bedingung abhängig gemacht werden
(Preprozessor-IF-Anweisung).

Das Ergebnis dieser Stufe ist ein generiertes Quellenprogramm in PEARL,
PL/I, PLM oder einer anderen Programmiersprache.

Bild 1

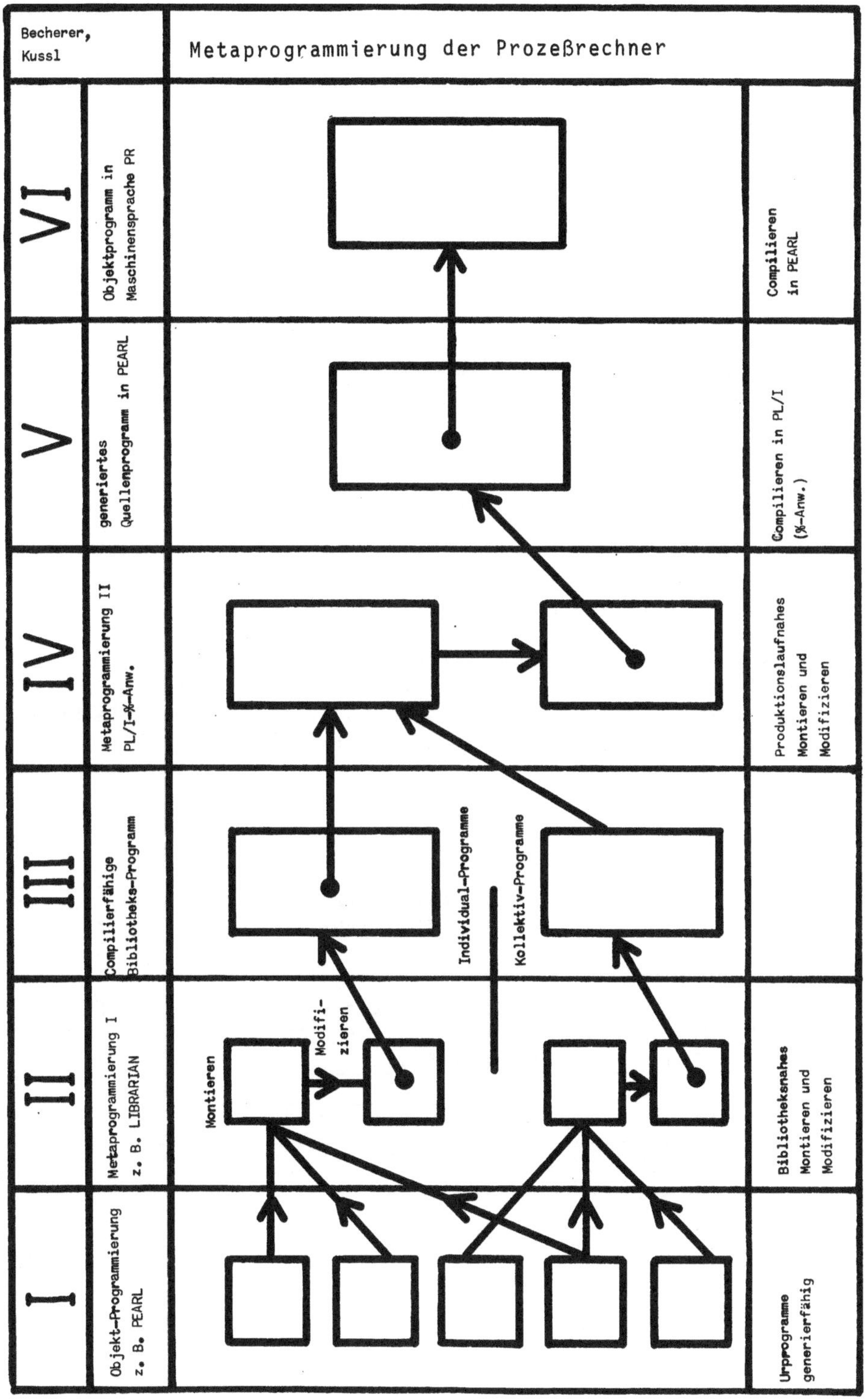

Becherer, Kussl
Metaprogrammierung der Prozeßrechner

I — Objekt-Programmierung z. B. PEARL
II — Metaprogrammierung I z. B. LIBRARIAN
III — Compilierfähige Bibliotheks-Programm
IV — Metaprogrammierung II PL/I-%-Anw.
V — generiertes Quellenprogramm in PEARL
VI — Objektprogramm in Maschinensprache PR

Urprogramme generierfähig
Bibliotheksnahes Montieren und Modifizieren
Produktionslaufnahes Montieren und Modifizieren
Compilieren in PL/I (%-Anw.)
Compilieren in PEARL

Montieren
Modifizieren
Individual-Programme
Kollektiv-Programme

In der letzten Stufe (VI) wird nun das generierte Quellenprogramm aus
Stufe V mit dem zuständigen Compiler (z. B. PEARL-Compiler als PL/I-
Quellenprogramm von BBC lieferbar) in ein Prozeßrechner-Objektprogramm
überführt.

3. Software-Produktions-Instrumentarium

Existieren geeignete Module, so kann der Programmierer durch
a) Kopieren,
b) Ersetzen,
c) Einfügen und
d) Löschen
individuelle Quellenprogramme erzeugen.

Diese Handlungen können entweder in der
a) Bibliotheksebene oder
b) Preprozessorebene
erledigt werden.

Die B i b l i o t h e k s e b e n e wird man dann benutzen, wenn
in der Planungsphase menschliche Entscheidungen zu treffen sind.

Die Preprozessorebene wird man dann zum Ort der Handlung wählen, wenn
maschinelle Interpretationen möglich sind.

Die Preprozessorebene bietet den Vorteil, Entscheidungen von bereits
gespeicherten oder bekannten Bedingungen abhängig zu machen. Es ist
deshalb anzustreben, die Software-Produktion weitgehend in die Preprozessorebene zu verlagern, in der die %-Statements von PL/I zuständig sind.

Welches Instrument zu welcher Handlung und an welchen Ort zu verwenden
ist, zeigt die folgende Tabelle:

Handlung	Objekt	Bibliotheksebene LIBRARIAN-Kommandos	Preprozessorebene %-Statements
Kopieren	Modul	COPY als Operand	% INCLUDE
Ersetzen	Zeichen, Wort	-EDIT	% If-Anw.
	Zeile, Satz	-REP	mit
	Modul	Löschen und Einfügen	% Ergibtanw.
Einfügen	Zeichen, Wort	-FILL	% Ergibtanw.
	Zeile, Satz	-INS	% DO-Gruppe
	Modul	-INC	% INCLUDE
Löschen	Zeichen, Wort	Ersetzen blank	% IF-Anw.
	Zeile, Satz	-DEL	mit
	Modul	-DLM	% DO-Gruppe

Die Wirkung der einzelnen LIBRARIAN-Kommandos und %-Statements kann in
den Sprachbeschreibungen nachgelesen werden (LIBRARIAN- und PL/I-
Manual).

4. <u>Generierfähige Quellenprogramme (Urprogramme)</u>

Ein Quellenprogramm ist generierfähig, wenn:
a) auf allen Argumentpositionen die der Veränderung verdächtig sind
Variable (und nicht Konstante) auftreten.
b) Kommandos (LIBRARIAN) oder Preprozessor-Anweisungen (%-Statements)
bereits im Urprogramm enthalten sind, die späteres Einfügen, Verändern
oder Ersetzen von Worten, Sätzen oder Moduln vorbereiten.
c) die Daten explizit deklariert sind.

Variable auf A r g u m e n t p o s i t i o n   machen das Urprogramm
flexibel gegenüber dem Umfang von Datenmengen als auch flexibel gegenüber der Gestalt der Daten, d. h. Datenmengen dürfen schrumpfen oder
anquellen, Programm-Objekte dürfen ausgewechselt werden.

Vorallem wird man Bereichsgrenzen, Anfangswerte, Inkremente und End-
werte von Wiederholungsanweisungen als Variable vorsehen. Das Programm
ist flexibel und sicher, wenn Bereichsgrenzen und Längen von Zeichenketten grundsätzlich über die auskunftgebenden Standardfunktionen
LBOUND, HBOUND und LENGTH im Quellenprogramm vertreten sind. Änderungen sind dann auf eine zentrale Stelle konzentriert. Der Programmierer ist nicht mehr der Gefahr ausgesetzt, bei Änderungen einer
Bereichsgrenze, eine beteiligte Stelle zu vergessen.

Generierfähige Quellenprogramme werden zweckmäßig in einzelne Module
aufgeteilt.

Die M o d u l e   können nach ihrer Funktion in zwei Klassen gegliedert werden:
a) neutrale Formalismen, und
b) konkrete Objekte.
Die Formalismen beschreiben einen Algorithmus über eine Menge von Objekten.
Die Objekte eines Formalismus sind entweder
a) stationär, oder
b) mobil.
Im neutralen Formalismus sind die mobilen Objekte, das sind die austauschbaren, noch nicht oder nur vorläufig definiert. Noch nicht
definierte mobile Objekte nennen wir neutrale Objekte.

Die neutralen Objekte werden mittels LIBRARIAN-Kommandos (z. B. -EDIT)
oder Precompiler-Anweisungen (z. B. %-Ergibtanweisung) durch konkrete
Objekte ersetzt. Das Modifizieren als auch Montieren wird im Wesentlichen dadurch bewirkt, daß man neutrale Objekte durch konkrete ersetzt.

Module mit neutralen Objekten können erst compiliert werden, wenn sie
durch konkrete Objekte ersetzt sind. Aus Sicherheitsgründen soll man
ein vorläufiges Objekt in den Formalismus einbauen, das eine hinwei-
sende Fehlermeldung enthält. Vergisst der Programmierer das Ersetzen,
so wird der Fehler rechtzeitig entdeckt.

Diese Methode ist verwandt mit der Unterprogramm-Technik, sie geht
jedoch weit darüber hinaus. Die konkreten Objekte können neben Momen-
tanwerten von Variablen oder Formeln, Variable, Attribute von Variablen, File, Optionen von Anweisungen oder sogar Unterprogramme (Prozeduren) sein. Die aktuellen Argumente der Unterprogrammtechnik, die
den konkreten Objekten entsprechen, sind jedoch auf Momentanwerte von
Variablen oder Formeln beschränkt.

Um diesen Vorteil voll auszuschöpfen, sollten alle Objekte nur explizit und nicht implizit deklariert werden. Konstante sind im Programm
nur über Ergibtanweisungen einzuführen.

Die Module der neutralen Formalismen bilden mit den dazu passenden
konkreten Objekten (die ebenfalls als Module in der Basisbibliothek
aufbewahrt sind) eine   " F u n k t i o n s f a m i l i e ". Durch die
Gliederung der Module in Funktionsfamilien ist eine ähnliche Art der
Rationalisierung möglich, wie mit den "Teilefamilien" in der industriellen Fertigung. Unter Teilefamilie versteht man dort nichtidentische,
aber vom Fertigungsstandpunkt ähnliche Teile, die als "Scheinserie"
betrachtet werden können und eine Serienfertigung erlauben.
Man beachte daß ein Modul mit konkreten Objekten zu mehreren Funktionsfamilien gehören kann. Sie gehören dann zu den "Kollektiven
Moduln".

5. Ablauf der Metaprogrammierung

Ausgangspunkt sind getestete Urprogramme in Funktionsfamilien organisiert.

Im ersten Schritt wird ein neutraler Formalismus aus der Menge der Ur-
programme ausgewählt und als Kopie zur weiteren Bearbeitung durch die
Metaprogrammierung bereitgestellt. Dies geschieht mit einem
LIBRARIAN-Kommando.

Der nächste (zweite) Schritt, der Kern der Metaprogrammierung ersetzt
die vorläufigen Objekte durch konkrete.

Die Auswahl wird aber erst zur
a) Exekutionszeit des LIBRARIAN-Moduls oder
b) Preprozessorzeit
wirksam (Bild 2).

Hatten die beiden vorigen Schritte legislativen Charakter, so haben
die beiden nachfolgenden Schritte nur noch exekutiven Charakter. In

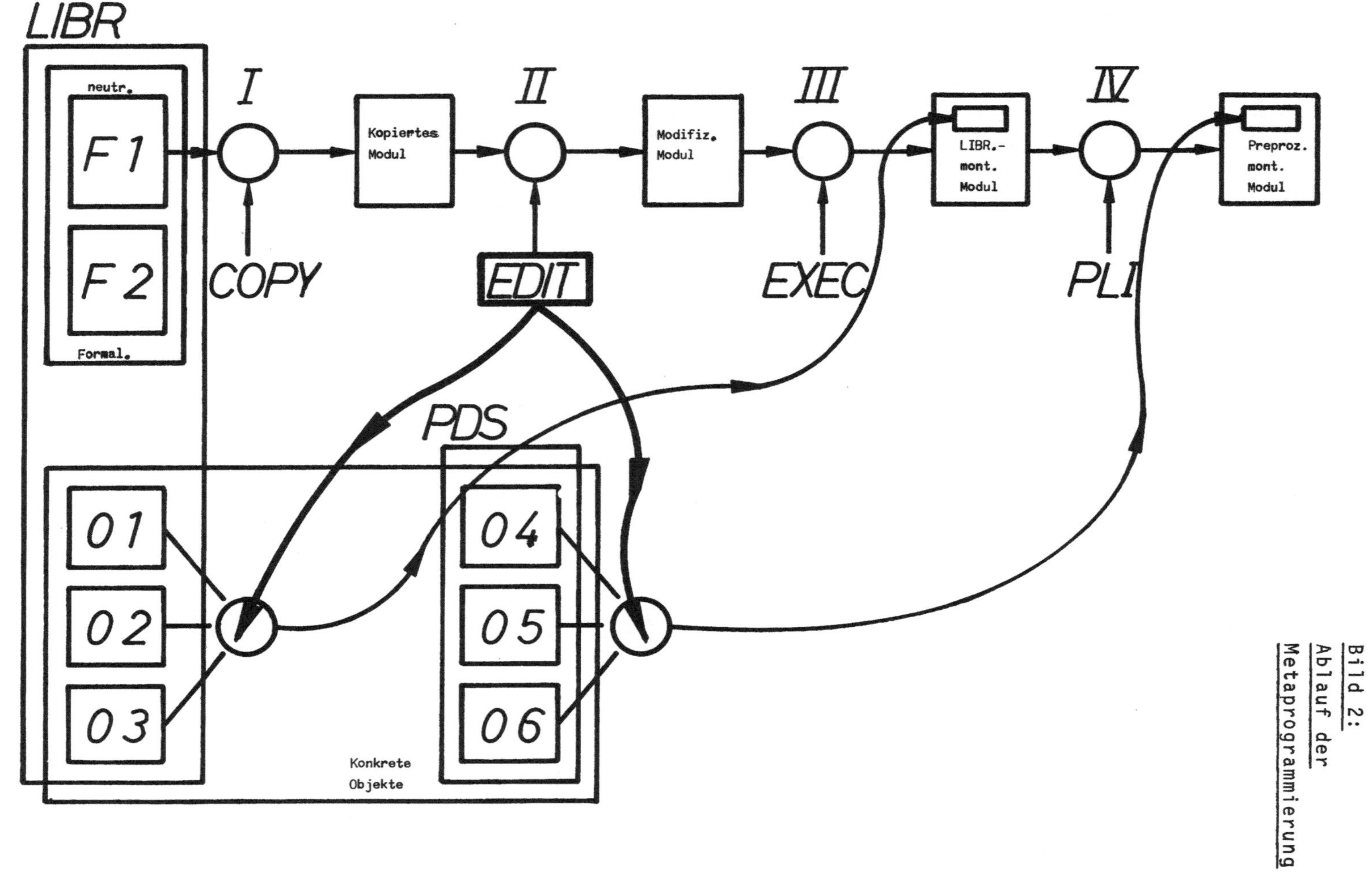

LIBR
neutr.
F 1
F 2
Formal.
I
COPY
Kopiertes Modul
II
EDIT
Modifiz. Modul
III
EXEC
LIBR.- mont. Modul
IV
PLI
Preproz. mont. Modul
PDS
01
02
03
04
05
06
Konkrete Objekte

Bild 2:
Ablauf der
Metaprogrammierung

ihnen wird nur noch ausgeführt, was vorallem im zweiten Schritt vorbereitet wurde.

Im dritten Schritt werden die LIBRARIAN-Kommandos ausgeführt und die LIBRARIAN-Module in das Arbeitsmodul eingefügt. Das Quellenprogramm für den PL/I-Preprozessor ist damit komplett.

Im vierten und letzten Schritt wird der PL/I-Preprozessor aktiviert. Der Preprozessor veranlasst zunächst, daß das Arbeitsmodul in seiner jetzigen Form (mit PL/I-%-Anweisungen) ausgedruckt wird (PREPROZESSOR INPUT).
Darauf werden die PL/I-%-Anweisungen auf syntaktische Richtigkeit überprüft.
Alle Nicht-Preprozessor-Statements (also z. B. PEARL- oder PLM-Anweisungen) werden nur auf ungültige Begrenzer in Kommentaren und Zeichenketten-Konstanten überprüft. Dieser Syntax-Test im gesamten Quellenprogramm ist notwendig, damit der Preprozessor seine Tätigkeiten (Einfügen, Ersetzen, Ausscheiden) am Quellenprogramm ungestört erledigen kann.
Fehler die er hier erkennt, werden in einer Preprozessor-Diagnose aufgelistet.

Anschließend werden die Preprozessor-Statements in der Reihenfolge ausgeführt, in der sie auftreten. Jetzt erst werden die konkreten Objekte, die Gegenstand einer %INCLUDE-Anweisung sind der PDS-Datei entnommen und in das Quellenprogramm eingefügt.

Mit dem Ende des vierten Schrittes (dem PREPROCESSOR OUTPUT), ist auch die Metaprogrammierung beendet: ein Quellenprogramm ohne artfremde Bestandteile (z. B. %-Statements) liegt vor und kann nun dem zuständigen Compiler (z. B. PEARL-Compiler) übergeben werden.

Sind die Prozeßrechnerprogramme in PEARL, PLM oder einer anderen Programmiersprache aber nicht in PL/I verfasst, dann werden vom PL/I-Compiler nur die Preprozessor-Dienste gebraucht. Der Parameter NOCOMP unterbindet den PL/I-Compilerlauf.

6. Beispiele zur Metaprogrammierung

6.1 Zweispaltige Wertetabelle

Einen neutralen Formalismus für eine zweispaltige Wertetabelle (die Linke Spalte mit Benennungen, die rechte Spalte mit Zahlen) zeigt Modul 1: Dieser Formalismus ist nun invariant gegenüber dem Tabellenumfang, dem Tabellentext und dem Format in dem die Zahlen ausgedruckt werden. Damit ist dieses Programm für ein weites Anwendungsgebiet benutzbar.

Das konkrete Objekt für diesen Formalismus wird mit einem INCLUDE-Kommando (Zeile 20) eingefügt.

Das Argument des INCLUDE-Kommandos ist ein vorläufiges Objekt
(Modul 3).

Dieses vorläufige Objekt muß durch geeignete Kommandos im Zuge der
Metaprogrammierung ersetzt werden. Wird dies vergessen, so provoziert
das vorläufige Objekt eine Unterbrechung des Preprozessorlaufes. Der
Fehler kann so leicht bemerkt werden, da er sich selbst dokumentiert.
(siehe Precompilerbericht zu Modul 6).

Das Format (Druckbild) der auszudruckenden Zahlen ist ein weiterer
Freiheitsgrad. Die zu dieser Funktionsfamilie gehörenden konkreten
Objekte können sowohl Gleitpunktzahlen als auch Festpunktzahlen ent-
halten. Um das Format anzupassen ist in Modul 1 eine Preprozessor-
Variable FORMAT deklariert. Je nach Attribut der Zahlen im konkreten
Objekt (Modul 2, Zeile 90), wird in der Preprozessor IF-Anweisung ent-
weder ein E-Format oder ein F-Format eingesetzt (Modul 1, Zeile 140).

Kernstück des neutralen Formalismus ist eine DO-Anweisung in der die
Daten des konkreten Objektes ausgedruckt werden. Der Endwert der Wiederholung in der DO-Anweisung ist durch die Standardfunktion HBOUND an
den Umfang der Tabelle automatisch angepasst (Modul 1, Zeile 120 bis
170).

Die   S c h n i t t s t e l l e   zwischen dem konkreten Objekt
(Modul 2) und dem neutralen Formalismus (Modul 1) sind die Preprozes-
sor-Variablen TEXTB (=Benennungen in linker Spalte), ZAHLB (=Zahlen
in der rechten Spalte der Tabelle), ZAHLATTR (=Attribut der Zahlen)
und ANZ-TEMP-PUNKTE (=Umfang der Tabelle).

Mit einem LIBRARIAN-Kommando wird das INCLUDE-Kommando modifiziert.
Modul 2 ist nun Teil von Modul 1 und ersetzt dort die Zeile 20. Das
Modul 4 ist entstanden.

Der PL/I-Precompiler erzeugt nun aus dem Modul 4 ein compilierfähiges
Quellenprogramm (Modul 5).

Vergisst man das INCLUDE-Kommando zu korrigieren, so entsteht das
Modul 6.

Die Preprozessoranweisung in Zeile 5 (Modul 6) ist syntaktisch falsch.
Der Inhalt dieser Zeile nennt aber den Programmierfehler. Der Precompiler-Bericht zu Modul 6 verweist auf Zeile 5: der Programmierfehler ist damit erkannt: "SIE HABEN VERGESSEN ...".

6.2 Grenzwertkontrolle

Modul 7 enthält einen Formalismus zur Grenzwertkontrolle. Je nach Auswahl kann daraus ein Programm generiert werden, daß entweder die untere, die obere Grenze oder sogar beide Grenzen überwacht. Ein
LIBRARIAN-Kommando spezialisiert den Formalismus von Modul 7 zur

Kontrolle der unteren Grenzwerte. Vom korrigierten Modul (Modul 8) ist nur der Anfang abgebildet, der die steuernde Preprozessor-Anweisung (Zeile 10) enthält.

Modul 9 ist nun das generierte Produkt: Aus dem Urmodul sind alle Teile die nicht mehr gebraucht werden, entfernt.

Modul 10 ist die Variante von Modul 7, falls mit "BEIDE" korrigiert wurde.

Bei Modul 10 besitzt die Prozedur (GRENZE) d r e i Parameter (MESSWERT, U, O), bei Modul 9 besitzt die gleichnamige Prozedur nur z w e i Parameter (MESSWERT, U).

Man beachte, daß in beiden Fällen (Modul 9 und Modul 10) jeweils maßgeschneiderte Programme entstanden sind, deren Herkunft "von der Stange" man nicht mehr erkennt.

Modul 1:   Funktionsfamilie "Zweispaltigte Wertetabelle"
                Neutraler Formalismus

LISTING OF MODULE PTGE196B

```
DR_BEREICH:PROC;
-INC PTGE196D
 /*
 DIESES UP DRUCKT EINE WERTETABELLE AUS ZWEI BEREICHEN UND ZWAR EINEM
 TEXTBEREICH UND EINEM ZAHLBEREICH. DIE NAMEN DER BEREICHE SIND IN DEN
 PRE-PROCESSOR-VARIABLEN 'TEXTB' UND 'ZAHLB' ENTHALTEN.
 DAS ATTRIBUT DES ZAHLBEREICHES KANN 'FIXED BIN(15)' ODER 'FLOAT' SEIN.
 */

% DCL FORMAT CHAR;
 DCL I FIXED BIN(15);
 DO I = 1 TO HBOUND(TEXTB,1);
     PUT SKIP EDIT(TEXTB(I))(A(30));
 %   IF ZAHLATTR='FLOAT' % THEN % FORMAT='E(11,4)';
                         ELSE % FORMAT='F(7)';
     PUT EDIT(ZAHLB(I))(FORMAT);
     END;
END;
```

Modul 2: Konkretes Objekt "Kessel" zur
"zweispaltigen Wertetabelle"

LISTING OF MODULE PTGE196A

```
/*                                                                   000010
VOLLSTAENDIGES WOERTERBUCH DER SIGNALQUELLEN                         000020
*/                                                                   000030
% DCL (TEXTB,ZAHLB,ZAHLATTR) CHAR;                                   000040
% DCL ANZ_TEMP_PUNKTE FIXED;                                         000050
% ANZ_TEMP_PUNKTE =  6;                                              000060
% TEXTB = 'TEXTTAB';                                                 000070
% ZAHLB = 'TEMP';                                                    000080
% ZAHLATTR = 'FLOAT';                                                000090
DCL TEXTTAB(ANZ_TEMP_PUNKTE) CHAR(30) STATIC INIT(                   000100
        'KESSEL_EINTRITT',                                           000110
        'FRISCHDAMPF',                                               000120
        'ZWISCHENUEBERHITZUNG KALT',                                 000130
        'ZWISCHENUEBERHITZUNG HEISS',                                000140
        'NIEDERDRUCK EINTRITT',                                      000150
        'KONDENSATOR');                                              000160
DCL TEMP(ANZ_TEMP_PUNKTE);                                           000170
                                                                     000180
```

Modul 3: Vorläufiges Objekt zur "zweispaltigen Wertetabelle"

LISTING OF MODULE PTGE196D

```
/*                                                                   000010
**      ''NOTOPFER''                                                 000020
*/                                                                   000030
% SIE HABEN VERGESSEN DAS INCLUDE IN GE196A ZU ERSETZEN;             000040
```

```
PL/I OPTIMIZING COMPILER          DR_BEREICH:PROC;

                    PREPROCESSOR INPUT

   LINE
     1        .DR_BEREICH:PROC;                                              .  000010
     2        ./*                                                            .  000010
     3        .VOLLSTAENDIGES WOERTERBUCH DER SIGNALQUELLEN                  .  000020
     4        .*/                                                            .  000030
     5        .% DCL (TEXTB,ZAHLB,ZAHLATTR) CHAR;                            .  000040
     6        .% DCL ANZ_TEMP_PUNKTE FIXED;                                  .  000050
     7        .% ANZ_TEMP_PUNKTE =   6;                                      .  000050
     8        .% TEXTB = 'TEXTTAB';                                          .  000070
     9        .% ZAHLB = 'TEMP';                                            .  000080
    10        .% ZAHLATTR = 'FLOAT';                                         .  000090
    11        .DCL TEXTTAB(ANZ_TEMP_PUNKTE) CHAR(30) STATIC INIT(            .  000100
    12        .          'KESSEL_EINTRITT',                                  .  000110
    13        .          'FRISCHDAMPF',                                      .  000120
    14        .          'ZWISCHENUEBERHITZUNG KALT',                        .  000130
    15        .          'ZWISCHENUEBERHITZUNG HEISS',                       .  000140
    16        .          'NIEDERDRUCK EINTRITT',                             .  000150
    17        .          'KONDENSATOR');                                     .  000150
    18        .DCL TEMP(ANZ_TEMP_PUNKTE);                                    .  000170
    19        .                                                              .  000190
    20        ./*                                                            .  000030
    21        .DIESES UP DRUCKT EINE WERTETABELLE AUS ZWEI BEREICHEN UND ZWAR EINEM .  000040
    22        .TEXTBEREICH UND EINEM ZAHLBEREICH. DIE NAMEN DER BEREICHE SIND IN DEN .  000050
    23        .PRE-PROCESSOR-VARIABLEN 'TEXTB' UND 'ZAHLB' ENTHALTEN.        .  000050
    24        .DAS ATTRIBUT DES ZAHLBEREICHES KANN 'FIXED BIN(15)' ODER 'FLOAT' SEIN. .  000070
    25        .*/                                                            .  000080
    26        .                                                              .  000090
    27        .% DCL FORMAT CHAR;                                            .  000100
    28        .DCL I FIXED BIN(15);                                          .  000110
    29        .DO I = 1 TO HBOUND(TEXTB,1);                                  .  000120
    30        .    PUT SKIP EDIT(TEXTB(I))(A(30));                           .  000130
    31        .%   IF ZAHLATTR='FLOAT' % THEN % FORMAT='E(11,4)';            .  000140
    32        .                  % ELSE % FORMAT='F(7)';                     .  000150
    33        .    PUT EDIT(ZAHLB(I))(FORMAT);                               .  000150
    34        .    END;                                                      .  000170
    35        .END;                                                          .  000180

NO PREPROCESSOR DIAGNOSTIC MESSAGES PRODUCED
```

Modul 4: Tabelle Kesseltemperaturen

Modul 5: generiertes Quellenprogramm "Tabelle Kesseltemperaturen"

```
1      0  .DR_BEREICH:PROC;
          ./*
          .VOLLSTAENDIGES WOERTERBUCH DER SIGNALQUELLEN
          .*/
2   1  0  .DCL TEXTTAB(       6) CHAR(30) STATIC INIT(
                   'KESSEL_EINTRITT',
                   'FRISCHDAMPF',
                   'ZWISCHENUEBERHITZUNG KALT',
                   'ZWISCHENUEBERHITZUNG HEISS',
                   'NIEDERDRUCK EINTRITT',
                   'KONDENSATOR')$
3   1  0  .DCL TEMP(        6)$

          ./*
          .DIESES UP DRUCKT EINE WERTETABELLE AUS ZWEI BEREICHEN UND ZWAR EINEM
          .TEXTBEREICH UND EINEM ZAHLBEREICH. DIE NAMEN DER BEREICHE SIND IN DEN
          .PRE-PROCESSOR-VARIABLEN 'TEXTB' UND 'ZAHLB' ENTHALTEN.
          .DAS ATTRIBUT DES ZAHLBEREICHES KANN 'FIXED BIN(15)' ODER 'FLOAT' SEIN.
          .*/

4   1  0  .DCL I FIXED BIN(15)$
5   1  0  .DO I = 1 TO HBOUND(TEXTTAB,1)$
6   1  1  .    PUT SKIP EDIT(TEXTTAB(I))(A(30))$
7   1  1  .    PUT EDIT(TEMP(I))(E(11,4))$
8   1  1  .    END$
9   1  0  .END$
```

Modul 6: Modul 4 mit
unzulässigem Objekt

```
PREPROCESSOR INPUT

LINE
   1      .DR BEREICH:PROC;
   2      ./*
   3      .**          ''NOTOPFER''
   4      .*/
   5      .% SIE HABEN VERGESSEN DAS INCLUDE IN GE196A ZU ERSETZEN;
   6      ./*
   7      .DIESES UP DRUCKT EINE WERTETABELLE AUS ZWEI BEREICHEN UND ZWAR EINEM
   8      .TEXTBEREICH UND EINEM ZAHLBEREICH. DIE NAMEN DER BEREICHE SIND IN DEN
   9      .PRE-PROCESSOR-VARIABLEN 'TEXTB' UND 'ZAHLB' ENTHALTEN.
  10      .DAS ATTRIBUT DES ZAHLBEREICHES KANN 'FIXED BIN(15)' ODER 'FLOAT' SEIN.
  11      .*/
  12      .
  13      .% DCL FORMAT CHAR;
  14      .DCL I FIXED BIN(15);
  15      .DO I = 1 TO HBOUND(TEXTB,1);
  16      .    PUT SKIP EDIT(TEXTB(I))(A(30));
  17      .%   IF ZAHLATTR='FLOAT' % THEN % FORMAT='E(11,4)';
  18      .                        ELSE % FORMAT='F(7)';
  19      .    PUT EDIT(ZAHLB(I))(FORMAT);
  20      .    END;
  21      .END;
```

```
SEVERE AND ERROR DIAGNOSTIC MESSAGES


IEL0080I S   5        INVALID TEXT IGNORED FROM 'SIE' TO SEMICOLON.



COMPILATION ENDED BY 'NOSYNTAX' OPTION
```

Precompiler-Bericht
zu Modul 6

Modul 7

```
/*
GENERIERFAEHIGES PROGRAMM ZUR GRENZWERTKONTROLLE.
DIE PRE-PROCFSSOR-VARIABLE 'MIMA' ENTHALET ENTWEDER 'UNTERE ',
'OBERE ' ODER 'BEIDE '.
ABHAENGIG DAVON WERDEN DIE JEWEILIGEN GRENZEN EINES MESS-WERT-BEREICHES
KONTROLLIERT.
*/
% DCL MIMA CHAR,
      TEXT CHAR;
% MIMA='NOCH NICHT ANGEGEBEN';
% IF MIMA='UNTERE' % THEN % DO;
GRENZE:PROC(MESSWERT,U);
     % END;
% IF MIMA='BEIDE' % THEN % DO;
GRENZE:PROC(MESSWERT,U,O);
     % END;
% IF MIMA='OBERE' % THEN % DO;
GRENZE:PROC(MESSWERT,O);
     % END;
DCL MESSWERT(*);
% IF ¬(MIMA='UNTERE' | MIMA='BEIDE' | MIMA='OBERE') % THEN % DO;
        /*
         FEHLERKONTROLLE, WENN 'MIMA' EIN FALSCHES WORT ENTHAELT
        */
        MIMA FEHLER; /* DIES LOEST FEHLER BEI DER COMPILATION AUS */
%       END;
% IF MIMA='UNTERE' | MIMA='BEIDE' % THEN % DO;
        DCL U(*);
%       END;
% IF MIMA='OBERE' | MIMA='BEIDE' % THEN % DO;
        DCL O(*);
%       END;
DO I=1 TO HBOUND(MESSWERT,1);
% IF MIMA='UNTERE' % THEN % DO;
    IF MESSWERT(I)<U(I) THEN DO;
%   TEXT='''UNTER''';
%   END;
% IF MIMA='OBERE' % THEN % DO;
    IF MESSWERT(I)>O(I) THEN DO;
%   TEXT='''UEBER''';
%   END;
% IF MIMA='BEIDE' % THEN % DO;
    IF MESSWERT(I)<U(I) | MESSWERT(I)>O(I) THEN DO;
%   TEXT='''UEBER/UNTER''';
%   END;

        PUT LIST('MESSWERT',I,' ' || TEXT || 'SCHRITTEN');
        END;
    END;
END;
```

Modul 8

```
LINE
   1        ./*
   2        .GENERIERFAEHIGES PROGRAMM ZUR GRENZWERTKONTROLLE.
   3        .DIE PRE-PROCESSOR-VARIABLE 'MIMA' ENTHALET ENTWEDER 'UNTERE ',
   4        .'ORERE ' ODER 'BEIDE '.
   5        .ABHAENGIG DAVON WERDEN DIE JEWEILIGEN GRENZEN EINES MESS-WERT-BEF
   6        .KONTROLLIERT.
   7        .*/
   8        .% DCL MIMA CHAR,
   9        .        TEXT CHAR;
  10        .% MIMA='UNTERE';
  11        .% IF MIMA='UNTERE' % THEN % DO;
  12        .GRENZE:PROC(MESSWERT,U);
  13        .     % END;
  14        .% IF MIMA='BEIDE' % THEN % DO;
           .GRENZE:PROC(ME
```

Modul 9 : Generiertes Programm: Kontrolle der unteren Grenzwerte

```
./*                                                                    .
.GENERIERFAEHIGES PROGRAMM ZUR GRENZWERTKONTROLLE.                      .
.DIE PRE-PROCESSOR-VARIABLE 'MIMA' ENTHALET ENTWEDER 'UNTERE ',         .
.'ORERE ' ODER 'BEIDE '.                                                .
.ABHAENGIG DAVON WERDEN DIE JEWEILIGEN GRENZEN EINES MESS-WERT-BEREICHES.
.KONTROLLIERT.                                                          .
.*/                                                                     .
.GRENZE:PROC(MESSWERT,U);                                               .
.DCL MESSWERT(*);                                                       .
.         DCL U(*);                                                     .
.DO I=1 TO HBOUND(MESSWERT,1);                                          .
.    IF MESSWERT(I)<U(I) THEN DO;                                       .
.        PUT LIST('MESSWERT',I,' ' || 'UNTER' || 'SCHRITTEN');          .
.        END;                                                           .
.    END;                                                               .
.END;                                                                   .
```

Modul 10 : Generiertes Programm: Kontrolle des unteren und
           oberen Grenzwertes

```
./*                                                                    .
.GENERIERFAEHIGES PROGRAMM ZUR GRENZWERTKONTROLLE.                      .
.DIE PRE-PROCESSOR-VARIABLE 'MIMA' ENTHALET ENTWEDER 'UNTERE ',         .
.'ORERE ' ODER 'BEIDE '.                                                .
.ABHAENGIG DAVON WERDEN DIE JEWEILIGEN GRENZEN EINES MESS-WERT-BEREICHES.
.KONTROLLIERT.                                                          .
.*/                                                                     .
.GRENZE:PROC(MESSWERT,U,O);                                             .
.DCL MESSWERT(*);                                                       .
.         DCL U(*);                                                     .
.         DCL O(*);                                                     .
.DO I=1 TO HBOUND(MESSWERT,1);                                          .
.    IF MESSWERT(I)<U(I) | MESSWERT(I)>O(I) THEN DO;                    .
.        PUT LIST('MESSWERT',I,' ' || 'UEBER/UNTER' || 'SCHRITTEN');    .
.        END;                                                           .
.    END;                                                               .
.END;                                                                   .
```

EIN MECHANISMUS ZUR ERSTELLUNG STRUKTURIERTER PROZESSAUTOMATISIERUNGSPROGRAMME·

P. Elzer
Physikalisches Institut III
der Universität
Erlangen-Nürnberg

VORÜBERLEGUNGEN

Bei der Diskussion um die Verbesserung der Erstellungsmethodik für Prozeßautomatisie-
rungsprogramme geht es hauptsächlich um folgende Problemkreise:

A   Vereinfachung des Entwurfs von Prozeßautomatisierungsprogrammen

B   Erhöhung der Programmierungseffizienz

C   Verbesserung der Zuverlässigkeit der erzeugten Programme

D   Verbesserung der Sicherheit der fertigen Systeme

Mit der Entwicklung spezieller höherer Programmiersprachen (z.B. PEARL [1]) für Pro-
zeßautomatisierungszwecke ist man bezüglich 'B' inzwischen ein großes Stück weiterge-
kommen. Auch die Gebiete 'A' und 'C' wurden positiv beeinflußt, da wegen der Verfügbarkeit einer, verglichen mit der Assemblerprogrammierung, relativ begrenzten Anzahl
komplexer Konstruktionen, die zudem noch vorgefertigt sind, der Entwurf von Programmen
etwas vereinfacht wird. Außerdem ergeben sich durch die Fehlerprüfmöglichkeiten von
Compilern und die vereinfachte Programmierung 'korrektere' Programme, wodurch die Zuverlässigkeit von Programmen bereits beträchtlich gesteigert wird. Gebiet 'D', die
Sicherheit, wird allerdings bei genauerer Betrachtung durch die Details der Program-
miermethodik selbst wenig beeinflußt. Hier müssen vielmehr die gesamte Auslegung eines
Systems, die menschlichen Eingriffs- und Irrtumsmöglichkeiten, etc. mit in Erwägung
gezogen werden.

Erste Testanwendungen haben aber gezeigt, daß, so groß der Fortschritt im Hinblick auf
'B' auch gewesen sein mag, bezüglich der Punkte 'A' und 'C' noch wesentlich mehr getan werden muß, um einen wirklich zufriedenstellenden Zustand zu erreichen. Insbesondere hat
sich herausgestellt, daß sich die Sprachelemente derzeit eingeführter höherer Programmiersprachen noch zu sehr an den konkreten Eigenschaften vorhandener und in Entwicklung befindlicher Betriebssysteme orientieren. Das hat sicherlich große implementa-
tionstechnische Vorteile, bewirkt aber eine etwas zu 'mikroskopische' Art von Sprach-
elementen und damit eine Verschlechterung ihrer Erlernbarkeit durch den programmie-
renden Benutzer mit nicht allzu großen DV-Vorkenntnissen. Andere Sprachelemente wiederum, wie z. B. die Semaphore, sind zwar in ihrer Wirkungsweise für sich allein gesehen relativ leicht erlernbar, sollen aber in vielfältigen Kombinationsmöglichkeiten
zur Lösung der verschiedenartigsten Synchronisationsaufgaben dienen, wodurch ihre Hand-

Diese Arbeit fußt zum Teil auf Ergebnissen von mit Mitteln des Bundesministers für
Forschung und Technologie (Kennzeichen DV 5.505) geförderten Forschungsvorhaben des
Projektes Prozeßlenkung mit DV-Anlagen (PDV) im Rahmen des 2. DV-Programms der Bundesregierung. Die Verantwortung für den Inhalt liegt ausschließlich beim Autor bzw. geförderten Institut.

habung wieder extrem fehleranfällig wird. Hierin sind sie Assemblerbefehlen vergleichbar.

Auf der anderen Seite hat die Forschung, vor allem auf dem Gebiet der großen Timesharing
Systeme, die ja Prozeßautomatisierungsprogrammen nicht unähnlich sind, in der Zwischen-
zeit weitere Fortschritte gemacht, insbesondere bezüglich einer möglichen Früherkennung
von Systemverklemmungen (Deadlocks) und der Datensicherung. Was die Programmierung im
engeren Sinne angeht, so hat die zum Teil heftige Diskussion um das sog. 'structured
programming' Fortschritte gebracht in Richtung auf ein besseres Verständnis für den
Aufbau von Programmen. Die Literatur zu den genannten Themenkreisen ist allerdings
inzwischen so umfangreich, daß der Verfasser hier um Verständnis dafür bitten möchte,
wenn er auf Zitate verzichtet, da jeder Versuch der Aufstellung einer Liste von vorne-
herein zur Unvollständigkeit verurteilt wäre.

Die vorliegende Arbeit erhebt auch nicht den Anspruch, neue Erkenntnisse auf dem Gebiet der 'Strukturierten Programmierung' oder der Betriebssystemtechnik zu vermitteln.
Es wird lediglich der Versuch gemacht, Prinzipien, die in der Informatik auf verschiedenen Gebieten bereits wohlbekannt und bewährt sind, auf ihre Eignung für die Prozeß-
programmierung zu prüfen, zu einem Ganzen zusammenzustellen, und, wo nötig und möglich, im Sinne einer leichteren Erlern- und Anwendbarkeit zu vereinfachen und zu ver-
einheitlichen.

Besonderer Wert wurde auf die Vereinfachung der Benutzung gelegt. Der Anstoß kam
hierbei von dem Versuch, mit Hilfe des in Erlangen laufenden ASME-PEARL-Programmier-
systems Stufe 1 [2, 3, 4] auf einem Siemens Prozeßrechner 306 ein frei programmierbares-
res Testsystem für CAMAC-Module zu entwickeln. Schon nach kurzer Zeit stellte sich
heraus, daß sich die dabei angelegten Maßstäbe mit geringfügigen Änderungen auf allgemeine Prozeßprogrammieranwendungen übertragen ließen und das Konzept wurde entsprechend
erweitert. Dabei wurde bewußt darauf verzichtet, Lösungen für alle denkbaren Synchronisationsfälle zu finden, alle möglichen Strukturen aus parallel ablaufenden Programmen zu beschreiben, etc. Es ist also durchaus möglich, daß die beschriebene Methodik
nur 'durchschnittliche' oder 'einfache' Programme zu beschreiben gestattet. Nach Ansicht des Verfassers decken diese aber den allergrößten Teil aller Anwendungsfälle ab,
und demzufolge sollte der Gewinn an Einfachheit und Zuverlässigkeit etwaige Verluste
an Flexibilität leicht aufzuwiegen in der Lage sein.

Ursprünglich ergaben sich folgende Hauptanforderungen an die durch das erwähnte Labor-
system dem Benutzer zur Verfügung zu stellende Sprache:

1   Interaktive Erstellbarkeit der Programme, möglichst auf graphischer Basis über
    einen Bildschirm

2   Übersetzbarkeit der Elemente der Benutzersprache in allgemeine höhere Program-
    miersprachen (in diesem Falle PEARL)

3   Möglichkeit der interpretativen Abarbeitung der erzeugten Programme (falls
    notwendig)

4 Geringe Anzahl von Konzepten, um die Erlernbarkeit zu erleichtern und den Implementationsaufwand klein zu halten

5 Bereitstellung geeigneter höherer Synchronisationsmechanismen, um dem Benutzer diesbezügliche Überlegungen abzunehmen

6 Leichte Erweiterbarkeit bereits übersetzter Programme (möglichst zur Laufzeit)

7 'Hardwarenahe' Gestaltung der Mechanismen, um der Denkweise der Benutzer entgegen zu kommen.

Die Erweiterung des geplanten Anwendungsbereiches führte zu einigen zusätzlichen Forderungen:

8 Einbau einer einfachen Möglichkeit zur Simulation der fertigen Programme

9 Zwanglose Programmierung von Systemen mit verteilten Intelligenzen

10 Möglichkeiten zur Anwendung von Deadlockerkennungsmechanismen (wenn möglich, bereits zur Übersetzungszeit)

GRUNDELEMENTE DER BENUTZERSPRACHE

Als eine einfache Methode zur Beschreibung und Strukturierung von Programmen, die außerdem noch den Vorteil einer 'optisch eingängigen' Darstellungsweise besitzt, wurden die Struktogramme [5, 6] gewählt, die sich bereits in der Softwareindustrie bewährt haben. Auch ihr Einsatz bei der PEARL-Implementationsgruppe in Erlangen zeigte ihre Brauchbarkeit. Allerdings eignen sich die vier bisher gebräuchlichen Grundformen: Codesequenz, Entscheidung, Verzweigung, Schleife; nur zur Beschreibung konventioneller Programme. Also war eine Erweiterung um neue Elemente nötig. Zur Illustration sind die 'konventionellen' Struktogramme in Abb. 1 nochmals dargestellt. Zur Unterscheidung von ihrer grafischen Darstellungsform sollen diese Elemente im Folgenden 'Strukturblock' genannt werden, wenn ihre Verwendung als Programmelement angesprochen wird. Das gilt auch für die neu zu definierenden Elemente.

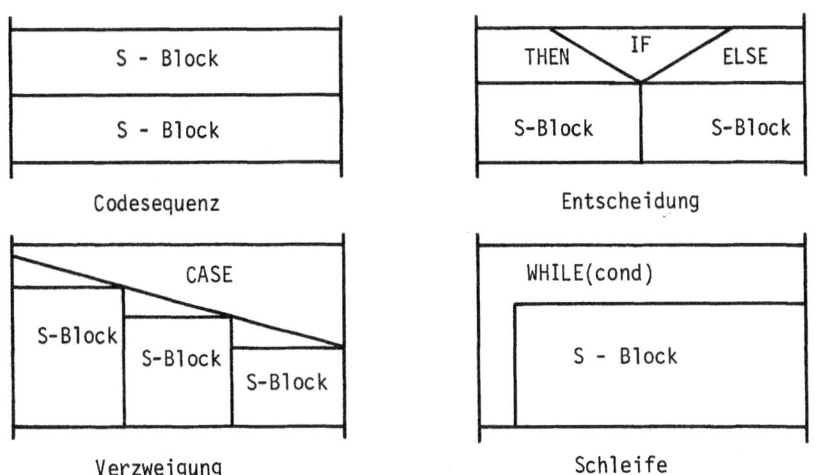

Abb.1: Struktogramme für konventionelle Programmierung

Die Strukturtask

Bei den Überlegungen zur Definition solcher Elemente erwies sich überraschenderweise
die Forderung nach hardwarenaher Beschreibungsweise als sehr nützlich. Bei genauerem
Hinsehen verwischen sich nämlich die vermeintlich grundlegenden Unterschiede in der
Funktionsweise von Software und Hardware. So kann man eine gewisse Analogie zwischen
dem Datenwegstecker eines CAMAC-Moduls und den gemeinsamen Datenadressen von Software-
Moduln feststellen, wobei die eigentlichen Daten den übertragenen Informationssignalen
entsprechen. Die Funktionsweise von zu sendenden und empfangenden Signalen ist sowieso
analog und so liegt es nahe, ein Codestück als die Beschreibung der inneren Vorgänge
eines Moduls im Sinne von Hardware aufzufassen und die Bezüge auf externe Resourcen als
die 'Stecker', die einen solchen Modul mit der Außenwelt verbinden. Interne, oder
private, Daten sind in diesem Bild zwanglos z.B. als innere Speicherregister eines
solchen Moduls zu deuten. Das Überraschende an dieser Denkweise ist, daß sie auch zu
einem klareren und leichteren Verständnis vermeintlich reiner Softwareprobleme, wie
z.B. den Unterschied zwischen Deklaration und Spezifikation in PEARL führt. So kann
die 'globale Deklaration' einer Größe etwa mit dem Einziehen eines zusätzlichen Lei-
tungsbündels in eine Hardwareinstallation verglichen werden, während die 'Spezifikation' dieser Größe in einem Modul der Bereitstellung eines Steckers zum Anschluß an
dieses Leitungsbündel analog ist. Die Akzeptierung dieser Denkweise führt auch zur Ein-
sicht in die Notwendigkeit der oft als lästig empfundenen 'Schreibarbeit', die die
explizite Deklaration jeder Größe mit sich bringt: Beim Entwurf eines Hardwaresystems
muß ja auch im Prinzip jeder einzelne Stift jedes Steckers einschließlich der zugehörigen Signale beschrieben werden. Derartige Analogien lassen sich noch leicht weiter
verfolgen und eine Analyse von Hardwarebeschreibungsprachen führt zu interessanten,
bisher aber offenbar vernachlässigten Parallelen. Besonders natürlich wirkt die Betrachtungsweise, wenn man sie auf Systeme aus verteilten Intelligenzen (= Multicompu-
tersysteme) anwendet. Hierbei ist eben die Codesequenz das im einzelnen Teilrechner
ablaufende Codestück, die externen Referenzen beschreiben seine Anschlüsse und Resource-
anforderungen und die 'privaten Daten' sind selbsterklärend.

All diese Überlegungen führten zur Definition eines weiteren Strukturblockes (oder
'Struktogrammes'), der Strukturtask als dem Grundelement der Nebenläufigkeit. Sie besteht aus dem 'Resource-claim' und einem beliebigen anderen Strukturblock. In Abb. 2
sind grafische Repräsentationen für die neuen Elemente vorgeschlagen. Im Strukturblock
einer Strukturtask können nur Operationen auf diejenigen Resourcen durchgeführt werden,
die im Resource-claim angegeben sind. Der Begriff 'Resource' ist hier außerdem im weitesten Sinne zu verstehen. Er umfaßt externe Datenbereiche genauso wie Files, Geräte
(einschließlich des Rechners selbst im Falle verteilter Intelligenzen), Interrupts,
Signale etc. Diese einheitliche Behandlung aller Resourcen entspricht offenbar einem
derzeitigen Trend zur Konzeptbereinigung[7]. Es wird im Prinzip nur noch unterschieden, ob eine Resource 'dauernd', (wie z.B. ein Schnelldrucker, oder 'verbrauchbar',
wie z.B. ein Interrupt, ist. Der Begriff des 'Resource-claim' deutet aber noch auf

eine weitere Verwendungsmöglichkeit dieser Konstruktion hin [8]. Es sind Methoden bekannt, die es gestatten, die Gefahr des Auftretens von Systemverklemmungen im Voraus zu erkennen, wenn jede Task des Systems ihren maximalen Resourcebedarf vor ihrer Aktivierung angibt. Im Falle eines Prozeßprogramms kommt allerdings hier wieder erschwerend dazu, daß das Auftreten von Signalen oder Interrupts, die in dieser Betrachtungsweise auch Resourcen sind, nicht vorhergesagt werden kann. Man kann also im allgemeinsten Fall nur erwarten, daß durch strenge Programmiervorschriften die Gefahr des Auftretens von Verklemmungen dem Programmierer frühzeitig bewußt und er so veranlaßt wird, selbst geeignete Gegenmaßnahmen zu ergreifen. In Spezialfällen ist es jedoch möglich, bereits bei der Programmierung jede Verklemmungsgefahr auszuschalten, indem man nur 'dauernde' Resourcen zuläßt und ihre lineare Belegung und Wiederfreigabe erzwingt (Versuche des Verfassers, eine solche Programmiervorschrift einzuhalten, haben gezeigt, daß sie außerordentlich 'disziplinierend' wirkt).

Das Taskbündel

Hiermit ist aber erst der statische Aspekt von Programmnebenläufigkeit erfaßt. Wesentlich ist jetzt eine geeignete Gestaltung der Operationen auf solche Strukturtasks. Hier wurde von folgender Überlegung ausgegangen: Ein Grundprinzip der Programmierung mit Struktogrammen ist doch, daß der nächste Programmschritt erst begonnen wird, wenn der vorhergehende Schritt zuverlässig abgeschlossen ist. Das klingt trivial, ist aber offenbar nicht, wenn man manche 'trckreichen if-then..goto-else..if-then...goto-else.. goto-... Konstruktionen (und deren Flußdiagramme) oder die beliebte 'Ein/Ausgabe-ohne-Warten' vergleicht mit Programmen, die bei konsequenter Anwendung der Struktogramme enstehen. Die Frage war, ob nicht ähnliche einfache Strukturen bei parallelen Programmzweigen zu finden waren. In der Tat lassen sich eine ganze Reihe von Synchronisationsproblemen auf folgendes Grundmuster zurückführen:
1. Schritt: Führe Codestücke A, B, C, ... parallel aus
2. Schritt: Wenn (A, B, C...) beendet, führe Codestücke U, V, W,... parallel aus
3. Schritt: usw.
Es wird also in einem Schritt ein 'Taskbündel' abgearbeitet, im nächsten das nächste, usf. Zunächst erscheint diese Konstruktion sehr starr zu sein. Da aber Schachtelungen erlaubt sind, kann man auch recht komplexe Nebenläufigkeitsstrukturen mit dieser Methode aufbauen, wie Abb. 3 veranschaulicht.

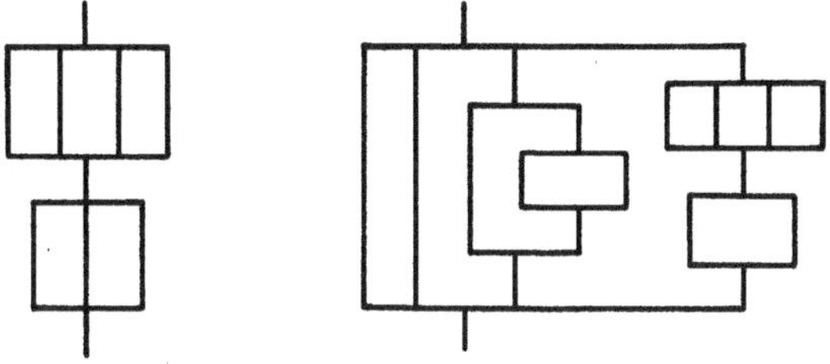

Abb. 3: Strukturmöglichkeiten des Taskbündels

Dennis[10] hat mit den <u>fork</u> und <u>join</u> Operationen einen ähnlichen Mechanismus vorgeschlagen, wobei aber das Zusammenlaufen der einzelnen parallelen Aktivitäten noch vom Programmierer selbst mittels einer Art Semaphoroperation programmiert werden mußte. Das hier vorgeschlagene Konzept hat den Vorteil, daß es auf verschiedene Betriebssystemstrukturen implementiert werden kann, wobei z.B. in einem Fall die Gabelung als echte Aktivierung mehrerer Tasks im PEARL-Sinne ausgelegt und im anderen Fall durch <u>Release</u>-Operationen auf entsprechende Koppel-Semaphore bei vorgegebener (starrer) Taskstruktur durchgeführt werden kann. Aber in jedem Fall ist dem Benutzer die Arbeit abgenommen, die jeweiligen Synchronisationsmechanismen selbst aus ihren Grundelementen aufbauen zu müssen, wodurch eine wesentliche Fehlerquelle entfällt.

Man kann weiterhin diese Ausführungsstruktur sowohl gesondert als Programm niederschreiben und die (benannten) Codestücke vom Übersetzer einfügen lassen, als auch nach Art einer 'parallel clause' wie in ALGOL 68 [9] ein Taskbündel mit den darin enthaltenen parallel auszuführenden Strukturtasks hinschreiben (vergl. Abb. 2).
Man wird nun einwenden, daß man bei einem solchen Mechanismus nicht einzelne Tasks selektiv abschalten und andere weiterlaufen lassen könne, wie dies z.B. in einem Notfall erforderlich sei. Dieses Problem ist aber durch folgenden Ansatz leicht lösbar:
Man faßt alle Tasks, die in einem Notfall beendet werden müssen, zu einem Taskbündel zusammen, auf das das Bündel der Notfallbearbeitungstasks folgt und nach Beendigung des ersten Bündels gestartet wird. Tasks, die nicht abgeschaltet werden müssen, laufen parallel dazu im übergeordneten Bündel. Abb. 4 veranschaulicht dieses Verhalten.

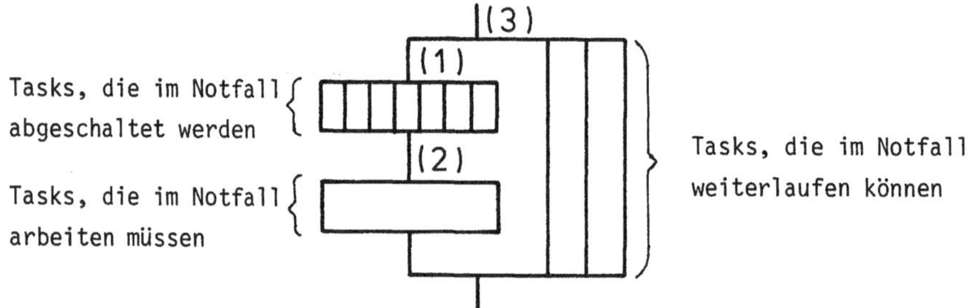

Abb. 4: Die Notabschaltung

Die Beendigung aller Tasks des Bündels (1) erfolgt einfach durch Selbstterminierung auf Grund einer 'Terminierbedingung', die z.B. von einer Überwachertask aus dem Bündel (3) oder über die Bedienkonsole gesetzt werden kann. Durch diese grundsätzliche Selbstterminierung stellen sich viele der mit der Fremdterminierung zusammenhängende Probleme nicht mehr, sofern man voraussetzt, daß eine terminierte Task alle von ihr belegten Resourcen freigibt. Wie dies zweckmäßig organisiert werden kann, soll später gezeigt werden.

Durch diese Art der Taskverwaltung wird aber auch der Taskname nicht mehr benötigt. Das bringt weitere Vorteile mit sich: Die Probleme, die bei der Definition von Sprachen bezüglich der Identität von Task auftraten, stellen sich nicht mehr. Systeme werden leichter erweiterbar, da neue Tasks hinzugefügt werden können, ohne daß seitens der bereits laufenden Anteile Bezug auf sie genommen werden müßte. Vielmehr muß lediglich die neu hinzugefügte Task Bezug nehmen auf existierende Terminierbedingungen und Resourcen - ganz analog zum Einbau eines neuen Moduls in ein Hardwaresystem.

Es scheint also vernünftig zu sein, zumindest auf der Ebene des Benutzerprogramms ganz auf Tasknamen zu verzichten. Welche Konsequenzen dieses 'intransitive' Tasking auf die Eigenschaften von Betriebssystemen haben kann, wird untersucht.

Der Synchronisationsblock

Mit Hilfe des eben definierten Taskbündels lassen sich aber bei weitem nicht alle Synchronisationsfälle lösen. So ist insbesondere der Fall nicht ausdrückbar, daß eine Task bestimmte Resourcen für ihren ausschließlichen Gebrauch reservieren muß, etwa um den definierten Zustand eines von ihr bearbeiteten Datenbereiches sicherzustellen, wobei über die Reihenfolge des Zugriffs zur Resource nichts ausgesagt ist. Die übliche Lösung ist die Verwendung einer der betreffenden Resource zugeordneten Semaphorgröße, die von der jeweils die Resource benutzenden Task belegt oder freigegeben wird. Im Prinzip ist dies aber eine Verschleierung des eigentlichen Problems, da der Benutzer eigentlich die Resource selbst belegen will. Es wird daher vorgeschlagen, als weiteres zusätzliches Programmierelement den 'Synchronisationsblock' einzuführen, an dessen Anfang die in ihm benutzten Resourcen belegt und an dessen Ende sie wieder freigegeben werden (vergl. Abb. 2). Dieses Verfahren hat eine Reihe von Vorteilen:
1. Der Benutzer sieht direkt, was eigentlich geschieht, nämlich die Belegung einer Resource
2. Nach Durchlaufen eines solchen Codestückes werden alle belegten Resourcen zuverlässig wieder freigegeben, da sich das paarweise Auftreten von 'Belegung' und 'Freigabe' leicht schon durch den Übersetzer erzwingen läßt.
3. Das System kann immer in einem definierten Zustand, nämlich mit völlig freigegebenen Resourcen, angefahren werden.
4. Falls gewünscht, läßt sich durch die 'Belegung'-'Freigabe' Operationen eine lineare Belegungsreihenfolge der Resourcen erzwingen.
5. Bei Terminierung einer Task wird implizit auch der Synchronisationsblock verlassen, also die belegten Resourcen wieder freigegeben (siehe oben).

Im einfachsten Fall, nämlich der ausschließlichen Belegung einer Resource durch eine Task, handelt es sich beim Synchronisationsblock um nichts weiter als um die bekannten 'critical sections' [11]. Es sind jedoch kompliziertere Fälle vorstellbar, bei denen die Belegung nicht ganz ausschließlich erfolgt, sondern nur z.B. für eine Zugriffsart (etwa 'Schreiben').

Die integrierte Signalisierung

Es gibt aber noch einen weiteren wichtigen Synchronisationsfall, der mit den bisher

vorgestellten Mitteln nicht befriedigend gelöst werden kann: Angenommen, eine Task
solle lediglich Information produzieren, die von einer anderen Task verarbeitet werden soll, ohne daß eine Rückmeldung notwendig ist. Dieser Fall ist zwar mit dem Taskbündel beschreibbar:

```
1. Schritt:   PARALLEL;
              BEGIN; Produziere Daten1; END;
              BEGIN; Tue irgendetwas;  END;
              PAREND;
2. Schritt:   PARALLEL;
              BEGIN; Produziere Daten2; END
              BEGIN; Verbrauche Daten1; END
              PAREND;
```

Damit wird aber eine Rückmeldung erzwungen und ist nun z.B. der Produktionsvorgang für
'Daten1' und 'Daten2' jeweils statischen Geschwindigkeitsschwankungen unterworfen, so
würden für den Fall, daß der Produktionsvorgang schneller ist als der Vorgang 'Tue
irgendetwas', unnötige Wartezeiten entstehen. Für diesen Fall ist es also besser, durch
die produzierende Task lediglich ein Signal erzeugen zu lassen, auf das die verbrau-
chende Task explizit wartet. Das kann im Sinne einer einheitlichen Behandlung von Resourcen auch mit Hilfe des Synchronisationsblockes geschehen, wobei als Resource ein
externer Interrupt oder ein von einer anderen Task erzeugtes Signal verwendet wird.
Betrachtet man die Task als den auf einem unabhängigen virtuellen (oder auch realen)
Prozessor ablaufenden Code und die Abläufe in der realen Außenwelt als, möglicherweise völlig unabhängige Prozesse, so verschwindet der begriffliche Unterschied zwischen
externem Interrupt und dem durch eine Task hervorgerufenem Signal völlig. Auch die
Zeiteinplanung von Tasks kann zwanglos durch die angenommene Erzeugung von Zeitsig-
nalen durch einen 'externen Uhrprozeß' und das explizite Warten darauf beschrieben
werden.

Auf Grund von Programmierversuchen stellte es sich als zweckmäßig heraus, die Erzeugung eines solchen Signals nicht als eigene Operation zu definieren, sondern sie mit
dem Abschluß eines Strukturblockes zu verkoppeln. Dadurch ergibt sich die Möglichkeit,
gegebenenfalls die 'Erzeugung' von Information und die Signalisierung der Beendigung
eines solchen Vorgangs als eine 'quasi ununterbrechbare' Codesequence auf Benutzer-
ebene einführen zu müssen.

Es verbleibt aber nach wie vor die 'Unpaarigkeit' der Signalerzeugung, die es z.B.
schwer möglich macht, zu prüfen, ob jedes 'verbrauchte' Signal auch 'erzeugt' wird
oder umgekehrt. Andere Konzepte werden deshalb noch untersucht.

Die Ausweichreaktion

Ein weiteres schwieriges Kapitel ist die Behandlung von Fehlern, Ausnahmezuständen
('exceptions') wie z.B. Divisionsüberlauf, Zugriffsversuch auf nicht vorhandene Dateien, Mißerfolg bei Belegungsversuchen von Resourcen, Auftreten der Terminierbedin-

gungen, etc. In diesen Problemkreis gehören z.B. die Spezifikation geeigneter Ausweich-
reaktionen oder der sinnvolle Abschluß von Operationen im Falle des Abbruchs einer Task,
um z.B. eine Datenbasis in einem definierten Zustand zu hinterlassen, oder wesentliche
Information aus einem unvollständig gefüllten Pufferspeicher zu retten. Versuche mit
der 'Ununterbrechbarkeit' von Codestücken, oder der Deklaration von Resourcen als
'guarded objects', die im Falle eines Zugriffsversuches Information über ihren augen-
blicklichen Zustand liefern würden, brachten keine befriedigenden Ergebnisse. Auch der
'ON signal' Mechanismus von PEARL hat sich sowohl von der Implementation her, als auch
in der Benutzung, als problematisch erwiesen. Es lag daher nahe, neuere Vorschläge bezüglich des 'exception-handling' [12] auszuwerten und ihren Einbau in den Formalismus der
Struktogramme zu versuchen. Dies führte zu der Definition der 'Ausweichreaktion', die
man wohl am besten als eine Modifikation des case-statement verstehen kann (vergl.
Abb. 2). Der Unterschied besteht darin, daß beim case-statement die Bedingung zuerst
ausgewertet und auf Grund des Ergebnisses entschieden wird, welche Codesequenz ausgeführt werden soll, wohingegen bei der Ausweichreaktion auf jeden Fall die als Haupt-
zweig ausgewiesene Codesequenz zumindest begonnen wird. Tritt während ihrer Durchführung irgend eines der unter 'exceptions' aufgeführten Ereignisse ein, so wird mit der
dort angegebenen Codesequenz fortgefahren. Es können darin wiederum spezielle Reaktionen, wie 'unmittelbare Fortsetzung der unterbrochenen Codesequenz' oder 'Terminierung
der ganzen Task', spezifiziert werden. Nach Abschluß irgendeiner der angegebenen Code-
sequenzen wird zum nächsten Strukturblock übergegangen.

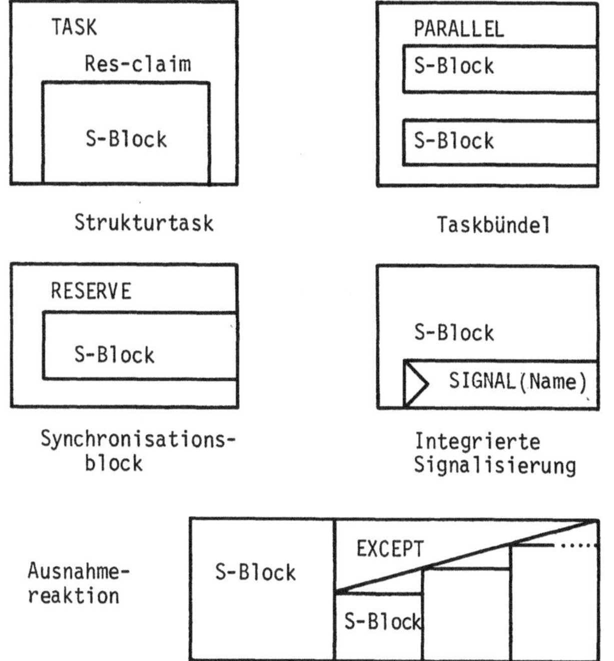

Strukturtask

Taskbündel

Synchronisations-
block

Integrierte
Signalisierung

Ausnahme-
reaktion

Abb.2: Zusätzliche Struktogramme für Parallelprogrammierung

ANWENDUNGSBEISPIEL

Zur Illustration der Anwendbarkeit der vorgeschlagenen Konstruktionen soll ein kleines
Beispiel aus der Praxis der Experimentautomatisierung dienen [13]:
In einem Auswertesystem für Experimentdaten sollen zwei Tasks als Erzeuger und Ver-
braucher im Wechselpufferbetrieb arbeiten. Die Erzeugertask liest Daten von einem
ADC ein und legt sie in 'Puffer1' und 'Puffer2' ab. Sie kann nur in einen Puffer
schreiben, wenn dieser leer ist. Sie erzeugt das Signal 'Puffer (i)-voll', unmittelbar nachdem sie einen Puffer gefüllt hat. Die Verbrauchertask liest die Daten aus den
Pufferbereichen und sortiert sie in einen Datenbereich 'Spektrum' ein. Sie kann normalerweise nur aus Pufferbereichen lesen, wenn diese als 'voll' gemeldet sind und erzeugt das Signal 'Puffer(i) leer', unmittelbar nachdem sie einen Pufferbereich abgearbeitet hat.

Weitere Tasks dienen z.B. zur Darstellung des Inhalts von 'Spektrum' auf einem Bildschirm oder zur Interpretation von Bedienkommandos. Durch eine solche Bedientask sollen beispielsweise die beiden Bedingungen 'Totalstop', die das Anhalten des ganzen
Systems, oder 'Analysestop', die nur das Anhalten der beiden oben beschriebenen
Erzeuger- und Verbrauchertasks bewirkt, gesetzt werden. Die Bedientask soll auch das
Signal 'Analysestart' erzeugen. Als zusätzliche Aufgabenstellung kommt hinzu, daß
z.B. im Falle der Beendigung des Experiments die in den jeweils nicht komplett gefüllten Pufferbereichen enthaltenen Meßwerte sichergestellt werden sollen. Es sind
also entsprechende Maßnahmen vorzusehen. Das Diagramm auf der folgenden Seite soll
demonstrieren, wie diese Aufgabenstellung, die mit herkömmlichen Mitteln doch manchmal zu recht unübersichtlichen Lösungen führt, mit dem vorgeschlagenen Konzept behandelt werden kann.

SCHLUSSBEMERKUNG

Der Verfasser ist sich bewußt, daß der vorgeschlagene Mechanismus noch mancher Verfeinerung bedarf, um wirklich den Ansprüchen der Benutzer gerecht zu werden. Insbesondere kann auch nicht die Benutzersprache isoliert gesehen werden, sondern sie muß in ein
Softwareproduktionssystem eingebettet werden. Entsprechende Untersuchungen haben als
interessantes Nebenergebnis erbracht, daß es verhältnismäßig leicht möglich sein dürfte, die vorgeschlagenen Elemente nach Übersetzung in eine geeignete Zwischensprache
('SIMLAN') als automatisch generierte Steuerinformation für ein Simulationspaket (z.B.
GPSS-E) zu verwenden. Auch die Abbildbarkeit auf gängige höhere Sprachen scheint ge-
sichert, sofern gewisse zusätzliche Anforderungen erfüllt sind. So wäre z.B. in
PEARL eine 'ELSE-option' in Semaphor- oder Task-operationen nötig. Doch gehen diese
Implementationsüberlegungen weit über den Rahmen dieses Berichts hinaus und werden
Gegenstand gesonderter Veröffentlichungen sein.

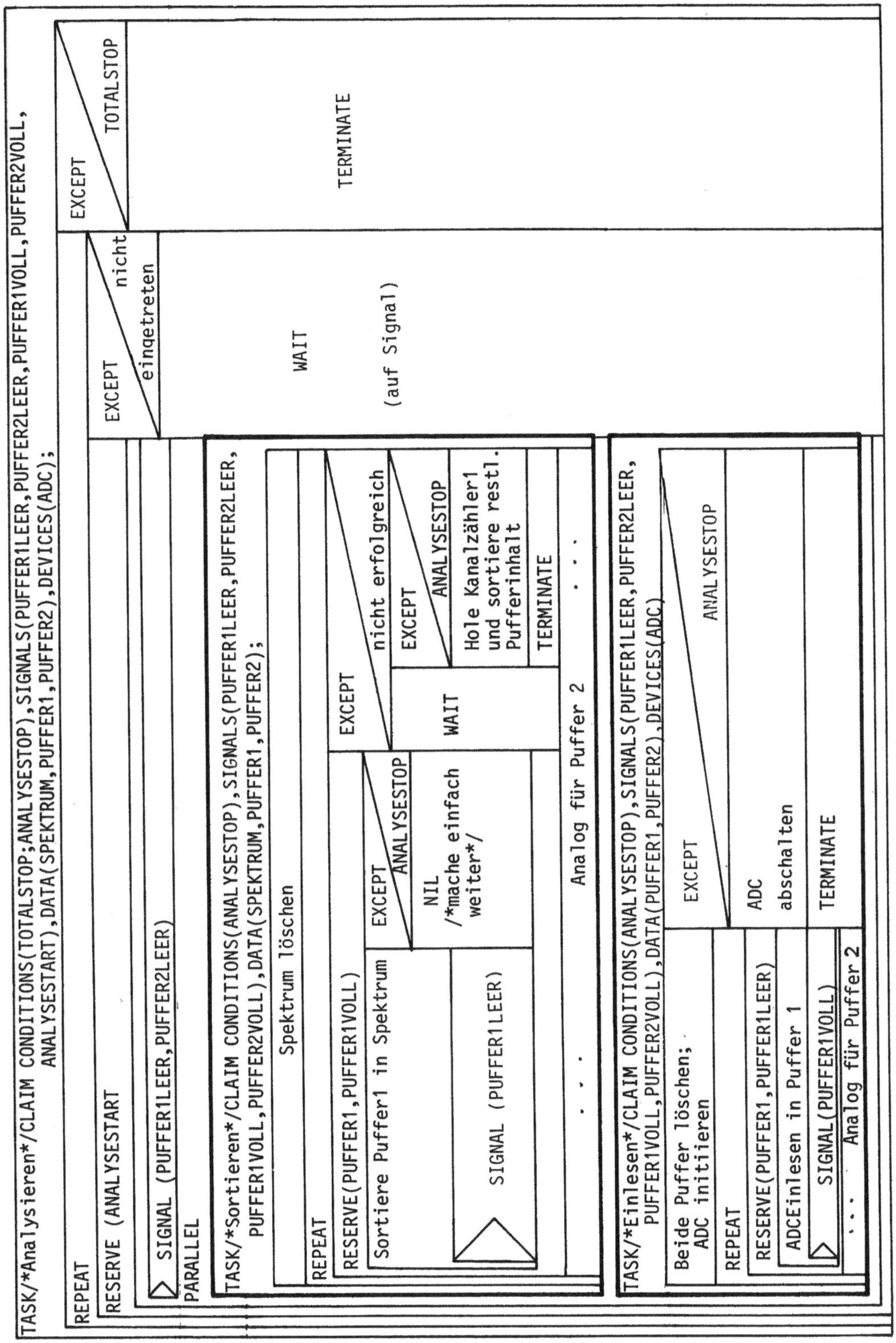

TASK/*Analysieren*/CLAIM CONDITIONS(TOTALSTOP;ANALYSESTOP),SIGNALS(PUFFER1LEER,PUFFER2LEER,PUFFER1VOLL,PUFFER2VOLL,
ANALYSESTART),DATA(SPEKTRUM,PUFFER1,PUFFER2),DEVICES(ADC);

REPEAT

RESERVE (ANALYSESTART

▷ SIGNAL (PUFFER1LEER,PUFFER2LEER)

PARALLEL

TASK/*Sortieren*/CLAIM CONDITIONS(ANALYSESTOP),SIGNALS(PUFFER1LEER,PUFFER2LEER,
PUFFER1VOLL,PUFFER2VOLL),DATA(SPEKTRUM,PUFFER1,PUFFER2);

Spektrum löschen

REPEAT

RESERVE(PUFFER1,PUFFER1VOLL)

Sortiere Puffer1 in Spektrum

EXCEPT   ANALYSESTOP

NIL
/*mache einfach
weiter*/

▷ SIGNAL (PUFFER1LEER)

EXCEPT   nicht erfolgreich

WAIT

EXCEPT   ANALYSESTOP

Hole Kanalzähler1
und sortiere restl.
Pufferinhalt

TERMINATE

· · ·   Analog für Puffer 2   · · ·

TASK/*Einlesen*/CLAIM CONDITIONS(ANALYSESTOP),SIGNALS(PUFFER1LEER,PUFFER2LEER,
PUFFER1VOLL,PUFFER2VOLL),DATA(PUFFER1,PUFFER2),DEVICES(ADC)

Beide Puffer löschen;
ADC initiieren

EXCEPT   ANALYSESTOP

REPEAT

RESERVE(PUFFER1,PUFFER1LEER)

ADCEinlesen in Puffer 1

▷ SIGNAL(PUFFER1VOLL)

ADC
abschalten

TERMINATE

· · ·   Analog für Puffer 2

EXCEPT   nicht eingetreten

WAIT

(auf Signal)

EXCEPT   TOTALSTOP

TERMINATE

Literaturhinweise:

1 K.H. Timmesfeld, et al.: PEARL, a Proposal for a Process- and Experiment Automation Realtime Language; Gesellschaft für Kernforschung mbH Karlsruhe,
KfK-PDV 1, April 1973

2 P. Elzer u. P. Holleczek: ASME-PEARL-Compiler wird der Öffentlichkeit vorgestellt
Regelungstechnik 12, 1975, 433-435

3 F.-J. Prester, P. Holleczek, K. Pelz, R. Rössler: The Adaptation of a portable
PEARL-Compilation System, Experience and future Aspects, with special Emphasis
on the Runtime Package, in Colloques IRIA, IFAC/IFIP International Workshop on
"real-time programming", Rocquencourt, June 2nd-4th, 1976

4 P. Elzer, P. Holleczek, W. Lindstedt, K. Pelz, F.-J. Prester, R. Rössler:
The implementation of a subset of the real-time language 'PEARL' and examples of
its application. 1. IFAC/IFIP-Symposium on Software for Computer Control,
Tallinn, May 25-28, 1976

5 I. Nassi, B. Shneiderman: Flowchart techniques for structured programming;
SIGPLAN notices 8(1973)8, 12-26

6 Ned Chapin: New Formats for Flow Charts, Software Practice and Experience,
Vol. 4, 1974, S 341-357

7 S. Keramidis: Ein Beitrag zur Theorie der Prozeßsystme, Arbeitsberichte des Instituts für Mathem. Masch. u. Datenverarb.; Band 7, Nr. 3, Erlangen, August 1974

8 N. Habermann: Prevention of System Deadlocks; CACM, Vol. 12, No 7, July 1969,
S.373-385

9 S.G. van der Meulen, C.H. Lindsay: Informal Introduction to ALGOL68
Mathematisch Centrum Amsterdam, 1970

10 J.B. Dennis u. E.C. van Horn: Programming Samantics for Multiprogrammed Compu-
tations; CACM, Vol.9, No 3, März 1966

11 C.A.R. Hoare: Towards a Theory of Parallel Programming; in "Operating Systems
Techniques" (Ed. Hoare, Perrott), Academic Press, London, 1972, 61-71

12 J.B. Goodenough: Exception Handling: Issues and a Proposed Notation;
CACM, Vol. 18, No 12, Dez. 1975

13 P. Elzer, Working paper No 297, LTPL-European Group; Dez. 1975

Der Verfasser möchte Herrn Prof. Dr. F. Hofmann vom Lehrstuhl Informatik IV (Betriebs-
systeme) der Universität Erlangen-Nürnberg für viele wertvolle Hinweise und eingehende
Diskussionen und den Mitgliedern der PEARL-Implementationsgruppe am Physikalischen
Institut III der Universität Erlangen-Nürnberg, insbesondere aber Herrn Dipl.-Ing.
R. Rössler, für wesentliche konstruktive Kritik danken.

DIPOL, EINE ANWENDUNGSORIENTIERTE PROGRAMMIERSPRACHE
FÜR DISKRETE PROZESSE AUF DER BASIS VON PEARL

Hans Windauer, Dortmund

1. Einleitung

Problemorientierte Programmiersprachen, z. B. FORTRAN, PL/1 und PEARL,
dienen dazu, Programme aus einem bestimmten Anwendungsbereich unabhängig von
einer bestimmten digitalen Rechenanlage abzufassen (DIN 44300). Die Lösung einer
Aufgabe muß in diesen Sprachen jedoch mit logischen und arithmetischen Ausdrücken
beschrieben werden, d. h. sie zwingen zur detaillierten Beschreibung der Daten-
strukturierung und des Programmablaufs. In dieser Beziehung orientieren sich diese Sprachen an einem "universellen Rechner", dessen Verhalten nach möglichst einfachen Regeln auf existierende Rechner abgebildet werden kann / 9 /.

Sollen z. B. die folgenden beiden Anweisungen programmiert werden:

  a) das Objekt MASCHINE erhält den Status BELEGT,

  b) wenn MASCHINE BELEGT ist, dann ...,

so wird üblicherweise das i-te Bit in einem Wort STATUS der Struktur MASCHINE
gesetzt und abgefragt:

  a) SUBSTR (MASCHINE. STATUS, i, 1) = ' 1' B;

  b) if SUBSTR (MASCHINE. STATUS, i, 1) = ' 1' B then ...

Diese PL/1-Formulierung enthält nicht nur den Algorithmus der Problemlösung,
sondern auch die Strategie der programmtechnischen Realisierung des Algorithmus
auf einem universellen Rechner. Eine "strategiefreie" Formulierung könnte lauten:

  a) MASCHINE erhält das Attribut BELEGT

     (Form in DIPOL: MASCHINE qual BELEGT;)

  b) if MASCHINE is BELEGT then ...

     (Form in DIPOL: if MASCHINE ! BELEGT then ...)

Dieser Bericht veröffentlicht Ergebnisse aus einem mit Mitteln des Bundesministers
für Forschung und Technologie (Kennzeichen DV 5.505) geförderten Forschungsvorhaben des Projektes Prozeßlenkung mit DV-Anlagen (PDV) im Rahmen des 2. DV-
Programms der Bundesregierung. Die Verantwortung für den Inhalt liegt ausschließlich bei den Autoren bzw. den geförderten Unternehmen.

Diese Formulierung überläßt es einem Generator, ob der Status von MASCHINE günstiger durch eine Zahl oder eine Bitkette dargestellt wird / 9 /. In diesem Sinne nennen wir eine Programmiersprache "anwendungsorientiert", wenn sie über die Eigenschaften problemorientierter Sprachen (wie z. B. Rechnerunabhängigkeit) hinaus die Formulierung strategiefreier Programme ermöglicht.

Die anwendungsorientierte Programmiersprache DIPOL (Discrete Process Oriented Language) wurde von den Firmen mbp und Entwicklungsbüro Wulf Werum für die Automation diskreter Prozesse entwickelt, d. h. für technische Prozesse mit unstetiger Zustandsfläche, auch diskontinuierliche Prozesse genannt (z. B. Förder- und Lagerprozesse, verkettete Fertigungsprozesse, Einsatz-Leitzentralen). Ziel der Entwicklung war, auf der Basis von PEARL / 12 / eine Echtzeit-Programmiersprache zur Verfügung zu stellen, die

- den besonderen Anforderungen diskreter Prozesse genügt (vgl. z. B. / 5, 7 /, ·3.1., 3.5., 3.6., 3.7.) und

- den Aufbau von flexiblen Programmbibliotheken für spezielle diskrete Prozesse ermöglicht (vgl. 3.8.).

So entwickelt der Lehrstuhl für Förder- und Lagerwesen der Universität Dortmund mittels DIPOL Bibliotheken für Hochregallager und innerbetriebliche Fördermittel / 4, 8 / und erweitert dadurch DIPOL zu der problemorientierten Sprache für Förderprozesse "PSF" / 10 /.

Das DIPOL-Programmiersystem, bestehend aus Sprache und Übersetzer, fußt in zweifacher Hinsicht auf PEARL: Erstens können DIPOL-Programme auf "PEARL-Rechnern" in PEARL übersetzt werden (vgl. 4.), um ihre Portabilität zu sichern; zweitens sind viele Sprachelemente von DIPOL identisch mit PEARL-Sprachelementen (vgl. 3.).

Im folgenden werden im wesentlichen nur die Sprachkonzepte von DIPOL beschrieben, die über PEARL hinausgehen oder PEARL-Konzepte ersetzen. Der volle Sprachumfang von DIPOL ist in / 6 / dargestellt.

2. Die Struktur eines DIPOL-Programms

Die Struktur eines DIPOL-Programms ist gleich jener eines PEARL-Programms,
mit der Erweiterung, daß ein Modul zusätzlich zu einem System- und/oder Problemteil einen Speicherteil besitzen kann, in dem die Ablageorte, die Organisation
und die Zugriffsstrategien von Mengen und Warteschlangen angegeben werden, um
im Problemteil die Handhabung von Datenmengen strategiefrei beschreiben zu können (vgl. 3.1.).

Im Systemteil können über die in PEARL bestehenden Möglichkeiten hinaus Frequen-
zen und Zeitkontrollen ("Zeitfenster") für Interrupts sowie die für Fehlerfälle vorgesehenen Reaktionen angegeben werden (vgl. 3.7.).

3. Die wesentlichen Konzepte

Von PEARL identisch übernommen wurden in DIPOL

- die Vereinbarung von Objekten des Typs fixed, float, bit, character, duration,
  clock, label, interrupt, file, device, format, reference, structure, Feld,
  procedure oder task,

- die Operatoren wie +, -, +, /, =, <, >, ...,

- die "algorithmischen" Anweisungen Block, Gruppe, Zuweisung, Sprung, Alternative, Anweisungsauswahl, Schleife und

- die E/A-Anweisungen.

Die Identität bezieht sich hierbei sowohl auf Syntax als auch auf Semantik, damit
der Anwender von DIPOL/PEARL beim Wechsel nicht umlernen muß ("was gleich
ist, soll gleich heißen").

3.1. Mengen und Warteschlangen zur impliziten Organisation
und Ansprache von Datenmengen (Felder, Dateien)

Bei der Automation diskreter Prozesse werden in zunehmendem Maße Steuerungsaufgaben zusammen mit dispositiven Aufgaben gestellt; Beispiele hierfür sind Hochregallager zur Ver- und Entsorgung von Produktionsstätten, Transportsysteme und
Verbundsysteme z. B. für Krankenhäuser. Bei solchen Systemen entfällt der größte
Teil der Programme auf die Organisation und Ansprache von Datenmengen auf

internen und externen Speichermedien, d. h. auf den Aufbau, die Verwaltung und Prüfung von Feldern und Dateien sowie die simultane Kommunikation mehrerer Benutzer mit diesen Datenmengen einschließlich der damit verbundenen Sicherungs- und Wiederanlaufroutinen / 5 /. Z. B. erfordert die automatische Steuerung eines Hochregallagers den Aufbau einer Artikeldatei (ARTIKEL) mit mehreren Tausend Elementen und schnellem, direktem Zugriff über die Artikelnummer (Primärschlüssel) und weiteren Prädikaten (Sekundärschlüssel). Die Organisation dieser Datei und die Wahl ihrer Zugriffsfunktion können in Abhängigkeit von der Anzahl der Artikel und der Leistungsfähigkeit des eingesetzten Rechners sehr verschieden sein / 11 /. Trotzdem sollte eine anwendungsorientierte Programmiersprache die strategiefreie Formulierung z. B. folgender Anweisungen erlauben:

a) Jedes Element von ARTIKEL besteht aus der (Artikel-)NR, seinem (Einlagerungs-)DATUM, seinem (Lager-)ORT, usw.

b) Füge ein neues Element in ARTIKEL ein, das folgende Daten besitzt ...

c) Lagere die älteste Palette aus, die die Daten NR = ARTNR und DATUM $<$ 112 besitzt.

Aus diesem Grund enthält DIPOL die Datentypen "Menge" (set) und "Warteschlange" (queue) mit entsprechenden Operationen für das Kreieren von Mengen und Warteschlangen, das Einfügen (new) und Entfernen (erase) von Datenelementen, vor allem aber den Zugriff auf Datenelemente über wahlfreie Prädikate / 9 /. So können die obigen Anweisungen im Problemteil folgendermaßen formuliert werden:

a) declare ARTIKEL set structure
   ((NR, DATUM) fixed, ORT KOORDINATE, ...);

b) new ARTIKEL := Angabe der Daten;

c) for PALETTE := ARTIKEL! (NR = ARTNR and DATUM $<$ 112)
   Aufruf einer zu erstellenden Task für Auslagern mit dem
   Parameter PALETTE.ORT
   end;

Die nötigen Informationen über

- die Anzahl der Artikel (z. B. 20 000),

- die Zugriffsfunktion (z. B. direkter Zugriff über ein B-Baum-Verfahren BBAUM / 2 / mit NR als Primärschlüssel),

- die Verteilung der Daten auf interne und externe Speichermedien (z. B. sollen die 10 am häufigsten benutzten Elemente resident gehalten werden),

- die Lebensdauer (z. B. permanent) und

- den Ablageort der Datei (z. B. SYSTEMDISC) sowie

- eine ggf. zu erstellende Sicherheitskopie

werden in <u>einer</u> Anweisung im Speicherteil angegeben:

```
allocate ARTIKEL (20 000)
      strategy BBAUM key NR
      structure ((NR, DATUM) fixed, ...)
      resident 10 permanent on SYSTEMDISC copy;
```

Falls einer dieser Parameter geändert werden soll, muß nur diese Anweisung geändert werden. Auf diese Art und Weise kann der im Problemteil beschriebene Algorithmus bei gleichem Informationsfluß für verschiedene Anwendungen und verschiedene programmtechnische Realisierungen benutzt werden, z.B. für ein Hochregallager mit

- 4 000 oder 20 000 Artikeln,
- großem oder kleinerem Kernspeicherausbau des Rechners,
- direktem Zugriff mittels B-Bäumen oder Hash-Funktionen.

Die DIPOL-Darstellung des Algorithmus wird somit ein strategiefreies, wiederverwendbares Programm, während die Lösungsstrategie an getrennter Stelle im Speicherteil benannt wird - und natürlich als Laufzeitprogrammsystem zur Verfügung stehen muß.

3.2. Zugriff auf Objekte über Attribute

Ähnlich wie Pascal / 14 / bietet DIPOL die Möglichkeit, strukturierten Objekten Attribute einer bestimmten Qualität zuzuweisen und über diese Attribute auf die Objekte zuzugreifen (vgl. 1.).

Beispiel:
```
declare STATUS quality (FREI, BELEGT, VERPLANT, GESTOERT);
declare MASCHINE(5) structure qualified STATUS
      (MOTOR device, FERTIG interrupt, ...);
   .
   .
if MASCHINE (I) ! FREI then MASCHINE (I) qual VERPLANT; ...
```

3.3. Entscheidungstabellen

Zur einfachen und übersichtlichen Darstellung der Abhängigkeit auszuführender Aktionen von Kombinationen von Bedingungen wurden in DIPOL Anweisungen der Ent-
scheidungstabellentechnik eingeführt. Anwendungsbeispiele finden sich in / 6 /.

3.4. Sichere Synchronisierung durch automatische Analyse zur Übersetzungszeit

Bei der Entwicklung von DIPOL wurde eine hohe Sicherheit der Programme angestrebt, um die aufwendigen Test- und Inbetriebnahmephasen zu verkürzen. Hierzu
sollten möglichst viele Prüfungen zur Übersetzungszeit durchgeführt werden - also
dem sicher und schnell arbeitenden Übersetzer und nicht dem testenden Programm-
mierer angelastet werden. Wesentliche Sicherheitsprobleme treten bei der gemeinsamen bzw. exklusiven Benutzung von Betriebsmitteln, meistens Datenbeständen,
durch mehrere Rechenprozesse auf. Durch fehlerhafte Synchronisierung können sich
Rechenprozesse gegenseitig ständig blockieren; ein bekanntes Beispiel für die Möglichkeit einer solchen Systemverklemmung (engl. deadlock) ist die folgende Programmorganisation, wobei zur Demonstration die Sema-Operationen von PEARL für
zwei Semaphoren S1 bzw. S2 benutzt werden, die den Betriebsmitteln B1 bzw. B2
zugeordnet seien:

Rechenprozeß P1	Rechenprozeß P2
request S1;	request S2;
exklusive Benutzung von B1	exklusive Benutzung von B2
request S2;	request S1;

zusätzliche exklusive
   Benutzung von B2
	zusätzliche exklusive
	   Benutzung von B1

release S2;	release S1;
⋮	⋮
release S1;	release S2;

Die Gefahr von Systemverklemmungen erhöht sich noch, wenn release-Operationen
nicht ausgeführt werden, weil sie übersprungen worden sind oder der ausführende
Rechenprozeß beendet worden ist (vgl. auch / 15 /). Deshalb sind in DIPOL die zu
sperrenden "kritischen Abschnitte" / 3 / an (ggf. benannte) Blöcke gekoppelt; da zudem - auch im Sinne der strukturierten Programmierung - Blöcke nicht mit goto,
sondern nur mit exit verlassen werden dürfen und bei den Sperroperationen die

Namen der zu sperrenden Betriebsmittel unmittelbar angegeben werden dürfen,
kann der DIPOL-Übersetzer zur Übersetzungszeit analysieren, ob bezüglich der angesprochenen Betriebsmittel eine Systemverklemmung eintreten könnte und ggf. eine
entsprechende Warnung ausgeben.

Die DIPOL-Formulierung des obigen Beispiels lautet:

Rechenprozeß P1

begin seize B1;
    exklusive Benutzung von B1
  begin seize B2;
    zusätzliche exklusive
    Benutzung von B2
  end;
   .
   .
   .
end;

Rechenprozeß P2

begin seize B2;
    exklusive Benutzung von B2
  begin seize B1;
    zusätzliche exklusive
    Benutzung von B1
  end;
   .
   .
   .
end;

Der DIPOL-Programmierer kann zudem angeben, welcher Rechenprozeß im Falle
einer Deadlock-Gefahr "nachgeben" und die durch ihn benutzten Betriebsmittel frei-
geben soll.

Insgesamt sind die Programme aufgrund dieser Maßnahmen einfacher lesbar und
sicher vor Deadlock-Situationen aufgrund konkurrierenden Zugriffs auf Betriebsmittel.

3.5. Austausch von Botschaften

Ein bei diskreten Prozessen regelmäßig auftretendes Problem ist der Austausch von
Botschaften, z. B. Aufträgen, zwischen Rechenprozessen und dabei die ggf. nötige
Pufferung dieser Botschaften, falls der entgegennehmende Rechenprozeß noch eine
Botschaft bearbeitet, während die absendenden Rechenprozesse bereits neue Bot-
schaften erzeugen.

Beispiel (/ 1 /):

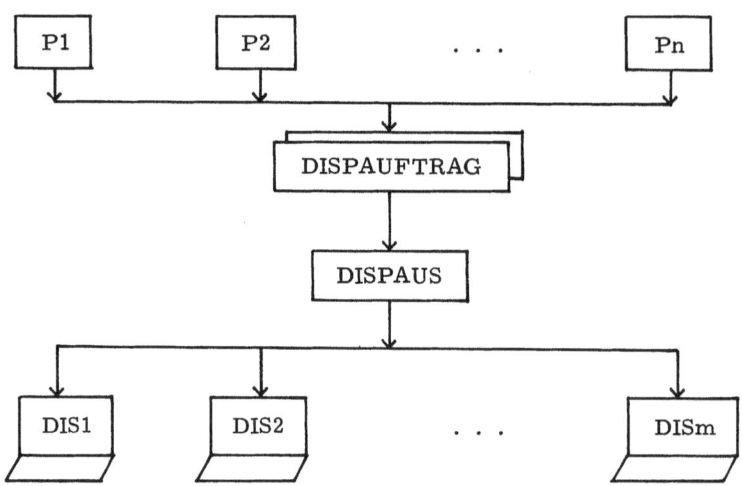

Mehrere Rechenprozesse P1, ..., Pn wollen über einen Rechenprozeß DISPAUS
Ausgaben auf verschiedenen Displays DIS1, ..., DISm erzeugen. Die Ausgabe-Auf-
träge der Pi müssen in einem Puffer (DISPAUFTRAG) gesammelt werden, da sonst
ein Pj DISPAUS aktivieren könnte, während dieser gerade noch auf ein DISk ausgibt.
Damit die Operationen richtig ablaufen, muß die Koordinierung folgendes leisten:

- DISPAUS gibt nur aus, wenn ein Auftrag in DISPAUFTRAG vorhanden ist,
  d. h. DISPAUS wartet ggf. auf Aufträge von P1, ..., Pn.

- P1, ..., Pn können nur einen Auftrag in DISPAUFTRAG ablegen, wenn dort
  Platz vorhanden ist, d. h. sie warten ggf. auf die Entnahme eines Auftrags
  durch DISPAUS.

- Die Abläufe von DISPAUS und P1, ..., Pn zur Entnahme und zum Einfügen von
  Aufträgen in DISPAUFTRAG schließen sich wechselseitig aus.

Zur anwendungsorientierten und sicheren Programmierung solcher Probleme ist in
DIPOL ein Botschaftskonzept /1, 3 / realisiert: Der Puffer DISPAUFTRAG wird als
Menge mit FIFO-Organisation vereinbart (FIFO ist Voreinstellung); die Größe des
Puffers kann im Speicherteil angegeben werden; jeder Auftrag möge den neu einge-
führten Datentyp "TYPAUS" besitzen (vgl. 3.8.), der aus den Komponenten Display-
Nummer, Ausgabe-Information und Ausgabe-Format bestehen soll. Der Puffer wird
dann so im Problemteil vereinbart:

$$\text{declare DISPAUFTRAG } \underline{\text{set}} \text{ TYPAUS;}$$

Zur Erzeugung und synchronisierten Ablage von Aufträgen in DISPAUFTRAG enthalten die Rechenprozesse P1, ..., Pn die Vereinbarungen und Anweisungen

    declare AUFTRAG TYPAUS;

       .
       .
       .

    AUFTRAG := Auftragsdaten;

       .
       .
       .

    send AUFTRAG to DISPAUFTRAG;

Der ausgebende Rechenprozeß DISPAUS enthält die Folge

       declare NAUFTRAG TYPAUS;

NEXT: receive NAUFTRAG from DISPAUFTRAG;

          Formatierung der Ausgabe-Information gemäß dem Ausgabe-
          Format und Ausgabe auf das angegebene Display.

       goto NEXT;

Mit Hilfe dieses Botschaftskonzepts läßt sich also die Pufferung einer auf Sprach-
ebene angebbaren Zahl von Aufträgen an einen Rechenprozeß erreichen / 7 /.

3. 6. Implizite Organisation und Synchronisation von Rechenprozessen

Eine weitere Anforderung diskreter Prozesse an Echtzeit-Programmiersprachen
ist die Identifikation des Auftraggebers eines Rechenprozesses / 7 /. Z. B. mögen
Stückgüter in einem Fördernetz 20 gleichartige Meldestellen passieren können; dabei soll jeweils ein Interrupt MELDi erzeugt werden, um den Rechenprozeß
CONTROL zur Kontrolle und Steuerung des Materialflusses anzustoßen. In CONTROL
muß festgestellt werden können, welche Meldestelle den Auftrag erteilt hat. Zudem
müssen die Aufträge gepuffert werden, da die Interrupts MELDi quasi gleichzeitig
auftreten können. Im Problemteil sind hierfür folgende Vereinbarungen und Anweisungen erforderlich:

       declare MELD (20) interrupt,
           MELDPUFFER set fixed;
      when MELD indexed NR send NR to MELDPUFFER;

```
CONTROL : task;
          declare NR fixed;
   NEXT : receive NR from MELDPUFFER;

              Reaktion auf MELD (NR)

          goto NEXT;
end;
```

Die hier beschriebene Einplanung der send-Anweisung ist ein Beispiel dafür, wie in
DIPOL die parallele Ausführung von Anweisungen eingeplant werden kann:

   Startbedingung [Abschaltbedingung] Anweisung

Als Startbedingung und/oder Abschaltbedingung können der Eintritt eines Ereignisses
(Interrupt, Event u. a.) bzw. einer Uhrzeit oder der Ablauf einer Zeitdauer angegeben werden. Das Sprachelement "Abschaltbedingung" erlaubt die gezielte, sichere
Löschung von Startbedingungen. Im Sinne einer strategiefreien Programmierung
kann unter "Anweisung" jede DIPOL-Anweisung (z. B. ein Block) angegeben werden;
zur Übersetzungszeit wird analysiert, ob aus dieser Anweisung die Vereinbarung und
der Aufruf eines Rechenprozesses 1. Art (unmittelbare Interrupt-Reaktion, / 1 /) generiert werden kann oder ob die Vereinbarung und Aktivierung eines (PEARL-) Rechenprozesses zu generieren sind.

Entsprechend strategiefrei kann die simultane Ausführung von Anweisungen mit an-
schließender Synchronisierung programmiert werden:

```
parallel;
     Anweisung-1
        .
        .
        .
     Anweisung-n
end;
```

Die in PEARL erforderlichen Vereinbarungen von n Rechenprozessen und Semaphoren
sowie die entsprechenden Aktivierungen und Synchronisationsanweisungen werden automatisch und deshalb sicher generiert.

Zudem können Rechenprozesse mit Parametern vereinbart und aktiviert werden. Die
Vereinbarung von Rechenprozessen muß auf Modulebene erfolgen; allerdings können
Prozeduren als Sub-Rechenprozesse aktiviert werden, ggf. unter Angabe des Namens
eines umfassenden Blocks, um sie mit dem Ende dieses Blocks zu synchronisieren.

3.7. Interrupt-Kontrolle

Bei fast allen Steuerungen muß aus Sicherheitsgründen kontrolliert werden, ob ein Interrupt in einem vorgegebenen Zeitintervall eintritt. Solche "Zeitfenster" können (leicht änderbar) im Systemteil zusammen mit dem Aufruf der im Fehlerfall auszuführenden Prozedur angegeben werden; z. B.:

```
LICHTSCHRANKE (3) tol (10 SEC, 15 SEC)
      default FEHLER (3) : -> INTWERK * 2;
```

Unabhängig davon wird im Problemteil der Steuerungsalgorithmus unter Benutzung der Anweisung "accept LICHTSCHRANKE (3);" beschrieben, die eine parallel ablaufende Überwachung des Interrupts LICHTSCHRANKE (3) bewirkt.

Zudem kann in Form von Netzplänen die Reihenfolge des Eintritts von Interrupts vorgeschrieben werden.

3.8. Erweiterbarkeit

Analog zu PEARL ist die Definition neuer Datentypen möglich; allerdings kann bei der Typvereinbarung angegeben werden, ob bestimmte Strukturkomponenten bei einer Anwendung des neuen Typs nicht, mehrfach oder alternativ zu anderen Komponenten existieren können. Ein solcher allgemeiner Datentyp wird erst bei seiner Benutzung auf die speziellen Erfordernisse einer Anwendung zugeschnitten. Da die Existenz von Strukturkomponenten abgefragt werden kann, ist es möglich, allgemeine Prozeduren für solche flexiblen Datenstrukturen zu schreiben. Hiermit sind wesentliche Voraussetzungen für den Aufbau von Bibliotheken für spezielle diskrete Prozesse erfüllt (vgl. 1., / 4, 8, 10 /).

4. Implementierung

DIPOL-Programme werden durch ein mehrstufiges Übersetzungssystem ("DIPOL-Generator") auf Vollständigkeit und Widerspruchsfreiheit geprüft und in die rechnerunabhängige Zwischensprache IL1 übersetzt, wobei ggf. in einer Bibliothek vorliegende Datentypen und Programme berücksichtigt werden. Aus der IL1-Form werden sie in PEARL umgesetzt / 13 /.

Verfügt ein DIPOL-Anwender über keinen PEARL-Compiler, so können die IL1-Programme mittels eines für den entsprechenden Rechner zu erstellenden Code-Generators direkt z. B. in den Maschinencode des Zielrechners übersetzt werden. In diesem Fall muß der Zielrechner auch noch über die einheitliche Betriebssystem-schnittstelle BAPAS2 verfügen, die zusätzlich zu BAPAS1 /1/ Routinen für die Dateiorganisation enthält.

Da der DIPOL-Generator, der Umsetzer nach PEARL und der jeweilige Code-Generator in einem Subset von PL/1 programmiert sind, können DIPOL-Programme auf Rechenanlagen mit einem PL/1-Compiler übersetzt werden. Das gesamte DIPOL-Übersetzungssystem kann jedoch auf den Zielrechner transportiert werden, so daß DIPOL-Programme auch "vor Ort" entwickelt, übersetzt und getestet werden können. Die "PEARL-Version" des DIPOL-Übersetzungssystems (DIPOL $\longrightarrow$ PEARL) wird 1977 ausgetestet zur Verfügung stehen.

<u>Literatur</u>

/ 1/   BAPAS1: Basis für Prozeßautomationssysteme. Sprachreport. Erhältlich bei mbp und Entwicklungsbüro Wulf Werum. Dortmund - Lüneburg, 1974.

/ 2/   Bayer, R.; McCreight, E.: Organization and Maintenance of Large Ordered Indexes. Acta Informatica 1 (1972), 173 - 189.

/ 3/   Brinch Hansen, P.: Operating System Principles. Prentice-Hall, 1973.

/ 4/   Brock, W.; Heinz, W.; Kremser, J.; Kuhn, A.; Ludwigs, H.: PSF. HRL; Programmiersystem für Hochregallager. Erscheint demnächst.

/ 5/   Brombacher, M.: Forderungen an die Software prozeßrechnergesteuerter Lagersysteme aus der Sicht des Anwenders. Vortrag auf dem Fachseminar "Wege zur Automatisierung im Förder- und Lagerwesen", Universität Dortmund, Oktober 1975.

/ 6/   Günther, H.J.; Werum, W.; Windauer, H.: PSF: Problemorientierte Sprache für Förderprozesse, Sprachreport. PDV-Bericht KFK-PDV 44, Gesellschaft für Kernforschung mbH, Karlsruhe, Mai 1975.

/ 7/   Helfert, M.E.: Einige fundamentale Anforderungen an eine Prozeßprogrammiersprache anhand der Automatisierung von Stückprozessen. Unterlage SAK 27-75 des PEARL-Subsetarbeitskreises, November 1975.

/ 8/   Herbst, D.; Kremser, J.: Studie über innerbetriebliche Förderprozesse als Vorbereitung zur Erweiterung des Einsatzes der problemspezifischen Fördersprache PSF. PDV-Bericht KFK-PDV 71, Gesellschaft für Kernforschung mbH, Karlsruhe, Mai 1976.

/ 9/   Hinderer, W.; Werum, W.: Methoden zum Testen und Generieren von Echt-
        zeit-Betriebssystemen. PDV-Bericht KFK-PDV 64, Gesellschaft für Kern-
        forschung mbH, Karlsruhe, Januar 1976.

/10/   Jünemann, R.: PSF - Programmiersprache für Fördertechniker. Fördern
        und Heben 25 (1975) Heft 5, S. 318 - 322, Heft 7, S. 685 - 687.

/11/   Knuth, D.E.: The Art of Computer Programming, Vol. 1, 3. Addison-Wes-
        ley, 1967 und 1973.

/12/   PEARL: A proposal for a process- and experiment automation realtime
        language. PDV-Bericht KFK-PDV 1, Gesellschaft für Kernforschung mbH,
        Karlsruhe, April 1973.

/13/   Werum, W.: Vorläufige Beschreibung der Zwischensprache IL1. PDV-Ent-
        wicklungsnotiz PDV-E 16, Gesellschaft für Kernforschung mbH, Karlsruhe,
        1973.

/14/   Wirth, N.: The Programming Language Pascal. Acta Informatica 1 (1971),
        35 - 63.

/15/   Zeh, A.: Ein Vorschlag zur Erhöhung der Zuverlässigkeit der Prozeßpro-
        grammiersprache PEARL bei der Synchronisierung von Betriebsmitteln für
        parallel ablauffähige Vorgänge. Unterlage SAK 26-75 des PEARL-Subset-
        arbeitskreises, November 1975.

UMSETZUNG VON DIPOL-PROGRAMMEN IN PEARL-PROGRAMME

Thomas Roestel , Lüneburg

1. ÜBERBLICK

Im Rahmen eines Forschungsvorhabens des Projekts PDV (s. Fußnote) wurde
die auf PEARL aufbauende Programmiersprache DIPOL als Kern einer problemorientierten Sprache für Förderprozesse PSF [1] entwickelt und ein
Programmsystem zur Umsetzung von DIPOL-Programmen in PEARL-Programme erstellt.

Der Übersetzungsvorgang von DIPOL nach PEARL erfolgt hauptsächlich in
drei Stufen:

1. Umsetzung von DIPOL in die rechnerunabhängige Zwischensprache IL2
   ("DIPOL-orientiertes" IL2-Programm).
   Diese Umsetzung erfolgt mit eingeführten Compilertechnologien für
   die Analyse und das Auswerten von Objektvereinbarungen und Ausdrücken.
   Das heißt insbesondere:
   Die vereinbarten Objekte werden in einem "Vormerkbuch" beschrieben
   und die Anweisungen in eine Präfixnotation überführt, wobei Teilaus-
   drücke in klammerfreie Vorberechnungen umgewandelt werden.
   Die bei der Lexikal-Analyse erzeugten Bezeichnernummern werden durch
   Hinweise auf die zugehörigen Objektbeschreibungen im Vormerkbuch ersetzt, so daß die IL2-Operationen aus eindeutigen (das Objekt kenn-
   zeichnenden) Operanden bestehen, jedoch noch mehrdeutige (typ-unab-
   hängige) Operatoren haben.

2. Umsetzung des DIPOL-orientierten IL2-Programms in ein äquivalentes
   "PEARL-orientiertes" IL2-Programm.

3. Umsetzung des PEARL-orientierten IL2-Programms in ein PEARL-Programm
   unter Verwendung der eingeführten rechnerunabhängigen Zwischensprache IL1 [2]. Bei der IL1-Erzeugung werden die noch mehrdeutigen Operatoren durch eindeutige (typ-abhängige) Operatoren ersetzt. Auf IL1-
   Ebene können Code-Optimierungen vorgenommen werden.

Dieser Bericht veröffentlicht Ergebnisse aus einem mit Mitteln des Bundesministers für Forschung und Technologie (Kennzeichen DV 5.505) geförderten Forschungsvorhaben des Projekts Prozeßlenkung mit DV-Anlagen (PDV)
im Rahmen des 2. DV-Programms der Bundesregierung. Die Verantwortung
für den Inhalt liegt ausschließlich bei den Autoren bzw. den geförderten Unternehmen.

Die Verfahren, die zur Umsetzung von DIPOL-orientiertem IL2 in PEARL-orientiertes IL2 angewandt wurden, und die Beschreibung der PEARL-Äquivalenzen für DIPOL-Sprachformen bilden den Gegenstand dieses Berichtes.

Die Umsetzung von DIPOL-Programmen in PEARL-Programme wird dadurch erleichtert, daß viele DIPOL-Sprachelemente mit PEARL-Sprachelementen übereinstimmen. Das gilt insbesondere für den gesamten Systemteil, den algorithmischen Teil der Sprache und die Ein-Ausgabe, die damit bei der Umsetzung unverändert übernommen werden können.
Andererseits bietet DIPOL aber Sprachkonzepte, die über die Möglichkeiten von PEARL hinausgehen. Zwei von ihnen sollen hier unter dem Gesichtspunkt der Umsetzung nach PEARL näher betrachtet werden:

1. das Arbeiten mit Objekten, die zu Mengen oder Warteschlangen zusammengefaßt wurden,

2. die parallele Ausführung von Anweisungsfolgen in Parallelgruppen,

während andere sprachliche Mittel, die den Anwender ebenfalls bei der problemorientierten Formulierung seiner Automatisierungsaufgaben unterstützen, in diesem Zusammenhang nur am Rande behandelt werden sollen.

Ziel des Folgenden ist es deshalb, zunächst die PEARL-Äquivalenzen für die erwähnten DIPOL-Sprachformen 1. und 2. darzustellen und anschließend die Verfahren, die zur Umsetzung der Sprachformen angewandt wurden, zu beschreiben.

2. DARSTELLUNG VON DIPOL-MENGEN IN PEARL

Beim problemorientierten Arbeiten mit Mengen sind im wesentlichen die Möglichkeiten zum Operieren auf Mengenelementen und zur Ansprache, Benutzung und Wertmodifikation von Mengenelementen von Interesse.
Alle genannten Sprachfunktionen werden in PEARL auf Standardprozeduren abgebildet, die die gewünschte Maßnahme durchführen und im Fall der Element-Ansprache einen Hinweis auf das gesuchte Mengenelement zurückgeben.
Parameter aller Mengenoperationen ist der Mengenkontrollsatz MKS, der Verwaltungsangaben über die Menge enthält und in PEARL für jede Menge als Struktur zu vereinbaren ist.
Beispiele für die in DIPOL zur Verfügung gestellten Mengenoperationen sind:

a) FIRST Menge ! Prädikat

Dieses Sprachelement bedeutet, daß das erste Mengenelement mit dem angegebenen Prädikat angewählt werden soll.

Dazu ist in PEARL eine logische Funktion PR zu vereinbaren, die das Prädikat als Funktionskörper enthält und den Wert "wahr" zurückgibt, wenn das betrachtete Mengenelement das Prädikat besitzt. PR wird als Parameter an die PEARL-Funktion FIRST übergeben und in FIRST mit einem Hinweis auf das aktuelle Mengenelement als Parameter aufgerufen.

Ergebnis des Funktionsaufrufes FIRST (MKS, PR) ist ein Hinweis auf das gesuchte Element.
In ähnlicher Weise werden die übrigen Zugriffsfunktionen LAST, SUCCESSOR und PREDECESSOR umgesetzt.

b) Durch die DIPOL-Anweisung

    NEW Menge:= Element;

wird Element neu in Menge eingeführt.

In PEARL geschieht dies durch die Zuweisung

    DEREF NEW (MKS):= Element ;

mit Hilfe der Standardfunktion NEW.

c) In der Element-Ansprache

    FOR gebundene-Variable:= Element-Anwahl
    Anweisungsfolge1;
    NOT EXISTING Anweisungsfolge2;
    END;

kann das angewählte Element im ersten Teil der Anweisung über die gebundene Variable angesprochen werden, im zweiten kann eine Ersatzreaktion definiert werden für den Fall, daß das angewählte Element nicht existiert.
Die dazu äquivalente PEARL-Anweisung lautet:
BEGIN;
DCL gebundene-Variable REF Elementtyp INIT (Element-Anwahl);
IF gebundene-Variable ISNT NIL
THEN Anweisungsfolge1; FREI (gebundene-Variable);
ELSE Anweisungsfolge2;
 FIN;
END;

Die gebundene Variable, die in DIPOL nicht deklariert wurde, ist in PEARL also als Referenz auf den Typ der Mengenelemente mit dem Gültigkeitsbereich der Anweisung zu vereinbaren.

FREI ist eine Standardprozedur für die Speicherverwaltung, die in der DIPOL-Anweisung implizit enthalten ist, in PEARL aber explizit aufzurufen ist.

Um FREI am Ende des THEN-Astes der Anweisung mit der gebundenen Variablen als Parameter aufrufen zu können, muß der Variablenbezeichner am Anweisungsbeginn gekellert werden.

Insgesamt sind damit beim Arbeiten mit Mengen die folgenden Anweisungen und Vereinbarungen zu erzeugen:

1. Anweisungen für den Aufruf der Funktionen FIRST, LAST, PREDECESSOR, SUCCESSOR zur Element-Anwahl, von Prozeduren zum Einführen, Entfernen und Übertragen von Mengenelementen sowie der Prozedur FREI zur Speicherverwaltung.

2. Vereinbarungen für diese Prozeduren, Vereinbarungen für die Mengenkontrollsätze, für die Prädikatsfunktionen (wobei die Attribute als Bitkettenkonstante codiert werden), für die gebundenen Variablen.

3. Erzeugung einer Blockstruktur (BEGIN-END) für die Anweisungen, in denen Mengenelemente über gebundene Variable angesprochen werden.

Schließlich sind Bezeichner von Objekten zu kellern, die (wie die gebundenen Variablen) in später erzeugten Anweisungen angesprochen werden.

3. DARSTELLUNG VON DIPOL-PARALLELGRUPPEN IN PEARL

Durch Einführung einer Parallelgruppe ist es in DIPOL möglich, mehrere Anweisungen (Aufgaben) simultan abzuarbeiten.

In PARALLEL;
    Anweisung 1; ...Anweisung N;
    END;

etwa werden Anweisung 1 bis Anweisung N simultan ausgeführt, während die übergeordnete Prozedur auf das Ende der Abarbeitungen wartet. Die in DIPOL vorhandene implizite Synchronisierung muß in PEARL explizit programmiert werden.

Dafür ist zum einen eine Semavariable S mit der Initialisierung O zu vereinbaren, zum anderen sind Vereinbarungen für N Tasks zu erzeugen, die die N Anweisungen als Taskkörper enthalten. Die Parallelgruppe kann dann in PEARL folgendermaßen dargestellt werden:

T1: TASK;
    Anweisung 1;
    RELEASE S;
    END;

```
            .
            .
TN: TASK;
    Anweisung N;
    RELEASE S;
    END;
            .
            .
ACTIVATE T1;
            .
            .
ACTIVATE TN;
REQUEST S;
            .
            .
REQUEST S;
```

Die Tasks T1,..., TN werden auf MODUL-Ebene vereinbart, wenn die Parallelgruppe in keiner reentrantfähigen Prozedur auftritt und die in der Parallelgruppe benutzten lokalen DIPOL-Objekte in PEARL auf MODUL-Ebene
vereinbart werden können.

Anderenfalls werden PEARL-Subtasks benutzt, wobei sich die Parallelgruppe etwas einfacher umsetzen läßt, wenn man die Blockstruktur von
PEARL zur Synchronisierung verwendet:

```
            .
            .
BEGIN;
T1: TASK;
    Anweisung 1;
    END;
            .
            .
TN: TASK;
    Anweisung N;
    END;
            .
            .
ACTIVATE T1;
            .
            .
ACTIVATE TN;
END;
            .
            .
```

ist die äquivalente PEARL-Formulierung für DIPOL-Parallelgruppen unter
Benutzung von Subtasks.

4. UMSETZUNGSVERFAHREN

Für die Umsetzung von DIPOL-orientiertem IL2 in PEARL-orientiertes IL2
werden die IL2-Operationen im Eingabestrom sequentiell abgearbeitet und
in Abhängigkeit von der Art des Operators oder eines Operanden Maßnahmen zur Umsetzung eingeleitet.
Dabei sind folgende Aufgaben zu erfüllen:

. Werden bei der Umsetzung neue Objekte (außer Tasks und Prozeduren) erzeugt, so ist das Vormerkbuch um einen entsprechenden Eintrag zu erweitern.

. Werden neue Tasks oder Prozeduren erzeugt, so sind die zugehörigen
  IL2-Operationen in den Ausgabestrom einzufügen. Dabei ist die Blockstruktur des PEARL-Zielprogramms zu berücksichtigen. Das heißt: Während DIPOL-Vereinbarungen und -Anweisungen einander beliebig abwechseln dürfen, müssen Prozedur- und Taskvereinbarungen, die noch nicht
  am Anfang eines PEARL-Blocks oder auf MODUL-Ebene stehen, später erst
  durch "Code-Verschiebung" an diese Stelle gebracht werden. Zur Vorbereitung der Code-Verschiebung werden am Anfang und Ende der Vereinbarung Kontrollelemente in den Ausgabestrom eingefügt.

  Gleichzeitig wird während der Umsetzung eine Verwaltungsliste aufgebaut, die Angaben über die Lage und Länge der zu verschiebenden Codestücke enthält.

. Für die Ansprache von Objekten sind Dereferenzierungsoperationen und
  logische Ausdrücke zu erzeugen. DIPOL-Attribute werden in Bitketten-
  Konstante abgebildet.

. Unter Benutzung der Objektbeschreibungen im Vormerkbuch sind vorhandene IL2-Operationen zu modifizieren und neue IL2-Operationen in den
  Ausgabestrom einzufügen. Soll die Ausgabe erst später erfolgen, sind
  die zur Ausgabe benötigten Größen zu kellern.

. Die Code-Verschiebung ist mit Hilfe der Einträge in der zugehörigen
  Verwaltungsliste durchzuführen.
  Dazu werden auf einer Blockstufe zunächst die Vereinbarungen, anschließend die Anweisungen gelesen, wobei beim Beginn einer Prozedur-
  oder Taskvereinbarung oder eines BEGIN-END-Blocks jeweils eine neue
  Blockstufe eröffnet wird (und durch das Vereinbarungsende oder END
  wieder geschlossen wird).

Der genaue Ablauf der Umsetzung soll anhand der im Abschnitt 2c) angegebenen Anweisung zur Ansprache von Mengenelementen erläutert werden.
Wir betrachten dazu die Anweisung in der Form

```
FOR X:= FIRST Menge ! Prädikat
Anweisungsfolge 1;
NOT EXISTING Anweisungsfolge 2;
END;
```

(S. Abschnitt 2, Beispiele a) und c))
Die Anweisung wird bei der (hier nicht dargestellten) Übersetzung von
DIPOL nach IL2 in eine Folge von IL2-Operationen aufgelöst:

E1. Operation "Beginn der Anweisung Element-Ansprache"

E2. Operation zur Darstellung der linken Seite "FOR X" mit X als Ope-
    rand (genauer: Mit einem Hinweis auf die Vormerkbuchbeschreibung
    von X).

E3. Operationen zur Darstellung der rechten Seite "FIRST Menge ! Prädi-
    kat".
    Das sind:
    E3.1 Operation FIRST mit einem Hinweis auf die Mengenkontrollsatz-
         beschreibung im Vormerkbuch als Operand.

    E3.2 Operationen zur Darstellung des Prädikates.

    E3.3 Zuordnungsoperation für Menge und Prädikat.

E4. Zuordnungsoperation für die linke Seite "FOR X" und die rechte Sei-
    te "FIRST Menge ! Prädikat".

E5. Operationen für die Anweisungsfolge 1.

E6. Operation NOT EXISTING.

E7. Operationen für die Anweisungsfolge 2.

E8. Operation "Ende der Anweisung Element-Ansprache".

Diese Folge von DIPOL-orientierten IL2-Operationen ist in eine äquivalente Folge von PEARL-orientierten IL2-Operationen zu übersetzen, d.h.
in die IL2-Darstellung der in Abschnitt 2, Beispiel a) und c) aufgeführten PEARL-Anweisungen:

```
X:= FIRST (MKS, PR) ;
IF X ISNT NIL
THEN Anweisungsfolge 1; FREI (X);
ELSE Anweisungsfolge 2;
END;
```

Die Übersetzung erfolgt durch sequentielle Abarbeitung des (DIPOL-orientierten) IL2-Eingabestroms E1. bis E8. in folgenden Schritten U1. bis U8.:

U1. Beim Lesen der Operation E1. verzweigt das Umsetzungsprogramm zur Programmstelle für die Anfangsbehandlung der Element-Ansprache zur Ausführung der folgenden Umsetzungsschritte.

U2. Um am Ende der Anweisungsfolge 1 einen Aufruf FREI (X) zu erzeugen, wird die gebundene Variable X zusammen mit der Marke "Endebehandlung der Element-Ansprache" gekellert.

U3. Umsetzung der Eingabeoperationen E3.

U3.1 Um den Aufruf von FIRST erst nach der Bearbeitung des folgenden Prädikates ausgeben zu können, wird die Art der Operation (hier: FIRST) notiert.

U3.2 Beim Erkennen des Prädikats wird der Code für eine Prozedurvereinbarung PR zusammen mit Kontrollangaben für eine spätere Codeverschiebung in den Ausgabestrom eingefügt. Außerdem erfolgen Einträge in die zugehörige Verwaltungsliste für die Code-Verschiebung.
Enthält der Prädikatsausdruck Attribute einer Qualität, so werden sie durch einen Bitkettenvergleich ersetzt.
Dafür sind zuvor bereits alle Attribute in Bitketten verschlüsselt worden, und außerdem wird die mit der Qualität vereinbarte Struktur um eine zusätzliche Komponente zur Darstellung dieser Qualität, die Qualitätskomponente, erweitert.
Eine Attributzuweisung an eine Struktur besteht in PEARL dann aus der Zuweisung einer Bitkette an die Qualitätskomponente, und umgekehrt hat ein Attribut in einem Prädikat den Wert "wahr", wenn die dem Attribut zugeordnete Bitkette in die Qualitätskomponente eingetragen ist.

U3.3 Beim Lesen der Operation E3.3 wird das Ende des Prädikatsausdrucks erkannt, die IL2-Operation "Prozedurende" zusammen mit Kontrolleinträgen zur Codeverschiebung in den IL2-Ausgabestrom eingefügt und der IL2-Code des Aufrufs FIRST (MKS, PR) ausgegeben.

U4. Die Operation für die Zuweisung des Ergebnisses von FIRST (MKS,PR) an X und der IL2-Code für "IF X ISNT NIL" werden ausgegeben.

U5. Die IL2-Operationen der Anweisungsfolge 1 werden ausgewertet, wobei die gebundene Variable X durch DEREF X ersetzt wird. (Nur die Werte des über X angesprochenen Mengenelementes können in der Anweisungsfolge geändert werden, nicht die Zuordnung zu X.)

U6. Beim Lesen der NOT EXISTING-Operation werden die auf der untersten Kellerstufe notierten Einträge ausgewertet. Im vorliegenden Fall bedeutet das einen Sprung zur gekellerten Marke "Endebehandlung der Element-Ansprache", wodurch die Ausgabe des Aufrufs FREI (X) mit der gekellerten Variablen X veranlaßt wird. Nach der Auswertung wird die Kellerstufe um 1 ermiedrigt.

U7. Die IL2-Operationen der Anweisungsfolge 2 werden ausgewertet.

U8. Die Umsetzung der betrachteten Anweisung ist beendet.

Ist der gesamte Eingabestrom abgearbeitet, werden die Prozedur- und Taskvereinbarungen durch Code-Verschiebung an die durch PEARL definierte Programmstelle gebracht. Ergebnis ist das PEARL-orientierte IL2-Programm.

Zur Implementierung des Umsetzers konnten insbesondere Ergebnisse aus dem PDV-Projekt "Methoden zum Testen und Generieren von Echtzeit-Betriebssystemen" [2] verwendet werden, insbesondere auch für die in diesem Zusammenhang nicht dargestellten Analyse-Methoden zur automatischen Untersuchung von DIPOL-Programmen.

5. ZUSAMMENFASSUNG

Bei der Umsetzung von DIPOL-Programmen in PEARL-Programme sind insbesondere folgende typische Aufgaben zu lösen:

. die Umsetzung der anwendungsbezogenen Ansprache von Strukturen und Mengenelementen über Attribute in eine rechnerbezogene Ansprache über Bitketten,

. die Erzeugung von Verwaltungsstrukturen beim Arbeiten mit Mengen und Botschaften und zur Organisation der Hintergrundverwaltung,

. die Koordinierung der Betriebsmittelansprache und die Synchronisierung paralleler Abläufe,

. die Erzeugung von Vereinbarungen und Anweisungen zur Ansprache von
  Tasks mit Parametern

Diese Arbeiten werden mit Hilfe von Kellerungsalgorithmen und Code-
Verschiebungen auf der Ebene der rechnerunabhängigen Compilerzwischen-
sprachen IL1 und IL2 durchgeführt, bevor die eigentliche Umsetzung nach
PEARL erfolgt.

6. LITERATUR

[1]   Günther, H.J., Werum,W., Windauer, H.:
        PSF: Problemorientierte Sprache für Förderprozesse,
        Sprachreport, PDV-Bericht KFK-PDV 44,
        Gesellschaft für Kernforschung mbH, Karlsruhe, Mai 1975

[2]   Hinderer, W., Werum, W.:
        Methoden zum Testen und Generieren von Echtzeit-Betriebs-
        systemen, PDV-Bericht KFK-PDV 64,
        Gesellschaft für Kernforschung mbH, Karlsruhe, Januar 1976

7. ANHANG

Programmdarstellungen
Lauffolge
Dateien
DIPOL
SYSTEMTEIL-AUSWERTUNG
SYSTEMTEIL
LEXIKALISCHE ANALYSE
NAMENSBUCH
SYNTAKTISCHE ANALYSE
VORMERKBUCH-AUFBAU
VORMERKBUCH
IL2-ERZEUGUNG
(DIPOL-orientiert)
IL2
DIPOL -orientiert
PROGRAMM-ANALYSE
ANALYSEDATEN
IL2-ERZEUGUNG
(PEARL-orientiert)
CODE-STÜCKE
IL2
PEARL -orientiert
IL1-ERZEUGUNG
IL1
PEARL-ERZEUGUNG
PEARL

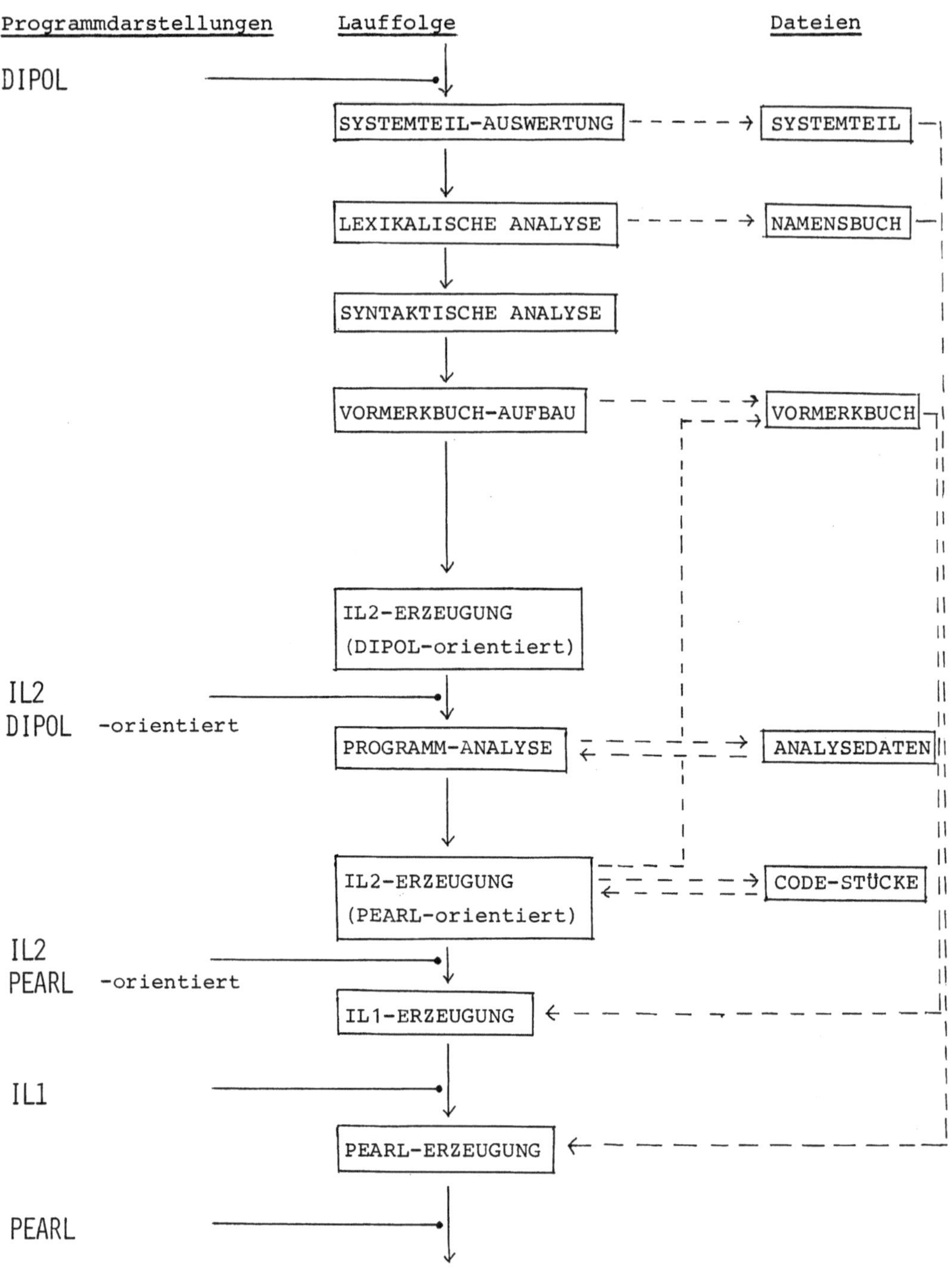

EFFIZIENTE PEARL-IMPLEMENTIERUNG FÜR DEN PR330*

Peter Rieder, Karlsruhe

1. Einleitung

Siemens nahm, wie die Verfasserliste der einschlägigen Veröffentlichungen ([1],[2]) erweist, an der Entwicklung von PEARL von Anfang an regen Anteil. So war es nur konsequent, daß nach einer gewissen Reifezeit für die Sprache auch die Konzipierung und Realisierung eines entsprechenden Kompiliersystems in Angriff genommen wurde. Ziel war eine effiziente PEARL-Implementierung für den PR330, und davon handelt auch die vorliegende Arbeit.

Nach einer Erörterung der Zielvorstellungen, insbesondere in Bezug auf die Verwendung der Hilfsmittel und den vorzusehenden Sprachumfang, wird darin zunächst ein Überblick über die wichtigsten Komponenten des Compilers und ihr Zusammenwirken gegeben. Es geht dabei nicht um eine möglichst genaue Beschreibung dessen, was konkret implementiert wird, sondern um eine Darstellung des dahinterstehenden Gesamtkonzepts. Im Rest der Arbeit rückt dann der Aspekt der Effizienz in den Mittelpunkt. Am Beispiel von vier charakteristischen Lösungskonzepten, nämlich der Kombination von top-down- und bottom-up-Techniken bei der Syntaxanalyse, der frühzeitigen Elimination der Namen, der besonderen Vorgehensweise bei dieser Elimination und schließlich der Registerverwendung im generierten Code wird gezeigt, auf wie vielfältige Weise die Effizienz der Implementierung angehoben werden kann.

Zur Konzeption des Kompiliersystems haben meine Kolleginnen und Kollegen P. Becker, L. Degelow, H.-J. Gottwald, W. Hain, E. Jacobsen, C. Kempe, H. Mittendorf, F. Schlesinger, H. Schoknecht und T. Wenzel, die an der Implementierung mitarbeiten oder mitgearbeitet haben, durch eigene Vorschläge und Ideen wesentlich beigetragen, und ich möchte allen ganz herzlich dafür danken.

---

*Dieser Bericht veröffentlicht Ergebnisse aus einem mit Mitteln des Bundesministers für Forschung und Technologie (Kennzeichen DV 5.505) geförderten Forschungsvorhaben des Projektes Prozeßlenkung mit DV-Anlagen (PDV) im Rahmen des 2. DV-Programms der Bundesregierung. Die Verantwortung für den Inhalt liegt ausschließlich bei den Autoren bzw. den geförderten Unternehmen.

2. Zielvorstellungen

Da in PEARL eine neue Sprache vorlag, von der zu vermuten war, daß ihr die Anwender von Prozeßrechnern mit einer gewissen Skepsis gegenüberstehen würden, mußte bei der Konzipierung des Compilers unbedingt angestrebt werden, den Umgang mit dem neuen Mittel so einfach und angenehm wie möglich zu machen. Auf keinen Fall sollten PEARL-Interessenten durch abschreckende Eigenschaften des Compilers wie kaum zumutbare Übersetzungszeiten oder schwer erfüllbare Laufbereichsanforderungen von der Anwendung zurückgehalten werden. Die wichtigste Zielvorstellung mußte daher eine effiziente Implementierung im Sinne hoher Übersetzungsgeschwindigkeit bei beschränktem Laufbereich im Hauptspeicher sein. Der Laufbereich selbst wurde nach Erfahrungen und Vergleichen mit anderen Übersetzern für den PR330 auf 16k 16-Bit-Worte festgelegt.

Um die Zeitspanne zwischen der Konzipierung und der Einsatzfähigkeit eines PEARL-Programms zu verkürzen, muß aber nicht nur darauf geachtet werden, daß die Übersetzung schnell vor sich geht, sondern auch darauf, daß für die Fehlerbeseitigung wenige Übersetzungsläufe genügen. Dies führte zu der Zielvorstellung eines Compilers mit genauer Fehlerdiagnose und -lokalisation, aber auch zur Einplanung zusätzlicher Testhilfen für die Aufdeckung solcher Fehler, die statisch nicht feststellbar sind.

Beim erzeugten Code wurde eine Übersetzung des Quelltexts in effiziente Befehlsfolgen angestrebt; eine besondere Optimierung des Objektcodes gehörte jedoch nicht zu den Entwurfszielen.

Dies gilt auch für die Übertragbarkeit des Compilers auf Fremdmaschinen; sie hätte nicht nur das Hauptziel der Effizienz beeinträchtigt, sondern auch eine weitere Zielvorstellung gefährdet, nämlich die, bei der Implementierung mit den vorhandenen und für die Wartungsdienststellen vertrauten Hilfsmitteln MECO-Übersetzer [3], Makrogenerator [4] und Assembler [5] auszukommen.

Der Sprachumfang, auf den die Compilerkonzeption ausgelegt ist, wurde so gewählt, daß er die Erprobung aller grundlegenden Sprachmittel erlaubt. Auch Typ- und Operatorvereinbarungen sowie Zeigervariable, wie man sie für Algorithmen mit komplizierteren Datenstrukturen braucht, wären im Rahmen des Gesamtkonzepts realisierbar. Die wichtigsten Einschränkungen sind:

- Um eine taskinterne Speicherverwaltung zu sparen, wird auf dynamische Felder verzichtet.

- Zur Entlastung des Compilers werden hinter INIT und IDENT nur (ggf.

vorzeichenbehaftete) Konstanten bzw. Namen zugelassen.
- Beim Systemteil wird zur Vereinfachung der Übersetzung die Reihen-
  folge vorgeschrieben, in der die zum gleichen Datenweg gehörenden
  "Verbindungen" anzugeben sind.

3. Struktur des Compilers

Der Compiler benötigt, wie bei der Beschränktheit des Laufbereichs
nicht anders zu erwarten, für die Übersetzung eines Programms eine
ganze Reihe von Pässen. Als Paß wird dabei - unter Verzicht auf die
übliche Bezugnahme auf den einmaligen sequentiellen Durchlauf - ein
Teil des Compilers bezeichnet, in dem ein Programmtext aus einer Ein-
gabe- in eine Ausgabe-(zwischen-)sprache übersetzt wird. Für die Übersetzung eines Systemteils werden 3, eines Problemteils 6 solche Pässe
benötigt. Die unterschiedliche Zahl kommt daher, daß die beiden Teile
eines PEARL-Moduls auf getrennten Wegen übersetzt werden:

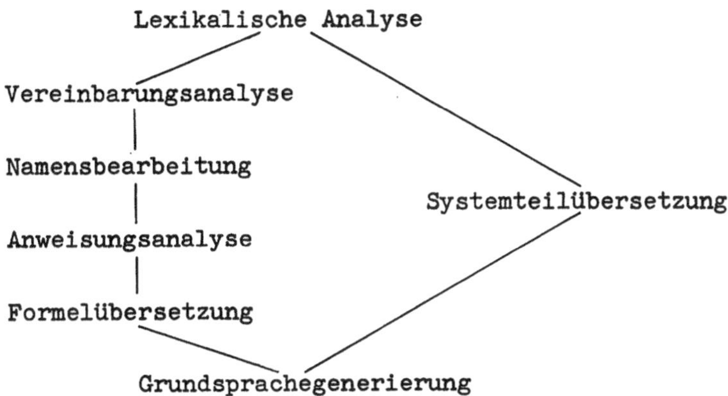

Beiden Wegen gemeinsam ist der erste Paß, die lexikalische Analyse
des Quellprogramms. Sie erfolgt aus Gründen der Laufzeiteffizienz
durch das hierfür übliche Mittel eines endlichen Automaten, der in
Assemblersprache programmiert ist.

Bei der Übersetzung des Problemteils schließt sich dann der erste
Teil der aus Platzgründen auf zwei Pässe verteilten Syntaxanalyse an,
die Vereinbarungsanalyse. Geprüft wird die Syntax sämtlicher Vereinbarungen. Als Programmiersprache wird MECO [6] verwendet, eine bei
Siemens entwickelte Sprache für Aufgaben, die mit Syntaxanalyse zu
tun haben.

Der nächste Paß, die Namensbearbeitung, ist ganz in Assemblerspra-

che geschrieben und erledigt das Aufsammeln der in den Vereinbarungen
enthaltenen Informationen, deren Speicherung in drei verschiedenen
Listen und insbesondere die Elimination sämtlicher Namen aus dem eingegebenen Zwischentext.

Erst nach der Namensbearbeitung folgt der zweite Teil der Syntaxanalyse, die Anweisungsanalyse. Sie ist in MECO programmiert, enthält
aber auch viele Unterprogramme in Assemblersprache. Der Paß prüft
nicht nur die Syntax der Anweisungen, sondern erzeugt für einen Teil
davon auch schon Maschinenbefehle, allerdings noch ohne Adreßteil.
Von der Anweisungsanalyse wird auch schon die Postfixform aller Ausdrücke hergestellt, um so den anschließenden Paß, die Formelübersetzung, zu entlasten.

Für diese - in Assemblersprache implementierte - Formelübersetzung
bleiben trotzdem noch umfangreiche Aufgaben, nämlich die Identifizierung aller Operatoren an Hand der Operandentypen und ihre Übersetzung
in entsprechende Maschinenbefehle; mit wenigen Ausnahmen werden in
diesem Paß auch alle Adressen ermittelt.

Parallel zu den letzten vier Pässen steht die Systemteilübersetzung,
für die als Programmiersprache MECO verwendet wird. Daß hier ein Paß
genügt, liegt an der einfachen Struktur des Systemteils und wird durch
die erwähnte Beschränkung der Reihenfolge der Verbindungen zusätzlich
abgesichert.

Der anschließende letzte Paß, die Grundsprachegenerierung, führt
die getrennten Übersetzungswege wieder zusammen. Hier werden im
wesentlichen drei Hauptaufgaben erledigt, nämlich die Fertigstellung
des Objektcodes aus der von den vorausgehenden Pässen erzeugten Vor-
form, die endgültige Adressierung und schließlich die Ausgabe in Form
bindbarer Grundsprachemoduln, der Externform der Maschinensprache des
PR330. Erstellungsmittel ist wieder Assemblersprache.

Betont werden muß, daß der hier beschriebene Aufbau des Compilers
nur als Darstellung des Prinzips zu verstehen ist. Der konkrete Compiler ist ein hochsegmentiertes Programm mit weitaus mehr Segmenten
als den erwähnten sieben Pässen; Teile wie die Ablaufsteuerung, die
Protokollierung, die Bedienungsauswertung usw. und sogar zwei fallweise durchlaufene zusätzliche Pässe können hier nur erwähnt werden.

4. Syntaxanalyse

Zur Formulierung der Algorithmen zur Syntaxanalyse wird die Programmiersprache MECO verwendet. In dieser Sprache können syntaktische
Funktionen, die ein Stück PEARL-Text auf Übereinstimmung mit der

Syntax prüfen sollen, ganz analog zu Produktionsregeln für die geforderte Syntax formuliert werden. Die sprachlichen Möglichkeiten entsprechen etwa der erweiterten Backus-Naur-Form, wie sie beispielsweise in [2] benützt wird, zusätzlich können aber an beliebigen Stellen noch semantische Routinen eingestreut werden.

MECO ist ein sehr mächtiges Hilfsmittel, dessen Möglichkeiten mit großer Zurückhaltung genutzt werden müssen, wenn effiziente Programme erzeugt werden sollen. Eine wichtige Maßnahme in dieser Hinsicht bestand z.B. darin, die Eigenschaft der syntaktischen Funktionen, aus Sackgassen automatisch zurückzufinden, sparsam zu verwenden und tiefe Aufrufschachtelung zu vermeiden.

Unnötig zeitraubend ist in den syntaktischen Funktionen auch die Abfrage vieler paralleler Alternativen. Hier wird zweckmäßigerweise die von MECO induzierte top-down-Syntaxanalyse durch bottom-up-Elemente ergänzt, was durch die Struktur der internen Zwischenformen des Programmtexts im PEARL-Compiler wesentlich erleichtert wird.

Die Zwischentexte bestehen alle aus Einträgen wechselnder Länge. Durch entsprechenden Aufbau wird dafür gesorgt, daß die syntaktischen Funktionen schon durch Analyse von Kennungen im ersten Wort feststellen können, um welches terminale Symbol es sich handelt, und nur in den Semantikteilen zu weiteren Wörtern eines Eintrags zugreifen müssen.

Darüberhinaus ist es aber nun sogar möglich, durch Verwendung gemeinsamer Teilkennungen verschiedene Einträge als terminale Symbole des gleichen Teilbaums der PEARL-Syntax zu kennzeichnen. Wird dann nur diese Teilkennung abgefragt, so erscheint der gesamte Teilbaum durch ein einziges terminales Symbol ersetzt.

Da der Zugriff zur Zwischensprache über zentrale Leseroutinen erfolgt, können gewisse Einträge von vornherein dort bearbeitet und nur die übrigen Teile der Zwischensprache an die Syntaxanalyse mittels syntaktischer Funktionen weitergeleitet werden. Ein wichtiger Anwendungsfall für diese Technik hängt damit zusammen, daß im zweiten und dritten Paß die auszugebende Zwischensprache einfach dadurch entsteht, daß in der eingegebenen Sprache an Ort und Stelle Korrekturen vorgenommen werden. Dies ist eine notwendige Voraussetzung für die Algorithmen des dritten Passes und bietet auch unabhängig davon Vorteile. Nicht mehr benötigte Einträge müssen dann aber explizit gelöscht werden, was einfach dadurch geschieht, daß im ersten Wort eine Kennung eingetragen wird, die die Leseroutine dazu veranlaßt, den betreffenden Eintrag zu ignorieren.

Für die zur Effizienzverbesserung zweckmäßige Vermeidung stark ge-

schachtelter rekursiver Aufrufe syntaktischer Funktionen bietet der
vierte Paß ein gutes Beispiel. Hier wird, obwohl andere Teile dieses
Passes in MECO geschrieben sind, bei der Umformung arithmetischer Ausdrücke in Postfixform nicht auf syntaktische Funktionen zurückgegriffen, sondern stattdessen in Assemblersprache mit Operatorprioritäten
gearbeitet. Klammern werden gelöscht und durch Erhöhung der Priorität
aller in ihnen enthaltenen Operatoren berücksichtigt.

5. Listenbearbeitung

Eine der wichtigsten Maßnahmen zur Erhöhung der Übersetzungsgeschwindigkeit besteht darin, die Anzahl der Transfers zwischen Haupt-
und Hintergrundspeicher möglichst klein zu halten. Vor allem bei den
Algorithmen für die Listenbearbeitung wird die Effizienz im wesentlichen von ihrer Transferrate bestimmt.

Für die Lösung der Hauptaufgabe in diesem Zusammenhang, schnell den
Platz für die zu einem Namen gehörenden Informationen zu finden, werden
oft Hashtechniken verwendet. Bei der Bearbeitung von Listen, von denen
jeweils nur ein Teilstück im Hauptspeicher Platz findet, haben die üblichen Hashverfahren aber den Nachteil, daß die Wahrscheinlichkeit
ziemlich groß ist, daß ein Listenzugriff zu einem Transfer führt.
Nimmt man an, daß die Liste n-mal so lang ist wie ihr gerade im Hauptspeicher stehender Teil, so liegt die Wahrscheinlichkeit, daß mit dem
Zugriff zu einem bisher noch nicht vorhandenen Eintrag ein Transfer
verbunden ist, bei $(n-1)/n$, und zwar umso genauer, je näher das Hash-
Verfahren dem Ideal kommt, die Einträge gleichmäßig über die gesamte
Liste zu streuen.

Viel günstiger wäre es, wenn zu Größen, die im Programm an benachbarten Stellen verwendet werden, auch nahe beieinander liegende Einträge in der Liste gehören würden. Dann wäre nämlich in den meisten
Fällen nur beim Zugriff zum ersten dieser Einträge ein Transfer erforderlich. Leider ist diesem Ziel aber nur durch eine ziemlich aufwendige Vorbehandlung näherzukommen, z.B. einem von Král und Moudrý [7]
angegebenen Verfahren. Es besteht darin, jeden Namen durch die Nummer
zu ersetzen, die er bei einer Durchnummerierung der verschiedenen
Namen des Programms erhält, und diese Nummer dann als Index für den
Eintrag in einer entsprechend geordneten Liste zu benutzen.

Im PEARL-Compiler werden die Namen zwar ebenfalls in einem besonderen Paß eliminiert und durch Zeiger ersetzt; dies geschieht jedoch
erst, nachdem die zugehörigen Vereinbarungen zu entsprechenden Listen-

einträgen verarbeitet sind. Dabei wird die Information über den Typ
einer Größe im allgemeinen unmittelbar in der Namensliste hinterlegt;
nur bei zusammengesetzten Typen wie Feldern, Verbunden, Prozeduren
und Datenstationen muß ein Eintrag in einer besonderen Typliste gemacht und ein Zeiger dorthin in die Namensliste eingetragen werden.

Insbesondere wird aber auch schon jetzt für die meisten Größen,
z.B. alle Variablen, ihre relative Lage in einem von mehreren zunächst
blockspezifischen Speicherbereichen festgelegt und ebenfalls in die
Namensliste übernommen. Wenn dies nicht möglich ist, z.B. bei den
Adressen von Marken, wird stattdessen Platz in einer besonderen Adreßliste reserviert und ein Zeiger darauf in der Namensliste hinterlegt.

Dies erlaubt einen für die Effektivität ganz entscheidenden Schritt:
Bei der Elimination eines Namens wird nicht nur ein Zeiger in die
Namensliste, sondern die gesamte darin enthaltene Typ- und Adreßinformation in den Zwischentext übertragen, so daß anschließend überhaupt
keine Zugriffe zur Namensliste mehr erforderlich sind (abgesehen von
deren Aufbereitung für Testzwecke). In den Fällen, wo später noch
Information aus der Typ- oder Adreßliste beschafft werden muß, steht
wie beim Verfahren von Král und Moudrý im Zwischentext schon der Zeiger in die jeweilige Liste.

6. Eliminationsalgorithmus

Für die Elimination selbst wird ein Algorithmus eingesetzt, bei dem
(nach einer Anregung von B. Kühnel) sich Phasen, in denen ein Stück
Namensliste aufgebaut wird, abwechseln mit solchen, in denen die Namen
aus der Zwischensprache eliminiert werden.

Der erste Schritt besteht immer aus einer Aufbauphase. Man durch-
sucht die Zwischensprache ab der Stelle, wo die vorgehende Aufbauphase
endete (in der ersten Aufbauphase ab Programmanfang), nach Vereinbarungen und verarbeitet diese zu Einträgen in der Namensliste. Dabei wird,
wie oben erwähnt, Typ- und Adreßinformation mitgespeichert. Die Namensliste ist als Überlaufbereich einer Hashtabelle mit Überlaufverkettung
(vgl. z.B. [8]) organisiert und kann daher streng sequentiell gefüllt
werden. Die Hashtabelle selbst nimmt nur die Anfangszeiger in die jeweilige Eintragskette auf.

Kommt man beim Eintragen an das Ende des Hauptspeicherbereichs, der
für die Namensliste zur Verfügung steht, so wird nicht der aufgebaute
Teil austransferiert und der Aufbau fortgesetzt; stattdessen wird mit
einer Eliminationsphase begonnen.

In dieser durchmustert man erneut die Zwischensprache und prüft bei allen Namen unabhängig von ihrer syntaktischen Position, ob sie im gerade aufgebauten Teil der Namensliste enthalten sind. Wenn dies zutrifft, wird die zugehörige Information aus der Namensliste in den Zwischentext übertragen. Dabei werden auch Namen mitbehandelt, die schon bei vorhergehenden Phasen von der Elimination betroffen waren, und zwar deswegen, weil infolge der Blockstruktur von PEARL der neue Eintrag die Gültigkeit des alten überdecken könnte. Da auch Namen innerhalb von Vereinbarungen bearbeitet werden, lassen sich Mehrfachdefinitionen auf einfache Weise feststellen.

Wegen der mehrfachen Durchmusterung der Zwischensprache sieht das Verfahren sehr aufwendig aus. Man kann jedoch mittels einfacher Abschätzungen zeigen, daß es für Programme mittlerer Größe durchaus mit Verfahren konkurrieren kann, bei denen mittels Hashtechnik zur teilweise auf dem Hintergrundspeicher liegenden Namensliste zugegriffen wird. Geht man davon aus, daß im verfügbaren Hauptspeicherbereich je

    1 Seite der Namensliste mit i (verschiedenen) Namen,

    1 Seite der Zwischensprache mit k (u.u.gleichen) Namen

Platz finden, daß ferner

    $n \; (\geqq 2)$ Seiten Namensliste,

    $p \; (\geqq 2)$ Seiten Zwischensprache

existieren, so ergeben sich für

    T_V = Zu erwartende Transferzahl bei Vorelimination,

    T_H = zu erwartende Transferzahl bei Randomzugriff

folgende Abschätzungen:

Bei der Vorelimination ist je Seite der Namensliste eine Durchmusterung der p Seiten der Zwischensprache mit 2p Transfers nötig (Verdopplung wegen der Notwendigkeit, die modifizierte Zwischensprache auch wieder auszutransferieren), also ist

    $T_V = 2np.$

Für eine Abschätzung der Transferzahl bei Randomzugriff über ein Hashverfahren ist zu berücksichtigen, daß die Transferwahrscheinlichkeit nur beim jeweils ersten Zugriff zu jedem Eintrag bei (n-1)/n liegt. Danach wird sie kleiner, weil weitere Zugriffe zu ein und demselben Eintrag, wenn sie unmittelbar auf einen vorhergehenden Zugriff folgen, mit Sicherheit keinen Transfer mehr erfordern. Rechnet man überhaupt nur den ersten Zugriff zu jedem der i·n Einträge der Namensliste, so folgt

    $T_H \geqq i \cdot (n-1)$

    $T_V \leqq T_H$ für $p \leqq i \cdot (n-1)/2n$

Die Vorelimination ist also mindestens dann günstiger als der Ran-

domzugriff, wenn die Zahl der Programmseiten um den Faktor 2n/(n-1)
(der für n $\geqq$ 2 zwischen 2 und 4 liegt) kleiner ist als die Zahl der
Einträge im residenten Teil der Namensliste. Die echte Vorteilsgrenze
des Verfahrens dürfte um ein Mehrfaches höher liegen.

7. Registerverwendung im erzeugten Code

Zu einer effizienten PEARL-Implementierung gehört ohne Zweifel
auch, daß die Formeln und Anweisungen der Quellsprache in möglichst
zeit- und platzsparende Befehlsfolgen übersetzt werden. Klar war, daß
dabei eine intensive Nutzung der Register des PR330 eine besondere
Rolle spielen würde. Ziemlich lange wurde deshalb erwogen, nach einem
der bekannten Algorithmen (eine Übersicht gibt z.B. [9]) eine Optimierung der Registerverteilung vorzunehmen. Nachdem praktische Untersuchungen an FORTRAN-Programmen [10] , deren Ergebnisse qualitativ
sicher auch für PEARL-Programme gelten, aber zeigen, daß Ausdrücke
mit vielen Operanden kaum vorkommen, wurde zugunsten der Effizienz
des Compilers von einem solchen Verteilungsalgorithmus abgesehen.

Ein Großteil der nur für das Freimachen von Registern nötigen Speicheroperationen, die eine solche Optimierung beseitigen würde, wird
schon durch abwechselnde Verwendung von zwei Registersätzen vermieden.
Jeder davon umfaßt 4 Register und reicht damit für nahezu alle skala-
ren Größen aus. Im allgemeinen kann dadurch immer 1 Zwischenergebnis
in Registern gehalten werden, so daß nur noch bei besonders komplexen
Ausdrücken eine Zwischenspeicherung erforderlich ist.

Unnötige Befehle können auch dadurch vermieden werden, daß bei
nicht-kommutativen Operatoren (und das können wegen der Operatordekla-
ration alle sein) der rechte Operand, sofern es sich um einen Ausdruck
handelt, schon vor der Beschaffung des linken Operanden ausgewertet
wird. Man läuft sonst Gefahr, den schon beschafften linken Operanden
vor der Ausführung nicht-kommutativer Befehle des PR330 erneut in Register laden zu müssen, und das nur deshalb, weil der betreffende Re-
gistersatz während der Beschaffung des rechten Operanden freigemacht
werden mußte. Erreicht wird die hierfür nötige Beschaffungsreihenfolge,
nämlich von rechts nach links, durch eine entsprechende Reihenfolge
bei der Bearbeitung der Postfixform. Da nach der PEARL-Definition
gleichrangige Operatoren im allgemeinen von links nach rechts auszuführen sind, was eine entsprechende Reihenfolge bei der Codegenerierung impliziert, wird die Postfixform in einer Art Pilgerschnittver-
fahren ausgewertet; auf Einzelheiten kann aber hier nicht eingegangen

werden.

Natürlich wird zur Laufzeit nicht mit fest adressierten Hilfszellen, sondern mit einem pulsierenden Keller gearbeitet.

Die sonstige Speicherverteilung läßt sich kurz dadurch charakterisieren, daß bei Eintritt in einen Block zwar durch Verschieben des Kellerzeigers Kellerplatz für die lokalen Variablen freigehalten wird, daß der Zugriff zu diesen Variablen aber nicht über den Kellerzeiger, sondern über ein besonderes Basisregister und darauf bezogene Displacements erfolgt. Da die gegenseitige Lage aller Variablen einer globalen Task oder Prozedur statisch festliegt, kommt man mit einem einzigen solchen Basisregister aus. Formale Parameter werden bei der Speicherzuteilung wie lokale Variable eines die Prozedur umschließenden weiteren Blocks behandelt.

Insgesamt wird so eine effiziente Parameterversorgung globaler Prozeduren möglich: In der aufrufenden Task oder Prozedur werden die einzelnen aktuellen Parameter wie Zwischenergebnisse im Keller abgelegt, soweit dies zum Freimachen der Register nicht sowieso schon geschehen ist; nach dem Sprung in die aufgerufene Prozedur wird dann einfach das Basisregister relativ zum aktuellen Stand des Kellerzeigers neu gesetzt, worauf ohne jede Umspeicherung unter den Adressen der formalen nun die aktuellen Parameter erreichbar sind.

8. Schlußbemerkungen

Ob und um wieviel die Implementierung wirklich durch die Realisierung der geschilderten Konzepte effizienter geworden ist, wird sich natürlich nie exakt feststellen lassen, da kein hinreichend vergleichbares Objekt zur Verfügung steht. Immerhin scheinen erste Versuche mit vorläufigen Versionen des Compilers, allerdings mit kleinen Programmen, auf eine angenehm hohe Übersetzungsgeschwindigkeit hinzudeuten: Die Übersetzungszeit für 1000 Wörter generierten Code liegt bei etwa 1 Minute.

9. Schrifttum

[1]   Brandes J., Eichentopf S., Elzer P., Frevert L., Haase V., Mittendorf H., Müller G., Rieder P.: PEARL, The Concept of a Process- and Experiment-oriented Programming Language. Elektronische Datenverarbeitung 10 (1970), 429 - 442

[2]   Timmesfeld K.-H., Schürlein B., Rieder P., Pfeiffer K.,
Müller G., Kreuter K., Holleczek P., Haase V., Frevert L.,
Elzer P., Eichentopf S., Eichenauer B., Brandes J.: PEARL,
Vorschlag für eine Prozeß- und Experimentautomatisierungs-
sprache. Bericht KFK-PDV 1 der Gesellschaft für Kernfor-
schung m.b.H., Karlsruhe 1973

[3]   Beschreibung der Sprache MECO300 und des Compilers MC30.
Siemens E STE, Bestellnummer P71100-D3026-X-A2-35

[4]   SM30, Makroübersetzer
Siemens E STE, Bestellnummer P71100-D4005-X-A1-35

[5]   AS30, Assembler für die Assemblersprache ASS300
Siemens E STE, Bestellnummer P71100-D2006-X-A3-35

[6]   Hofmann F.: Ein Verfahren zur automatischen Erstellung von
Übersetzern für Programmiersprachen. Grundlagenstudien aus
Kybernetik und Geisteswissenschaften 8 (1967), S. 33 - 44

[7]   Král J., Moudrý J.: An implementation of identifier tables
in a multipass ALGOL 68 compiler based on a hash-code technique. ALGOL 68 implementation, North-Holland Publishing Company, Amsterdam 1971

[8]   Hopgood F.R.A.: Compiler. Carl Hanser Verlag, München 1970

[9]   Johnsson R.K.: A Survey of Register Allocation. Computer
Science Department, Carnegie-Mellon University, Pittsburgh 1973

[10]   Knuth D.E.: An empirical study of FORTRAN programs. Software
Practice and Experience 1 (1971), S. 105 - 134

<u>Real-Time-BASIC, Definition und Implementierung</u>

<u>R. Angstmann</u>, <u>V. Haase</u>, Karlsruhe

1. <u>Problemstellung</u>

1.1 <u>Programmierung von Realzeitsystemen</u>

Die gegenwärtige Situation von Entwicklung, Programmierung und Einsatz von Prozeßrechnern ist durch eine Reihe von (teilweise entgegenlaufenden) Trends bestimmt, die
vor allem auch bezüglich der Software-Technologie (die lange Zeit stagniert hat) Innovationen herausfordern. Während auf der einen Seite Prozeßrechner für immer komplexere Aufgabenstellungen eingesetzt werden, die sowohl hard- wie softwaremäßig die
"letzten" Leistungsreserven fordern, geht eine andere Hauptlinie der Entwicklungen
in Richtung auf <u>einfache</u> Systeme. Gerade Prozeßsteuerungsanwendungen haben entscheidend dem Konzept der <u>"verteilten Intelligenz"</u> (realisiert durch Mikrocomputer-Netz-
werke) zum Durchbruch verholfen. Die durch solche "billigen" Rechner stark erweiterte Einsatzbreite bringt immer mehr nicht-professionelle Programmierer in Kontakt mit
EDV-Problemen, so daß <u>anwenderfreundliche</u> Programmierung wichtig wird. Insgesamt sind
alle Entwicklungen auch unter dem Gesichtspunkt zu betrachten, daß die Prozeßrechner-
<u>programmierkosten</u> (die die der Hardware im allgemeinen schon weit übersteigen) ge-
senkt werden müssen. Die genannten Gegebenheiten bzw. Anforderungen der Praxis haben
auf dem Gebiet der Softwareerstellung für Prozeß- (oder allgemeiner: Realzeit-) Rechensysteme starke Bestrebungen ausgelöst, zu <u>Standards</u> zu kommen, um die Mehrfach-
Verwendung von Programmen zu ermöglichen (wie sie im kommerziellen und technisch-
wissenschaftlichen EDV-Bereich schon lange gegeben ist). Den unterschiedlichen An-
forderungsprofilen zufolge, sind allerdings noch nicht "marktbeherrschende" Programmiermethoden in Sicht, sondern eine Vielzahl von für diesen oder jenen Zweck besonders gut geeigneten "Standard"-Methoden.
Zumindest 2 Richtungen sind besonders interessant:

a) Die Entwicklung von <u>universellen</u> Programmiersprachen für Prozeßrechner (die wegen
   ihrer Universalität selbstverhältnismäßig komplex sind), wie etwa PEARL. Sie sind
   notwendig für große und schwierige Aufgabenstellungen.

b) der Einsatz <u>einfacher</u> Programmierverfahren für Aufgaben, die sowohl verhältnismäßig geringe "Rechen"leistung am Ort brauchen (also etwa Mikro-Rechner verwenden),
   als auch vom Anwender selbst programmiert werden sollen.

Für die zweite Richtung - die uns hier besonders interessieren soll - sind folgende
Zielsetzungen gegeben:

a) Programmiersprache soll einfach sein bezüglich Implementierbarkeit.
   Grund: billige (Mikro-) Rechner haben beschränkte Hardwareleistungsfähigkeit;
   viele Typen von Mikro-Rechnern existieren.
b) Programmiersprache soll einfach sein bezüglich Erlernbarkeit.
   Grund: die Programmierung wird von nicht-EDV-Fachleuten durchgeführt.
c) Programmiersprache soll genormt sein.
   Grund: Mehrfach-Benutzung von Programmen auf verschiedenen Systemen ist
   erwünscht.
d) Die Übersetzungssysteme sollen übertragbar (portabel) sein.
   Grund: geringere Implementierungskosten.
e) Verwendung (erweiterter) existierender Programmiersprachen ist einer Neuentwick-
   lung vorzuziehen.
   Gründe: für Subsets der Sprache können existierende Übersetzer verwendet werden;
   die Portabilität von (z.B. kommerziellen) Programmierern ist eher zu erreichen.

1.2 BASIC als Realzeitprogrammiersprache

Nach dem derzeitigen Erfahrungsstand erscheint BASIC als Kandidat für eine Prozeß-
rechnerprogrammiersprache (für kleine Systeme) besonders geeignet. Dies ist vielleicht weniger aus der Qualität der Sprache "an sich" zu begründen - es gibt wesentlich modernere Sprachkonzepte für ähnliche Zwecke - als aus den Tatsachen der weiten
Verbreitung von BASIC (leichte Erlernbarkeit!) und seiner Erprobtheit für Prozeßrechneranwendungen (sehr viele Real-Time-BASICs sind im Einsatz in der Prozeßrechentechnik).

Ein besonderer Gesichtspunkt der - vor allem für Realzeit-Systeme (mit ihren komplizierten Test- und Inbetriebnahme-Prozeduren) wertvoll ist - zeichnet die Sprache
allerdings besonders aus: BASIC wurde schon immer in interaktiven Systemen als
universell anwendbares Kommunikationsmittel mit dem Rechner verwendet; es enthält
nicht nur eine Programmiersprache, sondern im allgemeinen auch Anweisungen zur Job-
Control, zum Editing, zum Test, zum File-Management etc. Ein Anwender braucht also
nur BASIC zu lernen, sonst nichts.

1.3 Einsatz, Umfang und Normung von Real-Time-BASIC

BASIC, 1965 am Dartmouth College in den USA entwickelt, um Programmieren zu lehren,
ist seither die am weitesten verbreitete Sprache für Timesharing-Systeme, sowie
(nach Fortran) auch für Minicomputer geworden. Dabei ist BASIC bis in jüngster Zeit

nicht genormt worden; erst 1976 ist ein "Standard for <u>Minimal BASIC</u>" veröffentlicht worden, der als Kern einer modular zusammensetzbaren Typenvielfalt von BASICs dienen soll. Minimal BASIC ist praktisch in allen existierenden BASICs enthalten.

Erweiterungen von BASIC sind vor allem auf dem Gebiet der Dateibehandlung (für kommerzielle Kleinrechner) und für die <u>Prozeßdatenverarbeitung</u> vorgenommen worden. Hier existieren etwa 15 untereinander nicht kompatible "Real-Time-BASICs", die mit gutem Erfolg eingesetzt worden sind. Sie erweitern die Sprache im wesentlichen in folgenden Bereichen:

a) verbesserte Programmstruktur (Subroutines etc.)
b) verbesserte Lesbarkeit (längere Namen etc.)
c) Behandlung von speziellen Peripheriegeräten
d) Behandlung von Interrupts ("parallele" Programmierung)
e) Spezielle Funktionen (Zeit, Status, Fehlerbehandlung etc.).

Seit etwa 2 Jahren sind im Rahmen des "International Purdue Workshop on Industrial Computer Systems" Arbeiten an der Normung eines Erweiterungsmodules für BASIC für die Realzeit-Programmierung im Gange. BASIC wird in der Art erweitert, daß

a) nicht zu viele neue Sprachelemente eingeführt werden und
b) trotzdem eine sichere Programmstruktur erzwungen wird und alle (besser: die meisten) notwendigen Prozeßrechneraufgaben formuliert werden können.

Abb. 1 und Abb. 2 zeigen die Real-Time-BASIC-Syntax; sowie einen typischen Programmausschnitt.

1.4 <u>Definition des Compilerprojekts</u>

Als "flankierende Maßnahme" zur Definition eines "Standard Real-Time BASIC" wird am Institut für Angewandte Informatik und Formale Beschreibungsverfahren an der Implementierung eines experimentellen portablen Übersetzungssystems für Real-Time-BASIC gearbeitet. Mittels dieser Arbeiten sollen die Möglichkeiten und Grenzen dieser Sprache, die von portablen Implementierungsmethoden, sowie die Eignung für verschiedene Rechner und/oder Anwendungs-Anforderungen untersucht werden. Ausgegangen wurde hierbei von folgenden Voraussetzungen bzw. Zielsetzungen:

a) Portabilität sowohl des Übersetzungssystems, als auch (nach Möglichkeit) der übersetzten Programme.
b) Einsatz von höheren (weit verbreiteten!) Programmiersprachen als Implementierungssprachen; Untersuchung ihrer Eignung.

c) Verwendung der Zwischensprache CIMIC, um den entsprechenden Normbestrebungen zu
folgen.

d) (als erste "Testmaschine"): Erstellung eines maschinenunabhängigen CIMIC-Interpreters.

e) Durchführung durch wenig spezialisierte Programmierer (Studenten mit Nebenfach
Informatik).

2. Implementierung eines portablen RT-BASIC-Compilers

2.1 Systementwurf

Portabilität

Der Compiler soll ohne Änderungen auf verschiedenen Rechenanlagen eingesetzt werden
können. Es ist daher zweckmäßig, ihn nicht - wie im allgemeinen üblich - für eine
bestimmte Anlage zu schreiben, sondern ihn in der Sprache einer virtuellen Maschine
zu implementieren, die mit geringem Aufwand auf realen Maschinen abgebildet werden
kann. Die Umsetzung in einen realen Maschinencode kann beispielsweise mit einem einfachen Makroübersetzer vorgenommen werden. Für in RT-BASIC beschriebene Programme,
die von diesem Compiler übersetzt werden, bietet sich das gleiche Verfahren an, um
übertragbare Programme zu erhalten.

Zwischensprache

Der Compiler übersetzt Programme, die in RT-BASIC geschrieben sind, in äquivalente
Programme in der symbolischen, rechnerunabhängigen, Assembler-ähnlichen Zwischen-
sprache CIMIC. Die CIMIC-Programme müssen ihrerseits zur Ausführung auf einem be-
stimmten Rechner über einen maschinenabhängigen Codegenerator in die Assembler- oder
Maschinensprache des betreffenden Rechners überführt werden.
Es liegt nahe, auch den Compiler selbst so zu schreiben, daß er in CIMIC vorliegt.
Damit läuft er auf jedem Rechner, der CIMIC "kann". CIMIC wurde aus folgenden Grün-
den gewählt:

1) Die Sprache ist für die Implementierung portabler Compiler ausgelegt und spezifiziert.

2) Es existieren eine Reihe von Codegeneratoren für verschiedene Rechner, die CIMIC-
Programme in die Assemblersprache oder Maschinensprache des betreffenden Zielrechners übersetzen.

3) Den CIMIC-Anweisungen liegt ein abstrakter Rechner zu Grunde, dessen programmier-
bare Teile aus
- Akkumulator für beliebige Operanden
- Indexregister für INTEGER-Größen
- Speicher

bestehen. Diesem virtuellen Rechner entspricht eine weitverbreitete Klasse realer
Prozeßrechnertypen.

BASIC als Übersetzersprache

Für die Erstellung des Compilers gab es zwei Möglichkeiten:
1) er wird direkt in CIMIC geschrieben
2) er wird in einer höheren Programmiersprache geschrieben
   und anschließend in CIMIC übersetzt.

Das zweite Verfahren hat den Vorzug, daß der Compiler mit weniger Programmieraufwand in einer höheren Sprache zu erstellen ist als in einer Assembler-ähnlichen
Sprache. Er ist übersichtlicher (weniger Programm-Anweisungen), leichter lesbar,
leichter zu testen und zu warten. Änderungen und Ergänzungen des Compilers - bedingt durch die noch nicht vollständige Sprachdefinition von RT-BASIC - sind mit
weniger Schwierigkeiten durchzuführen als auf Assembler-Ebene. Allerdings setzt diese Methode voraus, daß auf dem für die Compilerentwicklung zur Verfügung stehenden
Rechner die höhere Programmiersprache implementiert wurde, in der der Compiler geschrieben ist. Will man erreichen, daß auch der Compiler letztlich in CIMIC vorliegt, so braucht man einen zweiten Übersetzer, der die höhere Programmiersprache
auch in CIMIC überführt. Der zweite Übersetzer kann offensichtlich eingespart werden,
wenn für die Compilerentwicklung als höhere Programmiersprache BASIC selbst gewählt
wird, d.h. eine Untermenge von RT-BASIC. Mit Abschluß der Implementierung des Compilers liegt der Aufgabenstellung gemäß ein Übersetzer vor, der BASIC-Programme in
CIMIC-Programme umwandelt. Damit kann der in BASIC implementierte Compiler auch
sich selbst in CIMIC übersetzen (Bootstrap).

BASIC ist auf den meisten Rechnern implementiert, daher ist auch die erste Bedingung
- Übersetzer von BASIC in Maschinensprache auf dem Entwicklungsrechner - erfüllt,
sofern der dortige BASIC-Dialekt die für den Compiler notwendigen Funktionen (insbesondere Zeichenkettenverarbeitung) enthält. Eine schematische Darstellung des in
diesem Projekt durchgeführten Bootstraps zeigt Abb. 3.

Mehrstufigkeit

Um in RT-BASIC geschriebene Programme ausführen zu können, müssen diese letztlich in
Maschinencode vorliegen. An die erste Stufe, Übersetzung des Programms in den maschinenunabhängigen CIMIC-Zwischencode, schließt sich daher als zweite Stufe die
Übersetzung des Zwischencodes in die maschinenabhängige Sprache des Zielrechners
an. Während die erste Übersetzung je Programm nur einmal erfolgt, muß die zweite
Übersetzung für jeden Zielrechner getrennt durchgeführt werden. Daher ist der Aufwand für die zweite Stufe möglichst gering zu halten.

Dieses Ziel läßt sich am ehesten erreichen, wenn die Übersetzungsarbeit möglichst
weitgehend in der ersten Stufe geleistet und ein sehr einfacher CIMIC-Zwischencode
(ggf. Subset von CIMIC) erzeugt wird. Adreßrechnungen, Speicherplatzverwaltung und
Datentypprüfung (für RT-BASIC) sollen mit wenigen Ausnahmen in der ersten Stufe
durchgeführt und die zweite Stufe davon entlastet werden. Der CIMIC-Code ist dann
ohne Schwierigkeiten in den Maschinencode umzusetzen.

Für die hiesige Implementierung wurde in etwa zwei Mann-Monaten ein stark verein-
fachter CIMIC-Interpreter geschrieben. Diese erste "Testmaschine" wurde in der höheren Programmiersprache ALGOL-60 (mit UNIVAC-Erweiterungen) für den zur Verfügung
stehenden Großrechner realisiert. Geplant ist noch eine maschinenunabhängige, vollständige Implementierung des Interpreters.

Interaktiver inkrementeller Compiler

Gewöhnlich werden BASIC-Programme im Dialog zwischen Programmierer und Maschine entwickelt. Der Programmierer gibt eine Programmzeile am Terminal ein, erhält gegebenenfalls Fehlermeldungen, gibt die nächste Zeile ein oder korrigiert, ruft am Ende zur Programmausführung des eben entwickelten Programms auf. Dieses Vorgehen muß
sich auch im Aufbau und Ablauf des Compilers widerspiegeln. Nach vollständiger Eingabe einer Programmzeile werden die einzelnen lexikalischen Elemente erkannt
(Zeilennummer, BASIC-Befehlsworte, Variable, Konstante, Funktionsnamen, Operatoren
e.t.c.) und in eine maschinenintern besser lesbare Form überführt. Bereits hier
werden bestimmte Fehler erkannt (z.B. ungültiges BASIC-Befehlswort) und entsprechende Meldungen erzeugt. An diese "lexikalische Analyse" schließt sich unmittelbar die
zeilenbezogene "syntaktische Analyse" an. Die Zeile wird soweit als möglich auf zulässige BASIC-Syntax überprüft, Indizes, arithmetische und logische Ausdrücke werden
aufgelöst. Mit Ausnahme von Unterprogramm -, Schleifen- und Sprungzielfehlern,
die nicht zeilenbezogen sind, werden hier alle sonstigen Syntax-Fehler gefunden. Parallel zur Syntaxanalyse wird ein noch unvollständiger CIMIC-ähnlicher interner
Zwischencode generiert und in einer Arbeitsdatei abgelegt.
Sobald das gesamte Programm eingegeben ist - erkenntlich an einem entsprechenden
Systemkommando - wird in einer programmbezogene Analyse der interne Zwischencode um
die bisher noch nicht abgearbeiteten Schleifen und Sprünge ergänzt, bzw. werden
Fehlermeldungen (z.B. nicht vorhandenes Sprungziel) ausgegeben. Der danach voll-
ständig vorliegende interne Zwischencode wird in einem letzten Schritt in den CIMIC-
Zwischencode übertragen und abgespeichert.

Abb. 4 zeigt die Aufteilung der Compilierung in die einzelnen Phasen.

2.2 Durchführung

Der oben beschriebene Compilerentwurf wurde auf dem Großrechner UNIVAC-1108 des Rechenzentrums der Universität Karlsruhe programmiert. Als Implementierungssprache stand ein BASIC-Dialekt, UBASIC (UNIVAC 1100 Series BASIC) zur Verfügung. Das Programmiererteam umfaßte drei Studenten, von denen einer den eigentlichen Compilerteil schrieb, der zweite für die Behandlung von Systemkommandos zuständig war, während der dritte den vereinfachten CIMIC-Interpreter verwirklichte. Die Verfasser führten Systemdefinition, Systementwurf und laufende Projektkontrolle durch.

Entsprechend der Einteilung der Compilierung in verschiedene Phasen wurde der Compiler modular aufgebaut. Jeder Phase entspricht ein Programmstück (Segmentierung des Compilers für kleinere Anlagen). Großen Wert wurde auf klar definierte Schnittstellen zwischen den Programmstücken und leichte Änderbarkeit der einzelnen Programmteile gelegt. Eine besondere Rolle spielte hier auch eine sehr ausführliche Dokumentation im Programm selbst: zum einen wird dadurch die Grundlage für spätere problemlose Erweiterungen des Compilers gelegt, zum anderen die Erläuterungen als Strukturierungshilfen im BASIC-Text (BASIC bietet sonst nur wenige Strukturen, um Programme übersichtlich zu gestalten) genutzt.

2.3 Besonderheiten und Probleme

Der Compiler kann sich in der vorliegenden Form noch nicht, wie beabsichtigt, selbst übersetzen, da UBASIC keine Teilmenge von Standard-BASIC ist und insbesondere Unterschiede in der Zeichenkettenverarbeitung bestehen (Funktionsnamen u.ä.). Hier sind weitere Anpassungsarbeiten notwendig. In der Zeit des Systementwurfs lag RT-BASIC noch nicht abschließend definiert vor und Fragen nach weiteren Datentypen und neuen Befehlsworten mußten offen bleiben, so daß einem "open ended design" ein erhebliches Gewicht zukam. Schließlich waren auch die RT-Funktionen nicht näher festgelegt; dies Problem konnte gelöst werden, indem diese wietgehend auf das Betriebssystem "abgeschoben" wurden.

3. Stand der Arbeit und Erfahrungen

3.1 Probleme der Sprachdefinition

Für ein experimentelles Projekt (im Gegensatz zu einem industriemäßig angelegten) war es vertretbar, eine Implementierung vor Abschluß der endgültigen Sprachdefinition zu beginnen. Neben einem "open ended design" der syntaktischen Analyse (neue Anweisungstypen müssen eingeführt werden können) war es insbesondere notwendig, die Möglichkeit weiterer (deklarierter) Datentypen wie etwa "Interrupt" oder "Device"

offenzuhalten, und entsprechende Systemschnittstellen für die Ablaufkontrolle von
parallelen Programmen (Interrupt-Routinen, zeitlich eingeplante Abläufe) vorzusehen
(hier als Listen von Zeit- bzw. Interruptbedingungen und Programmanfangsadressen).
Solche Maßnahmen senken sowohl die Laufeffizienz der Programme, als auch die Pro-
grammierereffizienz (siehe auch 3.3). Auf der anderen Seite konnten diese Schnittstellen so "durchsichtig" realisiert werden, daß weder neue Datentypen, noch geänderte Syntax der ON-Bedingungen große Probleme schaffen (gute Dokumentation!). Welche Probleme an den Betriebssystemschnittstellen der Zielrechner auftreten werden,
ist derzeit allerdings noch nicht abzuschätzen.

3.2 <u>BASIC als Implementierungssprache (Erfahrungen)</u>

Ein wesentliches Problem der Implementierung war die fehlende Standardisierung von
BASIC (ohne Real-Time-Elemente!). Das genormte "Minimal BASIC" ist (z.B. wegen fehlender String-Funktionen) zur Implementierung eines Compilers nicht ausreichend,
darüber hinaus sind alle BASICs (einschließlich des verwendeten UNIVAC-BASIC) unterschiedlich. Obwohl versucht wurde, die zur Implementierung verwendeten Sprachelemente aus der Minimal-BASIC (oder zumindest der dem Standard-BASIC von Bull-Freeman-
Garland) entsprechenden Untermenge zu entnehmen, war dies nicht immer möglich, vor
allem bei den für die lexikalische Analyse entscheidenden Stringfunktionen.
Deshalb ist der Real-Time-BASIC Computer - ohne Änderungen - nicht "durch sich
selbst" übersetzbar. Die Abweichungen der Implementierungs- von der Quellsprache
sind jedoch genau dokumentiert und - im allgemeinen als 1:1 Ersetzung von Funktionsnamen - ohne Nebenwirkungen durchführbar.

Über unsere Erfahrungen mit höheren Programmiersprachen zur Implementierung von Übersetzern (außerdem wurde in einer getrennten Arbeit ein Makroübersetzer für PEARL-E/A-
Anweisungen in FORTRAN codiert) ist kurz folgendes zu sagen:

Die genannten 3 Programmiersprachen (BASIC, FORTRAN, ALGOL) sind als Implementierungssprachen für Übersetzer im wesentlichen gleichwertig; Hauptmangel des verwendeten BASIC ist hierbei die Syntax der Namen (keine mnemotechnischen Bezeichner möglich). Dagegen ist die Vielzahl der Stringfunktionen eine Stärke von BASIC bei der
gegebenen Aufgabe. Strukturschwächen von BASIC (z.B. keine Blöcke) fallen weniger
ins Gewicht; in Real-Time-BASIC wird sowieso eine an parallel ausführbaren Programmstücken orientierte Struktur verwendet. Allerdings macht es erhebliche Schwierigkeiten, nebenwirkungsfreie "Prozeduren" (mangels lokaler Variabler) aufzubauen.

3.3 Bemerkungen zur Arbeitsgruppe

Die aus 3 Studenten bestehende Implementierungsgruppe hatte

a) keine Schwierigkeiten mit der (zuvor nicht bekannten) BASIC-Programmierung.
b) größere Probleme mit der Interpretation von unvollständig definierten Aufgabenstellungen (z.B. nicht abgeschlossene Syntaxbeschreibung).
c) größere Probleme im Teamwork und bei der strukturierten Programmierung (wird offensichtlich an Hochschulen zu wenig geübt).

Es kann gesagt werden, daß das experimentelle System Real-Time-BASIC-Compiler plus CIMIC-Interpreter von 3 Mitarbeitern in 9 Monaten (echte Gesamtarbeitszeit ca. 2 Mannjahre) zu bewältigen ist; wobei für die "Industrietauglichkeit" des Produkts noch Nacharbeiten von ca. 1/2 Mannjahr erforderlich sein werden. Diese Zahlen liegen unter denen eines vergleichbaren Pojekts (UNICOMP Process BASIC), das im Assembler codiert wurde.

3.4 Weitere Pläne

Die notwendigen weiteren Arbeiten beinhalten:

a) Anpassung der Inplementierungssprache UNIVAC-BASIC an eine echte Untermenge von Real-Time-BASIC.
b) Die vollständige Implementierung der Real-Time-Elemente, einschließlich der notwengigen Anpassungen der Betriebssoftware des Zielrechners.
c) Ersetzen des CIMIC-Interpreters durch den entsprechenden Codegenerator für einen kleinen Zielrechner.

4. Literaturverzeichnis

1. ANSI-X3J2: Proposed American National Standard for Minimal BASIC; Jan 1976
2. Bull, Freeman, Garland: A Specification for Standard BASIC, NCC, GB; 1973
3. International Purdue Workshop on Industrial Computer Systems; Syntax Proposal for Real-Time-BASIC, RTB-E-29/76, Oct. 1976
4. Kemeny, Kurtz: BASIC-Programming, J. Wiley, New York, 1971
5. International Purdue Workshop on Industrial Computer Systems: Report on Real-Time Extensions and Implementations of Real-Time-BASIC, RTB-1st report, Oct. 1975
6. UNIVAC-1100-series-BASIC, Sperry Rand Corp., 1972
7. Wagner, Woda: PROCESS BASIC - Ein Programmiersystem für Prozeßlenkung mit Kleinrechnern, Lecture Notes in Computer Science, 12, 425-435; 1974
8. Allison et al: Design Notes for Tiny BASIC, ACM-SIGPLAN-Notices, Jul. 1976

9. K.H. Timmesfeld et al.: REARL, A proposal for a process- and experiment automation realtime language, KFK-PDV 1,Apr. 1973

10. Mühlhahn et al.: Spezifikation CIMIC/1. KFK-PDV 75, Mai 1976

11. B. Eichenauer: CIMIC-C (private Mitteilung)

12. W. Ossig: Definition und Realisierung eines Makroübersetzers, Diplomarbeit, Univ. Karlsruhe, 1976

13. D. Gries: Compiler Construction for Digital Computers, New York 1971

```
Real-Time-BASIC-Programm   =   Deklarationsteil Hauptteil Parallel-Teil .....


Deklarationsteil           =   Deklaration ...

Deklaration                =   Geräte-Deklaration/Interrupt-Deklaration

Geräte-Deklaration         =   Geräte-Name Geräte-Typ, Parameter ...

Interrupt-Deklaration      =   Interrupt-Name Interrupt-Quelle


Hauptteil                  =   Real-Time-BASIC-Zeile ...

Real-Time-BASIC-Zeile      =   Normale-BASIC-Zeile/Real-Time-Zeile

Real-Time-Zeile            =   Aktivierung/Löschung/Verzögerung

Aktivierung                =   Zeilen-Nr. ON RT-Bedingung GOSUB Zeilen-Nr.

Löschung                   =   Zeilen-Nr. OFF RT-Bedingung

Verzögerung                =   Zeilen-Nr. WAIT RT-Bedingung

RT-Bedingung               =   ITR = Interrupt-Name/TIM = Zeitangabe


Parallel-Teil              =   Normale-BASIC-Zeile ...


              (die Ein/Ausgabe erfolgt über "Prozeß-Variable",

               das sind Geräte-Namen, die in Zuweisungen ver-

               wendet werden, z.B.

               Ausgabe: LET Geräte-Name = Ausdruck

               Eingabe: LET Variable    = Gerätename . )
```

<u>Abb. 1:</u> Syntax der wichtigsten Elemente von Real-Time-BASIC

```
 10 REM DECLARATIONS OF INTERRUPTS AND DEVICES
 20 DCL I1 INT(10)
 30 DCL D1 DEV ANA(10, "BIN")
 40 REM END OF DECLARATIONS
 50 REM MAIN PART
 60 LET S = 0
 70 REM ACTIVATION OF A PARALLEL SECTION
 80 ON INT = I1 GOSUB 150
 90 IF S > = 100 THEN 120
100 PRINT "TEMPERATURE O.K."
110 GO TO 90
120 PRINT "ALARM!"
130 STOP
140 REM END OF MAIN PART
150 REM PARALLEL SECTION
160 REM PROCESS I/O STATEMENT
170 LET X = D1
180 LET S = S + X
190 RETURN
200 END
```

<u>Abb. 2:</u> Beispiel eines Real-Time-BASIC-Programms (Die Syntax entspricht dem vorgeschlagenen Standard).

1. Schritt: Übersetzung des RT-BASIC-Compilers in Maschinencode durch
            UNIVAC-BASIC-Compiler

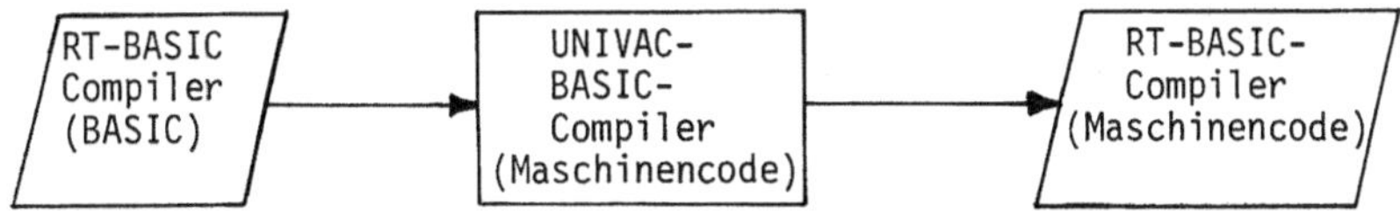

2. Schritt: Übersetzung des RT-BASIC-Compilers in CIMIC durch sich selbst (d.h.
            durch die im 1. Schritt erhaltene Fassung im Maschinencode)

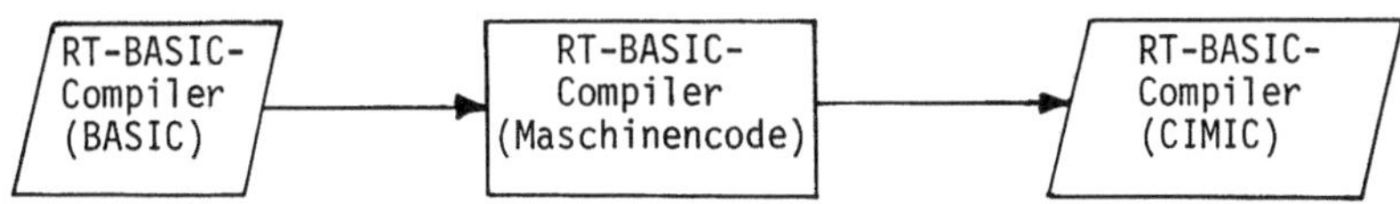

<u>Abb. 3:</u> Compiler-Bootstrap

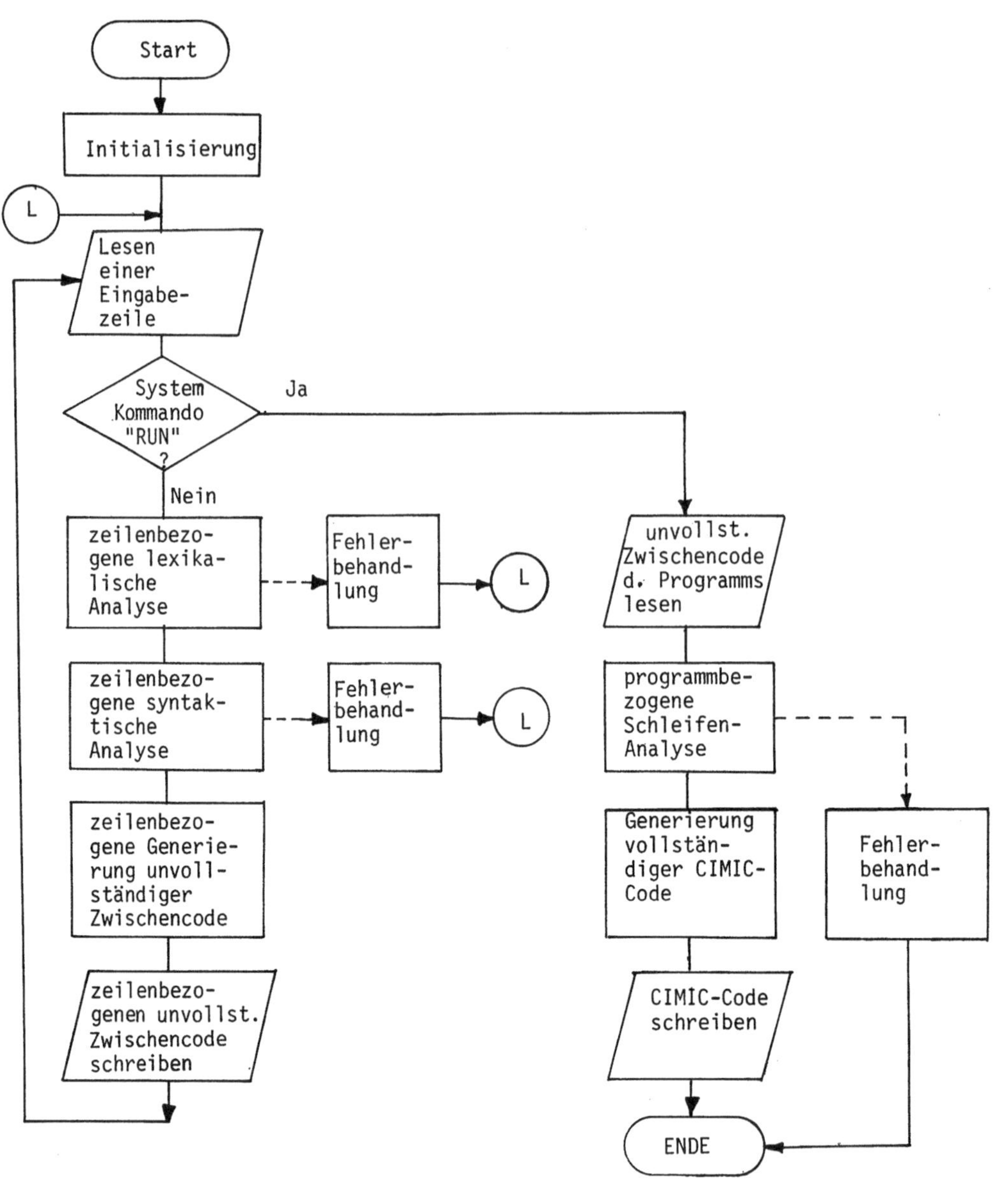

Abb. 4: Ablauf der Compilierung

<u>DER EINFLUSS DER ZWISCHENSPRACHE AUF DIE PORTABILITÄT</u>
<u>EINES COMPILERS FÜR PEARL - AM BEISPIEL VON CIMIC</u>[1]

K. Pelz
Physikalisches Institut III der
Universität Erlangen-Nürnberg
Erwin-Rommel-Str. 1
D 8520 Erlangen

Das Wachstum des Software-Anteils an den Gesamtkosten von Datenverarbeitungsanlagen hat inzwischen vielfach dazu geführt, daß dieser Anteil zum
dominierenden Faktor geworden ist. Davon wird insbesondere die Systemsoftware betroffen, die ja eine zentrale Rolle spielt: sie ist für die
Verfügbarkeit einer Anlage von entscheidender Bedeutung. Bezogen auf
Compiler erhebt sich so die Frage, welche Konzepte geeignet erscheinen,
Übersetzer für Realzeitsprachen der mittleren Ebene (z.B. PEARL [1]) mit
deutlich geringerem Aufwand als bisher an verschiedene "Zielrechner",
für die übersetzt werden soll, anzupassen. In der ASME[2] wurde ein derartiges Konzept entworfen und implementiert[2]. Als Ausgangspunkt dafür
kann die Erfahrung betrachtet werden, daß der Ablauf von Compilern sowohl Schritte aufweist, die zielmaschinenunabhängiger Natur sind (wie
etwa die Syntaxanalyse), als auch solche, in die spezifische Ziel-
system-Eigenschaften als wesentliche Parameter mit eingehen (z.B. der
Aufbau des letztendlich abzulegenden Binde- oder Lade-Codes).
Dementsprechend wurde der Compiler in zwei Bestandteile "zerlegt": den
"oberen Compilerteil" [3] , der anlagenunabhängige Übersetzungsfunktionen
durchführt, und den "Code-Generator", der für die Weiterübersetzung in
rechnerspezifischen Programmcode sorgt. Dabei erfolgte die Programmierung des oberen Compilerteils, der ja nur einmal erstellt werden muß,
in Fortran, womit erreicht wurde, daß er leicht auf verschiedene Über-
setzungsrechner "portiert" werden kann. Codegeneratoren mußten für die

[1] Dieser Bericht veröffentlicht Ergebnisse aus einem mit Mitteln des
Bundesministeriums für Forschung und Technologie (Kennzeichen DV 5.505)
geförderten Forschungsvorhaben des Projektes Prozeßlenkung mit DV-Anlagen (PDV) im Rahmen des 2. DV-Programmes der Bundesregierung. Die Verantwortung für den Inhalt liegt ausschließlich bei den Autoren bzw. den
geförderten Unternehmen.
[2]ASME = Arbeitsgemeinschaft <u>S</u>tuttgart-<u>M</u>ünchen-<u>E</u>rlangen:
        Institut für Regelungstechnik und Prozeßautomatisierung der
        Universität Stuttgart (Prof. Lauber)
        Institut für Verfahrenstechnik und Dampfkesselwesen der Univer-
        sität Stuttgart (Prof. Quack)
        Firma ESG, München
        Firma GPP, München
        III. Physikalisches Institut der Universität Erlangen-Nürnberg
        (Prof. Fiebiger)

verschiedenen Zielmaschinen jeweils einzeln geschrieben werden. Die
Schnittstelle zwischen beiden mußte natürlich unabhängig davon festgelegt sein, für welches spezielle System Code zu erzeugen sei: die Definition der Sprache CIMIC-I [4] stellt die Spezifikation dieser Schnittstelle dar. Einen Überblick über das Verfahren gibt

Bild 1:

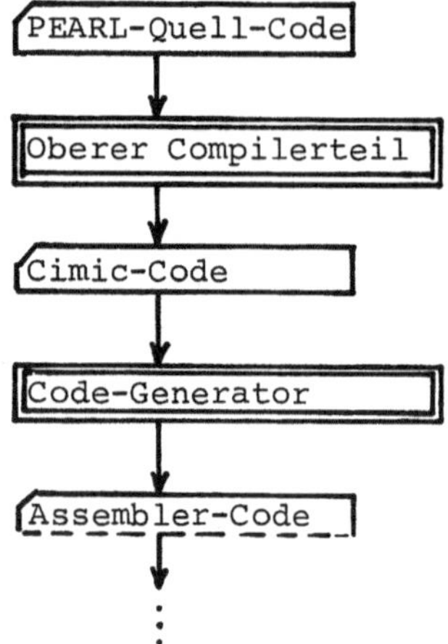

Welchen Anforderungen unterliegt nun eine Zwischensprache, die einem
solchen Konzept zugrunde liegen soll? Sie muß einerseits auf möglichst
niedriger Ebene liegen, in etwa auf der von Assemblersprachen, um den
zweiten Übersetzungsschritt möglichst klein (und damit einfach programmierbar) zu halten, andererseits jedoch muß sie so hoch sein, daß für
keinen Zielrechner Rückübersetzung notwendig wird. Es ist klar, daß die
beiden Forderungen in zwei Richtungen weisen, die einander entgegen-
gesetzt sind; trotzdem darf keine der zwei Vorschriften in zu großem
Umfang verletzt (bzw. von einer der Richtungen zu weit abgewichen) werden, wenn nicht der Arbeitsaufwand für die Programmierung der Codegeneratoren unangemessen hoch werden soll.
CIMIC-I ist - entsprechend der 1. "Richtlinie" - als virtueller Assembler, d.h. als Assemblersprache einer virtuellen Maschine definiert.
Diese Maschine besitzt einen Akkumulator (der alle PEARL-Datentypen des
ASME-Stufe-I-Subsets [2] aufnehmen kann) und ein Indexregister (das
ganzzahlige Inhalte hat). Sie weist aber einen Befehlssatz auf, der es
über die algorithmischen Operationen hinausgehend erlaubt, die PEARL-
Sprachelemente für Systemteil, Tasking und Ein-/Aus-Gabe abzudecken[3].

---

[3] (dazu kommen noch die Adreßoperationen, die während der Übersetzung durch
den oberen Compilerteil "anfallen", z.B. für Referenzen auf Feldelemente
u.ä.)

Nicht zuletzt dieser Befehlssatz hebt CIMIC-I dann wieder auf ein
Sprachniveau, das trotz der konstruktionsbedingten Hardware-Nähe als
problemorientiert bezeichnet werden muß. Genau darin aber drückt sich
die Vereinigung der zwei so gegensätzlich anmutenden Forderungen aus.
Weiterhin wird die einfache Erstellung von Code-Generatoren dadurch
unterstützt, daß CIMIC-I in Makrotechnik auf Assemblersprachen übersetzbar ist (das hat seinen Grund in der weitgehenden Kontextfreiheit
von CIMIC-I); in Stufe-I kam in diesem Zusammenhang der komfortable
Makroprozessor Stage-II [5] zum Einsatz. Für den Arbeitsaufwand kann
als grober Richtwert etwas mehr als ein Mannjahr pro Code-Generator
angegeben werden (einschließlich Test und Dokumentation).
Um vergleichbare Daten für die Auswertung der Erfahrungen mit dem geschilderten Konzept zu erhalten, muß noch der in Bild 1 gezeigte Über-
setzungsablauf vervollständigt werden:

Bild 2:

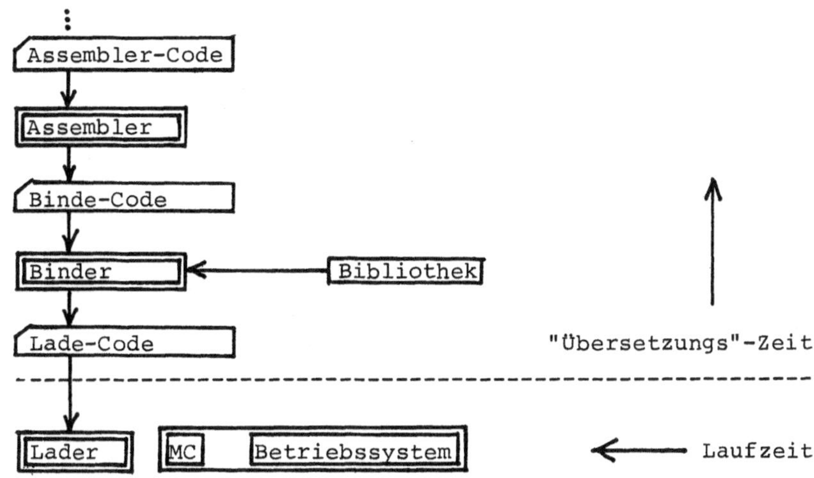

Es wird dabei deutlich, daß nur bei rein übersetzungstechnischer Betrachtungsweise gesagt werden kann, daß der Codegenerator den alleini-
gen maschinenspezifischen Anpaßaufwand erfordern würde. Zur Erzielung
lauffähiger Programme werden noch Assembler, Binder, Bibliothek, Lader
und Betriebssystem benötigt; während der Assembler üblicherweise vorhanden sein dürfte und außerdem durch direkte Erzeugung von Binde-Code
im Code-Generator (d.h. Programmierung der benötigten Assembler-Funk-
tionen) umgangen werden könnte, ist zumindest fraglich, ob die vier
anderen Komponenten in dem Umfang bzw. in der Form verfügbar sind, wie
es die Zwischensprache und Quellsprache erfordern (z.B. der Binder Typ-
prüfungen für globale Größen und Prozedurparameter durchführt, ob die
Bibliothek die gewünschte Bitstring-Konkatenation enthält oder ob das

Betriebssystem die benötigte(n) Scheduling- und Synchronisations-
Funktion(en) aufweist).

Es war eine wesentliche Erfahrung der Stufe-I-Implementationen, daß
gerade die Anpaßarbeiten [8] , die auf diesem - vordergründig sekundär
wirkenden - Sektor "fällig" wurden, wesentlich mehr Aufwand erforder-
ten, als der Code-Generator. Zusammen mit letzterem ergaben sie ein Ar-
beitspaket, das in etwa den gleichen Umfang annahm, wie die Erstellung
des oberen Compilerteils. Zieht man Bilanz, so gilt grob für Stufe-I:
die "Hälfte" des Compiliersystems braucht bei Ausnutzung dieses Verfahrens nur einmal programmiert zu werden und steht dann für ein großes
Zielmaschinenspektrum zur Verfügung.

Ein solches Ergebnis ist erfreulich und darf als Erfolg des Konzepts
gewertet werden. Die neueren Entwicklungen auf dem Gebiet der Rechner-
Hardware relativieren diesen Erfolg jedoch: komplette Zentraleinheiten,
bei deren Konstruktion die LSI-Technologie ausgenutzt wird, kosten
einen Bruchteil dessen, was für "konventionell" aufgebaute Rechner
ausgegeben werden muß. Diese Kosten sind darüber hinaus verschwindend
gering gegenüber den Investitionen, die immer noch notwendig sind, um
einen Compiler auf einen Rechnertyp zu bringen. Das allein schon macht
klar, daß kein Grund zur Zufriedenheit vorliegt: es muß einfacher und
billiger ("als ein halber Compiler") werden, einen neuen Computer der
Programmierung in höheren Echtzeit-Programmiersprachen zugänglich zu
machen. Es kommt aber noch eine weitere Herausforderung in dieser
Richtung hinzu, die mehr systemtechnischer Natur ist: wiederum aufgrund der erwähnten Preisentwicklung hat sich die Struktur von Prozeß-
steuersystemen grundlegend gewandelt; im Gegensatz zu früher muß man
davon ausgehen, daß eine Anlage nicht nur aus einem zentralen Rechner
mit seiner Peripherie besteht, sondern mehrere verschiedene und räumlich getrennte, "selbständige Intelligenzen" aufweist, zwischen denen
Datenverkehr stattfindet. Auf die bekannten Vorteile solcher "verteilter Systeme" in der Prozeßsteuerung muß hier nicht mehr eingegangen
werden; wesentlich ist, daß die Übersetzungssoftware alle programmierbaren Komponenten für die höhere Sprache zugänglich machen muß, da
sonst der Zwang der "gemischten Programmierung" entstünde. Damit aber
ergeben sich zwei neue Forderungen: erstens ist für ein anwenderspezi-
fisches Spektrum von Zielrechnern (nicht nur für einen Rechnertyp) und
zweitens für ein dementsprechendes Spektrum von Subsets zu übersetzen.
Es wäre ein unvertretbarer Aufwand, wollte man auch nur die Subsetan-
passungen am oberen Compilerteil durchführen, auch dann wenn dies
lediglich für das leistungsfähigste Drittel aller 16-Bit-Mikroprozes-
soren erfolgen sollte; die Möglichkeiten, die von kaskadierbaren mikro-

programmierbaren Prozessoren eröffnet werden, führen einen solchen Ansatz dann endgültig ad absurdum (außerdem käme noch der multiplizierte
Aufwand für die maschinenabhängigen Bestandteile des Stufe-I-Systems
hinzu). Einerseits hat sich also herausgestellt, daß dem ASME-Konzept
der Stufe-I hier eindeutige Grenzen gesetzt sind. Andererseits muß
festgestellt werden, daß gerade die Erfahrungen aus dieser Implementation für die neuen Problemstellungen erfolgversprechende Lösungsansätze
bieten:

1) Es war zur Verwirklichung des Mehrmodulkonzepts von PEARL in Erlangen notwendig, im Code-Generator - und das ist gleichbedeutend
   mit "auf Zwischensprache-Ebene" - einen zweiten Subset zu verifizie-
   ren: zu diesem Zweck wurde ein zweiter Code-Generator (durch geeignete Änderungen gegenüber dem ersten) erstellt. Der Arbeitsaufwand
   betrug, trotz zum Teil erheblicher Subsetunterschiede, 2 Mannwochen
   (einschließlich Dokumentation und Test); die Erreichung dieser Subsetunterschiede beweist, welch starker "Durchgriff" bei der Übersetzung von der Zwischensprachenebene her auf die Quell-Ebene noch
   möglich ist (was wiederum als Anhaltspunkt für die relativ hohe An-
   siedlung der ersten betrachtet werden darf). Der Vollständigkeit
   halber muß betont werden, daß die Stärke des Durchgriffs von seinem
   "Target" abhängt: während Rückwirkungen auf die Quell-Syntax
   (naturgemäß) vergleichsweise gering sind, können Kontext-Einschrän-
   kungen und semantische Veränderungen auch dann gut eingebracht werden, wenn sie punktueller Natur sind (z.B. das Verbot von reentran-
   ten Prozeduren auf 17. Blockebene von Tasks, während auf der 16.
   keine und sonst beliebige Prozeduren erlaubt sein sollen). Die
   Zwischensprache bietet sich damit als Instrument zur Subset"Regulie-
   rung" an.

2) Bei der Erstellung der Stufe-I-Code-Generatoren[4] fiel auf, daß ein
   erheblicher Teil der Ablauflogik nur durch die Zwischensprachen-
   Eigenschaften bedingt ist und die wirklichen Zielmaschinenabhängig-
   keiten durch eine geeignete Parametrisierung so aufgefangen werden
   könnten, daß der Codegenerator seinerseits tabellengesteuert gene-
   rierbar würde und in Abhängigkeit vom Zielrechner lediglich wenige,
   einfach zu programmierende Basisroutinen zu schreiben wären (ähnlich
   den entsprechenden Anschlußroutinen des oberen Compilerteils, nur
   mit verringertem Umfang). Ein ähnlicher Effekt stellte sich bei der
   Programmierung der Bibliotheks-Routinen für die formatierte Ein-

---

[4] für: Siemens 3Ø6, Siemens 4Ø4/3, AEG 6Ø5Ø und 6Ø1Ø (für letztere
     "Cross" auf CDC)

Aus-Gabe ein [6,7] : auf der Grundlage von Basisroutinen, deren Funktionen in diesem Zusammenhang kurz als semantische Moleküle von PEARL-E/A-Anweisungen charakterisiert sein sollen, könnten diese Bibliotheksroutinen rechnerunabhängig zur Verfügung gestellt werden. Analoges gilt für den algorithmischen Teil der Bibliothek.

3) Natürlich ergaben sich auch neue Wünsche bezüglich der Zwischensprache selbst. Betrachtet man die oben gesondert erwähnten Operationen aus dem Befehlssatz der CIMIC-I-Maschine und untersucht die Codefolgen, die daraus erzeugt werden, so fällt auf, daß es sich zum größten Teil um Unterprogrammsprünge, bzw. Folgen von Unterprogramm-Aufrufen, handelt. Das legt es nahe, diese Operationen aus dem Befehlssatz des virtuellen Prozessors herauszunehmen und statt dessen vom oberen Compilerteil entsprechende Unterprogramm-Aufrufe im Zwischensprache-String ablegen zu lassen [9] . Dadurch könnten Grundmuster bei den Makrodefinitionen des Code-Generators gespart werden, was nicht nur Platzbedarf und Übersetzungszeit im positiven Sinn beeinflussen würde, sondern auch das Schreiben der Makrodefinitionen übersichtlicher und einfacher gestalten würde.

4) Von grundlegender Bedeutung für die Zwischensprache ist ja die Architektur der virtuellen Maschine. Sie sollte im Rahmen des möglichen so ausgelegt werden, daß sie auf erfahrungsgemäß leistungsfähige Rechner-Konstruktionen besonders leicht abgebildet werden kann und dabei auch die Ablage effizienten Codes unterstützt. Die CIMIC-I-Maschine wird in diesem Sinne derzeit einem "Face-Lifting" unterzogen [1Ø] .

Die in 1) bis 4) angesprochenen Gesichtspunkte sind wesentlicher Bestandteil der Grundlagen für ein erweitertes Portabilitätskonzept der ASME-Stufe-II-PEARL-Implementation [9] ; naturgemäß betreffen diese Erweiterungen in der Hauptsache die bisher rechnerabhängigen Komponenten des Compiliersystems und zielen darauf ab, den Umfang dieser Komponenten noch einmal entscheidend zu verkleinern. Dafür ist der verstärkte Einsatz der Zwischensprache wesentliches Hilfsmittel. Den prinzipiellen Aufbau des Konzepts illustriert

Bild 3:   a) Generierung des Code-Generators:

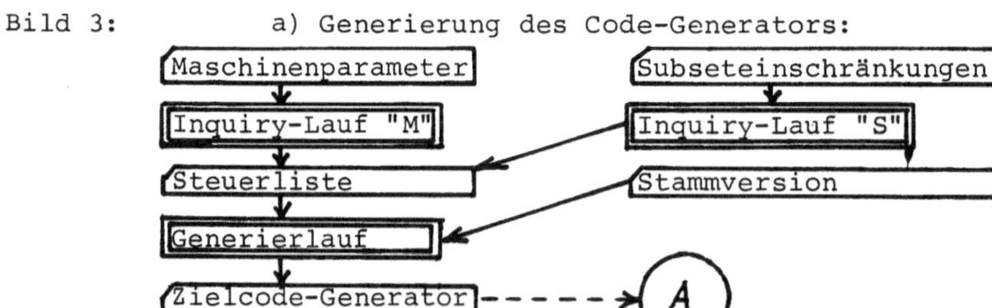

b) Anpassung der portablen Bibliothek:

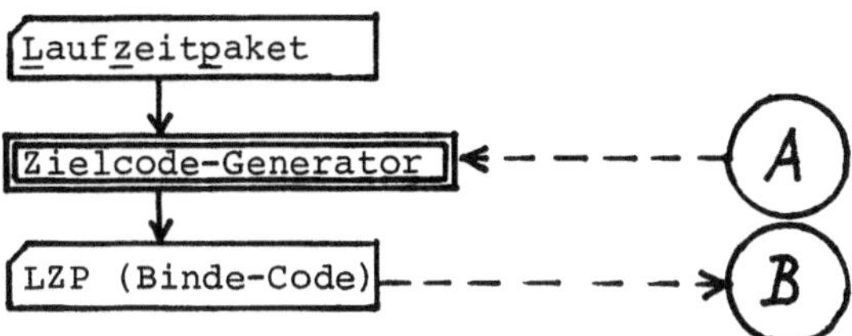

c) Übersetzung von Anwenderprogrammen:

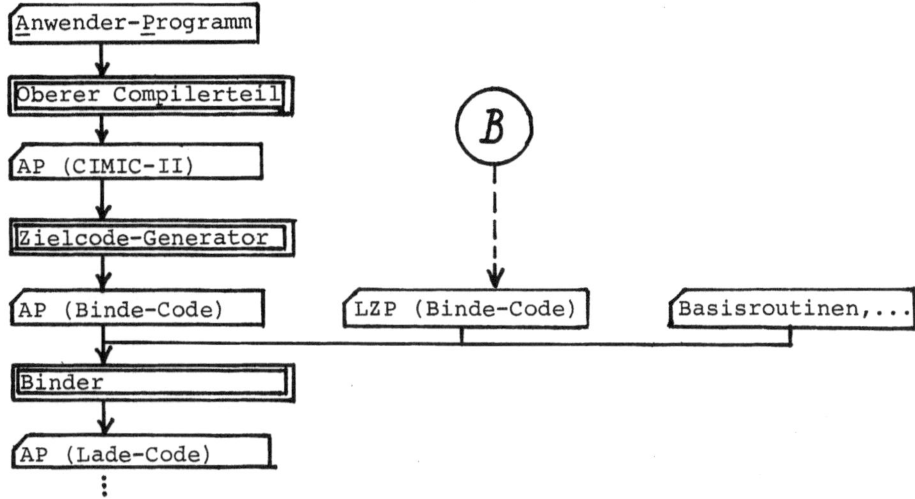

Auch hier ist der Grundgedanke höchst einfach: da ohnehin für jeden
Zielrechner ein Code-Generator vorausgesetzt werden muß, liegt es nahe,
den Versuch zu unternehmen, ihn als "Portier"-Instrument einzusetzen.
Dementsprechend wird CIMIC-II zur Systemsprache erhoben: alle maschinenunabhängigen Teile des Compiliersystems liegen in CIMIC-II vor, die
portabel erstellten Bibliotheksroutinen, der obere Compilerteil und der
generierte Zielcode-Generator. Der maschinenabhängige Anpaßaufwand reduziert sich auf jene Basisroutinen und Funktionen, die nicht in Zwischensprache vorliegen werden und (eventuell) Binder und Lader. Bemer-
kenswert ist auch, daß die Bindeschnittstelle in das System einbezogen
ist. Es ist Geschmacksfrage, ob dies als Einführung einer weiteren
Zwischensprache aufgeführt werden sollte; es würde jedenfalls unterstreichen, daß der Begriff "Zwischensprache" im Umfeld portabler Compiler für höhere Echtzeit-Programmiersprachen vielfältige Gesichter hat
und von dominierender Bedeutung sein kann und sollte.

Literatur:

[1]   PDV-Bericht KFK-PDV1; Timmesfeld et al.; PEARL - A Proposal for
        a Process and Experiment Automation Realtime Language; April1973;
Gesellschaft f. Kernforschung mbH., Karlsruhe

[2]   a) PDV-Bericht KFK-PDV76; Gruber, Inderst, Piche; ASME-PEARL-
           Subset/1; Mai 1976; Ges. f. Kernf. mbH., Karlsruhe
        b) PDV-Entwicklungsnotiz PDV-E70; Gruber, Inderst, Piche; Pro-
           grammieranleitung für das ASME-PEARL-Subset/1; Mai 1976; Ges.
f. Kernf. mbH., Karlsruhe

[3]   PDV-Entwicklungsnotizen PDV-E..; (zur Implementation des oberen
        Compilerteils); Ges. f. Kernf. mbH., Karlsruhe

[4]   PDV-Bericht KFK-PDV75; Mühlhahn; Spezifikation CIMIC/1; Ges. f.
        Kernf. mbH., Karlsruhe

[5]   Poole, Waite; The STAGE2 Macro Processor - User Ref. Man.; Dep.
        of Electr. Eng., University of Colorado, U.K.A.E.A. Res. Group;
        Juli 1970

[6]   F.-J. Prester; Die graphische Ein-Ausgabe in PEARL und ihre Im-
        plementation; ebenfalls Beitrag zur Fachtagung "Prozeßrechner
        1977"

[7]   F.-J. Prester, P. Holleczek, K. Pelz, R. Rössler; The Adaption
        of a portable PEARL-Compilation System - Experience and future
Aspects, with special Emphasis on the Runtime Package; Colloques IRIA,
IFAC/IFIP International Workshop on "real-time programming", Rocquen-
court; June 2nd-4th, 1976

[8]   PDV-Entwicklungsnotizen PDV-E64,65,66,67,75,76,77,78,83,...;
        (zur Implementation der maschinenabhängigen Teile des Compilier-
systems); Ges. f. Kernf. mbH., Karlsruhe

[9]   PDV-Entwicklungsnotiz PDV-E89; Holleczek; ASME-PEARL-Compilier-
        system (Grundideen); Ges. f. Kernf. mbH., Karlsruhe

[10]   CIMIC-II-Spezifikation; wird demnächst erscheinen; Kontakt: Fa.
        GPP, München

INTERAKTIVE PROGRAMMIERUNG VON MIKRORECHNERN DURCH EINSATZ
EINES RESIDENTEN REAL-TIME BASIC ÜBERSETZERS

Werner Heinzel
Lehrstuhl für Datenverarbeitung
Ruhr-Universität Bochum
D-4630 Bochum

Die sogenannten Kleinst-Prozeßrechner haben sich in der Automatisierungs- und Datentechnik als ein kostengünstiges Hilfsmittel erwiesen. Dabei bietet sich besonders der Einsatz von Mikrorechnern an. Oft wird jedoch von dem Anwender auf diesem Gebiet Neuland betreten, so daß eine relativ große Einarbeitungszeit erforderlich ist. Besonders die z. Zt. noch ungenügende Softwareunterstützung erweist sich bei der Programmerstellung als hinderlich.

In diesem Beitrag wird ein dialogfähiges Übersetzersystem vorgestellt und diskutiert, welches die interaktive Programmerstellung für Mikrorechner in einer höheren Programmiersprache sowie den Test der erstellten Programme im Inselbetrieb ermöglicht. Neben dem üblichen Entwicklungssystem ohne Hintergrundspeicher (Floppy Disk) wird als Ein-/Ausgabegerät nur eine Standardfernschreibmaschine benötigt.

1. Möglichkeiten der Programmerstellung für Mikrorechner

Mikrorechner lassen sich — ebenso wie größere Rechensysteme — auf drei verschiedenen Wegen programmieren und zwar

     - direkt in Maschinensprache,

     - in einer Assemblersprache und

     - in einer höheren, anwenderorientierten Sprache.

Eine erste Unterstützung bei der Programmerstellung stellt dabei das Mikrorechner *Entwicklungssystem* dar. Ein derartiges Entwicklungssystem wird vom Hersteller neben der erforderlichen Hardware — wie z.B. Front Panel, I/O-Interfaces, Mindestausbau an Speicherplatz, Programmiereinrichtung für PROM's — mit folgenden Softwarekomponenten geliefert:

     - Testmonitor für den Teletype-Verkehr und Hardwaretest
       erstellter Programme,
     - Editor-Programm zur einfachen Bearbeitung des Quellprogramms,
     - Assembler-Programm zur Assemblierung von Quellprogrammen.

Bild 1 (linke Seite) zeigt die Vorgehensweise bei der Assemblierung bei Einsatz des Entwicklungssystems.

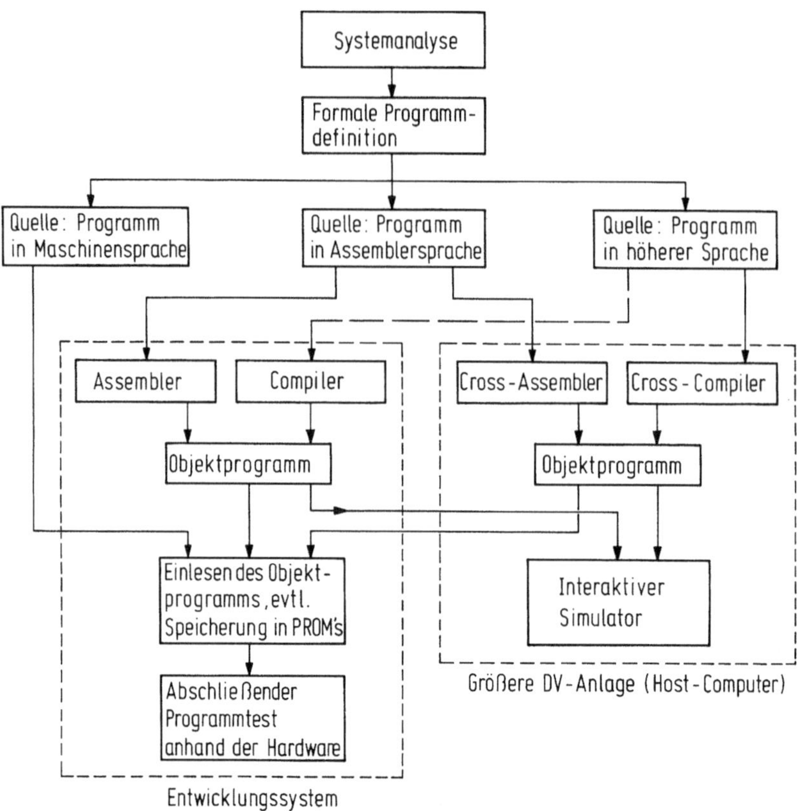

Bild 1. Möglichkeiten der Programmerstellung für Mikrorechner

Eine derartige Vorgehensweise erweist sich jedoch als sehr zeitaufwendig, sofern, wie bis Mitte des Jahres 1976 bei standardmäßigen Ausführungen üblich, im einzelnen

- der Assembler eingelesen,
- der Lochstreifen mit dem Quellprogramm mehrfach eingelesen (da Mehr-Pass-Assembler),
- ein Lochstreifen mit dem Objektprogramm ausgegeben und
- das erzeugte Objektprogramm eingelesen werden mußte.

Sollte das Quellprogramm noch fehlerbehaftet sein, so ist eine Bearbeitung mit dem *Text-Editor* erforderlich, bevor eine erneute Assemblierung erfolgt. Die Programmerstellung schließt mit dem erforderlichen Hardwaretest ab. Neuere Entwicklungssysteme gestatten den Anschluß eines Plattensystems (Floppy-Disk), welches von einem DOS (Disk Operating System) verwaltet wird. In diesen Fällen können Assembler und Programm schnell in den Zentralspeicher des Entwicklungssystems geladen und der Assembliervorgang ausgeführt werden.

Hat ein Benutzer Zugang zu einer größeren Rechenanlage, so wird der Programmiervorgang durch die Verwendung sogenannter *Cross-Software* erleichtert. Mit dem Begriff Cross-Software sollen die verschiedenen Module *Assembler*, *Compiler* und *Simulator* des jeweiligen Mikroprozessors gekennzeichnet werden, sofern sie nicht auf dem Entwicklungssystem selbst ablauffähig sind, sondern eine größere Datenverarbeitungsanlage (Host Computer) erfordern. Diese Cross-Software liegt zumeist in der Programmiersprache FORTRAN vor und ist deshalb weitgehend systemunabhängig.

Es stehen — wie bereits erwähnt — verschiedene Cross-Produkte zur Verfügung [1]. Das Quellprogramm kann demnach in einer Assemblersprache oder in einer höheren Programmiersprache erstellt werden. Durch die Möglichkeit der Programmerstellung in einer höheren Programmiersprache können u.a. auch Anwender, die weniger mit der Hardwarestruktur des Mikroprozessors vertraut sind, eine Programmierung dieser Systeme durchführen. Mit einem zusätzlichen Simulator des entsprechenden Mikroprozessors ist ein weitgehender, interaktiver Test der erstellten Programme auf dem Host-Computer (Bild 1 rechts) möglich.

Die Erfahrung zeigt, daß sich die Handhabung der Cross-Software zur Compilation von Quellprogrammen und zum interaktiven Test des erzeugten Objektcodes relativ unhandlich gestaltet, da die jeweiligen Großrechnersysteme durch anderweitigen Teilnehmerbetrieb oft überlastet sind, so daß notwendige Übersetzungen aus Rechenzeitgründen meist nicht zu üblichen Arbeitszeiten abgewickelt werden können. Die interaktive Arbeitsweise ist jedoch ein wesentlicher Punkt für eine optimale kostengünstige Programmerstellung. Zur Umgehung der oben angedeuteten Begrenzungen bei der derzeitigen Softwareerstellung für Mikroprozessoren ist deshalb die Realisierung der Aufgabe

> *- interaktive Programmierung von Mikrorechnern in einer höheren*
>   *Programmiersprache und Test der erstellten Programme im Inselbetrieb*

erforderlich.

Das in diesem Beitrag diskutierte Übersetzerkonzept stellt einen Versuch zur Lösung dieser Aufgabe dar.

Während im Jahre 1971 der erste funktionsfähige Mikroprozessor vorgestellt wurde, stehen nun eine Veilzahl unterschiedlicher Typen zur Verfügung. Bei dieser Vielzahl der Systeme kann der Prozessor *Intel 8080* als ein "Quasi-Norm-System" bezeichnet werden [2]. Die Realisierung (Implementierung) des Konzeptes erfolgte deshalb am Beispiel dieses Prozessors.

2. Auswahl der Programmiersprache

Erfahrungsgemäß sind Rechnerausfälle infolge von Fehlern in der Anwendersoftware am häufigsten. Um bei der Programmerstellung Fehler möglichst zu vermeiden, sollte die Programmierung weitgehend in einer höheren Programmiersprache vom Anwender selbst durchgeführt werden. Die zu verwendende Programmiersprache kann dabei eine dem Problemkreis und der Technologie angepaßte vollständig neue Sprachkonstruktion sein. Oft steht jedoch der Anwender unbekannten Sprachkonstruktionen ablehnend gegenüber. Deshalb erscheint es günstiger, eine einprägsame und einem großen Anwenderkreis bereits bekannte Programmiersprache zu erweitern bzw. zu modifizieren.

Nach MARTINES [3] wäre als Basis einer Sprachmodifikation aus Standardisierungsgründen eine Konzentration auf die Sprachen BASIC, FORTRAN und PL/1 wünschenswert. Bei dem hier vorgestellten Konzept wurde BASIC als Basis bei der Implementierung ausgewählt, da BASIC ein einfaches interaktives Arbeiten gestattet und dem Anwender aufgrund der Implementierung bei den meisten Minicomputern gut bekannt ist.

Erweitert man den Sprachvorrat der Programmiersprache BASIC im Hinblick auf Echtzeitanwendungen und Prozeß-Ein-/Ausgabevorgänge, so wird die dann vorliegende Spracherweiterung oft durch den Begriff *Real-Time-BASIC* (RT-BASIC) gekennzeichnet. Aus der Zahl der bekannten Versionen erscheint die Prozeßsprache BASEX [4] in ihrem Basissprachumfang wenig systembezogen. Sie wurde für Minirechner konzipiert und hat sich bereits bei vielen Anwendungsfällen bewährt. Für die Implementierung einer höheren Programmiersprache bei Mikrorechnern wurden aufbauend auf dem BASEX-Sprachumfang noch verschiedene Modifikationen vorgenommen, die besonders auf spezifische Eigenschaften der Mikroprozessoren eingehen [5]. Bei der sich ergebenden Sprachkonstruktion handelt es sich um die BASIC-Modifikation BASEM (*BASIC* für *Experiments by using Mikroprozessors*). Neben gewissen Einschränkungen erfolgte dabei u.a. eine Erweiterung des Begriffes *String-Expression* (Anwendung arithmetischer Operatoren auf Strings) sowie eine Anpassung der Interrupt- und Prozeß-I/O-Technik.

3. Struktur und Arbeitsweise des Übersetzersystems

Real-Time BASIC spricht eine Anzahl von Systemprogrammen an; so z.B. Unterprogramme für arithmetische Operatoren, Standardfunktionen oder die Unterprogramme zur Abwicklung von Prozeß-Ein-/Ausgaben. Die erforderliche Library sei ebenso wie Binder, Kommandosystem oder der Übersetzer selbst ein Modul des zu betrachtenden Übersetzersystems. Das gesamte Übersetzersystem ist voraussetzungsgemäß speicherresistent, d.h. es steht kein zusätzlicher Hintergrundspeicher zur Verfügung.

3.1 Das Zahlenformat

Die Vorgehensweise bei der Erstellung der Library wurde bezüglich der arithmetischen Unterprogramme ausführlich in [6] beschrieben. An dieser Stelle soll nur kurz auf die Wahl des Zahlenformates eingegangen werden. Es bestand die Aufgabe, Unterprogramme mit annehmbaren Rechenzeiten und erforderlicher Genauigkeit für Prozeßaufgaben zu erstellen. Da die Rechengeschwindigkeit der Mikroprozessoren im Vergleich zu herkömmlichen Rechnersystemen relativ gering ist, wurde für Gleitkommazahlen ein Format von drei Byte festgelegt, wobei zwei Byte auf die Mantisse und ein Byte auf den Exponenten entfallen. Es lassen sich dann Zahlenwerte im Bereich von etwa -10^{38} bis 10^{38} mit einer maximalen relativen Genauigkeit von ungefähr $3 \cdot 10^{-5}$ darstellen.

Die erreichte Genauigkeit erweist sich bei der Realisierung verschiedener Aufgaben als ausreichend, zumal Mikrorechner oft auch für diejenigen Aufgaben eingesetzt werden, die zuvor überwiegend von analogen Systemen bewältigt wurden.

3.2 Der Übersetzer

Aus Gründen der Informationssicherung sollte der Übersezter selbst in einem nichtflüchtigen Speichermedion (ROM) abgelegt werden, während zur Speicherung der temporären Informationen zusätzlicher Speicherplatz — üblicherweise mit RAM bezeichnet — erforderlich ist. Bei der Realisation des Übersetzerkonzeptes war deshalb darauf zu achten, daß die Vorgehensweise bei der Programmierung der jeweiligen Module deren Speicherung im ROM-Bereich zuließ.

Interaktive Softwareerstellung zeichnet sich u.a. dadurch aus, daß der Programmierer jeweils sofort nach Eingabe einer Zeile über eventuelle Programmierfehler informiert wird. Die Eingabeinformation ist also in einer sogenannten *Analysephase* zu prüfen. Bei korrekter Eingabe kann nun entweder der fehlerfrei Quellencode selbst zur weiteren Bearbeitung intern abgelegt oder der nahezu endgültige Maschinencode bereits

schon in dieser Phase erzeugt werden (inkrementeller Übersetzer). Bei der zuletzt
genannten Vorgehensweise ist es allerdings dann nicht mehr möglich, den eingegebenen
Quellencode zurückzugewinnen, sofern nicht eine zusätzliche Quellenkopie intern abgelegt wird. Außerdem erfordert eine derartige Arbeitsweise einen relativ großen
Organisationsaufwand. Für das zu diskutierende Übersetzerkonzept wurde deshalb ein
Verfahren gewählt, welches der Methode der Speicherung des fehlerfreien Quellencodes
ähnlich ist, aber mehr den Erfordernissen der Mikrorechnersysteme entspricht. Statt
des Quellencodes selbst wird ein kompakter *Zwischencode* gespeichert, aus dem sich
zu jeder Zeit das ursprüngliche Quellenprogramm zurückgewinnen läßt. Dabei sei der
Zwischencode bis auf die dual codierte Zeilennummer eine Folge von Tabellenschlüsseln.

Während der Analysephase müssen neben dem eigentlichen Zwischencode auch eine Anzahl
von Tabellen zur Abwicklung der Analyse sowie für die folgende Generierungsphase
angelegt werden. Zur Vereinfachung der Tabellenverwaltung wurde in dem Übersetzerkonzept festgelegt, daß die gleichzeitig wachsenden Bereicht für Tabellen und Zwischencode — wie in Bild 2 angedeutet — sich in entgegengesetzter Richtung ausbreiten.

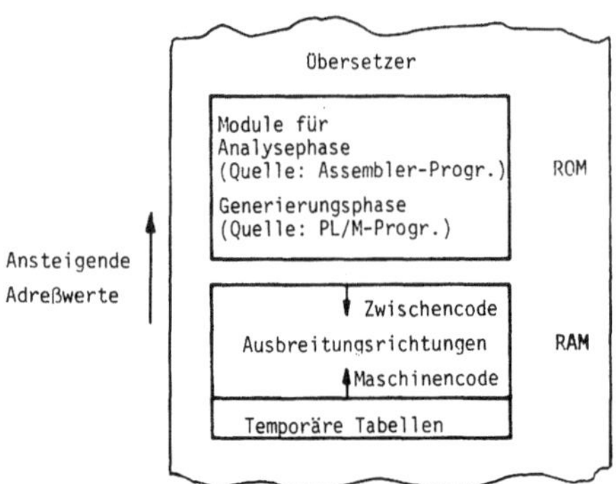

Bild 2. Prinzipielle Aufteilung eines Adreßbereiches für Module und Tabellen des
Übersetzers

Die Organisation von Tabellen und die Optimierung des Suchprozesses stellt für herkömmliche Übersetzer ein wichtiges Problem dar, da hiervon ebenfalls die benötigte
CPU-Zeit des Übersetzungsvorganges abhängt. Bei der vorgegebenen Aufgabe kann dem
Punkt des Rechenzeitbedarfes der Übersetzung ein geringer Stellenwert beigemessen
werden, da das System ausschließlich für Übersetzungsaufgaben zur Verfügung steht
und somit keine anderen Programmabläufe blockiert. Deshalb war es möglich, die Tabellen für lineares Suchen zu organisieren. Trotz dieser Maßnahme wird die Analyse
einer Zeile so schnell abgewickelt, daß der Programmierer davon kaum etwas bemerkt.
Der Zeitbedarf für die eigentliche Codegenerierung beträgt auch bei umfangreichem
Programm — wie bei verschiedenen Test festzustellen war — nur einige Sekunden, so
daß die getroffene Entscheidung bestätigt wurde.

Die Frage nach der Wahl der Programmiersprache zur Erstellung der Übersetzermodule
selbst ist eine der Fragen, die am Anfang des Konzeptentwurfes beantwortet werden muß.
Wie bereits erläutert, lassen sich Softwaremodule für Mikroprozessoren bei Einsatz
entsprechender Cross-Software auf einer größeren DV-Anlage sowohl in einer Assemblersprache als auch in einer höheren Programmiersprache erstellen. Für das betrachtete
System INTEL 8080 war eine Auswahl zwischen der Assemblersprache und der höheren Programmiersprache PL/M zu treffen.
Die eigentliche Analysesphase des erarbeiteten Übersetzerkonzeptes ist systemunabhängig, da in dieser Phase die Analyse des Quellenprogrammes und die Erzeugung des Zwischencodes erfolgt. Häufige Änderungen dieser Programmstruktur sind deshalb auszuschließen. Um möglichst kompakte, rechenzeiteffektive Module zu erstellen, wurden diese Module in der entsprechenden Assemblersprache geschrieben.

Im Rahmen der Generierungsphase erfolgt die Übersetzung des systemunabhängigen Zwischencodes in den gewünschten Maschinencode. Um flexibler hinsichtlich Änderungen in
der Struktur des Zielrechners zu sein, bei dem die erstellte Software letztlich zu
implementieren ist, wurden die Module für die Generierungsphase in der höheren Programmiersprache PL/M geschrieben (Bild 2). Dem Nachteil des größeren Speicherbedarfes
steht der wesentliche Vorteil der Selbstdokumentation dieser Programme und somit die
Möglichkeit gegenüber, Änderungen schnell durchführen zu können. Durch diese Maßnahme
erscheint eine einfache Anpassung an veränderte Strukturen des Zielrechners möglich.

Die Durchführung der syntaktischen Analyse einer Quellenzeile wird durch das nachfolgend dargestellte Verfahren abgewickelt:
Jede Anweisung besitzt eine, durch die Syntax der Anweisung festgelegte Struktur, welche anhand der Schlüsselwörter einfach zu erkennen ist. Eine wichtige Aufgabe besteht
deshalb in der Feststellung, ob die in der Syntax vorgegebene "Rahmenstruktur" einer
Anweisung eingehalten wurde. So erfolgt nach der Kontrolle der Zeilennummer in Abhängigkeit von dem Anweisungsnamen eine Verzweigung in spezielle Programme, die jeweils
eine weitgehende Analyse gestatten. Nach der Identifizierung einer syntaktischen Einheit im Rahmen der lexikalischen Analyse, schließt sich jeweils eine sofortige Prüfung hinsichtlich der Stellung dieses syntaktischen Elementes innerhalb der Eingabe-
zeile an. Ergibt sich keine Beanstandung, so wird das entsprechende syntaktische Element als ein Element des Zwischencodes in den Zwischencodepuffer abgelegt.

Die zeilenweise Analyse erfolgt jeweils nach Eingabe des Zeilenendzeichens, z.B. dem
Steuerzeichen "Wagenrücklauf". Das Ende der Rechenzeit zur Analyse einer Quellenzeile und zur Einordnung der jeweiligen Zwischencodezeile zeigt das Übersetzersystem
durch Ausgabe der Steuerzeichen "Wagenrücklauf" und "Zeilenwechsel" an. Diese Zeitspanne nach Eingabe der Zeilenmarkierung ist für den Programmierer kaum wahrnehmbar.
Darum stellt die oben skizzierte Vorgehensweise der Syntaxanalyse und Zwischencode-

behandlung für den Programmierer keine Begrenzung dar, sondern unterstützt die interaktive Programmerstellung.

```
10    REM   **********************************************
20    REM FEHLERMARKIERUNG BEI EINGABE EINER QUELLENZEILE
30    REM   **********************************************
40    REM
50    LET VAR1 = VAR2 * VAR3 / VAR4
50    LET VAR1 = VAR2 * / VAR4
                          ?
23

60    REM MEHRERE FEHLER IN EINER ZEILE
70    FOR I = 2*(Y-X/K) TO SQR(A*2) STEP V(6)
70    FOR I = 2(Y-X/K TO SQR(A:2) STEP V(69
                 ?/        ?        ?/            ?
23 21 14 21
```

Bild 3. Art der Fehlerkennzeichnung bei Eingabe einer Quellenzeile

Werden bei der Eingabe einer Zeile Fehler festgestellt, erfolgt die Ausgabe einer
Fehlermeldung nach Abschluß der Zeile (Bild 3). Das Zeichen "?" markiert dabei jeweils den vermuteten Fehlerort unterhalb der fehlerhaften Zeile. Nach der Erkennung
eines Fehlers wird versucht die Zeile weiter zu analysieren, wobei alle Quellenzei-
chen bis zum folgenden "Aufsetzpunkt" durch das Zeichen "╱" gekennzeichnet werden.

Die Fehlermeldung sollte die vermuteten Fehler möglichst eindeutig beschreiben, entweder durch Ausgabe von Fehlerstrings oder in Form von Fehlercodes. Die Ausgabe von
Fehlerstrings stellt für den Programmierer eine größere Unterstützung dar, erfordert
aber auch systemintern zusätzlichen Speicherplatz. Da der vermutete Fehlerort ebenfalls markiert wird, müßte in vielen Fällen allein aus dieser Information die Fehler-
art sofort zu erkennen sein, so daß durch Ausgabe der Fehlerstrings — besonders bei
Verwendung der "langsamen" Standard-Fernschreibmaschine-in diesen Fällen für den Programmierer eine lästige Zeitspanne entsteht.

Bei dem betrachteten Übersetzer besteht deshalb aus den oben angeführten Gründen die
Ausgabe der Fehlermeldung — zusätzlich zu der Markierung der Fehler — aus einer Folge von Fehlercodes.

Eine fehlerhafte Zeile wird nicht in den Zwischencode übernommen und kann nach Ausgabe der Fehlermeldung von dem Programmierer korrigiert wieder eingegeben werden. Das Konzept der Analysephase gestattet somit eine interaktive Programmerstellung.

Bei der Abarbeitung des Zwischencodes zum Zwecke der Codegenerierung wird anhand des Schlüsselwortes der jeweiligen Zeile, eine Verzweigung zu entsprechenden Übersetzermodulen durchgeführt, welche dann die Codeerzeugung für diese spezielle Anweisung abwickeln. Ähnlich wie bei der Analysephase, stellt die Codeerzeugung für Ausdrücke eine zentrale Aufgabe der Generierungsphase dar. Dabei erfolgte, aufbauend auf dem, bis auf wenige Ausnahmen (z.B. *mixed mode* Fehler) fehlerfreien Zwischencode eines Ausdruckes — unter Verwendung des Operator-Präzedenzverfahrens — die Generierung des entsprechenden Maschinencodes.

Statt der vollständigen Präzedenzmatrix können speicherplatzsparende Präzedenzfuntionen zur Steuerung dieser Phase eingesetzt werden. Der Nachteil der unvollständigen Erkennung syntaktischer Fehler ist in diesem Fall unwesentlich, da der Zwischencode bereits in "fehlerfreier" Form vorliegt.

Die Erkennung und Registrierung restlicher Fehler der Art "FOR-Schleifen ohne NEXT" oder "Sprung auf unbekanntes Sprungziel" wird ebenfalls im Rahmen der Generierungsphase abgewickelt. Zur Fehlerbeseitigung genügt dann wiederum eine entsprechende Korrektureingabe.

Im Mittel erfordert die Übersetzung einer Quellenzeile einen Speicherbereich von etwa 15 Byte für den Zwischencode und ungefähr den gleichen Bereich für den Maschinencode bei Nichteinbeziehung der Bibliotheksprogramme. Ein RAM-Speicherbereich von z.B. 4k Byte gestattet somit die Übersetzung von etwa 135 RT-BASIC Quellenzeilen.

3.3 Der Binder

Nach dem Übersetzungsvorgang sind in dem erzeugten Maschinenprogramm eine Anzahl von Bezügen zu Modulen des Übersetzersystems vorzufinden (z.B. Unterprogrammadressen der Library). Um die Lauffähigkeit des erzeugten Maschinenprogramms auch außerhalb des Übersetzersystems zu sichern, ist deshalb die Durchführung eines Bindevorgangs erforderlich.

Die funktionsgerechte Verschiebung eines Programms in einen anderen Adreßbereich erfordert bekanntlich eine Veränderung der Adreßwerte. Dies bedeutet, daß jedes Element eines Programms daraufhin zu untersuchen ist, ob es modifiziert werden muß oder nicht. Da der Objektcode der betrachteten Mikrorechner nicht explizit unterscheidet zwischen relativen und absoluten Werten, muß diese Information durch eine entsprechende Strategie gewonnen werden.

Ebenso besteht ein Maschinenprogramm aus einer — möglichst geringen — Anzahl unterschiedlicher Strukturen, wie z.B. Befehls- und Datenblöcken. Um die Verschiebung eines Programms bei ausschließlicher Betrachtung des Objektprogramms zu ermöglichen, sind deshalb zur Kennzeichnung spezieller Befehle bzw. Blockstrukturen gewisse Zusatzinformationen in den Code einzuschleusen.

Für derartige Markierungszwecke wird die Einführung sogenannter *Flag-Befehle* vorgeschlagen [5]. Es handelt sich dabei um Befehle, die für den Programmablauf — abgesehen von der Inkrementierung des Programmzählers — wirkungslos sind, möglichst geringe Ausführungszeit beanspruchen und im "normalen " Programmablauf nicht vorkommen dürfen. Die erforderlichen *Flag-Befehle* werden direkt vom Übersetzer eingefügt.

> *Flag-Befehle* dienen zur Kennzeichnung nicht zu modifizierender Folgebefehle oder zur Ankündigung spezieller Programmstrukturen.

Die Verschiebung eines so vorbereiteten Maschinenprogramms geschieht nun durch den Transport von Befehls- und Datenblöcken zu dem gewünschten neuen Adreßbereich, sowie der Modifizierung beider Blöcke um die entsprechende Adreßdifferenz (address offset).

Die Aufgabe des Binders besteht in der Untersuchung eines vorgegebenen Hauptprogramms auf externe Unterprogrammverzweigungen — die durch CALL-Befehle angekündigt oder durch spezielle Flag-Befehle gekennzeichnet werden — und dem Anbinden der entsprechenden Bibliotheksunterprogramme an das Hauptprogramm. Erfolgen in einem Unterprogramm weitere Programmaufrufe, so sind diese Programme ebenfalls anzubinden. Die Arbeitsweise des Binders muß somit eine Mehrfachverschachtelung der Unterprogramme zulassen. Weitere Einzelheiten der Vorgehensweise sind aus [5] zu entnehmen.

3.4 Das Kommandosystem

Die Aufgabe des Kommandosystems besteht in der möglichst umfassenden Unterstützung des Anwenders bei der Programmerstellung, wobei für jede Arbeitsphase eine Anzahl Kommandos zur Verfügung stehen. Im einzelnen wurden folgende Kommandofunktionen vorgeschlagen und implementiert [5].

- Aufbereiten von Quellenprogrammen (Editing) einschließlich Umsortierung von Quellenbereichen,
- Übersetzung von Quellenbereichen mit Testhilfen, z.B. TRACE (Spurverfolgung),
- Test von Programmbereichen einschließlich Vorbelegung und Ausgabe (DUMP) von Variablenwerten,
- Binden und Sichern von Programmen,
- verschiedene zusätzliche Systemleistungen zur Erleichterung der Programmier- und Testphase, wie z.B. Anforderung des "immediate modes".

Die Eingabe eines Kommandos kann an jeder beliebigen Stelle der Eingabephase erfolgen und wird durch das Sonderzeichen "@" eingeleitet.

4. Zusammenfassung

Um den Anwender von Mikrorechnern weitgehend von rechnerspezifischen Kenntnissen zu entlasten und ihm eine weniger fehlerintensive, selbstdokumentierende Programmierung zu ermöglichen, kann auf die Verwendung einer höheren Programmiersprache nicht verzichtet werden. Eine mit geringem Zeitaufwand verbundene Programmierung ist außerdem nur durch interaktive Arbeitsweise möglich.

Das in diesem Beitrag vorgestellte Übersetzerkonzept stellt einen Versuch dar, dem Anwender die interaktive Programmierung von Mikrorechnern in einer höheren Programmiersprache ohne Verwendung der Cron-Software zu ermöglichen. Neben dem üblichen Entwicklungssystem ohne Hintergrundspeicher (Floppy Disk) und einer Standardfernschreibmaschine sind keine weiteren Geräte erforderlich.

Literatur

[1]   K. Bender, W. Heinzel, H. Jacob, W. Motsch, W. Weber.
       Mikrorechner.
       VDI-Verlag GmbH, Düsseldorf 1977

[2]   J. Ogdin.
       Microcomputer Technique.
       Euromicro Newsletter, January 1975, S. 43-75

[3]   R. Martinez.
       A Look at Trends in Microprocessor/Microcomputer Software Systems.
       Computer Design, June 1975

[4]   A. Goldenberg, Ch. Schlier, W. Schupp.
        Beschreibung der Prozeßsprache BASEX.
        Interner Bericht C25 des Instituts für Physik der Universität Freiburg

[5]   W. Heinzel.
        Ein konzept zur interaktiven Programmierung von Mikrorechnern in Real-
        Time-BASIC.
        Dissertation am Lehrstuhl für Datenverarbeitung der Ruhr-Universität
        Bochum, 1976

[6]   M. v. Eymeren, W. Heinzel.
        Implementierung einer arithmetischen Unterprogrammbibliothek am Beispiel
        des Mikrorechner-Systems INTELLEC 8 MOD 80.
        Regelungstechnische Praxis (rtp) 4/76

Verzeichnis der Bilder

Bild 1.   Möglichkeiten der Programmerstellung für Mikrorechner

Bild 2.   Prinzipielle Aufteilung eines Adreßbereiches für Module und Tabellen des
          Obersetzers

Bild 3.   Art der Fehlerkennzeichnung bei Eingabe einer Quellenzeile

PROZESSRECHNERGESTÜTZTE SOFTWARE-ENTWICKLUNG
FÜR MIKRORECHNER

R. Swik
Lehrstuhl und Laboratorium für
Steuerungs- und Regelungstechnik
Technische Universität München
o. Prof. Dr.-Ing. G. Schmidt

1. Einführung

Bei der Programmierung von Mikrorechnern (μR) stellt sich das Problem der rationellen Softwareerstellung, sobald der Umfang über ganz elementare Aufgaben (ca. hundert Befehle) hinausgeht/1/.Im Gegensatz zur Programmierung größerer Rechenanlagen kommt noch hinzu, daß meistens gleichzeitig mit der Software erst die Hardware entwickelt wird. Bild 1 zeigt die prinzipiell notwendigen Schritte zur Erzeugung lauffähiger Mikrorechnersoftware mit der dazu erforderlichen Systemsoftware.

Die Softwareerstellung kann nun prinzipiell auf 4 verschiedene Arten erfolgen:

A) Auf dem entwickelten Mikrorechner, d.h. einem für die beabsichtigte Anwendung zugeschnittenen Gerät selbst.

Wegen der i.a. begrenzten Ein-/Ausgabemöglichkeiten und des meist nur geringen Schreib-/Lesespeicherumfanges ist verfügbare Systemsoftware kaum benutzbar. Falls Hard- und Software gleichzeitig entwickelt werden sollen, scheidet dieser Weg sowieso aus.

B) Auf einem speziellen Entwicklungs-System für den verwendeten Mikroprozessor (μP), /3/, /4/.

Diese Systeme sind prozessorspezifisch und bei höherem Komfort relativ teuer, sonst ergeben sich die gleichen Einschränkungen wie unter A). Für rationelles Arbeiten sind zudem teure Peripheriegeräte notwendig (z.B. Floppy-Disc, Zeilendrucker, Sichtgerät ...). Um einen reibungslosen Übergang zum entwickelten Mikrorechner zu gewährleisten, ist im übrigen eine hardwaremäßige Ankopplung an das Entwicklungssystem sehr vorteilhaft /4/.

C) Auf Groß-Rechenanlagen

Ein effektives Arbeiten mit Cross-Software ist auf Großrechnern nur dann möglich, wenn ein bequemer Zugriff zu einem Rechner-Terminal vorhanden ist. Die zum Programmtest benutzten sog. "Simulatoren" sind sehr rechenzeitintensiv und ersetzen keineswegs einen Test auf dem Mikrorechner selbst. Einige Vor- und Nachteile von

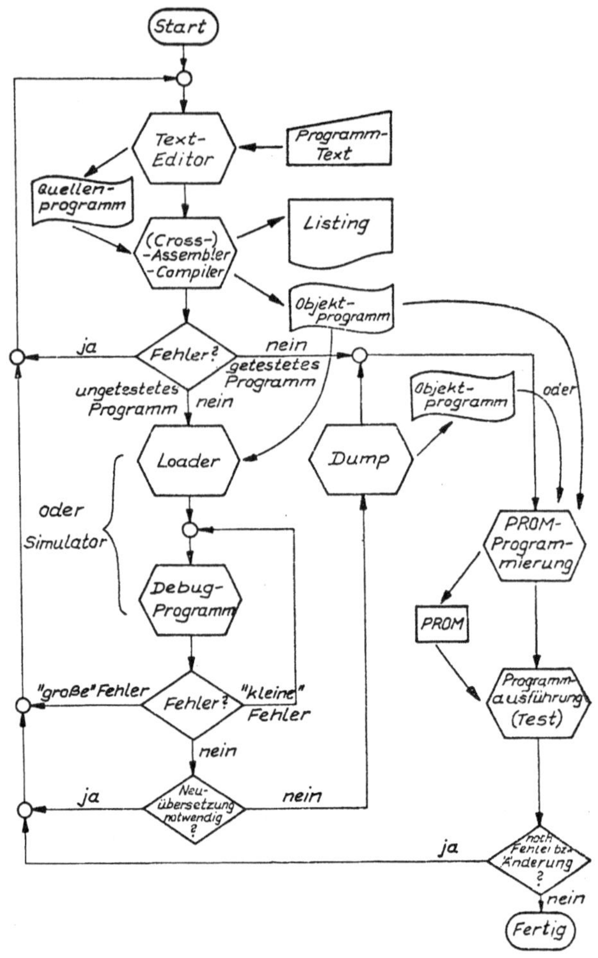

Bild 1: Schritte zur Erzeugung lauffähiger Software

Cross-Software auf Großrechnern werden z.B. in /2/ diskutiert.

D) Auf Prozeßrechnern (Minirechner)

Häufig ist freie Prozeßrechnerkapazität verfügbar, z.B. im Hintergrundbetrieb.
Komfortabel ausgestattete µP-Entwicklungssysteme kosten zudem genausoviel wie
ein entsprechend ausgestatteter kleiner Prozeßrechner. Da für Minirechner hoch-
entwickelte Systemsoftware zur Verfügung steht, ist es relativ leicht, die notwendige Cross-Software zu erstellen. Ein wesentlicher Fortschritt gegenüber C)
kann weiterhin erzielt werden, wenn der Mikrorechner oder in der Entwicklungsphase dessen Komponenten hardwaremäßig mit dem Minirechner gekoppelt werden. Es

ergeben sich dann ähnliche Vorteile wie bei der Verwendung fortgeschrittener
spezieller µP-Entwicklungssysteme /4/.

Ein nach diesem Prinzip erstelltes System soll im folgenden detaillierter behandelt
werden. Gegenüber ähnlichen bekannten Systemen /5/, /6/ liegt der Unterschied in der
Art der Hardware-Kopplung und in der entwickelten Cross-Software.

2. Hardware-Kopplung zwischen Mini- und Mikrorechner

Das Prinzip der Kopplung beider Rechner besteht darin, den Mikrorechner oder Teile
davon zu einem peripheren Gerät des Minirechners zu machen. Zweckmäßigerweise benutzt man dazu ein Standard-Interface des Minirechners für bitparallele und bit-
serielle Ein/Ausgabe. Nach dem Grad der Verflechtung lassen sich grob 2 Möglichkeiten unterscheiden.

a) Sehr "enge" Kopplung: Hierbei kontrolliert der Minirechner direkt den µP, d.h.
   dessen Status und Datenfluß. Eine solche Kopplung erlaubt mit entsprechender
   Software einen"Exerciser"-Betrieb, nämlich einen detaillierten Software- und
   Hardwaretest /5/, /6/. Als Nachteile sind zu nennen:
   - der Hardware-Aufwand zur Kopplung ist beträchtlich,
   - der Software-Aufwand ist wegen der detaillierten Kontrolle ebenfalls sehr groß,
   - das System ist speziell auf einen µP zugeschnitten und bietet damit weniger
     Vorteile gegenüber speziellen Entwicklungssystemen.

b) "Lose" Kopplung: Es wird eine Schnittstellenumsetzung zwischen Minirechner E/A
   (bitparallel oder seriell) und dem Mikrorechnerbus geschaffen, die dem Minirechner erlaubt, direkt auf den Speicher und die Peripherie des Mikrorechners zuzugreifen, d.h. nicht auf den µP selbst. Ein solches "DMA-System" (von "Direct
   memory access") bietet folgende Vorteile:
   - Der Hardware-Aufwand zur Kopplung ist relativ gering und nur wenig prozessor-
     spezifisch. Die meisten Prozessoren ermöglichen z.B. auf einfachste Weise eine
     Busanforderung (bei dem µP I 8o8o "Hold/Hlda").
   - Das System erlaubt einen Test während der Entwicklungsphase des Mikrorechners,
     z.B. einen Betrieb ohne µP und ggf. ohne Speicher nur mit der speziellen
     Mikrorechnerpheripherie; damit wird eine Hardware-Entwicklung von "außen" nach
     "innen" möglich.
   - Der spezielle Software-Aufwand ist gegenüber a) wesentlich geringer.
   - Die Kopplung ist auch bei voll arbeitendem Mikrorechner anwendbar und ermög-
     licht einen hierarchischen Betrieb von Mini- und Mikrorechner.

Der Nachteil dieser Art der Kopplung liegt darin, daß keine direkte Kontrolle
über den µP ausgeübt wird und damit einige prozessorspezifische Funktionen
nicht überwacht werden können.

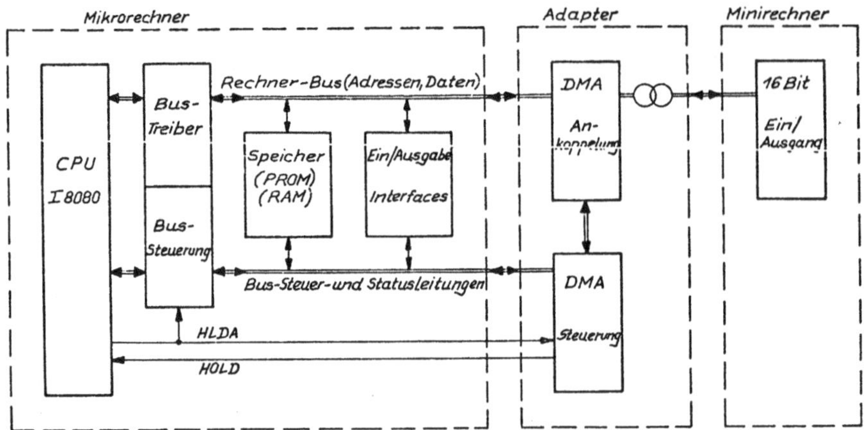

Bild 2: Hardware-Kopplung von Mini- und Mikrorechner

Bild 2 zeigt in Form eines Blockbildes die realisierte Hardware für einen Mikrorechner auf der Basis des µP I 8o8o /7/. Die Koppelhardware ("Adapter") ist dabei
auf 2 funktionelle Blöcke (Aufwand je 1 Europakarte) aufgeteilt, wovon lediglich
der mit "DMA-Steuerung" bezeichnete Block mikrorechnerspezifisch ist (Timing und
Signale des Buses). Die sog. "DMA-Ankopplung" ist hingegen minirechnerspezifisch
und enthält neben einer galvanischen Trennung die Zwischenspeicher für Adressen und
Daten sowie Kommando- und Statusbits. Folgende Funktionen werden durch diese Hardware
ermöglicht:
- Schreiben/Lesen jedes beliebigen Speicherplatzes des RAM/PROM-Speichers;
- Schreiben/Lesen jedes beliebigen Peripheriegerätes am Mikrorechner-Bus;
- Unterbrechungsanforderung an den µP als auch an den Minirechner.

3. Software-Kopplung

Ein Spezifikum bei Mikrorechneranwendungen ist,wie erwähnt,die häufig gleichzeitige
Entwicklung von spezieller Hard- und Software. Die Benutzung eines Minirechners hierzu mit der beschriebenen Kopplung erlaubt nun folgenden Weg (Assemblersprache):

i)   Erstellen des Maschinenprogrammes unter Verwendung des Minirechner-Editors und
      eines Cross-Assemblers.

ii)   Programmtest auf dem Minirechner unter Verwendung eines Emulatorprogrammes.
      Hierbei können über den Adapter prinzipiell bereits Ein/Ausgabegeräte des Mikro-
      rechners angesprochen und damit in den Test einbezogen werden. Da die DMA-
      Steuerung unabhängig vom µP arbeiten kann, brauchen zu diesem Zeitpunkt nur
      der Bus und die E/A Interfaces zu existieren.

iii) Programmtest auf dem µR unter Verwendung eines Lade- und Bedienprogrammes
vom Minirechner aus. Das Maschinenprogramm wird dazu über den Adapter in den
Speicher des µR geladen. Programm und Daten können jederzeit kontrolliert,
rückgelesen bzw. neu geladen werden, unabhängig von der Arbeitsweise des µP.
Damit ist ein sehr effektiver Test des Programmlaufes gerade bei sehr umfangreichen Programmen möglich. Vom ausgetesteten Programm kann dann ein Lochstreifen für die PROM-Programmierung erstellt werden.

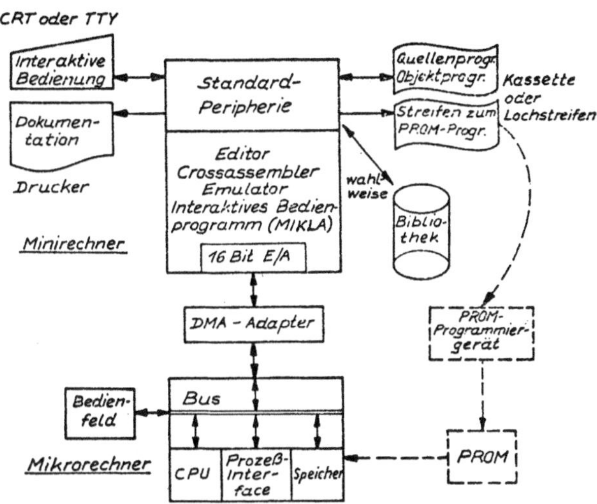

Bild 3: Mini/Mikrorechnerkonfiguration zur Programmerstellung

Bild 3 zeigt die verwendete Konfiguration. Die Bedienung erfolgt dabei im Dialog
über ein Sichtgerät oder eine Fernschreibmaschine. Im Folgenden soll kurz auf die
speziell erstellte Software eingegangen werden.

Cross-Assembler

Ist auf dem Minirechner ein guter Makroassembler oder Makroprozessor verfügbar, so
ist es relativ leicht, äußerst effektive Cross-Assembler zu erstellen. Gegenüber in
Fortran oder in Basic geschriebenen Cross-Assemblern /8/ ergeben sich folgende Vorteile:
- Kurze Assemblierungszeiten. Es wird die gleiche Geschwindigkeit wie bei der Assemblierung minirechner-eigener Programme erzielt.
- Sehr hohe Leistungsfähigkeit, da praktisch alle Fähigkeiten des Makroassemblers
auch für die µR-Programmierung ausgenutzt werden können. Wegen der bei käuflichen
(Self-) Assemblern häufig anzutreffenden Unzulänglichkeiten /2/, ist dieser Vorteil nicht zu unterschätzen.

- Geringer Erstellungsaufwand. Da ca. 7o-75% eines Cross-Assemblers aus organisatorischen Programmen besteht, die hier direkt vom verwendeten Makroassembler erledigt
werden, beschränkt sich der Erstellungsaufwand auf die Definition der Befehle des µP.

Diese Vorteile wiegen den Nachteil auf, daß ein Cross-Assembler nach diesem Prinzip
nicht ohne weiteres portabel ist. Das Prinzip eines solchen Crossassemblers ist denkbar einfach /9/. Bild 4 zeigt als Beispiel die Makrodefinition für den MOV-Befehl
des µP I 8o8o; ebenfalls gezeigt ist das Listing einer Assemblierung auf einem Minirechner Interdata M 7o /12/.

```
                        MACRO
        %LA             MOV     %D,%S
        %LA             DB      %D:&7*8+%S:+X'40'
                        @1      %D
                        @1      %S
                        MEND


        MACROCAL CROSSASSEMBLER FUER I8080                        PAGE    1
                                1       ****************************
                                2       *4-STELLIGE BCD-BINAERWANDLUNG
                                3       *BCD-ZAHL IN DE (T/H/Z/E)
                                4       *ERGEBNIS IN DE (16 BIT)
                                5       ********************************
                                6               I8080
        0000                    36              LIST
        0000                    37              ORG     X'8800'
                                38      BCDBIN  MOV     D,E
        8800    43              39
                                40              CALL    BINADJ
        8801    CD1988          41
                                42              MOV     E,C
        8804    59              43
                                44              MOV     B,D
        8805    42              45
                                46              CALL    BINADJ
        8806    CD1988          47
                                48              MOV     L,C
        8809    69              49
                                50              MVI     D,0
        880A    0600            51
```

<u>Bild 4:</u> Makro-Definition eines Befehles und Cross-Assembler-Listing

Hingewiesen sei in diesem Zusammenhang auf die Möglichkeit, andere als die vom µP-
Hersteller verwendeten mnemotechnischen Befehle zu verwenden, wodurch sich ggf. eine
Standardisierung und Portabilität der Quellenprogramme bei Verwendung verschiedener
µP's ergibt /1o/, sowie auf die Möglichkeit, anwendungsnahe Makrosprachen zu definieren /11/. Diese Wege erscheinen dem Verfasser nach vorliegenden Erfahrungen mit
steuerungs- und regelungstechnischen Anwendungen gerade beim µP wesentlich sinnvoller als die Versuche, höhere Programmiersprachen (PL/1, Fortran, Basic) zu übertragen.

Emulator

Bei den ersten Programmtests kann eine Emulation des µR-Programmes auf einem anderen komfortableren Rechner sehr vorteilhaft sein. Gegenüber den bekannten Simulatorprogrammen auf Großrechnern bietet die Emulation auf einem Minirechner 2 Vorteile:
- Hohe Geschwindigkeit. Da die Emulation eines µP-Befehles ca. 1-10 Befehle erfordert, wird etwa die gleiche Befehlsausführungszeit wie auf dem µP selbst erreicht.
- Die Möglichkeit der Einbeziehung minirechner-eigener Peripherie, sowie im vorliegenden Fall die Fähigkeit, über den DMA-Adapter µR-Ein/Ausgabe Hardware anzusprechen.

Die Emulation der µP-Befehle kann prinzipiell auf 2 Arten erfolgen:
i) Auf der Quellensprachebene
ii) Auf der Maschinencodeebene
Die Emulation auf der Quellensprachebene ist unter Benutzung des Makroassemblers mit wesentlich geringerem Aufwand zu realisieren als die Emulation auf der Maschinencodeebene. Da hiermit nur ein grober Programmtest stattfinden sollte, wurde dieser Weg trotz der Inkompatibilität der Maschinencodes gewählt.

Interaktives Bedienprogramm

Das Bedienprogramm ("MIKLA") zum interaktiven Programmtest mit dem µR benutzt den DMA-Adapter, um den angekoppelten µR wie eine Peripheriegerät anzusprechen. Bild 5 zeigt schematisch die Wirkung der wichtigsten implementierten Kommandos.

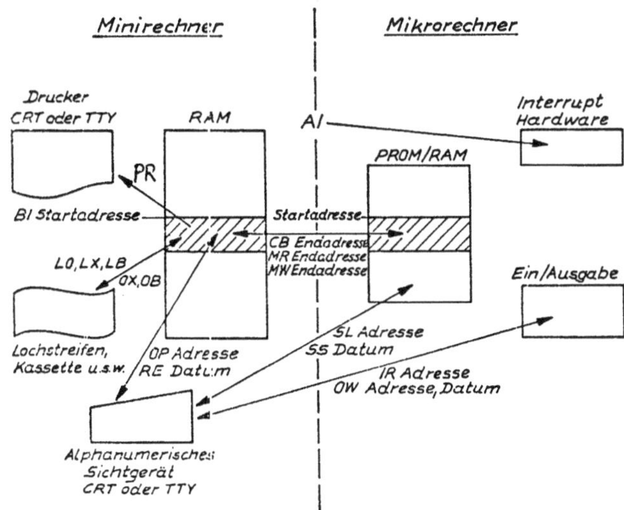

Bild 5: Interaktives Bedienprogramm: Funktion

Im Prinzip ordnet das Programm einen Kernspeicherbereich im Minirechner ("Bildspeicher") jedem beliebigen Speicherbereich im µR zu. Daten zwischen diesen beiden
Bereichen können nun unter Kontrolle des Minirechners blockweise transferiert bzw.
verglichen werden. Der große Vorteil dieser Methode besteht darin, daß bei Verlust
des Speicherinhaltes des µR,z.B. durch Programmfehler,der ursprüngliche Inhalt sofort wieder hergestellt werden kann. Weiterhin ist es möglich, z.B. das - fehlerhafte oder gewollte - Überschreiben von Daten sofort durch Speichervergleich (Kommando "CB Endadresse") zu erkennen, selbstverständlich auch während des Programmlaufes. Die Standardperipherie des Minirechners kann auf den "Bildspeicher" zugreif-
fen und ermöglicht damit alle übrigen Hilfsfunktionen (Programme laden, ausgeben
und modifizieren). Um die Flexibilität zu erhöhen, erlauben einige Befehle auch
einen direkten Zugriff zu beliebigen Speicherplätzen und Ein/Ausgängen des µR. Für
den Benutzer beziehen sich alle Adressen stets auf den Mikrorechner. Bild 6 zeigt
als Beispiel einen kurzen Dialog.

```
MIKLA   BP/SW-75/1 .
─
BI 8100
─
LØ
─
PR
─
ØP 8188
 PRADR   8188 INH.   OF.
─
RE 1F
 PRADR   8188 INH.   1F.
─
Ø+
 PRADR  8189 INH.   OF.
─
MV
─
IR 08
I/Ø - NR.:08  DAT:  63.
─
ØV 04 5A
─
CB 8192
 MRADR   8143  INHALT  80  BUFFERINHALT  81 .
─
MR
```

Bild 6: Interaktives Bedienprogramm: Dialog

4. Schlußbemerkungen

Die Programmierung von Mikroprozessoren wirft einige neue Probleme auf, insbesondere
wegen der oft gleichzeitigen Entwicklung von Hard- und Software. Der hier beschriebene und realisierte Weg benutzt eine Hard- und Softwarekopplung zu einem Prozeßrechner (Minirechner). Gegenüber der Benutzung von Cross-Software auf Großrechnern
ergeben sich entscheidende Vorteile durch die Fähigkeit, den Mikrorechner oder Teile
davon als peripheres Gerät des Prozeßrechners anzusprechen. Gegenüber Mikrorechner-
Entwicklungssystemen ergibt sich u.a. der Vorteil der Unabhängigkeit von einem
speziellen µP. Die entwickelte Software stützt sich weitgehend auf vorhandene
Minirechner-Software und erlaubt ein effektives Arbeiten im Dialog. Falls Prozeß-
rechner-Kapazität zur Verfügung steht, dürfte dieser Weg auch erhebliche Kostenvor-
teile gegenüber einem in der Leistung vergleichbaren Entwicklungssystem bieten. Das
System wurde bisher für regelungs- und steuerungstechnische Anwendungen von Mikrorechnern eingesetzt.

Literatur

/1/ Schmidt, G.: "Microprocessors/Microcomputers: An Outline of Software and Programming." Proc. of the Int. Symp. and Course on Mini- and Microcomputers and
their Applications, Zürich, 2.-5.Juni 1975, Acta Press, Calgary, 1975, S.28-43.

/2/ Watson, J.: "Comparison of Commercially Available Software Tools for Microprocessor Programming". Proc. IEEE 64 (1976)6, S. 91o-92o.

/3/ Maples, M.; Fisher, E.: "Microprocessor Prototyping Kits".
Proc. IEEE 64(1976)6, S. 932-936.

/4/ Kline, B.; Maerz, M; Rosenfeld, P.: "The In-Circuit Approach to the Development
of Microcomputer-Based Products". Proc. IEEE 64(1976)6, S. 937-942.

/5/ Leatherman,H.; Burger, P.: "System Integration and Testing with Microprocessors". "I.Hardware Aspects" und "II. Software Aspects".
IEEE Vol. IECI 22 (1975)3, S. 36o-367.

/6/ Holt, O.; Pokoski, J.; Cordell, D.: "A Software Development System for Microcomputers". IEEE Vol.IECI 22 (1975)3, S. 279-282.

/7/ Swik, R.; Kammerer, K,: "Ein flexibler Mikroprozessrechner für Meß-, Steuerungs-
und Regelungsaufgaben". In : siehe /1/, S. 89-92.

/8/ Conley, S.: "Portable Microcomputer Cross-Assemblers in BASIC".
Computer, Oct. 1975, S. 32-42.

/9/ Scherrer, E. "Cross-Assembler für den Mikrocomputer MCS-8o8o auf einer PDP 11-
Anlage". In: siehe /1/, S. 121-123.

/10/ Nicoud, J.: "Standardized Mnemonics and Software Support for Microprocessors".
IEEE Proc. '75 ISCAS, S. 1-4.

/11/ Korn, G.A.: "A Proposed Method for Simplified Microcomputer Programming".
Computer, Oct. 1975, S. 43-52.

/12/ ---: " CALMACRO Processor Reference manual".
Publ. No. 29-4o8R01, Interdata , Oceanport, New Jersey, USA, 1975.

Eine Erstellungsmethode für maßgeschnittene Kleinrechner-Software

O. Eggenberger, A. Hellmann, A.J. Mark, J. Nehmer, R. Petereit
Kernforschungszentrum Karlsruhe, Postfach 3640

1. Einleitung

Es werden Konzeption und Aufbau eines seit Okt. 1976 im Einsatz befindlichen Erstellungssystems für Kleinrechnersoftware beschrieben, das im Institut für Datenverarbeitung in der Technik des Kernforschungszentrums Karlsruhe entwickelt wurde.

Als wesentliche Neuerung gegenüber herkömmlichen Methoden werden die Betriebssysteme in den Software-Erstellungsprozeß integriert: für jede Anwendung fallen auf die Aufgabe zugeschnittene Betriebssysteme als 'Nebenprodukt' des Erstellungsprozesses ab. Die Methode eignet sich deshalb vorzugsweise für DV-Anwendungen, in denen Rechner eine eng umrissene Spezialaufgabe zu erfüllen haben, die den Einsatz von speicheraufwendigen Universalbetriebssystemen aus ökonomischen Gründen verbieten.
Das dringende Bedürfnis an softwaretechnologischen Hilfsmitteln zur Erstellung maßgeschnittener Programmsysteme resultiert primär aus dem wachsenden Trend zu verteilten DV-Systemen, die zu einer starken Spezialisierung der dort eingesetzten Rechner führen. Nach einer Einführung in die Basiskonzepte der neuen Erstellungsmethode werden der Aufbau des Systems beschrieben und über vorliegende Erfahrungen berichtet.

2. Softwarestruktur und Sprachkonzept

Für die beschriebene Aufgabenstellung hat sich eine hierarchische Gliederung der Software als besonders geeignet erwiesen, wobei hier unter dem Begriff "Hierarchie" gerichtete, funktionelle Auftragsbeziehungen zwischen Programmbausteinen verstanden werden /1,7/. Unabhängige, d.h. nicht in einer Auftragsrelation zusammenhängende Programmbausteine können in einer Programmschicht zusammengefaßt werden. Mehrere Programmschichten realisieren eine virtuelle Maschine. Jede virtuelle Maschine kann durch den Satz von Funktionen beschrieben werden, der an der Schnittstelle zur nächst höheren Programmschicht existiert. Diese Funktionen bilden den "Instruktionsvorrat" der virtuellen Maschine. Der Begriff der virtuellen Maschine spielt eine zentrale Rolle in dem hier vorgestellten Erstellungs-

system und wird nicht nur - wie allgemein üblich - als reine Modell-
vorstellung aufgefaßt.

Die entscheidende Bedeutung virtueller Maschinen liegt darin, daß sie
die Software-Konstruktionsebenen in hierarchisch gegliederten Programmsystemen bilden (Abb. 1). Jeder virtuellen Maschine ist deshalb genau
eine Programmiersprache zugeordnet, die eine bequeme, an die spezifischen
Eigenschaften der zugehörigen virtuellen Maschine angepaßte Programmierung ermöglicht. Das Übersetzungssystem muß daher die "Instruktionssätze"
aller virtuellen Maschinen kennen, um den jeweiligen "Maschinencode" zu
generieren.

Damit ist ein unmittelbarer Zusammenhang zwischen virtuellen Maschinen
und Programmiersprachen hergestellt.

Die hierarchische Abhängigkeit zwischen virtuellen Maschinen spiegelt
sich auch zwischen den Programmiersprachen wieder und kann zur Realisierung eines einfachen Übersetzungsverfahrens ausgenutzt werden. Stellt
L_X den Sprachumfang der an der virtuellen Maschine M_X mit dem Instruktionssatz I_X definierten Programmiersprache dar, dann kann durch
$L_X \rightarrow L_{X-1} + I_X$ jedes in L_X formulierte Programm in die nächst niedrigere
Programmiersprache L_{X-1} unter Benutzung des Instruktionssatzes I_X transformiert werden. Voraussetzung ist jedoch, daß eine syntaktische Form
für den Aufruf von "Instruktionen" einer virtuellen Maschine auf allen
Sprachniveaus existiert. Diese Vorbedingung ist bei PL/I durch das EX-
TERNAL-Konzept erfüllt. PL/I bietet die Möglichkeit, externe, d.h. un-
aufgelöste Prozeduraufrufe abzusetzen, die als "Instruktionen" virtueller
Maschinen interpretierbar sind, und stellt deshalb einen geeigneten Kan-
didaten für die Realisierung des beschriebenen Sprachkonzepts dar.
Die Gesamtheit aller (hierarchisch abhängigen) Programmiersprachen kann
auch als Multi-Level-Sprache bezeichnet werden.

Als den Konstruktionsebenen des Software-Erstellungsprozesses wird durch
virtuelle Maschinen ferner die Transparenz /8/ von Funktionen in einem
hierarchisch strukturierten Programmsystem sinnvoll begrenzt:
Ein auf der virtuellen Maschine M_X realisiertes Programm kann nur auf
hierarchisch tiefere Funktionen zugreifen, sofern diese

        a) ebenfalls auf M_X laufen oder
        b) im "Instruktionsvorrat von M_X enthalten sind.

Alle Funktionen, die nicht als "Instruktionen" einer virtuellen Maschine

in Erscheinung treten, werden daher als <u>interne Funktionen</u> derjenigen
virtuellen Maschine bezeichnet, zu deren "Instruktionssatz" sie <u>indirekt</u>
beitragen.

Die internen Funktionen einer virtuellen Maschine sind – im Gegensatz
zu den "Instruktionen" – dem Übersetzungssystem unbekannt und können daher ausschließlich im Sinne von Bibliotheksfunktionen durch explizite
Aufrufe angesprochen werden. Sie werden künftig auch als <u>Elementarfunk-</u>
<u>tionen</u> bezeichnet.

3. Virtuelle Maschinen und Betriebssystemfunktionen

Bisher wurde weder über die inhaltliche Bedeutung noch über die Realisierung von "Instruktionen" einer virtuellen Maschine sowie der Elementarfunktionen eine Aussage gemacht. Künftig werden unter beiden Kategorien
von Funktionen primär in Software realisierte <u>Betriebssystemfunktionen</u>
verstanden.

Die Entwicklung von Betriebssystemfunktionen und damit das inhaltliche
Ausfüllen des in Abschnitt 2 eingeführten Software-Strukturskeletts erfordert zunächst die Festlegung einer virtuellen <u>Basismaschine</u> M_O als
unterste Software-Konstruktionsebene. Sie wurde im vorliegenden Fall
durch Verallgemeinerung heutiger Rechnerarchitekturmerkmale gewonnen und
stellt ein weitgehend maschinenunabhängiges Abbild realer Rechner dar
/4,6/.

Die Anpassung eines Rechners an die durch M_O vorgegebene Schnittstelle
kann als <u>Hardwareerweiterung</u> aufgefaßt werden, durch die er dem Erstellungssystem zugänglich gemacht wird (Abb. 2). Sie muß in der Regel vollständig in Assembler erfolgen und umfaßt nach bis jetzt vorliegenden Erfahrungen zwischen 150 und 500 Instruktionen. Die übrige Software kann
bei Anschluß eines Codegenerators ausnahmslos in der dem Erstellungssystem zugrundeliegenden Multi-Level-Programmiersprache erfolgen. Dadurch wird ein Höchstmaß an Portabilität für Anwendungs- und Betriebssoftware erreicht.

Der "Instruktionssatz" der M_O-Maschine enthält Funktionen zur Durchführung der physikalischen Ein-/Ausgabe sowie zur Manipulation eines
Registerkellers bei Kontextwechseln. Auf dieser Basis wird über einen
Satz von Elementarfunktionen, mit deren Hilfe strukturierte Unterbrechungsprogramme aufgebaut werden können, die M_1-Maschine konstruiert,

die von dem physikalischen Betriebsmittel "Prozessor" abstrahiert und
eine im Prinzip beliebige Zahl <u>sequentieller Prozesse</u> durch Prozessor-
Multiplexen unterstützt. Der erweiterte "Instruktionsabsatz" der M_1-
Maschine enthält zusätzlich Funktionen zur Prozeßverwaltung- und
Synchronisation sowie zur Fehlerbehandlung.

Eine detaillierte Beschreibung aller Funktionen der M_0- und M_1-Maschine
sowie der Elementarfunktionen der M_1-Maschine erfolgt unter /4,5,6/.
Dort werden auch ausführlich Implementierungen erläutert.
Die M_2-Maschine verwaltet und betreibt alle physikalischen Ein-/Aus-
gabegeräte und stellt nach außen eine logische, d.h. an der <u>prinzipiellen</u>
Arbeitsweise von E/A-Geräten orientierte Schnittstelle bereit. Sie enthält unterschiedliche Sätze von Funktionen für das Betreiben von Standard-
E/A-Geräten (wie Zeilendrucker oder Kartenleser), Hintergrundspeichern
(wie Platten, Trommeln) und speziellen Prozeß-E/A-Geräten.

Die Festlegung weiterer virtueller Maschinen erfordert bereits eine
starke Eingrenzung des zu überdeckenden Anwendungsgebiets /2/. Mit
jeder weiteren virtuellen Maschine findet eine stärkere Spezialisierung
statt, die schließlich in der virtuellen Maschine höchsten Niveaus ihren
- auf die vorgesehene Anwendung maßgeschnittenen - Abschluß findet
(Abb. 3).

4. Aufbau des Erstellungssystems

Die spezifische Aufgabenstellung macht es erforderlich, das Erstellungssystem als Cross-System auszulegen, da die Zielrechner in der Regel
weder über den erforderlichen Arbeitsspeicher und Hintergrundspeicher
noch über die notwendige Standardperipherie zum Betrieb des Systems
verfügen. Die nachfolgend anhand der Abb. 4 diskutierte Implementierung
eines nach den vorstehend erläuterten Prinzipien aufgebauten Erstellungssystems wurde auf der IBM/370 des Kernforschungszentrums Karlsruhe vorgenommen. Mit Ausnahme der Bedienungsfunktionen, die in der Kommandosprache der Time-Sharing-Option (TSO) der IBM/370 formuliert sind, ist
das gesamte System in dem PL/I-Subset GBL1 geschrieben, für den ein in
die Zwischensprache IL1 übersetzender Compiler existiert /9/. Er bildet
den eigentlichen Kern des Erstellungssystems. Eine Untermenge von GBL1
bildet die Grundsprache L_0, mit der die virtuelle Basismaschine M_0
programmiert werden kann. Sie zeichnet sich durch folgende Einschränkungen gegenüber dem vollen PL/I aus:

      - kein Tasking

    - keine ON-Units
    - kein I/O (PUT, GET)
    - kein File-Handling (READ, WRITE)
    - keine CONTROLLED-Speicherklasse
    - kein ALLOCATE/FREE

Dagegen ist der algorithmische Teil einschließlich der Datenstrukturen
sowie die AUTOMATIC und BASED-Speicherklasse annähernd komplett in dem
benutzten GBL1-Subset enthalten. Die Festlegung des L_O-Sprachumfanges
erfolgte nach dem Gesichtspunkt, auf alle Sprachkonstruktionen zu verzichten, die Betriebssystemunterstützung verlangen und zum Absetzen
entsprechender Aufrufe im Compiler führen würden. Die im "Instruktionssatz" der M_O-Maschine enthaltenen Funktionen können daher lediglich explizit durch Externaufrufe angesprochen werden. Da hierfür -
wie später noch näher beschrieben - die CALL-Syntax von PL/I benutzt
wird, bildet L_O ein reines PL/I-Subset.
Die Übersetzung eines beliebigen, in der Sprache L_n für die virtuelle
Maschine M_n formulierten Programmes in die Zwischensprache IL1 erfolgt
dann nach folgendem Schema (Abb. 4):
Über ebenenabhängige "Schrittcompiler" wird das Programm stufenweise
in die Grundsprache L_O transformiert, wobei in jedem Übersetzungsschritt
zur Auflösung höherer Sprachkonstruktionen Aufrufe an Betriebssystemfunktionen abgesetzt werden, deren Existenz im "Instruktionssatz" der
virtuellen Maschine M_n vorausgesetzt wird. Das so transformierte Programm wird nun dem GBL1-Compiler zugeführt und in die Zwischensprache
IL1 übersetzt. Alle in der L_O-Darstellung des Programms enthaltenen
Externaufrufe werden dabei unverändert in den Zwischencode übernommen.
Ein in IL1 übersetztes Programm wird durch drei Objekte beschrieben:
- den in Prefix-Form vorliegenden Zwischencode,
- die Symboltabelle
- dem Vormerkbuch.
Im Vormerkbuch werden Typenspezifikationen und Umgebungsparameter für
jedes erzeugte GBL1-Objekt notiert, die für die anschließende Codegenerierung erforderlich sind. Wichtig ist, daß der reservierte Speicherplatz es erlaubt, Ergänzungen zu diesen Angaben anzubringen. Diese Möglichkeit wird für die Vervollständigung der Externaufrufe benötigt, die
eine Unterscheidung zwischen "normalen" Prozeduraufrufen und "Instruk-
tionsaufrufen" virtueller Maschinen zulassen muß.

Vor Eintritt in die eigentliche Codegenerierung werden deshalb alle
Externaufrufe gegen eine Liste der "Instruktionen" der virtuellen

Maschine abgeprüft, für die das Programm geschrieben wurde. Jede "Instruktion" wird durch das Paar {instruktion, ebene} beschrieben, wobei 'ebene' die Nummer der virtuellen Maschine darstellt, auf der die Funktion realisiert ist. Bei einer Übereinstimmung des in einem Externaufruf enthaltenen Namens mit einer "Instruktion" der virtuellen Maschine wird der Parameter 'ebene' als Ergänzung der Externreferenz ins Vormerkbuch übernommen. Wurde das Programm für die virtuelle Maschine M_n geschrieben, so gilt allgemein für alle Instruktionen von M_n

$$n - ebene \geq 1.$$

Für alle nicht als "Instruktionen" der virtuellen Maschine M_n erkannten Externreferenzen wird als Ergänzung ins Vormerkbuch der Parameter 'n' eingetragen, d.h. es wird ein "normaler" Prozeduraufruf auf eine externe Prozedur angenommen, die in derselben Ebene abläuft. Diese externe Prozedur kann eine Anwenderprozedur oder in einer Bibliothek des Erstellungssystems abgelegte Betriebssystemfunktion sein, die dann als <u>interne</u> Funktion der virtuellen Maschine M_{n+1} bezeichnet wird.

Die geschilderte Vorgehensweise hat einen für die Effizienz der erzeugten Programmsysteme wichtigen Optimierungseffekt zur Folge, da die Realisierung einer bereits in einer tieferen virtuellen Maschine enthaltenen "Instruktion" durch einen Kurzschluß erfolgen kann, der ggf. mehrere Ebenen überbrückt. Ineffiziente Aufrufketten werden so vermieden.

Nach Ergänzung aller Externaufrufe in der oben beschriebenen Weise kann die eigentliche Codegenerierung erfolgen. Für Aufrufe von "Instruktionen" virtueller Maschinen werden dabei in der Regel gewöhnliche Prozeduraufrufe erzeugt. Eine Ausnahme bilden Aufrufe von "Instruktionen" der M_1-Maschine, die durch einen SVC (Super Visor Call) realisiert werden. Zwecks leichterer Lesbarkeit wurde der Objektcode für die VARIAN V75 als erster Zielmaschine mit mnemonischem Operationscode erzeugt. Jedem übersetzten Programm wird außerdem eine Externreferenzliste vorausgestellt, in der alle externen Namen enthalten sind. Referenzen auf externe Variable oder Prozeduren sind im Objektcode durch Relativadressen gekennzeichnet, die sich auf die Externreferenzliste beziehen. Der erzeugte Objektcode hat damit die Form einer einfachen Assemblerdarstellung, in der auch <u>direkt</u> Programme formuliert werden können. Insbesondere die Anpassung der V75 an die Schnittstelle der M_0-Maschine muß in Objektcode geschrieben werden, damit dieser Programmteil später mit dem Restsystem gebunden werden kann.

Im abschließenden Lademodulgenerator werden alle zu einem maßgeschnittenen Programmsystem zusammengefaßten Objektprogramm (Anwender- und Betriebssystemprogramme) gebunden und Maschinencode erzeugt. Der so erzeugte <u>Lademodul</u> ist direkt über den Urlader der Zielmaschine ladbar.

5. Stand der Arbeiten und vorliegende Erfahrungen

Das beschriebene System mit einem Codegenerator für die VARIAN V75 ist seit Okt. 1976 im Kernforschungszentrum Karlsruhe in Probebetrieb. Mit Ausnahme der Anpassung der V75 an die M_O-Maschine, die ca. 450 Assemblerinstruktionen zusätzlich der Tabellen benötigt sowie der in IBM-Kommandosprache (JCL) geschriebene Bedienungsfunktionen (ca. 600 JCL-Statements) ist das gesamte Erstellungssystem in dem PL/I-Subset GBL1 formuliert. Dafür wurden insgesamt 14100 Zeilen GBL1-Code aufgewendet. Der überwiegende Anteil entfällt dabei auf den im Auftrag angefertigten GBL1-Compiler /9/ mit ca. 6500 Zeilen. Die verbleibenden Aufwendungen verteilen sich wie folgt:
- 4000 Zeilen für den Codegenerator IL1 → V75-Code
- 2400 Zeilen für den L_1 → L_O-Schrittcompiler.

Als Spracherweiterungen gegenüber der Grundsprache L_O werden das Semaphor-Konzept sowie das Monitor-Konzept eingeführt /3/.
- 1200 Zeilen für den Lademodulgenerator.

Auf der Betriebssystemseite wurde die virtuelle Maschine M_1 einschließlich der in /4,5/ eingeführten Elementarfunktionen vollständig implementiert. Dafür wurden 400 Zeilen L_O-Code aufgewendet.

Die Implementierung der M_2-Maschine wurde mit der Standard-E/A für Blattschreiber und der Clock-Verwaltung begonnen.

Das Übersetzungsverhältnis GBL1 : V75-Code beträgt nach bis jetzt vorliegenden Erfahrungen ca. 1 : 10, wobei z.Z. weder globale noch lokale Methoden der Optimierung in Compiler und Codegenerator zum Einsatz kommen. Dieses Verhältnis verteilt sich mit 1 : 4 auf die Übersetzungsstufe GBL1 : IL1 und 1 : 2,5 auf die Übersetzungsstufe IL1 : V75-Code. Erste Untersuchungen haben ergeben, daß durch lokale Optimierungen im Codegenerator die Codeeffizienz ca. um den Faktor 2 verbessert werden kann.

Mit diesen Werten stellt die vorgestellte Methode eine attraktive Abwärts-Ergänzung herkömmlicher, auf höheren Sprachen basierenden Pro-

grammiermethoden dar und ist sowohl für die methodische Entwicklung
von maßgeschnittenen Kleinrechner-Programmsystemen als auch von Betriebssystemen geeignet.

Software-Konstruktionsebenen

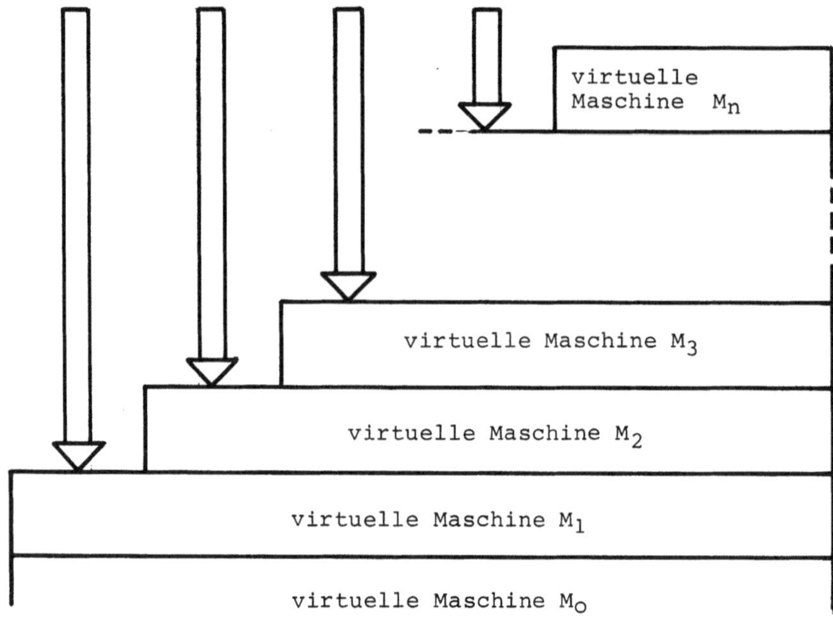

Abb. 1 Hierarchischer Aufbau eines Programmsystems
        durch virtuelle Maschinen

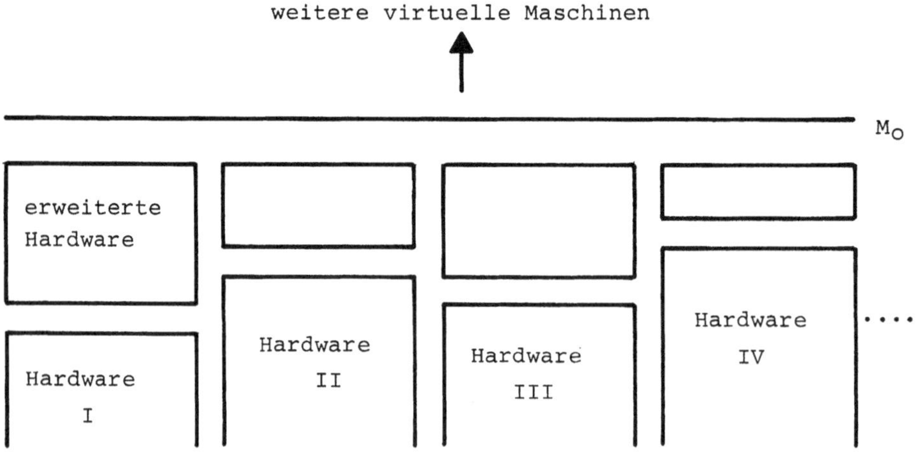

weitere virtuelle Maschinen

Abb. 2 Anpassung unterschiedlicher Rechner an die
        virtuelle Maschine M_O

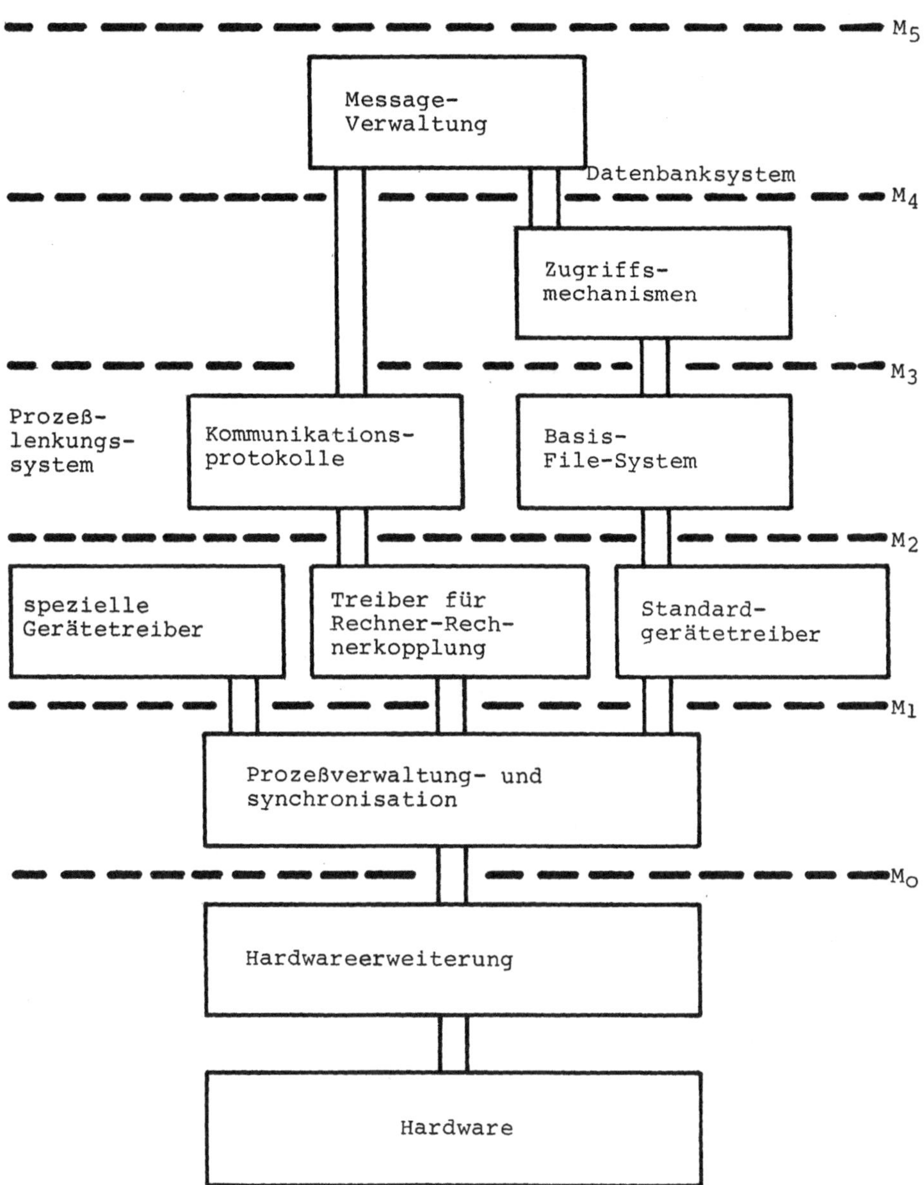

Abb. 3 Beispiele für Pseudomaschinen-Hierarchien

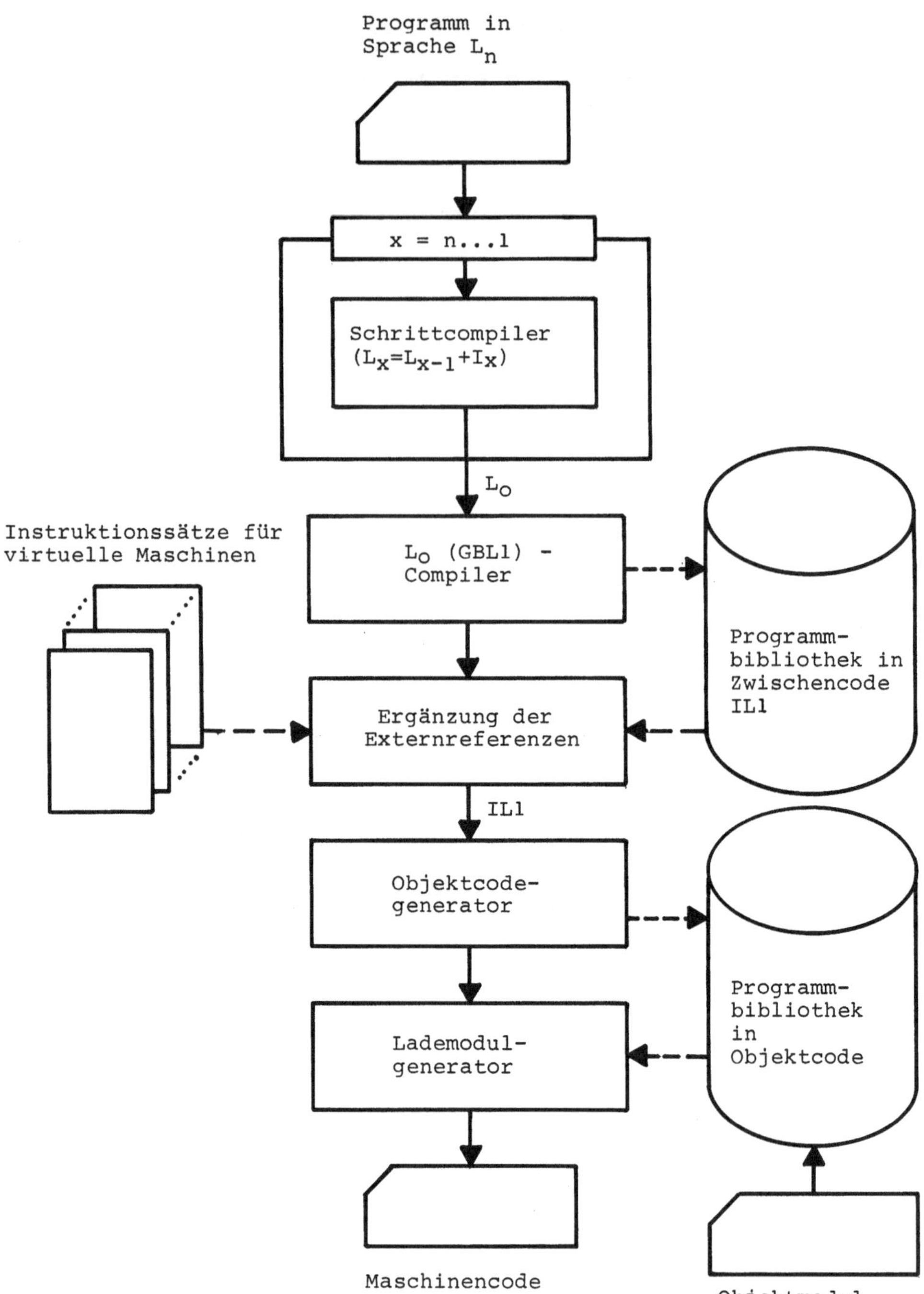

Abb. 4 Übersicht über das Software-Erstellungssystem

Referenzen

/1/   Dijkstra, E.W.: The Structure of the THE-Multiprogramming System, CACM 11, 1974 (549-557)

/2/   Habermann, A.N., Flou, L., Cooprider, L.: Modularization and Hierarchy in a Family of Operating Systems, CACM 19, 1976 (266-272)

/3/   Hoare, C.A.R.: Monitors: An Operating System Structuring Concept, CACM 17, 1974 (549-557)

/4/   Nehmer,J., Eggenberger, O.: Hardwarenahe Elementarfunktionen der Ablaufsteuerung für Prozeßrechnerbetriebssysteme, KFK-PDV-49, Kernforschungszentrum Karlsruhe 1975

/5/   Nehmer, J.: Dispatcher Primitivs for the Construction of Operating System Kernel, Acta Informatica 5, 1975 (237-255)

/6/   Nehmer, J.: Betriebssysteme für Kleinrechner, zur Veröffentlichung eingereicht, Okt. 1976

/7/   Parnas, D.L.: On a 'Buzzword': Hierarchical Structure, Information Processing 1974 (336-339)

/8/   Parnas, D.L.: Use of the Concept of Transparency in the Design of Hierarchically Structured Systems, CACM 18, 1975 (401-408)

/9/   Entwicklungsbüro Wulf Werum: GBL1 - Compiler (Technisches Handbuch), Lüneburg Dez. 1974 (interne Unterlage)

AUTOMATISIERTER AUFBAU VON PROZEßRECHNER-BETRIEBSSYSTEMEN
AUS BASISFUNKTIONEN

W. Rüb , G. Schrott

Institut für Informatik

der TU München

Die Führung eines technischen Prozesses unter Einsatz eines Rechners erfordert ein passendes Betriebssystem zur Abwicklung der Datenerfassungs-
und Regelungsprogramme. Das Betriebssystem erledigt die Ablaufsteuerung,
sowie die Synchronisierung und Kommunikation der Rechenprozesse entsprechend den Zeitanforderungen des technischen Prozesses. Der Anwender ist
dabei durch seine Aufgabenstellung oft gezwungen, vorhandene Dienste des
Betriebssytems abzuändern oder neu zu programmieren. Auch bei der Programmierung mit Hilfe einer Realzeitsprache bleibt ein geeignetes Betriebssystem die notwendige Voraussetzung für eine leichte Programmerstellung. Da Sprachen zur Lösung allgemeiner Probleme einsetzbar sein
sollen, führen sie zu umfangreichen, universellen Betriebssystemen. Die
Entwicklung der letzten Jahre brachte jedoch in vielen Bereichen den Einsatz kleiner preiswerter Rechner mit stark spezialisierten Aufgabenge-
bieten (Beispiel: Rechnernetze). Universelle Betriebssysteme lassen sich
hier wegen ihres Umfangs nicht verwenden oder bringen einen unnötigen
Rechnerausbau mit sich. Der wirtschaftliche Einsatz dieser kleinen leistungsfähigen Rechner ist nur möglich, wenn geeignete, der Aufgabenstellung entsprechende Betriebssysteme verfügbar sind.

Dieser Bericht befaßt sich daher mit dem automatisierten Aufbau
spezialisierter Betriebssysteme. Es wird über ein Programmsystem
berichtet, das aus einem Satz von vorgefertigten Programmbausteinen Betriebssysteme für kleine und mittlere Rechner aufbauen
kann. Diese Betriebssyteme sind der Aufgabenstellung nach Umfang
und Leistungsfähigkeit angepaßt. Ein Programm führt die Generierung nach den Angaben des Anwenders aus. Implementierungsergeb-
nisse werden angegeben.

Das Programmsystem wurde nach folgenden Grundsätzen erstellt:

a) <u>Modularer Aufbau des Betriebssystem-Kerns</u>

Die Funktionen des Betriebssytems wurden in einen Satz von geeignet definierten Programmbausteinen, im folgenden "Basisfunktionen" genannt, zerlegt. Der Kern des Betriebssystems wird aus diesen Bausteinen gezielt nach der gewünschten Leistungsfähigkeit zusammengesetzt. Beim Entwurf wurden die Basisfunktionen weitgehend entflochten, so daß keine unnötigen Programmteile und Daten beim Aufbau des Kerns eingehen.

b) <u>Generierung</u>

Das Generierungsprogramm bestimmt aus den Angaben des Anwenders die erforderlichen Programmbausteine und erstellt das ladefähige Betriebssystem. Dies ist möglich, da die Außenbezüge der Programme bekannt sind und sich als Graph in Listen speichern lassen. Der Anwender benötigt keine Detailkenntnisse über den inneren Aufbau des Programmsystems.

c) <u>Einflußnahme auf Strategien</u>

Die Aufgabenstellung kann bestimmte Verarbeitungsstrategien zur Einhaltung des Betriebsziels erfordern. Die entsprechenden Funktionsbausteine stehen daher in mehreren Programmversionen mit verschiedenen Strategien zur Auswahl bereit.

d) <u>Datenbereiche</u>

Der Umfang der Betriebssytem-Datenlisten und der Geräte-Pufferbereiche wird nach den Angaben des Anwenders ausgelegt.

e) <u>Erweiterbarkeit</u>

Programmbausteine des Anwenders lassen sich unter Beachtung weniger Regeln hinzufügen. Je nach Art dieser Funktionen sind entsprechende Kehntnisse über die Struktur des Systems nötig.

Die Programme wurden für Rechner vom Typ PDP11 implementiert. Es können kleine, jedoch leistungsfähige Betriebssysteme schon mit ungefähr 1,5 - 2 K Worten Umfang erzeugt werden. Der Maximalausbau, der Treiberprozesse für einen Satz von Geräten und ein komfortables Bedienungsprogramm enthält, beträgt zur Zeit 12 K Worte ([SCHROTT 76]).

1. Aufbau des Kerns aus Basisfunktionen

Das Programmsystem enthält Funktionsbausteine zur Erfüllung folgender
Aufgaben :

- Bearbeitung von Unterbrechungssignalen und von Betriebssystem-
  Aufrufen ("supervisor-call")
- Prozessorzuteilung im Mehrprogrammbetrieb nach Prioritäten
- Starten zeitabhängiger Aufträge
- Synchronisierung und Kommunikation von Rechenprozessen
- Betreiben der Geräte (Grundfunktionen)

Ein Satz dieser Basisfuntionen ist als Beispiel in Anhang A angegeben
(siehe auch [NEHMER 74] und [RÜB/SCHROTT 76]).

Die Basisfunktionen wurden beim Entwurf durch eine funktionelle Beschreibung festgelegt. Alle Funktionen, deren Programmierung durch die Eigenschaften der Hardware des Zielrechners oder durch Strategien bestimmt
ist, sind in eigenständige Bausteine aufgetrennt und sind daher leicht
austauschbar.

Ein Teil der Funktionsbausteine ist dem Anwender oder evtl. dem Compiler
einer Realzeitsprache über eine passende Schnittstelle zugänglich. Komplexe Sytemdienste (z.B. Dienste für ein Monitor-Konzept, eine bestimmte
Art des Botschaftenverkehrs, allgemeine Ein/Ausgabeanweisungen) lassen
sich aus den Basisfunktionen erstellen und dem Programmsystem hinzufügen.

1.1 Strategien im Kern des Betriebssystems

In die Basisfunktionen gehen Strategien an folgenden Stellen ein :

a) Bei Übergängen zwischen Benutzer- und Systemmodus (Beispiel: geschach-
   telte Unterbrechungs-Antwortprogramme werden ermöglicht)

b) Bei der Zuteilung des Prozessors (Beispiel: präemptive Zuteilung mit
   Eingriffsmöglichkeit zur prioritätskonsistenten Bearbeitung
   [RÜB/SCHROTT 75])

c) Bei der Auswahl von konkurrierenden Rechenprozessen aus Wartelisten
   (z.B.: Geräte, Semaphor- und Ereignisvariable)

d) Bei der zeitlichen Überwachung von Wartefunktionen (Beispiel: Warten
   auf Botschaft) zur Erkennung von Synchronisationsfehlern

1.2 Meßsystem

Meßpunkte an festgelegten Stellen im Kern des Betriebssystems erlauben
Durchlaufzählungen für kritische Strecken. Bei der Generierung des Systems werden auf Anforderung sechs feste Meßpunkte eingefügt. Die Auswertung der in einer Matrix gespeicherten Zählgrößen erlaubt Aussagen über
die Auslastung des Betriebssystems und läßt Engpässe erkennen. Ein Beispiel zur Anwendung des Meßsystems findet sich in Anhang B.

1.3 Prüfungen auf Fehler im Ablauf

Die Programmbausteine sind mit zahlreichen Prüfprogrammen zur Erkennung
von Fehlern während des Ablaufs versehen. Die Gründe hierfür sind:

- Die Sicherheitsanforderungen, die an Grundfunktionen eines Betriebssystems gestellt werden.
- Die Unterstützung des Testbetriebs bei der Erstellung von Prozeßführungs-Software, soweit die Schnittstelle zum Betriebssystem betroffen
  ist.

Es wird zwischen folgenden Fehlerarten unterschieden:

a) Nichtbehebbare Fehler
   Beispiel: Inkonsistenz der Betriebssystem-Datenlisten. Das Betriebssystem wird in einen definierten Haltezustand gebracht. Der technische Prozeß wird, falls die entsprechenden Programme bereitstehen,
   in einen sicheren Zustand geführt.

b) Behebbare Fehler
   Diese Fehler können durch einen Eingriff über das Bedienungssystem
   behoben werden (z.B. Lösen von Verklemmungen).

c) Benutzerfehler
   Bei der Versorgung eines Betriebssystem-Aufrufs mit unzulässigen Parametern wird eine Fehlermeldung an den aufrufenden Prozeß zurückgegeben.

Die Prüfprogramme sind offene Unterprogramme und können daher vollständig oder teilweise auf Kosten der Sicherheit entfernt werden. Bei der
Generierung stehen mehrere Ausbaustufen zur Auswahl.

Der Aufwand für diese Prüfprogramme in Bezug auf zusätzlichen Programmumfang und Laufzeit wurde ermittelt:

- Der Umfang der Programme ist um ca. 2o-3o% vermehrt.
- Die Laufzeiten der Funktionen sind um ca. 3o-5o% erhöht.

2. Ergebnisse der Implementierung

Die Basisfunktionen und das Generierungsprogramm wurden für die Prozeß-
rechner PDP11/1o und PDP11/4o mit folgender Ausstattung implementiert:
Konsole, Platte (RK11), Floppy Disk, Sichtgerät, LS-Ein/Ausgabe, CAMAC-
Gerät, Digital-Ein/Ausgabe (ICS11).

Die Programmierung erfolgte in Assemblersprache (Macro 11), da an Hand
der funktionellen Beschreibung die einzelnen Funktionen sich als kurze,
gut überschaubare Assemblerprogramme schreiben ließen. Eine Fassung in
der Implementierungssprache L_o ([L_o 73]) liegt vor.

Implementierung für PDP11/4o :

Befehlsdauer einschließlich Modifizierung 3-6 µsec,
Wortlänge 16 Bit

Die Zahlen in Klammern sind die Werte bei Herausnahme aller Fehler-
prüfungen (vgl. 1.3).

Umfang der Programmbausteine	1o-8o Assemblerbefehle (1o-5o) durchschnittlich: ca. 3o (25) bzw. Codelänge: 3o-2oo Worte (3o-15o) durchschnittlich: ca. 8o Worte (6o)
Laufzeiten der Programmbausteine	bei kurzen Wartelisten: 8o-25o µsec (5o-18o) durchschnittlich: ca. 15o µsec (9o)
Umfang der Funktionen nach Anhang A (ohne Datenlisten)	ca. 2,5 K Worte (2K)

3. Das Generierungsprogramm

Das Generierungsprogramm erstellt nach den Angaben des Anwenders ein ladefähiges Betriebssystem. Der Anwender hat zunächst aus der Prozeßführungsaufgabe festzustellen, welche Betriebssystemdienste benötigt werden. Danach können die Eingangsdaten für das Generierungsprogramm entweder als Ergebnis eines Fragebogens ("fill in the blank"-Formular) oder in einem Dialog mit dem Programm angegeben werden.

3.1 Angaben des Anwenders

Das Generierungsprogramm baut auf einem Mindest-Betriebssystem auf, das
- die Behandlung von Unterbrechungsvorgängen,
- die Abwicklung des Mehrprogrammbetriebs,
- den Rahmen für die Schnittstelle von Betriebssystem-Aufrufen
beinhaltet.

Der Anwender kann auf folgende Punkte Einfluß nehmen:

a) Betriebsart

Es können Betriebssysteme erstellt werden
- für eine vorgegebene Anzahl von residenten Rechenprozessen im Hauptspeicher
- für Rechenprozesse, die bei Bedarf in festen Hauptspeicher-Partitionen ausgetauscht werden können ("Overlay"). Das Nachladen kann von Platte und/oder Lochstreifen erfolgen.

b) Fähigkeiten des Kerns

Folgende Basisfunktionsklassen werden zur problemgerechten Auswahl angeboten:
- Semaphorfunktionen
- Ereignisfunktionen
- Botschaften
- Zeitaufträge für verschiedene Dienste
- Common-Bereich-Funktionen

Für viele Aufgaben genügt eine der angebotenen Synchronisationsfunktionen oder Kommunikationsmethoden.

c) Angaben zur Peripherie

Die benötigten Geräte bestimmen die auszuwählenden Basisfunktionen und Treiberprozesse. Für die Pufferbereiche sind Standardlängen vorgesehen, falls keine Angaben des Anwenders vorliegen. Programme zur Verwaltung der Dateien auf der Platte und zur Umformung von Daten stehen auf Wunsch zur Verfügung.

d) Umfang der Datenbereiche des Betriebssystems

Die Angaben zu der maximalen Anzahl von Rechenprozessen, zu Semaphor- und Ereignisvariablen sowie zur Anzahl der Speicherpartitionen legen die Werte der zugehörigen Systemkonstanten fest.

e) Kontrollen auf Fehler

Die Prüfprogramme auf Konsistenz der Betriebssystemdaten sowie auf Zulässigkeit der Parameter bei Betriebssystem-Aufrufen können auf Kosten der Sicherheit herausgelassen werden (vgl.1.3).

f) Kommandos zur Fehlerbehandlung

Zur Unterstützung des Testbetriebs sind Programme in verschiedenen Ausbaustufen verfügbar. Es wird eine obligatorische Mindestfassung zur Fehlerbehandlung eingebaut, die die Fehlerursache auf der Konsole ausgibt und das System in einen definierten Wartezustand bringt.

g) Bedienungsprogramme

Der Anwender kann unter mehreren Versionen mit wachsendem Komfort wählen. Neben den Bedienungsanweisungen für den Operateur (z.B. Einschalten von Geräten, An- und Abmelden von Rechenprozessen) sind verschiedene Übersichten über den momentanen Zustand des Systems möglich.

h) Einbau des Meßsystems

Das vorgegebene Meßsystem im Kern (siehe 1.2) kann auf Wunsch eingebaut und durch Meßpunkte in den Rechenprozessen erweitert werden.

i) Initialisierung

Initialisierungsfunktionen für die benutzten Geräte, Dateien und Synchronisationsvariablen werden in das Initialisierungsprogramm eingebaut. Falls sie während des Systemlaufs nicht benötigt werden, können sie nach der Initialisierung durch einen Rechenprozeß überschrieben werden.

3.2 Arbeitsweise

Die Grundlage des Generierungsprogramms bildet die Darstellung der Bezüge der Programme in Form von Datenlisten (Abhängigkeitsgraph). Mit Hilfe von Entscheidungstabellen werden aus den Angaben des Anwenders die Systemkonstanten festgesetzt, die erforderlichen Dateien ausgewählt und die endgültige Speicherlage der Programme bestimmt. Das Ergebnis ist ein Satz von Hilfsdateien und eine Folge von Kommandos für das verwendete Plattenbetriebssystem. Die Abarbeitung dieser Kommandos bewirkt Übersetzungs- und Bindevorgänge, die ein ladefähiges Betriebssystem erstellen. Eine Übersicht findet sich in Anhang C. Die Übersetzungsvorgänge sind notwendig, da aus den Angaben des Anwenders ca. 40 Systemgrößen berechnet werden, durch die der Einbau von Programmteilen und Datenbereichen gesteuert wird. Damit wird sichergestellt, daß auch der Betriebssystemkern keine überflüssigen Programmteile enthält.

3.3 Der Umfang des Programmsystems

Das Generierungsprogramm findet Einsatz bei der Erstellung maßgeschneiderter Betriebssysteme, mit denen Modelle typischer technischer Prozesse geführt und untersucht werden. Das gesamte Programmsystem besteht aus ca. 90 Programmdateien, die unter der Verwaltung eines Plattenbetriebssystems abgespeichert sind (Umfang ca.80 K Worte). Das System enthält:

- 55 Basisfunktionen

  Die in Anhang A angegebenen Funktionen wurden erweitert um Basisfunktionen für die Geräte, sowie um Funktionen zur Initialisierung und Behandlung von Fehlersituationen (vgl. 3.1f).

- 18 Programme zum Betreiben der Geräte und zur graphischen Ausgabe.
- 14 Programme zur Umformung von Daten und zur Verwaltung der Dateien.
- 4 Rechenprozesse, die in verschiedenen Ausbaustufen ein komfortables Bedienungssystem anbieten.
- 25 Programme mit Übersichten über den Zustand des Systems und zur Behandlung von Fehlersituationen.

Literatur

[L_0 73]
Geiselbrechtinger et al.: L_0, the basic layer of the wide spectrum language L. In: Brauer,W.(ed.): Proc. 3.Jahrestagung GI Hamburg, Lecture Notes in Computer Science $\underline{1}$. Berlin-Heidelberg-New York: Springer-Verlag 1973, p.188-197

[NEHMER 74]
Nehmer,J.: Ein Ansatz zur Standardisierung von Betriebssoftware. Lecture Notes in Computer Science $\underline{8}$. Berlin-Heidelberg-New York: Springer-Verlag 1974, p.175-188

[RÜB/SCHROTT 75]
Rüb,W., Schrott,G.: Nested interrupts and controlled preemptions to satisfy priority realtime schedules. Proc. of the 1975 IFAC/IFIP-Workshop on Real-Time Programming. Pittsburgh(PA) 1976: Instrument Society of America,123-128

[RÜB/SCHROTT 76]
Rüb,W., Schrott,G.: Operating system modules for process control application. Preprints of 1st IFAC/IFIP-Symposium on software for computer control (SOCOCO 76), Tallinn (USSR), May 1976, p.171-174

[SCHROTT 76]
Schrott,G.: Manual zum Prozeßrechner-Betriebssystem "MOBS". Fachbereich Mathematik der TU München, Interner Bericht.

<u>Anhang A</u>   <u>Beispiel für einen Satz von Basisfunktionen</u>

Für Rechenprozesse wird
folgendes einfache Zu-
standsmodell eingesetzt:

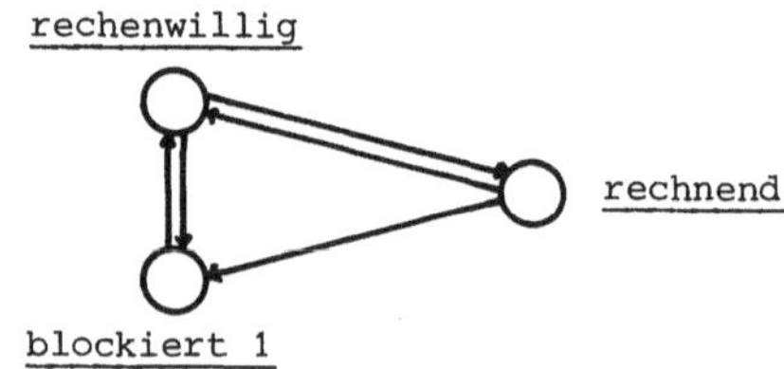

<u>1. Unterbrechungsfunktionen</u>

1.1 Unterbrechungs-(SVC-) Eingangsprogramm

1.2 Unterbrechungs-(SVC-) Ausgangsprogramm

1.3 Allgemeine / Spezielle Unterbrechungs-Innensperre
    setzen(löschen,testen)

<u>2. Zustandsübergänge von Rechenprozessen</u>

2.1 Übergang "blockiert 1" nach "rechenwillig"

2.2 Übergang "rechnend(rechenwillig)" nach "blockiert 1"

2.3 Übergang "rechnend" nach "rechenwillig"

2.4 Übergang "rechenwillig" nach "rechnend" (Prozessorzuteilung)

<u>3. Synchronisation</u>

3.1 P(Semaphor)

3.2 V(Semaphor)

3.3 Auf Ereignis warten

3.4 Ereignis setzen

3.5 Ereignis löschen

<u>4. Kommunikation</u>

4.1 Auf Botschaft (von speziellem Sender) warten

4.2 Botschaft senden

<u>5. Zeitaufträge</u>

5.1 Weckauftrag eintragen

5.2 Beim Eintreten des Weckzeitpunktes Auftrag ausführen

5.2 Zeitüberwachung von Wartefunktionen ("watchdog")

<u>6. Elementare Ein/Ausgabe</u>

Für jedes Gerät G:

6.1 Auftrag an Gerät G absetzen

6.2 Antwortprogramm für Rückmeldung von Gerät G

6.3 Gerät G in Grundzustand bringen

<u>7. Fehlerfunktion</u>

7.1 Ausgabe auf Konsole (bei definiertem Wartezustand des Systems)

<u>Anhang B</u>   <u>Meßsystem</u>

Messung des Einflusses einer speziellen Prozessor-Zuteilungsstrategie
(gesteuerte Prioritätskonsistenz [RÜB/SCHROTT 75]) bei vorgegebenem
Lastprofil.

Last : Simulation zweier Prozeßführungsaufgaben
       (13 Rechenprozesse, 5oo Unterbrechungssignale/sec)
Meßwerte : Zahl der direkten Übergänge/min zwischen den darge-
           stellten Basisfunktionen des Betriebssystemkerns

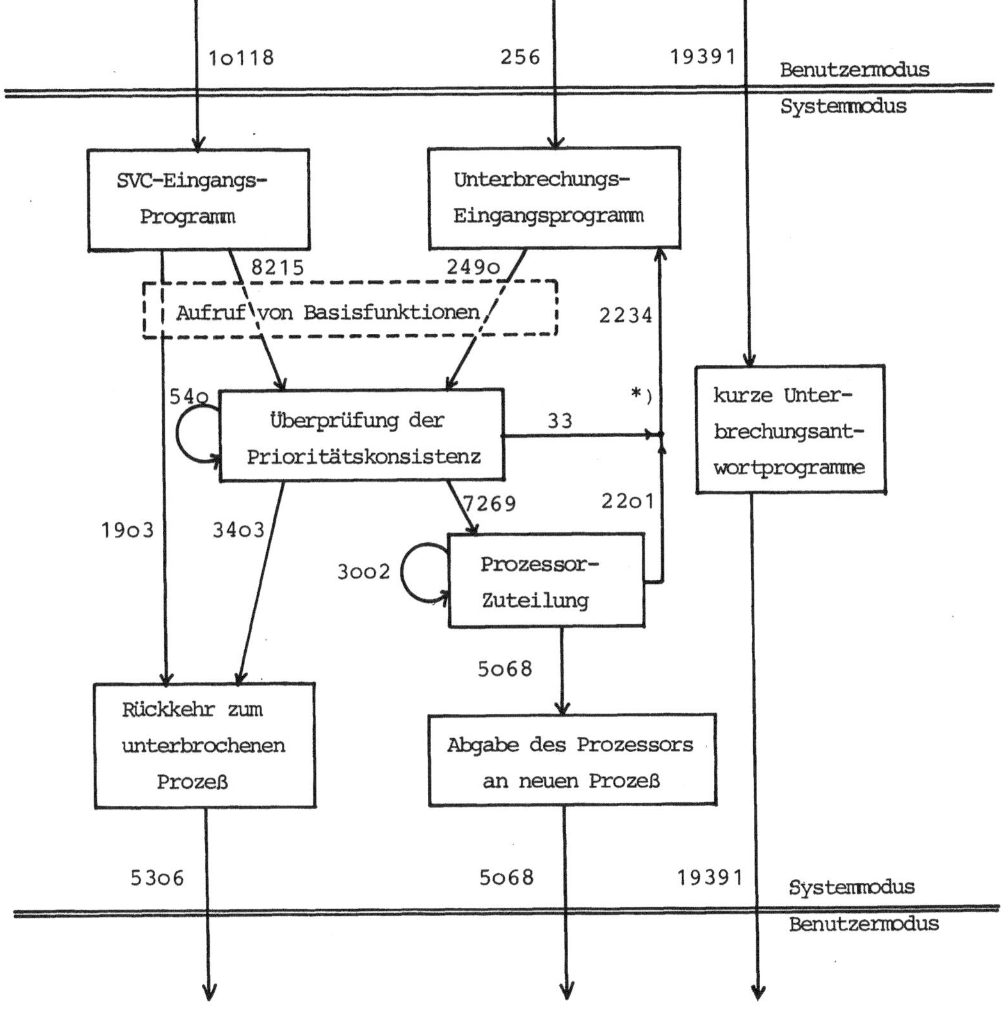

*) Diese Unterbrechungssignale standen vor Rückkehr in den
   Benutzermodus an

<u>Anhang C</u>   <u>Übersicht über das Programmsystem zur</u>
<u>Generierung von Prozeßrechner-Betriebssystemen</u>

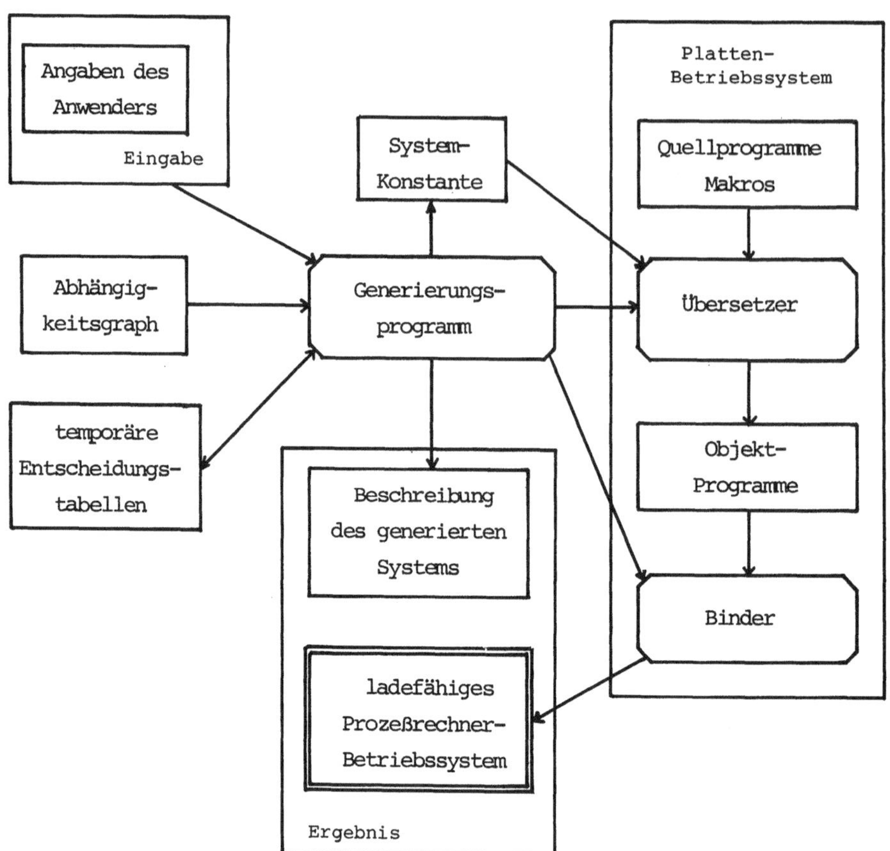

<u>EIN EXTERNES PROZESSELEMENT ZUR AUSGABE VON STEUER- UND REGELSIGNALEN</u> [+]

H. Burkhardt
Institut für Meß- und Regelungstechnik
Universität Karlsruhe

Kurzfassung

In dem vorliegenden Beitrag wird die Verwendung eines Walsh-Generators als externes
Prozeßelement zur Ausgabe von Steuer- und Regelsignalen durch einen Prozeßrechner
untersucht. Die Signale werden in Form einer Walsh-Fourier-Reihe durch Überlagerung
gewichteter, extern erzeugter Walsh-Funktionen zusammengesetzt. Anstatt zu diskreten
Zeitpunkten $i \cdot \Delta t$ Funktionswerte direkt an einen Prozeß auszugeben, was zu häufigen
Programmunterbrechungen führt, beschränkt sich die Aufgabe des Rechners auf die Ausgabe von jeweils m Walsh-Fourier-Koeffizienten für einen Zeitraum $T = N \cdot \Delta t (N \gg 1, m \ll N)$.
Die Verwendung eines zweiwertigen orthogonalen Funktionensystems ist Voraussetzung
für einfache Algorithmen auf dem Rechner und die fast ausschließliche Verwendung von
digitalen Bauelementen zur Realisierung des Stellgliedes. Außerdem werden Ergebnisse
der Signalapproximation durch Walsh-Funktionen sowie die Reaktion linearer Systeme
dargestellt.

Einleitung

Die von Walsh 1923 angegebenen [1] und nach ihm benannten Funktionen, Abb. 1, fanden
zunächst nur rein mathematisches Interesse. Der Einsatz von digitalen Prozeßrechnern
sowie digitalen Bauelementen hat in den letzten Jahren die Verwendung dieses diskreten
Funktionensystems in vielen Bereichen der Technik beschleunigt. Die Walsh-Funktionen
(WF), welche nur die Amplitudenwerte +1 und −1 annehmen, sind orthogonal und vollständig für den Hilbertraum $L^2[0,1]$. D.h. jede im normierten Zeitintervall $\theta = t/T \epsilon [0,1]$
im Lebesgue'schen Sinn quadratintegrable Funktion $x(\theta)$ kann durch eine Walsh-Fourier-
Reihe

$$x_{w,N}(\theta) = \sum_{i=0}^{N-1} \tilde{x}_i \text{wal}(i,\theta) \tag{1}$$

mit den Walsh-Fourierkoeffizienten

$$\tilde{x}_i = \int_0^1 x(\theta) \cdot \text{wal}(i,\theta) d\theta \tag{2}$$

im Sinne der L^2-Metrik für $N \rightarrow \infty$ beliebig genau approximiert werden. Dieser endliche
Reihenansatz gewährleistet, wie auch bei der verallgemeinerten Fourierreihe, ein mini-
males integrales Fehlerquadrat

$$\|x(\theta) - x_{w,N}(\theta)\|_{L^2}^2 = \int_0^1 \left(x(\theta) - x_{w,N}(\theta)\right)^2 d\theta = \min_{\tilde{x}_i} \quad . \tag{3}$$

[+] Dieser Beitrag wurde teilweise mit Mitteln des 2. Datenförderungsprogramms der
Bundesregierung gefördert.

Bricht man eine Walsh-Fourier-Reihe nach genau $N=2^k$ Gliedern ab, so erhält man eine Treppenfunktion, welche in den N äquidistanten Teilintervallen der Länge $\Delta t=T/_N$ den integralen Mittelwert der Originalfunktion annimmt $|2|$. Abb. 2 zeigt eine willkürlich gewählte Funktion $x(\theta)$ und die dazugehörige Walsh-Fourier-Approximation mit 8 Gliedern.

Unterteilt man die Menge der Walsh-Funktionen $\{wal(i,\theta)\}$ ähnlich wie die trigono-metrischen Sinus- und Cosinus-Funktionen in zwei Teilmengen, die schief- bzw. gerad-symmetrisch zur Mitte des Definitionsintervalls sind $|3,4|$,so erhält man

$$sal(\mu,\theta) = wal(2\mu-1,\theta) \quad , \quad \mu = 1,2,3,\ldots;$$

$$cal(\mu,\theta) = wal(2\mu,\theta) \quad , \quad \mu = 0,1,2,\ldots.$$

Der Parameter μ wird Sequenz genannt und kann als verallgemeinerte Frequenz betrachtet werden. Setzt man die WF periodisch über das Grundintervall $[0,1]$ hinaus fort, so gibt die Sequenz μ die Hälfte der im Mittel in einem Intervall der Länge 1 auftretenden Vorzeichenwechsel an. Die hier verwendeten, gemäß wachsender Sequenz geordneten WF'en werden oft auch als Walsh-Kaczmarz-Funktionen bezeichnet.

Wegen der stückweisen Konstanz der WF'en, läßt sich die Berechnung der Walsh-Fourier-Koeffizienten (Gl. (2)) auf folgende einfache Form bringen $|5|$

$$\underset{\sim}{\underline{x}} = \frac{1}{N} \, \underline{W} \, \underline{\bar{x}} \quad , \tag{4}$$

wobei der Vektor $\underset{\sim}{\underline{x}}$ die Walsh-Fourier-Koeffizienten, $\underline{\bar{x}}$ als Elemente $\bar{x}_i$ die integralen Mittelwerte von $x(\theta)$ in den Intervallen $\theta\varepsilon[(i-1)/N,i/N]$ enthält. Die Walsh-Matrix $\underline{W}$ läßt sich sehr einfach rekursiv als spezielle Hadamard-Matrix definieren, eine ortho-gonale Matrix, deren Elemente nur die Werte $+1$ und -1 annehmen.

Die Walsh-Matrix $\underline{W}$ ist symmetrisch und man erhält aus Gl. (4) einfach die Rücktrans-formation zu

$$\underline{\bar{x}} = N\cdot\underline{W}^{-1}\cdot\underset{\sim}{\underline{x}} = \underline{W}\cdot\underset{\sim}{\underline{x}} \quad . \tag{5}$$

Anstatt die Gln. (4) und (5) direkt auszuwerten, können ähnlich wie bei der Fourier-transformation "schnelle" Algorithmen verwendet werden $|6,7|$, wodurch sich die Anzahl der Grundoperationen von $N(N-1)$ auf $N\cdot ld(N)$ reduziert . Im Vergleich zur schnellen Fouriertransformation (FFT) erhält man bei der schnellen Walsh-Transformation (FWT) um den Faktor 10-100 mal kürzere Rechenzeiten in Abhängigkeit von N und Maschinentyp, da der Kern der Integraltransformation für jedes Inkrement nicht wie der Exponential-term z.B. über eine Reihenentwicklung bestimmt werden muß, sondern durch einen ein-fachen Vorzeichenwechsel realisiert wird, wodurch außerdem die Multiplikationen ent-fallen. Abb. 3 zeigt einen von Shanks $|6|$ angegebenen Signalgraphen zur Durchführung der schnellen Walsh-Transformation, worin nur Additionen und Subtraktionen vorkommen. Er ist bis auf zusätzliche Multiplikationen in den Knotenpunkten identisch mit dem Cooley-Tukey-Algorithmus zur Berechnung der schnellen Fouriertransformation. Zu be-achten ist, daß die Indizes der Ausgangselemente noch umgeordnet werden müssen $|5|$.

Realisierung

Bei der Ausgabe allgemeiner, zeitlich veränderlicher Signale durch einen Prozeßrechner
zur Steuerung oder Regelung von Prozessen begnügt man sich aus Aufwandsgründen i.a.
mit einer abschnittweisen Näherung nullter Ordnung. Die gewünschten Funktionsverläufe
werden zu äquidistanten Zeitpunkten Δt durch Ausgabe auf einen Digital-Analog-Wandler
durch eine Treppenfunktion approximiert. Diese Arbeitsweise kann durch ein Abtast-
Halteglied nullter Ordnung beschrieben werden. Der Prozeßrechner wird dabei zu jedem
Zeitpunkt $i \cdot \Delta t$ zur Ausgabe eines einzigen Wertes zu einem zeitraubenden Taskwechsel
veranlaßt.

Stattdessen sollen die Signale durch eine Walsh-Fourier-Reihensynthese erzeugt werden,
Abb. 4. Zu Beginn eines Intervalls T, bestehend aus N Teilintervallen Δt, wird der Prozeßrechner nur einmal zur Ausgabe der m Walsh-Fourierkoeffizienten $\tilde{x}_i$, und zur Ansteuerung des Multiplexers unterbrochen. Dadurch wird die Synthese des zeitlichen
Signals $x_{w,N}(t)$ angestoßen. Es wird durch Summation der im Takt der ausgewählten WF'en
abwechselnd auf den direkten oder invertierenden Eingang geschalteten Walsh-Fourier-
koeffizienten erzeugt.

Neben dem Summierverstärker und den davor liegenden Analogschaltern, werden für die
Realisierung nur einfache digitale Bauelemente benötigt, nämlich für den digitalen
Multiplexer und für den davorgeschalteten Walsh-Generator, wobei die Walsh-Funktionen
als Produkt von Rademacher-Funktionen (einfache Rechteckschwingungen) erzeugt werden.
In der vorliegenden Schaltung, Abb. 5, werden zur Erzeugung von 16 WF'en lediglich
ein 4-bit-Dualzähler sowie 11 Antivalenz (XOR)-Gatter benötigt. Dies läßt sich mit 8
handelsüblichen einfachen Digitalbausteinen realisieren. Die nachgeschalteten Flip-
Flops dienen zur Unterdrückung von Schaltspitzen und können bei niederfrequenten Anwendungen weggelassen werden.

Würde man m=N Walsh-Fourier-Koeffizienten berücksichtigen, so bekäme man im Intervall
$t \in [iT, (i+1)T]$ eine Treppenfunktion, bestehend aus N äquidistanten Teilintervallen
$\Delta t = T/N$, welche das gewünschte Signal mit dem kleinsten quadratischen Fehler approximiert. Wie im nächsten Abschnitt über Signalapproximation gezeigt werden wird, sind
i.a. jedoch nur m<<N, nämlich ca. m=(0,2-0,5)N, statt N diskreten Werten im Zeitbereich für eine hinreichende Signalapproximation erforderlich.

Die Wahl des Unterbrechungszeitraumes T und des Approximationsgrades m wird i.a. durch
das vorliegende Problem, etwa die Zeitkonstanten einer Regelstrecke, durch die Art der
auftretenden Prozeßstörungen und den gewünschten Genauigkeitsgrad bestimmt.

Walsh-Approximation von Steuer- und Regelsignalen

Approximiert man Signale aus einer bestimmten Funktionsklasse $x_i(t) \in X$ etwa in Form
einer Reihenentwicklung nach einem orthogonalen Funktionensystem $\{\phi_i\}$, so wird man
immer dann mit relativ wenig Gliedern gute Ergebnisse bekommen, wenn die Funktionen
ϕ_i und $x_i(t) \in X$ einander sehr "ähnlich" sind. So wird man zur Synthese relativ

"glatter" Funktionsverläufe, wie sie etwa bei konventionellen analogen Reglern vorkommen, durch Polynomapproximationen (Abtast-Halteglieder höherer Ordnung) oder durch
Fourierreihenentwicklungen i.a. recht gute Ergebnisse bekommen, was jedoch bei der
Realisierung als externe Stellglieder einen sehr hohen analogen Schaltungsaufwand bedeuten würde und deshalb hier nicht weiter betrachtet werden soll. Andererseits lassen
sich binär- oder ternärwertige Steuersignale, welche man als Ergebnis von Optimierungs-
methoden bei Berücksichtigung beschränkter Stellgrößen erhält (z.B. bei zeit- oder
verbrauchsoptimalen Problemen, bei Dead-Beat), wesentlich besser durch Funktionen-
systeme mit stückweise konstantem Verlauf wie etwa die WF'en darstellen, wobei man
hier aber den Vorteil der einfachen digitalen Realisierung hat. Untersuchungen über
die Konvergenz der WF-Koeffizienten bei bestimmten Funktionenklassen findet man bei
Fine |2| und Polyak/Schreider |8|.

Wirken die Signale auf irgendwelche Systeme, so ist nicht nur die gute Approximation
am Eingang, sondern auch die am Ausgang oder eine im Sinne eines gewissen Gütekri-
teriums von großer Bedeutung. D.h. falls man über eine Norm das Fehlermaß des Steuer-
signals $\|x-x_m\|$ minimiert, so wird damit nicht gleichermaßen $\|y-y_m\| = \|\mathcal{T}(x-x_m)\| =$
$\|x-x_m\|_{\mathcal{T}}$ zum Minimum, wobei der Operator $\mathcal{T}:x{\rightarrow}y$ etwa eine Gewichtsfunktion, das Übertragungsverhalten eines linearen Systems (Faltungsintegral) oder ein allgemeines Güte-
funktional darstellen kann. Da diese Fragestellung aber sehr problemspezifisch ist,
soll im folgenden nur auf die wichtigsten Fehlermaße und die Auswirkung auf lineare
Systeme im Sinne einer gewissen Allgemeinverwendbarkeit eingegangen werden.

Vergleich mit Abtast-Halteglied nullter Ordnung

Wird, wie oft üblich, auf dem Prozeßrechner ein Signal x(t) durch Ausgabe der Funktionswerte zu äquidistanten Zeitpunkten i·Δt an einen Digital-Analog-Wandler approximiert $x_h(t)$, so kann diese Operation durch ein Abtast-Halteglied nullter Ordnung beschrieben werden. Hier soll diese Signalform mit der Walsh-Approximation $x_w(t)$, insbesondere auch im Hinblick auf die Reaktion einer linearen Regelstrecke, verglichen
werden. Dabei soll davon ausgegangen werden, daß, wie häufig in der Praxis zulässig,
die Regelstrecke näherungsweise durch ein Verzögerungsglied 1. Ordnung beschrieben
werden kann und die Abtastzeit Δt kleiner ist als die maßgebliche Zeitkonstante T_o.

Dazu diene zunächst eine Betrachtung im Frequenzbereich mit Hilfe der Fouriertrans-
formation. Der Frequenzgang eines Haltegliedes nullter Ordnung lautet |9|

$$H(j\omega) = \Delta t e^{-j\omega\Delta t/2} \cdot \frac{\sin\omega\Delta t/2}{\omega\Delta t/2} \quad . \tag{6}$$

Die Gesamtübertragungseigenschaften eines Abtast-Haltegliedes mit nachfolgender Regelstrecke mit einem wie oben angenommenen Tiefpaßcharakter ergibt sich näherungsweise zu
|9| (Abb. 6)

$$\frac{Y_h(j\omega)}{X(j\omega)} \approx e^{-j\omega\Delta t/2} \cdot G(j\omega) \quad , \tag{7}$$

d.h. das Abtast-Halteglied hat die Wirkung einer zusätzlichen Totzeit T_+ der Länge
Δt/2. Dies führt aber innerhalb eines Regelkreises zu einer Verringerung der Stabili-

tätsreserve und zu schwach gedämpftem Einschwingverhalten.

Wie bereits erwähnt, erhält man für eine Walsh-Reihe $x_{w,m}(t)$ mit m=N eine Treppen-
funktion, welche in den Intervallen $t\epsilon[i\Delta t,(i+1)\Delta t]$ den integralen Mittelwert der
Originalfunktion annimmt. Man kann deshalb das Walsh-Signal $x_{w,N}(t)$ als Reaktion eines
Abtast-Haltegliedes auf die um den Betrag $\Delta t/2$ verschobene, geglättete Funktion

$$\bar{x}(t) = \frac{1}{\Delta t} \int_{t-\Delta t/2}^{t+\Delta t/2} x(\tau)d\tau \tag{8}$$

interpretieren. Man erhält somit die Gesamtübertragungseigenschaft über die Fourier-
transformation der einzelnen Glieder $|10|$ näherungsweise zu (Abb. 6)

$$\frac{Y_{w,N}(j\omega)}{X(j\omega)} \approx \frac{\sin\omega\Delta t/2}{\omega\Delta t/2} \cdot e^{j\omega\Delta t/2} \cdot e^{-j\omega\Delta t/2} \cdot G(j\omega) \simeq G(j\omega) \quad , \tag{9}$$

d.h. die Regelstrecke reagiert auf das Walsh-Signal näherungsweise wie auf das Origi-
nalsignal.

Abb. 7 zeigt als Beispiel eine willkürlich gewählte Funktion x(t) (Gregory-Newton-
Polynom 8. Ordnung) mit den entsprechenden Näherungen $x_{w,8}(t)$ und $x_{h,8}(t)$ im Bereich
$t\epsilon[0,8]$. Abb. 8 zeigt die Reaktion eines Verzögerungsgliedes erster Ordnung mit T_o=2.,
wo nach einem Einschwingvorgang von etwa $(2-3)T_o$ die stationäre Frequenzgangbetrach-
tung bestätigt wird, und man erkennt entsprechend Gl. 7 und Gl. 9

$$y_w(t) \approx y(t) \quad ; \tag{10}$$

$$y_h(t) \approx y(t-\Delta t/2) = y(t - \frac{1}{2}) \quad . \tag{11}$$

In Abb. 9, wo die jeweiligen Abweichungen über der Zeit aufgetragen sind, wird das Ergebnis noch deutlicher.

Führt man über eine geeignete Norm $\|x\|$ eine Metrik $\rho(x_1,x_2) = \|x_1-x_2\|$ ein, so hat man
damit die Möglichkeit, auch ein quantitatives Fehlermaß anzugeben. Über die Definition
von

$$\|x(t)\|_E = \sqrt{\sum_{r=0}^{N} x^2(r\cdot\Delta t)} \quad , \text{ quadratische Summennorm,} \tag{12}$$

$$\|x(t)\|_{L2} = \sqrt{\int_{0}^{T} x^2(t)dt} \quad , \text{ quadratische Integralnorm,} \tag{13}$$

kann über die Summe aller quadratischen Abweichungen einer Näherung $x_m(t)$ von x(t)
ein quadratischer Summenfehler

$$\delta_E\big(x(t),x_m(t)\big) = \|x(t)-x_m(t)\|_E \quad , \tag{14}$$

und über die quadratische, integrale Abweichung ein quadratischer Integralfehler

$$\delta_{L2}\big(x(t),x_m(t)\big) = \|x(t)-x_m(t)\|_{L2} \tag{15}$$

angegeben werden.

Die Aufgabe, ein Fehlermaß $\|y-y_m\| = \|\mathcal{J}(x-x_m)\|$ zu minimieren, kann im allgemeinen mit
Hilfe der Variationsrechnung oder der Optimierung gelöst werden, was jedoch meist sehr

aufwendig ist. In vielen Fällen wird es jedoch ausreichen, eine vorgebebene Steuerfunktion $x(t)$ durch eine Treppenfunktion so zu approximieren, daß die in den Gln. (14) und (15) angegebenen Fehlermaße möglichst klein werden. Im folgenden soll gezeigt werden, daß bzgl. δ_E und δ_{L2} die Walsh-Approximation $x_w(t)$ der abgetasteten Funktion $x_h(t)$ unter den bereits genannten Voraussetzungen einer hinreichend kleinen Abtastzeit $(\Delta t \ll T_o)$ und einem linearen System mit Tiefpaßcharakter $(\mathcal{J} \varepsilon TP)$ immer überlegen ist, d.h. daß $x_w(t)$ mit im Sinne der L^2-Metrik optimal gewählten Stufenhöhen auch bzgl. $\delta_E(y,y_w)$ und $\delta_{L2}(y,y_w)$ recht günstige Werte liefert

$$\left(\delta_{L2}(x,x_w) < \delta_{L2}(x,x_h) \Rightarrow \delta_{E,L2}(y,y_w) < \delta_{E,L2}(y,y_h) \right) .$$

Beschränkt man sich zunächst auf den Approximationsgrad $N=1$ und fragt nach dem Entwicklungskoeffizienten x^o, welcher die Norm $\|y(t) - x^o \cdot \phi(t)\|$ bei einer vorgegebenen Funktion und einer geeigneten Form des Innenproduktes (x_1, x_2) minimiert, so erhält man über das Prinzip der orthogonalen Projektion $|11|$

$$x^o = \frac{\left(\mathcal{J}(x), \mathcal{J}(\phi) \right)}{\left(\mathcal{J}(\phi), \mathcal{J}(\phi) \right)} = \frac{(x,\phi)_{\mathcal{J}}}{\|\phi\|_{\mathcal{J}}^2} \quad . \tag{16}$$

Ist für den Operator $\mathcal{J}$ das Übertragungsverhalten eines linearen Systems G einzusetzen $\mathcal{J}: x \rightarrow y = g(t) * x(t)$, so erhält man für die in den Gln. (12) und (13) angegebenen Normen und mit der über $t \varepsilon [0,T]$ konstanten Funktion $\phi(t) \equiv 1$

$$x_E^o = \frac{y(T)\, h(T)}{h^2(T)} = \frac{\displaystyle\int_0^T g(t-\tau) \cdot x(\tau)\, d\tau}{h(T)} \quad , \tag{17}$$

$$\text{und} \qquad x_{L2}^o = \frac{\displaystyle\int_0^T y(t) \cdot h(t)\, dt}{\displaystyle\int_0^T h^2(t)\, dt} = \frac{\displaystyle\int_0^T \left(x(t) * g(t) \right) \cdot h(t)\, dt}{\displaystyle\int_0^T h^2(t)\, dt} \quad , \tag{18}$$

wobei $h(t)$ die Sprungantwort des linearen Systems G bedeutet. Unter der Annahme hinreichend kleiner Abtastzeit zeigt ein Verzögerungsglied integrales Verhalten. Damit erhält man aus (17)

$$x_E^o = \frac{\displaystyle\int_0^T x(\tau)\, d\tau}{T} = \bar{x} = x_{w,1} \tag{19}$$

und für den quadratischen Summenfehler

$$\delta_E \left(y(t), y_1^o \right) = \delta_E(y, y_{w,1}) = \delta_E(y, y_{w,N}) = 0 \quad . \tag{20}$$

D.h. aber, daß die Walsh-Lösung bzgl. des Fehlers δ_E identisch ist mit der optimalen Lösung und damit immer kleiner als die abgetastete Reaktion $\delta_E(y,y_h)$. In den Abb.'en 10 und 11 ist zu erkennen, daß $y_w(t)$ zu den Abtastzeitpunkten $r \cdot \Delta t$ näherungsweise mit $y(t)$ übereinstimmt. Tatsächlich ergeben sich für das Beispiel in den Abb.'en 7 bis 9 die Werte

$$\delta_E(y, y_{h,8}) \approx 0,85 \gg \delta_E(y, y_{w,8}) \approx 0,1 \quad . \tag{21}$$

$$\text{(Faktor 8,5)}$$

Zur Abschätzung des Fehlers δ_{L2} soll sinnvollerweise angenommen werden, daß sich x(t)
in einem Intervall Δt nicht allzu sehr ändert und deshalb näherungsweise durch ein
Polynom ersten Grades $x(t)\varepsilon\ \mathbb{P}^1 = \{c_0+c_1 t\}$ angenähert werden soll. Dann erhält man
für den Approximationsgrad N=1 und $h(t)\approx t$ aus Gl. (18)

$$x_1^0 = \frac{\int\limits_0^T \int\limits_0^t x(\tau)d\tau \cdot t\, dt}{T^3/3} = c_0 + c_1 \frac{3 \cdot T}{8} \tag{22}$$

und
$$x_{w,1} = \bar{x} = c_0 + c_1\, T/2 \quad , \quad x_{h,1} = c_0 \quad . \tag{23}$$

Mit Hilfe einfacher Umrechnungen ergibt sich daraus

$$\delta_{L2}(y,y_1^0) = \sqrt{\frac{c_1^2 T^5}{4} \cdot \frac{1}{80}} < \delta_{L2}(y,y_{w,1}) = \sqrt{\frac{c_1^2 T^5}{4 \cdot 30}} < \delta_{L2}(y,y_{h,1}) = \sqrt{\frac{c_1^2 T^5}{4 \cdot 5}}$$

$$\tag{24}$$

relativiert zu: $\qquad\qquad 1\ <\ \qquad 1,63 \qquad\ <\ 4\qquad$.

Die Relation $\delta_{L2}(y,y_{w,1}) < \delta_{L2}(y,y_{h,1})$ läßt sich auf den allgemeinen Approximationsgrad
N>1 aus folgendem Grund übertragen: Beim N-stufigen Prozeß gehen zu Beginn eines
jeden Intervalls bzgl. y_h und y_w unterschiedliche Anfangsbedingungen in die Rechnung
ein, welche in der obigen Betrachtung nicht berücksichtigt wurden. Wegen des Ergebnisses
von Gl. (21) ergeben sich für y_w immer günstigere Anfangswerte zu den Abtastzeitpunkten
$i \cdot \Delta t$ und somit bleibt die Relation auch für N>1 gültig.

Für das Beispiel erhält man aus Abb. 10 für t=T=8:

$$\delta_{L2}(y,y_{w,8}) = 0,084 << \delta_{L2}(y,y_{h,8}) = 0,346 \quad , \text{ (Faktor 4,1)} \tag{25}$$

d.h. auch für den integralen quadratischen Fehler ergeben sich für x_w günstigere Werte.

Vergleich mit zeitdiskreter Ausgabe

Im folgenden soll gezeigt werden, welche Unterschiede sich durch die Entwicklung nach
den orthogonalen WF'en gegenüber der direkten Ausgabe zeitdiskreter Werte ergeben, unabhängig davon, ob diese in den Teilintervallen den abgetasteten Wert annehmen oder
die Originalfunktion im optimalen Fourierschen Sinn durch deren integralen Mittelwert
wie die WF'en approximieren. Dazu ist es vorteilhaft, die zeitdiskrete Ausgabe als
Entwicklung nach dem orthogonalen System der Blockimpulse $b_N^{(i)}(t)$, Abb. 11, zu inter-
pretieren |5|.

Weiter oben wurde zunächst angenommen, daß der Approximationsgrad m identisch sei
mit der Anzahl der verwendeten WF'en N und damit auch mit der Anzahl der zeitdiskreten
Werte. Der Approximationsgrad läßt sich jedoch in vielen Anwendungsfällen ziemlich
stark reduzieren m<<N, ohne oder bei nur geringer Einbuße an Genauigkeit. Die Walsh-
Koeffizienten streben i.a. für wachsende Ordnung gegen Null |8|, d.h. die wesentliche
Information konzentriert sich zumeist auf wenige Terme niedriger Ordnung. Im Gegensatz dazu bleibt die relativ gleichmäßige Verteilung der Information bei den zeit-

diskreten Werten etwa bei Verdoppelung der Stützstellen fast unverändert. Dieser
Sachverhalt kann durch den globalen Charakter der WF'en (wal(i,θ) ≠ 0 für ∀ tε[0,T])
im Gegensatz zu dem lokalen Charakter der Blockimpulse erklärt werden. Außerdem reduzieren sich bei gerad- oder schiefsymmetrischen Signalen die Walsh-Koeffizienten
auf 50% ohne Verlust an Genauigkeit.

In einer Arbeit von Polyak/Schreider |8| werden die WF'en zur internen Darstellung
von Funktionen im Digitalrechner verwendet. Dort ist der gleichmäßige Fehler

$$\delta_U\big(x(t),x_m(t)\big) = \|x(t)-x_m(t)\|_U = \sup_{t\varepsilon[0,1]} |x(t)-x_m(t)| \qquad (26)$$

on großer Bedeutung, welcher bei der Walsh-Reihe im Gegensatz zu vielen anderen
Funktionssystemen (Polynome, Fourier-Reihe) sehr einfach berücksichtigt und angegeben
werden kann. So läßt sich die Sinus-Funktion in einem symmetrischen Bereich statt mit
64 diskreten Werten mit nur 18 Walsh-Termen bei etwa den gleichen Fehlern δ_U und δ_{L2}
und in einem unsymmetrischen Bereich mit 25 statt 64 Elementen darstellen.

In einer regelungstechnischen Anwendung aus dem Gebiet der Optimierung |5,12,13|
geht in die Minimierung eine Norm $\|\mathcal{T}(x-x_m)\|$ als Operator $\mathcal{T}$ die Übertragungseigen-
schaft allgemeiner linearer Systeme und ein quadratisches Gütefunktional ein. Dort
wird gezeigt, daß in vielen Fällen ein Approximationsgrad von m≈(0,2-0,3)N (statt 32
diskreten Werten im Zeitbereich nur ca. 6-10 Walsh-Koeffizienten) zu einem Fehler
führt, welcher unter einem Prozent liegt.

Ein weiterer wesentlicher Unterschied ergibt sich dadurch, daß das System der Blockimpulse nicht vollständig ist. Erhöht man die Genauigkeit einer diskreten Approximation, so müssen alle Werte neu berechnet und die alten verworfen werden. Im Gegensatz dazu kann man bei der Walsh-Fourier-Reihe durch Hinzunahme weiterer Koeffizienten
die Genauigkeit beliebig erhöhen, wodurch man eine entsprechend feinere Unterteilung
im Zeitbereich erhält. Dadurch ergibt sich die Möglichkeit, die Genauigkeit sehr
flexibel den jeweiligen Anforderungen anzupassen.

Zusammenfassung

Durch das vorliegende Konzept soll die Belastung des Prozeßrechners bei der Ausgabe
von beliebigen, zeitlich veränderlichen Steuer- und Regelsignalen in Form einer Walsh-
Fourierreihe reduziert werden. Dies wird erreicht durch eine Verringerung der Unterbrechungen und damit verbundenen Programmwechseln, durch eine Reduktion der auszugebenden Signale in Form von Walsh-Fourier-Koeffizienten und einer optimalen bzw. sub-
optimalen Signalanpassung. Der binäre Charakter der Walsh-Funktionen ist dabei eine
wesentliche Voraussetzung zur einfachen und schnellen Berechnung und für die Verwendung
von Digitalbausteinen zur Realisierung des externen Prozeßelementes.

Literatur

|1| Walsh, J.L.: A closed set of normal orthogonal functions. Amer.J.Math., vol 45,
     1923, S. 5-24

|2| Fine, N.J.: On the Walsh Functions. Trans.Amer.Math.Soc. 65, 1949, S. 372-414.

|3| Harmuth, H.F.: Transmission of Information by Orthogonal Functions. Springer-Verlag, Berlin/New York, 1969.

|4| Pichler, F.: Synthese linearer periodisch zeitvariabler Filter mit vorgeschriebenem Sequenzverhalten. Archiv der Elektr. Übertr., Bd. 22, 1968, S. 150-161.

|5| Burkhardt, H.: Ein Beitrag zur Lösung optimaler Steuerungs- und Regelungsprobleme mit Hilfe der Walsh-Transformation. Dissertation, Universität Karlsruhe, 1974.

|6| Shanks, J.L.: Computation of the Fast Walsh-Fourier Transform. IEEE Trans. on Computers, C-18, 1969, S. 457-459.

|7| Beauchamp, K.G.: Walsh Functions and Their Applications. Academic Press, London 1975.

|8| Polyak, B.T.; Schreider, Yu.A.: The application of Walsh functions in approximate calculations. Voprosy Teor.Matem.Mashin, 1962, Coll. II, S. 174-190 (nicht veröffentlichte Übersetzung vom Russischen ins Englische von Gibbs, J.E.).

|9| Ragazzini, J.R.; Franklin, G.F.: Sampled-Data Control Systems. McGraw Hill 1958.

|10| Papoulis, A.: The Fourier Integral and Its Applications. McGraw-Hill 1962.

|11| Luenberger, D.G.: Optimization by Vector Space Methods. John Wiley & Sons 1969.

|12| Burkhardt, H.: Anwendung der Walsh-Transformation auf optimale Steuerungs- und Regelungsprobleme – eine neue Formulierung der direkten diskreten Lösung. Regelungstechnik 23(1975) H. 9, S. 294-299.

|13| Burkhardt, H.; Altmann, H.; Lunderstädt, R.: Realisierung optimaler Regelungen. Projekt Prozeßlenkung mit DV-Anlagen, Forschungsbericht KFK-PDV 87, Gesellschaft für Kernforschung, Karlsruhe 1976.

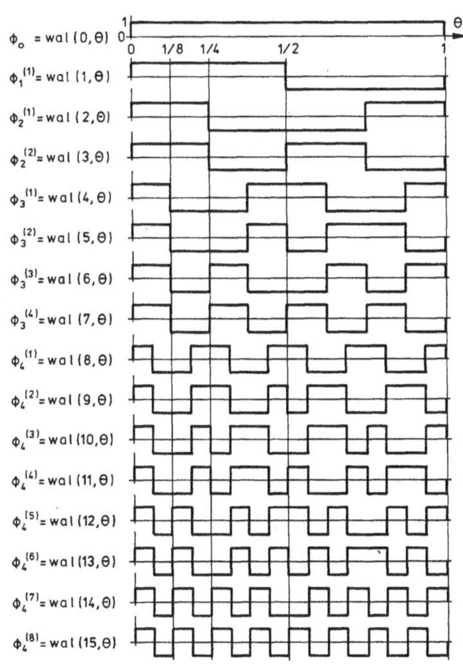

Abb. 1: Walsh-Funktionen, nach wachsender Sequenz geordnet

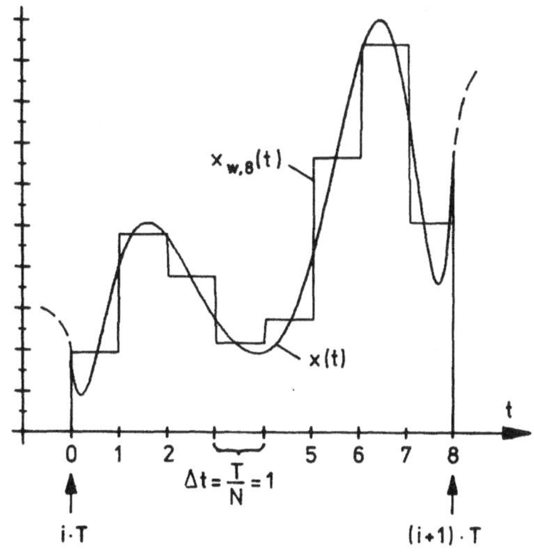

Abb. 2: Signal x(t) und Walsh-Fourier-Approximation $x_{w,8}(t)$

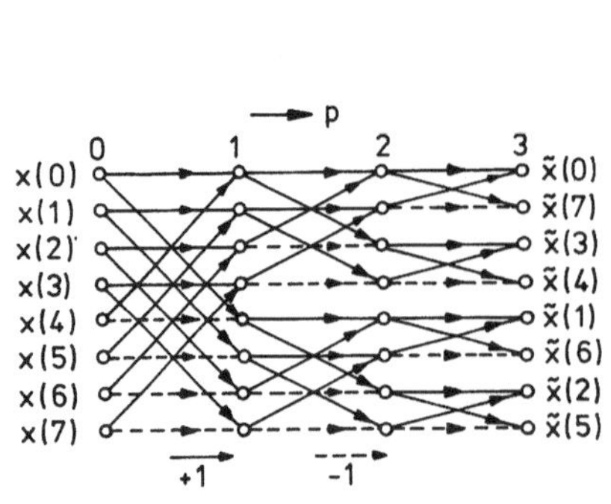

Abb. 3: Signalgraph der schnellen
Walsh-Transformation (FWT)
nach Shanks |6|

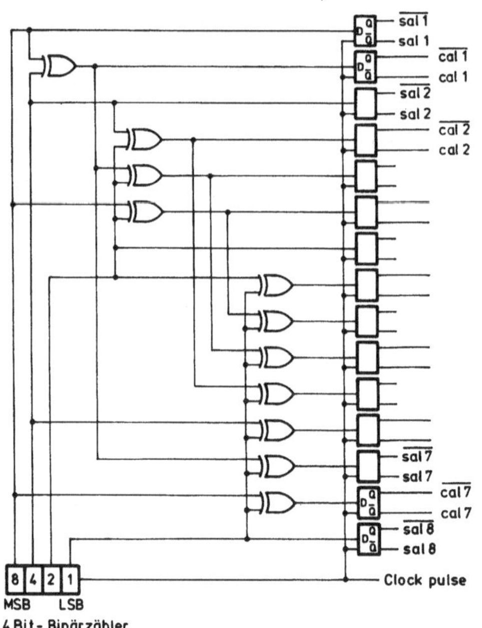

Abb. 5: Aufbau eines Walsh-Generators für
16 WF'en nach Harmuth |3|

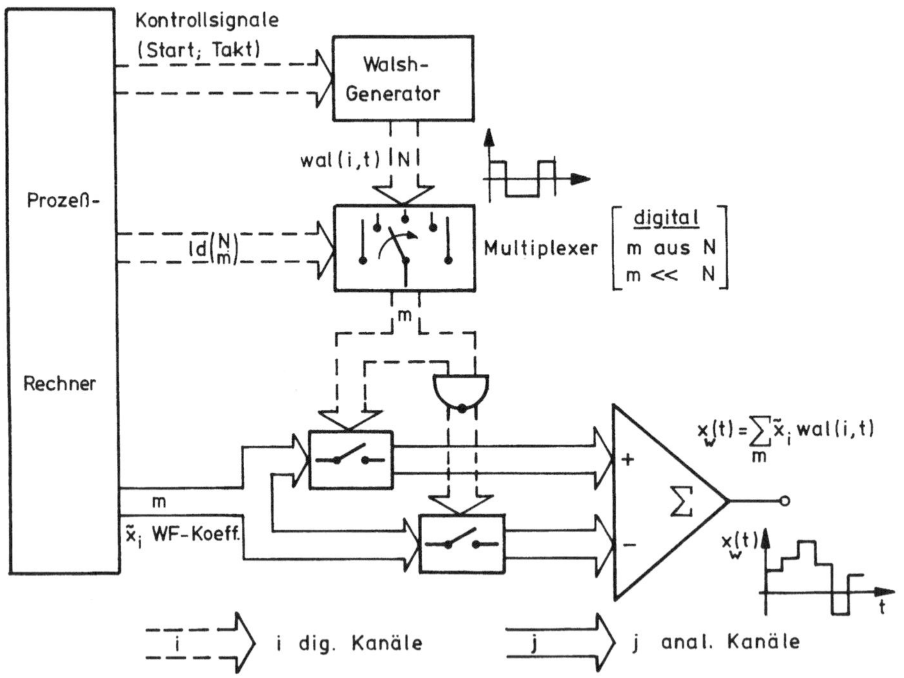

Abb. 4: Aufbau des externen Prozeßelementes zur Ausgabe von Steuer- und Regelsignalen
durch den Prozeßrechner

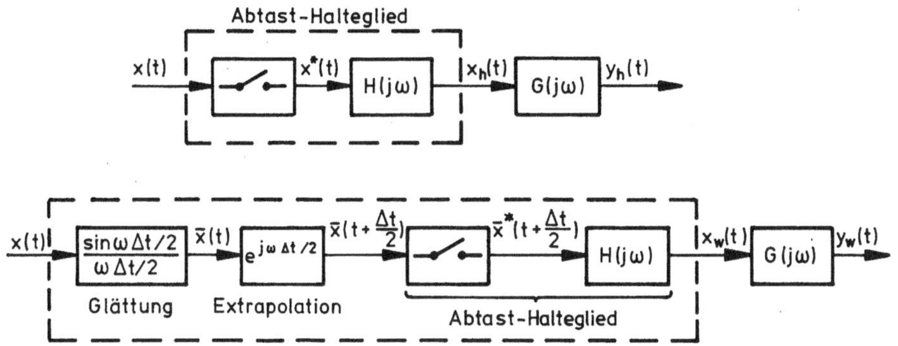

Abb. 6: Reaktion einer linearen Regelstrecke $G(j\omega)$ auf $x_h(t)$ und $x_w(t)$

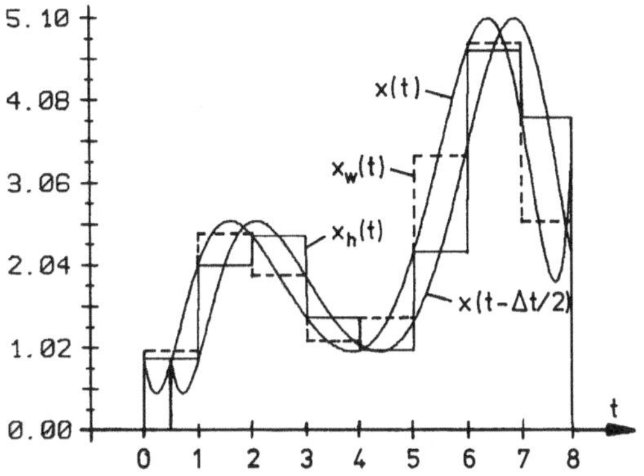

Abb. 7: $x(t)$, Walsh-Appr. $x_w(t)$ u. Abtast-Haltesignal $x_h(t)$

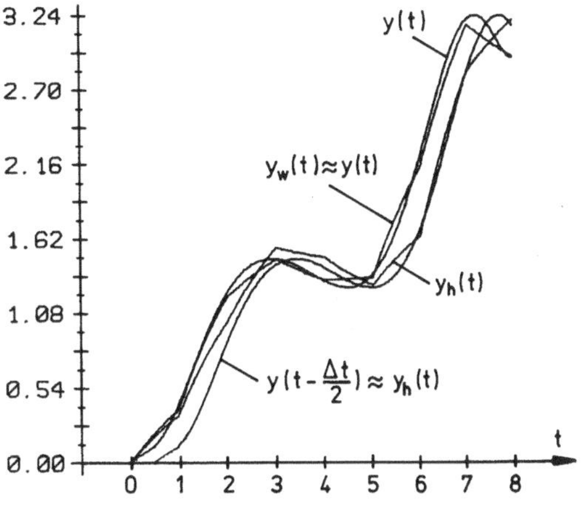

Abb. 8: Reaktion eines VZ1-Gliedes (T=2.) auf $x(t)$, $x_w(t)$, $x_h(t)$ und $x(t-\Delta t/2)$

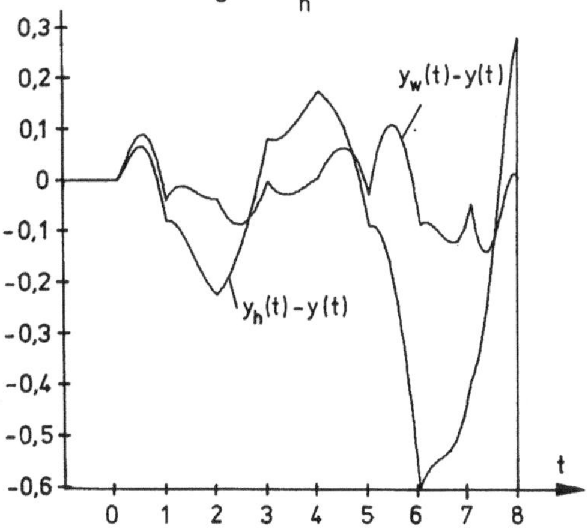

Abb. 9: Abweichungen $(y_w(t)-y(t))$ und $(y_h(t)-y(t))$ b. VZ1-Glied (T=2.)

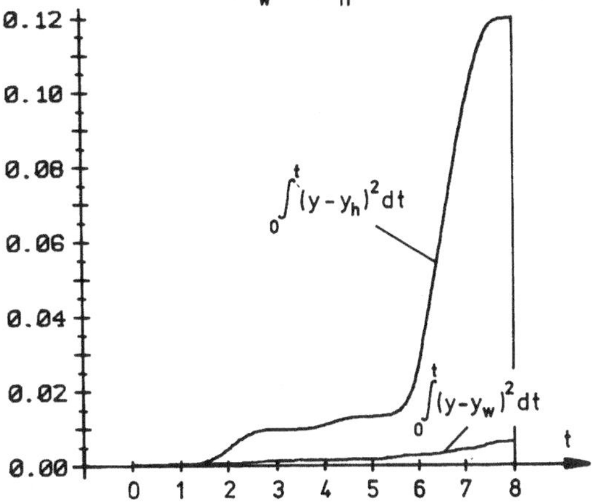

Abb. 10: Integrale quadratische Abweichung als Funktion der Zeit

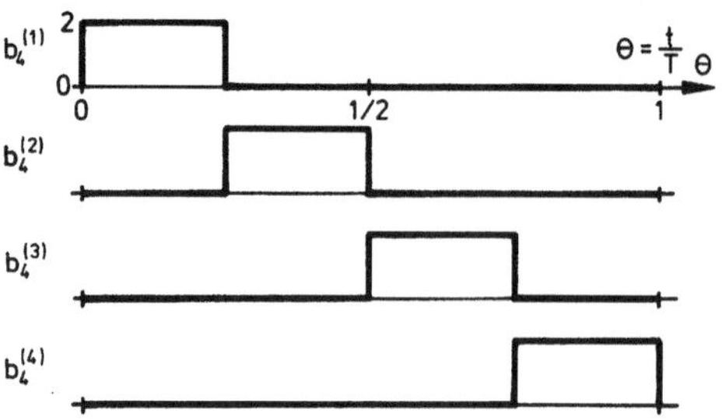

Abb. 11: Orthogonale Blockimpulse $b_N^{(i)}(t)$, N=4

<u>EIN UNIVERSELLER KOMMUNIKATIONSPROZESSOR FÜR DEN AUFBAU</u>
<u>VERTEILTER PDV-SYSTEME</u>

E. Holler, J. Krieger, R. Knöpker

Kernforschungszentrum Karlsruhe
Institut für Datenverarbeitung in der Technik

1. <u>Einführung</u>

Der gegenwärtige Stand der Halbleitertechnologie erlaubt den kostengünstigen Aufbau
leistungsfähiger Mikroprozessoren und Kleinstrechner, die dediziert eingesetzt werden
können. Dies führt im verstärktem Maße zu dezentralisierten Lösungen, speziell im
Bereich der Prozeßdatenverarbeitung:

Verteilte DV-Systeme mit kleinen Prozessoren vor Ort sichern ein günstiges Realzeitverhalten bei gleichzeitiger Entlastung der Zentraleinrichtung, die ggf. sogar
entfallen kann.

Zur Koordinierung der Aktivitäten der "front end"-Rechner sowie für die Übermittlung
von Daten und Programmen erfordern verteilte DV-Systeme ein geeignet konzipiertes,
auf die Anforderungen der Anwendung zugeschnittenes Nachrichtentransportsystem.

Eine Möglichkeit der Realisierung eines solchen Nachrichtentransportsystems besteht
in der Verwendung von in Leistung und Aufwand angepaßten Kommunikationsprozessoren,
denen die Abwicklung eines Großteils der anfallenden Kommunikationsaufgaben übertragen
werden kann. Der Einsatz von Kommunikationsprozessoren reduziert damit weitgehend
den auf die "front end"-Rechner (Arbeitsrechner) entfallenden Anteil des mit dem
Nachrichtentransport verbundenen Verwaltungsaufwandes. Ein solcher Kommunikationsprozessor wurde am Institut für Datenverarbeitung in der Technik der Gesellschaft für
Kernforschung im Rahmen des Vorhabens "Prozeßlenkung mit Mehrrechnersystemen"[*] entwickelt.

2. <u>Nachrichtentransportsysteme</u>

Die Struktur des Nachrichtentransportsystems als wesentliche Komponente eines verteilten Systems wird geprägt durch den Grad an Komfort, der für die Interkommuni-
kation zwischen über das Gesamtsystem verteilten DV-Prozessen bereitgestellt werden
soll. Unter DV-Prozessen, im folgenden kurz Prozesse, werden die mit der sequentiellen Bearbeitung von Programmen verknüpften elementaren organisatorischen Einheiten innerhalb von DV-Systemen verstanden, an die die Zuweisung von Betriebsmitteln
erfolgt.

---

[*] Die diesem Bericht zugrunde liegenden Arbeiten wurden z. T. mit Mitteln des Bundesministers für Forschung und Technologie gefördert (Kennzeichen DV 4903-081-560776)

Bild 1 zeigt die logische Struktur eines Nachrichtentransportsystems /1/, das eine
Schnittstelle für Interprozeßkommunikation bereitstellt. Die dort für die Formulierung
von Kommunikationsabläufen verfügbaren Funktionen sind im Idealfall unabhängig von
der physikalischen Realisierung des Nachrichtentransportes.

Ein spezieller Betriebssystemprozeß in den Arbeitsrechnern (Transportstation) nimmt
die Kommunikationsanforderungen der Benutzer- und Systemprozesse entgegen, interpretiert und übergibt sie ggf. unter Verwendung vorhandener Betriebssystemfunktionen
an das physikalische Transportsystem, das für die Leitungskontrolle und den physikalischen Transport von Nachrichten sorgt.

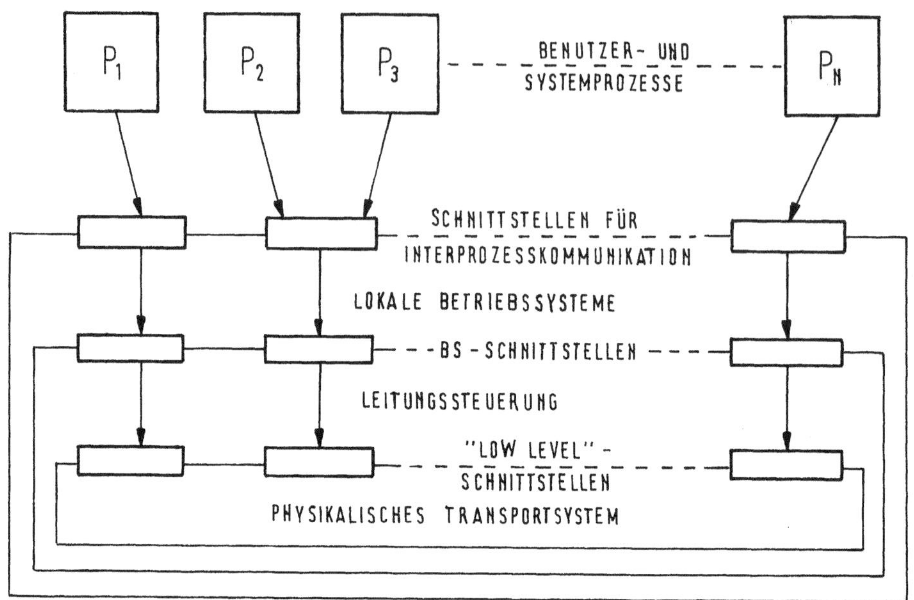

<u>Bild 1:</u> Logische Struktur eines Nachrichtentransportsystems

Es transportiert ihm übergebene logische Nachrichtenblöcke autonom, unter Umständen
aufgeteilt in mehrere physikalische Blöcke, an den aus der Identifikation des empfangenden Prozesses abgeleiteten Zielort.

Für die Realisierung eines derartigen Nachrichtentransportsystems können grundsätzlich
drei alternative Wege beschritten werden:

1.) Integration aller Kommunikations- und Vermittlungsfunktionen in die Arbeitsrechner
    (Host Computer) bei gleichzeitiger Minimierung des Hardwareaufwandes.
    Diese Lösung hat den Vorteil kostengünstig und flexibel zu sein. Sie kann jedoch
    beim Einsatz von Mini- oder Mikrorechnern als Arbeitsrechner zu untragbaren zu-
    sätzlichen Belastungen führen.

2.) Verlagerung dieser Funktionen in spezialisierte Hardwarekomponenten, die wesent-
    liche Teile der Leitungsprozedur realisieren.

Hiermit lassen sich sehr leistungsfähige, allerdings auch nur relativ unflexible
Systeme aufbauen.

3.) Verwendung von Kommunikationsprozessoren anstelle spezialisierter Hardware.

Zu den Vorteilen von (2.) kommt hier der Vorteil der Flexibilität durch Programmierbarkeit.

Aktuelle Marktübersichten (vergl. /2/) lassen erkennen, daß für Implementierungen
der Lösungsvarianten (2.) und (3.) ein umfangreiches Angebot spezialisierter bzw.
flexibel einsetzbarer (programmierbarer) Kommunikationsprozessoren verfügbar ist.
Das Kostenspektrum der angebotenen Geräte (Kaufpreise > 10.000 $) macht jedoch eine
Anwendung in verteilten Systemen mit Kleinrechnern indiskutabel.
Im Aufwand angepaßte Lösungsmöglichkeiten bietet der Einsatz heute am Markt erhält-
licher Mikroprozessoren.
Im folgenden wird ein am Institut für Datenverarbeitung in der Technik des Kernforschungszentrums Karlsruhe auf Mikroprozessorbasis entwickelter Kommunikations-
prozessor vorgestellt.

3. Einsatzmöglichkeiten und Aufgaben

Für den Kommunikationsprozessor, der universell einsetzbar sein und in Nachrichtentransportsystemen unterschiedlicher Struktur Verwendung finden soll, sind im wesentlichen drei Anwendungsfälle unterschieden:

- die Verwendung als Nachrichtenverteiler in Knotenpunkten beliebig vermaschter Netze
  (message switching - Bild 2a). Der Prozessor empfängt über ankommende Leitungen
  Nachrichten von angeschlossenen Terminals, Arbeitsrechnern oder anderern Kommunikationsprozessoren, analysiert die beigegebene Zielinformation und dirigiert die
  Nachrichten unter Berücksichtigung eigener Kenntnisse über den Netzzustand weiter
  zum Zielort, ggf. über weitere Kommunikationsprozessoren.
- die Verwendung als "front end"-Prozessor zum Kommunikationsnetz (Bild 2b). Bei
  dieser Anwendungsart ist der Prozessor über einen schnellen Kanal einem Rechner vor-
  geschaltet und realisiert ein flexibles Interface zu dem Kommunikationssystem, an
  das die Rechneranschaltung erfolgt. Auf diese Weise wird der Arbeitsrechner von der
  Netzwerkkontrolle entlastet und seine Leistung kommt voll der Anwendung zugute. Den
  Spezialfall eines intelligenten Interfaces mit nur einer ankommenden und abgehen-
  den Leitung zeigt Bild 2c; diese Form (mit Bypass) findet in Ringsystemen oder
  (ohne Bypass) in sternförmigen Netzen Verwendung.
- Der Einsatz als Prozeßterminal (Bild 2d).
  Bei geringen Anforderungen an die anwendungsgebundene Vorverarbeitungskapazität von
  "front-end"-Rechnern ist eine strikte Trennung von Kommunikations- und Verarbeitungsfunktionen nicht in allen Fällen erforderlich. Bei kleineren Anwendungen ist es oft
  wünschenswert, die bereitgestellten Daten ohne umfangreiche Vorverarbeitung über
  größere Entfernungen einem anderen Rechner zur Auswertung übermitteln zu können.

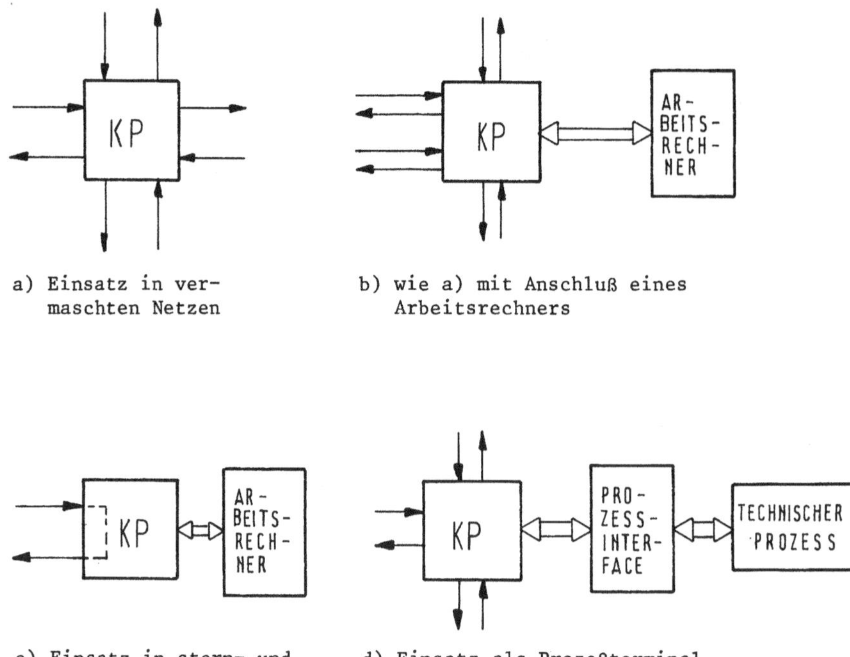

a) Einsatz in ver-　　　　　b) wie a) mit Anschluß eines
   maschten Netzen　　　　　　 Arbeitsrechners

c) Einsatz in stern- und　　 d) Einsatz als Prozeßterminal
   ringförmigen Netzen

<u>Bild 2:</u> Verwendungsmöglichkeiten des Kommunikationsprozessors (KP)

Unabhängig von den oben aufgeführten Einsatzmöglichkeiten lassen sich mehrere Teilaufgaben hervorheben, die vom Kommunikationsprozessor zu bewältigen sind:

- Da in den meisten Fällen wegen des geringen Verkabelungsaufwands serielle Datenübertragung bevorzugt wird, ist für die Serialisierung und Parallelisierung von
  Zeichenströmen zu sorgen. Bitströme unterschiedlicher Formate sowie mit unterschiedlichen Geschwindigkeiten sollten gesendet und empfangen werden können.
- Die Leitungssteuerung, die das korrekte Senden und Empfangen der Nachrichten sowie
  den geordneten Wiederanlauf im Fehlerfalle garantiert, ist durch geeignete Leitungs-
  prozeduren (Leitungsprotokolle) zu gewährleisten.
- Ankommende und abgehende Nachrichten müssen in begrenztem Umfange zwischengepuffert
  werden können, um Geschwindigkeitsunterschiede verschieden leistungsstarker Komponenten im Kommunikationssystem auszugleichen.
- Die Konversion zwischen unterschiedlichen Übertragungscodes ist in heterogenen Systemen
  unumgänglich und in solchen Fällen eine Standardaufgabe für Kommunikationsprozessoren.

4. Leitungsprozedur

In Anlehnung an internationale Standardisierungsbemühungen wurde die von der ISO vorgeschlagene HDLC-Leitungsprozedur realisiert /3/. Für das Verständnis des folgenden

ist es notwendig, kurz auf die wichtigsten Eigenschaften von HDLC einzugehen.

HDLC ist eine bitorientierte Prozedur, die es erlaubt, codetransparente Daten mit Hilfe synchroner Übertragungsverfahren bitseriell zu übertragen. Dies geschieht in Nachrichtenrahmen (frames) variabler Länge, die folgenden Regeln entsprechen müssen:

Jeder Rahmen besteht aus mehreren Feldern, deren Bedeutung durch ihre relative Lage zu Anfang bzw. Ende des Rahmens gegeben ist (Bild 3). Im einzelnen sind die Felder folgendermaßen definiert:

- F   Flagbytes begrenzen beidseitig jeden Rahmen, sie bestehen aus der Bitfolge 0111 1110. Um ihr zufälliges Auftreten innerhalb eines Rahmens zu verhindern, wird beim Senden nach je 5 aufeinanderfolgenden Einsen automatisch eine Null eingefügt, ausgenommen bei den Flagbytes. Beim Empfang werden die Nullen wieder entfernt. Diese Technik wird mit Bitstuffing bezeichnet.

- A   Adresse der Zielstation

- C   Kontrollbyte: es enthält Kontrollnachrichten und Statusinformationen der beteiligten Stationen.

- D   Datenfeld: es enthält in Form eines Bitstromes beliebiger Länge code-transparente Daten

- FCS Sicherungsinformation in Form zweier CRC-Bytes, die mit dem Generatorpolynom $x^{16} + x^{12} + x^5 + 1$ erzeugt wird.

Bild 3: HDLC-Nachrichtenformat

5. Aufbau

Um einen möglichst hohen Nachrichtendurchsatz zu erzielen, ist es nötig, den Prozessor von Aufgaben der "Bitebene" zu entlasten. Es wurde daher eine Aufteilung des Kommunikationsprozessors in zwei funktionelle Teile vorgenommen (Bild 4):

- den um einen Mikroprozessor aufgebauten Prozessorteil
- bis zu vier HDLC-Leitungsinterfaces zum Anschluß an das Kommunikationsnetz.

Prozessor und Leitungsinterfaces sind verbunden über eine parallele Ein-/Ausgabeschnittstelle, über die

- Daten ausschließlich in Blöcken variabler Länge
- Steuer- und Zustandsinformation byteweise

übertragen werden.

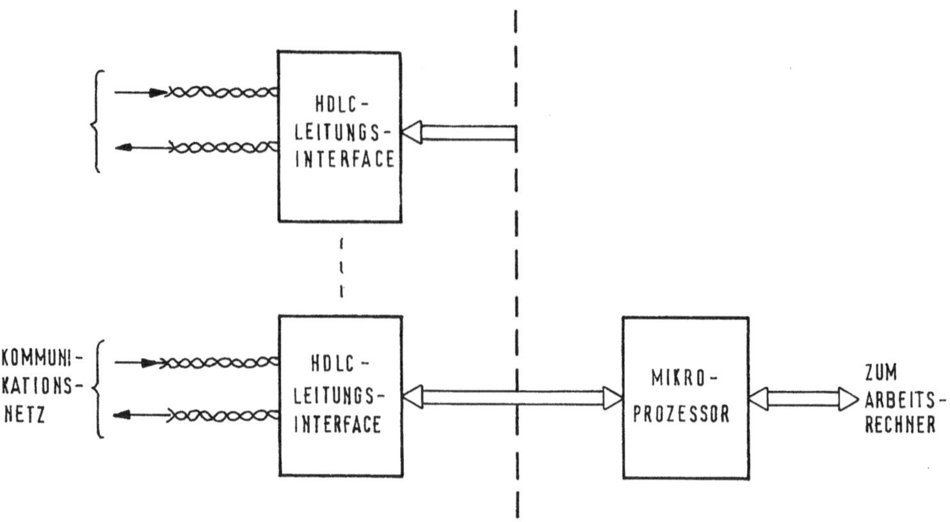

Bild 4: Funktionelle Teile des Kommunikationsprozessors

5.1 Prozessorteil

Die Aufgaben des Prozessorteils sind im wesentlichen:

- Datenverkehr mit dem angeschlossenen Arbeitsrechner (Host-Imp-Protokoll)
- Zwischenpuffern großer Datenblöcke
- Abwicklung der Leitungsprozedur(en)
- Steuerung der und Datenaustausch mit den Leitungsinterfaces

Als CPU wurde für diesen Prozessor der zum Entscheidungszeitpunkt leistungsfähigste
8-Bit-Mikroprozessor in MOS-LSI-Technik ausgewählt, der 8080A von Intel /4/. Mit Hilfe
der zu diesem System gehörenden, hochintegrierten Peripheriebausteine /5/, wurde der
Prozessor in einer Konfiguration mit Anschluß nur eines Leitungsinterfaces in 3
Moduln (Normaleuropakarten) aufgebaut:

- CPU mit Unterbrechungslogik (8 Ebenen), Steuer- Ein-/Ausgabe-Port und Zeitgeber
- Speichermodul mit maximal 4K Byte ePROM und 2K Byte RAM
- Parallel- Ein-/Ausgabe-Modul mit insgesamt je 24 Ein-/Ausgabeleitungen (mit Hand-
  shake) zum Anschluß von Leitungsinterface und Arbeitsrechner

Ein viertes Modul ermöglicht das interaktive Testen von Soft- und Hardware mit
TTY-Anschluß, BUS-Anzeige und Einzelschrittmöglichkeit. Es ist für den Normalbetrieb
jedoch nicht erforderlich.
Speicher und Ein-/Ausgabe teilen sich einen gemeinsamen Adreßbereich (Memory mapped

I/O). Man erreicht so, daß die gegenüber den E/A-Befehlen leistungsfähigeren Speicher-
transferbefehle des 8080 auch für die Ein-/Ausgabe verwendet werden können. Es können
so mit Hilfe der indirekten Adressierung in programmierten I/O Transferraten von bis
zu 60K Byte/s erzielt werden (inklusive Endabfrage).

Bild 5 zeigt in Form eines Blockschaltbildes den Aufbau des Prozessorteils.

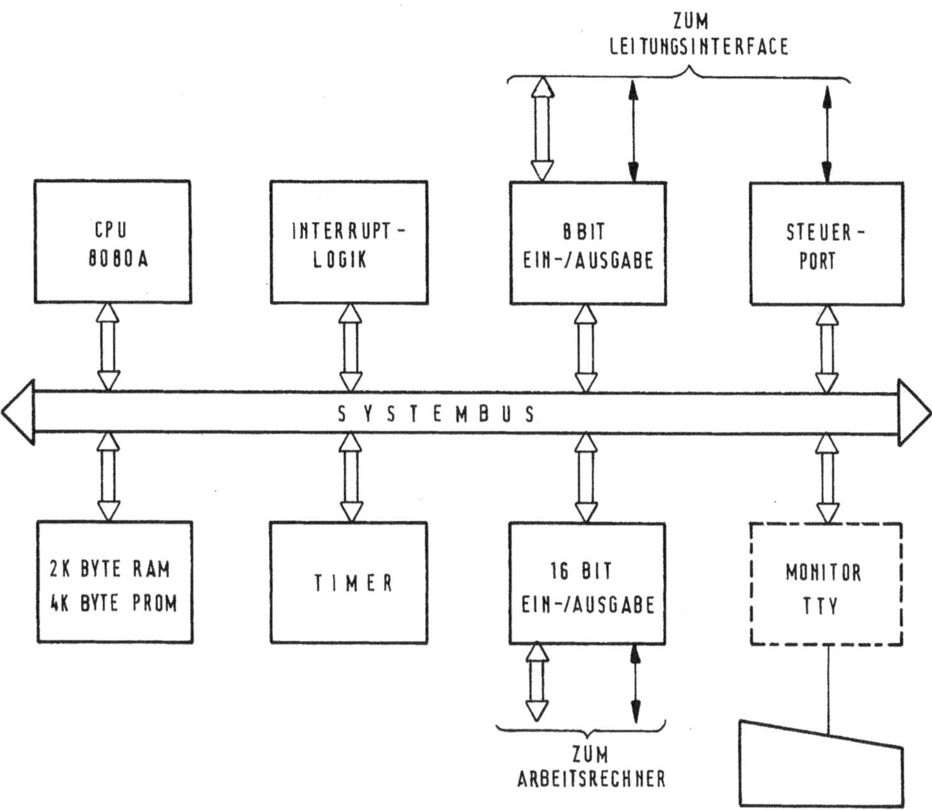

Bild 5: Prozessorteil des Kommunikationsprozessors

5.2 HDLC-Leitungsinterface

Das Leitungsinterface hat folgende Aufgaben:

- Blockpufferung bei Senden und Empfang
- Parallel-/Seriell-Wandlung und umgekehrt
- Erzeugung von Nachrichtenrahmen entsprechend den Vorschriften von HDLC
- CRC-Berechnung und -Prüfung
- Modulation/Demodulation
- Bei Empfang Adreßerkennung
- Weiterschalten aller empfangenen Nachrichten (optimaler Repeater)

Aus dieser Aufgabenstellung ergibt sich die in Bild 6 dargestellte Grobstruktur des Leitungsinterface.

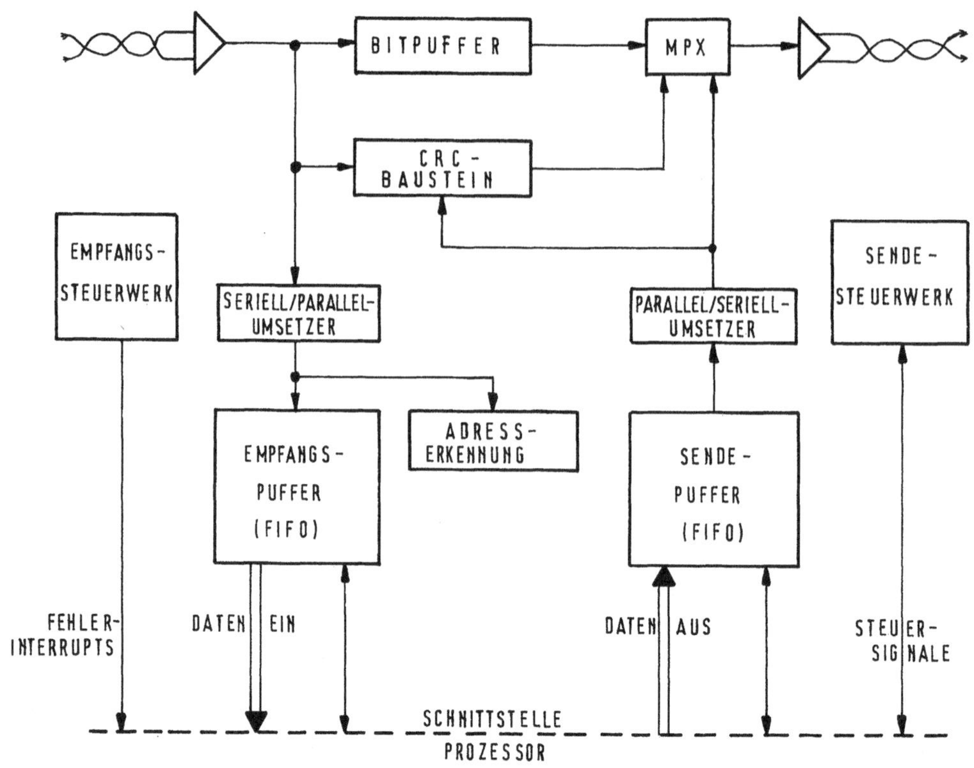

Bild 6: Leitungsinterface des Kommunikationsprozessors

Die am Eingang empfangene, bitserielle Information wird decodiert und kann sowohl elektrisch als auch zeitlich regeneriert auf den Ausgang geschaltet werden.

Wird nach einem Flagbyte die jeweilige Stationsadresse erkannt, kopiert das Leitungs-interface die folgende Nachricht in einen Fifo-Pufferspeicher und prüft gleichzeitig das CRC-Feld auf Richtigkeit. Der Prozessor liest zeitlich überlappend mit dem Empfang der Nachricht diese aus dem Fifo-Speicher.

Eine zu sendende Nachricht wird vom Prozessor ohne Flagbytes und CRC-Feld in den Sendepuffer geschrieben. Auf ein Startsignal der CPU hin sendet das Leitungsinter-face den vollständigen HDLC-Rahmen mit Flagbytes und während des Sendens berechneten CRC-Bytes aus.

Fehlerzustände im Leitungsinterface wie Formatfehler, falsches CRC oder Fifoüberlauf werden per Unterbrechungsanforderung an den Prozessor gemeldet. Physikalisch besteht das Leitungsinterface aus 4 Europakarten und ist in Low Power Schottky/Schottky -TTL-Technik aufgebaut.

6. Software

Für die Lösung der unterschiedlichen Softwareaufgaben steht ein rudimentäres Betriebssystem zur Verfügung, das dem Anwender Programmoduln mit allgemeinen Grundfunktionen
anbietet:

- Treiberroutinen für die HDLC-Leitungsprozedur und die Kommunikationsprotokolle
  für den Nachrichtenverkehr mit dem Arbeitsrechner. Diese Routinen sind Implementierungen der endlichen Automaten, durch die die Syntax der Kommunikationsprotokolle beschrieben wird.
- Interruptbehandlungsroutinen: Zustandsänderungen in der Leitungshardware, insbesondere auftretende Fehlersignale, werden dem Prozessor über Interruptleitungen
  mitgeteilt und bewirken einen unmittelbaren Anstoß der entsprechenden Fehlerbe-
  handlungsprogramme.
- I/O-Handler bedienen die parallelen und seriellen Schnittstellen.
- Allen vorgenannten Moduln ist ein Prozeßumschalter übergeordnet, der abhängig vom
  Zustand globaler Variabler und unter Berücksichtigung zugeordneter Kanalprioritäten
  die gesamte Ablaufsteuerung überwacht.

Der Speicherbedarf dieses rudimentären Betriebssystems beträgt ohne Berücksichtigung
des variablen Pufferspeichers ca. 1,5K Byte. Zusätzlich zur oben beschriebenen Software stehen umfangreiche Testprogramme zur Überprüfung der Funktionsfähigkeit der
einzelnen Hardwarekomponenten zur Verfügung. Die Testhilfen können interaktiv über
einen Teletypeport bedient werden.

7. Leistungsbetrachtungen

Zur Zeit der Niederschrift dieses Berichtes (Nov. 1976) sind zwei Prototypen des
Kommunikationsprozessors verfügbar. Sie weisen folgende Kenndaten auf:

- Übertragungsraten auf der Leitung bis zu 3M Bit/s abhängig von der Leitungslänge
  (Zweidrahtleitung)
- Transferraten an den Parallelschnittstellen zu Leitungsinterface und Arbeitsrechner
  bis zu 60K Byte/s.
- variable Blocklängen bis 124 Nutzdatenbytes
- Bandbreitenoptimale Biphasecodierung auf der Leitung
- codetransparente Übertragung

Genauere Daten für die Leistungsfähigkeit beim Einsatz als Vermittlungsrechner liegen
zur Zeit noch nicht vor. Vorläufige Abschätzungen ergeben für einen Ausbau mit 4
Leitungsinterfaces eine mittlere Transferrate pro Interface von maximal 3 K Byte/sec.
Parallel zur Implementierung des Kommunikationsprozessors wurde entsprechend dem in
/6/ vorgestellten allgemeinen Konzept ein Simulationsprogramm implementiert, das sich
zur Zeit in der Validationsphase befindet. Es erlaubt die Untersuchung des Leistungsverhaltens des Prozessors in verteilten Systemen unterschiedlicher Topologie.

Mit Hilfe der Experimentresultate wird es möglich sein, einer optimalen Auslegung der Komponenten des Kommunikationssystems insgesamt und des Kommunikationsprozessors im besonderen nahe zu kommen. Die Experimente werden Ende 1976 abgeschlossen sein.

8. Anwendungen und geplante Erweiterungen

Der Kommunikationsprozessor wird zur Zeit in einem Mini-Mikrocomputerverbundsystem eingesetzt, in dem Hostrechner verschiedener Hersteller (Varian, DEC) über ein Ringsystem miteinander kommunizieren. Dieses verteilte System wird als experimentelle Basis zur Untersuchung von Architekturalternativen für Datenmanagement in verteilten PDV-Systemen verwendet werden.

Aus der Familie der HDLC-Prozeduren wurde diejenige Variante implementiert, die zum Steuern einer Multi-Drop-Verbindung vorgesehen ist und im sogenannten Normal Response Mode (NRM) arbeitet. Eine Hauptstation (PRIMARY) fragt zyklisch alle angeschlossenen Unterstationen (SECONDARY) ab und erwartet innerhalb eines festgesetzten Zeitraums eine Antwort. Um die Antwortzeiten zu verbessern, wurde der Kontrollwortinterpreter entsprechend der Häufigkeitsverteilung der unterschiedlichen Nachrichtentypen optimiert.
Zur Zeit sind zwei Kommunikationsprozessoren über eine 1,5 km lange Ringleitung verbunden; ein Prozessor arbeitet als Hauptstation, der andere als Unterstation. Die Übertragungsrate auf dem Ring beträgt 0,42 M Bit/s, ein Pollzyklus dauert 10 ms, die Reaktionszeit der Unterstationen beträgt 600 ms und für den Transfer einer Nachricht maximaler Länge von der Haupt- zu einer Unterstation werden 3,2 ms benötigt.

Für die Zukunft ist geplant, den Prozessor mit auf den Normungsvorschlägen X21 basierenden Hardwareschnittstellen auszustatten, um eine Anschlußmöglichkeit an Kommunikationssysteme mit X25 Paketschnittstelle anbieten zu.können. Weitere Untersuchungen betreffen mögliche Verbesserungen der Übertragungstechniken. Es wird angestrebt, durch Einsatz von Koaxialkabel oder Lichtleitern Zuverlässigkeit und Datenrate zu erhöhen. Neuankündigungen auf dem Markt /7/ eröffnen schließlich die Möglichkeit, die Leistung des Kommunikationsprozessors bei Beibehaltung des Grundkonzepts weiter zu steigern.

Literaturverzeichnis

/1/ E. Holler, O. Drobnik
     Rechnernetze
     Reihe Informatik (17), BI Wissenschaftsverlag
     Zürich 1975

/2/ J.B. Totaro
     Communications Processor Survey
     Datamation Mai 1976, pp. 151-170

/3/ High Level Data Link Control Procedures
     Proposed Draft International Standard on Elements of Procedures
     International Organization for Standardization
     ISO/TC 97/SC 6, Juli 1976

/4/ Microprocessors a special issue
     Electronics, 15. April 1976, pp. 75-174

/5/ Intel 8080
     Microcomputer System User's Manual
     Intel Corp.

/6/ E. Holler, O. Drobnik. R. Knöpker
     Entwurf und Modellierung von Mehrrechnersystemen für Prozeßlenkungsaufgaben
     KFK-PDV 57, Karlsruhe, September 1975

/7/ M. Shima u.a.
     Z-80 Chip set herolds third microprocessor generation
     Electronics, 19. August 1976, pp. 89-93

PROZESSGRAFIK MIT DEM PLASMA DISPLAY

V. Tschammer, J. Zahn

(Hahn-Meitner-Institut für Kernforschung Berlin GmbH)

1. Einsatz von Sichtgeräten in Prozeßrechenanlagen

Bei der automatisierten Steuerung und Überwachung von Prozessen werden
in immer größerem Umfang Datensichtgeräte zum direkten Informations-
austausch zwischen Mensch und Rechner eingesetzt. Sie sollen komplexe
Zusammenhänge schnell und anschaulich in grafischer Form darstellen.
Ihre Aufgaben reichen dabei von der Ausgabe einfacher Diagramme und
Texte bis hin zu umfangreichen, zum Teil auch flächigen und farbigen
Darstellungen. Außerdem ist für einen Dialogverkehr mit dem Rechner
die Möglichkeit des direkten, gezielten Zugriffs auf die dargestellte
Information über den Bildschirm erwünscht. Die Kosten für ein solches
Sichtgerät sollen dabei jedoch vergleichsweise gering zum Aufwand für
den Prozeßrechner bleiben.

2. Sichtgeräte mit Elektronenstrahlröhre

Interaktive, grafische Sichtgeräte enthalten zur Zeit fast ausschließlich Elektronenstrahlröhren als Anzeigeeinheiten. Sie werden in den verschiedensten Bauformen und Preislagen angeboten und entsprechend weit
ist das Spektrum ihrer Eigenschaften und Einsatzmöglichkeiten. Man kann
jedoch folgende Gruppierungen vornehmen und den einzelnen Gruppen jeweils
bestimmte charakteristische Eigenschaften zuordnen. Wir unterscheiden
Sichtgeräte mit Speicherröhre von solchen, deren Bildschirm keine Speichereigenschaft besitzt und daher eine ständige Bildwiederholung erfordert.

Zur letzten Gruppe gehören:
a) Video Displays. Sie arbeiten nach dem Fernsehprinzip. Ihre Bildschirme werden also in einem bestimmten Zyklus zeilenweise abgetastet.
b) Vektor Displays. Sie erlauben eine freie Positionierung des Elektro-
nenstrahls.

Die Video Displays zeichnen sich durch geringe Kosten, einfache Wartung
und umfassende Darstellungsmöglichkeiten hinsichtlich Farbe, Grautönen
und Blinken aus. Die Möglichkeiten der Darstellung von Kurven, Strichzeichnungen und flächigen Bildelementen und deren freie Positionierung
auf dem Schirm sind jedoch begrenzt und müssen durch entsprechenden Aufwand beim Bildwiederholspeicher erkauft werden.
Die Vektor Displays bieten dagegen umfangreiche Möglichkeiten der Darstellung beliebiger Bildelemente und deren freie Positionierung und Ma-

nipulation, wie Verschiebung, Rotation und vieles mehr. Auch Farbdarstellungen sind möglich, wenn eine besondere Röhre, die Penetrationröhre,verwendet wird. Doch ist auch bei den Vektor Displays, wie bei den Video Displays die Gesamtmenge der gleichzeitig auf dem Bildschirm darstellbaren Information durch die Größe des Bildwiederholspeichers begrenzt, ebenso wie durch die für eine flackerfreie Darstellung erforderliche Bildwiederholrate von etwa 50 Hz. Ein weiterer wesentlicher Nachteil der Vektor Displays ist deren hoher Preis, der bei Einsatz an kleinen und mittleren Rechnern schon einen spürbaren Anteil der Gesamtkosten der Rechenanlagen ausmacht.

Sichtgeräte mit Speicherbildröhre können dagegen wesentlich preiswerter sein, da man hier auf eine Bildwiederholung verzichten kann. Sie bieten dadurch auch eine flackerfreie Darstellung beliebig umfangreicher Informationsmengen bei freier Positionierbarkeit und hoher Auflösung des Bildschirms, allerdings erlauben sie keine Farbdarstellungen, keine Grautöne durch Variation der Punkthelligkeit und keine Bildmanipulation, welche ein selektives Löschen von Bildinformation voraussetzen würde. Bei den meisten Anzeigeröhren ermüdet der Schirm, besonders an den häufig beschriebenen Stellen relativ schnell, wodurch die ohnehin schon nicht besonders hervorragende Punkthelligkeit und der Kontrast noch weiter herabgesetzt werden. Der Wegfall der Bildwiederholung bringt außerdem noch den Nachteil, daß man hier keinen Lichtgriffel,eines der für den Dialogverkehr am besten geeigneten Eingabegeräte,verwenden kann.

3. Matrixorientierte Anzeigen

Alle Anzeigen mit Elektronenstrahlröhre haben außerdem noch einen weiteren gemeinsamen Nachteil. Das ist das analoge Prinzip der Strahlführung, wodurch stets eine Umsetzung der digital anfallenden Daten nötig ist. Hieraus ergeben sich unter anderem Randverzerrungen und Drifterscheinungen der Strahlposition. Diesen Nachteil vermeiden matrixorientierte, digital ansteuerbare Anzeigen, wie sie zur Zeit in verschiedenen Technologien entwickelt werden. Es sind dies im wesentlichen Flüssigkristall-, LED- und Gasentladungs-Anzeigen. Andere Technologien befinden sich noch im Anfangsstadium der Entwicklung. Für grafische Anwendungen sind zum jetzigen Zeitpunkt nur die Gasentladungsanzeigen, auch Plasma Displays genannt, voll einsetzbar, da die beiden anderen Technologien eine hohe Auflösung der Anzeigeeinheit derzeit noch nicht zulassen. Die Gasentladungsanzeigen arbeiten nach zwei verschiedenen Verfahren, DC dem AC (alternating current) und dem DC (direkt current)-Verfahren. bzw. AC bezieht sich auf die Polarität der Elektroden. Beim DC-Verfahren ist eine Gasentladung zwischen Anode und Kathode einer Zelle nur für die Dauer der Ansteuerung gezündet, die Polarität wechselt nicht.

Beim AC-Verfahren liegt an allen Zellen parallel eine Wechselspannung an, wobei eine einmal gezündete Zelle mit jeder Halbwelle erneut für etwa 2 - 3 µs gezündet wird. Daraus folgt, daß die DC-Plasma-Displays eine Bildwiederholung erfordern, während die AC-Plasma-Displays dagegen einen Speicherbildschirm haben. Allen matrixorientierten Anzeigen gemeinsam ist die flache Form des Bildschirms.

Ein typischer Vertreter der AC-Plasma-Displays ist die Anzeigeeinheit DIGIVUE, die von der Firma Owens Illinois hergestellt wird. Auf sie soll im folgenden besonders eingegangen werden, da sie alle charakteristischen Eigenschaften dieser neuen Displays aufweist und bereits in verschiedenen Geräten und Anwendungen im Einsatz ist. Sie bietet:

a) Ausgezeichnete optische Eigenschaften:
   Helligkeit 170 cd/m^2, Kontrast 25:1, Blickwinkel 160°.
b) Kurze Schreib- und Löschzeiten:
   Punktschreibzeit 20 µs, Vektorschreibgeschwindigkeit 20 m/s,
   Punktlöschzeit 20 µs, Bildlöschzeit 20 µs.
c) Hohe Auflösung, derzeit:
   512 x 512 Punkte, 24 Pkt/cm, Bildfläche 21 cm x 21 cm.
d) Speicherbildschirm.
e) Selektives Zünden und Löschen jedes einzelnen Punktes.
f) Flachen, transparenten Bildschirm.

4. Eigenschaften der Plasma-Display-Anzeigeeinheiten

Punktweise Ansteuerung des Bildschirms

Jeder Punkt des Bildschirms des Plasma Displays kann einzeln und unabhängig von den anderen Punkten adressiert werden. Damit kann der Aufbau des Bildes punktweise erfolgen und es sind beliebig geformte und einander schneidende und durchdringende Linien und Zeichen möglich. Die vorgegebene Matrix bewirkt allerdings eine gewisse Stufung von schrägen und gekrümmten Linien, doch auf Grund der relativ hohen Auflösung des Bildschirms kann durch geeignete Algorithmen die Abweichung von der Ideallinie klein gehalten werden. Im Rahmen der Punktmatrix kann jedes Bildelement frei positioniert werden. Es kann damit jede beliebige Lage und jeden beliebigen Winkel einnehmen.

Speicherbildschirm

Durch die inhärente Speichereigenschaft des Bildschirms ist eine Bildwiederholung nicht erforderlich. Das bedeutet, daß für die Erzeugung des Bildes keine Zeitbedingungen eingehalten werden müssen und daß beliebig viel Information flackerfrei dargestellt werden kann. Damit sind auch flächige Darstellungen, Schraffuren und Schattierungen möglich.

Selektives Schreiben und Löschen

Jeder einzelne Punkt des Plasma Displays kann nicht nur zum Zünden, sondern auch zum Löschen selektiv angesteuert werden. Somit ist neben dem punktweisen Aufbau des Bildes auch jede beliebige Veränderung durch Hinzufügen und Wegnehmen einzelner Punkte oder Bildelemente möglich. Durch wiederholtes Schreiben und Löschen von Bildelementen an der gleichen Position erreicht man blinkende, bei zwischenzeitlicher Positionsänderung bewegte Darstellungen. Anders als bei einer Bildwiederholung entsteht hierbei jedoch ein nachteiliger Radiereffekt, da alle Kreuzungspunkte mit anderen Bildelementen beim Löschen mit entfernt werden und nicht automatisch bei der nächsten Wiederholung rückgeschrieben werden.

Transparenz des Bildschirms

Eine Lösungsmöglichkeit bietet hierfür unter anderem eine weitere Eigenschaft der Anzeige, die Transparenz des Bildschirms. Hierdurch sind Darstellungen von Bildern möglich, die sich auf Diapositiven befinden und von hinten auf den Bildschirm projeziert, durch dessen Transparenz sichtbar sind. Die Durchsichtigkeit des Schirms erlaubt darüberhinaus verzerrungsfreie Hardcopies durch Projektion des Bildschirminhaltes auf lichtempfindliches Papier, sowie Mehrfachanordnung von mehreren Schirmen hintereinander.

5. Sichtgeräte mit Plasma Display Anzeigeeinheiten

Sichtgeräte mit Plasma-Display-Anzeigen sind bereits heute in vielen Anwendungen mit den herkömmlichen Sichtgeräten mit Elektronenstrahlröhren konkurrenzfähig und es ist absehbar, daß sich ihnen auf Grund ihrer besonderen Eigenschaften darüberhinaus noch weitere Einsatzgebiete öffnen werden.

Bildschirm und Ansteuerung

Der Bildschirm erlaubt verzerrungsfreie Darstellungen bei zur Zeit bereits relativ hoher Auflösung und großer optischer Qualität. Das Anzeigeprinzip ermöglicht ein flaches Gehäuse und eine einfache, digitale Ansteuerung ohne analoge Komponenten. Die maximal auftretende Spannung beträgt ca. 150 Volt. Im Gegensatz zu Speicherröhren-Displays, wo Ermüdung des Phosphors an häufig beschriebenen Stellen bereits nach recht kurzer Zeit zu einer deutlichen Schwächung der Leuchtkraft führt, wird für Plasma Displays eine wesentlich höhere Lebensdauer angegeben.

Rechner und Übertragungsstrecke

Die Ansteuerung der Anzeige kann wahlweise seriell, Punkt für Punkt, oder parallel erfolgen. Hierbei werden mehrere Zeilen oder Spalten zusammengefaßt und zur gleichen Zeit gezündet. Letzteres erhöht die Schreib-/

Löschgeschwindigkeit von sonst 50.000 Pkt/sec auf ein Vielfaches davon, je nachdem wieviel Zeilen parallel angesteuert werden. Durch den Wegfall der Bildwiederholung werden Rechner und Übertragungsstrecke zum Sichtgerät nur wenig belastet, da keine Zeitbedingungen für Berechnung und Ausgabe des Bildes existieren. Eine Änderung des Bildinhaltes durch Zufügen oder Wegnehmen von Information erfordert lediglich die Übertragung der jeweiligen Differenzinformation an die Anzeige. Wenn das Sichtgerät mit eigenen Bildelementgeneratoren ausgerüstet ist, z.B. für Vektoren, Zeichen oder Symbole, ermöglicht das die Verwendung einfacher, langsamer Übertragungsstrecken, die bitseriell und asynchron arbeiten, und **Datenfernübertragung**, wie auch den Anschluß über die weit verbreitete Teletype-Schnittstelle erlauben.

Software

Die genannten Eigenschaften haben auch Auswirkungen auf die Software, auf die Entwicklung, Anwendung und Bedienung der grafischen Programme. Im Falle der Anschaltung des Sichtgerätes über eine Teletype Schnittstelle entfällt eine spezielle Treiberroutine, da man hier auf die standardmäßig vorhandenen Software-Teletype-Treiber bzw. Standard-Ein-/Ausgabe-Aufrufe für den Datenaustausch mit dem Sichtgerät zurückgreifen kann. Darauf aufbauend ergibt sich eine relativ einfache Grundsoftware zur Ansteuerung der Bildelementgeneratoren, zur Erzeugung von Vektoren, Zeichen und Symbolen und zur Bereitstellung gewisser grafischer Grundfunktionen zur Unterstützung des Bildaufbaus und des Dialogverkehrs mit dem Benutzer.

Zwei Beispiele hierzu:

Im Hahn-Meitner-Institut /24, 25, 26, 34/ wurde für das Plasma Display eine Steuerung entwickelt, die Generatoren für Vektoren, Zeichen und Symbole enthält, einen Dialog über eine Tastatur und Rollkugel ermöglicht und über eine bit-serielle, asynchrone Übertragungsstrecke an den Rechner angeschlossen werden kann. Die Ansteuerung des Bildschirms erfolgt punktweise, also mit einer maximalen Schreib-/Löschgeschwindigkeit von 50.000 Pkt/sec. Dies wird erreicht mit einer Übertragungsrate von 9,6 kBaud und einer Assembler-Grundsoftware von weniger als 2-k-Worten, einschließlich der Ausgabepuffer. Diese Grundsoftware ermöglicht die Darstellung von Linien und Texten verschiedener Struktur bzw. Zeichengröße, unterstützt die Bildmanipulation über verschiedene Löschaufrufe und den Dialog über Tastatur- und Rollkugelmarke durch Ausgabe benutzereigener Menüs und Entgegennahme und Interpretation von Kommandos. Im rein alphanumerischen Betrieb kann das Display ohne weiteren Aufwand als Terminal zur Programmentwicklung und als Systemkonsole verwendet werden.

In einem anderen Beispiel wurde an der Universität von Ohio /10,17/ das
Plasma Display über ein schnelles paralleles Interface angeschlossen und
mit reinen Software-Generatoren für die Erzeugung von Bildelementen wie
Punkt, Linie, Dreieck, Rechteck und Kreis und einer zusätzlichen, softwaremäßig erzeugten, spatialen Grauwertdarstellung sowohl für Linien,
als auch für die eingeschlossenen Flächen versehen. Diese Routinen sind
von BASIC aufrufbar und erlauben ebenfalls den Betrieb der Anzeige mit
der maximalen Schreib-/Löschgeschwindigkeit von 50.000 Pkt/sec. Hier
zeigt sich eine weitere vorteilhafte Auswirkung der Anzeigetechnik, die
es dem Benutzer erlaubt, seine grafische Software so zu gestalten, daß
sie Aufrufe enthält, die beliebig komplizierte Bildelemente erzeugen.
Er kann sie dann ohne Schwierigkeit wiederholt zum Schreiben und Löschen
dieser Bildelemente in sein Programm einfügen, da Beschränkungen hinsichtlich der Menge oder Geschwindigkeit bei Berechnung und Ausgabe der
Information nicht bestehen.

6. Bedienung und Einsatz der Plasma Displays

Die guten optischen Eigenschaften und die Möglichkeit der Verwendung
längerer Übertragungsstrecken erleichtern die freie Wahl des für den
Benutzer günstigsten Standortes der Sichtgeräte. So können sie auch
in nicht abgedunkelten Räumen und über größere Entfernungen vom Rechner
eingesetzt werden, was die Verwendung in Schulungs- und Unterrichts-
räumen, in Experimentierhallen und Labors und in Schaltwarten und Kon-
trollräumen unterstützt. Auf Grund ihrer flachen und robusten Bauweise
ohne Analog- und Hochspannungskomponenten und einer relativ geringen
Leistungsaufnahme von rund 120 Watt bietet sich außerdem die Möglichkeit, sie in Fahrzeugen und anderen beweglichen Einrichtungen zu benutzen. Dies wird außerdem noch dadurch unterstützt, daß durch den
Speicherbildschirm und die selektive Löschbarkeit eine weitere Speicherung des Bildes außerhalb des Bildschirms, sei es im Rechner, im Bild-
wiederhol- oder auf Externspeichern, nicht mehr nötig ist, wodurch der
Einsatz an Kleinstrechnern und in Stand-Alone-Systemen wesentlich erleichtert wird. Die kurzen Löschzeiten für einzelne Bildteile, wie auch
für den Gesamtbildschirm und die Möglichkeit der Paralleladressierung
erlauben Realzeitdarstellungen und vereinfachen den Aufbau und die Manipulation von Bildern. Die umfangreiche Darstellungskapazität von Diagrammen, Texten, Strichzeichnungen und flächigen Bildteilen wird noch
erweitert durch die Möglichkeit der Rückprojektion von unverändererba-
rer, jedoch beliebig komplexer, auch farbiger Information. Durch die
Transparenz des Bildschirms ist eine einfache und verzerrungsfreie Erstellung von Hardcopies möglich.

7. Weiterentwicklung der Anzeigetechnik der Plasma Displays

Nachteile bestehen zur Zeit noch hinsichtlich des Dialogverkehrs, da ein Lichtgriffel zusammen mit dieser Anzeige noch nicht verwendbar ist. Außerdem ist die mehrfarbige und intensitätsgesteuerte Darstellung noch nicht möglich. Für die meisten der anstehenden Probleme sind jedoch bereits Laborlösungen vorhanden, so daß mit ihrer kommerziellen Verfügbarkeit in absehbarer Zeit gerechnet werden kann. Folgendes ist bereits käuflich oder in nächster Zukunft zu erwarten:

a) Kleinere Bildschirme, die im wesentlichen für alphanumerische Darstellungen (z.B. 8 Zeilen zu 42 Zeichen) vorgesehen sind, jedoch mit vollen grafischen Eigenschaften, ausnutzbar zum Beispiel für Symbole, Unterschriftenvergleich usw.
b) Größere Bildschirme mit einer höheren Auflösung von 1024 x 1024 Punkten.
c) Einsatz eines Lichtgriffels. Voraussetzung hierfür ist, daß ein zusätzliches Scannen des Bildschirms durchgeführt wird. Dabei wird ein kurzes, nicht sichtbares Zünden der Zellen ohne Änderung ihres Dauerzustandes bewirkt was durch den Lichtgriffel erkannt werden kann, so daß die Koordinaten einer angesprochenen Zelle festgestellt werden können. An Hand des Zeitablaufs der Zündung könnte dann zusätzlich unterschieden werden, ob die Zelle hell oder dunkel ist. Das ermöglicht:

- Zeigen mit dem Lichtgriffel auf helle und dunkle Punkte,
- Markieren von Bildelementen und Flächen mittels Umfahren mit dem Lichtgriffel,
- Abfragen des Zustandes einer Zelle über den Lichtgriffel,
- Einschreiben von Information durch Zeigen auf eine dunkle Zelle und anschließendes Zünden über die Ansteuerung.

Für die fernere Zukunft sind weitere Entwicklungen absehbar:

a) Mehrfachanordnungen mehrerer Panels hintereinander, wobei zwischen den Schichten optische Abschwächer eingebaut werden können, wodurch verschiedene Helligkeitsstufen erreicht werden. Ohne optische Abschwächer können die Mehrfachpanelsysteme unter anderem für schichtweise Darstellungen benutzt werden.

b) Farb Displays, wobei die Farbe durch Umlagerung der Zellen mit Phosphoren ähnlich wie bei der In-Line-Fernsehröhre erreicht wird.

Weitere Entwicklungen haben zum Ziel, den Zustand der Zellen direkt über die Ansteuerleitungen abfragen zu können, sowie die Gasentladung der Zelle beim Speicherdisplay (AC-Verfahren) mit unterschiedlicher Intensität steuern zu können.

Diese Entwicklungstendenzen zeigen, daß mit dem flachen, matrixorientierten Bildschirm in naher Zukunft grafische Sichtgeräte zu erwarten sind, die hervorragende optische und elektronische Eigenschaften und ausgezeichnete Systemfaktoren bezüglich ihres Einsatzes in Rechenanlagen aufweisen.

Literatur

/1/ D.L. Bitzer et al. "The Plasma Display a Digitally Addressable Display with Inherent Memory", Proc. of Fall Joint Comp. Conf., San Francisco, Cal., Nov. 1966

/2/ R.L. Johnson et al. "The Device Characteristics of the Plasma Display Element", IEEE-Trans. ED-18 (1971), No. 9

/3/ L.F. Weber, "Optical Write-In for Plasma Display Panel", IEEE-Trans. ED-18 (1971), No. 9

/4/ F.H. Brown and M.T. Zayac, "A Multicolor Gas-Discharge Display Panel", Proc. SID, Vol. 13 (1972)

/5/ W.E. Johnson und L.J. Schmersal, "A 1/4 Million-Element AC Plasma Display with Memory", Proc. SID. Vol. 13/1 (1972)

/6/ N. Nakayama, Shizuo Andoh, "Design of a Plasma Display Panel", Proc. SID. Vol. 13/1 (1972)

/7/ J. Stifle, "The Plato IV Student Terminal", Proc. SID. Vol 13/1 (1972)

/8/ D.L. Bitzer, "The Plato Computer Based Education System", SID 1973 Symposium, May 1973

/9/ G.F. Day and F.H. Brown, "Hard Copy of Plasma Panel Images Using Simultaneous Charge-Transfer Electrophotography", SID 1973 Symp., May 1973

/10/ D.L. Fulton, "A Spatial Gray Scale for Plasma Display Panels", SID 1973 Symposium, May 1973

/11/ H. J. Hoehn, R.A. Martel, "Recent Developments in Three-Color-Plasma Display Panels", IEEE Trans. ED-20 (1973), No. 11

/12/ H. Miwa et al. "Plasma Display - New Interactive Display Terminal", Proc. SID. Vol. 14/1 (1973)

/13/ J.A. Turner and G.J. Ritchie, "The Analog Touch Panel - A Finger-Operated Computer Graphic Input Device", SID 1973 Symp., May 1973

/14/ L.F. Weber, R.L. Johnson, "Direct Electrical Readout from Plasma Display/Memory Panels", IEEE Trans. ED-20, No. 11

/15/ R. W. Burke et al, "Optical Characteristics of AC Plasma Panels", SID 1974 Symp. Dig. of Techn. Papers, May 1974

/16/ G.W. Dick, "Single Substrate AC Plasma Display", 1974 SID Symp.Dig. of Techn. Papers, May 1974

/17/ D.L. Fulton, "A Plasma-Panel Interactive Graphic System",
     Proc. SID 15 (1974), No. 4

/18/ C.N. Judice et al, "Using Ordered Dither to Display Continuous
     Tone Pictures on an AC Plasma Panel", Proc. SID 15 (1974), No. 4

/19/ C.D. Lustig, J. B. Armstrong, "The Multilayer Gas Discharge Dis-
     play Panel", 1974 SID Symp. Dig. of Techn. Papers, May 1974

/20/ P.D.T. Ngo, "Dynamic Keep Alive Scheme to Improve Plasma Panel
     Operation", Conference Record of 1974 Conference on Display
     Devices and Systems, October 1974

/21/ P.D.T. Ngo, W.H. Ninke, "Dynamic Light Pen Tracking on a Plasma
     Panel," SID 1974 Symp. Dig. of Techn. Papers, May 1974

/22/ P.D.T. Ngo "Light Pen Detection Over Dark Areas of an AC Plasma
     Panel", SID 1975 Symp. Dig. of Techn. Papers, April 1975

/23/ J.D. Schermerhorn, J.W.V. Miller, "Discharge-Logic Drive Schemes",
     IEEE Trans. ED-22 (1975), No. 9

/24/ V. Tschammer, "Konzept einer Grundsoftware für das Plasma Display",
     HMI-Bericht B-183, Oktober 1975

/25/ J. Zahn et al,"Eine CAMAC-Steuerung für graphische Darstellungen
     auf matrixorientierten Sichtgeräten (Plasma Displays)",
     HMI-Bericht B-191, Januar 1976

/26/ J. Zahn et al, "Ein serielles Interface für die Plasmadisplay-
     Steuerung SIG-8AS", HMI-Bericht B-192, Januar 1976

/27/ A.W. Baird, C.D. Lustig, "Multilayer Gas-Discharge Display
     Addressing", IEEE-Trans. ED-23 (1976), No. 5

/28/ A.C. Cribbs, P.D.T. Ngo, "A Display/Memory Unit with Light Pen
     Capability",SID 1976 Symp. Dig. of Techn. Papers, May 1976

/29/ D.J. Heller, B.H. Fagan, "Microprocessor Based Display Terminal",
     SID 1976 Symp. Dig. of Techn. Papers, May 1976

/30/ P.D.T. Ngo, "State Flipping of a Plasma Panel Cell", SID 1976
     Symp. Dig. of Techn. Papers, May 1976

/31/ S. Umeda et al, "A Highly Stabilized AC Plasma Display",
     IEEE Trans. ED-23 (1976), No. 3

/32/ L.F. Weber, "Theory of Memory Effects for the AC Plasma Display
     Panel", SID 1976 Symp. Dig. of Techn. Papers, May 1976

/33/ H. Yamashita et al, "A Green AC Plasma Display", SID 1976 Symp.
     Dig. of Techn. Papers, May 1976

/34/ V. Tschammer, "Eine Grundsoftware für das Plasma Display",
     HMI-Bericht in Vorbereitung.

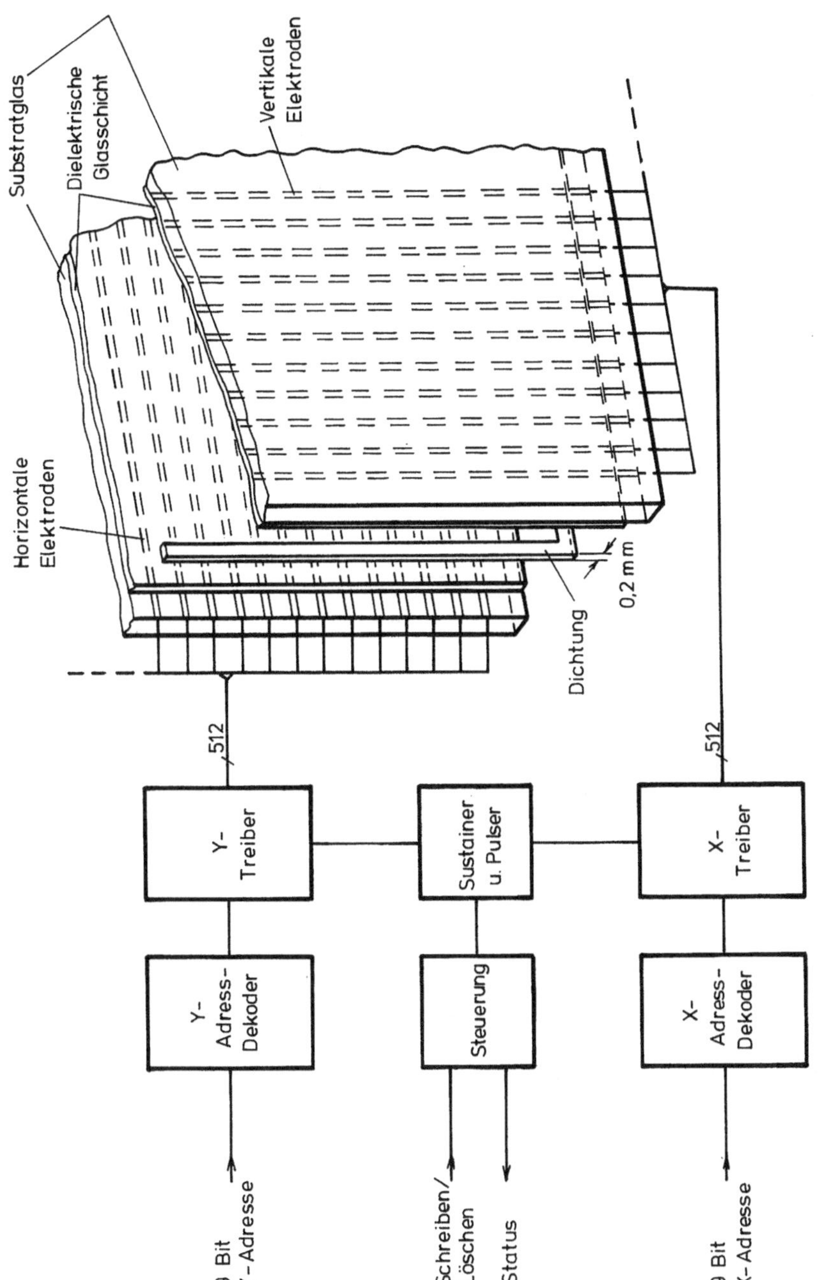

Prinzip eines AC-Plasma-Displays

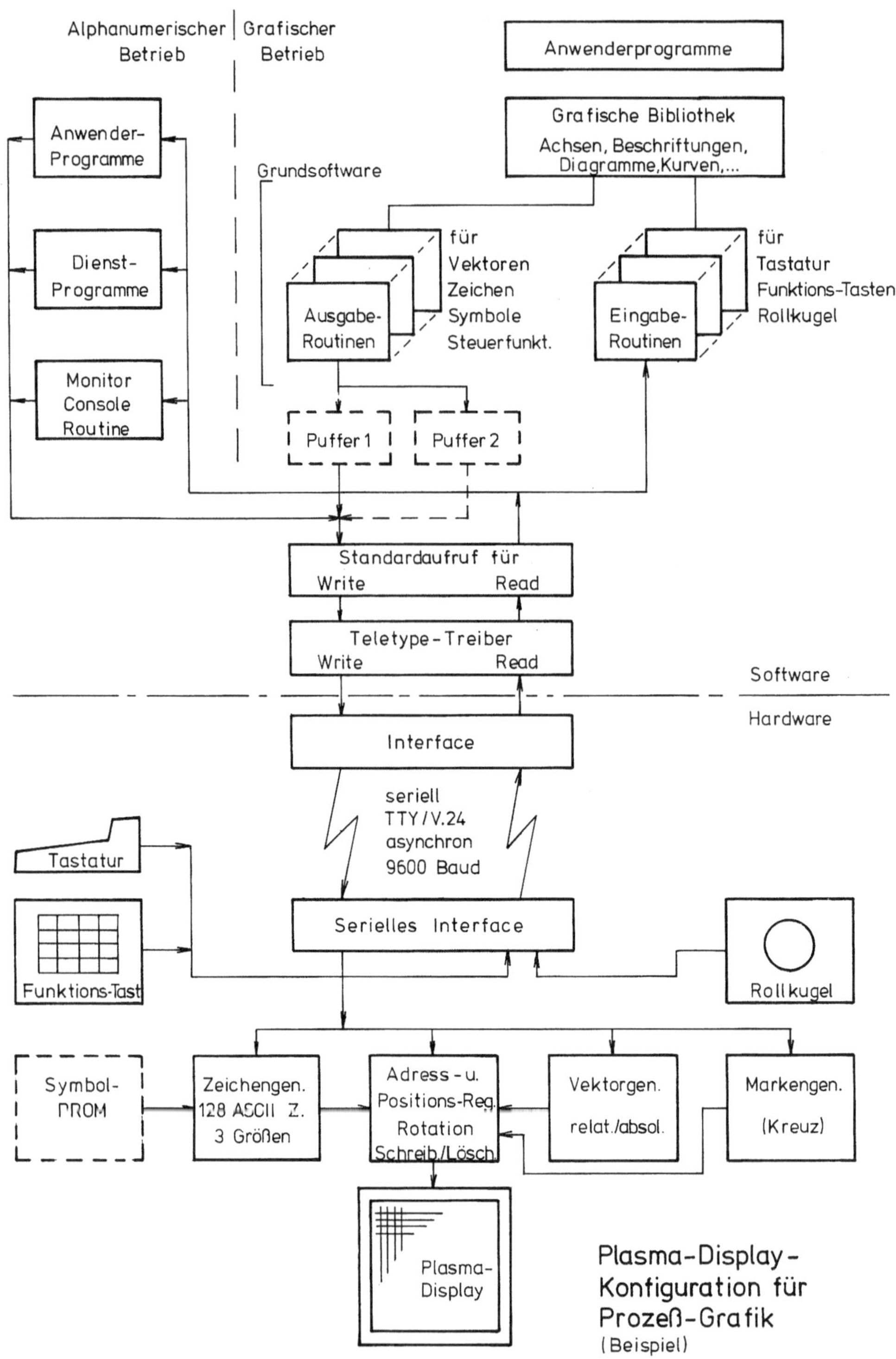

Alphanumerischer | Grafischer
Betrieb | Betrieb
Anwenderprogramme
Grafische Bibliothek
Achsen, Beschriftungen,
Diagramme, Kurven,...
Anwender-Programme
Grundsoftware
Dienst-Programme
Monitor Console Routine
Ausgabe-Routinen
für
Vektoren
Zeichen
Symbole
Steuerfunkt.
Eingabe-Routinen
für
Tastatur
Funktions-Tasten
Rollkugel
Puffer 1
Puffer 2
Standardaufruf für
Write
Read
Teletype-Treiber
Write
Read
Software
Hardware
Interface
seriell
TTY / V.24
asynchron
9600 Baud
Tastatur
Funktions-Tast
Serielles Interface
Rollkugel
Symbol-PROM
Zeichengen.
128 ASCII Z.
3 Größen
Adress - u.
Positions-Reg.
Rotation
Schreib./Lösch.
Vektorgen.
relat./absol.
Markengen.
(Kreuz)
Plasma-Display
Plasma-Display-
Konfiguration für
Prozeß-Grafik
(Beispiel)

<u>DIE GRAPHISCHE EIN-AUSGABE IN PEARL UND IHRE IMPLEMENTATION</u>

F.-J. Prester
Physikalisches Institut III
der Universität
Erlangen - Nürnberg

Bei der Steuerung von Experimenten und Prozessen mit Rechenanlagen werfen die anfallenden großen Datenraten Schwierigkeiten bei der Mensch-Maschine-Kommunikation auf. Dabei können zwei Problemkreise unterschieden werden, einmal die Ausgabe von Zwischen- und Meßergebnissen, nach deren Auswertung ein Eingriff des Operators oder Experimentators den weiteren Prozessablauf steuert, zum anderen die Ausgabe von End- und Meßergebnissen, die den Ablauf des Prozesses dokumentieren.

In beiden Fällen ist es für den Ingenieur oder Physiker mühsam und schwierig, aus den Zahlenkolonnen eines Schnelldruckerlistings die benötigten Informationen herauszulesen. Für ihn ist daher eine zusätzliche graphische Ausgabe der Daten in Kurven und Diagrammen eine große Arbeitserleichterung, da die Daten so in einer gewohnten, anschaulichen Form dargestellt werden. Wegen der oben genannten Unterschiede in der Verwendung der grafischen Ausgabe werden bei Prozessrechnern verschiedene grafische Geräte angeschlossen. Zur schnellen Ausgabe von Zwischenergebnissen dienen Bildschirmgeräte, bei denen mit Lichtgriffel, Rollkugel etc. dem Benutzer auch interaktive Möglichkeiten gegeben werden.Man hat so z.B. die Möglichkeit, durch Markieren eines Bildausschnitts Vergrößerungen des Bildes zu erhalten, bzw. Projektionen und Schnitte ausgeben zu lassen, oder durch Markieren eines Befehls in einem Tableau die weitere Verarbeitung der Daten und den Prozess zu beeinflussen. Der Vorteil des grafischen Bildschirm-Terminals vor anderen nicht grafischen Bedienstationen liegt in der hohen Ausgabegeschwindigkeit, die eine on-line Ausgabe der Daten erst ermöglicht, und dem großen Informationsgehalt des Bildes.
Bei der grafischen Ausgabe von Meßergebnissen zum Zwecke der Archivierung und Dokumentierung werden die Diagramme von Plottern gezeichnet. Diese Geräte bieten dem Benutzer keine interaktiven grafischen Möglichkeiten, sie werden deshalb und wegen der geringen Schreibgeschwindigkeit auch häufig off-line betrieben. Geplottete Zeichnungen haben gerade bei der Laborautomatisierung eine große Bedeutung, da an vielen dort verwendeten Prozessrechnern kein Schnelldrucker zur Ausgabe der Ergebnisse zur Verfügung steht.

Obwohl die grafischen E/A-Geräte also für die Prozessrechner-Anwendung sehr wichtig sind, bereitet ihre Programmierung dem Anwender erhebliche Schwierigkeiten. Die Pro-

Dieser Bericht veröffentlicht Ergebnisse aus einem mit Mitteln des Bundesministers für Forschung und Technologie (Kennzeichen DV 5.505) geförderten Forschungsvorhaben des Projektes Prozeßlenkung mit DV-Anlagen (PDV) im Rahmen des 2. DV-Programms der Bundesregierung. Die Verantwortung für den Inhalt liegt ausschließlich bei den Autoren bzw. den geförderten Unternehmen.

grammierung von Bildschirm und Plotter erfolgt auch in höheren Sprachen durch Assembler-Unterprogramme, deren Aufrufe sowohl von Rechner zu Rechner, als auch bei den verschiedenen grafischen Geräten an einer Anlage unterschiedlich sind. Diese Unterschiede, die von einzelnen Aufrufparametern bis zu völlig anderer Semantik der Aufrufe reichen können, erschweren die Programmierung und erhöhen die Fehleranfälligkeit der Programme. Außerdem wird die Portabilität der Programme, auch wenn sie in einer höheren Sprache geschrieben sind, sehr erschwert, sogar der Anschluß eines anderen grafischen Externgerätes bedingt unter Umständen umfassende Programmänderungen. Aus diesen Gründen wurde bei der graphischen Ein-Ausgabe in PEARL der Versuch gemacht, die Programmierung der grafischen Externgeräte hardware-unabhängig zu machen. Die grafischen Ein-Ausgabe-Statements sind aus je einem Daten- und Formatstring aufgebaut, ähnlich den Standard-E-A-Statements in Fortran oder PL/I; auf diese Weise wird die Konsistenz von formatierter Character-Ein-Ausgabe und grafischer Ein-Ausgabe hergestellt [I] .

Die Formatelemente der grafischen Ein-Ausgabe haben, um die meisten Anwendungsfälle ohne große Schwierigkeiten und übersichtlich programmieren zu können, eine für den Techniker und Ingenieur leicht erlernbare Semantik. Trotzdem wurde die Implementierbarkeit bei den Formaten nicht vernachlässigt, alle Formate sind so gewählt worden, daß man sie für fast jedes grafische Peripheriegerät mit vernünftigem Aufwand realisieren kann, ohne daß andererseits spezielle Hardwaremöglichkeiten verlorengehen müssen.

Um eine einheitliche Bilddarstellung auf verschiedenen Geräten zu ermöglichen, wird dem Programmierer in PEARL ein "grafisches Standardgerät" mit einer "normierten Bilddarstellung" zur Verfügung gestellt. Diese Normierung bezieht sich auf den darzustellenden Bildausschnitt, die Helligkeitsstufen und das Farbspektrum der Bildwiedergabe.

Die Bildausgabe wird durch die Zergliederung eines Bildes in Bildelemente, das sind Punkte und Linien in verschiedenen Helligkeits- und Farbstufen, und der Aufbau dieser Bildelemente mit Hilfe von Formaten vereinheitlicht. Diese Bildelemente werden aus den "normalen" Datentypen FIXED und FLOAT erzeugt, spezielle grafische Datentypen sind dazu nicht erforderlich.

Im folgenden wird der Bildaufbau des grafischen Standardgerätes für den zweidimensionalen Fall geschildert. Der gewünschte Bildausschnitt kann von gerätespezifischen Treibern durch Dehnungen und Verkürzungen auf jedem graphischen Peripheriegerät ausgegeben werden.

Der Bildaufbau des "grafischen Standardgerätes"

Bei der grafischen Ausgabe wird die vorliegende Datenmenge als virutelles Bild aufgefaßt, das bei technischen und physikalischen Anwendungen meistens in rechtwinkligen Koordinaten vorliegt. Die Abb. 1 stellt ein virtuelles Bild mit dem Koordinatensystem K_V (X_V, Y_V) dar. Dieses virtuelle Bild bzw. ein Ausschnitt davon soll als Bild

ausgegeben werden. Um den Bildausschnitt festzulegen, stellt man sich das virtuelle
Bild mit dem Koordinatensystem K_V (X_V, Y_V) wie einen Plan aufgelegt vor, und legt um
den Ausschnitt, der als Bild ausgegeben werden soll, einen Rahmen parallel zu den
Koordinatenachsen X_V, Y_V (s. Abb. 1). In diesem Rahmen liegt ein normiertes Koordina-
tensystem K_B (ξ_B, η_B) mit dem Ursprung O_B im geometrischen Mittelpunkt des Rahmens.
Dann kann man die Bildausgabe als Abbildung T, mit $T: K_V \rightarrow [1,1]\ K_B$ definieren.

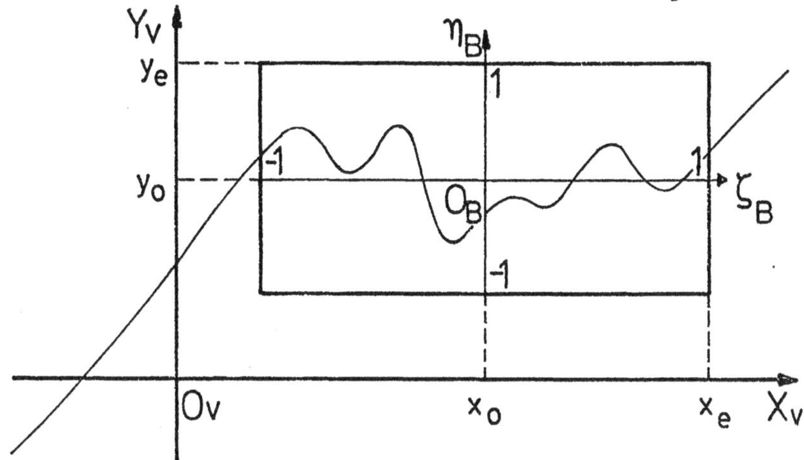

Abb. 1: Lage des Bildausschnitts im virtuellen Bild

Zur Bestimmung der Transformation T genügen die Koordinaten (x_o, y_o) des Ursprungs O_B,
und die Längen der positiven ξ_B, η_B Halbachsen (x_e-x_o) und (y_e-y_o) in Einheiten des
Koordinatensystems K_V. Für einen Punkt P (x, y) im Koordinatensystem K_V berechnen
sich dann die K_B-Koordinaten

des Bildpunkts P' zu

$$\xi = (x-x_o) * S_x$$

$$\eta = (y-y_o) * S_y$$

mit $\quad S_x = 1/ |(x_e-x_o)|,$

$\qquad S_y = 1/ |(y_e-y_o)|$, als Abbildungsmaßstäben.

Das Bild besteht dann aus allen Punkten P' mit $|\xi| \leq 1$ und $|\eta| \leq 1$.
Ist für P' $|\xi| > 1$ und/oder $|\eta| > 1$, so liegt P außerhalb des vorgegebenen Rahmens und
P' erscheint nicht auf dem Bild.

Sind also x_o, y_o, S_x und S_y festgelegt, so kann der Programmierer die Daten des gesamten virtuellen Bildes ausgeben, da durch die Transformation T den Punkten, die außerhalb des vorgegebenen Rahmens liegen, keine Bildpunkte zugeordnet werden. Eine ähnliche
Transformation ist auch für die Helligkeitsausgabe und die Farbe notwendig, um Portabilität zu gewährleisten. Dazu muß man die Helligkeits- und die Farbskala des Standardgerätes normieren.

Für die Helligkeit des Bildes gilt dann:

Helligkeit = 0   = Dunkelsteuerung

Helligkeit = 1   = maximale Helligkeit,

wobei beliebige Zwischenwerte möglich sind.

Durch die Angabe eines virtuellen Helligkeitsnullpunkts und eines Maßstabs wird auch
bei der Helligkeitsangabe eine Flexibilität in der Bildausgabe erreicht.

$$\underset{o \qquad \beta \qquad 1}{\overset{b_o \quad b \quad b_e}{\xrightarrow{\hspace{8cm}}}} \qquad \begin{array}{l}\text{virtuelle Helligkeitsskala}\\[1em]\text{normierte Bildhelligkeitsskala}\end{array}$$

Durch die Transformation,

T_B : virtuelle Helligkeitsskala $\rightarrow$ normierte Bildhelligkeitsskala wird ein virtueller
Helligkeitswert b auf die Bildhelligkeit β abgebildet:

$$\beta = (b-b_o) * S_B$$

mit $\qquad S_B = 1/ |(b_e-b_o)|$ als Helligkeitsmaßstab.

Alle Helligkeitswerte b für die $\beta < 0$ oder $\beta > 1$ ist, werden als Helligkeit 0 interpretiert.

Bei der gerätespezifischen Bildausgabe wird einem Zwischenwert, dem kein Helligkeitswert des Gerätes genau entspricht, der nächsthöhere Helligkeitswert des Gerätes zugeordnet.

Eine entsprechende Vorschrift gilt für die Farbenausgabe, dazu ist eine Normierung der
Farbskala notwendig, die noch diskutiert wird.

Die Formate der graphischen Ausgabe in PEARL

Generell wird das Bild aus den Bildelementen Punkt und Linie in verschiedenen Farben
und verschiedenen Helligkeitsstufen aufgebaut. Um ein Bildelement auszugeben, sind
also eine Reihe von Informationen notwendig; nämlich die Parameter der Transformation
T, die Koordinaten x, y des nächsten Punktes, die Helligkeit und Farbe der Ausgabe
und die Angabe,wie dieser Punkt mit dem vorhergehenden Bildelement verbunden werden
soll. Alle diese Daten werden mit speziellen graphischen Formaten ausgegeben, die,
wie die Formate der Standard E/A, die Ausgabe steuern. Trotz der formalen Ähnlichkeit
der Formate der Standard E/A mit denen der grafischen Ausgabe, besteht zwischen ihnen
ein wesentlicher Unterschied. Während bei der Standard E/A die Formate eine einmalige
Aktion bewirken, sei es die Ausgabe einer Zahl nach einer bestimmten Vorschrift, oder
den Vorschub auf eine neue Seite, könnte man die Wirkungsweise der grafischen Formatelemente mit "Register-Charakter" beschreiben; das hat folgenden Grund:

Wie wir oben gesehen haben, sind zur Ausgabe eines Bildelementes eine Menge Steuer-
daten notwendig. Damit man diese nicht bei jedem Bildelement wiederholen muß, bleibt
jede Information, die von einem g-Format (graphisches-Format) an den Treiber übergeben wird, solange gültig, bis sie explizit von einem g-Format geändert wird. Das
heißt, alles was für mehrere Bildelemente konstant bleibt, muß nicht bei jeder Ausgabe angegeben werden, z.B. die Ursprungskoordinaten, die Abbildungsmaßstäbe, die

Helligkeit usw.

Wie im folgenden Abschnitt gezeigt wird, haben fast alle g-Formate diesen Registercharakter, d.h. für diese g-Formate wird im Geräte-Treiber ein g-Formatregister geführt.
Die auszugebenden Bildelemente werden aus allen g-Formatregistern gebildet, daher ist
es notwendig, ein spezielles g-Formatelement einzuführen, das angibt: jetzt muß ein
neues Bildelement aus den g-Formatregistern aufgebaut und an das graphische Externgerät ausgegeben werden: nämlich das g-Formatelement MAP (die Registerinhalte bleiben bei der Ausgabe eines Bildelementes unverändert).

Die Syntax des graphischen Ausgabestatements ist ähnlich der der formatierten Standard-
E/A aufgebaut:

graphic-output-statement::=
DRAW [data-source-list] TO device-identifier BY (graph-format);

graph -format::= g-format-constant-denotation/remote-format
g-format-constant-denotation::= {,¡g-format-element···}
g-format-element::=
      g-nomapping-control/ [{,·g-mapping-control···}] [(multiplier)] g-executive-control/
                          [(multiplier)] ({,· g-format-element···})
multiplier::= integer-constant-denotation
g-mapping-control::= coordinate-control/point-layout-control/ [(multiplier)]OM [IT]

Mit einem g-mapping-control-Formatelement wird angegeben, wie das jeweils nächste
Datum der Datenliste interpretiert werden soll. Der multiplier, der vorhergehen kann,
gibt an, auf wieviele Daten der Datenliste sich das g-mapping-control-Formatelement
bezieht.

coordinate-control::= absolute-c-c / relative -c-c
absolute-c-c::=   XA/YA/ZA
relative-c-c::=   XR/YR/ZR

Bei den absolute-c-c-Formatelementen XA, YA, ZA wird das zugehörige Datum als absolute
Koordinatenangabe in Einheiten des virtuellen Bildes interpretiert, diese Werte werden entsprechend den oben angegebenen Formeln in die physikalische Bildkoordinaten
umgerechnet.

Bei den relative-c-c-Formatelementen XR, YR, ZR wird das zugehörige Datum als relative Koordinatenangabe in Einheiten des virtuellen Bildes interpretiert. Das mit dem
entsprechenden Maßstab multiplizierte Datum gibt an, um wieviel der nächste und jeder
weitere Ausgabepunkt vom jeweils letzten Ausgabepunkt in Richtung der entsprechenden
Koordinatenachse versetzt ausgegeben werden soll.

point-layout-control::= BR / CLR

Die diesen Formaten zugeordneten Daten werden als Helligkeits- (brightness) bzw. Farbwerte (colour) interpretiert. Auch hier wird das Datum mit einem Skalenfaktor (BS, CS) und einem Offset (BO, CO) in einen internen Wert umgerechnet.

Das OM [IT] -element:

Mit diesem Formatleement wird eine flexible Abarbeitung einer Datenliste ermöglicht, was besonders bei Arrays von Vorteil ist. Es wird damit erreicht, daß das zugehörige Datum nicht im Sinne der Graphic-E/A interpretiert wird.

g-executive-control::= M [AP]

Das Formatelement MAP leitet die Generierung eines Bildelements ein, dazu wird aus allen vorhergehenden Informationen ein Bildelement aufgebaut.

g-nomapping-control::= g-linear-control/g-orientation control

Die g-nomapping-c-Formatelemente, die das Layout des Bildes steuern, unterscheiden sich von den g-mapping-c-Formatelementen formal dadurch, daß sie sich nicht auf ein Datum beziehen, sondern daß die Information als Parameter der Formatelemente übergeben wird.

g-linear-control::= g-l-c-element (g-control-parameter)
g-control-parameter::= expression-7
g-l-c-element::= scale-control / origin-control / picture-layout-control /
                 increment-control
scale-control::= XS/YS/ZS/BS/CS

Mit diesen Formatelementen werden die Maßstäbe angegeben, mit denen die entsprechenden Koordinaten des virtuellen Bildes in die Bildkoordinaten umgerechnet werden (XS, YS, ZS). Entsprechend wird mit BS der Maßstab für die Helligkeit und mit CS der Maßstab für die Farbe angegeben.

origin-control::= XO/YO/ZO/BO/CO

Die g-Formatelemente beschreiben die Lage des Ursprungs des Bild-Koordinatensystems im virteullen Koordinatensystem. Der g-c-Parameter wird in Einheiten des virtuellen Systems angegeben. Entsprechend ist die Wirkung von BO für die Lage des Nullpunktes der internen Helligkeitsskala und CO für die interne Farbskala.

picture-layout-control::= IP / FR [AME]

Der g-control-parameter des g-Formatelements IP gibt den Grad der zwischen den einzelnen Bildpunkten zu zeichnenden Interpolationskurve bei der Bildelementausgabe an. Ist der Wert des g-control-parameters Null, so wird nicht interpoliert, bei dem Wert Eins wird eine lineare Interpolation (Vektor), bei zwei eine quadratische Interpolation bei der Bildelementausgabe angewendet. Der g-control-parameter ist vom Typ Fixed.

Das g-Formatelment FR [AME] markiert den Beginn einer neuen Bildausgabe, d.h. der Bildschirm wird gelöscht, bzw. das Papier auf dem Plotter wird vorgeschoben, dabei gibt der g-control-parameter das Verhältnis von Länge zu Breite des folgenden Bildes an (z.B. für Plotter mit variabler Papierlänge).

increment-control::= XI/YI/ZI

Ein increment-control-element gibt an, daß in der entsprechenden Koordinaten-Richtung
in Hardware-Inkrement-Schritten weitergezeichnet werden soll. Die Auswahl der Inkre-
ment-Schritte wird durch den g-control-parameter angegeben, der g-control-parameter
ist daher vom Typ FIXED.

g-orientation-control::=
 g-o-c-element (g-control-parameter, g-control-parameter, g-control-parameter)

g-o-c-element::= XD/YD/ZD

Diese g-Formate beschreiben die Drehung des Bild-Koordinatensystems K_B im virtuellen
Koordinatensystem K_V. Die g-control-parameter geben die Koordinaten eines Punktes
des virteullen Koordinatensystems an, durch den die angegebenene Achse des K_B-Systems
gehen soll. Die g-control-parameter können vom Typ FIXED und FLOAT sein.

Die Formate der graphischen Eingabe in PEARL.

Bei der Bildschirmprogrammierung will man das ausgegebene Bild oft noch im Dialog
manipulieren, z.B. Ausschnitte für Vergrößerungen festlegen, Punkte in einem Eingabe-
tableau markieren oder ähnliches. Die formatierte graphische Eingabe stellt dem Benutzer die Sprachmittel zur Verfügung, bei Bildschirmen mit Rollkugel- oder Lichtgrif-
feleingabe die Koordinateneingabe zu programmieren. Dabei werden die Koordinaten dem
Programm in den virtuellen Einheiten des Benutzers übergeben.

Die Syntax der g-Eingabe ist entsprechend der g-Ausgabe aufgebaut, es sind aber nur
die absolute-c-control- und g-executive-control-Formatelemente erlaubt. Ein Eingabe-
Bildelement besteht also maximal aus drei Koordinaten. Mit den absolute-c-c-Formatelementen wird diesenKoordinaten jeweils ein Datum zugeordnet und durch das g-executive-
c-Formatelement MAP werden die von der Eingabe übernommenen Koordinaten den Daten
übergeben.

graphic-input-statement::=
        SEE data-sink-list FROM device-identifier BY(graph-format-1);
graph-format-1::= g-format-1-constant-denotation / remote-format;

g-format-1-constant-denotation::=   g-format-1-element

g-format-1-element::=
     [{;g-absolute-c-c...}] [(multiplier)] g-executive-c/
     [(multiplier)] ({;g-format-1-element...})

g-absolute-coordinate-control::= XA/YA/ZA

Mit diesen Formatelementen wird angegeben, welche Koordinate dem zugeordneten Datum der
data-sink-list übergeben werden soll. Die Eingabekoordinaten werden vom Bildsystem in
das virtuelle Koordinatensystem des Benutzers umgerechnet.
Die Maßstäbe und die Ursprungskoordinaten werden von den Formatregistern des Ausgabe-
treibers übernommen.

g-executive-control::= M [AP]

Bei dem g-Format MAP werden die Koordinaten eines Eingabe-Bildpunktes von Rollkugel oder Lichtgriffel übernommen und auf die den vorhergehenden Formaten zugeordneten Daten formatspezifisch verteilt.

Beispiele zur grafischen Ausgabe

Bei den folgenden Beispielen werden Deklarationen und Spezifikationen, soweit wie möglich weggelassen. Die DRAW-Anweisungen beziehen sich auf einen Bildschirm. Die ersten 3 Beispiele zeigen verschiedene Ausgabemöglichkeiten eines eindimensionalen Arrays; einmal wird der Array als Punktspektrum, einmal als Linienzug, einmal als Treppenfunktion ausgegeben. SPEC (1:512) ist ein Integerarray, dessen Elemente Werte zwischen 0 und 100 000 annehmen können. Dieser Array soll bildschirmfüllend ausgegeben werden.

```
DRAW TO DISPLAY BY (FRAME, XO(256), YO(50 000), XS(1./256.), YS(0.00002), BO(0),
BS(1));
```

/* Mit dieser Anweisung wird der Bildschirm gelöscht (g-Format: FRAME), Ursprung und
   Maßstab wird so eingestellt, daß alle möglichen Werte des Arrays auf dem Bild-
   schirm abgebildet werden (g-Formate: XO, YO, XS, YS), Die Helligkeit wird auf das
   Intervall [0, 1] eingestellt (g-Formate: BO, BS). */

```
DRAW (0, 0, 0) TO DISPLAY BY (BR, XA, YA, MAP);
```

/* Der Kathodenstrahl wird dunkel in die linke untere Ecke des Bildschirms positioniert.*/

```
DRAW (1, 1, SPEC) TO DISPLAY BY (IP(0), BR, XR, (512)(YA, MAP));
```

/* Der Array SPEC wird mit maximaler Helligkeit als Punktfolge ausgegeben, bei jeder
   Punktausgabe wird die Abszisse X um 1 weitergeschaltet.*/

Abb. 2: Ausgabe eines 1-dim. Arrays als Punktfolge

Zur Ausgabe des Arrays SPEC als Linienzug muß in obigem Programmbeispiel lediglich in der letzten Anweisung der Parameter des IP-Formats geändert werden:

```
DRAW (1, 1, SPEC) TO DISPLAY BY (IP(1), BR, YR, (512) (YA, MAP));
```

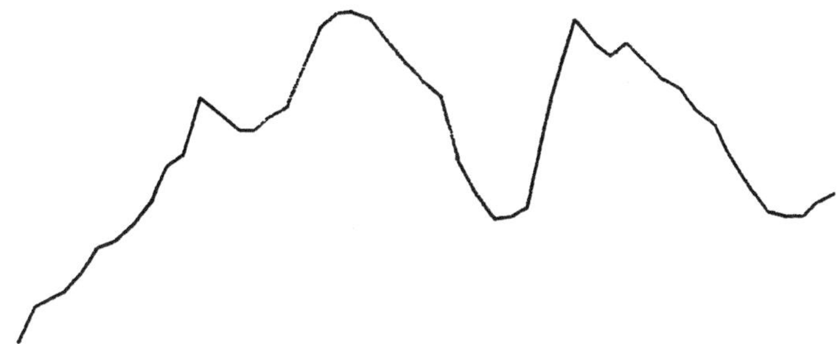

Abb. 3: Ausgabe eines 1-dim. Arrays als Linienzug

Bei der Ausgabe des Arrays als Treppenfunktion muß die letzte Anweisung des obigen
Beispiels durch die folgenden Anweisungen ersetzt werden:

```
FOR I FROM 1 TO 512 REPEAT;
DRAW (SPEC(I), 1, 0, 1) TO DISPLAY BY (YA, BR, XR, MAP, XR, MAP);
END;
```

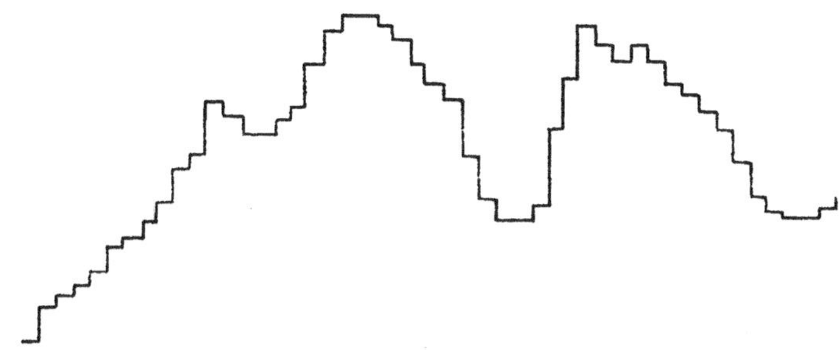

Abb. 4: Ausgabe eines 1-dim. Arrays als Treppenfunktion

Im folgenden Beispiel wird ein 2-dimensionaler Array im Map-Mode ausgegeben. Der Array
SPEC (1:128, 1:128) enthält Meßwerte der Größenordnung 0 -100 000. Er soll als
128 x 128 Matrix auf dem Bildschirm so dargestellt werden, daß nur die Arrayelemente,
die Werte zwischen 1000 und 10 000 enthalten, in wertabhängigen Helligkeitsstufen ausgegeben werden.

```
DRAW (0,0) TO DISPLAY BY (FRAME, IP(0), BO(1000), BS(1./9000.),
     XO(1), YO(1), XS(1), YS(1), XA, YA,MAP);
```

/* Der Nullpunkt der Helligkeitsausgabe wird auf 1000 gestellt, der Helligkeitsmaß-
   stab auf 1./9000.. Hat ein Display z.B. 3 Helligkeitsstufen, so werden die Arrayelemente mit Werten zwischen

```
]1000, 4000[    mit der Helligkeit der Stufe 1
[4000, 7000[    mit der Helligkeit der Stufe 2
[7000, 10000]   mit der Helligkeit der Stufe 3      ausgegeben */.
```

FOR I FROM 1 to 128 REPEAT;

DRAW (SPEC(I, 1:128)) TO DISPLAY BY (XI(1), (128)(BR, MAP));

/* Ausgabe einer Zeile des Arrays als waagrechte Zeile verschieden heller Punkte.*/

DRAW (0,0) TO DISPLAY BY (BR, XA, YI(1), MAP, YI(0));

/*Rückpositionieren vor Ausgabe der nächsten Zeile.*/

END;

Abb. 5: Ausgabe eines 2-dim. Arrays im Map-Mode

Die ASME[1] Stufe-I-Implementation der graphischen Ein-Ausgabe

Ein Subset der graphischen Ein-Ausgabe wurde im Rahmen der Erlanger PEARL-ASME-Stufe-I-Implementation [II] an einer Siemens 306 für das Bildschirmgerät Tektronix Typ 611 Mod. 162 implementiert. Das Gerät wird mittels einer vom HMI gebauten Steuerung [III] betrieben, die einen Vektor- und Zeichengenerator bei speichernder und nichtspeichernder Bildausgabe besitzt und die Eingabe mit Rollkugelmarke und Konsoltastatur ermöglicht.

---

[1]ASME = Arbeitsgemeinschaft Stuttgart-München-Erlangen
        Institut für Regelungstechnik und Prozeßautomatisierung der Universität
        Stuttgart (Prof. Lauber),
        Institut für Verfahrenstechnik und Dampfkesselwesen der Universität Stuttgart
        (Prof. Quack)
        Firma ESG, München
        Firma GPP, München
        III. Physikalisches Institut der Universität Erlangen-Nürnberg (Prof.Fiebiger).

Bei der Implementation konnten für die Formatabarbeitung der Standard-E/A und der
graphischen E/A zum Teil geeignete Bibliotheksfunktionen des Fortran-Compilers verwendet werden. Da in Fortran keine Variablen im Formatstring erlaubt sind, wurde die
formale Unterscheidung der g-nomapping-Formate und der g-mapping-Formate aufgehoben:
alle Formatparameter wurden in die data-source-list aufgenommen. Die sonstigen Subset-
Änderungen der graphischen Ein-Ausgabe - als da sind: Weglassen der Z-Koordinate und
der Drehung des Koordinatenkreuzes, Inkrementierung nur in der X-Richtung - resultieren aus Vereinfachungsgesichtspunkten für die erste Ausbaustufe. Die Formate CLR, CO
und CS zur Farbausgabe sind wegen der fehlenden Hardware-Möglichkeiten des Sichtgerätes weggefallen. Die Unterprogramme, die den Datenfluß der grafischen Ein-Ausgabe
steuern, und die benötigten Gerätetreiber wurden in Prosa, dem Assembler der Siemens 306,
geschrieben. Wegen der Verschiedenartigkeit der Anwendungsfälle und um dem Benutzer
die verschiedenen Betriebsarten des Displays in geeigneter Weise zur Verfügung zu
stellen, wurden vier verschiedene Treiber geschrieben.Diese ermöglichen die gemischte
Verwendung von Standard-E/A und graphischer E/A und den Betrieb des Displays als
Speicherschirm oder Livedisplay. Während beim Speicherschirm der Treiber einen Bild-
punkt oder Vektor nur einmal an den Bildschirm mittels eines Betriebssystemaufrufes
ausgeben muß, wird diese Information beim Livedisplay in einen Bildpuffer übertragen,
der zyklisch von einer Hintergrundtask ausgegeben wird. Den vier Treibern entsprechen
vier logische Geräte, die der Programmierer im Systemteil angeben kann. Damit wird
der für sein Programm geeignete Betriebsmodus des Bildschirms ausgewählt.
Die Erfahrungen, die mit dieser Implementation in einem PEARL-Programmierkurs und bei
Test- und Vorführprogrammen gemacht wurden, zeigen, daß die graphische Ein-Ausgabe
leicht erlernbar ist und für physikalische Anwendungen gut geeignet ist. Lediglich die
Implementationseinschränkung, daß alle Formatparameter in der Datenliste des graphischen
Ein-Ausgabestatements stehen, erwies sich als nachteilig, da die Übersichtlichkeit und
der Dokumentationswert des Programms darunter leidet.

Die ASME-Stufe-II-Implementation der graphischen Ein-Ausgabe.

Das Ziel der ASME-Implementation von PEARL ist ein portables Compiliersystem [IV] .
In diesem Rahmen wird am Physikalischen Institut III in Erlangen an einem portablen
Laufzeitsystem gearbeitet, das auch die graphische Ein-Ausgabe enthalten soll. Da
die an einen Rechner anschließbaren graphischen Ein-Ausgabegeräte sehr unterschiedlich
sein können (z.B. Speicherbildschirm, Livedisplay, X-Y-Plotter, Inkrementalplotter
etc.), ist die Portabilität der gesamten graphischen Bibliotheksfunktionen nicht
realisierbar. Um trotzdem weitgehende Portabilität zu erhalten, wird das graphische
Laufzeitpaket in zwei Teile zerlegt (siehe Abb. 6). Der obere Teil, die geräteunabhängige logische Datentransformation, wird in einer höheren Programmiersprache(vor-
aussichtlich PEARL) geschrieben. So kann in einem der Bootstrap-Technik ähnlichem
Verfahren dieser Teil des Laufzeitpakets für einen Zielrechner erstellt werden. Dieser
logische Treiber liefert einen graphischen Zwischencode, der von device-abhängigen
Treibern gerätespezfisch verarbeitet wird. Diese device-abhängigen Treiber müssen

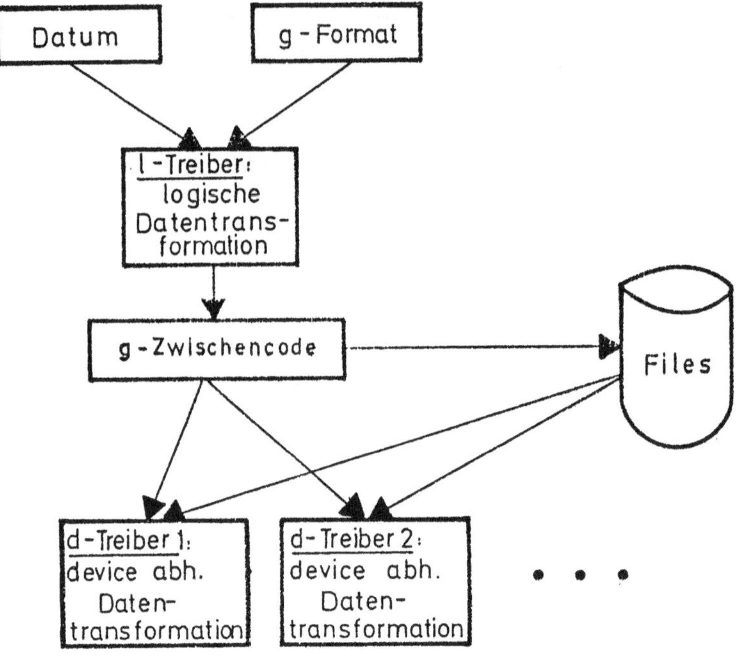

Abb. 6: Konzept eines geräteunabhängigen graphischen Laufzeitpakets

für jedes angeschlossene graphische Peripheriegerät in herkömmlicher Technologie
(z.B. in Assembler) für den Zielrechner erstellt werden. Der graphische Zwischencode
ermöglicht außerdem eine geräteunabhängige Speicherung der Bilder auf Files, wodurch
auch das Plotten von Zeichnungen off-line ermöglicht wird.

Literaturverzeichnis:

I   K.H. Timmesfeld, et al.:
     PEARL, a Proposal for a Process- and Experiment Automation Realtime Language
     Kap. 5.1.3.2., Gesellschaft für Kernforschung mbH Karlsruhe,
     KfK-PDV 1, April 1973

II   F.-J. Prester: Die graphische E/A für den Erlanger ASME-PEARL-Subset
     wird veröffentlicht als PDV-Entwicklungsnotiz, Ges. f. Kernforschung, Projekt PDV

III P. Abend, et al.: Ein graphisches Sichtgerät für nukleare Experimente mit On-
     Line-Rechner. Hahn-Meitner-Institut für Kernforschung Berlin, Bericht-Nr.
     HMI-B100 (NDV4), Juli 1970.

IV   F.-J. Prester, P. Holleczek, K. Pelz, R. Rössler:
     The Adaptation of a portable PEARL-Compilation System, Experience and future
     Aspects, with special Emphasis on the Runtime Package, in Colloques IRIA,
     IFAC/IFIP International Workshop on "real-time programming",
     Rocquencourt, June 2nd - 4th, 1976.

<u>Erfahrungen mit der Zuverlässigkeit von Prozeßprogrammen</u>
<u>bei der Verwendung von PEARL</u>[+]

Albrecht Zeh
Institut für Regelungstechnik
und Prozeßautomatisierung
Universität Stuttgart

<u>KURZFASSUNG</u>

Die Zuverlässigkeit eines Prozeßprogramms ist gleich der Wahrscheinlichkeit, daß das Prozeßprogramm die gestellten Anforderungen erfüllt.
Am o.g. Institut wurden mit Hilfe von Modellprozessen Untersuchungen
der Zuverlässigkeit von Prozeßprogrammen durchgeführt. Die Arbeiten
umfaßten Vergleiche zwischen in PEARL, Assembler und FORTRAN mit
Assembler geschriebenen Programmen, sowie Untersuchungen der verschiedenen Spracheigenschaften von PEARL. Die Ergebnisse zeigten,
daß der Aufwand zur Erstellung hinreichend zuverlässiger Prozeßprogramme durch die Verwendung von PEARL wesentlich verringert werden
kann und daß PEARL neben Sprachmitteln, die zur zuverlässigen Programmierung sehr gut geeignet sind, auch solche besitzt, die einer
Verbesserung bedürfen.

[+] Dieser Bericht veröffentlicht Ergebnisse aus einem mit Mitteln des
Bundesministers für Forschung und Technologie (Kennzeichen DV 5.505)
geförderten Forschungsvorhaben des Projektes Prozeßlenkung mit
DV-Anlagen (PDV) im Rahmen des 2. DV-Programms der Bundesregierung.
Die Verantwortung für den Inhalt liegt ausschließlich bei den
Autoren bzw. den geförderten Unternehmen.

1. Einleitung

In Verbindung mit Prozeßprogrammen werden die Begriffe Korrektheit,
Zuverlässigkeit und Sicherheit häufig verwendet, die jedoch streng
zu unterscheiden sind. Die Korrektheit eines Programms ist eine
logische Größe, d.h. entweder ist ein Programm korrekt oder es ist
nicht korrekt. Ein Programm kann dann als korrekt bezeichnet werden,
wenn es seine Spezifikationen erfüllt /1/. Zuverlässigkeit und
Sicherheit sind dagegen statistische Größen, die durch Wahrschein-
lichkeitsfunktionen beschrieben werden können. Die Zuverlässigkeit R(t) eines Programms ist gleich der Wahrscheinlichkeit, daß
das Programm bis zur Zeit t die gestellten Anforderungen erfüllt /1/.
Diese Definition ist zur Beurteilung von Prozeßprogrammen besonders
gut geeignet, da sie die Möglichkeit gibt, auch die Nichterfüllung
von zeitlichen Anforderungen individuell zu berücksichtigen. Die
Sicherheit S(t) eines Prozeßprogramms ist gleich der Wahschein-
lichkeit, daß das Prozeßprogramm bis zur Zeit t keinen gefährlichen
Zustand des Prozeßautomatisierungssystems verursacht /2/.

Die Diskussion um "bessere", verständlichere Programme und die
Wandlung des Qualitätsbegriffs begann mit der sogenannten Soft-
warekrise /3/. Man hatte erkannt, daß die Entwicklung der Soft-
waretechnik nicht Schritt halten konnte mit der Entwicklung der
Hardwaretechnik. Deshalb steigen auch die Kosten für die Erstellung von Software rapide mit zunehmender Komplexität der
Programmsysteme. Wegen unzulänglicher Programmierungsverfahren
entsteht der größte Teil der Softwareerstellungskosten in der
Testphase /4/ und ein großer Teil der Kosten der Programmpflege
durch das Entfernen und Korrigieren von nach der Testphase verbliebenen Programmfehlern /5/.

Für die kommenden Jahre erwartet man eine starke Zunahme der
Softwarekosten, während die Hardwarekosten vergleichsweise wenig
zunehmen sollen /6/. Aus diesem Grunde ist auch die Frage nach
dem Aufwand zur Erstellung zuverlässiger Programme von immer
größerem Interesse.

2. Experimentelle Untersuchungen von Spracheigenschaften mit Hilfe von Modellprozessen

Seit Mitte 1975 existiert am Institut für Regelungstechnik und
Prozeßautomatisierung der Universität Stuttgart die Implementierung

eines PEARL Subset auf einem Prozeßrechner AEG 60-50. Ziel
dieser Implementierung war es u.a., erste Erfahrungen mit
der Anwendbarkeit von PEARL, d.h. Eigenschaften wie Erlernbarkeit, Zuverlässigkeit, Effezienz usw., sowie mit der
Portabilität von Anwender- und Systemprogrammen zu gewinnen.
Um die Anforderungen möglichst vielseitig und den Anwendungsbereich möglichst groß und wirklichkeitsnah zu gestalten,
wurde ein "Sprachlabor" mit insgesamt vier Modellprozessen
aufgebaut /7/. Die Modellprozesse wurden so ausgewählt, daß
sie typische Prozeßklassen repräsentieren /8/, nämlich

- Betriebsüberwachung eines Fließprozesses
- direkte digitale Regelung eines Fließprozesses
- Steuerung und Überwachung eines Folgeprozesses
- Überwachung, Steuerung und optimale Lenkung
  eines Stückprozesses.

Zur experimentellen Untersuchung der Anwendbarkeit von PEARL
wurden Programme zur Automatisierung der Modellprozesse von
Studenten der Elektrotechnik, sowie von den Mitarbeitern des
Instituts geschrieben. Um vergleichende Aussagen treffen zu
können, wurden die entsprechenden Programme nicht nur in PEARL,
sondern auch in Assembler und in FORTRAN mit Assembler geschrieben. Die Schwierigkeit bei der Untersuchung der Zuverlässigkeit war die, daß es praktisch keine Möglichkeit gibt, die Zuverlässigkeit der Programme zu messen. Infolgedessen betrachtete
man Programme dann als hinreichend zuverlässig, wenn sie unter
bestimmten vorgegebenen Testbedingungen ihre Anforderungen erfüllen.
Die Zuverlässigkeitsuntersuchungen beschäftigen sich deshalb auch
in erster Linie mit den folgenden Aspekten

1) Testaufwand zur Erstellung hinreichend zuverlässiger
   Programme.

2) Zahl der nach der Testphase verbliebenen fehlerhaften
   Funktionen und Aufwand zur Korrektur derselben.

3) Aufwand zur Änderung und Erweiterung bereits bestehender
   Programme.

Die Anwendung dieser Kriterien erlauben Rückschlüsse auf die
Qualität der verwendeten Programmierverfahren bezüglich Zuverlässigkeit. Zur unkomplizierten und kostengünstigen Erstellung

zuverlässiger Prozeßprogramme sollten die verwendeten Sprachmittel folgende Eigenschaften besitzen

- Anwendbarkeit von Compilerprüfungen
- Verständlichkeit und Lernbarkeit
- Problemnähe.

Diese Eigenschaften garantieren die Verhinderung gewisser Laufzeitfehler und eine niedere Auftrittswahrscheinlichkeit anderer
Fehler.

3. Einige spezielle Ergebnisse der Untersuchungen

3.1 Verbot von "inline code"

Bei dem zur Verfügung stehenden FORTRAN ist es möglich, Assembler
Code in FORTRAN Programme einzufügen. Die Erfahrung zeigte, daß
dieses Verfahren zwar die Möglichkeit gibt, bezüglich Laufzeit
und Speicherplatz zu optimieren, gleichzeitig aber sehr anfällig
für Programmierfehler wie falsche Adressierung, falsche Indizierung
oder Zerstörung von Registern ist. Da das Einfügen von Assembler
außerdem eine Compilerprüfung erschwert und trickreiche, unver-
ständliche Programmierung erleichtert, muß es im Sinne der zuverlässigen Programmierung abgelehnt werden. PEARL verbietet das
Einfügen von Codestücken, die in anderen Sprachen geschrieben
sind, und ermöglicht daher mehr Compilerprüfungen, bessere Verständlichkeit und Lesbarkeit und bietet dadurch höhere Zuverlässigkeit.

3.2 Systemteil und Prozeß Ein/Ausgabe

Die Sprachmittel zur Prozeß Ein/Ausgabe sind ein wesentlicher
Teil einer Prozeßrechner-Programmiersprache. Die Untersuchungen
mit den Modellprozessen zeigten, daß die Sprachmittel zur
Prozeß Ein/Ausgabe in PEARL hohe Zuverlässigkeit, Verständlich-
keit und Lesbarkeit bieten und einfach angewandt werden können.
Der Testaufwand und die Zahl der nach dem Test verbliebenen
Fehler reduzierte sich durch die Verwendung von PEARL ganz
wesentlich im Vergleich zu Assembler. Am folgenden kleinen
Beispiel /8/ soll die Verbesserung durch PEARL demonstriert
werden.

```
SYSTEM;
ZENTRALEINHEIT x 4  <----------------->  STEUERWERK;
STEUERWERK       x 0  <----------------   ANALOGEINGABE;
                 x 9   ---------------->  DIGITALAUSGABE;


TEMPERATURFUEHLER2: ---------------->  ANALOGEINGABE x 17;
MISCHER1:          <----------------   DIGITALAUSGABE x 1 x 12, 2;
```

Aus diesem Auszug eines Systemteils ist zu entnehmen, daß am
17. Kanal der Analogeingabe ein analoges Prozeßsignal mit dem
Namen TEMPERATURFUEHLER2 und am Kanal 2 der Digitalausgabe
beginnend ab Bit 12 ein digitales Prozeßsignal mit 2 Bits und
dem Namen MISCHER1 angeschlossen ist. Die Vereinbarung der
Prozeßvariablen und die Anweisungen zur Prozeß Ein/Ausgabe
lauten

```
    DECLARE LAUFRICHTUNG BIT(2), ROHMESSWERT FIXED;
    TAKE FROM TEMPERATURFUEHLER2 TO ROHMESSWERT;
    SEND FROM LAUFRICHTUNG TO MISCHER1;
```

Dieses kleine Beispiel zeigt die gute Verständlichkeit und
Lesbarkeit der Prozeß Ein/Ausgabe in PEARL. Der wichtigste
Grund für hohe Zuverlässigkeit bzw. relativ geringen Test-
und Pflegeaufwand ist die Tatsache, daß ein großer Teil von
Compiler- bzw. Laufzeitprüfungen möglich sind. Die zur Verfügung stehende Implementation läßt für die Prozeß-E/A nur
Daten vom Typ FIXED oder BIT zu. Bei der Verwendung von Bitketten als Prozeßvariable für die Digitalein/ausgabe überprüft
der Compiler weiterhin, daß bei der Ausgabe die Länge der Bitkette der Prozeßvariablen nicht größer ist als die Zahl der Bits,
die das Prozeßsignal aufnehmen kann und bei der Eingabe nicht
kleiner. Somit werden potentielle Laufzeitfehler schon in
der Übersetzungsphase verhindert und damit Test- und Pflegeaufwand vermindert. Die Verträglichkeitsüberprüfung zwischen
Prozeßvariable und Prozeßsignal erfolgt in den nicht compiler-
prüfbaren Fällen im Laufzeitpaket. Dadurch wird immerhin sichergestellt, daß Fehler dieser Art nicht unendeckt bleiben können,
was ebenfalls zu einer Verminderung des Test- und Pflegeaufwands
beiträgt. Außerdem erlaubt PEARL sogar eine programmierte Reaktion
auf solche Fehler über sog. Signals.

Der zweite Grund für die stark verringerte Fehlerrate bei der
Verwendung von PEARL ist die Tatsache, daß gewisse Fehler, die in
Assemblerprogrammen vorkommen können, in einer höheren Sprache
wie PEARL gar nicht möglich sind. Es handelt sich hier bei der
Prozeß E/A besonders um solche Fehler, die bei der Umcodierung und
Positionierung von Informationen in einem Wort entstehen können.
Schiebe- und Maskierungsbefehle im Assembler sind nämlich besonders
anfällig für "off by one" Fehler.

3.3 Parameterübergabe an Prozeduren

Der Parameterübergabemechanismus in PEARL erlaubt dem Benutzer
mehrere Möglichkeiten und zwingt ihn aber gleichzeitig, genau
zu überlegen, was er eigentlich will. Die Beschränkungen bei
der Parameterübergabe ermöglichen Compilerprüfungen bezüglich
verschiedener Fehlerarten und verhindern dadurch gewisse Laufzeitfehler. In unserer Implementation müssen beispielsweise Typ
und Länge des formalen Parameters mit Typ und Länge des aktuellen
Parameters übereinstimmen. Längenattribute werden für Bitketten
und Zeichenketten benötigt. Möglich Laufzeitfehler können auch
verhindert werden durch die Forderung, daß die Dimension eines
formalen Parameterfelds nicht größer ist als die Dimension des
aktuellen Parameterfeldes. Auf diese Weise kann gesichert werden,
daß die Feldgrenzen des aktuellen Parameters nicht überschritten
werden. Fehlerhafte Zuweisungen an Konstante werden verhindert
durch die Forderung, daß die Referenzebene des formalen Parameters
nicht höher sein darf als die Refenenzebene des aktuellen Parameters.
In unserer Implementierung wird also die Übereinstimmung von Typ,
Länge und Dimension und die Verträglichkeit der Referenzebene des
aktuellen und formalen Parameters vom Compiler überprüft. Die Untersuchungen an den Modellprozessen zeigten, daß Fehler bei der Parameterübergabe an Prozeduren durch die Verwendung von PEARL fast
vollständig verschwanden.

3.4 Realzeiteigenschaften

Die Experimente mit den Modellprozessen zeigten, daß die Realzeitsprachmittel von PEARL nicht immer ganz so einfach und
problemlos angewandt werden können. Dies liegt natürlich nicht
nur an der verwendeten Programmiersprache, sondern auch an den

Schwierigkeiten des Problems selbst. Die am meisten verwendeten Anweisungen zum Tasking und Scheduling erwiesen sich allerdings als hinreichend zuverlässig und wenig problematisch. Anweisungen, die größere Schwierigkeiten bereiten könnten, wie SUSPEND, CONTINUE und TERMINATE auf fremde Tasks wurden kaum benötigt. Schedules in Verbindung mit TERMINATE und SUSPEND-Operationen wurden überhaupt nie benötigt, mit CONTINUE nur in der RESUME-Anweisung. Die Synchronisierung dagegen erwies sich als äußerst kompliziert anwendbar und durchschaubar. Synchronisierfehler traten relativ häufig auf und verursachten manchmal Blockierungen und andere schwierige Laufzeitfehler.

Für die explizite Synchronisierung bietet PEARL zwei Synchronisiervariable mit speziellem Zugriffsmechanismus. Semaphore dienen zur Synchronisierung paralleler Tasks und Bolts zur Synchronisierung des Zugriffs auf gemeinsame Betriebsmittel. Die zur Verfügung stehende Implementation enthielt nur Semaphore. Es zeigte sich, daß Semaphore für Anwenderprogrammierung zu wenig Zuverlässigkeit bieten, denn es handelt sich um eine Sprachkonstruktion auf niedriger, problemferner und assemblernaher Ebene. Außerdem erlauben Semaphore keine Compilerprüfung und die Synchronisierung ist in Realzeitumgebung kaum ausreichend zu testen. Eine weitere Fehlerquelle besteht in der ungenügenden Koordinierbarkeit von Synchronisierung und Tasking. Die festgestellten Mängel gelten natürlich genauso für Bolts. Die Verwendung verschiedener Synchronisationsmechanismen für verschiedene Synchronisationsprobleme verbessert jedoch die Anschaulichkeit und Lesbarkeit der Programme. Wegen der Schwierigkeiten der Realzeitprogrammierung ist eine Verbesserung der Synchronisiermechanismen bezüglich Zuverlässigkeit notwendig. Eine Anregung dazu wurde von uns in /9/ bereits gemacht. Die Erfahrung bei der Programmierung der Modellprozesse zeigte jedoch außerdem, daß die Anwender in der Verwendung der Realzeitsprachmittel besonders gut geschult werden müssen.

3.5 Strukturierte Programmierung

Die Diskussion über die strukturierte Programmierung begann in der Softwarekriste und beschäftigte sich anfangs speziell mit der Problematik der GOTO-Anweisung. Boehm und Jacopini /10/ bewiesen, daß jedes Programm alleine mit den drei Kontrollstrukturen einfache

Anweisung, Schleifenanweisung und bedingte Anweisung aufgebaut
werden kann. Später erkannte man, daß ein totaler Verzicht auf
die GOTO-Anweisung in machen Fällen Programme nur unnötig
kompliziert macht /11/. Die wesentlichen Ziele der strukturierten
Programmierung sind deshalb heute bessere Verständlichkeit und
Lesbarkeit der Programme. Eine Sprache, die strukturierte Programmierung als Codierungstechnik unterstützt, sollte deshalb
möglichst viele als Kontrollstrukturen geeignete Sprachmittel
enthalten und eine eingeschränkte Verwendung der GOTO-Anweisung
zulassen. PEARL erfüllt diese Anforderungen im Wesentlichen,
denn es enthält Schleifenstrukturen mit FOR und WHILE, bedingte
Strukturen mit IF und CASE und erlaubt nur eine beschränkte
Verwendung der GOTO-Anweisung. Sprünge in das Innere eines Blocks
sind beispielsweise nicht gestattet. Dadurch wird gewährleistet,
daß Blöcke wie Schleifenanweisungen und bedingte Anweisungen
Strukturen sind, die genau einen Eingang besitzen und dadurch
die Übersichtlichkeit eines Programms verbessern. Mit diesen
Eigenschaften wurden bei der Programmierung der Modellprozesse
relativ gute Erfahrungen gemacht. Negativ wurde nur das Fehlen
einer EXIT-Anweisung vermerkt.

4. Allgemeine Ergebnisse

Die experimentellen Untersuchungen mit den Modellprozessen
zeigten, daß es wesentlich bequemer ist, eine höhere Programmiersprache wie PEARL anstatt Assembler oder auch FORTRAN zu verwenden. Der Testaufwand und der Aufwand zur Beseitigung bzw. die
Zahl von nach der Testphase verbliebenen Fehlern reduzierte sich
durch die Verwendung von PEARL auf 10 - 20% des Aufwands, der
bei Assembler bzw. FORTRAN entstand. Bei der Programmierung
eines Teils des Modellprozesses Hochregallager dauerte der Test
des Assemblerprogramms beispielsweise 2 Wochen, während das
entsprechend PEARL Programm nach wenigen Stunden die Testbedingungen erfüllte. Insgesamt konnte man feststellen, daß die
Studenten der Elektrotechnik schon nach kurzer Ausbildungszeit
vernünftige PEARL Programme schreiben konnten. Ein Versuch mit
strukturierter Programmierung zeigte, daß durch gut strukturierte
Programme die Verständlichkeit des Programms erhöht werden kann,
wobei der Mehrbedarf an Speicherplatz und Laufzeit unter 5% lag.

Was den Aufwand betrifft, der erforderlich war, um bereits bestehende Programme zu ändern oder zu erweitern, so konnte bei
der Verwendung von PEARL ebenfalls eine erhebliche Reduzierung
beobachtet werden im Vergleich zu FORTRAN oder Assembler. Insgesamt gesehen wurden also mit dem zur Verfügung stehenden
PEARL Subset gute Erfahrungen bezüglich Zuverlässigkeit und Anwendbarkeit gemacht.

Bei der Untersuchung der verschiedenen Spracheigenschaften von
PEARL im "Sprachlabor" mit den Modellprozessen zeigte sich jedoch,
daß neben benutzerfreundlichen und problemlosen Spracheigenschaften auch noch solche existieren, die einer Verbesserung
bedürfen. Wenn es gelingt, auch diese Sprachmittel zu verbessern,
kann PEARL als eine Prozeßrechnersprache mit sehr guter Zuverlässigkeit und Anwenderfreundlichkeit bezeichnet werden.

Schrifttumsverzeichnis

/1/   Parnas, D.L.: The influence of software structure
on reliability, Proc. of the Intern. Conf. on
Reliable Software, Los Angeles, 1975, pp. 358 - 362

/2/   Konakovsky, R.: A new method to investigate the
safety of control systems, IFAC Congress, Boston,
USA, 1975, Reprints Part II D, p. 26.5/1-8

/3/   Dijkstra, E.W.: The GOTO statement considered
harmful, Comm. of the ACM, March 1968, pp. 147-148

/4/   Ramamoorthy, C.V. a.o.: Reliability and Integrity
of Large Computer Programs, GFK-GE-GMR, Fachtagung
Prozeßrechner 1974, Springer Verlag, pp. 86-161

/5/   Shooman, M.L.: Operational Testing and Software
Reliability Estimation During Program Development,
Rec. of the 1973 IEEE Symp. on Comp. Software
Reliability, May 1973, pp. 51-57

/6/   Krüger, G.: Programmausrüstung für den Einsatz
von Prozeßrechnern, Methoden zur Programmerstellung und Prüfung, Interkama 1974, Düsseldorf

/7/   Lauber, R.: Experimentelle Untersuchungen von
Spracheigenschaften der Prozeßrechnersprache PEARL
anhand von Modellprozessen, aus "Praxis von
Sprachen, Programmiersystemen und Programmgeneratoren", Hanser Verlag 1976

/8/   Lauber, R.: Prozeßautomatisierung I, Springer
Verlag, Berlin-Heidelberg-New York 1976

/9/   Zeh, A.: Ein Vorschlag zur Erhöhung der Zuverlässigkeit der Prozeßprogrammiersprache PEARL bei
der Synchronisierung von Betriebsmitteln für
parallel ablauffähige Vorgänge, ASME-Bericht A-004,
Ges. für Kernforschung Karlsruhe, PDV

/10/   Boehm, C., Jacopini, G.: Flow diagrams, touring
machines and languages with only two formation
rules, Comm. of ACM, May 1966, pp. 366-371

/11/   Knuth, Floyd: Notes avoiding GOTO statements
Information processing letters 1, 1971, pp. 23-31

<u>ZUVERLÄSSIGKEIT IN PROZESSRECHENSYSTEMEN</u>

J. Heger

R. Kober

G. Ratzel

6800   M a n n h e i m

Von Automatisierungssystemen für Prozesse wird erwartet, daß auch bei
Fehlern oder Ausfall von Komponenten keine undefinierten Zustände auftreten können. Diese Zuverlässigkeit der Prozeßführung kann bei Einsatz von Rechnern durch Hardware- und Softwaremaßnahmen errreicht werden.

Im ersten Kapitel werden allgemeine Zuverlässigkeitsaspekte von Pro-
zeßautomatisierungssystemen betrachtet.
Das zweite Kapitel zählt Eigenschaften und Fähigkeiten der Programmiersprache PEARL[*] auf, die für das Erstellen von zuverlässigen Programm-
men wesentlich sind. Im 3. Kapitel wird das BBC-PEARL-Programmiersystem, das als Programmiersprache einen Subset von PEARL enthält, hinsichtlich seiner für Erstellung und Betrieb von zuverlässigen Automatisierungssystemen wesentlichen Merkmale beschrieben.

---

[*]

<u>P</u>rocess and <u>E</u>xperiment <u>A</u>utomation <u>R</u>ealtime <u>L</u>anguage

1. Allgemeine Aspekte

In diesem Abschnitt wird - ohne Anspruch auf Vollständigkeit - auf
wesentliche Aspekte zuverlässiger Prozeßautomatisierungssysteme hingewiesen, wobei die Software-Seite im Vordergrund stehen soll.

Hardware kann prinzipiell nicht dauerhaft fehlerfrei sein, daher ist
die Erkennung von Hardware-Fehlern mit der Möglichkeit einer gezielten
Reaktion Grundvoraussetzung für zuverlässige Systeme. Wenn Zuverlässigkeit nur durch hohe Verfügbarkeit der Hardware erreicht werden kann,
können Redundanzen in Form von mehrfach vorhandenen Geräten und Leitungen, Paritybits usw. erforderlich sein, wobei die Nutzung der
Redundanz durch Hardware-, System- oder Anwender-Software-Maßnahmen
erfolgen kann.

Ein hohes Maß an Software-Zuverlässigkeit von Prozeßrechensystemen
wird sowohl durch das Vermeiden von Fehlern bei der Erstellung als
auch durch Entdeckung von Laufzeitfehlern und deren Beseitigung oder
Ergreifung darauf bezogener, sinnvoller Maßnahmen erreicht.

Zur ersten Gruppe gehören z.B. Methoden und Hilfsmittel, die eine
übersichtliche Planung, Strukturierung und Modularisierung fördern,
eindeutig festgelegte Schnittstellenbeschreibung und eine eng an die
Entwicklung gekoppelte Dokumentation.

Weitestgehende Fehlererkennung, schon vor der Inbetriebnahme, ist bei
Echtzeitprogrammiersystemen ebenso wichtig wie Testhilfsmittel zur
Erkennung von logischen Fehlern zur Laufzeit. Um undefiniertes Verhal-
ten einer Anlage zu vermeiden, ist die problemangepaßte programmier-
bare Fehlerreaktion eine wesentliche Forderung an Prozeßprogrammier-
systeme.
Eine örtlich und logisch möglichst eng begrenzte Auswirkung solcher
Fehler fördert die Gesamtzuverlässigkeit.

2. Zuverlässigkeitsaspekte von PEARL

PEARL besitzt die grundsätzlichen Vorteile einer problemorientierten
Programmiersprache. Hinzu kommen einige spezielle Eigenschaften und
Fähigkeiten, die zur Zuverlässigkeit von in PEARL geschriebenen Pro-
grammen beitragen.

Die zur Verfügung stehende Vielzahl von Problemdatentypen umfaßt das
bei Prozeßautomatisierungen und anderen Echtzeitproblemen auftretende
Spektrum. Hieraus ergeben sich Vorteile wie gute Übersichtlichkeit und
sichere Handhabung, die ebenso zur Vermeidung von Fehlern beitragen,
wie das Verbot automatischer, also dem Programmierer verborgener Maßnahmen, z.B. implizite Deklarationen und Datentypwandlungen.

Die PEARL-Fähigkeiten zur Beschreibung der Ein- und Ausgabe von Daten
erlauben eine übersichtliche, sichere Programmierung der in Wirklich-
keit oft sehr komplexen und - insbesondere in der neuen PEARL-Fassung -
weitgehende, vom Programmierer definierbare Prüfmöglichkeiten.

Als prozedur-orientierte Sprache ermöglicht PEARL den modularen und
übersichtlich strukturierten Aufbau von Programmen. Die Form der Para-
meterübertragung - Wertübertragung ohne Rückwirkung oder Adressüber-
tragung mit Rückwirkung - erlaubt eine sichere, für den Anwender transparente Parameterversorgung von Unterprogrammen.

Wichtig für die Zuverlässigkeit von Programmen ist die PEARL-Fähigkeit,
Reaktionen auf zur Laufzeit auftretende Software- und Hardware-Fehler
formulieren zu können. Das Konzept dieser "PEARL-Signals" entspricht
dem der von PL/I bekannten "ON-Conditions".

3. BBC - PEARL - Programmiersystem[*]

Das BBC-PEARL-Programmiersystem besteht aus einer Reihe von Software
Komponenten, die zur Erstellung und zur Ausführung von PEARL-Program-
men erforderlich sind oder wesentliche Hilfen zur effektiven Programmierung darstellen.

Der Compiler übersetzt Programme, die im BBC-PEARL-Subset geschrieben
sind. Ausgewählt wurde dieser Subset vor allem mit der Forderung nach
Effektivität und Zuverlässigkeit von Programmen zur Laufzeit.
Beim Übersetzen der Programme in Assembler-Code führt der Compiler umfangreiche Prüfungen durch. Die Übereinstimmung der Attribute von
globalen Größen, die mit gleichen Namen in verschiedenen Modulen auftreten, wird vom Linker geprüft. Etwa 500 verschiedene Fehlermeldungen
lassen eine sehr genaue Diagnose von Fehlern zu, die mit ausführlichen
Informationen ausgegeben werden. Zur Erleichterung der Fehlersuche,
zur Compile-/Link-Zeit ebenso wie bei der Inbetriebnahme und zur Laufzeit können bis zu 8 Listen über Auftreten und Ablage von Programm-
variablen, Platzbedarf, erzeugtem Assembler-Code usw. ausgedruckt oder
auf Band/Platte zur späteren Verwendung gespeichert werden.

Zur Vermeidung von "deadlocks" trägt die gegenüber der PEARL-Semantik
eingeschränkte Verwendung der zur Synchronisation dienenden Semaphorvariablen bei: Es gilt die Forderung nach Symmetrie von Semaoperatio-
nen innerhalb einer Task. Das Betriebssystem hat dadurch die Möglichkeit, Semas und damit Betriebsmittel freizugeben, die durch eine abnor-
mal terminierte Task blockiert werden.

---

[*]

Dieser Bericht veröffentlicht Ergebnisse aus einem mit Mitteln des
Bundesministers für Forschung und Technologie (Kennzeichen DV 5.505)
geförderten Forschungsvorhaben des Projektes Prozeßlenkung mit DV-
Anlagen (PDV) im Rahmen des 2. DV-Programms der Bundesregierung.

Eine mögliche Fehlerquelle ist die PEARL-Vorschrift für die Genauigkeit des Ergebnisses von arithmetischen Ausdrücken: Sie ist gleich dem
Maximum der Genauigkeit der Operanden. Wie man leicht verifiziert,
kann das zu falschen Ergebnissen führen. Daher wurde die Möglichkeit
vorgesehen, arithmetische Berechnungen wahlweise nach der diese Fehler ausschließenden PL/I-Vorschrift zu berechnen. Da hiermit ein erhöhter Zeitaufwand verbunden sein kann - eventuell Doppelwortoperatio-
nen -, kann diese Wahl sogar auf einzelne Statements beschränkt werden.

Fehler, die durch die Unterbrechung von Doppelwort-Operationen entstehen können, sind durch wahlweise ununterbrechbare Ausführung vermeid-
bar.

Da die Fähigkeiten, die der Zuverlässigkeit von Programmabläufen dien-
lich sind, sehr zeitaufwendig sein können, sind im BBC-PEARL-Subset
Möglichkeiten vorgesehen, in sicheren Fällen mit schneller Code-Aus-
führung, d.h. ohne Prüfung, bzw. während des Tests oder in kritischen
Fällen mit größter Sicherheit zu arbeiten.
Daß die Forderung nach solchen Möglichkeiten besteht, wird verständlich, wenn man z.B. die Verlängerung der Zugriffszeit für Feldkomponenten auf mehr als das Zehnfache durch die Prüfung der Feldgrenzen-
einhaltung betrachtet.

Die bisher geschilderten Fähigkeiten dienen der Erkennung von Fehlern
bzw. der Vorbeugung gegen Laufzeitfehler bereits zur Compile-/Link-
Zeit. Zur Beseitigung logischer Fehler zur Laufzeit steht ein komfor-
tables sogenanntes Bediensystem als wertvolle Testhilfe zur Verfügung.
Dessen Vorteil liegt gegenüber den üblichen Methoden darin, daß das
Echtzeitverhalten während des Tests praktisch nicht gestört wird. Das
Bediensystem läßt z.B. folgende weitgehende Eingriffe in das Laufzeit-
programm zu:
      Lesen und Ändern von Variablen über ihre Namen
      Setzen von Breakpoints auf absolute und relative Adressen
      Protokollieren von Taskzuständen
      Eingabe von Tasking-Anweisungen.

Es werden zur Laufzeit etwa 200 durch Hardware oder Software verursachte Fehler unterschieden, mit fehlerspezifischen Zusatzinformationen ausgewiesen und Systemmaßnahmen als Fehlerreaktion eingeleitet. Die Zusatzinformation gibt Hinweise auf Fehlerursache, -art und -ort, sie kann z.B.Rückverfolgung von Adressen entsprechend der Aufrufhierarchie, Tasknamen, Modulnamen, Gerätenamen und Registerinhalte umfassen. Systemmaßnahme kann Abbruch der Task, in der der Fehler aufgetreten ist, sein oder auch Fortsetzung nach einer bestimmten Zeit.

Da problemabhängig andere als die Systemmaßnahmen erforderlich sein können, wird dem Anwender die Möglichkeit geboten, für eine Reihe von, vom System erkannten Fehlern eigene Fehlerreaktionen, zu definieren. Dies ist mit Hilfe der "PEARL-Signals" für folgende Fehler möglich:

Übertragungsfehler
Ende eines Datensatzes
Nichtvorhandensein eines Datensatzes
Ausbleiben der Rückmeldung
Überschreiten von Feldgrenzen
Unzulässige Datenwandlung
Division durch Null
Bereichsüber-/unterschreitung für numerische Daten

Die programmierbaren Maßnahmen dienen sowohl zur Fehlerbeseitigung in der Test-/Inbetriebnahmephase als auch zur Erzielung eines definierten und damit zuverlässigen Systemverhaltens bei Fehlern zur Laufzeit.

Beispielsweise sind bei Spannungsausfall alle wesentlichen Daten über den Systemzustand zu retten. Bei Wiederanlauf setzt das System den unterbrochenen Programmablauf in definierter Weise fort. Werden von der Problemstellung her zusätzliche Maßnahmen gefordert, so kann der Anwender eine sogenannte "Restart-Task" schreiben, welche vom System bei Wiederanlauf automatisch aktiviert wird.

Weitere Maßnahmen zur Erzielung von Zuverlässigkeit sind redundante Geräte, auch Mehrrechnersysteme können aufgebaut werden und werden vom BBC-PEARL-System unterstützt.

Als wichtigste Eigenschaft des BBC-PEARL-Programmiersystems muß hervorgehoben werden, daß dem Anwender in allen Phasen von der Programmierung bis zum Betrieb eines Prozeßrechensystems Hilfsmittel zur Erreichung eines zuverlässigen Systems zur Verfügung stehen. Besonderen Wert wurde darauf gelegt, daß alle Hilfsmittel dem hohen, anwendungsorientierten Niveau von PEARL entsprechen.

Zuverlässigkeit von Echtzeitsystemen bei wesentlicher Erhöhung der Verfügbarkeit ist durch Verteilung der Verarbeitungsleistung zu erzielen. Gefördert wird dies durch immer billiger und intelligenter werdende Rechnerhardware.

Der Einsatz von Mikroprozessoren für begrenzte Teilaufgaben und die Aufteilung der Verarbeitungsleistung auf mehrere eng gekoppelte Prozessoren ergeben neue Möglichkeiten. Es lassen sich beispielsweise Systeme konzipieren, bei denen der Ausfall einzelner Komponenten die Gesamtzuverlässigkeit nicht wesentlich verringert, auch wenn die redundante Verfügbarkeit von wichtigen Teilen nicht gefordert wird. Auch solche Systeme werden mit PEARL - eventuell nach geringfügigen Erweiterungen - beschreibbar sein.

ANWENDUNG UND AUTOMATISIERUNG DER ANALYSE VON PROZESSRECHNERPROGRAMMEN

K. Okroy, M. Kersken
Lehrstuhl für Reaktordynamik und Reaktorsicherheit
der Technischen Universität München
8046 Garching, Forschungsgelände

ZUSAMMENFASSUNG

Im ersten Teil wird ein Verfahren beschrieben, das aus dem Programmcode
mögliche Programmabläufe und die zugehörigen Abbildungen ermittelt. Ausgehend davon stellt der zweite Teil ein im Hinblick auf die Analyse kom-
plizierterer Programmteile modifiziertes Verfahren und dessen Automatisierung vor. Ein Vergleich der so gefundenen Eigenschaften eines Programms mit seinen Spezifikationen überprüft, ob das Programm seinen Spezifikationen genügt.

1 EINLEITUNG

In zunehmendem Maße werden Prozeßrechner in Systemen eingesetzt, deren
Versagen eine Gefährdung - außer von Sachwerten - der Gesundheit und des
Lebens von Menschen zur Folge haben kann. Es ist deshalb notwendig, die
Funktionssicherheit dieser Systeme und die Zuverlässigkeit der Software
als integrierten Bestandteil eines solchen Systems nachzuweisen.

Als Methode hierfür soll in diesem Papier die Programmanalyse vorgestellt werden. Sie erlaubt es, die Eigenschaften eines Programms aufzuzeigen /1/; ferner kann man mit Hilfe des Analyseergebnisses eine minimale Anzahl von Testläufen finden, welche die Funktionsfähigkeit des
Programms nachweisen.

Diese Arbeit wurde gefördert vom Bundesministerium für Forschung und
Technologie, Projekt PDV 4.1/5.

2 GRENZEN DES ANALYSEVERFAHRENS

Die Programmanalyse geht aus
- vom Kernspeicheranzug
- vom Assemblerlisting
- vom Listing in einer höheren Programmiersprache.

Die Richtigkeit der Assemblierung bzw. Kompilierung muß dann getrennt
nachgewiesen werden, je nachdem von welcher der genannten Stufen ausgegangen wird. Die aufgrund der Analyse gefundenen Programmeigenschaften
werden mit der Programmspezifikation verglichen. Um diesen Vergleich in
eindeutiger Weise durchführen zu können, sollte die Spezifikation möglichst formalisiert vorliegen, da sie in allgemeiner Sprache abgefaßt
Anlaß zu Mißdeutungen gibt. Denkbar ist die Dokumentation einer der ersten vier Entwicklungsstufen der Software aus Abb.1 oder eine Mischung
daraus. Bei dieser Methode werden diejenigen Entwicklungsschritte, die
zur Erstellung der Spezifikation nötig sind, nicht mehr in die Prüfung
einbezogen. Nach unten hin ergibt sich die Grenze aus der zu fordernden
Unversehrtheit der Kernspeicherinhalte, die aber z.B. durch geeignete
Rechnerselbstüberwachungsprogramme festgestellt werden kann. Durch diese
Programme kann auch das ordnungsgemäße Funktionieren der übrigen Rechnerhardware überprüft werden.

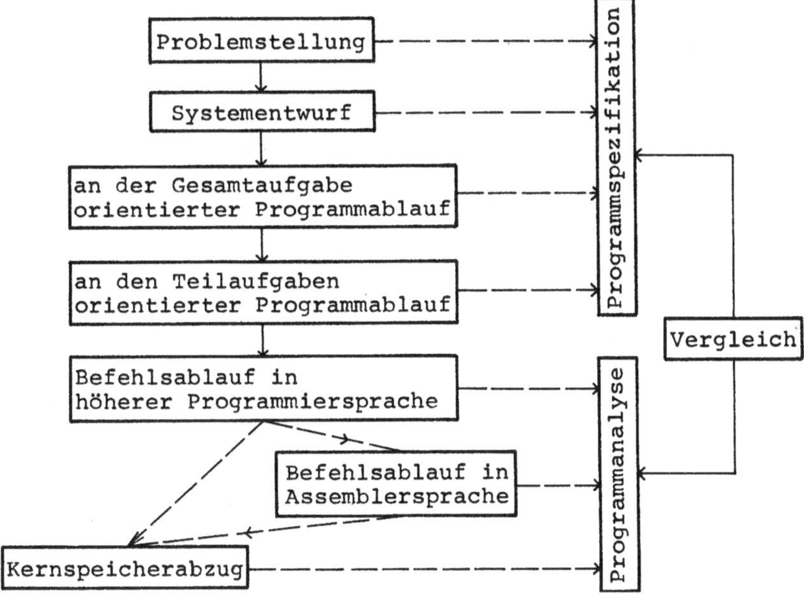

Abb.1: Stufen der Programmentwicklung und Bezug zur analytischen Pro-
grammverifikation.

Des weiteren ist hier nicht betrachtet, wie die Organisationsprogramme
(Betriebssystem) das zu analysierende Programm beeinflussen. Ferner wird
der Programmablauf als unterbrechungsfrei angenommen.

3   DIE ANALYSE "VON HAND"

In einfachsten Worten kann man das Vorgehen bei der Analyse wie folgt
ausdrücken:
   a) Die möglichen Pfade, auf denen ein Programm durchlaufen werden
      kann, sind zu ermitteln.
   b) Die Abbildungen von Eingangs- auf Ausgangsbereiche, die aufgrund
      des Durchlaufens dieser Pfade stattfinden, sind aufzuzeigen.
   c) Es ist zu zeigen, ob die gefundenen Abbildungen mit denen, die
      der Programmersteller beabsichtigt, übereinstimmen.

3.1 Das Programmablaufdiagramm

Das Programmlisting enthält die vollständigen Informationen über die Programmeigenschaften. Allerdings sind sie daraus schlecht zu entnehmen. Anschaulicher, und für den Zweck der Analyse geeigneter ist die Darstellung in Form des Programmablaufdiagramms PAD (siehe Abb.2). In der linken Bildhälfte ist ein kleiner Abschnitt aus einem Programm zur Linienzugbeeinflussung abgebildet. (Die Linienzugbeeinflussung ist ein bei den
Eisenbahnen in neuerer Zeit in Erprobung befindliches System zum Steuern
und Sichern spurgebundener Fahrzeuge.) Die rechte Hälfte der Abbildung
ist das zugehörige PAD, dessen linker Teil der Programmstruktur vorbehalten ist. Man erkennt die Stücke: Ein Stück ist ein Programmteil, der
mit einem Sprungziel oder nach einer Verzweigung beginnt, und der keine
bedingten oder unbedingten Sprünge enthält. Links daneben sind die Anzeigen eingetragen, deren Status dazu benützt wird, bedingte Sprünge
auszuführen. Die dünnen Linien zwischen den Stücken stellen also die
möglichen Übergänge der Programmsteuerung dar. Rechts neben den Stücken
sind die programmierbaren Register des Rechners, und ganz rechts die
Ein- und Ausgabebereiche eingezeichnet. Die Aktionen in Registern, Spei-
cherzellen oder Anzeigen sind durch Kreis und/oder Kreuz gekennzeichnet.
Es bedeuten:
   O... neu besetzen (vorheriger Inhalt wird gelöscht),
   X... nur lesen (vorheriger Inhalt bleibt erhalten),
   ⊗... neu besetzen, wobei der vorherige Inhalt relevant ist (z.B.
        logische Operationen).
Die Richtung des Datenflusses ist durch Pfeile gekennzeichnet.

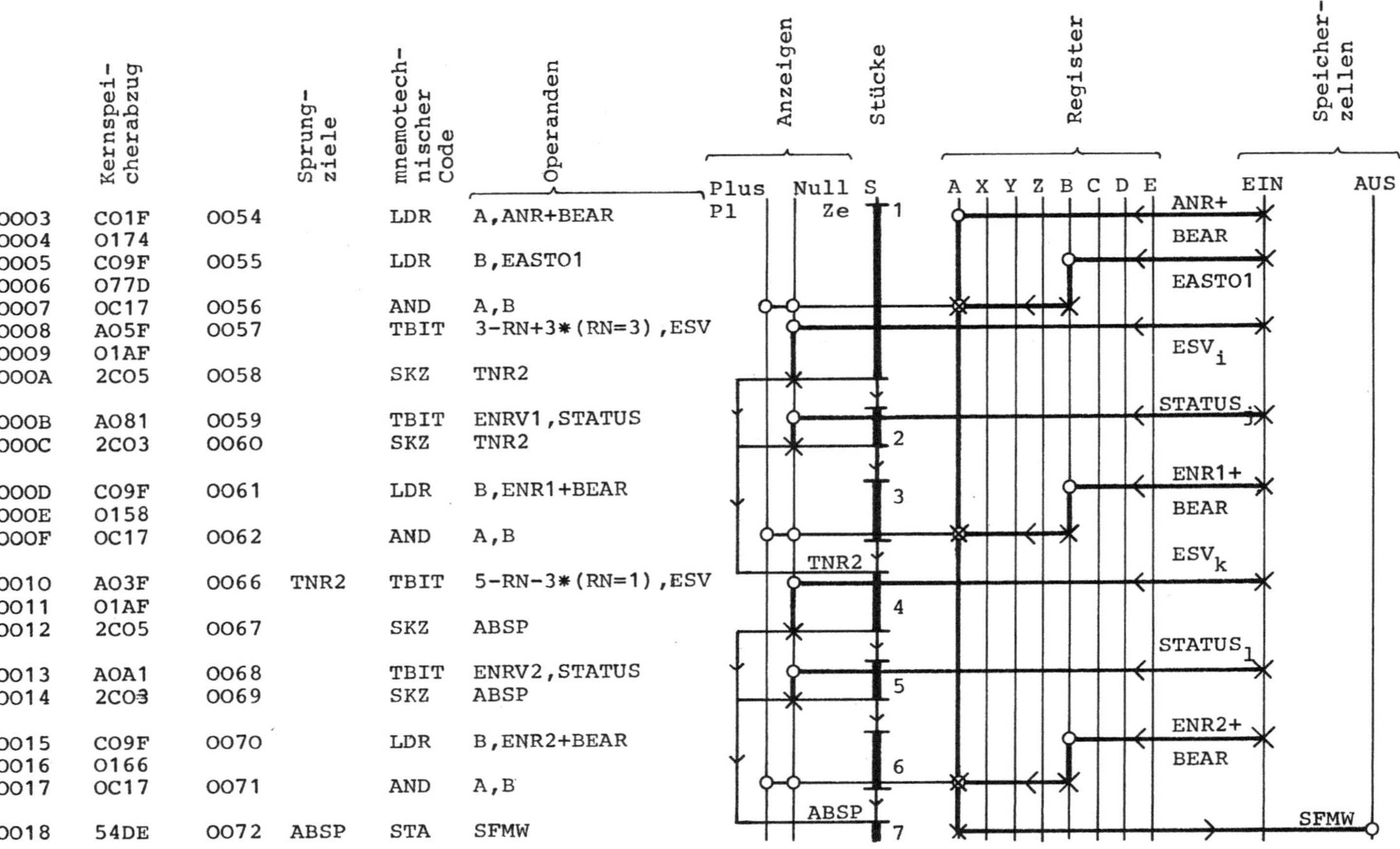

Kernspei-cherabzug		Sprung-ziele		mnemotech-nischer Code	Operanden
0003	C01F	0054		LDR	A,ANR+BEAR
0004	0174				
0005	C09F	0055		LDR	B,EASTO1
0006	077D				
0007	0C17	0056		AND	A,B
0008	A05F	0057		TBIT	3-RN+3*(RN=3),ESV
0009	01AF				
000A	2C05	0058		SKZ	TNR2
000B	A081	0059		TBIT	ENRV1,STATUS
000C	2C03	0060		SKZ	TNR2
000D	C09F	0061		LDR	B,ENR1+BEAR
000E	0158				
000F	0C17	0062		AND	A,B
0010	A03F	0066	TNR2	TBIT	5-RN-3*(RN=1),ESV
0011	01AF				
0012	2C05	0067		SKZ	ABSP
0013	A0A1	0068		TBIT	ENRV2,STATUS
0014	2C03	0069		SKZ	ABSP
0015	C09F	0070		LDR	B,ENR2+BEAR
0016	0166				
0017	0C17	0071		AND	A,B
0018	54DE	0072	ABSP	STA	SFMW

Abb.2: Programmablaufdiagramm

3.2 Ermittlung von Programmstruktur und Abbildungen

Zunächst seien die verwendeten Zeichen erklärt:

$\langle ABC \rangle$	... Inhalt des Speicherplatzes mit der symbolischen Adresse ABC
$\langle ABC_i \rangle$	... Zustand des i-ten Bits des Speicherplatzes mit der symbolischen Adresse ABC
R=Sm(arg n)	... Register R wird im Stück m durch das Argument n beeinflußt, $R \in \{A,X,Y,Z,B,C,D,E\}$
Ze	... Anzeige Null
VZn	... Verzweigung n
SMm,n	... Menge der Stücke m bis n
Sm $\longrightarrow$ Sn	... Programmsteuerung geht von Sm nach Sn über
$\rangle$	... daraus folgt
.=	... geht über in
$\wedge$	... logisches UND

Von den 8 Registern des Rechners werden im betrachteten Programmabschnitt nur das A- und B-Register verwendet.

$A = S1(\langle ANR+BEAR \rangle), S1(B), S3(B), S6(B)$

$B = S1(\langle EAST01 \rangle), S3(\langle ENR1+BEAR \rangle), S6(\langle ENR2+BEAR \rangle)$

Die TBIT-Befehle in S1,S2,S4 und S5 setzen die Null-Anzeige:

$Ze = S1(\langle ESV_i \rangle), S2(\langle STATUS_j \rangle), S4(\langle ESV_k \rangle), S5(\langle STATUS_l \rangle)$

Abhängig von der Null-Anzeige wird verzweigt:

$$VZ1: \langle ESV_i \rangle \quad = 0 \rangle S1 \longrightarrow S4$$
$$= 1 \rangle S1 \longrightarrow S2$$

$$VZ2: \langle STATUS_j \rangle = 0 \rangle S2 \longrightarrow S4$$
$$= 1 \rangle S2 \longrightarrow S3$$

$$VZ4: \langle ESV_k \rangle \quad = 0 \rangle S4 \longrightarrow S7$$
$$= 1 \rangle S4 \longrightarrow S5$$

$$VZ5: \langle STATUS_l \rangle = 0 \rangle S5 \longrightarrow S7$$
$$= 1 \rangle S5 \longrightarrow S6$$

Damit ergeben sich 9 mögliche Pfade durch die Stückmenge SM1,7 (siehe Tabelle 1).

Tabelle 1

Nr.		ESV_i	$STATUS_j$	ESV_k	$STATUS_l$
(1)	S1→S4→S7	O	–	O	–
(2)	S1→S4→S5→S7	O	–	1	O
(3)	S1→S4→S5→S6→S7	O	–	1	1
(4)	S1→S2→S4→S7	1	O	O	–
(5)	S1→S2→S4→S5→S7	1	O	1	O
(6)	S1→S2→S4→S5→S6→S7	1	O	1	1
(7)	S1→S2→S3→S4→S7	1	1	O	–
(8)	S1→S2→S3→S4→S5→S7	1	1	1	O
(9)	S1→S2→S3→S4→S5→S6→S7	1	1	1	1

Die aus den Durchläufen der einzelnen Pfade resultierenden Abbildungen
sind:

(1) ⟨SFMW⟩ .= ⟨ANR+BEAR⟩ ∧ ⟨EAST01⟩

(2) wie (1)

(3) ⟨SFMW⟩ .= ⟨ANR+BEAR⟩ ∧ ⟨EAST01⟩ ∧ ⟨ENR2+BEAR⟩

(4) wie (1)

(5) wie (1)

(6) wie (3)

(7) ⟨SFMW⟩ .= ⟨ANR+BEAR⟩ ∧ ⟨EAST01⟩ ∧ ⟨ENR1+BEAR⟩

(8) wie (7)

(9) ⟨SFMW⟩ .= ⟨ANR+BEAR⟩ ∧ ⟨EAST01⟩ ∧ ⟨ENR1+BEAR⟩ ∧ ⟨ENR2+BEAR⟩

Für einen Test können nun diejenigen Bits, die Verzweigungen steuern
(siehe Tabelle), gesetzt werden, und mit insgesamt 9 Testläufen kann
überprüft werden, ob die angegebenen Abbildungen tatsächlich ausgeführt
werden. Stimmen die Abbildungen mit den in den Programmspezifikationen
angegebenen überein, so gilt SM1,7 als verifiziert.

4   ZIELSETZUNG UND GRÜNDE FÜR DIE AUTOMATISIERUNG DER ANALYSE

Sollen Programmteile mit einer komplizierten Struktur, etwa mit in-
einander geschachtelten oder sich überlappenden Schleifen, sowie von etwas größerem Umfang mit der geschilderten Methode analysiert werden, so
ist es notwendig, die interessierenden Pfade nach einer vorgegebenen
Strategie zu ermitteln, da es sonst vom Verständnis und der Intuition
des Analysierenden abhängt, welche möglichen Programmabläufe untersucht
werden.

Im allgemeinen steigt mit der Länge der Pfade auch die Anzahl der entlang der Pfade geltenden Bedingungen, sowie der Aufwand für deren Ermittlung in Abhängigkeit von Eingangsgrößen, da die dazu nötigen Substitu-
tionen und Umformungen öfters durchgeführt werden müssen.

Aufgrund des gestiegenen Umfangs und der größeren Komplexität des Analy-
sevorgangs erhöht sich die Gefahr, daß während der Analyse Fehler gemacht werden, die das Analyseergebnis in einer unzulässigen Art und Weise verfälschen. Ferner benötigt man mehr Personal und mehr Zeit für die
Analyse.

Aus diesen Gründen, und unter Berücksichtigung der Tatsache, daß bei
einer Analyse im großen und ganzen streng formal vorgegangen wird, erscheint es sinnvoll, das Analyseverfahren zu automatisieren. Das Analy-
seprogramm soll automatisch aus dem Text von Prozeßrechner-Programmtei-
len, die gewissen Einschränkungen genügen und als sequentiell angenommen
werden, die von gewissen relevanten Größen abhängigen Bedingungen ermitteln, welche zu den verschiedenen Aktionen des Programmteils führen. Anders ausgedrückt lautet die Zielsetzung der automatischen Analyse: Es
sollen die Teilmengen des Eingabebereichs des zur Analyse anstehenden
Programmteils gefunden werden, auf denen die gleiche Relation zwischen
Ein- und Ausgabedaten besteht.

5   DIE AUTOMATISCHE ANALYSE

5.1 Das Analyseobjekt

Ab einem gewissen Zeitpunkt muß man sich bei der Erstellung des Analyse-
programms darüber im klaren sein, in welcher Sprache das Analyseobjekt
geschrieben sein muß. Berücksichtigt man dabei die zunehmende Verwendung
geeigneter höherer Programmiersprachen bei der Erstellung von Prozeßrechner-Software, so erscheint es sinnvoll, eine dieser Sprachen zu wählen. Von Vorteil ist ferner, daß das zu analysierende Programm anlagen-
unabhängig untersucht werden kann, falls für die verwendete Sprache
funktionierende Übersetzer vorhanden sind. Im vorliegenden Fall wurde
als Sprache ASME-PEARL-SUBSET/1 gewählt.

Als geeignete Analyseobjekte bieten sich dann die Moduln eines solchen
PEARL-Programms an, und zwar aus folgenden Gründen:

- Sämtliche in einem Modul auftretenden Größen sind darin deklariert
  oder spezifiziert.

- Im Normalfall haben die Moduln eine Größe, welche die Durchführung
  der Analyse mit tragbarem Aufwand gestattet.

- Moduln sind einzeln übersetzbar, d.h. daß sie die Grundeinheiten
  zur Erstellung eines Programmsystems sind.

- Der dem Programm zugrunde liegende modulare Aufbau bleibt erhalten.

5.2 Das Vorgehen bei der automatischen Analyse

Abb.3 zeigt die einzelnen Schritte.

Die den Modul bildenden Deklarationen und Spezifikationen werden in der
Reihenfolge ihrer Aufschreibung untersucht, die benötigte Information
abgespeichert, sowie die Rümpfe von Tasks und Prozeduren in die Form von
Verweistabellen gebracht. Dazu müssen die auftretenden IF-Konstruktionen,
GOTO-Anweisungen und Markendefinitionen untersucht werden. Beispielsweise erhält man aus dem Programmtext in Abb.4 die in Abb.5 gezeigte Darstellung. Zu erwähnen ist noch, daß die in den Rümpfen enthaltenen Deklarationen ebenfalls entfernt werden, nachdem die darin enthaltene Information in der Datenbasis abgelegt worden ist.

Jeder Rumpf wird nun für sich allein untersucht. Dazu wird der zugehörige Graph G in Form einer Zusammenhangsmatrix erstellt, die als eindimen-
sionales Feld realisiert ist, in dem nur die relevanten Positionen der
Matrix abgespeichert sind. Neben der Anweisungsfolge in Abb.4 ist der
zugehörige Graph aufgetragen. Abb.6 zeigt seine Darstellung. Diese kom-
primierte Form empfiehlt sich, da ansonsten n^2 Elemente einer spärlich
besetzten Matrix abzuspeichern wären.

Durch verschiedene Matrixoperationen werden nun die maximalen streng zusammenhängenden Teilgraphen $G_{1,j}$ bestimmt. Im Programm entsprechen diesen Teilgraphen maximale Schleifen. Zum Beispiel erhält man für den in
Abb.7 dargestellten Graphen den Teilgraphen $G_{1,1}$. Indem man jeden dieser Teilgraphen durch einen einzigen Knoten ersetzt, kann man den zu G
gehörigen reduzierten Graphen $\bar{G}$ gewinnen.

Da $\bar{G}$ zyklenfrei ist, kann die endliche Menge der Pfade, die von einem
Anfangs- zu einem Endknoten in $\bar{G}$ führen, ermittelt werden. Führt man nun
die Anweisungen, die den Knoten in einem solchen Pfad zugeordnet sind,
nacheinander mit symbolischen Eingangsdaten aus, wobei die Knoten, die
Schleifen-, Task- oder Prozeduraufrufen entsprechen, übergangen werden

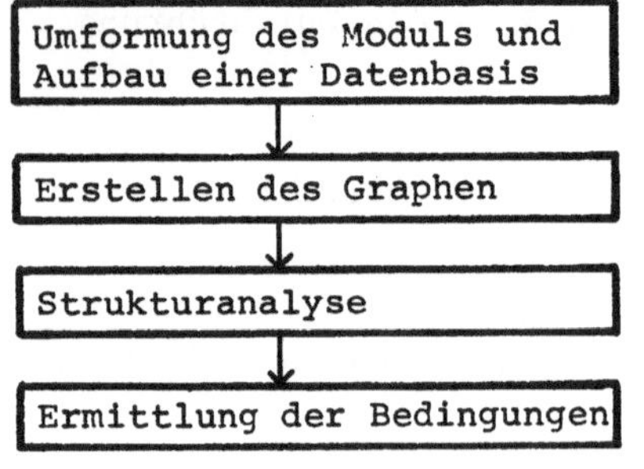

Abb.3: Vorgehensweise bei der automatischen Analyse

Index	Anweisung	Typ	Nachfolger
6	25	IF	7,8
7	26	GO	12
8	28	IF	9,10
9	29	ASS	11
10	31	ASS	11
11	34	ASS	12
12	35	...	

Abb.5: Darstellung des zu analysierenden Programmstücks in Form einer Verweistabelle

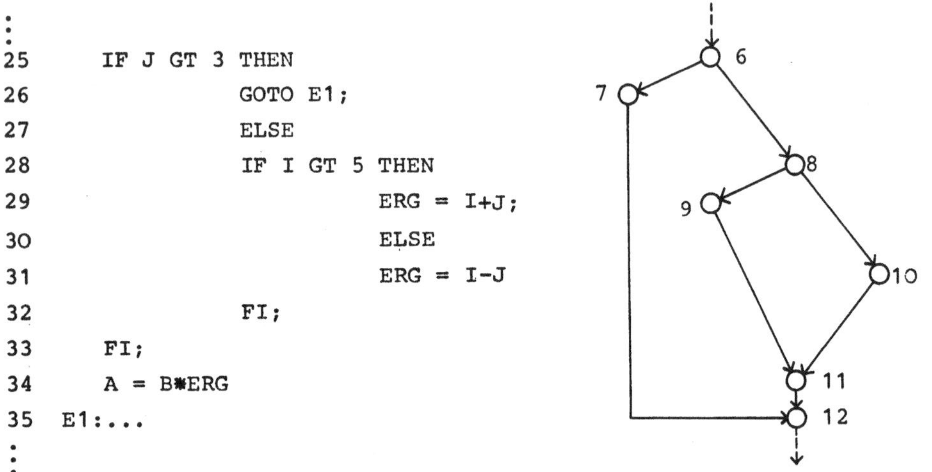

```
25    IF J GT 3 THEN
26            GOTO E1;
27            ELSE
28            IF I GT 5 THEN
29                    ERG = I+J;
30                    ELSE
31                    ERG = I-J
32        FI;
33    FI;
34    A = B*ERG
35 E1:...
```

Abb.4: Ein zu analysierender Programmtext und der zugehörige Graph

und nur berücksichtigt wird, daß gewisse Größen in dem den Knoten zugeordneten Programmstück neu berechnet worden sein können, so erhält man die Bedingungen, welche beim Durchlaufen des betrachteten Pfades gelten, in Abhängigkeit von Eingangsgrößen und in Schleifen, Tasks oder Prozeduren berechneten Größen. Für das angegebene Beispiel erhält man die Pfade p_i, i=1, ..., 4, sowie die zugehörigen Bedingungen

$$U_1: \quad B \wedge P_{G_{1,1}} > 2 \qquad\qquad U_3: \quad \neg B \wedge P_{G_{1,1}} > 2$$

$$U_2: \quad B \wedge P_{G_{1,1}} \leq 2 \qquad\qquad U_4: \quad \neg B \wedge P_{G_{1,1}} \leq 2$$

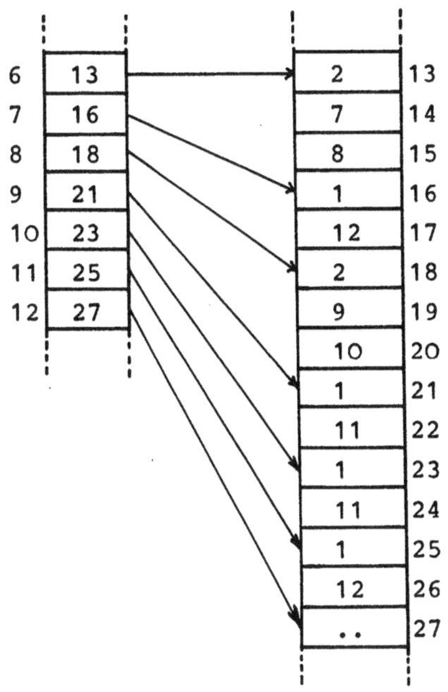

Abb.6: Darstellung des Graphen

Jedes Programmstück, das zu einem maximalen streng zusammenhängenden Teilgraphen $G_{1,j}$ gehört, wird nun einzeln weiter untersucht. Zuerst werden dabei die Anfangs- und Endknoten von $G_{1,j}$ bestimmt, d.h. die Knoten in $G_{1,j}$, die einen Vorgänger bzw. einen Nachfolger, der nicht in $G_{1,j}$ liegt, haben. Für jeden Anfangsknoten erhält man aus $G_{1,j}$ einen nicht streng zusammenhängenden Teilgraphen $G_{2,1}$, indem man in $G_{1,j}$ sämtliche Kanten streicht, die auf den betrachteten Anfangsknoten zurückführen. Diese Graphen $G_{2,1}$ kann man nun analog dem Graphen G behandeln. Für das angeführte Beispiel ergibt sich aus $G_{1,1}$ der Teilgraph $G_{2,1}$ durch Streichen der von Knoten 24 nach Knoten 20 führenden Kante und damit für den ν-ten Schleifendurchlauf die möglichen Pfade $p_1^{(\nu)}$, $p_2^{(\nu)}$, sowie die zugehörigen Bedingungen

$$U_1^{(\nu)}: \quad I_{\nu-1}+1 < 4 \quad \text{und} \quad U_2^{(\nu)}: \quad I_{\nu-1}+1 \geqslant 4$$

Wie man sieht, erhält man die Bedingungen i.a. in Abhängigkeit von Eingangsgrößen, im vorigen Durchlauf in Tasks und Prozeduren, sowie in Schleifen $G_{3,j}$ berechneten Werten.

Dieses Verfahren wird nun solange fortgesetzt, bis in dem jeweiligen Teilgraphen keine Schleifen mehr auftreten.

5.3   Stand der Entwicklung

Die Strukturanalyse, d.h. die Ermittlung der maximalen streng zusammenhängenden Teilgraphen und die Erstellung der reduzierten Graphen, ausgehend von einer Zusammenhangsmatrix der geschilderten Form, ist bereits programmiert. Zur Zeit wird an dem Programmteil, mit dessen Hilfe der zu analysierende Modul umgeformt und die benötigte Datenbasis aufgebaut werden soll, gearbeitet.

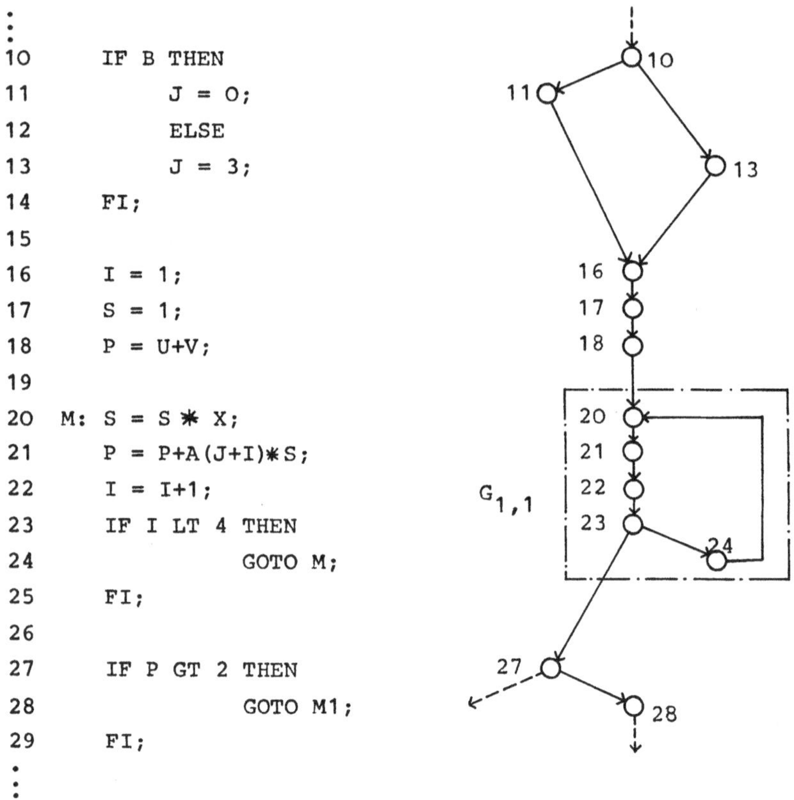

Abb.7: Ein zu analysierendes Programmstück, in dem eine Schleife enthalten ist und der zugehörige Graph.

6   EINSCHRÄNKUNGEN, DENEN DAS ZU ANALYSIERENDE PROGRAMM GENÜGEN MUSS

Führt man die in einem vorgegebenen Pfad auftretenden Anweisungen mit
symbolischen Anfangswerten aus, so ist es nötig, daß zu diesem Zeitpunkt
die in den Anweisungen auftretenden Variablen bestimmbar sind. Kommen
nur einfache Variable der Referenzstufe 1 vor, so ist dies immer der
Fall. Werden dagegen in den Anweisungen Feldkomponenten verwendet, so
muß gewährleistet sein, daß zu diesem Zeitpunkt der Index in einer von
Eingabedaten unabhängigen Form, d.h. als ganze Zahl, angegeben werden
kann. Sonst müßten nämlich zusätzliche Nebenbedingungen hinsichtlich der
zulässigen Indexmenge ermittelt werden. Ferner könnten je nach Eingabedaten die ermittelten Bedingungen verschiedene Form haben.

Dieselben Einschränkungen sind bei der Verwendung von Objekten einer

höheren Referenzstufe als 1 zu fordern. Dies ist im vorliegenden Fall,
nämlich der Analyse von ASME-PEARL-SUBSET/1-Programmen erfüllt, da in
dieser Sprache keine Objekte einer höheren Referenzstufe als 1 definiert werden können.

Sinnvoll ist es außerdem, die Analyse auf Programmteile, in denen keine
rekursiven Prozeduren auftreten, zu beschränken; denn sonst muß man bei
dem vorliegenden Analyseverfahren die Bedingungen, die entlang eines
untersuchten Pfades gelten, in Abhängigkeit von in gewissen Aufruffol-
gen von Prozeduren berechneten Werten angeben, wobei über die Anzahl
der Aufrufe keine genaueren Aussagen gemacht werden können.

Von der Zielsetzung her ist bereits die Beschränkung auf sequentielle
Programmteile vorgegeben, d.h., daß bei der Analyse Anweisungen, die
den sequentiellen Ablauf durchbrechen, nicht beachtet werden.

Von weniger prinzipieller Natur sind die Einschränkungen, die hinsichtlich der in den Anweisungen auftretenden Operatoren, sowie der Art der
damit zu verknüpfenden Werte. Ausschlaggebend ist, daß man sich für die
bei der symbolischen Ausführung auftretenden möglichen Ausdrücke eine
Normalform definieren kann, die mit vernünftigem Aufwand automatisch
erreicht werden kann.

Im vorliegenden Fall erfolgte eine Beschränkung auf lineare Ausdrücke
über der Menge der reellen Werte, sowie auf logische Ausdrücke, in denen Operatoren $\wedge$, $\vee$, $\neg$ auftreten können. Die linearen Ausdrücke haben
ferner den Vorteil, daß als Analyseergebnis lineare Ungleichungssyste-
me ermittelt werden, für die man (automatisch) Lösungen finden kann.

LITERATUR

(1) Ehrenberger, W.: Zur Theorie der Analyse von Prozeßrechnerprogrammen,
    Laboratorium für Reaktorregelung und Anlagensicherung, Garching
    MRR-Bericht 118, April 1973

(2) Ramamoorthy, C.V.: Analysis of Graphs by Connectivity Considerations,
    Journal of the ACM, Vol. 13, No. 2, April 1966, pp. 211-222

(3) Okroy, K.: Grundzüge eines Verfahrens zur automatischen Analyse se-
    quentieller Teile von Prozeßrechnerprogrammen, PDV-Entwicklungs-
    notiz PDV-E 73, April 1976

<u>Das Verfahren der Korrelation von Testpunktsignal-
folgen als Hilfsmittel bei der automatischen Fehlerdiagnose von Rechenanlagen</u>[+]

Helmut Röck
Institut für Regelungstechnik
und Prozeßautomatisierung der
Universität Stuttgart

<u>Kurzfassung</u>

Um die Verfügbarkeit von Prozeßrechenanlagen zu erhöhen kann man prinzipiell zwei Wege einschlagen. Der erste Weg besteht darin, durch Einsatz redundanter Hardware zur Fehlermaskierung die MTBF zu erhöhen. Ein
anderer Weg liegt in der Verkürzung der eigentlichen Reparaturzeit der
Anlage (Lokalisierung und Beseitigung des Fehlers). Da die Probleme der
Fehlerdiagnose mit der Komplexität der installierten Rechenanlagen steigen, gewinnen automatische Test- und Diagnoseverfahren zunehmend an Bedeutung.

Die Entwicklung eines experimentellen Diagnosesystems unter Verwendung
eines Testrechners zur automatischen Fehlererkennung und -lokalisierung
war Gegenstand eines Forschungsvorhabens am Institut für Regelungstechnik
und Prozeßautomatisierung der Universität Stuttgart. Im Rahmen dieses
Forschungsvorhabens wurden zwei Verfahren zur automatischen Fehlerdiagnose
entwickelt [4]. Das hier vorgeschlagene Verfahren der Korrelation von
Testpunktsignalfolgen ist

      - unabhängig von der Struktur des
        jeweiligen Rechners anwendbar

      - erlaubt die Fehlerlokalisierung
        auf die kleinste austauschbare
        Einheit (Steckkarte) mit Hilfe
        einer Datenbasis

+ Dieser Bericht veröffentlicht Ergebnisse aus einem mit Mitteln des
Bundesministers für Forschung und Technologie (Kennzeichen DV 5.505)
geförderten Forschungsvorhaben des Projektes Prozeßlenkung mit DV-
Anlagen (PDV) im Rahmen des 2. DV-Programmes der Bundesregierung.

Einführung

Im allgemeinen Sprachgebrauch umfaßt der Begriff Fehlerdiagnose die beiden Begriffe

- Fehlererkennung und
- Fehlerlokalisierung

und entspricht einer zweistufigen Vorgehensweise bei dem Problem, ein digitales System (z.B. Prozeßrechner) zu diagnostizieren. In der ersten Stufe (Fehlererkennung) wird das digitale System einer Testreihe unterworfen, wobei die Testergebnisse für den fehlerfreien Fall bekann sind.

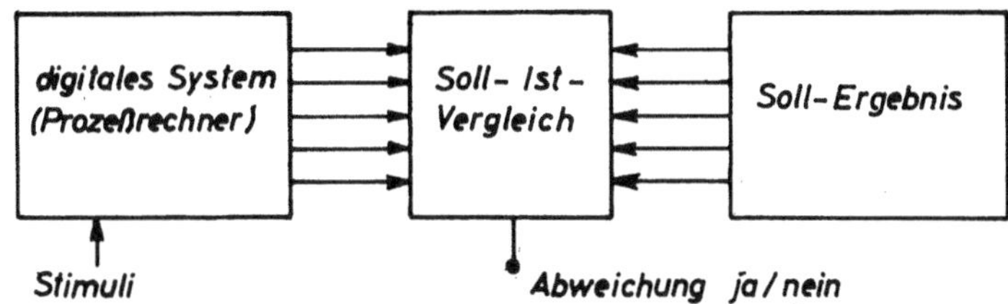

Bild 1: Prinzip der Fehlererkennung

Ein Fehler ist erkannt, falls mindestens ein Testergebnis vom Soll-Ergebnis im fehlerfreien Fall abweicht, d.h. es wird ein Soll-Ist-Vergleich durchgeführt, der eine binäre Aussage "Test bestanden" (= 0) bzw. "Test nicht bestanden" (= 1) liefert.
Ein Test kann z.B. das Anlegen einer bit-Kombination am Eingang einer kombinatorischen Schaltung sein oder als Abarbeitung eines Maschinenbefehls durch einen Rechner interpretiert werden.
Um in einer zweiten Stufe aus der Menge der nicht bestandenen Tests (Fehlermuster) Rückschlüsse auf den Fehlerort (das fehlerhafte Bauelement) zu ziehen, benötigt man eine Zuordnung Fehlermuster ⟷ fehlerhaftes Bauelement. Man erhält diese Zuordnung z.B. durch hardwaremäßige Fehlersimulation eines Fehlerquerschnitts $\{\ell\}$ und zeilenweises Abspeichern der Fehlermuster $\{f_\ell\}$ in einer Matrix F (Fehlerlexikon) [1].

Im praktischen Einsatz stellt sich jedoch heraus, daß ein unbekannter Fehler ℓ^* mit Hilfe eines solchen Lexikons nicht in jedem Fall richtig lokalisiert werden kann; d.h. eine exakte Überdeckung seines Fehlermusters f_{ℓ^*} mit einem Zeilenvektor der Matrix F (vgl. Bild 2) ist nicht möglich.

Die Gründe hierfür sind:

1. Der aufgetretene Fehler ℓ^* blieb bei der Erstellung des
   Lexikons unberücksichtigt, bzw.
2. Der Fehler ℓ^* führt nicht bei jedem Testlauf zum selben Fehlermuster (Inkonsistenz!).

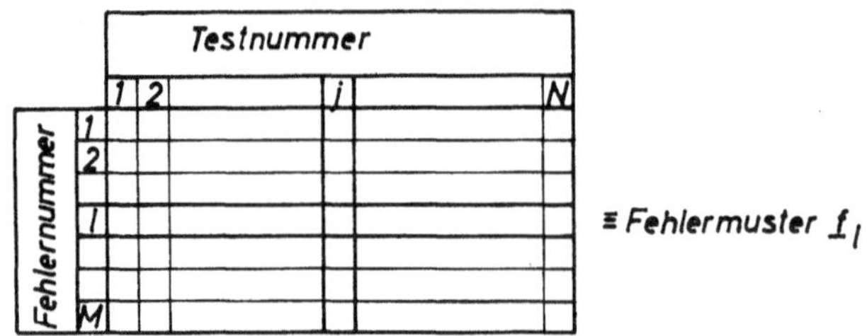

Bild 2: Aufbau der Matrix F (Fehlerlexikon)

Inkonsistente Fehlermuster entstehen vor allem dadurch, daß definierte
Anfangsbedingungen zur Beginn eines Testlaufs auf Grund des vorhandenen
Fehlers nicht hergestellt werden können [2, 3].

Um die Nachteile dieses Lexikontyps

- große Zahl zu simulierender Fehler
- Forderung nach exakter Überdeckung des Fehlermusters

zu beseitigen, wurde der Versuch unternommen, entgegen der bisherigen
Praxis die Zuordnung

Fehlermuster ⟷ fehlerhaftes Bauelement

durch eine Zuordnung

charakt. Fehlermerkmal der ⟷ austauschbare
austauschbaren Einheit k   Einheit k

zu ersetzen, d.h. man begnügt sich mit der Einkreisung des Fehlers auf
die austauschbare Einheit k (i.a. Steckkarte k). Hierbei wird von folgenden Postulaten ausgegangen:

1. Im Fehlermuster gibt es Fehlercharakteristika, die für eine
   Fehlerklasse k (d.h. Fehler einer Steckkarte k) charakte-
   ristisch sind.

2. Die Zahl der Fehlercharakteristika einer Fehlerklasse k ist
   endlich, d.h. es ist durch Simulation von endlich vielen Fehlern
   einer Steckkarte k möglich, die Fehlercharakteristika mit guter
   Näherung zu bestimmen.

Die Fehlermustererzeugung nach dem Verfahren der Korrelation von Testpunktsignalfolgen

Mit der Forderung nach charakteristischen Merkmalen einer Fehlerklasse
im Fehlermuster gewinnt die Frage der Fehlermustergenerierung eine zentrale Bedeutung. Betrachtet man den zu prüfenden Digitalrechner als black
box, dessen fehlerfreie bzw. fehlerhafte Reaktion auf ein eingespeistes
Testprogramm nur an nach außen geführten Testpunkten festgestellt werden
kann, so entstünde nach Bild 3 ein mögliches Fehlermuster dadurch, daß
der Testrechner die Testpunktpotentiale nach jedem Testschritt abfragt
und mit einer extern gespeicherten Referenz (Testpunktpotentiale im
fehlerfreien Fall) Exklusiv-Oder vergleicht.

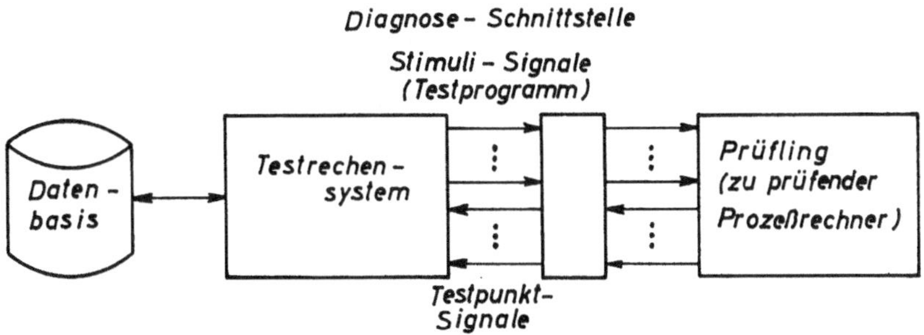

Bild 3: Aufbau eines Diagnosesystems mit Testrechner

Der Begriff Testschritt ist hier bewußt sehr allgemein gehalten; man
kann hierunter z.B. eine Befehlsfolge, einen Einzelbefehl, eine Mikroinstruktion, bzw. einen Maschinentakt verstehen. Gegen ein solches Vorgehen spricht

    1. die Datenmenge, die zudem von der Länge des Testprogramms
       abhängt

    2. der Zwang zum schrittsynchronen Vergleich

Ein gänzlich anderes Vorgehen ist es jedoch, zu untersuchen, welche Testpunktsignalfolgen (SEQUENZEN) bestimmter bit-Länge an zwei Testpunkten
TP_x und TP_y gleichzeitig miteinander auftreten können. Bei dem realisierten Verfahren (automatische Fehlerdiagnose des Prozeßrechners
AEG 60-10) erhält man z.B. diese Sequenzen durch Abtasten der Testpunktpotentiale zu drei diskreten Zeiten während eines Mikroprogrammschrittes.
Die Abtastzeitpunkte werden hierbei durch die Maschinentakte des Taktwerkes festgelegt. Praktisch geht man so vor, daß der Prüfling die vom
Testrechner eingespeisten Testbefehle maschinentaksweise abarbeitet und

je drei zeitlich aufeinanderfolgende Testpunktpotentiale vom Testrechner
zu einer 3 bit-Sequenz (damit lassen sich 2^3 verschiedene SEQUENZ-TYPEN
unterscheiden) zusammengefaßt werden. Untersucht man nur Testpunkt-
sequenzkorrelationen zwischen den Testpunkten von austauschbaren Einheiten so ergibt sich das in Bild 4 wiedergegebene heuristische Beschreibungsmodell des zu testenden Digitalrechners.

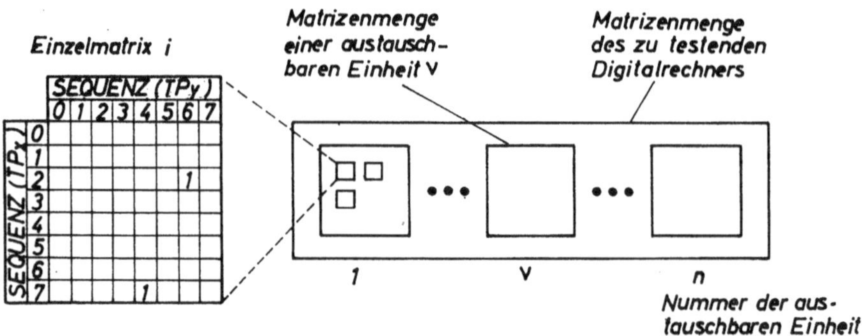

Bild 4: Beschreibung des zu testenden Digitalrechners durch Sequenzkorrelationen

Da eine Sequenzkorrelation nur erlaubt, bzw. nicht erlaubt sein kann,
besitzen die Matrizen nur binäre Koeffizienten. Eine binäre 1 als Matrix-
koeffizient charakterisiert eine Sequenzkorrelation als erlaubt, eine
binäre 0 hingegen als verboten. Das vorgeschlagene Beschreibungsmodell
ist natürlich nur dann sinnvoll, falls sich tatsächlich verbotene und
erlaubte Sequenzkorrelationen unterscheiden lassen, m.a.W. der prozentuale Anteil der 1-Koeffizienten in einer Einzelmatrix sollte möglichst
niedrig sein. Eine experimentelle Untersuchung am Prüfling AEG 60-10
mit Hilfe eines Testprogramms (ca 100 Befehle) zeigte, daß pro Einzelmatrix nur ca 10 % der rein rechnerisch möglichen Sequenzkorrelationen
erlaubte Sequenzkorrelationen darstellen.
Die Vorteile dieses Beschreibungsmodells sind:

1. Änderungsfreundlichkeit des Testprogramms. Eine Änderung
   im Testprogramm zur Aktivierung neuer Rechnerzustände verändert die Matrizen nur insofern, als event. neue, zusätzlich
   erlaubte Sequenzkorrelationen in die Matrizen eingetragen
   werden.

2. Der Zwang zum schrittsynchronen Vergleichen der Testpunktpotentiale entfällt.

3. Über die Zahl der Testpunkte kann die zu Diagnosezwecken benötigte Testinformation beliebig gesteigert werden.

Ein Fehlermuster $\mathcal{F}_\ell(k)$ für einen Fehler $\ell(k)$ der austauschbaren Einheit k entsteht nun dadurch, daß man die Matrizen des Fehlerfalles $M_{\ell,1}(k)\cdots$ mit den entsprechenden Matrizen des fehlerfreien Falles $M_{0,1}(k)\cdots$ antivalent verknüpft. Als Ergebnis dieser Antivalenzbildung (Exklusiv-Oder-Verknüpfung) ergeben sich die Fehlermatrizen $FM_{\ell,1}(k)\cdots$ des Fehlermusters $\mathcal{F}_\ell(k)$, die diejenigen Koeffizientenpositionen durch binäre 1-Koeffizienten markieren, an denen sich der Fehler $\ell(k)$ durch abweichende Sequenzkorrelation bemerkbar machte. Die graphische Veranschaulichung der Fehlermustergenerierung zeigt Bild 5

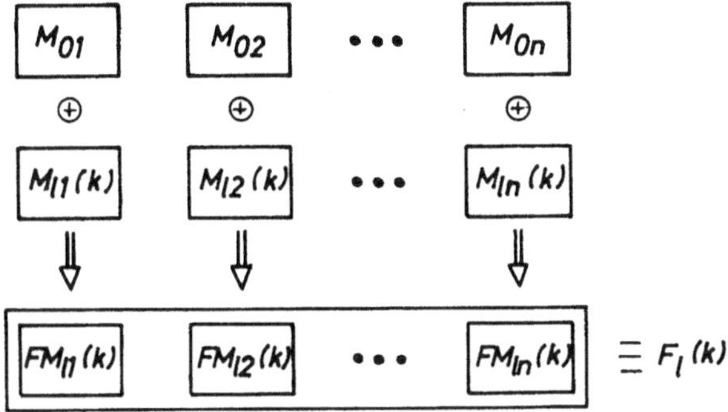

Bild 5: Generierung des Fehlermusters $\mathcal{F}_\ell(k)$ aus den Matrizen des fehlerfreien Falles und den Matrizen des Fehlerfalles

Die Extraktion charakteristischer Fehlerklassenmerkmale

Vergleicht man die nach Bild 5 für Fehler verschiedener Steckkarten erzeugten Fehlermuster, so stellt man fest:

1. pro Fehler werden ca 6-20 % der Sequenzkorrelationen des fehlerfreien Falles gefälscht; d.h. mit dem vorgeschlagenen Verfahren steht ein sehr empfindliches Fehlererkennungsverfahren zur Verfügung.

2. Fehler verschiedener Steckkarten führen im Fehlermuster zum Teil auf gleichartige Fehlerwirkungen (fehlerhafte Sequenzkorrelationen).

Um die charakteristischen Fehlerwirkungen (fehlerhafte Sequenzkorrelationen) für die Fehler $\{l^{(k)}\}$ einer Steckkarte k zu bestimmen, wurden in
einem ersten Schritt zunächst versuchsweise für einen Fehlerquerschnitt
die Fehlerwirkungen in einem resultieren Fehlermuster $\mathscr{F}^{res}(k)$ gesammelt.
$\mathscr{F}^{res}(k)$ entstand aus der Menge der Fehlermuster $\mathscr{F}_l(k)$ der Karte k durch
ODER-Verknüpfung (vgl. Bild 6). Eine Schwäche dieses Vorgehens bei der
Bildung des resultierenden Fehlermusters $\mathscr{F}^{res}(k)$ liegt darin, daß die Häufigkeit, mit der ein bestimmtes Fehlerklassenmerkmal (fehlerhafte Sequenzkorrelation) in einem Fehlermuster $\mathscr{F}_l(k)$ der Fehlerklasse k auftritt,
nicht berücksichtigt werden kann. Ferner geht bei dieser ODER-Verknüpfung
die Information darüber verloren, welche Kombinationen von Fehlermerkmalen (fehlerhaften Sequenzkorrelationen) sich für die Fehler der
Klasse k ergaben. Dies hat zur Folge, daß die resultierenden Fehlermuster

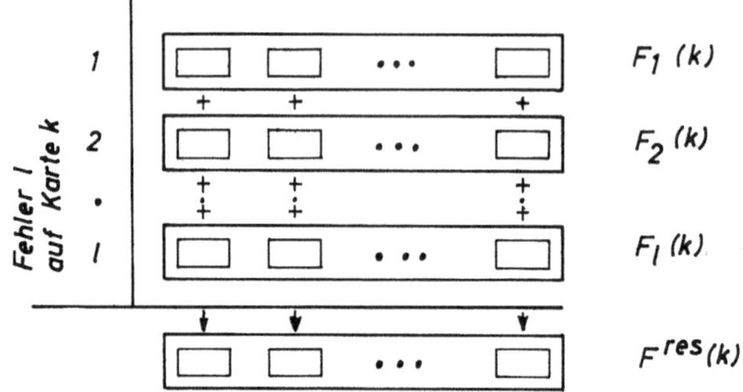

Bild 6: Sammlung der Fehlerauswirkungen (Fehlermerkmale) einer Fehler
klasse k in einem resultierenden Fehlermuster

$\mathscr{F}^{res}(k)$ für die Fehler der verschiedenen austauschbaren Einheiten k in
vielen Fehlermerkmalen übereinstimmen. Da Fehlermerkmale, die sowohl für
eine Fehlerklasse k_1 als auch für eine Fehlerklasse k_2 auftreten keine
Lokalisierungsinformationen beinhalten, müssen diese Merkmale in einem
zweiten Schritt aus den resultierenden Fehlermustern $\mathscr{F}^{res}(k)$ entfernt werden.
Denkt man sich die Fehlermerkmale der verschiedenen Fehlerklassen durch
Fehlermerkmalsmengen repräsentiert, so bedeutet die Extraktion chakteri-
stischer Fehlermerkmale das Aussondern von Merkmalen, die in den Überlappungsbereich der Fehlermerkmalsmengen fallen (vgl. Bild 7).

Für das chrakteristische Fehlermuster $\mathscr{F}^c(k)$, das nur charakteristische
Fehlermerkmale einer Fehlerklasse k enthält, ergibt sich aus Bild 7 unmittelbar:

$$\mathscr{F}^c(k) = \mathscr{F}^{res}(k) \cap \overline{\mathscr{F}^{res}(\nu)}_{\forall \nu,\, \nu \neq k}$$

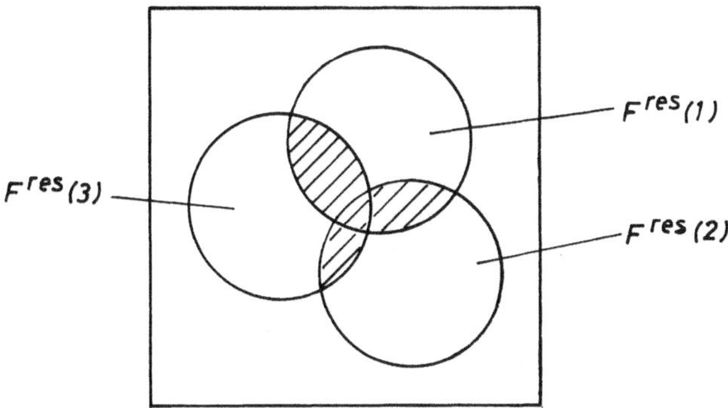

Bild 7: Darstellung des Überlappungsbereichs Ü für die Merkmalsmengen
dreier Fehlerklassen

Die Fehlerlokalisierung

Bei der Untersuchung der Fehlerlokalisierung mit Hilfe der charakteristischen Fehlermerkmale $\mathcal{F}^c(k)$ zeigte sich, daß bereits simulierte Fehler
nach erneuter Fehlersimulation zu 90 % richtig lokalisiert werden konnten.
Bei dem Versuch unbekannte Fehler zu lokalisieren, war die Trefferwahr-
scheinlichkeit mit 60 % deutlich niedriger. Der Grund hierfür liegt in
der Größe des Überlappungsbereiches. Es wurde ermittelt, daß ca 80 % der
Merkmale eines Fehlermusters $\mathcal{F}_l(k)$ in den Überlappungsbereich fallen. Um
die Lokalisierungseigenschaften zu verbessern ist es deshalb unbedingt
notwendig die Größe des Überlappungsbereiches zu verkleinern. Eine Möglichkeit diesem Ziel näherzukommen, liegt in dem bereits erwähnten Ansatz die Häufigkeit zu berücksichtigen, mit der ein Fehlerklassenmerkmal
in den verschiedenen Fehlermustern $\mathcal{F}_l(k)$ der Klasse k auftaucht. Fällt die
Häufigkeit für das Auftreten eines bestimmten Merkmals in einem Fehlermuster $\mathcal{F}_l(k)$ unter eine festzulegende Grenze, so wird dieses Merkmal beim
Aufbau des resultierenden Fehlermusters $\mathcal{F}^{res}_{(k)}$ nicht berücksichtigt. Eine
ähnliche Wirkung läßt sich durch Filterung der Fehlermuster $\mathcal{F}_l(k)$ erreichen
und soll im folgenden kurz erläutert werden.

Verbesserung der Fehlerlokalisierung durch Filterung der Fehlermuster

Summiert man die Zahl der fehlerhaften Sequenzkorrelationen (Fehlermerkmale) pro Einzelmatrix in einem Fehlermuster $\mathcal{F}_{\ell}(k)$, so stellt man fest,
daß sich ein Fehler $\ell(k)$ in nur wenigen Einzelmatrizen überdurchschnitt-
lich stark auswirkt. Um dieses experimentelle Ergebnis zur Filterung der
Fehlermuster $\mathcal{F}_{\ell}(k)$ auszunützen, wird folgendes Vorgehen vorgeschlagen:

1. Berechnung von $z_i(\nu)$ als Zahl der fehlerhaften Sequenzkorrelationen in den Einzelmatrizen i der austauschbaren Einheit
   (vgl. Bild 4).

2. Berechnung der
   - mittleren Zahl $\bar{z}(\nu)$ von fehlerhaften Sequenzkorrelationen
     pro Einzelmatrix i der austauschbaren Einheit ν
   - Varianz $\left[s(\nu)\right]^2$

3. Als Filteralgorithmus wird definiert:
   - Eine Einzelmatrix im Fehlermuster $\mathcal{F}_{\ell}(k)$ wird durch die Null-
     matrix ersetzt, falls gilt:
     $$z_i(\nu) \leq \bar{z}(\nu) + s(\nu)$$
   - in sämtlichen anderen Fällen wird die Einzelmatrix unver-
     ändert übernommen.

Zur Demonstration der Wirksamkeit des vorgeschlagenen Filteralgorithmus
zeigt Bild 8 einen Ausschnitt aus einem Fehlermuster vor, bzw. nach der
Filterung.

Zusammenfassung und Ausblick

Die Methode des Fehlerlexikons mit der Forderung nach exakter Überdeckung
des Fehlermusters im Fehlerfall mit einem Fehlermuster des Lexikons versagt häufig im Falle inkonsistenter Testergebnisse und bei Fehlern, die
bei der Erstellung des Lexikons unberücksichtigt blieben. Gibt man die
durch das Lexikon realisierte Zuordnung: fehlerhaftes Bauteil ⟷ Fehlermuster auf zugunsten einer Zuordnung: Steckkarte ⟷ steckkartenspezi-
fisches Fehlermerkmal, so ergeben sich hieraus zwei Probleme:

1. Die Erzeugung eines geeigneten Fehlermusters im Fehlerfall

2. Die Extraktion steckkartenspezifischer Fehlermerkmale

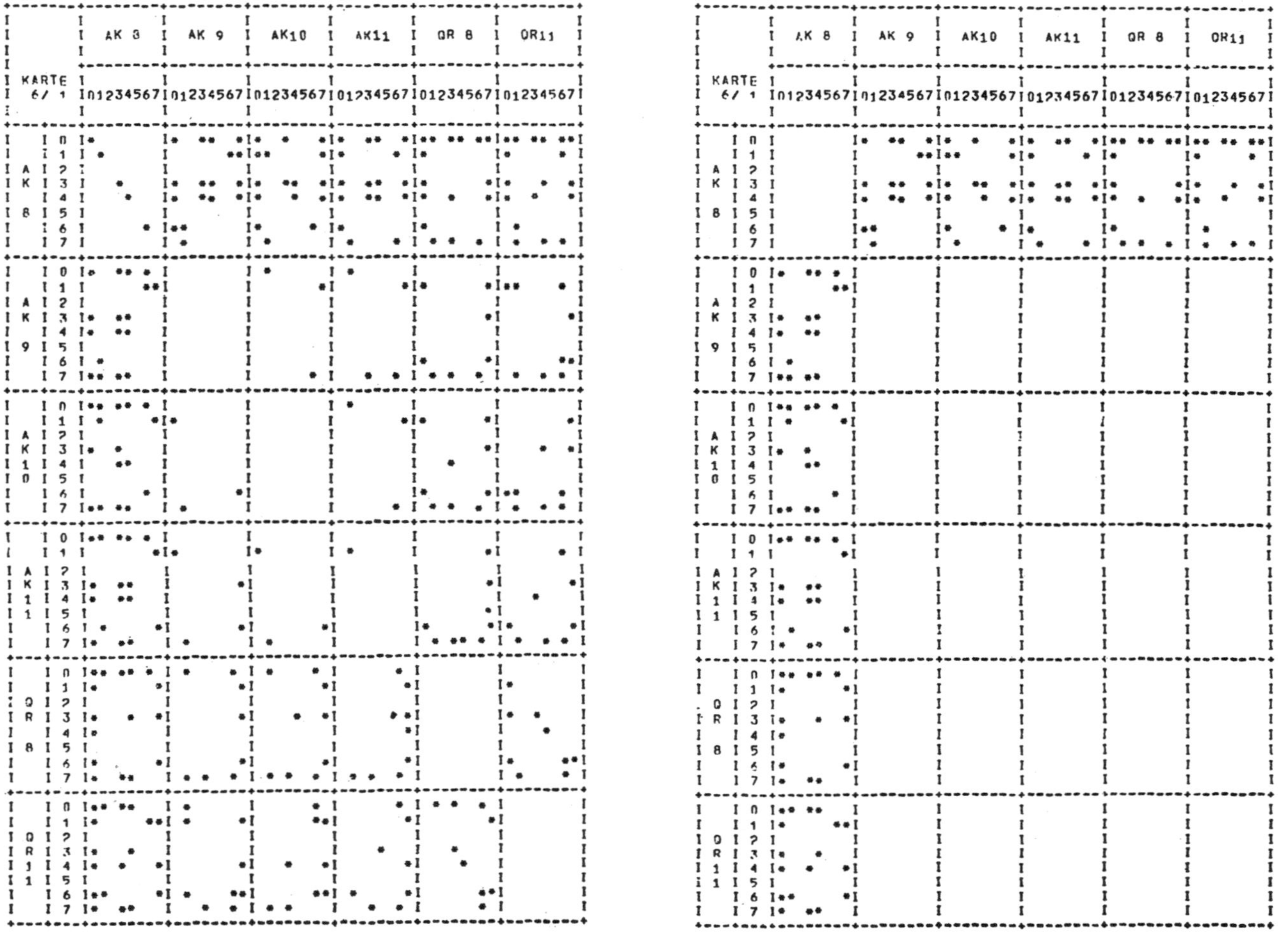

Bild 8: Ausschnitt aus einem Fehlermuster $\mathcal{F}_{\ell}(\kappa)$ vor, bzw. nach der Filterung (AKi, QRi sind Testpunkte des Akkumulator- bzw. Q-Registers)

Ein wesentliches Hilfsmittel bei der Lösung dieser Probleme stellt
das Verfahren der Korrelation von Testpunktsignalfolgen dar. Es läßt sich
experimentell nachweisen, daß

1. die Zahl der erlaubten Sequenzkorrelationen einem Grenzwert
   zustrebt, mithin jedes Anwenderprogramm, das ausreichend
   viele Hardwarebereiche aktiviert, als Testpunktprogramm
   eingesetzt werden kann.

2. steckkartenspezifische Fehlermerkmale aus den Fehlermustern
   zum Aufbau einer Datenbasis extrahiert werden können, mit
   deren Hilfe sich auch unbekannte, d.h. zuvor nicht simulierte
   Fehler auf Steckkartenebene lokalisieren lassen.

Verallgemeinert man das vorgeschlagene Diagnosekonzept (Testrechner,
Datenbasis als Verzeichnis der steckkartenspezifischen Fehlermerkmale)
durch Übergang zu einer Rechnerferndiagnose (z.B. über das Telefonnetz),
so kann ein Testrechner sämtliche installierten Anlagen des gleichen
Typs zentral auf Fehler diagnostizieren. Die Vorteile für einen Anwender
wären in diesem Fall:

- rasche Fehlerdiagnose bedingt durch schnellen Zugriff zum
  Testrechner

- steigende Treffsicherheit bei der Fehlerlokalisierung, da der
  pro Diagnoselauf gewonnene Erfahrungszuwachs sämtlichen Anwendern gleichermaßen zugute kommt.

Literaturangabe:

[1] H.Y. Chang, E. Manning, G. Metze, Fault Diagnosis of Digital
    Systems, Wiley-Interscience 1970

[2] H.Y. Chang, W. Thomas, Methods of Interpreting Diagnostic Data
    for Locating Faults in Digital Machines, Bell Syst. Tech. J
    pp 289 - 317, February 1967

[3] J.B. Kruskal, R.E. Hart, A Geometriec Interpretation of Diagnostic
    Data from a Digital Machine: Based on a Study of the Morris,
    Illinois Elektronic Central Office. Bell Syst. Tech. J pp 1299 -
    1338 Oct. 1966

[4] H. Röck, J. Waidelich, Automatische Fehlerdiagnose von Rechen-
    systemen mit Verfahren der Musterklassifizierung und der
    Sequenzauswertung, PDV-Entwicklungsnotiz PDV-E 35

Methoden der Programmerstellung in zeitkritischen Systemen

H.Hultzsch
Institut für Kernphysik der Universität Mainz

Einleitung

Bereits seit einer Reihe von Jahren machen die Techniken von Laborautomatisierung
und Experimentkontrolle intensiven Gebrauch von den jeweils verfügbaren Informations-
verarbeitungsgeräten; durch den Einsatz solcher Apparate wird in den Anwendungsgebieten ein hoher Standard an Leistung, Sicherheit und Mobilität erreicht (1,2).
Gegenwärtig führen Miniaturisierung, sinkende Herstellungskosten und hohe Zuverlässigkeit der entwickelten Kleincomputer zu erheblicher Ausweitung der Einsatzgebiete
im diskutierten Bereich. In bestimmten Anwendungsgebieten jedoch sind die Experimen-
tiertechniken erst durch die volle Ausnutzung der Fähigkeiten heutiger Prozeßrechner
ermöglicht worden. Komplexe Aufbereitungsmethoden präparieren aus extrem großen
Datenmengen die gesuchten Informationen. Die hohe Reaktions- und Verarbeitungsgeschwindigkeit der eingesetzten Anlagen ermöglicht die Verlagerung umfangreicher und
zeitempfindlicher Steuerungsabläufe auf solche programmierbaren Automaten.

Bestimmte Typen des Einsatzes von Prozeßrechnern in den Laboratorien, eine große
Gruppe von Zählexperimenten in der Kern- und Hochenergiephysik und eine Reihe von
komplexen Problemstellungen in der Technik haben extrem hohe Anforderungen an die
eingesetzten Prozeßrechner und stoßen damit an die durch die Struktur der Systeme
bestimmten Leistungsgrenzen. Dabei wird das enge Zusammenspiel zwischen Einrichtungen der Hardware und implementierter Software deutlich (3). Insbesondere werden bei
solchen extrem zeitkritischen Anwendungen auch die nachteiligen Aspekte sonst er-
wünschter Merkmale von Hardware und Grund-Software offenbar.

Eine Aufteilung der Einzelaufgaben auf getrennte Prozessoren erscheint bei solcher
Problemstellung zunächst als das naheliegende Verfahren und tatsächlich sind in diesem Zusammenhang eine Reihe von Überlegungen, Vorschlägen und Lösungen nachzuweisen
(4). Eine Aufteilung der Gesamtaufgaben auf vernetzte Einzelprozessoren führt jedoch
ihrerseits wieder zu komplexeren Koordinierungsproblemen und damit zu zusätzlichen
starken Belastungen der Prozessoren. Das grundsätzliche Problem wird in dieser Weise
nur in Teilbereichen gelöst; es bedarf einer sorgfältigen Analyse des Verhaltens
der insgesamt eingesetzten Systeme unter zeitkritischer Belastung.

In analoger Weise bieten auch der Einsatz und die Vernetzung von Mikroprozessoren
mit jeweils dedizierter Aufgabenstellung nur bedingt Lösungsmöglichkeiten an. Zum
einen entstehen auch hier die soeben angesprochenen Koordinierungs- und Kommunika-
tionsprobleme, zum anderen machen die normalerweise unzureichenden Hilfsmittel die-

ser Systeme das Arbeiten noch ineffektiv und vermindern damit den Wert der eingesetzten Anlagen für die angestrebten Lösungen in nicht vertretbarer Weise. Lediglich im Falle sich häufig wiederholender Teilapparaturen erscheint der Einsatz von Mikroprozessoren lohnend und tatsächlich werden die Möglichkeiten dieser Kleinstcomputer bei der Herstellung von Analysegeräten bereits intensiv genutzt.

Ziel der im Folgenden dargestellten Untersuchung ist es, die heute üblichen Techniken sowohl die der Hardware als auch die der Software unter besonderer Berücksichtigung ihres Verhaltens unter zeitkritischer Belastung zu analysieren und gegenüberzustellen (5).

Methoden

Ziel der Unterbrechungseinrichtungen in Rechnersystemen ist es, einen bestimmten Ablauf unter vorgegebenen Bedingungen aussetzen zu können, um die Prozessorleistung zunächst dringenderen Aufgaben zuzuordnen. Wesentliche Forderung ist dabei die störungsfreie Fortsetzbarkeit des unterbrochenen Ablaufs nach Beendigung der vorrangigen Aufgabe. Bei mehr als zwei Dringlichkeitsstufen kommt zusätzlich noch die Notwendigkeit einer Rekursivität der Umschaltoperationen zu höheren Prioritäten hinzu. Diese Auflagen an Hardware und Software werden heute nahezu von allen üblichen Systemen garantiert, allerdings mit unterschiedlicher Prozessorbelastung, die im Falle zeitkritischer Probleme eine Klassifizierung zuläßt wie sie im Folgenden erläutert wird.

In der naiven Betrachtungsweise von Figur 1a wird die Prozessorzuordnung bei Auftreten eines Unterbrechungssignals oder des erwarteten Ereignisses von dem zunächst aktiven Ablauf A auf die Aufgabe B umgeschaltet und entsprechend nach Beendigung von B auf A zurück. Eine genauere Darstellung des Zeitverhaltens in Figur 1b macht deutlich, daß sowohl vor der Aktivierung von B als auch nach Beendigung von B Arbeiten des Betriebssystems je nach Komplexität der durchzuführenden Umschaltfunktion die Verfügbarkeit des Prozessors für andere Aufgaben blockiert und damit zu einer Belastung des Gesamtsystems führt.

Die Dauer dieser Blockierungsmaßnahmen wird durch eine Reihe von Eigenschaften sowohl der Hardware als auch der Software beeinflußt. Sie sollen an Hand von Figur 2 erläutert werden.

Nach Auftreten eines Unterbrechungssignals wird in den heute üblichen Prozessrechnern ein "Adressen-Vektor" erzeugt, der sowohl die Abspeicherung des aktuellen Wertes im Befehlszählregister mit je nach Anlage auch bestimmten Zustandsindikatoren

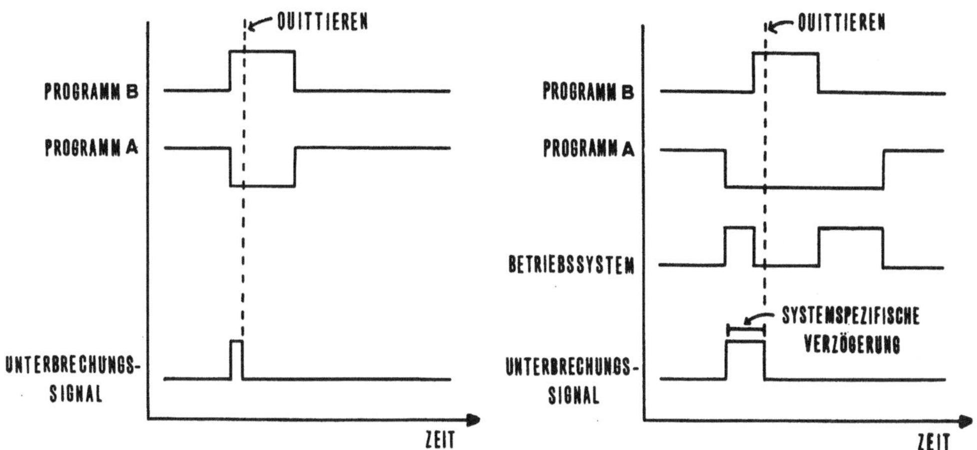
QUITTIEREN
PROGRAMM B
PROGRAMM A
UNTERBRECHUNGS-
SIGNAL
ZEIT
QUITTIEREN
PROGRAMM B
PROGRAMM A
BETRIEBSSYSTEM
SYSTEMSPEZIFISCHE
VERZÖGERUNG
UNTERBRECHUNGS-
SIGNAL
ZEIT

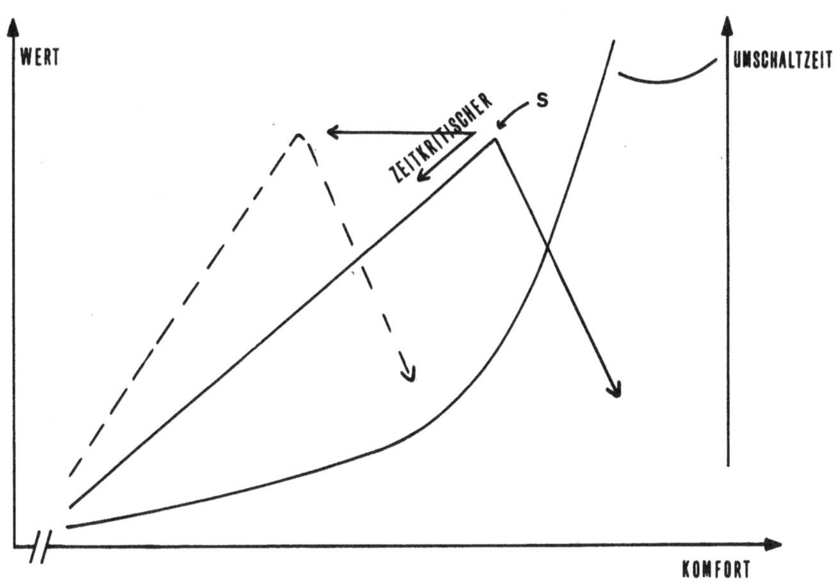
WERT
UMSCHALTZEIT
ZEITKRITISCHER
S
KOMFORT

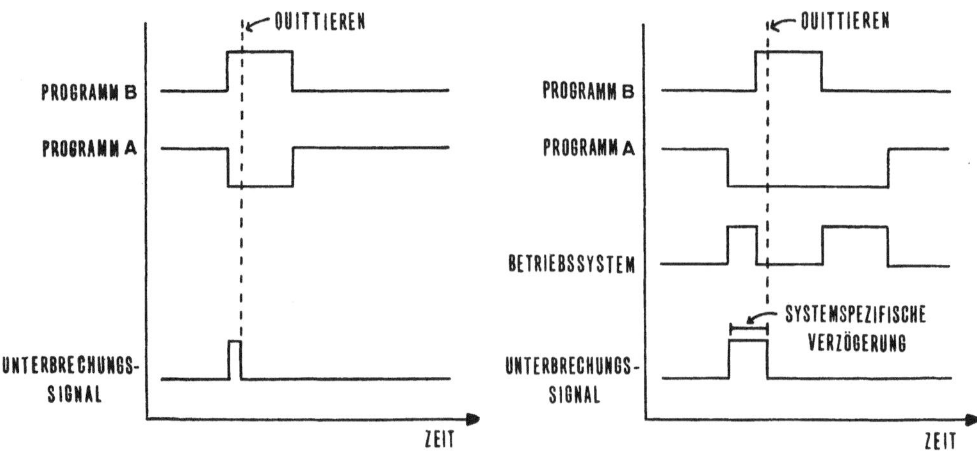

Figur 1a: Zeitdiagramm für das Arbeiten im Multiprograming mit Anstoß durch Unterbrechungssignale ohne Berücksichtigung des Aufwandes durch Systemverwaltung (schematisch)

Figur 1b: Zeitdiagramm für die Umschaltaktivitäten des Betriebssystems bei der Behandlung von Unterbrechungssignalen

an vorgegebener Stelle initiiert als auch den Anstoß eines durch den "Vektor" bestimmten Programmes im Arbeitsspeicher des Rechners auslöst.

Dieses Programm kann entweder ein unter Ausschaltung des Betriebssystems arbeitendes, im allgemeinen kurzes Paket sein, oder es ist die normalerweise im System vorhandene Routine mit den Prozeduren zur Konservierung des gesamten Prozessorzustandes, also aller Arbeits-Register und Indikatoren, und der nachfolgenden Aktivierung der angeforderten Aufgabe. Dieses Konservieren wird je nach Befehlsvorrat durch eine Serie von einzelnen Speicheroperationen oder bei wenigen Prozessrechnern auch durch komplexere Registeraustauschbefehle in der Art wie sie in Großrechenanlagen implementiert sind, bewerkstelligt (5).

Klassifizierung

Prinzipiell lassen sich die heute üblichen Systeme bezüglich ihres Verhaltens im Unterbrechungsfalle in Klassen einteilen wie sie in Tabelle 1 unterschieden werden. Die eigentliche Behandlung des Unterbrechungssignals durch den Prozessor selbst wird in Abhängigkeit von der Geschwindigkeit der betrachteten Anlage bei den heute üblichen Prozeßrechnern in einer Zeit bis zu einigen Mikrosekunden erledigt. Dabei kann je nach System nur der Austausch des Befehlszählregisters, zusätzliche Abspeicherung von Zustandsindikatoren oder auch eine vollständige Umschaltung aller ver-

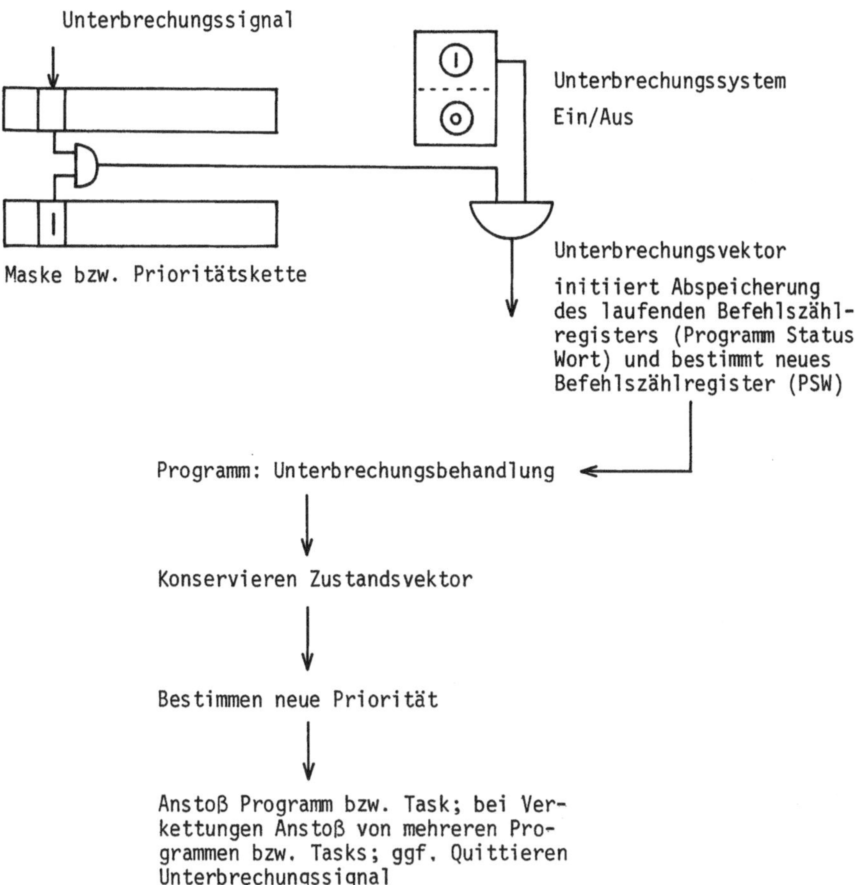

Figur 2: Unterbrechungssignalbehandlung durch Hardware und Software schematisch.
Einzelne Betriebssysteme weichen in bestimmten Schritten vom Schema ab,
ohne die Grundstruktur zu verändern.

fügbaren Arbeitsregister angestoßen werden. Für die eigentliche Behandlung der Pro-
zessordaten ist in solchen Systemen, die naturgemäß über sehr einfache und in ihrem
Leistungsspektrum limitierte Grundsoftware verfügen, das jeweils aktive Programm in
voller Verantwortung zuständig. Der Vorteil solcher Systeme ist ein unmittelbarer
Kontakt mit dem Prozessor und damit eine gemessen an der eingesetzten Hardware hohe
Reaktionsgeschwindigkeit.

Zur nächstfolgenden Klasse sind solche Systeme zu zählen, die neben einem durch
Prozessoreinrichtungen implementierten Austausch von Befehlszählregister und Zu-
standsindikator über Befehle zum vollständigen und schnellen Austausch bzw. Absetzen
aller Register verfügen, deren Ausführung dann nur noch von der Zugriffsgeschwindig-

System-Umschaltzeit	Systembelastung bei 10^2 Unterbrechungs- signalen pro Sekunde	Systembelastung bei 10^3 Unterbrechungs- signalen pro Sekunde
2 µsec (Hardware)	0.02 %	0.2 %
20 µsec (Multiple Load/ Store)	0.2 %	2 %
50-200 µsec (Multiprograming Systeme)	0.5 - 2 %	5 - 20 %
200-500 µsec (komfortable Task-Systeme)	2 - 5 %	20 - 50 %

Tabelle 1: Systembelastung durch Unterbrechungssignalbehandlung bei verschiedenen Systemstrukturen

keit des eingesetzten Speichers bestimmt ist. Auch hier ist der Komfort der einge- setzten Grundsoftware gering, die Leistung unter zeitkritischer Belastung dafür relativ hoch.

Zur dritten Klasse sind die verbreiteten Multiprogramingsysteme zu zählen, die oft auch als Vordergrund/Hintergrund-Systeme bezeichnet werden. In den meisten Fällen verfügen die Prozessoren hier neben der Unterbrechungsvektoreinrichtung nicht über spezielle Befehle oder Techniken zur Realisierung des Umschaltvorgangs. Die Kon- servierung bzw. die Regenerierung des vollständigen Prozessorzustandes macht je nach Zahl der Arbeitsregister eine Serie von Austauschoperationen notwendig, die bei einer größeren Zahl von Unterbrechungssignalen und zeitkritischen Anforderungen bereits zu deutlich merklicher Belastung des Gesamtsystems führt.

Bei den heute implementierten Task-orientierten Systemen wird diese Belastung be- reits dramatischer. Der hohe Benutzerkomfort und die mit der Trennung der Einzel- aufgaben verbundene Systemsicherheit fordert einen Verwaltungsaufwand, der selbst bei hoher Prozessorgeschwindigkeit zu Umschaltzeiten im Bereich von mehreren hun- dert Mikrosekunden führt. Extreme Belastungen in zeitkritischen Systemen zwingen dann zu einer Ausschaltung des Betriebssystems in der bereits beschriebenen Weise. Der ursprünglich vorhandene Benutzerkomfort (Figur 3) wird dann durch eine notwen- dige Verringerung der Umschaltzeiten ganz erheblich reduziert und sinkt, bedingt durch die schwerfälligen Blockierungsmaßnahmen, unter den einfacherer Systeme, dies nicht zuletzt auch wegen der zusätzlich erforderlichen Umgehungsmaßnahmen für die Kommunikation mit dem Betriebssystem. Im extrem zeitkritischen Anwendungsfalle bie- ten diese Systeme nur unbefriedigende Leistung und sind dort durchaus den weniger

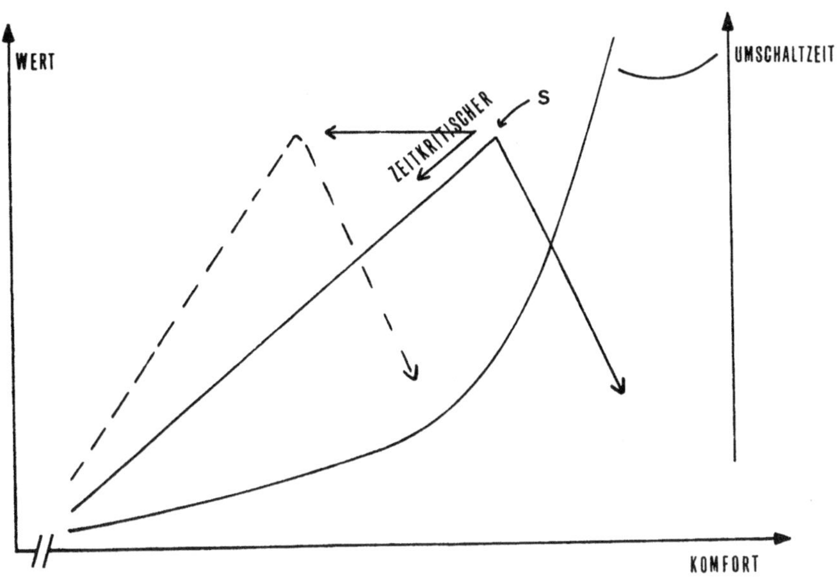

Figur 3: Wert eines Computersystems im zeitkritischen Betrieb als Funktion des
Systemkomforts. In die Größe "Komfort" gehen sowohl die Eigenschaften der
Hardware (z.B. Anzahl der Register) als auch die des Betriebssystems
(z.B. Komplexität der Task-Control-Blocks) ein.

"Wert" ist der Wert des Computersystems insgesamt im zeitkritischen Betrieb bei vorgegebener Problemstellung und Investition.

Bei extrem zeitkritischer Aufgabenstellung muß der Scheitelwert "S" auf
Kosten des Systemkomforts zu kürzeren Umschaltzeiten verschoben werden.

Die Umschaltzeit selbst wird bestimmt durch die Anzahl der notwendigen
Konservierungsoperationen (z.B. Registerzahl) und die erforderlichen
Prüfungen an den Software-Kontrollblöcken.

komfortablen aber prozessornäheren Multiprogramingsystemen hintan zu stellen.

Softwareaspekte

Die Implementierung eines vorgegebenen Ablaufs wird in gleichgewichtiger Weise bestimmt von den Einrichtungen und den Kommunikationsmechanismen der verfügbaren Hardware, von den Strukturen des eingesetzten Betriebssystems sowie von Komfort, Umfang
und Flexibilität der benutzten Programmiersprache (6). Je nach Zielsetzung und Her-

kunft finden sich auch bei unterschiedlicher Grundstruktur in der neueren Prozess-Sprachdefinition grundlegend verwandte Charakteristika und so werden auch bei den höheren Sprachimplementierungen als wesentliche Forderung die unmittelbare Kommunikationsmöglichkeit mit dem Betriebssystem und mit den Einrichtungen des Prozessors betont. Bedingt durch gleichzeitig geforderte systemunabhängige oder zum mindesten systemunspezifische Sprachstrukturen ist es jedoch schwer, diese Forderung in Form einer geeigneten Erweiterung des Sprachraums vollständig zu erfüllen.

So werden bei einer Reihe von für Prozessrechner implementierten höheren Sprachen Begriffe wie Priorität oder Unterbrechung (Interrupt) in keiner Weise genannt oder auch nur gestreift (7). Solche Implementierungen können demnach auch nicht ohne zusätzliche Hilfsmittel in der Lage sein, die komplexen Anforderungen im zeitkritischen Anwendungsfalle zu erfüllen. Lediglich einige neuere Sprachentwicklungen nutzen die Techniken von Betriebssystemen und Prozessor in geschickter Weise und gelangen bei vollem Komfort zu schnelleren Reaktions- und Ausführungszeiten (8). Allerdings wird in diesem Falle mit der Möglichkeit des Zugriffs auf Hardware und Systemsoftware eine größere Verantwortung auf den Benutzer verlagert. Aspekte der Systemsicherheit werden bedingt durch den freien Zugang zu den Betriebsparametern und zu den Schaltstellen des Systems weniger gut berücksichtigt. So werden im Falle von PL-11 die in den Statements "INTERRUPT", "CAMAC INTERRUPT" etc. spezifizierten Parameter in der Compilationsphase unmittelbar in Unterbrechungsvektoren wie oben beschrieben umgesetzt und während des Ladevorgangs an den entsprechenden Stellen im Arbeitsspeicher eingefügt. Eine besondere Sorgfalt des Anwenders ist damit unumgänglich notwendig. Auch im Falle des klar konzipierten BASEX werden in den Statements "ON INT" "ENAB" oder "WAIT" globale Parameter angegeben, die in unmittelbaren Kontakt mit dem System gebracht werden. In diesem Falle sind allerdings in bestimmten Fällen zusätzlich Unterprogramme in das System einzugliedern, um die Forderungen nach schneller Reaktion des Prozessors und einfachem Datenaustausch mit den Geräten erfüllen zu können. Inwieweit die bei den Implementierungen unter PEARL (9) benutzten Tabellenverfahren den Anforderungen im extrem zeitkritischen Falle gerecht werden, kann sich erst in der Praxis zeigen.

Bei den Systemen der zuletzt beschriebenen Art bleibt die bereits oben genannte, durch das Multi-Tasking bedingte Erhöhung der Systembelastung beim Umschalten zwischen den Aufgaben unterschiedlicher Priorität erhalten. Als Komfort sind dabei jedoch, neben der Bequemlichkeit der höheren Sprache, auch die Verkettungstechniken in den "Task-" bzw. "EVENT-" Kontroll-Blöcken zu werten, die zusammen mit "WAIT-" und "POST"-Befehlstypen prozessnahe Sprachelemente darstellen. Der in dieser Weise einfach realisierte "gleichzeitige" Anstoß mehrerer, voneinander unabhängiger Programmabläufe wird jedoch seltener nutzbringend eingesetzt; die geringfügigen Vorteile werden im Falle zeitkritischer Anwendungen von den nachteiligen Auswirkungen auf die Systemeffizienz dominiert.

Eine interessante Sprachform bilden die assemblerartig strukturierten Macro-Sprachen (10). Leicht erlernbare prozessorientierte Befehlstypen und eine stark selbstdokumentierende Codierungsform wird üblicherweise durch einen Übersetzungsprozeß in einen während der Ausführungsphase vom Betriebssystem interpretierten Code umgewandelt. Einfache Prioritätsdefinitionen und übersichtliche, prozeßspezifische Kommandos bringen dem Anwender den unmittelbaren Kontakt mit seinem Problem. Im Falle der Nutzung einer Anlage durch mehrere voneinander unabhängige Aufgaben sind auch die Sicherheitsaspekte geschickt durch Zugriff auf eine unabhängig definierte Referenzliste während der Übersetzungsphase gelöst. Extrem zeitkritischen Aufgaben bieten solche Systeme in besonders einfacher Weise die Möglichkeit, durch in Maschinensprache erstellte Unterbrechungsroutinen unmittelbar auf Prozessorebene zu arbeiten, auch hier allerdings wieder unter Ausschaltung des Betriebssystems, womit die bereits oben angesprochenen Nachteile in Kauf genommen werden müssen. In gleicher Weise ist auch in diesem Falle die bereits vorher besprochene Problematik von Interpreter und von Multi-Tasking wiederanzutreffen. Bei extrem zeitkritischen Anwendungen sind auch hier diese negativen Aspekte gegenüber den beschriebenen Vorteilen abzuwägen.

Schlußbemerkung

Die aufgezeigte Problematik zwingt im extrem zeitkritischen Anwendungsfalle zu sorgfältiger Analyse und Gegenüberstellung von Anforderungskatalog des bearbeiteten Prozesses und Leistungsspektrum der betrachteten Geräte. Dabei ist der Wert einer Anlage, wie er in Figur 3 erläutert wurde, eng korreliert sowohl mit ihrer Reaktionsgeschwindigkeit als auch mit dem Komfort bei Bedienung, Programmentwicklung und Programmausführung. Im hier diskutierten Einsatzbereich muß, wenn erforderlich, im Interesse ökonomisch vertretbarer Investitionen auf sonst erwünschte Merkmale der Grundsoftware und seltener auch der Hardware zugunsten des geforderten Verhaltens unter starker, zeitkritischer Belastung verzichtet werden.

Literatur

1) S.P.Perone, D.O.Jones: Digital Computing in Scientific Instrumentation; McGraw-Hill Book Company, New York 1973

2) H.Hebstreith, P.Kossmann: Leistungsmerkmale moderner Prozeßrechner; PDV-Berichte, Gesellschaft für Kernforschung, Karlsruhe, KFK-PDV 5 (1973)

3) H.Hotes: Funktionsbausteine für Realzeit-Betriebssysteme; Lecture Notes in Computer Science 12, 544 (1974)

4) E.L.Bohnen: Ein Multi-Mini-Prozessor Konzept mit Hardware Multitasking; Lecture
Notes in Computer Science 8, 54 (1974)
H.Hultzsch, H.Walther: Ein Listen-verarbeitender Subprozessor zur Aufbereitung
hoher Datenraten; Bericht Institut für Kernphysik, Universität Mainz, 1977
J.D.Schoeffler: Organisation of Software for Multicomputer Process Control
Systems, Lecture Notes in Computer Science 12, 14 (1974)
D.Haupt, H.Petersen (Herausgeber): Rechnernetze und Datenfernverarbeitung;
Informatik Fachberichte, Bd. 3 (1976)
D.Haupt, H.Petersen (Herausgeber): Rechnerkopplungen; Arbeitsberichte Informatik der RWTH Aachen, Bd. 9 (1976)

5) Hardware- und Software-Dokumentation über die Prozeßrechner der angegebenen Hersteller:

        AEG 80, AEG-Telefunken;
        CDC 1700, Cyber 18, Control Data Corporation;
        Eclipse, Data General Corporation;
        Dietz 621, Dietz Computer Systeme;
        PDP 11, Digital Equipment Corporation;
        HP21MX, Hewlett Packard Company;
        Siemens 300-16 Bit, Siemens;
        V 70, Varian Data Machines.

6) W.Gorman, M.Broussard: Minicomputer Programming Languages, SIGPLAN Not.11,4 (1976)

7) D.Dürr: SL3 - eine Systemprogrammiersprache auf ALGOL-68-Basis als Grundsprache
für die Prozeßrechnerlinie AEG 80; Angew.Inf. 17, 393 (1975)
M.Dorn, G.Teuschler: Prozess FORTRAN 300 für die Siemens-Systeme 300-16 Bit;
Angew.Inf. 18, 365 (1976)

8) A.Goldenberg, Ch.Schlier,W.Schupp: Höhere Prozeßsprache für kleinere Rechner -
das Beispiel BASEX; Lecture Notes in Computer Science 12, 436 (1974)
R.D.Russel: PL-11: A Programing Language for the DEC PDP 11 Computer, Report
CERN 74/24 (1974)

9) H.Bösmann, A.Tarabout, W.Werum: Der Kern eines allgemeinen PEARL-Betriebssystems; Lecture Notes in Computer Science 12, 528 (1974)
L.Frevert: PEARL concepts of the language design and implementation, Minicomputer
Forum, London (1975)

10) G.Hochweller: LABS/7 Basis Supervisor Logic Manual, IBM Research Report RJ 1186
(1973)
D.L.Raimondi, H.M.Gladney, G.Hochweller, R.W.Martin, L.L.Spencer: LABS/7 -
a distributed real-time operating system; IBM Syst.J., 15, 81 (1976)
K.Kubitz, R.Kind: Macro-IML implementations for the PDP-11 computer; CAMAC-Bull.
13, 17 (1975)

Ein antwortzeitgesteuertes Unterbrechungswerk –

Auswirkungen auf Betriebssystem und Programmstruktur

R. Henn , München

1. Antwortzeitgesteuerte Prozessorzuteilung in einer harten Realzeit-Umgebung

Ein technischer Prozeß stellt wegen seiner Zeitbedingungen an den Prozeßrechner und an
seine Programmierung eine Realzeit-Umgebung dar. Für eine harte Realzeit-Umgebung sind
die Verarbeitungsergebnisse eines Rechensystems nur dann brauchbar, wenn sie nach Übertragung einer Aufgabe innerhalb einer vorgegebenen Antwortzeit verfügbar sind. Die Ein-
haltung der Zeitbedingungen ist damit oberstes Betriebsziel.
Die Zuteilung von Aufgaben (Tasks) an den Prozessor nimmt eine zentrale Stellung ein.
Im folgenden wird eine Task T einer harten Realzeit-Umgebung charakterisiert durch ihre
- Anfangszeit t_A, die den Zeitpunkt angibt, zu dem die Task T erstmals dem Prozessor
  zugeteilt werden darf,
- Zeitbedingung t_Z, die den Zeitpunkt angibt, zu dem die Task T beendet sein muß
  (Zeitbedingung erfüllt), und
- Laufzeit $l(t)$, die angibt, wie lange die Task T zum Zeitpunkt t den Prozessor für
  ihre (restliche) Ausführung beansprucht.

Anstelle von Zeitbedingung verwenden wir meistens den Begriff Antwortzeit einer Task
$a(t)=t_Z-t$ ($0 \leq t < \infty$). Wir schreiben $T(t)=(t_A,t_Z,l(t))$ bzw. $T(t)=(t_A,a(t),l(t))$.

Eine Taskmenge $M(t)=\{T_1(t),\ldots, T_n(t)\}$ liegt vor, wenn alle Tasks eines Tasksystems
voneinander unabhängig sind. Für die zyklische Meßwertverarbeitung sind Taskmengen,
die sich aus zyklischen Tasks $T(t)=(t_A,t_Z,l(t), c)$ zusammensetzen, von Bedeutung. Dabei bedeutet c die Periode; sie wird in den meisten Untersuchungen als $c=t_Z-t_A$ angenommen. Eine zyklische Task ist eine Taskmenge, deren Tasks die Anfangszeiten $t_A+i \cdot c$,
Zeitbedingungen $t_Z+i \cdot c$ ($i=0,1,\ldots$) und Laufzeiten $l(t_A)$ aufweisen.
Können Tasks in einer Präzedenzrelation zueinander stehen, so liegt ein Präzedenzsystem
vor. Ein Nachfolger darf erst gestartet werden, wenn sämtliche Vorgänger beendet sind.

Das Ziel bei der Prozessorzuteilung in einer harten Realzeit-Umgebung besteht darin,
einen Prozessorzuteilungsalgorithmus zu finden, der die zuteilbaren Tasks, d.h. Anfangszeit erreicht oder sämtliche Vorgänger beendet, in der Weise dem Prozessor zuweist,
daß sämtliche Tasks ihre Zeitbedingungen erfüllen. Wenn der Prozessorzuteilungsalgorithmus immer dann eine Prozessorbelegung mit erfüllten Zeitbedingungen erzeugt, wenn
es eine solche gibt, so sprechen wir im folgenden von einer zeitgerechten Strategie.

Echtzeitbetriebssysteme werden häufig durch die Eigenschaft gekennzeichnet, daß der
Prozessor über Prioritäten zugeteilt wird, d.h., der Task wird eine natürliche Zahl
zugeordnet, welche die Task in Relation zu anderen Tasks setzt. Die Task mit der höchsten Priorität belegt den Prozessor (prioritätengesteuert). Bei der antwortzeitgesteuerten Prozessorzuteilung wird der Prozessor immer durch die zuteilbare Task mit der
kürzesten Antwortzeit oder mit der nächsten Zeitbedingung belegt.

In [Li 73] wurde die prioritätengesteuerte und antwortzeitgesteuerte Verarbeitung von
Taskmengen aus zyklischen Tasks untersucht. Es wurde gezeigt, daß die Prioritätszu-
ordnung zu zyklischen Tasks nach aufsteigender Periode die bestmögliche prioritätengesteuerte Verarbeitung liefert. Mit der prioritätengesteuerten Prozessorzuteilung kann
bei größeren Tasksystemen in ungünstigen Fällen eine Prozessorauslastung von höchstens
70% erreicht werden; die antwortzeitgesteuerte Prozessorzuteilung sichert immer eine
Prozessorauslastung von 100%, sofern sie erforderlich ist. Mit der antwortzeitgesteuerten Prozessorzuteilung können damit größere Tasksysteme zeitgerecht verarbeitet werden als mit der prioritätengesteuerten Prozessorzuteilung.

In [He 75] und [He 76a] wurde die Verarbeitung von Präzedenzsystemen unter dem Gesichtspunkt der Einhaltung von Antwortzeiten untersucht und ein Normalisierungsver-
fahren für Präzedenzsysteme vorgeschlagen, das die vorgegebenen Antwortzeiten im Präzedenzsystem vernünftig reduziert, ohne daß dabei die zeitgerechte Verarbeitbarkeit
des Präzedenzsystems beeinträchtigt wird. Sei $T_V=(0,3,1)$ eine Vorgängertask von
$T_N=(0,5,3)$.

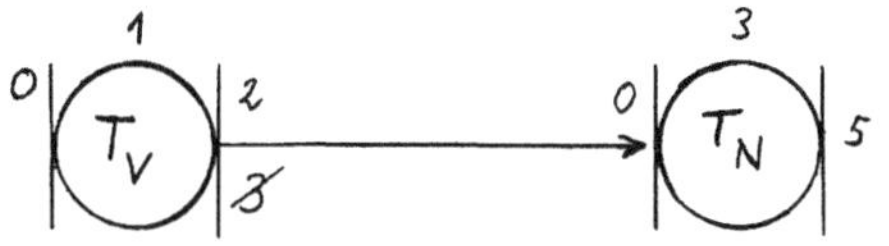

Wir erkennen, daß die Antwortzeit $a_V=3$ nicht sinnvoll ist. T_V hält ihre Antwortzeit
ein, wenn sie zum Zeitpunkt 3 beendet wird. T_N wird dann frühestens zum Zeitpunkt 6
beendet und verletzt ihre Zeitbedingung bei 5. Die Antwortzeit von T_V war nicht vernünftig. T_V muß zum Zeitpunkt 2 beendet sein, wenn die Einhaltung von a_N auch möglich
sein soll. Die Verkürzung der Antwortzeit eines Vorgängers erfolgt gemäß

$$a_V'=\max(0,\min(a_V,a_N-l_N))$$

Es müssen lediglich den Endtasks eines Präzedenzsystems Zeitbedingungen vorgegeben
sein, für die übrigen Tasks können über den Normalisierungsalgorithmus sinnvolle Antwortzeiten generiert werden. Das zu einem Präzedenzsystem eindeutig bestimmte normalisierte Präzedenzsystem ist genau dann zeitgerecht verarbeitbar, wenn das Original-
Präzedenzsystem zeitgerecht verarbeitbar ist. Die Einschränkung auf normalisierte
Präzedenzsysteme ist sinnvoll und zweckmäßig.

In [He 75] wurde gezeigt, daß die antwortzeitgesteuerte Prozessorzuteilung für normalisierte Präzedenzsysteme und damit auch für Taskmengen bzw. zyklische Tasks eine
zeitgerechte Strategie darstellt. Im folgenden wollen wir versuchen, diese theoretischen Ergebnisse für die Programmierung von Realzeit-Anwendungen einzusetzen.

2. Mehrstufige Zuteilung für Realzeit-Systeme

Die Betriebsmittelzuteilung in Betriebssystemen erfolgt nach [TS 74] stufenweise.

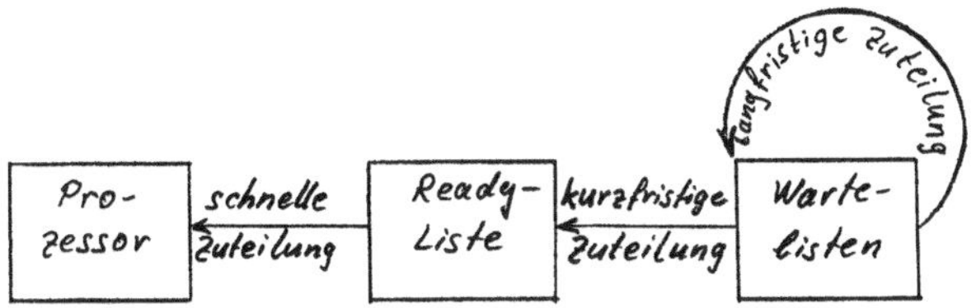

Die Ready-Liste enthält sämtliche Prozesse (geordnet nach Prioritäten), die nur noch
den Prozessor benötigen; in den Wartelisten stehen Prozesse, die auf beliebige Betriebsmittel warten.
1. Die schnelle Zuteilung (dispatcher) wird nach der Interruptbearbeitung aufgerufen
   und weist lediglich dem Prozessor den 1. Prozeß aus der Ready-Liste zu.
2. Die kurzfristige Zuteilung wird aufgerufen, wenn ein Prozeß in die Ready-Liste eingefügt werden muß. Prioritätsberichtigungen sollten auf dieser Stufe so weit als
   möglich minimiert werden.
3. Jede komplexe Modifizierung des Prozeßzustandes sollte der langfristigen Zuteilung
   überlassen werden.

In dem obigen mehrstufigen Zuteilungsmodell werden lediglich die Prozesse betrachtet,
die unter Aufsicht der Prozeßverwaltung eines Betriebssystems ablaufen. Darüber hinaus gibt es Unterbrechungsprozesse oder U-Prozesse (in [Ba 74] Prozesse 1. Art genannt), deren Anstoß nicht über das Betriebssystem sondern ausschließlich über Unterbrechungssignale (U-Signale) erfolgen kann. Sie laufen i.a. vorrangig vor den übrigen
Prozessen ab. Wir unterscheiden im folgenden zwischen U-Prozessen mit U-Signal, die
nur noch den Prozessor benötigen, und U-Prozessen ohne U-Signal, die den Prozessor
und ein U-Signal für ihre Durchführung benötigen. Ein Unterbrechungswerk (U-Werk)
regelt über eine Unterbrechungssteuerung (U-Steuerung) die Zuteilung des Prozessors
an einen U-Prozeß. Unter Berücksichtigung von Unterbrechungsprozessen erhalten wir
eine mehrstufige Zuteilung gemäß der folgenden Darstellung:

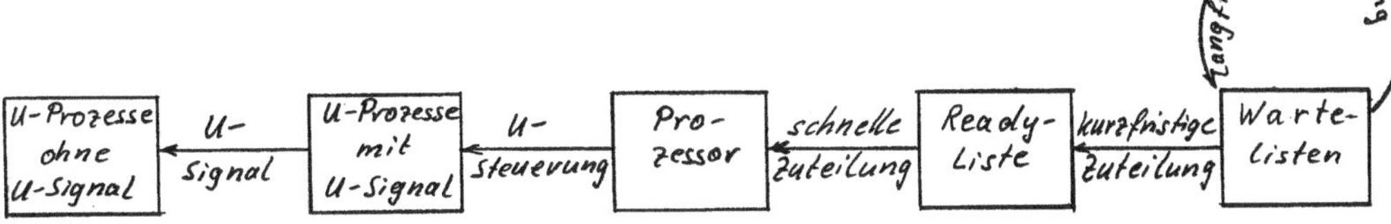

In heutigen Prozeßrechnersystemen arbeiten die schnelle Zuteilung und U-Steuerung prioritätengesteuert. Aus Abschnitt 1 wissen wir, daß die antwortzeitgesteuerte Prozessorzuteilung die Einhaltung von Antwortzeiten sichert im Gegensatz zur prioritätengesteuerten Prozessorzuteilung. Die Ersetzung der prioritätengesteuerten Prozessorzuteilung durch die antwortzeitgesteuerte Prozessorzuteilung sowohl bei der U-Steuerung als auch bei der schnellen Zuteilung scheint naheliegend. Jedoch unterstellt der Einbau der antwortzeitgesteuerten U-Steuerung und antwortzeitgesteuerten schnellen Zuteilung, daß die U-Prozesse mit U-Signal kürzere Antwortzeiten aufweisen als die Prozesse des Betriebssystems. Dies braucht nicht immer der Fall zu sein, da durch genügend lange Vernachlässigung einer anfangs weichen Zeitbedingung sie härter werden kann als die Zeitbedingung eines U-Prozesses. Daraus resultiert die Forderung nach nur einer Stelle im System, an der die antwortzeitgesteuerte Prozessorzuteilung durchgeführt wird. Die naheliegende Konsequenz bedeutet die alleinige Benutzung der antwortzeitgesteuerten U-Steuerung für die Prozessorzuteilung und die Abschaffung der schnellen und kurzfristigen Zuteilung. Die kurzfristige Zuteilung wird ersetzt durch einen Übergabemechanismus, der einen Prozeß in einen U-Prozeß überführt. Wir erhalten die folgende mehrstufige Zuteilung:

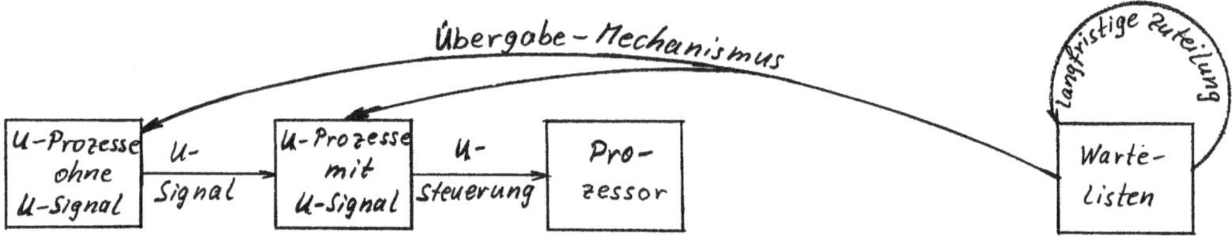

In dieser Anordnung werden Betriebssystemprozesse nur noch in der langfristigen Zuteilung bearbeitet, jede häufiger vorkommende Zuteilung erfolgt im U-Werk.

3. Aufbau eines antwortzeitgesteuerten Unterbrechungswerkes

3.1 Prioritätengesteuerte Unterbrechungsverarbeitung

Jedem bei der Installation eines Rechners (PDP11) zugelassenen Unterbrechungseingang (U-Eingang) [Ba 72] sind zwei Festzellen (U-Vektor) zugeordnet, welche
   - die Anfangsadresse des zugehörigen Antwortprogrammes und
   - das Prozessorstatuswort (PSW)
enthalten. Im PSW sind unterbrechungsspezifische Daten enthalten, u.a. auch die Unterbrechungspriorität, auf der das Antwortprogramm gestartet wird. Das PSW kann per Software verändert werden, damit ist eine Änderung der Priorität eines U-Prozesses möglich. Aus diesem Grund muß zwischen Unterbrechungspriorität und aktueller Priorität eines U-Prozesses unterschieden werden. Die U-Vektoren liegen nach fallender Unterbrechungspriorität im Unterbrechungsspeicher, der sich meistens im Kernspeicher mit den niedrigsten Adressen befindet.

Unter Vernachlässigung des vollständigen Rettens des Prozessorzustandes führt das U-
Werk folgende Aktionen durch:

Unterbrechungsspeicher   Stack

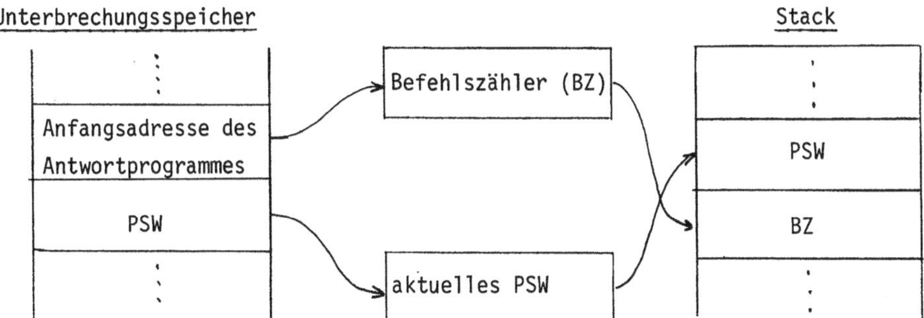

Bei Beendigung eines Antwortprogrammes werden die letzten Stackeintragungen in das
aktuelle PSW und in den BZ geladen. Damit setzt der unterbrochene Prozeß genau an der
letzten Unterbrechungsstelle fort. In diesem Mechanismus werden U-Signale mit höherer
Priorität als der zuletzt unterbrochene U-Prozeß bei einer Beendigung eines Antwortprogrammes nicht berücksichtigt. Es tritt kurzfristig ein inkonsistenter Zustand ein.
(U-Prozeß höchster Priorität belegt nicht den Prozessor). Erst durch sofortige Unterbrechung des bereits unterbrochenen U-Prozesses wird wieder ein konsistenter Zustand
hergestellt. Der Preis ist genau ein unnötiger U-Prozeß-Start und eine U-Prozeß-Un-
terbrechung.

3.2 Antwortzeitgesteuerte Unterbrechungsverarbeitung

Ein U-Vektor besteht aus 3 Zellen [He 76b]
 - Anfangsadresse der Antwortprogramme
 - PSW
 - Antwortzeit

Das PSW enthält keine Prioritätsangabe, dafür gibt es eine eigene Zelle mit der Ant-
wortzeit. 3 bzw. 4 Bits des PSW werden zur Charakterisierung eines U-Prozesses ver-
wendet.
Bit 1: Unterbrechungsvektor ist frei oder belegt
Bit 2: Kennzeichnung für U-Prozeß mit oder ohne U-Signal
Bit 3: U-Prozeß läuft unter antwortzeitgesteuertem Vordergrundbetrieb oder unter
        prioritätengesteuertem Hintergrundbetrieb.
Bit 4: Unterdrückt die Antwortzeitreduzierung bis ein U-Signal eintrifft.

Die U-Vektoren im U-Speicher sind nun nicht mehr geordnet (etwa nach aufsteigender Antwortzeit). Dadurch kann eine beliebige Zuordnung zwischen U-Signalen und U-Prozessen erfolgen; damit wird das Umspeichern von U-Vektoren bei sich ändernden Antwortzeiten vermieden. Diese beiden Vorteile müssen mit einer aufwendigeren Ermittlung der kürzesten Antwortzeit erkauft werden. Die kürzeste Antwortzeit wird durch sukzessiven Vergleich der Antwortzeiten sämtlicher U-Prozesse mit U-Signal (Bit 2) im U-Speicher über einen Hardware-Scanner, der zyklisch durch den U-Speicher läuft und die kürzeste Antwortzeit in einem Register (KU-Register) anliefert, erreicht. Mit dieser Lösung wird die Verkettung der U-Vektoren eingespart. Ein U-Prozeß wird im System eingerichtet, indem ihm ein freier U-Vektor (Bit 1) zugeordnet wird.

Die Einführung von Bit 3 kommt daher, daß Antwortzeiten Zeitintervalle sind, die im Laufe der Zeit kontinuierlich kürzer werden. Das U-Werk muß daher bei jedem Durchlauf durch die U-Vektoren die Antwortzeiteintragung der belegten U-Vektoren um die Durchlaufzeit verkürzen. Für Hintergrundarbeiten kann die rein prioritätengesteuerte Zuteilung sinnvoll sein. Über Bit 3 kann die automatische Antwortzeitverkürzung unterdrückt werden, so daß die eingetragene Antwortzeit als Prioritätszahl aufgefaßt werden kann.

Mit Bit 3 wird die Antwortzeitreduzierung ständig unterdrückt, mit Bit 4 hingegen nur solange, bis das nächste U-Signal für diesen U-Eingang eintrifft. Bit 4 ist im Zusammenhang mit freiwilligen Wartezuständen von Bedeutung (vgl. Abschnitt 5.2).

Entsprechend der Darstellung auf der nächsten Seite wird ein U-Vorgang d.u.n.d. gestartet, wenn U-Speicher[KU+2] < U-Speicher[AU+2], d.h. es ist eine neue Task mit kürzerer Antwortzeit ins System gekommen.

<u>Programm des U-Vorganges:</u>

```
U-Speicher[AU] := BZ;              "Befehlszähler in U-Vektor retten"
        TOP  := TOP + 1;           "Stack-Pointer erhöhen"
   STACK[TOP] := UU;
        UU   := AU;
        AU   := KU;
        BZ   := U-Speicher[AU]     "Befehlszähler laden"
```

Bei Beendigung einer Task wird die Antwortzeit des U-Prozesses erhöht. Dadurch kann der Fall eintreten, daß der U-Prozeß nicht mehr die kürzeste Antwortzeit aufweist und sofort unterbrochen wird.

Antwortzeitgesteuerte Unterbrechung

UU   enthält einen Zeiger auf den zuletzt unterbrochenen U-Prozeß

AU   enthält einen Zeiger auf den aktuell ausgeführten U-Prozeß

KU   enthält einen Zeiger auf den U-Prozeß kürzester Antwortzeit

KU wird nach jedem Durchlauf durch den U-Speicher automatisch neu gesetzt.

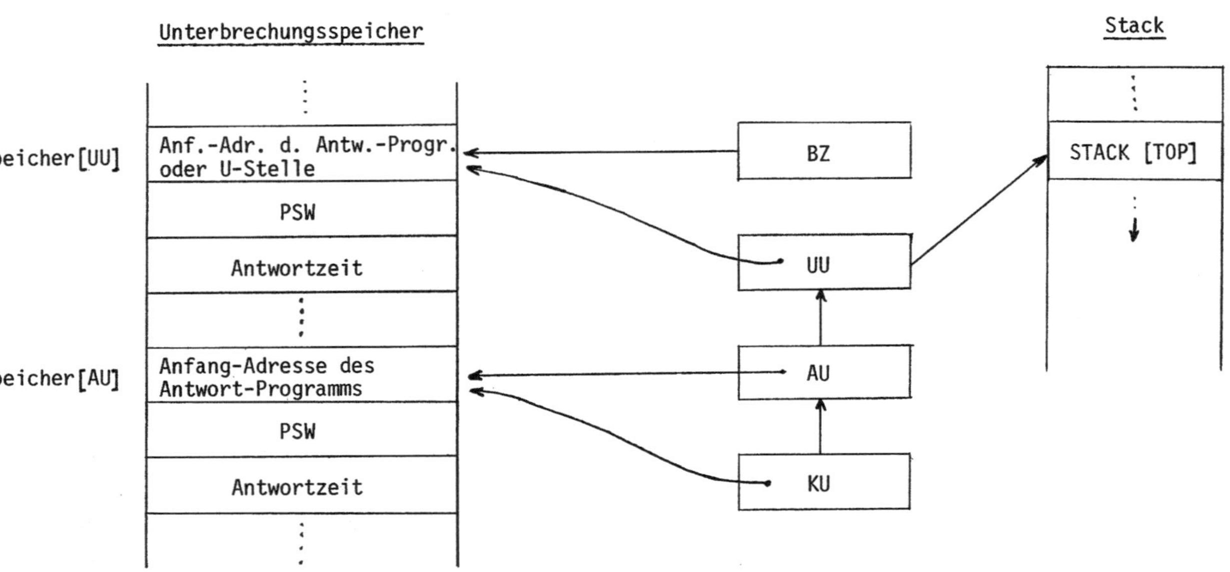

<u>Programm für U-Prozeß-Wechsel bei Taskbeendigung</u>

```
if     U-Speicher[KU+2] < U-Speicher[UU+2] then
       AU := KU;
else
       AU := UU;
       UU := STACK[TOP];
      TOP := TOP - 1;
fi;
BZ := U-Speicher[AU];
```

4. Erstellung eines Ablaufgraphen

Betrachten wir den zeitlichen Verlauf eines Prozesses, so gibt es Phasen, in denen
der Prozeß fortschreitet und Phasen, in denen der Prozeß entweder wegen freiwilliger
Prozessorabgabe oder unfreiwilligem Prozessorentzug steht. Wir zerlegen einen Prozeß
in Teilprozesse, die als Prozeß zwischen zwei aufeinanderfolgenden freiwilligen Pro-
zessorabgaben (dynamisch gesehen) definiert sind. Definieren wir eine Task als ein
schwarzer Kasten, der mit einigen Angaben wie Laufzeit oder Antwortzeit versehen ist,
so erhalten wir ein zeitliches Modell eines Prozesses, indem wir aus jedem Teilprozeß
eine Task machen, die Antwortzeit und Laufzeit des Teilprozesses aufweist. Die antwortzeitgesteuerte Prozessorzuteilung führt ein solches Tasksystem zeitgerecht aus.
Der Nachteil dieser Methode besteht darin, daß der Programmierer in seinem Programm
sämtliche Teilprozesse und dazu vernünftige Antwortzeiten angeben muß. Wir wollen nun
ein Verfahren entwickeln, das es dem Programmierer gestattet, nur an den Stellen in
seinem Programm eine Zeitbedingung oder Antwortzeit vorzugeben, wo es die Realzeit-
Umgebung verlangt; die Zerlegung des Programmes in Tasks und die Generierung von Antwortzeiten für die Tasks sollte so weit als möglich automatisch am übersetzten Quellprogramm durchgeführt werden.

Bei der Zerlegung des (Maschinen-)Programmes werden zunächst lineare Sequenzen gebildet, die durch bedingte oder unbedingte Sprünge miteinander verbunden sind. Die linearen Sequenzen werden zu Tasks, die Sprünge zu den Pfeilen zwischen den Tasks. Wir
erhalten damit einen Strukturgraphen, der eine gewisse Ähnlichkeit mit einem Blockdiagramm von dem Programm aufweist. Den Tasks können wir durch Aufsummieren der Be-
fehlsausführungszeiten der Befehle in der linearen Sequenz Laufzeiten zuordnen. Ein
Prozeß stellt nun einen Weg in dem Strukturgraphen dar, die Prozeßdauer entspricht
der Summe der Tasklaufzeiten auf dem Weg. Bei der Ausführung eines Strukturgraphen
braucht im Gegensatz zum Präzedenzsystem eine Task nicht auf die Beendigung sämtlicher Vorgänger zu warten, sondern es genügt die Beendigung genau eines Vorgängers.

Man beachte, daß in einem Strukturgraphen durchaus noch Zyklen durch Programmschleifen vorhanden sein können.

Die vom Programmierer angegebenen Antwortzeiten werden in den Strukturgraphen eingetragen, dabei setzen wir voraus, daß nur in linearen Sequenzen Antwortzeiten vorgegeben werden, die sich weder in einer Schleife noch in einem Unterprogramm befinden. Überall dort, wo der Programmierer eine Antwortzeit innerhalb einer linearen Sequenz vorgibt, wird die Sequenz in 2 untereinander verbundene Tasks geteilt. Wir erhalten damit einen sehr feinen Strukturgraphen, in dem die vom Programmierer vorgegebenen Antwortzeiten eingetragen sind.

Bevor wir mit der Antwortzeitgenerierung beginnen, wird geprüft, ob ein gröberes Modell des sehr feinen Strukturgraphen ebenfalls den Anforderungen genügt. Insbesondere bei sich gabelnden und später wieder vereinigenden Wegen, deren Weglängen nicht zu stark differieren, kann man den ganzen Teilstrukturgraphen durch eine einzige Task darstellen. Über die vorgegebenen Antwortzeiten und die Laufzeitangaben können wir mit Hilfe des Normalisierungsalgorithmus aus Abschnitt 1 für jede Task eine vernünftige Antwortzeit generieren, außer es handelt sich um eine Schleife. Unterprogramme werden dabei mit ihrer maximalen Weglänge berücksichtigt.

Die Bearbeitung von Schleifen bereitet insofern einige Mühe, da sie beliebig oft durchlaufen werden können und damit die Antwortzeitreduzierung über den Normalisierungsalgorithmus beliebig oft fortgesetzt würde. An dieser Stelle muß entweder die Anzahl der Schleifendurchläufe bekannt sein, was durch eine Anfrage an den Programmierer geschehen kann, oder der Programmierer wird gezwungen, der Task vor der Schleife explizit eine Antwortzeit vorzugeben.

Wir haben damit erreicht, zu einem Realzeit-Programm ein zeitliches Modell in Form eines Ablaufgraphen zu erstellen, der die antwortzeitgesteuerte Prozessorzuteilung ermöglicht und dessen Erstellung off-line am (Maschinen-)Programm durchgeführt werden kann.

5. Programmaufbau für die antwortzeitgesteuerte Taskzuteilung

5.1 Allgemeiner Aufbau

Ein Programm kann erst dann antwortzeitgesteuert ausgeführt werden, wenn die Daten seines Ablaufgraphen in das Programm eingetragen sind. Wie dies durchgeführt werden kann, wird am besten in dem folgenden Beispiel deutlich.

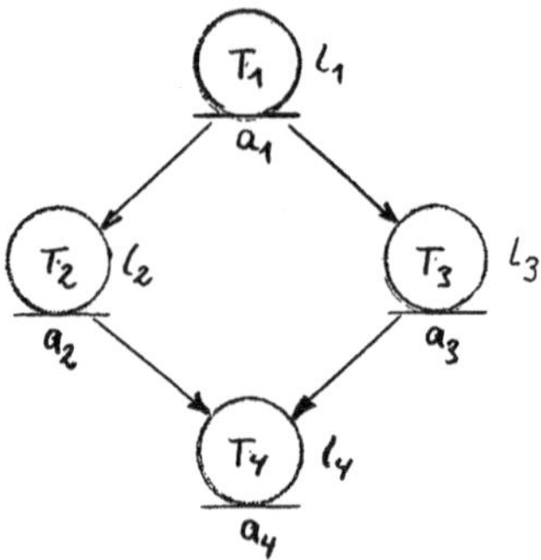

Auf der linken Seite steht ein Programm zu dem obigen Ablaufgraphen, auf der rechten
Seite dasselbe Programm, in welches die Antwortzeiten aus dem Ablaufgraphen integriert
sind.

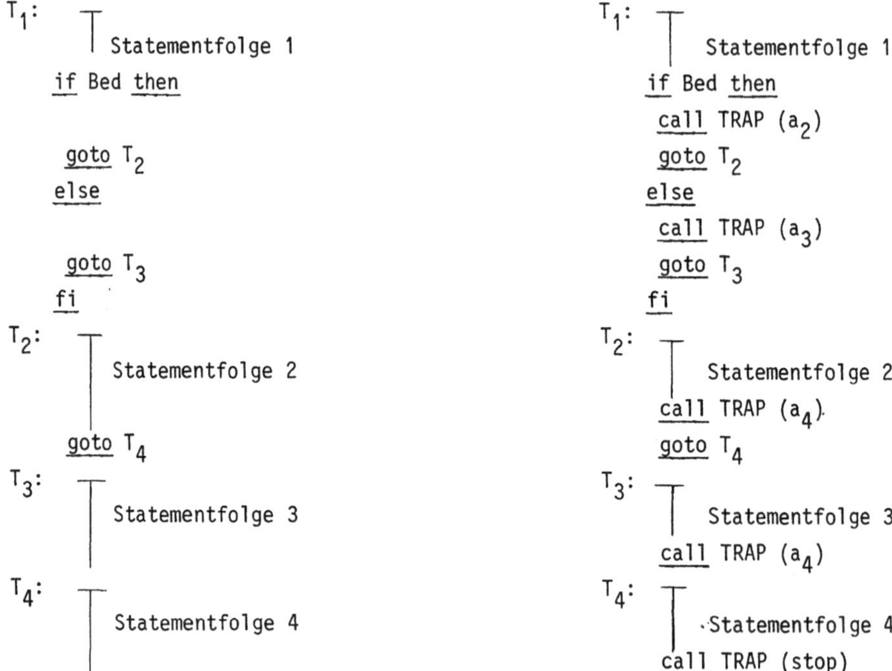

Die Modifikation des Programmes besteht darin, daß vor Ausführung der Nachfolgertask
der Aufruf eines Trap-Unterprogrammes eingefügt wird, welches das Umsetzen der Antwortzeit im U-Vektor auf die Antwortzeit des Nachfolgers durchführt. Beim Aufruf des
Unterprogrammes TRAP mit dem Parameter Stop wird der U-Vektor freigegeben (vgl. Bit 1
des U-Werkes).

5.2 Berücksichtigung von Wartezeiten

Als Folge der Überführung von Prozessen zu U-Prozessen können nun auch U-Prozesse freiwillig auf die Erbringung einer Systemleistung warten. Als Beispiel seien hier die Beendigung eines E/A-Vorganges, Rückmeldung von einem anderen U-Prozeß und Freigabe eines gesperrten Betriebsmittels erwähnt. Der Antwortzeit eines U-Prozesses können wir in diesem Zusammenhang zweierlei Bedeutung zuordnen, entweder ist in der Antwortzeit die Wartezeit mit berücksichtigt oder nicht. Im 1. Fall liegt eine totale Antwortzeit, im 2. Fall eine Prozessorantwortzeit vor. Die totale Antwortzeit ist die um die Wartezeit verlängerte Prozessorantwortzeit, dies muß insbesondere bei der Antwortzeitgenerierung berücksichtigt werden. Bei der Verarbeitung von Tasks mit totalen Antwortzeiten wird die Antwortzeit auch während der Wartezeit kontinuierlich verkürzt, d.h. der U-Prozeß hat kein U-Signal, läuft aber im Vordergrundbetrieb.

Für die Verarbeitung von Tasks mit Prozessorantwortzeit wird in dem antwortzeitgesteuerten U-Werk ein weiteres Bit (Bit 4) eingeführt, das die Reduzierung der Antwortzeit im U-Vektor solange unterdrückt, bis das U-Signal für den U-Prozeß eintrifft. Bei der Prozessorabgabe setzt ein U-Prozeß mit Prozessorantwortzeit sein Bit 4 und unterdrückt damit die Antwortzeitreduzierung, bis der U-Prozeß wieder in die U-Prozesse mit U-Signal eingereiht wird. Zu diesem Zeitpunkt wird Bit 4 automatisch gelöscht.

6. Auswirkungen auf das Betriebssystem

Die Synchronisation paralleler Prozesse mit Hilfe von P- und V-Operationen auf Semaphoren können wir voll auf unser System mit dem antwortzeitgesteuerten U-Werk übertragen. Die Warteschlange hinter dem Semaphor enthält anstelle der Prozeßkennzeichnung nun U-Prozeßkennzeichnungen. Bei der Ausführung einer V-Operation wird ein U-Prozeß dadurch fortgesetzt, daß Bit 2 im PSW einfach umgesetzt wird, d.h. der U-Prozeß wird vom Zustand U-Prozeß ohne U-Signal in den Zustand U-Prozeß mit U-Signal überführt.

In heutigen Betriebssystemen wird für jedes Gerät oder für jeden Gerätetyp ein Transporteurprozeß (Driver-Prozeß) eingerichtet, der den Transport von Information zwischen Kernspeicher und Gerät zur Aufgabe hat. Da die Transporteurprozesse sehr E/A-intensiv sind, werden ihnen meistens die höchsten Prioritäten zugeordnet, um eine gute Geräteauslastung zu erzielen. Bei der Realzeitverarbeitung steht jedoch die zeitgerechte Verarbeitung im Vordergrund.

Die Einführung von U-Transporteurprozessen stellt die geringste Änderung gegenüber den heutigen Betriebssystemen dar. Diese Methode hat jedoch den Nachteil, daß für jedes Gerät bzw. Gerätetyp über seinen U-Transporteurprozeß ein U-Vektor vergeben wird.

Die Einsparung der U-Transporteure ist in der folgenden Weise möglich. Während ein
Transporteur für einen Auftraggeber einen Transport durchführt, wartet dieser auf die
Fertigstellung vom Transporteur. In der Wartezeit des Auftraggebers könnte eigentlich
der U-Vektor des Auftraggebers vom Transporteur benutzt werden, d.h. der Transporteur
wird zu einem Unterprogramm. Das hat zur Folge, daß ein E/A-Gerät nicht mehr von einem
U-Prozeß angesprochen wird. Daraus resultiert die Forderung, daß ein E/A-Gerät genau
demjenigen U-Prozeß die Rückmeldung in Form eines U-Signals zustellt, der zuletzt den
E/A-Befehl gegeben hat.

<u>Literatur</u>:

[Ba 72]   R. Baumann: Interrupt Handling in Real-Time Control Systems. 2. European
          Seminar on Real-Time Programming, Erlangen 1972

[Ba 74]   R. Baumann, B. Eichenauer, F. Hofmann, H. Hotes, J. Nehmer, W. Rüb: Funktio-
          nelle Beschreibung von Prozeßrechner-Betriebssystemen. VDI-Richtlinien Nr.
          3554, Düsseldorf 1974

[He 73]   R. Henn, S. Lehnhoff: Strategien zur pseudo-kollateralen Verarbeitung von
          Programmen unter Berücksichtigung vorgegebener Antwortzeiten. TU-Math. Mün-
          chen, Bericht Nr. 7307, 1973

[He 75]   R. Henn: Deterministische Modelle für die Prozessorzuteilung in einer harten
          Realzeit-Umgebung. Dissertation TU München, 1975

[He 76a] R. Henn: Zeitgerechte Prozessorzuteilung in einer harten Realzeit-Umgebung.
          GI-6. Jahrestagung, Informatik-Fachberichte 5, Springer-Verlag 1976

[He 76b] R. Henn: Ein antwortzeitgesteuertes Unterbrechungswerk - Auswirkungen auf
          Betriebssystem und Programmstruktur. TU-Math. München, Bericht Nr. 7626, 1976

[Li 73]   C.L. Liu, J.W. Layland: Scheduling algorithms for multiprogramming in a hard
          real-time environment. JACM, Vol.20, No 1, 1973 S.46-61

[TS 74]   D.C. Tsichritzis, P.A. Bernstein: Operating Systems, Academic Press,
          New York, London 1974

<u>Über wartezeitoptimale Abfertigungsstrategien für Prozeßrechner</u> [*]

Bernhard Walke

Postfach 1730, 7900 Ulm

Für Prozeßrechner im mittleren und oberen Leistungsbereich bietet die
Berechnung der Verkehrsflüsse ein wertvolles Hilfsmittel für die Di-
mensionierung der Rechner-Betriebsmittel. Ein besonders wichtiges
Problem ist die Vergabe von Prioritäten als Grundlage für eine, hinsichtlich geforderter Antwortzeiten optimal abgestimmte, Ablaufsteuerung. Es werden unterschiedliche Belastungsfälle betrachtet, Optimierungsziele vorgestellt und Regeln für die optimale Ablaufsteuerung
angegeben. Ergebnisse verschiedener Strategien werden verglichen. Es
zeigt sich, daß die allgemein übliche Anwendung statischer Priorität-
en nicht für alle Belastungsfälle vertretbar ist. Vielfach bieten
die von Universalrechnern her bekannten internen Prioritäten erhebliche Vorteile.

1. Modell eines Prozeßrechners

Wir betrachten im folgenden nur den <u>ereignisgesteuerten Betrieb</u> eines
Prozeßrechners. Dabei treffen zu verarbeitende Daten (=Anforderungen)
zu nicht vorherbekannten Zeitpunkten ein. Jede Anforderung stößt einen Rechenprozeß im Rechner an. Die Bediendauer des Rechenprozesses
ist entweder exakt vorausbekannt oder durch eine Wahrscheinlichkeits-
verteilung beschreibbar. Es ist Aufgabe des Rechners, die einzelnen,
um seine Betriebsmittel konkurrierenden, Rechenprozesse gemäß vorgegebener Strategien zu bedienen. Dabei werden bestimmte Rechenprozesse
bevorzugt bedient, so daß vorgegebene Optimierungsziele möglichst gut
eingehalten werden. Ein wesentliches Kennzeichen des ereignisgesteuerten Betriebs ist, daß Bearbeitungstermine nicht strikt eingehalten
werden können. Die Verweildauer (=Wartezeit plus Bediendauer) einer
Anforderung hängt vielmehr stark davon ab, wieviele Rechenprozesse
gleichzeitig bedient werden wollen. Ihre Zahl kann stark schwanken.
Als Optimierungsziele kommen deshalb nur Forderungen für die Momente
der Verweildauer -bzw. Wartezeit- Verteilungsfunktion (1. Moment =
Erwartungswert, 2. zentrales Moment = Varianz) und für ihre Quantile
in Frage. Beispielsweise kann man fordern, daß 95% aller Wartezeiten
von Rechenprozessen, die von einer bestimmten Sorte von Anforderungen
ausgelöst wurden, kleiner als T_1 sein sollen (z.B. T_1=10-facher Bediendauer-Erwartungswert). Das 95% -Quantil ist dann gleich T_1.

Nicht alle Anforderungen müssen zu gleichwichtigen Rechenprozessen
führen. Beispielsweise kann man N Typen von Anforderungen unterscheiden. Ein Anwendungsfall eines Prozeßrechners könnte dann durch mehrere Vorgaben für Optimierungsziele beschrieben werden:

[*] Die Arbeit wurde zu 50% durch das 2. DV-Programm der Deutschen
Bundesregierung gefördert.

Anforderungen vom Typ i sollten eine erwartete Verweildauer V_i nicht überschreiten und das x%-Quantil sollte T_i sein, mit $1 \leq i \leq N$.

Zur Nachbildung und Berechnung solcher Belastungsfälle eignet sich das einfache in Bild 1 gezeigte Modell eines Prozeßrechners. Anforderungen vom Typ i treffen entsprechend einem Ankunftsprozeß beim Rechner ein und werden dort in einer Warteschlange i verwaltet. Wir unterstellen im folgenden unabhängige Ankunftsprozesse mit je negativ exponentiell verteilten Ankunftsabständen (Poisson- oder Markoff-Prozesse genannt). Mit Hilfe einer Abfertigungsstrategie ist festgelegt, an welchem der wartenden Rechenprozesse der Prozessor jeweils arbeitet. In jeder Warteschlange gilt die Strategie FCFS (Tabelle 1). Das Modell geht davon aus, daß alle wartenden Rechenprozesse wahlfrei bearbeitet werden können, also im Zentralspeicher des Prozeßrechners verfügbar sind. In der Praxis benötigt man zusätzlich Zentralspeicher-Belegungsstrategien, die dafür sorgen, daß Rechenprozesse rechtzeitig geladen werden, damit sie der Prozessor im Bedarfsfall verfügbar hat. Solche Strategien werden hier nicht betrachtet.

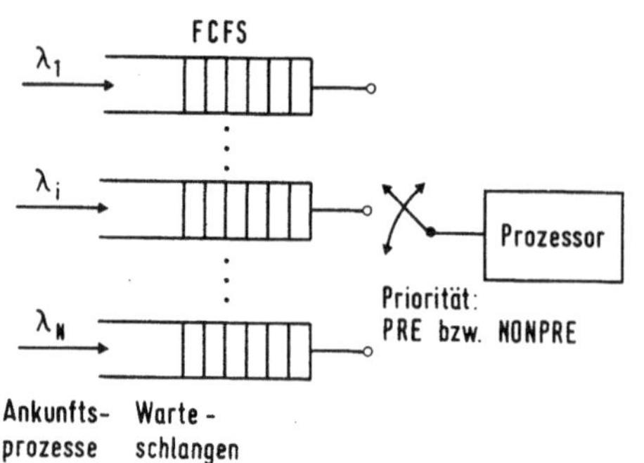

Bild 1:
Verkehrstheoretisches Modell eines Prozeßrechners.
Poisson-Ankunftsprozesse, beliebige Bediendauer-Verteilungen.

Die Bediendauer eines Rechenprozesses kann, muß aber nicht, zusammenhängend abgearbeitet werden. Ein Rechenprozeß gilt als beendet, wenn er den Prozessor freiwillig abgibt. In der Prozeßrechner-Praxis verursacht eine Anforderung u.U. einen Rechenprozeß, der nicht zusammenhängend durch den Prozessor abgearbeitet werden kann, z.B. wenn Rechen- und Transportphasen abwechseln. Im Rahmen des Modells wird jede Rechenphase als individueller Rechenprozeß betrachtet.

2. Abfertigung mit statischen Prioritäten

Prozeßrechner verwenden fast ohne Ausnahme dieselbe Abfertigungsstrategie zur Bearbeitung von Rechenprozessen durch den Prozessor. Diese Strategie setzt voraus, daß jedem Rechenprozeß eine Zahl zugeordnet worden ist, die seine Wichtigkeit (Priorität) für die Bearbeitung durch den Prozessor angibt. Der Rechenprozeß mit höchster Priorität (kleinster Zahl) ist der wichtigste. Nichtunterbrechende Priorität (<u>nonpreemptive priority</u>) liegt vor, wenn der Prozessor eine begonnene Bearbeitung nicht mehr unterbricht und nur nach Bearbeitungsende den nächsten Rechenprozeß mit Hilfe der Priorität auswählt. Unterbrechende Priorität (<u>preemptive priority</u>) liegt vor, wenn der Prozessor die Bearbeitung eines Prozesses sofort unterbricht, falls ein anderer mit höherer Priorität den Prozessor verlangt. Wir betrachten hier nur den Fall, daß der unterbrochene Prozeß später, ohne Verlust der schon für ihn geleisteten Prozessorarbeit, fortgesetzt wird (PRE-resume).

Man spricht bei der beschriebenen Abfertigungsstrategie von der Verwendung <u>externer statischer Prioritäten</u> ohne bzw. mit Unterbrechung. Im Modell, Bild 1, könnte i die statische Priorität sein. Den allgemeineren Fall zeigt das Modell in Bild 2. Dort gibt es N Prioritäten vom Typ PRE (man spricht von N als der Zahl der Prioritätsebenen), und je Ebene gibt es R Prioritäten vom Typ NONPRE. Jede der Warteschlangen ij hat einen individuellen unabhängigen Markoff-Ankunftsprozeß mit der Ankunftsrate λ_{ij}. Läßt man zu, daß einzelne Raten $\lambda_{ij}=0$ sind, dann kann die Zahl nichtunterbrechender Prioritäten pro Ebene verschieden groß sein. Die Abarbeitung von in einer Warteschlange wartenden Anforderungen erfolgt im allgemeinen in der Reihenfolge des Eintreffens (FCFS). Z.B. wird in der Ebene i=2 die gesamte Warteschlange j=1 vor j=2 abgearbeitet.

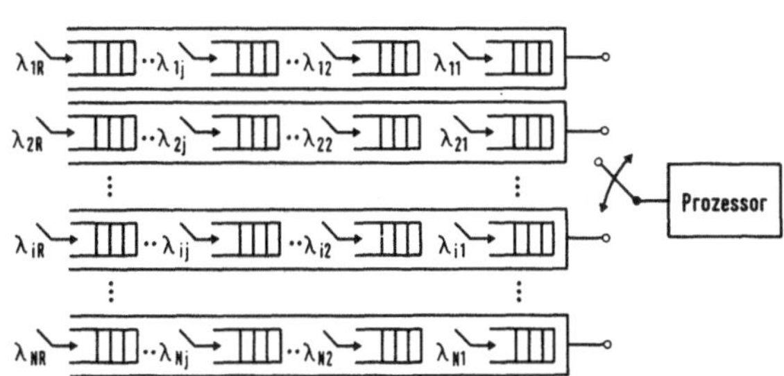

Bild 2:
Verkehrstheoretisches Modell mit N rein unterbrechenden Prioritäten und R Warteschlangen in jeder Ebene i. Bei Anwendung statischer Prioritäten sind die Prioritäten 1 bis R nichtunterbrechend und in <u>jeder</u> Warteschlange gilt die Abfertigungsstrategie FCFS.

2.1 Zur Optimalität statischer Prioritäten

Fordert man für einen gegebenen Anwendungsfall eines Prozeßrechners, daß alle Programmierer statische Prioritäten benutzen müssen, dann entzieht man sich damit einer Kontrolle des optimalen Einsatzes des Prozessors, wie auch der übrigen Betriebsmittel. Als Optimierungsziel bleibt nur die verschwommene Forderung, daß alles zufriedenstellen "läuft". Jede beliebige Prioritätenvergabe, die diese Forderung erfüllt, könnte als optimal bezeichnet werden. Möglicherweise könnte eine irgendwie andere Festlegung der statischen Prioritäten, insbesondere auch des Typs (PRE bzw. NONPRE) der Prioritäten das Problem ebenso, oder besser lösen. <u>Besser</u> könnte heißen, daß z.B. die Zahl von Unterbrechungen pro Zeiteinheit deutlich kleiner würde, der Rechner jetzt mehr Kapazität für zusätzliche Aufgaben frei hätte, oder daß ein Prozessor kleinerer Leistung ausreichen würde.

<u>Beispiel</u>: Modell nach Bild 1, N=2, Ankunftsabstände und Bediendauern seien negativ exponentiell verteilt (= Markoff-Prozesse) mit den Erwartungswerten $1/\lambda_i$ bzw. β_i, rein unterbrechende Prioritäten (PRE). Wir interessieren uns für die mittlere Wartezeit W_i der Priorität i in Abhängigkeit von der Prozessor-Gesamtbelastung

$$\rho_{\leq N} = \sum_{i=1}^{N} \rho_i \qquad \text{mit } \rho_i = \lambda_i \beta_i. \qquad (2.1)$$

Unter der Voraussetzung $\rho_{\leq N} < 1$ ist das Angebot ρ_i die Wahrscheinlichkeit, daß der Prozessor von der Priorität i belegt ist.
Sind die Bediendauer-Erwartungswerte β_i unterschiedlich, wie in Bild 3 (rechts)angegeben, so hängt die bezogene mittlere Wartezeit W_i/β_i (Ordinate) sehr von der Vergabe der statischen Prioritäten ab.

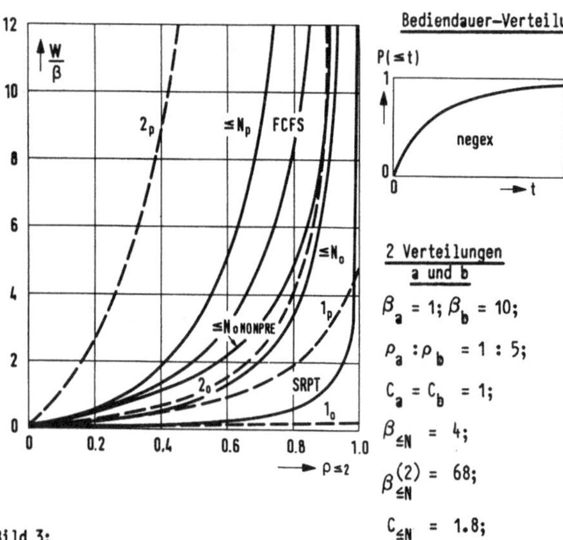

<u>Bild 3:</u>
Bezogene mittlere Wartezeit über dem Gesamtangebot. Modell, Bild 1, mit unterbrechenden Prioritäten. Die Kurvenpaare $1_0/2_0$ bzw. $1_p/2_p$ geben die bezogenen mittleren Wartezeiten W_i/β_i (für i=1,2) der statischen Prioritäten 1 und 2 bei optimaler bzw. pessimaler Prioritätenvergabe wieder. Die Kurven $\leq N_{Index}$ geben die bezogene gemeinsame mittlere Wartezeit $W_{\leq N}/\beta_{\leq N}$ bei statischen, die Kurven FCFS und SRPT bei internen Prioritäten wieder.

Die gezeigten Ergebnisse sind exakt und geschlossen berechenbar [1]. Erhalten die Rechenprozesse mit dem kleinen Bediendauererwartungswert β_a die höhere Priorität, so ergibt sich der Wartezeitverlauf für die erste/zweite Priorität durch die Kurven $1_0/2_0$. Erhalten Rechenprozesse mit dem größeren Bediendauer-Erwartungswert β_b die höhere Priorität, so erhält man für die erste, bzw. zweite Priorität die Kurven 1_p bzw. 2_p. Beide Arten der Prioritätsvergabe könnten einen Belastungsfall der Praxis zufriedenstellend lösen,

z.B. die Forderungen erfüllen, daß die bezogenen mittleren Wartezei-
ten für Rechenprozesse mit β_a = 1 und β_b = 10 je die Bedingung $W/\beta \leq 2$
erfüllen müssen. Man liest ab, daß die Kurven 1_o und 2_o diese Forderung fürein Gesamtangebot $\rho_{\leq N} \leq 0.65$ erfüllen. Bei ungünstiger Prioritätsvergabe ($\blacktriangleright$ Kurven $1_p, 2_p$) muß $\rho_{\leq N} \leq 0.18$ sein (Kurve 2_p schneidet W/β = 2). Bei günstiger Vergabe der statischen Prioritäten kann
die 3.6-fache Prozessor-Gesamtbelastung zugelassen,oder aber ein
Prozessor mit entsprechend verminderter Leistung verwendet werden.
Das Beispiel läßt sich für beliebige Bediendauer-Verteilungen vor-
führen. Bei sehr vielen Rechenprozessen wird die Frage der optimalen
Prioritätenvergaben mit dem Ziel, rechenprozess-individuelle Zeit-
forderungen einzuhalten (zu unterbieten) und die gesamte zulässige
Prozessorbelastung $\rho_{\leq N}$ zu maximieren praktisch unlösbar. Die Zahl
der Alternativen ist zu groß.
Die allgemein akzeptierte Voraussetzung, die Verwendung statischer
Prioritäten sei das am besten geeignete Mittel zur Ablaufsteuerung
für Prozeßrechner, erweist sich, so gesehen, als fragwürdig. Es ist
bekannt, daß statische Prioritäten zu rigoros unterschiedlicher Behandlung von Prozessen mit verschiedenen Prioritäten führen (vergleiche das obige Beispiel). Das muß nicht unbedingt erwünscht sein.
Darüber hinaus kann man zeigen, daß unter bestimmten Voraussetzungen
statische Prioritäten generell einen deutlich leistungsstärkeren
Prozessor erfordern, als sogenannte interne Prioritäten, ohne daß
dabei wesentliche Unterschiede im Echtzeit-Verhalten feststellbar
wären. Mit solchen Beispielen wollen wir uns beschäftigen.

3. Minimierung der gemeinsamen mittleren Wartezeit

Bei vielen Anwendungsfällen von Prozeßrechnern gibt es einzelne Rechenprozesse, für die keine unterschiedlichen Wartezeit-Forderungen
begründbar sind, die also zweckmäßig in eine Gruppe zusammengefaßt
werden sollten. Entsprechend Bild 2 teilt man solchen Prozessen dieselbe Ebenenpriorität i zu. Verschiedene Gruppen solcher Prozesse
haben verschiedene Ebenenprioritäten. Unterschiedliche Warteschlangen in einer Ebene für Prozesse mit unterschiedlichen Eigenschaften
(Bediendauerverteilung, Ankunftsrate) sind hier zunächst nur ein
Hilfsmittel der Verwaltung; ihre Vorteile werden später deutlich.
Innerhalb einer Ebene unterscheiden sich Rechenprozesse durch die
Zugehörigkeit zu einer der Warteschlangen j. Die Abarbeitungsreihen-
folge konkurrierender Anforderungen innerhalb jeder Warteschlange j
und zwischen den Warteschlangen einer Ebene i kann mit Hilfe extern
festgelegter statischer Prioritäten, oder aber durch interne Priori-

<u>täten</u> gesteuert werden. Bei internen Prioritäten wird die momentane
Priorität jedes Rechenprozesses dynamisch (abhängig vom Bearbeitungsfortschritt) ermittelt (Vergl. Abschn. 3.2).

Interne Prioritäten haben sich im Teilnehmer-Betrieb von Universalrechnern bewährt. Dort besteht ebenfalls die Aufgabe, für eine Gruppe von Rechenprozessen geforderte Wartezeiten (Mittel- und Maximal-
werte) mit bekannter Wahrscheinlichkeit zu garantieren. Hat man statistische, oder sogar genaue Vorkenntnisse über die Bediendauern einzelner Rechenprozesse, dann kann man für alle denkbaren Belastungsfälle
Strategien mit internen Prioritäten angeben, die zu einer minimalen
mittleren Wartezeit aller Prozesse einer Gruppe führen. Nur in Son-
derfällen erreichen Strategien mit statischen Prioritäten dasselbe
günstige Ergebnis.

Im folgenden beschäftigen wir uns mit der Abarbeitung <u>einer</u> Gruppe
von Rechenprozessen, wobei einzelne Rechenprozesse auch unterschiedliche Bediendauerverteilungen und Ankunftsraten, aber gleiche Forderungen für die Wartezeitverteilung haben können. Die Einordnung
in ein Prioritätenschema mit unterbrechenden Ebenen -Prioritäten für
verschiedene Gruppen- wird hier nicht behandelt. In der heutigen
Prozeßrechner-Praxis werden unterschiedliche Rechenprozesse einer
Gruppe grundsätzlich mit Hilfe statischer Prioritäten abgearbeitet.
Wir wollen die zugehörigen Resultate für die Wartezeiten denen von
Abfertigungsstrategien mit internen Prioritäten gegenüberstellen.
Zunächst beschäftigen wir uns mit der <u>Prioritätszuweisung bei stati-
schen Prioritäten mit dem Ziel, eine minimale gemeinsame Wartezeit
zu erzielen.</u>

Das r-te Moment der gemeinsamen Wartezeitverteilung ist definiert zu

$$W_{\leq N}^{(r)} = \left(\sum_{i=1}^{N} \lambda_i W_i^{(r)} \right) / \lambda_{\leq N}, \qquad (3.1)$$

wobei $W_i^{(r)}$ das r-te Moment der Wartezeitverteilung der Priorität i
ist und $\lambda_{\leq N} = \sum_{i=1}^{N} \lambda_i$ die Summe aller Ankunftsraten. Das r-te Moment
der gemeinsamen Bediendauerverteilung $\beta_{\leq N}^{(r)}$ ergibt sich aus Gl.(3.1),
indem man W durch β ersetzt. Für r=1 erhält man den Erwartungswert
und schreibt $W_{\leq N}$, $\beta_{\leq N}$. Das Modell, Bild 1, wird zur Bearbeitung von
N Rechenprozessen einer Gruppe verwendet. Die Ankunftsprozesse sei-
en Markoff'sch, die Bediendauerverteilungen beliebig.

3.1 Optimale statische Prioritäten

Verwendet man statische Prioritäten vom Typ nichtunterbrechend (NONPRE), dann wird $W_{\leq N}$ minimal, wenn

$$\beta_1 \leq \beta_2 \leq \dots \beta_i \dots \leq \beta_N \qquad (3.2)$$

erfüllt ist, wobei i=1 die höchste Priorität ist [2]. Bei rein unterbrechenden Prioritäten (PRE) müssen die Bediendauer-Verteilungen negativ exponentiell verteilt sein, damit auch hier diese Regel (Gl.3.2) gilt. Bild 3 enthält für unser Beispiel Rechenergebnisse für die bezogene gemeinsame mittlere Wartezeit $W_{\leq N}/\beta_{\leq N}$ (Kurven $\leq N_o$, $\leq N_p$), wobei der Index o für optimale Prioritätenzuordnung, p für ungünstigste (pessimale) steht.

Sind die Bediendauern beliebig verteilt, dann kann keine Regel für die Anwendung statischer <u>unterbrechender</u> Prioritäten angegeben werden, die zu einer minimalen gemeinsamen mittleren Wartezeit führt. Man kann zeigen, daß unterbrechende Prioritäten zu einer kleineren Wartzeit $W_{\leq N}$ als nichtunterbrechende führen, wenn der Variationskoeffizient $C_{\leq N}$ der gemeinsamen Bediendauerverteilung von zu bearbeitenden Prozessen groß ($C_{\leq N} > 1$) ist. $C_{\leq N}$ ist definiert zu

$$C_{\leq N}^2 = \beta_{\leq N}^{(2)} / \beta_{\leq N}^2 - 1. \qquad (3.3)$$

Im Beispiel, Bild 3, ist $C_{\leq N}$ = 1.8. Die gemeinsame mittlere Wartezeit bei optimalen nicht-unterbrechenden Prioritäten (Kurve $\leq N_{oNONPRE}$) ist größer als bei unterbrechenden Prioritäten (Kurve $\leq N_o$).

Untersuchungen haben ergeben, daß bei $C_{\leq N} < 1$ die Regel Gl.(3.2) auch bei unterbrechenden statischen Prioritäten nahezu zur minimalen Wartezeit $W_{\leq N}$ führt. Bei $C_{\leq N} > 1$ versagt sie völlig. Für solche Belastungsfälle kann die gemeinsame mittlere Wartezeit nur minimiert werden, wenn unterbrechende Prioritäten nicht extern statisch, sondern während der Bearbeitung intern im Rechner ermittelt werden.

3.2 Interne Prioritäten

Interne Prioritäten werden bei an sich gleichrangigen Anforderungen angewandt. Man unterscheidet die Fälle: vorausbekannte bzw. durch Wahrscheinlichkeitsverteilungen gegebene Bediendauern.

Bei der Berechnung interner Prioritäten wird der individuelle Bearbeitungsfortschritt jedes Rechenprozesses berücksichtigt, daraus die bekannte oder erwartete Restbediendauer ermittelt und die höchste unterbrechende Priorität für eine begrenzte Frist <u>dem</u> Prozeß zugewiesen, der baldmöglichst fertigstellbar erscheint. Solche Berechnungen sind genau dann nötig, wenn eine weitere Anforderung eingetroffen ist, oder ein Rechenprozeß seine Frist überschritten hat, also (bei genügend großer Frist) selten.

Innerhalb einer Gruppe (vergleiche Bild 2, Ebene i) muß man beachten, ob man nacheinander für ein und denselben Rechenprozeß ij eingetroffene Anforderungen nacheinander abfertigen will (FCFS pro Schlange ij), oder ob auch Überholen erlaubt sein soll, wobei evtl. mehrere Anforderungen einer Schlange j angefangen aber nicht fertigbearbeitet sein dürfen. Deshalb unterscheiden wir interne Prioritäten _ohne_ und _mit Überholen_. Ist Überholen verboten, dann kommen nur alle auf dem ersten Platz einer Schlange j der Gruppe (Ebene i) wartenden Anforderungen für eine Bearbeitung in Frage. Beispiele interner unterbrechender Prioritäten mit/ohne Überholen sind:

Name	Bediendauer-Vorkenntnisse	Überholen:	Kriterium
SRPT	alle	ja	shortest remaining processing time first
FCFS	beliebig	nein	first come first serve
LCFS	beliebig	ja	last come first serve
SERPT	statistische	ja	shortest expected remaining processing time first
SERT-FCFS	statistische	nein	wie SERPT
SERT-QD-FCFS (queue-length dependent)	statistische	nein	wie SERPT, bei gleich wichtigen wird die längste Schlange bevorzugt bearbeitet

Tabelle 1:   Abfertigungsstrategien

Bild 4 zeigt Ergebnisse für ein Belastungsbeispiel (siehe rechts im Bild) mit N=10 Rechenprozessen, wobei je 5 dieselbe Bediendauerverteilung und Ankunftsrate haben. Entsprechend der Regel, Gl.(3.2), müßten die 5 Rechenprozesse mit der Verteilung a) die höchsten 5 statischen Prioritäten 1 bis 5 erhalten. Das entsprechende Resultat (Kurve $\leq N_o$) ist jedoch ungünstiger, als die gegenteilige statische Prioritätenvergabe (Kurve $\leq N_p$). Also gilt die Regel tatsächlich nicht für diesen Belastungsfall.

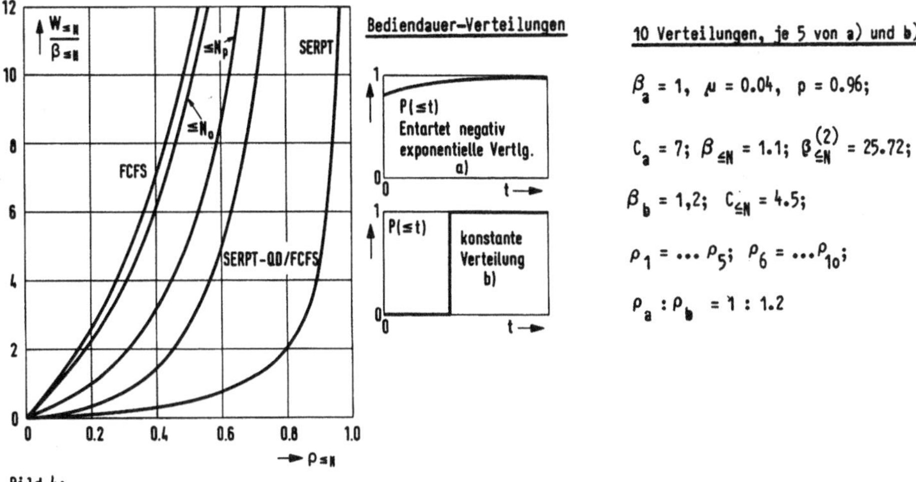

Bild 4:

Gemeinsame mittlere Wartezeit bei N = 10 unterbrechenden statischen Prioritäten (Kurven ≤N_o und ≤N_p) und bei internen Prioritäten (Kurven FCFS, SERPT-QD/FCFS und SERPT). Die mit SERPT-QD/FCFS bezeichnete Kurve wurde durch Simulation gewonnen.

Interne Prioritäten ohne Überholen (SERPT-QD-FCFS) oder gar mit Überholen (SERPT) erzielen deutlich bessere Ergebnisse. Beispielsweise kann bei $\rho_{\leq N}$ = 0.5 und schrittweiser Verbesserung der Strategie die bezogene Wartezeit $W_{\leq N}/\beta_{\leq N}$ von 9 über 5 über 3 auf 0.5 verringert werden. Anders gesehen kann z.B. ein geforderter Wert $W_{\leq N}/\beta_{\leq N}$ = 6 bei $\rho_{\leq N}$ = 0.4, 0.53, 0.63 oder gar 0.92 noch garantiert werden, was heißt, daß der Prozessor zu 60, 47, 37 oder bloß 8 % leerstehen muß. Im Extremfall könnte die Rechnerbelastung um 0.92/0.4 = 2.3 gesteigert werden, oder die Prozessorleistung um den Faktor 2.3 verringert werden, ohne daß die normierte Wartezeit verändert würde. Beim Verringern der Prozessorleistung nimmt allerdings die mittlere Verweilzeit zu. Die neue mittlere Bediendauer $\beta_{\leq N}$ wird größer und ebenso die neue mittlere Wartezeit $W_{\leq N}$. Die Koordinatenbezifferung in Bild 4 bleibt jedoch unverändert.

Die Kurve SERPT ist mit Hilfe des Modells, Bild 1, mit N = 15 unterbrechenden statischen Prioritäten berechenbar. Entsprechend der Strategie SERPT müssen die ersten 5 Prioritäten mit den Anforderungen der Verteilung a) belegt werden, die kurz rechnen (β_i = 0), wobei $\rho_i = p\rho_a/5$ = 0 (i=1,...,5) sein muß. Die Prioritäten 6 bis 10 sind mit Prozessen der Verteilung b) belegt (ρ_6 = ... = ρ_{10} = $\rho_b/5$). Die Prioritäten 11 bis 15 haben Angebote ρ_{11} = ... ρ_{15} = $(1-p)\rho_a/5$ und negativ exponentielle Bediendauern mit $\beta_i = \mu^{-1}$ (i=11,...,15).

Die kleinstmögliche Wartezeit erhält man mit der Strategie SRPT, vergleiche Bild 3. Das Ergebnis dieser Strategie ist für das Beispiel in Bild 4 noch günstiger, als es die von Bild 3 übertragene Kurve angeben würde. Die Strategie FCFS schneidet in beiden Beispielen, Bilder 3 und 4, schlecht ab.

Eine bezüglich der erwarteten gemeinsamen Wartezeit $W_{\leq N}$ optimale Abarbeitung führt, wie Bild 5 zeigt, hier auch zu verbesserten Wartezeitverteilungsfunktionen. An der Ordinate steht die Wahrscheinlichkeit, daß eine Wartezeit $w \leq t$ ist, an der Abszisse steht die auf die gemeinsame mittlere Bediendauer $\beta_{\leq N}$ bezogene Zeit t. Die gezeigten - durch den halblogarithmischen Maßstab bedingten Geraden sind Näherungen für den exakten Verlauf der Wartezeitverteilungen, wobei in der Näherung nur die beiden ersten Momente berücksichtigt sind.

Als Näherungsfunktion ist ein Spezialfall der hyperexponentiellen Verteilung 2. Ordnung, nämlich eine entartet negativ exponentielle Verteilung verwendet worden:

$$P(\leq t) = 1-(1-p)\exp(-\mu t).\quad (3.4)$$

Ihre Parameter sind, mit C aus Gl. (3.3 mit W anstelle von β):

$$p = (C^2+1)/(C^2-1);$$
$$\mu = 2[W(1+C^2)]^{-1} \quad (3.5)$$

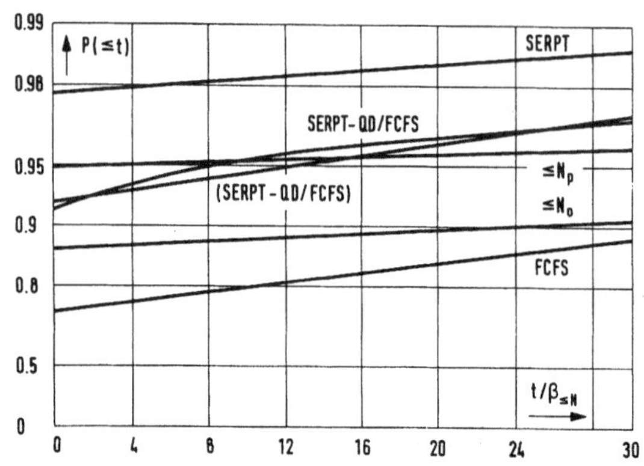

Bild 5:
Wartezeitverteilungen für das Beispiel, Bild 4. Gesamtangebot $\rho_{\leq N}$ = 0.55. Die mit SERPT-QD/FCFS bezeichnete Kurve wurde durch Simulation gewonnen.

Die Qualität der Näherung kann durch Vergleich mit dem exakten Verlauf am Beispiel der Strategie SERPT-QD-FCFS beurteilt werden: Die Kurve ist ein Simulationsergebnis, die Gerade eine Näherung nach Gl.(3.4).

Man vergleicht Wartezeitverteilungen verschiedener Strategien über Quantile, oder durch Vergleich der Wahrscheinlichkeiten, daß eine bestimmte Wartezeit, z.B. $t/\beta_{\leq N}$ = 20, unterschritten wird. Je größer die entsprechende Wahrscheinlichkeit, umso günstiger ist die Verteilungsfunktion.

4. Schlußbemerkungen

Prozeß- und Universalrechner sind nebeneinander entwickelt und auf
ihr heutiges Leistungsniveau gebracht worden. Obwohl in mancher Hinsicht enge Verwandtschaft, wenn nicht Identität besteht, verwendet
man bis heute bei Prozeßrechnern fast ausschließlich statische Prioritäten. Die dabei resultierenden Nachteile, auch für das Echtzeit-
verhalten selbst, können erheblich sein. Es erscheint lohnend, den
theoretischen Kenntnisstand über Abfertigungsstrategien bei Universalrechnern (insbesondere Teilnehmer-Rechensystemen) auch bei Prozeßrechnern zu nutzen. Das gilt nicht nur für den Prozessor, sondern
auch andere Betriebsmittel wie Zentralspeicher, Transportkanäle, Dateien usw. Statische Prioritäten bergen die Gefahr, daß man das
Echtzeitverhalten eines Prozeßrechners vor allem mit geballter Hard-
ware-Leistung bei weitgehend ungenutzten Betriebsmitteln (d.h.
$\rho_{\leq N} \ll 1$) sicherstellt.
Bisher sind keine Meßergebnisse zur Charakterisierung von Aufgaben-
profilen für Prozeßrechner bekannt geworden. Die vorgelegten Ergebnisse unterstreichen die Notwendigkeit solcher Messungen. Eine Entscheidung für oder gegen die Vewendung von internen Prioritäten bei
Prozeßrechnern kann erst nach ausgiebigen Messungen in unterschiedlichen Anwendungen gefällt werden.

Literatur

[1]   T.W. Gay, P.H. Seaman:
       Composite Priority Queue, IBM Journ. Res. & Development,
       Jan. 1975, pp. 78-81.

[2]   R.W. Conway, W.L. Maxwell, L.W. Miller:
       Theory of scheduling, Addison Wesley Publishing Company,
       Reading, Massachusetts, Palo Alto/London/Don Mills, Ontario,
       1967.

<u>MENSCH - MASCHINE - KOMMUNIKATION IN EINEM P E A R L -</u>
<u>ECHTZEIT - PROGRAMMIERSYSTEM *)</u>

G. Koch

W. Oberle

B. Schreck

6800 Mannheim

1. Allgemeine Forderungen

Im Vergleich zur konventionellen Prozeßsteuerung stellt der Einsatz
von Prozeßrechnern zur Überwachung und Führung technischer Prozesse
neue Anforderungen an die Schnittstelle Mensch - Maschine.
So sind bei der Gestaltung dieser Schnittstelle auf der einen Seite
die Forderungen des technischen Systems, auf der anderen Seite aber
besonders die Fähigkeiten und Grenzen des Menschen als Bediener zu
berücksichtigen, um eine optimale Aufgabenteilung zwischen beiden zu
erreichen.

In früheren Jahren stand die Technik im Vordergrund, d.h. Maschinen,
Rechner und sonstige technische Systeme wurden zum größten Teil nach
technisch zweckmäßigen Gesichtspunkten entwickelt. Folglich hatte
sich der Mensch an die technischen Gegebenheiten anzupassen. So wurden z.B. Rechner in Maschinensprachen und somit nicht anwenderorien-
tierten Sprachen programmiert und bedient. Neuere Entwicklungen der
Hardware (im weitesten Sinne) erlauben es heute, die Eigenschaften
dieser technischen Systeme den menschlichen Fähigkeiten besser anzupassen. Auf anthropotechnische Gesichtspunkte, die dabei zu berücksichtigen sind und heute auch beachtet werden, soll in diesem Artikel
nicht eingegangen werden.

---

*) Dieser Bericht veröffentlicht Ergebnisse aus einem mit Mitteln
des Bundesministers für Forschung und Technologie (Kennzeichen
DV 5.505) geförderten Forschungsvorhaben des Projektes Prozeßlenkung mit DV-Anlagen (PDV) im Rahmen des 2. DV-Programms der
Bundesregierung.

Parallel zu den technologischen Fortschritten in der Hardware laufen Entwicklungen im Softwarebereich mit dem Ziel, einer   b r e i t e n Benutzerschicht   u n t e r s c h i e d l i c h s t e r   Vorbildung die Datenverarbeitungsanlagen als wirksames Hilfsmittel zugänglich zu machen. Besondere Bedeutung kommt hierbei der Kommunikation zwischen Mensch und Maschine zu, die gewissermaßen als Qualitätsmerkmal zu sehen ist. Denn je einfacher die Maschine zu bedienen ist, je weniger Vorkenntnisse über die DV-Anlage dazu notwendig sind, umso eher wird der Benutzer die Scheu verlieren und sich dieses Werkzeuges häufiger bedienen.

Es gilt also Kommunikationsmittel, d.h. geeignete "Sprachen" bereitzustellen, die den Verkehr mit dem Rechner erleichtern. Diese Sprachen sollen der Gedankenwelt des jeweiligen Bedieners entsprechen, einfach und leicht verständlich sein. Fehlbedienungen sind durch vorbeugende Maßnahmen des Programmierers auszuschließen. Die Informationsdarstellung im Verkehr mit dem Rechner hat für den jeweiligen Bediener verständlich, übersichtlich und aussagekräftig zu sein.

Mit dem von BBC aus PEARL ausgewählten Subset - auch Prozeßautomatisierungssprache PAS2 genannt - und dem dazugehörigen Programmiersystem wurde die Möglichkeit geschaffen, gemäß diesen Anforderungen mit dem Rechensystem kommunizieren zu können.

2. Zielgruppen, Zeiträume und Methoden der Kommunikation

Die Kommunikation zwischen Mensch und Rechensystem kann unter den Gesichtspunkten ihrer Zielgruppen, Zeiträume und Methoden betrachtet werden.

Sowohl die Zielgruppen als auch die Zeiträume der Kommunikation ergeben sich automatisch aus der Abwicklung eines Projektes, also angefangen von der Systemanalyse und Programmerstellung, über Testphase und Inbetriebnahme bis hin zum Prozeßbetrieb des Systems (Bild 1).

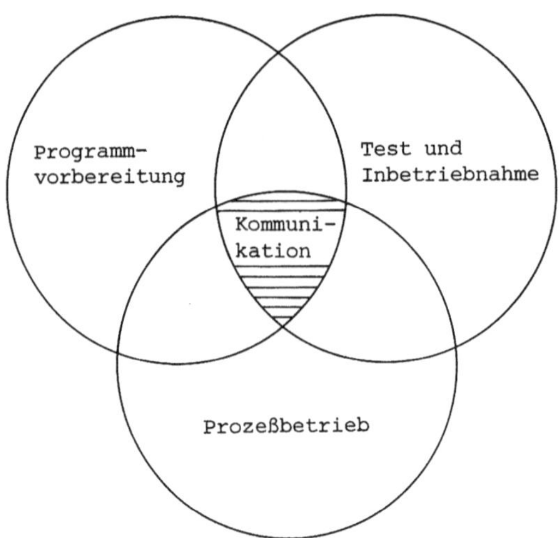

Bild 1   Zeiträume der Kommunikation Mensch - Maschine

Zielgruppen sind demzufolge Projekteure, Programmierer, Inbetriebneh-
mer, Service- und Betriebspersonal. Dabei unterscheiden sich diese
Zielgruppen sowohl hinsichtlich ihrer Funktion als auch durch den Zeitpunkt ihres Verkehrs mit dem Rechner. Es kann jedoch durchaus vorkommen, daß mehrere Funktionen in einer einzigen Person vereinigt sind
(siehe auch Bild 2). Dem Titel des Artikels entsprechend, werden hier
aber nur solche Zielgruppen betrachtet, deren Kommunikation sich auf
das PEARL-Programmiersystem bezieht, d.h. Programmierer, Inbetrieb-
nehmer und Betriebspersonal (Bild 2). Als Programmierer ist auch der
für den Prozeßablauf zuständige Fachmann zu sehen, der sich die für
die Programmierung in PEARL notwendigen Kenntnisse angeeignet hat.

Ausgehend von der Systemanalyse hat der Programmierende eines Automa-
tisierungssystems die Aufgabe, die gesamte Kommunikation für den späteren Realzeitbetrieb auf PEARL-Sprachebene festzulegen.
Hierfür bietet das BBC-PEARL-Programmiersystem (nachfolgend PEARL-
Programmiersystem genannt) folgende Methoden bzw. Möglichkeiten:
- Standard-Bediensystem
- anwendereigenes Bediensystem
- frei programmierbarer Dialog.

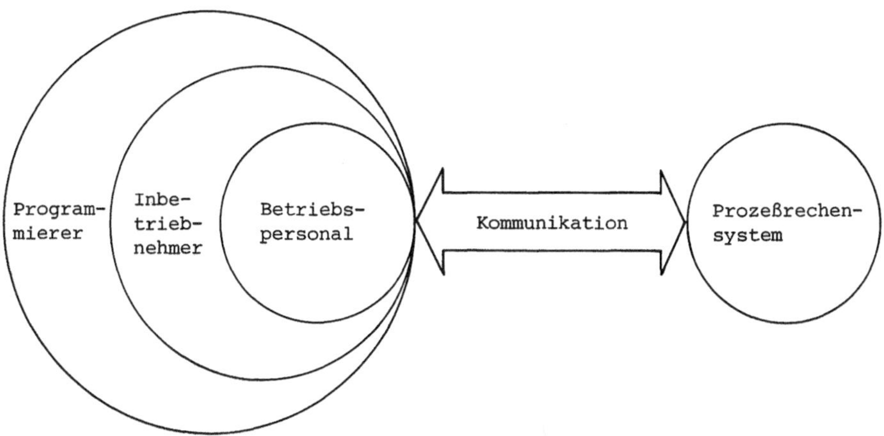

Bild 2   Betrachtete Zielgruppen der Kommunikation Mensch - Maschine

Mit dem Standard-Bediensystem besitzt der mit dem Programm vertraute
Bediener ein Hilfsmittel, welches ihn befähigt, jederzeit in das im
Realzeitbetrieb laufende Programm einzugreifen. Er kann damit auf-
grund aktueller Erfordernisse, die sich erst zur Laufzeit ergeben, das
System beeinflussen. Solche Eingriffe sind beispielsweise Rechenpro-
zesse (Tasks) starten, anhalten, fortsetzen bzw. beenden, Datum und
Uhrzeit eingeben, Prozeßparameter versorgen.

Bestimmte Prozeßvariablen, deren Werte nach Bedarf vorgegeben bzw. geändert werden müssen, können mit Hilfe des Standard-Bediensystems angesprochen werden. Sie erhalten im PEARL-Subset das Attribut NAME
CHANGE. Diese sog. "bedienbaren Größen" sind vom authorisierten Bediener mit ihrem frei wählbaren Programmnamen on-line über die Konsol-
schreibmaschine ansprechbar. Sie können entweder nur gelesen oder gelesen und geschrieben werden. D.h., der jeweilige Istwert ist abruf-
und anschließend veränderbar; das Wertverändern kann der Programmierer jedoch - z.B. aus Sicherheitsgründen - unterbinden.

Ein Zeitraum besonders intensiver Kommunikation mit Hilfe des Standard-
Bediensystems ist die Test- und Inbetriebnahmephase des Automatisie-
rungssystems. Hier prüft der Programmierer die Software ohne voll zu-
geschaltete Prozeßperipherie auf logische Richtigkeit und Fehlerfreiheit.

Die Fähigkeiten des Standard-Bediensystems und des anwendereigenen
Bediensystems sind im Kapitel 3 näher beschrieben.

Die für den Prozeßbetrieb notwendigen Ein- und Ausgaben werden vom
Programmierer nach Form und Inhalt festgelegt. Dazu gehören Plausibili-
tätskontrollen von Daten, die per Bedienung eingegeben werden und
gleichzeitig Maßnahmen, die vor Fehlbedienung schützen. Die den Prozeßablauf widerspiegelnden Informationsausgaben (Protokolle, Anzeige-
felder, Displaybilder) können in der höheren Programmiersprache PEARL
leicht in verständlicher, prozeßbezogener Form programmiert werden.

Die Möglichkeit des Eingriffs in den laufenden Prozeß kann ganz auf
das zuständige Betriebspersonal zugeschnitten werden. Als besonders
geeignete Form der Kommunikation läßt sich ein Dialog zwischen Bediener und Rechner vorprogrammieren. Hierbei "erfragt" der Rechner die
benötigten Eingangsinformationen und bietet z.B. zu jeder Frage die
möglichen Alternativen an. Beim Nichtbeantworten werden festgelegte
Ersatzwerte (Defaults) eingesetzt. Diese Form der Kommunikation wurde
beispielsweise bei BBC für die Ansprache und Benutzung des PEARL-
Subset-Compilers auf dem Prozeßrechner gewählt. In verschiedenen Ein-
satzbereichen haben sich in PEARL geschriebene Programmpakete bewährt,
die Informationen über Datenlisten oder Parametertabellen austauschen
und in einem Zeitraster bzw. ereignisbehaftet ablaufen. Im Echtzeit-
betrieb können dann mit Hilfe von Dialogbefehlen die gewünschten Steue-
rungsprogramme generiert werden [1]. Diese Art der Dialogsprache ist
eine weitere Methode der Mensch - Maschine-Kommunikation. Sie bietet
außerdem noch den Vorteil, daß der Prozeßfachmann den Steuerungsab-
lauf selbst "programmiert" und entsprechend den Prozeßgegebenheiten
abändern kann.

3. Das PEARL-Bediensystem
Dieses Bediensystem ist ein Programm, das die allgemeinen Anforderungen an eine Mensch - Maschine-Kommunikation im PEARL-System standardmäßig erfüllt. Die Anforderungen sind Testmöglichkeit von Echtzeit-
programmen sowie die Kommunikation zwischen dem Rechner und dem Bediener.

Das Bediensystem läuft als Task und und unterliegt damit, wie alle
anderen PEARL-Tasks, der Verwaltung des Betriebssystems. Es ist modular aufgebaut und kann entsprechend den Anforderungen zusammengestellt werden. Im folgenden ist von den Fähigkeiten des Vollausbaus
die Rede. Die Kommunikation wird eingeleitet durch die Eingabe eines
Sonderzeichens auf dem Bediengerät, wodurch die Bedientask aktiviert
und ein Bedienbefehl erwartet wird.

Die Kommunikation kann über verschiedene Terminals mit vorbestimmten
Zugriffsrechten zu den einzelnen Bedienfunktionen gleichzeitig erfolgen.

Der Vorteil des Programmierens in einer höheren Sprache muß sich auch
in der Bereitstellung entsprechend angepaßter Testhilfsmittel niederschlagen: Diese müssen auf dem Niveau der Programmiersprache liegen
und ohne besondere Kenntnisse der Maschinensprache einsetzbar sein.

Kernstück des vorliegenden Testhilfsmittels ist die Fähigkeit, mit
Hilfe von Unterbrechungspunkten (Breakpoints) den in PEARL programmierten
- Ablauf einer Task zu verfolgen und
- zum Zeitpunkt der Unterbrechung Aufschluß über die von der Task bearbeiteten Daten und die ihrer Umgebung zu erhalten. Bei Änderungen
  per Bedienung wird hierbei stets der alte Wert ausgegeben, bevor
  eine Eingabe möglich ist.

3.1. Verfolgung des Programmablaufs

Während des Testens unterliegend die Tasks den Realzeitbedingungen.
Wird ein Breakpoint in einer Task erreicht, so führt dies zur Suspendierung dieser Task. Andere Tasks werden von dieser Maßnahme nur insoweit berührt, wie sie mit der unterbrochenen korrespondieren.
Darüber hinaus können aber auch alle Tasks bei Erreichen eines Breakpoints angehalten werden.

3.1.1. Setzen und Entfernen von Breakpoints

Ein PEARL-Programm kann aus einem oder mehreren getrennt compilierten
Teilen (Modulen) bestehen, die mit einem Modulnamen versehen werden.
Die in den Modulen enthaltenen Statements sind im Compilierlisting
fortlaufend numeriert. Die Statementnumerierung wird durch eine Tabelle ergänzt, die die Zuordnung von Statement-Nr. zur Maschinenbefehlsadresse relativ Modulanfang herstellt.
Mit diesen Angaben:
- Modulname
- Maschinenbefehlsadresse relativ Modulanfang
ist der Unterbrechungspunkt ohne Kenntnis von Link- und Ladevorgängen
eindeutig festgelegt.
Breakpoints sind sowohl in arbeitsspeicherresidenten als auch in
Overlay-Modulen setzbar.

Breakpoints werden unter Angabe ihrer Nummer entfernt. Fehlt diese, so werden alle gekennzeichneten Unterbrechungspunkte entfernt.

Breakpoints können mit verschiedenen Zusätzen versehen werden:

- zyklische Breakpoints: Die Unterbrechung soll erst nach einer frei wählbaren Anzahl von "Überläufen" eintreten.

- Taskspezifischer Breakpoint: Die Unterbrechung soll nur eintreten, wenn der Breakpoint von vorgegebener Task erreicht wird. Diese Fähigkeit ist für den Test externer Prozeduren von Vorteil.

- Suspendierung aller Tasks.

Eine oder die gesamte Anzahl der verfügbaren Breakpoints können auf ihre Benutzung hin abgefragt werden.

Hierbei wird ausgewiesen, ob sie frei oder belegt sind. Bei einem belegten Breakpoint werden neben der zugewiesenen Adresse alle beim Setzen angegebenenParameter aufgeführt.

3.1.2. Meldung beim Erreichen eines Breakpoints

Außer den beim Setzen eines Breakpoints spezifizierten Angaben wie

Modulname, Maschinenbefehlsadresse, Zusätze,

wird noch die aktuelle Uhrzeit sowie die Aufrufkette gemäß der dynamischen Blockschachtelung und die Nummer der Task, die auf diesen Breakpoint lief, ausgewiesen.

Das Fortsetzen der Task erfolgt unter Angabe der bei der Meldung ausgewiesenen Nummer. Wird diese nicht angegeben, erfolgt die Fortsetzung aller von einem Breakpoint suspendierten Tasks bzw. aller Tasks gemäß gewähltem Zusatz.

3.2.   Kommunikation mit den Prozeßprogrammen

3.2.1. Untersuchung der Taskumgebung

Die Unterbrechungspunkte dienen der Verfolgung des Programmablaufs. Gleichzeitig ist aber auch der Zustand einer Task und ihrer Variablen an einer   b e s t i m m t e n   P r o g r a m m s t e l l e   und zu einem   b e s t i m m t e n   Z e i t p u n k t   von Interesse. Aufschluß darüber ist mit Hilfe folgender Fähigkeiten möglich:

- Abfragen und Ändern tasklokaler Größen (Variablen).
  Ihre Ansprache erfolgt über die Tasknummer und dem in der Cross-Reference des PEARL-Programms angeführten Blockoffset
  Die Cross-Reference entsteht beim Compilieren und enthält Verweise auf Variablen, Tasks etc.

- Abfragen und Ändern von beliebigen statischen Größen (Variablen,
  Arrays), die im PEARL-Programm als bedienbar gekennzeichnet wurden.
  Die Ansprache erfolgt hierbei über ihren Namen. Die externe Darstel-
  lung berücksichtigt den deklarierten Datentyp der bedienbaren Größe.
  Bei bedienbaren Arrays kann auf einzelne Elemente, Komponenten oder
  das gesamte Array zugegriffen werden.

- Abfragen und Ändern von Zellen
  o im PEARL-Programm: Die Angabe erfolgt relativ zum Modulanfang
     (über den Modulnamen)

  o aus dem gesamten physikalischen Adreßraum des Rechners.
     Die Ansprache erfolgt relativ zu einer frei wählbaren physikali-
     schen Basisadresse. Mit diesem Freiheitsgrad ist folglich auch
     ein Zugriff auf das Betriebssystem möglich. Eine eingehende Kennt-
     nis der Ablage des gesamten Programmsystems im Arbeitsspeicher
     - wie sie die vom Linker und Lader ausgegebenen Listen vermitteln -
     ist hierbei vonnöten.

  Folgende Parameter sind frei wählbar:
  o wort- bzw. byteweise Ansprache
  o fortlaufend bzw. bis zur vorgegebenen Endadresse ansprechbar
  o externe Darstellung (Ausgabe/Eingabe) als:
                    Oktalzahl
                    Dezimalzahl
                    Bitkette
                    Characterkette

- Füllen von Adreßbereichen mit vorgebbarer Oktalzahl.
  Dies ist möglich bezüglich eines
  o Modulanfangs oder einer
  o frei wählbaren Basisadresse

- Protokollierung des aktuellen Zustandes einer bzw. aller Tasks
  (Active, Suspend, Delay etc.).

Vor jeder Eingabe eines Wertes wird der alte zur Kontrolle des Bedieners protokolliert.

3.2.2. Änderung von Taskzuständen

Einen weiteren wichtigen Bestandteil des Bediensystems bilden die
Funktionen zum Ändern von Taskzuständen. Hier stehen zwei Möglichkeiten
zur Verfügung, die sowohl für den Prozeßbetrieb als auch für die Testphase gedacht sind.

- Starten und Beenden von Tasks unter Angabe des Tasknamens.
  Tasks, die über ihren Namen ansprechbar sein sollen, müssen im Programm entsprechend gekennzeichnet sein.

- Ausführung aller auf Sprachniveau zulässiger Taskinganweisungen,
  wie z.B. Starten, Beenden, Anhalten, Fortsetzen, Verzögern etc.
  inclusive Scheduleangaben. Die Tasks werden über die Tasknummern angesprochen, deren Zuordnung zu den Tasknamen durch den Compiler erfolgte und dem Compilerlisting zu entnehmen sind.

3.3. Weitere Fähigkeiten

Ergänzt und abgerundet werden die Bedienfunktionen durch folgende Grund-
fähigkeiten:
- Abfrage und Eingabe von Datum und Uhrzeit
- Initialisierung des Systems
- Verzweigen in ein umfangreiches stand alone Trace Program, das vor
  allem beim Betriebssystemtest Verwendung findet.
- Laden des Monitors von der Systemplatte, über den in der Regel das
  PEARL-Programm gestartet wird.

Ergänzend zum Standard-Bediensystem bzw. es ersetzend, hat der Anwender die Möglichkeit, sich selbst ein Bediensystem auf Sprachniveau zu
erstellen. Es unterliegt,wie das Standard-Bediensystem,der allgemeinen
Taskverwaltung, kann jedoch nicht über dieselben Fähigkeiten verfügen
(z.B. Lesen und Schreiben von Kernspeicherzellen), da es auf die
Schnittstelle Anwender - Betriebssystem und die sprachlichen Möglichkeiten angewiesen ist.

4. Ausblick

Das BBC-PEARL-Programmiersystem [3,4] wird seit 1974 für die Abwicklung verschiedenartigster Automatisierungsprojekte eingesetzt. Es hat sich dabei hervorragend bewährt. Entsprechend den Erfahrungen aus den Pilotprojekten wurde das Hilfsmittel für die Kommunikation - das hier betrachtete Bediensystem - sukzessive im Hinblick auf Anwenderfreundlichkeit und technische Fähigkeiten entwickelt. Konsequent verwirklicht es das Bedienen in Begriffen der Programmiersprache PEARL, wodurch Rechnerkenntnisse weitgehend überflüssig geworden sind.

Für reine Kernspeichersysteme war es notwendig, die Bedienung auf Adressen abzustützen; die erforderlichen Bezugstabellen zwischen den Objekten der Programmiersprache und diesen Adressen werden vom Compiler bereitgestellt. Es ist jedoch problemlos, diese Tabellen auch während der Test- und Betriebsphase auf Hintergrundspeichern zu halten, um dadurch dem Programmierer die unmittelbare Kommunikation in Begriffen von PEARL (Statement, Modul, Variable) zu ermöglichen. Weitere Überlegungen zielen daraufhin, das Werkzeug Bediensystem noch wirkungsvoller zu gestalten. Denkbar sind: Trace auf Quellprogrammebene, weitere Auskunftsfunktionen u.a.m.

5. Literaturverzeichnis

[1]   Rütters Dr., Peter: Eine Dialogsprache für die Prozeßsteuerung. Informatik-Fachberichte Programmiersprachen, 4. Fachtagung der GI Erlangen, März 1976

[2]   Zimmermann, R.: Gestaltung von Mensch - Maschine-Kommunikationssystemen. Anthropotechnische Grundlagen, Forderungen und Empfehlungen. PDV-Bericht KFK-PDV 38

[3]   BBC-PEARL-Subset PAS2
Druckschriften-Bestell-Nr. D EG 50804 D

[4]   DP1000 compiliert PEARL-Programme
Druckschriften-Bestell-Nr.: D IA 60461 D

                                  CHA-OS

                   Modellbetriebssystem an der ETH Zürich

                          Dr. Th. Lalive d'Epinay
                Institut für Automatik und Industrielle Elektronik
                         der Eidg. Techn. Hochschule
                          CH-8092 Z ü r i c h

Zusammenfassung

Beschrieben wird die unterste Schicht (Kern) eines Echtzeitbetriebssystems. Dieses
hat die Aufgabe, die unterschiedliche Hardware einer beliebigen Rechnerkonfiguration in einen Satz einheitlicher Prozessoren zu verwandeln. Berücksichtigt wird
dabei auch ein den Echtzeitanforderungen angemessenes Verhalten bei Fehlern sowie
die Möglichkeit, die Konfiguration des Systems und somit die Beziehungen zwischen
den Prozessoren während des Betriebes zu ändern.

Die Prozessoren basieren auf den aktiven Elementen des Rechnersystems (im wesentlichen Zentraleinheiten und Ein-, Ausgabegeräte), die alle oberhalb des Kernbetriebssystems beliebig oft parallel und asynchron verwendet werden können. Damit entspricht
das Kernbetriebssystem den Definitionen, die vom Technischen Kommittee "Real-Time
Operating Systems" des "International PURDUE Workshop on Industrial Computer Systems"
(unterstützt von IFAC und IFIP) vorgeschlagen werden. Da die genannten Eigenschaften
allen Geräten verliehen werden, existieren die Probleme der Betriebsmittelzuteilung
und damit verbundener möglicher "dead-locks" nicht.

Eine systematische Darstellung der (Mehrfach-) Rechnerkonfiguration bestimmt direkt
den Aufbau und die Funktionen des - der Konfiguration entsprechend verteilten -
Kernbetriebssystems bezüglich Kommunikation und Synchronisation zwischen verschiedenen Prozessoren.

Viel Gewicht wird auf eine klare und effiziente Implementation gelegt. Durch saubere
Trennung der verschiedenen Funktionen der zu realisierenden Prozessoren können unter
anderem auch Mikrorechner ideal eingesetzt werden. Der Einsatz von Mikrorechnern
reicht von konventioneller Verwendung als universell verwendete Zentraleinheit über
Unterstützung komplexer Peripheriegeräte bis zur Verwaltung anderer, leistungsfähiger Zentraleinheiten, so dass die letzteren mit maximalem Wirkungsgrad arbeiten
können.

Einleitung

An der ETH Zürich, Institut für Automatik und Industrielle Elektronik, besteht ein
Computerlabor, an dem unter anderem Rechnerelemente wie auch Echtzeitbetriebssysteme
für Mehrfachprozessorsysteme entwickelt werden. Es hat sich gezeigt, dass gerade für
anspruchsvolle Probleme in der Automatik herkömmliche Echtzeitbetriebssysteme unge-
eignet sind. Der Automatiker wünscht nicht ein System, bei dem ihm Aufbau und Abläufe
im Rechner weitgehend versteckt werden und dass er nach gewissen, unverständlichen
Regeln bedienen muss (man nennt das oft "Komfort"), sondern ein einfaches, effizien-
tes System, das wegen seines logischen Aufbaues auch für einen Nicht-Spezialisten
verständlich ist. Deshalb wurde ein eigenes Modell-Betriebssystem entwickelt mit dem
Ziel eines einfach zu begreifenden Aufbaues und einer grösstmöglichen Effizienz.

1. Grundlagen

Wichtige Grundlagen, die bei der Erstellung eines Echtzeitbetriebssystems zu berücksichtigen sind, werden im Report der Europäischen Sektion des International PURDUE
Workshop on Industrial Computer Systems, Technisches Kommittee Nr. 8 für Echtzeitbetriebssystem, festgehalten [1]. Das entsprechende Kommittee vereinigt auf inter-
nationaler Ebene Fachleute auf dem Gebiet der Betriebssysteme; der Report stellt
die ersten Resultate der Bemühungen zur Erarbeitung gemeinsamer Richtlinien auf diesem Gebiet dar [4, 6, 7].

Auch das hier beschriebene Betriebssystem stützt sich auf die genannten Grundlagen,
diese sollen deshalb im Hinblick auf dieses Betriebssystem kurz erläutert werden.

Gefordert wird eine Reihe idealer Prozessoren, die durch ein Kern-Betriebssystem so
verwaltet werden, dass sie an der Oberfläche dieses Kerns in der Form beliebig vieler Pseudo-Prozessoren allen Prozessen zur Verfügung stehen, die einen bestimmten
Prozessor verwenden wollen. Im Kernbetriebssystem können verschiedenartige Prozessoren verwaltet werden, gleichartige und austauschbare Prozessoren werden in einem
Pool zusammengefasst.

Das Kernbetriebssystem fordert von der Rechnerkonfiguration, auf der es aufbauen
muss, einen einfachen Mechanismus, um unerwünschte gleichzeitige Zugriffe zu gemeinsamen Daten ausschliessen zu können. Dies kann als eine Art primitivster Synchronisation aufgefasst werden. Im Kernbetriebssystem selbst stellen die Funktionen, die
zur Verwaltung der Prozessoren verwendet werden, implizit die nächste Stufe von
Synchronisationsfunktionen dar. Innerhalb des Kernbetriebssystems besteht noch eine
dritte Stufe eigentlicher Synchronisationsfunktionen. Diese erlauben die Realisierung aller bekannten höheren Synchronisationsfunktionen [5].

Die oberhalb des Kernbetriebssystems bestehenden Prozesse verkehren miteinander durch die Verwendung von Synchronisationsfunktionen. Explizite Aufrufe von Funktionen des Kernbetriebssystems, um in die Verwaltung der Prozessoren einzugreifen, sind nicht notwendig und nicht möglich (s. Bild 1).

Prozesse

höhere Synchronisationsfunktionen *(messages, semaphores, events, monitors)*	
elementare Synchronisationsfunktionen	
Funktionen für die Verwaltung der Prozessoren	KERNBETRIEBSSYSTEM
Verwaltung der Datenbasen der Prozessoren primitivste Synchronisation	

Prozessoren (abstraktes Rechnersystem)

Bild 1   Aufbau des Kernbetriebssystems

Neben dem Report [1] selbst wird vor allem auch in den Arbeitspapieren dazu [2, 3] festgestellt, dass es darum geht, die verschiedensten Rechnerkonfigurationen durch die Funktionen des Kernbetriebssystems zu unterstützen. Dabei wird es klar, dass ein solches Betriebssystem nicht im konventionellen Sinn durch eine Sammlung von Daten und Instruktionen in einem einzigen Arbeitsspeicher realisiert werden kann. Es entsteht ein _verteiltes_ Betriebssystem, dessen nach wie vor einheitlich definierten Funktionen auf die verschiedensten Arten (programmiert, microprogrammiert, festverdrahtet, durch nicht elektronische Elemente, usw.) realisiert sind.

Das ganze, scheinbar unüberschaubare Spektrum möglicher Konfiguration kann durch eine äusserst einfache Gliederung so systematisiert werden, dass eine schematische Erzeugung eines verteilten Betriebssystems möglich wird. Zur Uebermittlung jeder Art von Information, insbesondere auch zur Synchronisation können Prozessoren als aktive, asynchron arbeitende Elemente grundsätzlich nicht direkt miteinander verkehren. Es müssen Speicher als passive Elemente in irgendeiner Form dazwischen geschaltet werden. Zur Verwaltung der Prozessoren wird ebenfalls in einem Speicher eine _Datenbasis_ benötigt. Beim Verkehr mit Prozessen, die mit einem bestimmten Prozessor arbeiten, muss die Möglichkeit des Zugriffes zu dessen Datenbasis bestehen. Für gewisse Funktionen genügt der Zugriff zu dieser Datenbasis, für andere Funktionen, bei denen ein Prozess zugunsten eines anderen von einem Prozessor getrennt werden muss (preemption), sind zusätzliche Aktivierungs- oder Unterbrechungseinrichtungen notwendig. Zur Ausführung von Synchronisationsfunktionen zwischen Prozessen müssen also die beteiligten Prozessoren über die entsprechenden Kommunikationsmittel verfügen.

Aus der Koppelung von Prozessoren mittels Speicherelementen und aus der Anordnung der Datenbasen der verschiedenen Prozessoren in diesen Speichern sowie aus dem Vorhandensein von Aktivierungsmöglichkeiten zwischen Prozessoren lässt sich die Struktur eines verteilten Betriebssystems auf einfache Weise ableiten (s. Bild 2).

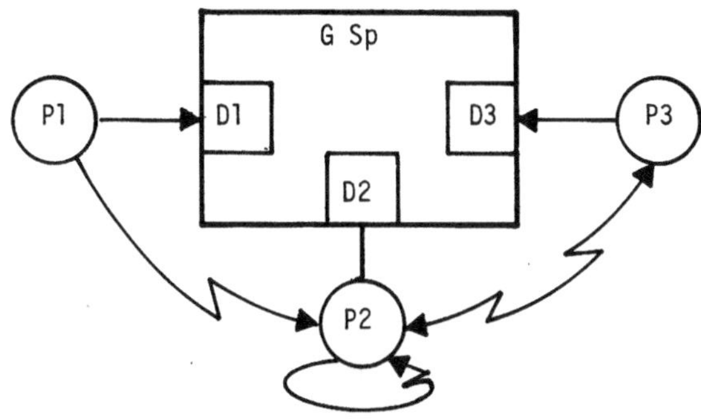

Bild 2   Mehrprozessor Konfiguration

P1   : Prozessor, keine preemption
P2   : Prozessor, preemption möglich
P3   : Prozessor, preemption nur durch P2
D1,D2,D3   : Zugehörige Datenbasen
G Sp   : Gemeinsam zugängliche Speicher
             : Signal für preemption
             : Zugriff zu Speicher

Diese Konfiguration entspricht einer konventionellen Anlage mit einer Zentraleinheit (P2) und zwei Ein/Ausgabekanälen (P1 und P3).

Dem Betriebssystem CHA-OS liegen verschiedene Zielsetzungen und Anforderungen zugrunde. Erstens soll es erlauben, parallele asynchrone Prozesse vollständig entkoppelt und ohne Berücksichtigung systembedingter Abhängigkeiten zu programmieren. Insbesondere sollen "dead-locks" wegen unkorrekter Betriebsmittelzuteilung verunmöglicht werden. Zweitens sollen die Elemente des Betriebssystems selbst modular und vollkommen unabhängig voneinander sein, und es sollen sich damit auch ohne Anpassungen komplexe, verschiedenartige Mehrprozessorsysteme unterstützen lassen. Das Betriebssystem soll auch Konfigurationsänderungen während des Betriebes ermöglichen. Drittens sollen Prozessumschaltzeiten minimalisiert werden um zu erlauben, auch zeitkritische und rechnernahe Funktionen auf saubere Weise mittels höheren Programmiersprachen zu realisieren. Viertens soll aus dem gleichen Grunde die Zahl der notwendigen Prozessumschaltungen dadurch stark verringert werden, dass bei gegebenem Rechnersystem die Zahl der Prozessoren erhöht wird. Wenn zur Realisierung einer bestimmten Anzahl virtueller Prozessoren mehr reale Prozessoren zur Verfügung stehen, so verringert sich logischerweise die Anzahl der notwendigen Prozessumschaltungen. Die Erhöhung der Anzahl Prozessoren bei gegebenem Rechnersystem geschieht dadurch, dass alle zu selbständigen, asynchronen Tätigkeiten fähigen Elemente, also Zentraleinheiten und Ein/Ausgabegeräte, als Prozessoren behandelt werden [8].

Ganz allgemein soll das Betriebssystem so konzipiert sein, dass es einem potentiellen Benützer einen maximalen Einblick in die Struktur und die Abläufe des Rechnersystems ermöglicht, ohne ihn deswegen mit unnötigen, problemfremden Einzelheiten zu belasten. Dabei ist zu beachten, dass bei einer grossen Zahl von Problemen der Rechner selbst ein wesentlicher Teil dieser Probleme darstellt und somit das Schlagwort "problemorientiert" bedeutungslos werden kann.

3. Rechnersysteme

Um ein Betriebssystem, das verteilt auf variierenden Rechnerkonfigurationen zur Anwendung gelangen soll, zu implementieren, ist es notwendig, die in Frage kommenden Konfigurationen gemäss der im ersten Abschnitt dargestellten Regeln und Kriterien zu analysieren. Dabei stellt sich, auch unter Berücksichtigung der neuesten Entwicklungen auf dem Gebiet der Rechnerelemente, ein immer wiederkehrender Teil in den Vordergrund. Dieser besteht aus einer Zentraleinheit oder aus einem Pool austauschbarer Zentraleinheiten und aus einer Reihe von Ein/Ausgabe- oder externer Prozessoren, die alle über einen gemeinsamen Speicher verfügen. Innerhalb eines solchen Systems sind technisch alle notwendigen Kommunikationen zwischen den Prozessoren möglich, es ist jedoch nicht immer sinnvoll, alle zu implementieren.

Jedes Rechnersystem kann durch Zusammenkoppelung von Teilsystemen der genannten Art erhalten werden. Es ist deshalb möglich, ein flexibles, verteiltes Betriebssystem zu erhalten, indem man dessen Funktion und Implementation für ein Teilsystem sowie für alle notwendigen Koppelungen definiert.

Rechner-Teilsysteme können auf verschiedene Arten gekoppelt sein. Für die Erstellung des Kernbetriebssystems ist es jedoch nur entscheidend, welche Elemente einer Koppelung für die <u>Kommunikation zwischen den Prozessoren</u> verwendet werden.

Im Betriebssystem CHA-OS werden folgende Kommunikationen festgelegt: Jedes Rechnersystem wird in Teilsysteme mit einer einzigen Zentraleinheit oder einem Pool austauschbarer Zentraleinheiten aufgeteilt. Innerhalb eines Teilsystems kann jeder Prozessor alle Kommunkationsfunktionen mit der Zentraleinheit durchführen. Die Zentraleinheit kann alle Funktionen, die keine "preemption" erfordern, an allen Prozessoren ausführen. Andere Kommunikationen innerhalb eines Teilsystems existieren nicht. Zwischen den Teilsystemen können Kommunikationen nur zwischen den beteiligten Zentraleinheiten stattfinden.

Damit ergeben sich innerhalb der Teilsysteme genau definierte Beziehungen und zwischen den Systemen genau definierte Schnittstellen, deren Verwaltung von Anfang an in die Verwaltung der Teilsysteme integriert werden kann.

4. Aenderungen in der Systemkonfiguration

Es wurde gefordert, dass das Betriebssystem während des Betriebes Aenderungen der Systemkonfiguration unterstützen können muss. Es sind grundsätzlich drei Arten von Konfigurationsänderungen denkbar.

1. <u>An- oder Abkoppeln von Teilsystemen.</u> Dieses Problem betrifft die Elemente des Kernbetriebssystems nicht direkt. Das Kernbetriebssystem stellt die Mittel zur Verfügung, eine vorhandene Koppelung auszunützen. Es ist jedoch eine Aufgabe von Elementen oberhalb des Kernbetriebssystems, die existierenden Verbindungen richtig auszunützen, getrennte Verbindungen nicht zu benützen und bei gestörten Verbindungen entsprechend zu reagieren. Das Kernbetriebssystem muss jedoch Störungen unbedingt <u>erkennen</u> und melden.

2. <u>An- und Abkoppeln von Prozessoren innerhalb eines Teilsystems, Umschalten von Prozessoren zwischen Teilsystemen.</u> Bei einem Pool austauschbarer Prozessoren kann eine variable Anzahl beteiligter Prozessoren vorgesehen werden. Dies ist für den Rest des Teilsystems nicht sichtbar, solange mindestens ein Prozessor vorhanden ist. Mindestens eine Zentraleinheit pro Teilsystem muss angekoppelt bleiben. Das An- und Abkoppeln von peripheren Prozessoren ist dagegen problematisch, da diese dabei von ihrer Datenbasis getrennt werden. Aus Sicherheitsgründen sowie zur besseren Ausnützung teurer Geräte wird letzteres jedoch oft gefordert. Der Zustand An- oder Abgekoppelt gehört deshalb zu den (gegenüber [1] erweiterten) Möglichkeiten für periphere Prozessoren.

5. Elemente des Betriebssystems CHA-OS

In allen Teilsystemen des Rechners sind die Elemente für die Verwaltung der Prozessoren enthalten. Jede Zentraleinheit, jedes Peripheriegerät und jede Koppelung zu einem anderen Teilsystem gelten als Prozessoren.

Die wesentlichen Grundsätze für die Verwaltung aller Prozessoren sind gleich. Die

Verwaltung eines Prozessors wird nur angesprochen, wenn von oberhalb des Kernbetriebssystems durch den Aufruf einer Synchronisationsfunktion der Zustand eines Prozesses
und damit auch der Zustand eines Prozessors verändert werden. Dabei gibt es auf der
Stufe der Prozessoren nur zwei Möglichkeiten. Entweder stellt ein laufender Prozess
selbst fest, dass die Bedingungen für eine Weiterführung nicht gegeben sind, versetzt sich selbst in einen Wartezustand und gibt den Prozessor frei für einen anderen, lauffähigen Prozess. Die andere Möglichkeit besteht darin, dass ein laufender
Prozess durch die Ausführung einer Synchronisationsfunktion in die Lage kommt, einen
anderen Prozess vom wartenden in den lauffähigen Zustand zu versetzen. Die beiden genannten Operationen werden dadurch realisiert, dass die entsprechenden Prozessidentifikationen in den Datenbasen der zugehörigen Prozessoren gelöscht bzw. eingetragen
werden. Diese Datenbasen bestehen aus geketteten Listen. Beim Einfügen einer Prozessidentifikation in eine solche Liste wird eine Priorität berücksichtigt, der Prozessor
nimmt, sobald er frei ist, den Prozess, dessen Beschreibung zuoberst auf der Liste
steht, in Bearbeitung. Wird beim Einfügen einer Prozessidentifikation in die Liste
festgestellt, dass der Eintrag zuoberst in der Liste erfolgt, *und* verlangt ein bestimmter Parameter in der Prozessidentifikation eine sofortige Ausführung, *und* erlaubt der Prozessor eine Unterbrechung laufender Prozesse, so gelangt der soeben gegebene Auftrag unmittelbar zu Ausführung.

Bei der Verwaltung der zum Teil sehr leistungsfähigen Zentraleinheiten bei der Ver-
suchsanlage wurden für die Listenverwaltung spezielle Microrechner eingesetzt. Die
Zentraleinheiten selbst sind demzufolge von ihrer eigenen Verwaltung befreit, eine
Prozessumschaltung reduziert sich deshalb auf das Umschalten der aktiven Register der
Zentraleinheit.

Die Peripheriegeräte sind aufgrund ihres Aufbaus im allgemeinen weder in der Lage,
ihre eigene Verwaltung zu übernehmen, noch selbständig ihre eigenen Prozesse durchzuführen. Deshalb wurde ein in abgewandelter Form für alle Peripheriegeräte gültiges
Instruktionsrepertoire mit dem zugehörigen Code definiert. Dieses Instruktionsrepertoire enthält alle Befehle, die für Ein/Ausgabe-Operationen notwendig sind, sowie die
Befehle, die zur Synchronisation zwischen Prozessen notwendig sind. Mit einem solchen
Instruktionsrepertoire können alle Ein/Ausgabe- oder externen Prozesse formuliert
werden. Die Decodierung und Ausführung der so definierten Prozesse durch die Peripheriegeräte geschieht innerhalb eines relativ einfachen Unterbrechungsprogrammes durch
die Zentraleinheit. Sobald ein Peripheriegerät eine Operation beendet hat, wird im
anschliessend ausgeführten Unterbrechungsprogramm die nächste Instruktion decodiert
und danach entweder eine weitere Ein/Ausgabe-Operation gestartet oder eine Synchroni-
sationsoperation zu einem Prozess, der auf der Zentraleinheit selbst läuft, ausgeführt. Wird im Unterbrechungsprogramm festgestellt, dass der auf dem Peripheriegerät
laufende Prozess in den Wartezustand versetzt wird, so wird sofort der nächste lau-

fähige Prozess aus der Liste des Peripheriegerätes geholt und aufgrund der Prozessbeschreibung zu dessen Code zugegriffen. Die Ausführung der Instruktionen eines auf einem Peripheriegerätes laufenden Prozesses entspricht demzufolge genau der Ausführung von gewöhnlichen Instruktionen auf einer Zentraleinheit durch deren Microprogramm. Die genannten Unterbrechungsprogramme sind völlig unabhängig von der Verwaltung und den Prozessen der Zentraleinheiten und haben höhere Prioritäten als diese Prozesse.

Das Befehlsrepertoire der Peripheriegeräte enthält auch Instruktionen, die es erlauben, bei fehlerhafter oder nicht zeitgerechter Ausführung einer Operation entsprechende Massnahmen zu ergreifen. Dasselbe ist möglich, wenn ein Gerät in den abgekoppelten Zustand versetzt wird. Das heisst, dass beim Auftreten eines Fehlers, einer Verzögerung, oder wenn das Gerät abgekoppelt wird, automatisch die gesamte Liste der zu diesem Gerät gehörenden Prozesse nach solchen Prozessen abgesucht wird, die für den Fall eines solchen Ereignisses spezielle Massnahmen vorgesehen haben.

Nicht alle Peripheriegeräte können auf einfache Weise vervielfacht und so einer Mehrzahl von Prozessen unabhängig von einander zur Verfügung gestellt werden. Bei Geräten mit sequentiellem Zugriff zu einem externen Speichermedium, z.B. Streifenleser und -stanzer, Drucker usw., kann eine unerwünschte Zerstückelung der Operationen eines Prozesses dadurch verhindert werden, dass die Unterbrechung eines Prozesses auf einem solchen Gerät durch andere Prozesse höherer Priorität verboten wird. Zusätzlich muss noch die Bedingung erfüllt sein, dass im Verlaufe der Operationen, die nicht unterbrochen werden sollten, der beteiligte Prozess nie in den wartenden Zustand gelangen darf. Diese Bedingungen sind bei richtiger Programmierung einfach zu erfüllen. Auf eine Reservation von Peripheriegeräten wurde absichtlich verzichtet, um mögliche "dead-locks" zu vermeiden.

Im Gegensatz zu Ausgabegeräten (z.B. Drucker) ergeben sich bei Eingabegeräten noch weitere Probleme, indem die Reihenfolge von Eingabe-Operationen oft nicht durch die Programme oder durch die Verwaltung des Gerätes, sondern durch einen beteiligten Operateur bestimmt wird. Bei nicht-interaktiven Geräten (z.B. Kartenleser), wurde auf die Bestimmung der Reihenfolge durch den Operateur verzichtet. Dort besteht also die Forderung, dass die Reihenfolge der Eingaben durch die Ausführung der beteiligten Prozesse bestimmt wird. Dies schliesst einen Zugriff asynchron arbeitender Prozesse auf ein solches Gerät aus. In solchen Fällen muss ein einzelner Prozess zwischen die asynchronen Prozesse und das Eingabegerät geschaltet werden.

Bei den zu interaktivem Verkehr mit einem Operateur fähigen Gerät wurde das Problem des asynchronen Zugriffs verschiedener Prozesse dadurch gelöst, dass zwei getrennte Listen für lauffähige Prozesse geschaffen wurden. In der aktiven Liste werden die Prozesse behandelt wie bei jedem anderen Prozessor, d.h. dass immer der oberste Prozess der Liste in Ausführung begriffen ist. Daneben besteht eine passive Liste, die ebenfalls Prozessidentifikationen enthält. Der Operateur kann nun jederzeit, auch während der Ausführung eines Prozesses der aktiven Liste, durch eine Reihe von Befehlen Prozessidentifikationen aus der passiven Liste herausnehmen und gemäss ihrer Priorität in die aktive Liste einreihen lassen. Dadurch ist der Operateur völlig frei in der Reihenfolge wie er die Operationen mit dem interaktiven Gerät durchführen will. Dadurch lässt es sich auch vermeiden, dass wegen der Nichtbeantwortung einer Eingabe-Aufforderung an den Operateur andere Operationen des interaktiven Gerätes verzögert werden. Durch die Angabe spezieller, reservierter Prioritäten ist es dort ausnahmsweise möglich, laufende Operationen zu unterbrechen zugunsten dringender Meldungen wie Alarme, usw.

Eine weitere Gruppe von Geräten, die sich nicht einfach in ein standardisiertes Schema pressen lassen, sind die Prozess-Ein/Ausgabegeräte, die Uhren und Taktgeber. In der Versuchsanlage gibt es eine Reihe hochpräziser, programmierbarer Uhren und Taktgeber, deren Impulse zur Ansteuerung aller Prozess-Ein/Ausgabegeräte verwendet werden können. Diese Uhren, deren Signale für bestimmte Geräte eine genau definierte Bedeutung haben, können aus logischen Gründen nicht verschiedenen Prozessen asynchron zur Verfügung gestellt werden. Dasselbe gilt auch für Analog/Digital- und für Digital/Analog-Wandler. Diese Geräte werden deshalb formal zwar genau gleich behandelt wie andere Prozessoren, erlauben jedoch nur die Anwesenheit einer einzigen Prozessbeschreibung in ihrer Liste. Bei diesen Uhren und den mit einem festen Takt arbeitenden Wandlern kann es jedoch vorkommen, dass das Gerät seinem vorprogrammierten Takt zufolge eine Operation ausführen soll, ohne dass ein entsprechender Befehl in einem Prozess vorliegt. Dies ist immer ein sicheres Zeichen dafür, dass ein zeitabhängiger Fehler vorliegt, dessen Ursache entweder in einem Programmierungsfehler oder im Versagen eines Teils des Rechners liegt. Solche Fehler können mit 100%iger Sicherheit nur in der Geräteelektronik selbst festgestellt werden. Die Verwaltung dieser Geräte ist in jedem Fall so aufgebaut, dass beim Eintreten eines solchen Fehlers ein zum Betriebssystem gehörender Prozess aktiviert wird, der die notwendigen Korrektur- und Ausweichoperationen enthält. Bei der Versuchsanlage befindet sich dieser Prozess automatisch immer in einer Teilanlage, die im Moment des Fehlers nicht mit dem Gerät gekoppelt war. Dies ist notwendig, damit nicht möglicherweise fehlerhafte Teilsysteme mit der Behebung ihres eigenen Fehlers betraut werden.

Eine andere Gruppe von Uhren dient nicht dazu, extern mit speziellen Signalen direkt Geräte zu steuern, sondern um Prozesse im angeschlossenen Teilsystem zu aktivieren. Auch diese Uhren werden formal genau gleich wie alle anderen Prozessoren inklusive der Zentraleinheit im Teilsystem behandelt. Das Aktivieren eines Prozesses der Zentraleinheit durch die Uhr ist nichts anderes als ein Prozess, der eine bestimmte

Zeit auf der Uhr läuft und nach dieser Zeit eine Synchronisationsfunktion mit einem
Prozess der Zentraleinheit ausführt. Durch geeignete Organisation kann eine einzige
Uhr ohne weiteres eine grosse Zahl von unterschiedlichen Prozessen dieser Art kor-
rekt ausführen.

Eine letzte Gruppe von Prozessoren in einem Teilsystem sind die Elemente zur Koppelung mit anderen Teilsystemen. Auch diese Prozessoren werden formal gleich wie die
anderen behandelt. Ihr Instruktionsrepertoire besteht nur aus den Synchronisationsfunktionen, die auch alle anderen Peripheriegeräte kennen. Sie sind jedoch in der
Lage, diese Funktionen in einem anderen Teilsystem auszuführen. Sie sind deshalb
formal sehr einfach zu behandeln, besitzen jedoch in ihrer Implementation, entsprechend den zur Verfügung stehenden Verbindungsmitteln, über geeignete Methoden zur
Kontrolle der richtigen Uebermittlung, die die Kenntis globaler Parameter über ein
Teilsystem hinaus unnötig machen, und die es ermöglichen, bei Aenderungen in einem
Teilsystem andere Teilsysteme unverändert zu belassen.

Neben den Elementen für die Verwaltung der Prozessoren enthält das Betriebssystem
noch einige Dienstleistungsfunktionen, die von den verschiedenen Prozessen aufgerufen werden können. Die wichtigsten Funktionen darunter sind Synchronisationsfunktionen, wie sie im ersten Abschnitt beschrieben wurden.

Damit das Betriebssystem lauffähig wird, müssen neben den Verwaltungsprogrammen und
den Dienstleistungsfunktionen noch einige wenige Systemprozesse definiert werden,
die sich formal nicht von anderen Prozessen unterscheiden. Es handelt sich dabei um
mindestens einen Fehlerbehandlungsprozess pro Teilsystem, sowie um mindestens einen
interaktiven Prozess pro gesamten System, mittels dessen ein Operateur mit dem System in Verbindung treten kann. Teilsysteme, die nicht über einen interaktiven Prozess verfügen, müssen dafür mindestens einen Kommunikationsprozess zu anderen Tei-
systemen enthalten. Diese interaktiven und Kommunikationsprozesse gestatten es, auf
Befehle eines Operateurs bzw. eines Nachbarsystems weitere Prozesse zu laden und
auszuführen. Unter den so zu ladenden Prozessen befinden sich Dienstleistungen für
die Erstellung und Uebersetzung weiterer Prozesse, so dass jedes gewünschte Programmsystem erzeugt werden kann.

Schlussbemerkungen

Es war in diesem beschränkten Rahmen nur möglich, die wesentlichen Ideen, die hinter
der Entwicklung des Betriebssystems CHA-OS stehen, darzustellen. Dabei ging es darum,
ein beliebiges Rechnersystem in Teilsysteme aufzuteilen, in denen sich Elemente
eines verteilten Betriebssystemes auf einfache Weise generieren lassen. Diese Teilsysteme enthalten Verwaltungsprogramme für alle Prozessoren, die formal einheitlich
aufgebaut sind. Daneben bestehen in jedem Teilsystem Anfangsprozesse, die nach der

Systemgenerierung initialisiert werden und die es auf einfache Weise gestatten, über dem Kernbetriebssystem höhere Betriebssystemfunktionen und Benützerprogramme aufzubauen.

Die bisherigen Erfahrungen haben gezeigt, dass trotz der grösseren Effizienz des Betriebssystems gegenüber herkömmlichen Betriebssystemen die Lösung komplexer Echtzeitprobleme rasch gefunden werden kann. Der Grund dazu liegt darin, dass es die einfache Struktur des Betriebssystems ermöglicht, die Vorgänge im Innern des Rechners zu verstehen und somit logische Fehler im Aufbau von Programmsystemen zu vermeiden.

Literature

[1] *PURDUE EUROPE, TC 8 ON REAL TIME OPERATING SYSTEMS:* Report I-1-3, November 1976

[2] *Lalive d'Epinay, Th.:* Notes to the Multi-Processor Concept. Working Paper II-4-1 of TC 8, PURDUE EUROPE, März 1976

[3] *Lalive d'Epinay, Th.:* The Virtual Computer System. IFAC/IFIP Workshop on Real-Time Programming, Paris 1976

[4] *VDI/VDE BMR 4.2:* Process-Control Computer Operating Systems, June 1976

[5] *Schrott, G.:* Common Elementary Synchronization Functions For Operating System Kernel. Working Paper II-3-1 of TC 8, PURDUE EUROPE

[6] *Nehmer, J.:* Dispatcher Primitives For The Construction Of Operating System Kernels. Acta Informatica 5, 1975, pp. 237-255

[7] *Lalive d'Epinay, Th.:* A New Method Of Construction And Using Real-Time Operating Systems. IFAC/IFIP Workshop On Real-Time Programming, Boston 1975

[8] *Lalive d'Epinay, Th.:* Development Of The New Real-Time Operating System "CHA-OS". 1st IFAC/IFIP Symposium On Software For Computer Control, Tallinn, USSR, 1976

Virtuelle Maschinen und Hauptspeicherverwaltung im Betriebssystem MARTOS

J.Wilske, Chr.Welke, Konstanz

1. Einführung

Im Gegensatz zu der verbreiteten Meinung, bei Realzeitanwendungen handle es sich immer um Rechner mit fester Programmbelegung, sind unserer Erfahrung nach gerade bei größeren Realzeitsystemen wechselnde
Programmbelegungen notwendig oder zumindest erwünscht. Es handelt
sich meist um

- wachsende Realzeitsysteme (Systeme, die in Betrieb gehen, bevor
  der Endausbau erreicht ist),
- sich ändernde Realzeitsysteme (Modifikation der Realzeitaufgaben,
  Programmtest während des Realzeitbetriebs, Einbau neuer Maintenance-
  Versionen),
- Systeme mit mehreren Betriebsarten (Realzeitbetrieb und Dialogbe-
  trieb bzw. Jobbetrieb zur gleichen Zeit) oder
- Mehrbenutzersysteme bzw. komplexe Realzeitsysteme, die mehrere
  Realzeitaufgaben bearbeiten.

Die gewünschte flexible Programmbelegung erfordert besondere Schutzfunktionen, um die Sicherheitsanforderungen des Realzeitbetriebs zu
erfüllen. Das Betriebssystem MARTOS besitzt aufbauend auf den Hard-
ware-Eigenschaften der Rechnerfamilie AEG80 derartige Schutzfunktionen. Verwirklicht werden sie im Betriebssystem MARTOS durch das
Konzept der virtuellen Maschine. Die dynamische Hauptspeicherverwaltung ist ein wichtiger Bestandteil dieses Konzeptes, sie übernimmt
die Verwaltung der nicht resident belegten Hauptspeicherbereiche.

2. Virtuelle Maschinen im Betriebssystem MARTOS

In Bild 1 sind die in einer AEG80-Konfiguration verfügbaren Betriebsmittel angedeutet. Dazu gehören der Zentralprozessor, EA-Prozessoren
und nicht resident belegte Hauptspeicherbereiche, virtueller Adreßraum, resident belegter Hauptspeicher, Ein- und Ausgabegeräte, Dateien, Prioritäten usw. Einen Teil dieser Betriebsmittel benutzen
z.B. die Programmläufe, die die Realzeitaufgabe 1 bearbeiten. Wir
nehmen an, daß genügend Betriebsmittel zur Verfügung stehen, daß also
die Realzeitaufgabe 1 ohne Betriebsmittelengpaß bearbeitet werden
kann.

Kommt die Bearbeitung der Realzeitaufgabe 2 hinzu, so können beide
Realzeitaufgaben nur dann störungsfrei parallel bearbeitet werden,
wenn ihre Betriebsmittelanforderungen miteinander verträglich sind.
Sind diese Forderungen nicht miteinander verträglich, so kann es zu
Betriebsmittelengpässen kommen, die unerwünschte Wartezustände oder
Deadlocks verursachen. Das Betriebssystem MARTOS faßt deshalb die für
die Bearbeitung einer Aufgabe benötigten Betriebsmittel zu einer virtuellen Maschine zusammen und prüft jeweils beim Einrichten einer virtuellen Maschine, ob alle benötigten Betriebsmittel zur Verfügung gestellt werden können. Ist das der Fall, so werden diese Betriebsmittel
für diese virtuelle Maschine reserviert und die virtuelle Maschine
kann gestartet werden. Sind einige der benötigten Betriebsmittel nicht
verfügbar, so wird die virtuelle Maschine nicht eingerichtet, sondern
sie muß auf die Freigabe dieser Betriebsmittel warten.

Die Betriebsmittel Zentralprozessor, EA-Prozessoren und nicht resident belegte Hauptspeicherbereiche werden vom Betriebssystem verwaltet und nicht an einzelne virtuelle Maschinen fest vergeben. Alle anderen Betriebsmittel können exklusiv und soweit sinnvoll auch geteilt
(sharable) reserviert werden. Bei exklusiver Reservierung ist eine Be-

nutzung dieses Betriebsmittels durch andere virtuelle Maschinen ausgeschlossen, sie haben keine Zugriffsmöglichkeit. Geteilte Reservierung erlaubt die gemeinsame Benutzung eines Betriebsmittels (z.B. einer Datei mit wahlfreiem Zugriff) durch mehrere virtuelle Maschinen. Erfordert die Bearbeitung einer Aufgabe (z.B. eines Benutzerauftrags) stark schwankende Betriebsmittel, so kann diese Aufgabe durch mehrere sequentiell ablaufende virtuelle Maschinen VM3, VM3' und VM3" abgearbeitet werden, die miteinander zu einem Job verkettet sind. Dadurch wird die Belegungsdauer der nur zeitweise benutzten Betriebsmittel verkürzt und die Ausnutzung der verfügbaren Betriebsmittel verbessert.

Das Betriebssystem MARTOS garantiert, daß eine virtuelle Maschine, die einmal gestartet worden ist, unabhängig von allen anderen gleichzeitig arbeitenden virtuellen Maschinen bearbeitet wird, selbstverständlich unter Beachtung der Prioritätsreihenfolge. Die Reservierung aller benötigten Betriebsmittel vor dem Start verhindert unkontrollierbare Wartezustände zwischen virtuellen Maschinen nach dem Start und bannt damit die Gefahr von Systemzusammenbrüchen. Gleichzeitig bleiben die Realzeiteigenschaften des Rechners erhalten, da die zeitaufwendigen Abprüfungen bereits beim Einrichten einer virtuellen Maschine vorgenommen werden (bei "ewig-lebenden" virtuellen Maschinen im Realzeitbetrieb ist das ein einmaliger Vorgang).

Für den Benutzer verhalten sich die virtuellen Maschinen wie eigene, weitgehend frei konfigurierbare Rechner, die unabhängig voneinander arbeiten. Fehlerhafte Programmläufe in einer dieser Maschinen können die Arbeit aller anderen gleichzeitig existierenden Maschinen nicht blockieren bzw. diese Maschinen zerstören. Die Schutzfunktionen von MARTOS erlauben also, bei laufendem Realzeitbetrieb Programme zu testen. Gleichzeitig bieten sie eine wirksame Hilfe für die Fehlersuche in komplexen Softwaresystemen: durch entsprechende Aufteilung dieser Systeme in mehrere Aufgaben läßt sich ein Fehler leichter in einer virtuellen Maschine lokalisieren.

Die Unabhängigkeit der virtuellen Maschinen ist allerdings eingeschränkt durch die Mitbenutzung der vom Betriebssystem verwalteten
Betriebsmittel: Der Zentralprozessor wird von der Hardware jeweils
dem unter höchster Priorität rechenbereiten Programmlauf zugeteilt.
Die EA-Prozessoren werden implizit durch die Ein- und Ausgabeaufträge
an die Peripherie angesprochen, das Betriebssystem hat hier koordi-
nierende Funktionen. Die Vergabe von Hauptspeicherbereichen wird nachfolgend beschrieben.

3. Hauptspeicherverwaltung im Betriebssystem MARTOS

3.1 Aufgabe

Verfahren zur dynamischen Hauptspeicherverwaltung bei reinem Stapelbetrieb sind hinreichend bekannt. Keines ist jedoch direkt anwendbar auf
Realzeitsysteme mit Stapelbetrieb im Hintergrund. Um kurze Reaktionszeiten bei Realzeitaufgaben garantieren zu können, sind folgende Voraussetzungen zu erfüllen:

1. Hauptspeicheranforderungen von Realzeitprogrammen dürfen durch den
   Stapelbetrieb nicht verzögert werden,
2. keine Verdrängung von Hauptspeicherbereichen (Kacheln), die Realzeitprogrammen zugeordnet sind,
3. keine Blockierung des Transportkanals zum Hintergrundspeicher durch
   Seitentransporte des Stapelbetriebs.

3.2 Prinzipielles Lösungsverfahren

Hinsichtlich der Zuordnung von Hauptspeicherbereichen lassen sich die
vom MARTOS verwalteten Programme in 3 Gruppen einteilen:

Gruppe I   : ständig residente Realzeitprogramme

Gruppe II   : zeitweise residente Realzeitprogramme

Gruppe III : nicht residente Programme

Programmen der Gruppe I werden einmalig beim Systemstart nicht verdrängbare Kacheln zugeteilt. Bei allen anderen Realzeitprogrammen erfolgt diese Zuteilung je nach geforderter Reaktionszeit entweder bei
einem entsprechenden Eröffnungsaufruf, beim Programmstart oder durch
Systemdienst während des Programmlaufs. Im Gegensatz dazu erhalten
Programme der Gruppe III, zu der insbesondere alle Programme des Stapelbetriebs gehören, nur verdrängbare Kacheln, und zwar beim Auftreten
eines Seitenalarms (demand paging). Der Stapelbetrieb kann sich im
Hauptspeicher gerade so weit   ausdehnen,   daß für Anforderungen von
Realzeitprogrammen noch eine festgelegte Reserve an Kacheln zur Verfügung steht. Bei Unterschreitung dieser Reserve werden den Programmen der Gruppe III nach einem bestimmten Algorithmus (Befreiunqs-Algo-
rithmus) Kacheln genommen. Die Reserve ist einstellbar und sollte mindestens so groß gewählt werden wie der größte angeforderte Hauptspeicherbereich eines Realzeitprogramms.

3.3 Befreiungs-Algorithmen

Die Effektivität der Hauptspeicherverwaltung wird wesentlich von dem
Algorithmus bestimmt, nach dem Kacheln befreit d.h. Seiten aus dem
Hauptspeicher verdrängt werden. Das Befreien einer Kachel führt im
ungünstigsten Fall zu zwei zusätzlichen Seitentransporten: einen für
das Verdrängen der Seite auf den Seitenspeicher und ggfls. einen für
den Rücktransport der Seite bei einem späteren Seitenalarm.

Das Problem liegt in der Bestimmung des Arbeitsbereichs (working
set) $W(t,\tau)$ eines Programms, der als Menge der im Zeitintervall $[t-\tau, t]$
adressierten Seiten definiert ist. Dabei stellt τ den Arbeitsbereichs-

parameter dar, der durch den jeweiligen Algorithmus festgelegt wird.
Da i.a. das exakte Programmverhalten nicht bekannt ist, wird der Arbeitsbereich $W(t,\tau)$ als Abschätzung für die im folgenden Zeitintervall
$[t,t+\tau]$ adressierten Seiten verwendet, d.h. Seiten, die nicht in
$W(t,\tau)$ enthalten sind, können in $[t,t+\tau]$ befreit werden.

Die verschiedenen Befreiungs-Algorithmen lassen sich in zwei Gruppen
einteilen: Algorithmen mit fester Arbeitsbereichsgröße oder mit variabler Größe. Erstere haben den entscheidenden Nachteil, daß ihre Effektivität wesentlich vom Programmverhalten abhängt. Beim Mehrprogrammbetrieb mit stark schwankenden Hauptspeicheranforderungen ist einem adap-
tiven Verfahren, daß die Größe des Arbeitsbereichs den jeweiligen Anforderungen anpaßt, der Vorzug zu geben.

Der hier benutzte Algorithmus zur Kachelbefreiung ist eine auf MARTOS
zugeschnittene Kombination aus "Second Chance Algorithm" (SC) und
"Page Fault Frequency Algorithm" (PFF) $[2]$, $[3]$.

<u>SC-Algorithmus:</u>

Voraussetzung ist ein Referenzbit pro Seite, das bei einem Zugriff
auf diese Seite gesetzt wird. Die Befreiung erfolgt zyklisch und erstreckt sich über alle jene Kacheln, bei deren zugehöriger Seite das
Referenzbit gelöscht ist. Bei einer Seite mit gesetztem Referenzbit
wird dieses lediglich gelöscht.

<u>PFF-Algorithmus:</u>

Dieser Algorithmus setzt außer einem Referenzbit voraus, daß die Seitenalarmrate eines Programms gemessen werden kann. Als Näherung für
diese Rate wird $p_i = \dfrac{1}{t_i - t_{i-1}}$ benutzt, wobei t_i, t_{i-1} die Zeitpunkte der letzten beiden Seitenalarme darstellen. Diese gemessene Ra-
te p_i wird mit der kritischen Seitenalarmrate p_{krit} verglichen. Befreit
wird zum Zeitpunkt eines Seitenalarms, aber nur bei $p_i < p_{krit}$, und

zwar alle Seiten ohne Referenz im Zeitintervall $[t_{i-1}, t_i]$.

Beide Verfahren arbeiten adaptiv, d.h. passen sich in gewissen Grenzen Änderungen des Programmverhaltens an. In $[2]$ und $[3]$ ist die Effektivität des PFF-Algorithmus im Vergleich zu anderen Verfahren untersucht worden. Es zeigt sich, daß er z.B. dem häufig benutzten LRU-Algorithmus (Least Recently Used) deutlich überlegen und mit dem sehr aufwendigen WS-Algorithmus (Working Set Replacement A. $[1]$) durchaus vergleichbar ist. Entscheidende Vorteile des PFF-Algorithmus sind sein geringer Implementierungsaufwand und seine geringe Anfällligkeit gegen Variationen des Parameters p_{krit} in einem weiten Bereich.

3.4 MARTOS-Kachelbefreiungs-Algorithmus

Vom PFF-Algorithmus abweichend, wird die Befreiungsroutine nicht bei jedem Seitenalarm, sondern wie beim SC-Algorithmus zyklisch angesprochen. Zur eigentlichen Befreiung kommt es nur, wenn weniger als MIN Kacheln (= Kachelreserve) verfügbar sind. Diese erstreckt sich dann über sämtliche Programme mit verdrängbaren Kacheln, wobei die Reihenfolge der Programme durch deren Priorität festgelegt ist. Programme, die seit ihrem letzten Seitenalarm weniger als $t_{krit} = \dfrac{1}{p_{krit}}$ CPU-Zeit verbraucht haben, bleiben jedoch von der Befreiung verschont. Von diesen Programmen muß angenommen werden, daß sie ihren Arbeitsbereich aufbauen bzw. verändern, so daß ihnen vorerst keine Kacheln weggenommen werden sollten. Bei den anderen Programmen werden alle Kacheln mit gelöschtem Referenzbit befreit. Ein gesetztes Referenzbit wird gelöscht. Die Befreiung findet ein Ende, wenn MAX $\geqslant$ MIN Kacheln verfügbar sind bzw. nach der Untersuchung des letzten Programms. Sind danach nicht wenigstens MIN Kacheln verfügbar, so kommt es zum Kachelentzug: ohne Einschränkung werden, beginnend beim Programm niedrigster Priorität, den Programmen so lange verdrängbare Kacheln entzogen, bis MIN Kacheln verfügbar sind.

Wegen dieses Kachelentzugs kann es vorkommen, daß ein Programm ständig Seitenalarme erzeugt, wenn nämlich zu viele Programme geladen sind. Um eine derartige Situation zu erkennen, führt die Hauptspeicherverwaltung bei jedem Programm einen Zähler n_p, der die Anzahl der zuletzt in ununterbrochener Folge verursachten kritischen Seitenalarme, d.h. mit $p_i = \frac{1}{t_i - t_{i-1}} \geqslant p_{krit}$, angibt. Überschreitet bei einem Programm n_p einen Schwellwert N, so wird es für eine bestimmte Zeit passiviert, und seine noch vorhandenen verdrängbaren Kacheln werden ihm bei der nächsten Befreiung entzogen.

Zur Befreiung kommt es auch immer dann, wenn die Hauptspeicheranforderung eines Realzeitprogramms nicht erfüllt werden kann. Bei richtiger Wahl der Kachelreserve MIN kann eine derartige Situation nur durch Spitzen im Realzeitbetrieb hervorgerufen werden.

Für die Effizienz des Befreiungs-Algorithmus ist es entscheidend, daß eine befreite Kachel so lange wie möglich mit der zugehörigen Seite verbunden bleibt. Deshalb werden die befreiten Kacheln nach FiFo verkettet. Außerdem werden bei einer Kachelanforderung befreite Kacheln erst dann herangezogen, wenn keine freien Kacheln, die keiner Seite zugeordnet sind, mehr zur Verfügung stehen.

3.5 <u>Parameterwahl</u>

Die wichtigsten Parameter der Hauptspeicherverwaltung in MARTOS sind:

p_{krit}	kritische Seitenalarmrate
MIN	Kachelreserve
MAX	Befreiungsgrenze
T_z	Zykluszeit der Befreiung
N	Schwellwert für den Kachelentzug

Die Kachelreserve MIN ist so groß zu wählen, daß während der Zykluszeit T_z eine mittlere Rate R der Kachelanforderungen von Realzeitprogrammen abgedeckt werden kann, d.h.

$$MIN = R \cdot T_z$$

Die Befreiungsgrenze MAX sollte der Ungleichung

$$MIN < MAX \leqslant MIN + T_z \cdot p_{krit}$$

genügen. Mit p_{krit} wird die Seitentransportrate und damit die Belastung des Transportkanals zum Seitenspeicher durch den Stapelbetrieb
kontrolliert. Im ungünstigsten Fall gilt für die Belastung B des
Transportkanals:

$$B = 2T(p_{krit}+R),$$

wobei T die mittlere Transportzeit für eine Seite darstellt. Diese
obere Schranke der Belastung wird in der Regel nicht annähernd erreicht. So hat sich z.B. ein Wert $p_{krit} = \frac{1}{2T}$ in der Praxis durchaus
noch bewährt. Zu groß ($\geqslant \frac{1}{T}$) darf p_{krit} auf keinen Fall gewählt werden, denn das führt zu einem überproportionalen Ansteigen der Seitentransportrate, weil die Programme niedriger Priorität nicht ihren Arbeitsbereich aufbauen können. Beim Aufbau bzw. Austausch des Arbeitsbereichs kommt es i.a. zu einer Folge von kritischen Seitenalarmen. Damit diese Phasen ungestört ablaufen können, darf der Schwellwert N
für den Kachelentzug nicht zu klein gewählt werden, ansonsten ist der
Parameter unkritisch. In die Bestimmung der Zykluszeit T_z der Befreiung geht die mittlere Anzahl der im Mehrprogrammbetrieb ablaufenden
Programme des Stapelbetriebs, die Zugriffszeit zum Hauptspeicher und
das Programmverhalten ein. Im MARTOS ist T_z normalerweise auf 500 msec
eingestellt.

3.6 Schlußbemerkungen

Das hier skizzierte Verfahren der Hauptspeicherverwaltung im MARTOS läßt sich mit relativ geringem Aufwand auf praktisch jedem Prozeßrechner mit virtueller Seitenadressierung implementieren. Der dazu erforderliche Hardwareaufwand ist minimal: Eine Uhr bzw. ein Differenzzeitzähler zur Ermittlung der Programmlaufzeit sowie ein Referenzbit pro Seite des virtuellen Adreßraums, das jedoch auch per Software nachgebildet werden kann. Die Festlegung der Parameter der Hauptspeicherverwaltung, die bei anderen Verfahren häufig kritisch ist, stellt unter Berücksichtigung einiger weniger Regeln kein Problem dar.

Das Verfahren bietet die Möglichkeit, den Hauptspeicher von Prozeßrechnern ohne Verschlechterung der Reaktionszeit von Realzeitprogrammen besser auszunutzen.

Die diesem Bericht zugrundeliegenden Arbeiten wurden vom Bundesministerium für Forschung und Technologie im Rahmen des 2. Datenverarbeitungsprogramms der Bundesregierung gefördert.

Literatur

1   Denning, P.J.   The working set model for program behavior.
                      Comm. ACM 11, 5 (1968), S. 323-333.

2   Chu, W.W., und H.Opderbeck.   The page fault frequency
                      replacement algorithm.
                      Proc. AFIPS 1972 Fall Joint Comp. Conf.
                      41,1, S. 597-609.

3   Opderbeck,H., und W.W. Chu.   Performance of the page fault
                      frequency replacement algorithm in a multi-
                      programming environment.
                      Inf. Processing 74 - North-Holland Pnbl.
                      Comp. (1974), S. 235-241.

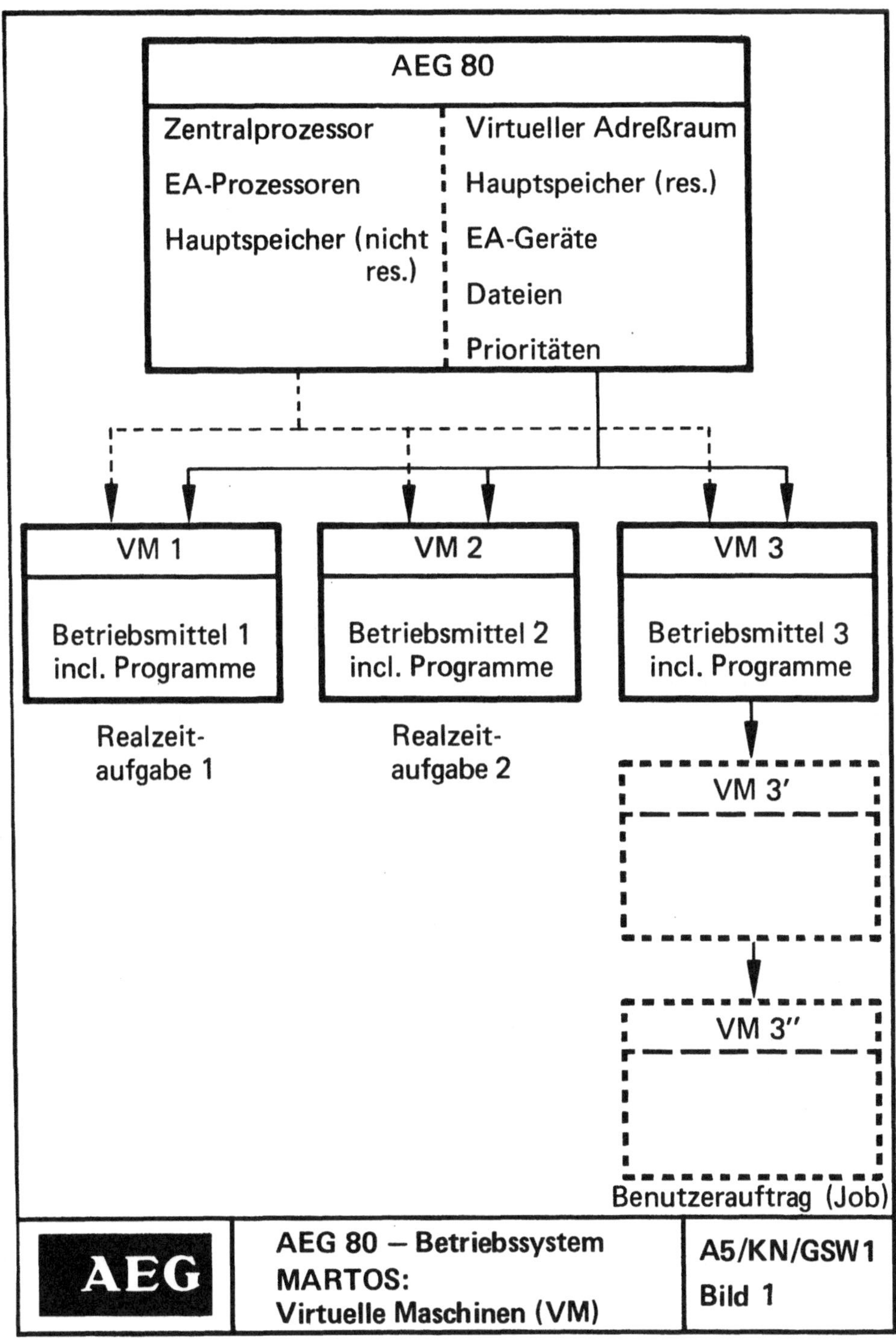

AEG 80

Zentralprozessor
EA-Prozessoren
Hauptspeicher (nicht res.)

Virtueller Adreßraum
Hauptspeicher (res.)
EA-Geräte
Dateien
Prioritäten

VM 1
Betriebsmittel 1 incl. Programme
Realzeit-aufgabe 1

VM 2
Betriebsmittel 2 incl. Programme
Realzeit-aufgabe 2

VM 3
Betriebsmittel 3 incl. Programme

VM 3'

VM 3''

Benutzerauftrag (Job)

AEG

AEG 80 – Betriebssystem
MARTOS:
Virtuelle Maschinen (VM)

A5/KN/GSW1
Bild 1

<u>INTEGRITÄT, AUSFALL UND WIEDERANLAUF REDUNDANTER PROZESSDATENBASEN IN</u>
<u>VERTEILTEN PDV-SYSTEMEN</u>

E. Holler, O. Drobnik
Kernforschungszentrum Karlsruhe
Institut für Datenverarbeitung in der Technik

1. <u>Problemstellung</u>

Müssen mehrere Rechner eines verteilten PDV-Systems aufgrund ihres Aufgabenbereiches
auf gemeinsamen Datenbeständen mit prozeßrelevanten Informationen (Prozeßdatenbasen)
operieren, können Anforderungen hinsichtlich der Verfügbarkeit der Prozeßdatenbasen
und des Antwortzeitverhaltens des Gesamtsystems die redundante Realisierung von
Datenbeständen bedingen.

Eine fundamentale Forderung an die Führung redundanter Datenbasen besteht in der
Sicherung der Fehlerlosigkeit und Konsistenz der in den Datenbasen enthaltenen Informationen, der Integrität. Maximalforderungen an die Integrität sind:
- die Kopien besitzen identischen Inhalt (externe Konsistenz)
- der Inhalt einer jeden Kopie genügt den konkreten Spezifikationen der auf ihr
  operierenden Aufgabenbereiche (interne Konsistenz).
Zur Vermeidung von Integritätsverletzungen durch Operationen, die den Inhalt der
Datenbasis ändern, sind im System Mechanismen vorzusehen, die den Zugriff auf die
Datenbasisobjekte kontrollieren.

Insbesondere sind generelle Mechanismen von Interesse, die in verteilten Systemen
eingesetzt werden können, in denen die Rechner nur über ein inhärent mit variablen
Verzögerungen behaftetes Nachrichtentransportsystem begrenzter Zuverlässigkeit kommunizieren können.

Für konventionelle, zentrale Systeme entwickelte Standardverfahren zur Datensicherung
/2/ eignen sich nur für verteilte Systeme mit zentraler Kontrollstruktur und sollen
hier nicht diskutiert werden. Dezentrale Kontrollstrukturen bieten eine höhere Verfügbarkeit als zentrale. Sie beruhen darauf, daß in jedem Rechner, in dem eine Kopie der Datenbasis vorhanden ist, eine Verwaltungsinstanz eingerichtet wird, die
mit den anderen Verwaltungsinstanzen durch Austausch von Kontrollnachrichten auf der
Basis global vereinbarter Kommunikationsprotokolle den Zugriff auf die Datenbasisobjekte überwacht.

Diese Protokolle bilden den Kern der Kontrollmechanismen, die im einzelnen folgende
Aufgaben besitzen:

Die diesem Bericht zugrunde liegenden Arbeiten wurden z. T. mit Mitteln des Bundesministers für Forschung u. Technologie (Kennzeichen DV 4903-081-560776) gefördert.

- die Gewährleistung der operationalen Integrität der verteilten Prozeßdatenbasis
  durch Synchronisation der Operationen auf Datenbasisobjekten unter Voraussetzung
  eines zuverlässigen Systems (Normalzustand),
- die Durchführung der erforderlichen Maßnahmen zur "stoßfreien" Fortführung des
  Betriebs bei Ausfall von redundanten Komponenten der Datenbasis,
- die "stoßfreie" Wiedereingliederung reparierter Systemteile.

Wesentliche Bedingungen bei der Konzipierung dezentral organisierter Kontrollmechanismen resultieren aus
- der Struktur der Datenbasis und der Komplexität der auf ihr zugelassenen Operationen
  bzw. Operationsfolgen,
- der Verzögerung des Nachrichtenaustauschs zwischen Verwaltungsinstanzen aufgrund
  der endlichen Übertragungsgeschwindigkeit im Nachrichtentransportsystem.

2. Verfahren zur Führung redundanter Datenbasen im Normalzustand

2.1 Sortierverfahren

Diese Verfahren lassen sich abstrakt beschreiben als Sortieren von Operationen auf
der Datenbasis unter Berücksichtigung eines Systemfortschrittsmaßes /4/. Das System-
fortschrittsmaß ist eine globale Größe, die entweder an einer Stelle geführt und für
alle Rechner im Netz zugreifbar sein muß oder verteilt geführt und oft synchroni-
siert werden muß.
Dazu werden folgende Ansätze vorgeschlagen:

Verfahren 1/4,6/:

Jedes Objekt der Datenbasis ist ein 5-Tupel (N,W,L,G,Z) mit der Bedeutung:
N ist der Name des Objekts und W sein gegenwärtiger Wert, L markiert den Zustand
gelöscht/nicht gelöscht, G enthält den Zeitstempel der Objektgenerierung und Z den
Zeitstempel der Modifikation, die für den gegenwärtigen Inhalt von W und/oder L verantwortlich ist. Zeitstempel setzen sich aus einer Zeitangabe und der Identifikation
der für die Zeitangabe verantwortlichen Verwaltungsinstanz zusammen und dienen
gleichzeitig als Prioritätsmerkmal.

Auf der Datenbasis sind folgende Operationen erlaubt: Lesen, Kreieren und Löschen
(Entfernen) von Objekten sowie die Zuweisung von Werten an Objekte. Eine Operation
ist mit ihrem Namen und dem von ihr betroffenen Objekt anzugeben.

Enthält eine Verwaltungsinstanz - von lokaler Seite (Eigeninitialisierung) oder von
einer anderen Verwaltungsinstanz (Fremdinitialisierung) - eine Anforderung zur Modifikation der Datenbasis, so wird diese akzeptiert, falls ihr Zeitstempel aktueller
ist als der Zeitstempel des entsprechenden Objekts, ansonsten verworfen.

Ein Objekt darf erst aus der Datenbasis entfernt werden, falls sein Zeitstempel
Z älter ist als das Minimum des Vektors LAST-SYNCHRONIZED, den jede Verwaltungsinstanz neben dem Vektor LAST-HEARD-FROM zu führen hat. LAST-HEARD-FROM enthält die
Zeitstempel Z der letzten Botschaft, die sie von jeder anderen Verwaltungsinstanz
empfangen hat. Bei Eingang einer Lösch-Anforderung übermittelt die Verwaltungsinstanz allen anderen in einer Botschaft mit Zeitstempel das Minimum ihres Vektors
LAST-HEARD-FROM, das diese in ihren Vektor LAST-SYNCHRONIZED an entsprechender Stelle
eintragen.

Verfahren 2/7/:

Die Datenbasis besteht aus einer Menge von Variablen, für die neben ihrem Wert auch
der Zeitstempel ihrer letzten Wertänderung geführt wird. Erlaubte Operationen sind
Lesen oder Ändern von Objektwerten. Eine Anforderung auf Wertänderung muß enthalten:
die neuen Werte der zu ändernden Variablen (U-Variablen), die Liste der Variablen,
auf denen die Änderungsberechnung basiert (B-Variablen), sowie deren Zeitstempel
(Forderung: die B-Variablen müssen zur Integritätsicherung die U-Variablen mit einschließen). Die Verwaltungsinstanz, der diese Anforderung von lokaler Seite übergeben
wird, gibt ihr einen Zeitstempel T mit
$T = \max$ (lokale Uhrzeit, $1 + \max$ (Zeitstempel der B-Variablen)).
Diese Zeitstempelfestlegung verhindert zusammen mit einer Prioritätsregelung für
Verwaltungsinstanzen Sequenzanomalien, die durch asynchron arbeitende lokale Uhren
verursacht werden könnten.

Das Verfahren versucht, die Anzahl der zu einer für alle verbindlichen Mehrheitsentscheidung notwendigen Abstimmungsschritte zu minimieren. Hierzu werden die Anforderungen auf eine "Rundreise" geschickt. Jede Verwaltungsinstanz, bei der eine
Anforderung eintrifft, entscheidet anhand der Variablen und der Zeitstempel, ob die
Anforderung akzeptiert, abgelehnt oder verzögert behandelt werden muß. Nach erfolgter
Entscheidung, die einer Verwaltungsinstanz nur einmal pro Anforderung erlaubt ist,
prüft sie aufgrund der bei der Anforderung mitgeführten bisherigen Entscheidungsergebnisse, ob ein "Konsens" für Ablehnung oder Annahme existiert. Die anderen Verwaltungsinstanzen sind zu benachrichtigen, sobald ein Konsens feststeht. Kommt ein
Konsens nicht zustande, so ist die Anforderung abzulehnen.

2.2 Verfahren mit exklusiver Sperrung

Diesen Verfahren liegt eine feste Kopplung von Aktionsfolgen der kooperierenden Verwaltungsinstanzen zugrunde. Eine Operation auf der Datenbasis wird erst zugelassen,
wenn die betroffenen Objekte für sie exklusiv gesperrt worden sind. Sperrung und
Freigabe von Objekten werden nur nach gemeinsamer Absprache der Verwaltungsinstanzen
vollzogen.

Verfahren 3/5/:

Die Struktur der Datenbasis unterliegt keinen Einschränkungen. Als Sperreinheit wird die gesamte Datenbasis betrachtet.

Die Grundzüge des Verfahrens zeigt Bild 1.

Nach Initialisierung eines Koordinationszyklus wartet eine Verwaltungsinstanz in der Koordinationsphase auf die Bereitschaftserklärungen der restlichen Verwaltungsinstanzen, die Operation auszuführen, zu deren Durchführung sie sich gegenüber den anderen Verwaltungsinstanzen ihrerseits bereit erklärt hat. Nach Erhalt aller Erklärungen geht sie in den kritischen Abschnitt über.

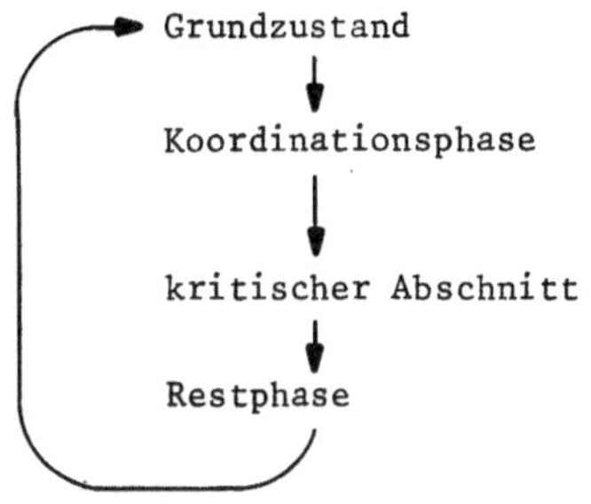

Grundzustand	(Eigen-, Fremd-) Initialisierung eines Koordinationszyklus (nur in diesem Zustand möglich)
Koordinationsphase	Kommunikation der VIen zur Erzielung einer Übereinkunft über die auf der Datenbasis durchzuführende Operation (Verdrängungsregelung)
kritischer Abschnitt	exklusive Sperrung der Datenbasis – Durchführung der Operation – Freigabe der Datenbasis
Restphase	Benachrichtigung der restlichen VIen über Beendigung des kritischen Abschnitts – Warten auf Eingang entsprechender Meldungen von allen anderen VIen

Bild 1: Grundzüge des Verfahrens 3 (VI = Verwaltungsinstanz)

Operationen werden mit eindeutigen Prioritäten (wie bei Verfahren 1) versehen. Diese dienen zur Konfliktregelung, falls mehrere Verwaltungsinstanzen simultan eine Eigeninitialisierung vornehmen. Eine Verdrängung von Operationen ist nur im Grundzustand und in der Koordinationsphase erlaubt. Eine Verwaltungsinstanz kann einer fremdinitialisierten Verdrängung nur zustimmen, falls sie noch nicht von allen Verwaltungsinstanzen Bereitschaftserklärungen für eine Operation vorliegen hat. Die Bereitschaftserklärung für eine Alternativ-Operation muß allen Verwaltungsinstanzen übermittelt werden; entsprechende Bereitschaftserklärungen werden als Bestätigungen zurückerwartet. Eine Verwaltungsinstanz kann eine Verdrängung nur initialisieren, wenn sie ihrerseits noch keine Bereitschaftserklärungen für eine andere Operation an die restlichen Verwaltungsinstanzen abgesendet hat und selbst nicht Initiator eines Koordinationszyklus war.

Wie in /5/ gezeigt wird, sorgt dieses Protokoll für den Übergang aller Verwaltungsinstanzen in den kritischen Abschnitt und verhindert, daß diese, falls im kritischen Abschnitt befindlich, unterschiedliche Operationen gestartet haben. Da zudem die geordnete Rückkehr in den Grundzustand gesichert ist, gewährleistet das Protokoll die verklemmungsfreie Koordination von Datenbasisänderungen.

Zur Verhinderung von Sequenzanomalien wird in /5/ vorgeschlagen, bei erfolgreichem

Abschluß der Koordinationsphase nicht sofort in den kritischen Abschnitt überzugehen, sondern erst ein Karenzzeitintervall abzuwarten. Am Ende dieses Intervalls unterrichten sich die Verwaltungsinstanzen, ob der Übergang in den kritischen Abschnitt vollzogen werden kann oder zuvor eine Verdrängung durchzuführen ist.

Existiert eine feinere Granulierung der Sperreinheiten für eine Datenbasis, so daß mehrere Operationen parallel durchführbar sind, kann das in /3/ beschriebene Verfahren benutzt werden. Mittels Verfahren 3 wird die Änderung der Information über den Zustand der Belegung von Sperreinheiten koordiniert, d.h. Belegung und Freigabe der Sperreinheiten für eine Operation erfolgen in zwei Koordinationszyklen.

3. Ausfall und Wiederanlauf redundanter Datenbasiskomponenten

Zur Minimierung des Wirkungsradius temporärer Fehlerzustände setzen die in 2. aufgeführten Verfahren gemeinsam voraus, daß lokal Maßnahmen zur Kopiensicherung durchgeführt werden /2/ und daß Verfälschungen der Nachrichten durch das Nachrichtentransportsystem weitgehendst ausgeschlossen werden können. In Verfahren 1 und 2 müssen die Nachrichten quittiert werden; bei Ausbleiben einer Quittung ist die Absendung der Nachricht nach Ablauf einer vorgegebenen Frist zu wiederholen (timeout - retransmit).

Verfahren 1 bietet keine weiteren Sicherungsmaßnahmen an.

Verfahren 2 sieht einen zweistufigen Mechanismus vor, der jedoch nicht den Ausfall einer Verwaltungsinstanz, sondern nur den einer Kopie oder der Protokollzustandsinformation einschließt. Die Fehlerentdeckung ist die Aufgabe des Rechners, bei dem der Ausfall stattfindet.

Im ersten Schritt informiert die Verwaltungsinstanz A, bei der ein Ausfall aufgetreten ist, die anderen Verwaltungsinstanzen darüber, daß sie einen Wiederanlauf versucht. Diese müssen die Nachricht quittieren und die weitere Rundreise der Anforderungen einstellen, über die A schon abgestimmt hat. Im zweiten Schritt fordert A von allen Verwaltungsinstanzen Informationen an, die die Anforderungen betreffen, die seit dem Ausfall akzeptiert wurden oder noch nicht akzeptiert wurden, über die jedoch A bereits abgestimmt hatte. Nach erfolgreicher Übertragung dieser Informationen können die unterbrochenen Rundreisen forgesetzt werden. Tritt während der Stufe 2 ein weiterer Ausfall ein - bei irgendeiner Verwaltungsinstanz -, muß A wieder mit Schritt 1 beginnen; erst nach erfolgreichem Abschluß des zweiten Schrittes ist A wieder abstimmungsberechtigt.

Für Verfahren mit exklusiver Sperrung kann das in /3/ entwickelte, nach ähnlichem Prinzip arbeitende Verfahren als Grundlage benutzt werden. Es schließt Ausfall und Wiederanlauf von Verwaltungsinstanzen mit ein.

Bei Auftreten eines Fehlers (explizite Fehlermeldung, Ablauf eines time-out für eine

erwartete Nachricht) frieren die noch aktiven Verwaltungsinstanzen den gegenwärtigen
Protokollzustand ein und initialisieren einen Fehlerbehandlungszyklus, der dem in
2. beschriebenen Zyklus gleicht, ihm aber übergeordnet ist. In diesem Zyklus ist ebenfalls eine Koordinationsphase erforderlich, da gleichzeitig unterschiedliche Fehler
auftreten können (Voraussetzung: eindeutige Prioritätszuteilung zur Verdrängungsrege-
lung). Im kritischen Zustand erfolgt die Reaktion auf den Fehler; ist z.B. eine Verwaltungsinstanz ausgefallen, so wird bei den noch aktiven Verwaltungsinstanzen ein
Operationspuffer angelegt, in dem die der letzten erfolgreichen Datenbasisänderung
folgenden Operationen in der Chronologie ihrer Ausführung abgespeichert werden. Danach kehren die Verwaltungsinstanzen über die Restphase geordnet in den Grundzustand
zurück.

Da die Aktivitäten der Verwaltungsinstanzen im Fehlerbehandlungszyklus ebenfalls durch
Time-outs abzugrenzen sind, ist in der Koordinationsphase ein Übergang in den kritischen Zustand vorzunehmen, selbst wenn nicht die Bereitschaftserklärungen von allen
Verwaltungsinstanzen vorliegen. Um festzustellen, ob im kritischen Abschnitt unterschiedliche Fehlernachrichten behandelt wurden, müssen sich die Verwaltungsinstanzen
gegenseitig über ihre Aktionen nach Verlassen des kritischen Abschnitts unterrichten.
Fehlerbehandlungszyklen sind solange zu wiederholen, bis sich entweder eine funktionsfähige Menge aktiver Verwaltungsinstanzen herauskristallisiert hat oder alle Verwaltungsinstanzen in einen Fehlerzustand übergewechselt sind, in dem ein Eingriff von
außen erforderlich wird.

Die Wiedereingliederung einer ausgefallenen Verwaltungsinstanz A erfolgt ebenfalls
in einem Zyklus. Initialisiert wird dieser durch eine entsprechende Anforderung
seitens A. Stimmen die restlichen aktiven Verwaltungsinstanzen zu, erfolgt im kritischen Abschnitt die Aktualisierung von A. Tritt während eines solchen Zyklus ein
Fehler auf, muß A u. U. - wie in Verfahren 2 - die Wiedereingliederung später erneut beantragen.

4. Vergleich der Leistungsfähigkeit der Verfahren

Es sei ein zuverlässiges Gesamtsystem mit n Verwaltungsinstanzen gegeben, die Operationen auf Kopien einer zu der von Verfahren 2 strukturäquivalenten Datenbasis
überwachen. Sind zusätzlich die Modifikationsanforderungen konfliktfrei, so ergibt
sich für jedes der Verfahren 1-3 folgende Anzahl von Nachrichten, die zur Durchführung einer Anforderung benötigt werden, falls Quittungen des Nachrichtentransportsystems sowie Interaktionen Verwaltungsinstanz-Benutzer vernachlässigt werden:

- Verfahren 1/7/:n,
- Verfahren 2/7/:n+n/2,
- Verfahren 3: 2n(n-1).

Für große n wächst die Belastung des Gesamtsystems bei Verfahren mit exklusiver

Sperrung sehr stark, zumal wenn Konflikte zwischen Anforderungen zusätzliche Verdrängungsnachrichten implizieren. Die Inkaufnahme eines solchen Overhead ist nur gerechtfertigt, wenn diese Verfahren in ihrer Leistung die Sortierverfahren wesentlich überragen.

Schon bezüglich der Komplexität der Datenbasisstruktur und der zugelassenen Operationen existieren für Verfahren 1 und 2 beträchtliche Einschräkungen. Verfahren 1 erlaubt zwar gegenüber Verfahren 2 eine dem Relationenmodell ähnliche Strukturierung der Datenbasis, muß dann aber zusätzliche n·(n-1) Synchronisationsnachrichten im Falle einer Lösch-Operation berücksichtigen. Verfahren 2 gestattet andererseits "funktionale" Änderungen, d.h. Änderungen der Art "X:=X+Y", die in Verfahren 1 nicht erlaubt sind. Für Verfahren 3 sind dagegen beliebig komplexe Datenbasisstrukturen und Operationen bzw. Operationsfolgen zugelassen.

Das "Rundreise"-Prinzip (daisy chaining) von Verfahren 2 kann zu erheblichen Verzögerungen in der Bearbeitung von Anforderungen führen, da die Abstimmungen sequentiell und nicht parallel durch die Menge der Verwaltungsinstanzen erfolgt. Die Aktualität der Kopien kann darunter leiden; dies grenzt den Eisatzbereich des Verfahrens 2 in Realzeitsystemen enger ein.

Mit der wichtigste Aspekt beim Leistungsvergleich ist die Tatsache, daß die Verfahren unterschiedliche Integritätsgrade gewährleisten.

Verfahren 1 kann lediglich sichern, daß nach Beendigung jeglicher Änderungstätigkeit die Kopien gegen den Zustand der Idendität konvergieren. Dies verhindert jedoch nicht solche Zwischenzustände der Datenbasis, die vorgegebenen Integritätsanforderungen hinsichtlich der Beziehungen zwischen Werten unterschiedlicher Datenbasisobjekte widersprechen. Verfahren 2 umgeht diesen Nachteil, durchläuft jedoch nicht notwendig eine "vollständige" Zustandsänderungsfolge, da nicht alle Operationen zum Zuge kommen müssen.

Für Realzeitsysteme reicht das nicht aus, da zusätzliche Bedingungen hinsichtlich der operationalen Integrität des Gesamtsystems zu berücksichtigen sind. Werden in einem verteilten PDV-System z.B. dispositive Vorgabewerte redundant gehalten, da die Führung des Prozesses nach diesen Vorgabewerten von einem Rechner und die Optimierung des Prozesses auf der Basis dieser Vorgabewerte auf einem anderen Rechner bearbeitet werden, so würde - da Verzögerungen in der Nachrichtenübermittlung unvermeidbar sind - bei Verwendung des Verfahrens 2 der Optimierungsalgorithmus ggf. mit neuen Vorgabewerten weiterarbeiten, während der Prozeß selbst noch mit alten Werten geführt wird. Als Integritätsbedingung muß die Koordination der Vorgabewerteänderungen gefordert werden. Solchen Integritätsbedingungen genügen die Verfahren mit exklusiver Sperrung.

Ähnliches gilt auch für die Behandlung der Probleme Ausfall und Wiederanlauf durch die Verfahren.

Die in 3. genannten Voraussetzungen verhindern, daß lokal auftretende Integritätsver-
verletzungen global wirksam werden, falls diese nicht Informationen beeinflussen,
auf deren Basis Modifikationsanforderungen erstellt werden. Durch Ausfälle von Einrichtungen des Nachrichtentransportsystems kann sich das verteilte PDV-System in
isolierte, jedoch funktionsfähige Teilsysteme aufspalten. Alle Verfahren meistern
eine solche Situation. Sortierverfahren haben jedoch Schwierigkeiten, den für einen
"stoßfreien" Wiederanlauf notwendigen "allgemein akzeptierten" Aufsetzpunkt festzu-
schreiben. Dies kann den Wiederanlauf erheblich verzögern.

Verfahren mit exklusiver Sperrung bieten einen weiteren Vorteil gegenüber Sortierverfahren. Sie gewährleisten nicht nur das Führen redundant realisierter Datenbasen,
sondern können auch in den Fällen angewendet werden, bei denen die Verteilung der
Prozeßdatenbasis in der Führung unterschiedlicher, u. U. disjunkter Datenbasisteile
auf verschiedenen Rechnern besteht (vgl. /3/).

5. Implementierung von Verfahren mit exklusiver Sperrung

5.1 Integration von Verwaltungsinstanzen in Arbeitsrechner

Die naheliegendste Realisierung von Verwaltungsinstanzen besteht in ihrer vollständigen Integration in die Arbeitsrechner des verteilten PDV-Systems.

Eine wesentliche Grundlage hierfür ist der Komfort der Schnittstelle, die das Nachrichtentransportsystem Verwaltungsinstanzen und Benutzern für den Austausch von Nachrichten bietet. Es sollte folgenden Anforderungen genügen:
- die Kommunikationsprimitive zur Formulierung von Kommunikationsabläufen sollten
  sowohl für lokale als auch abgesetzte Kommunikation verwendbar sein,
- die Formulierung von Kommunikationsabläufen darf nicht von Implementierungsdetails
  abhängen, wie z.B. von der Struktur der Arbeitsrechner oder den speziellen Eigenschaften der physikalischen Übertragungseinrichtungen,
- der Namensraum zur Adressierung der Kommunikationspartner sollte weitgehend von
  dem Nachrichtentransportsystem verwaltet werden.

Von den existierenden Alternativen /1/ von Nachrichtentransportsystemen eignet sich
insbesondere das Konzept der verbindungsorientierten Kommunikation. Bei diesem Konzept wird vor der Übertragung von Nachrichten zwischen zwei Kommunikationspartnern
eine gerichtete logische Verbindung aufgebaut. Über diese Verbindung können beliebig
viele Nachrichten in der entsprechenden Richtung übertragen werden; der Abbau der
Verbindung erfolgt erst, wenn die Verbindung nicht mehr benötigt wird. Kommunikationsprimitive betreffen im wesentlichen den aktiven bzw. passiven Aufbau einer Verbindung,
das Senden bzw. Empfangen von Nachrichten sowie den Abbau einer Verbindung.

Unter dieser Voraussetzung erweist sich die Strukturierung einer Verwaltungsinstanz

in Nachrichtenwarteschlange, Anforderungswarteschlange, Warteschlangenverwaltungs-
mechanismus und Protokolleinheit als zweckmäßig /5/.

In die Nachrichtenwarteschlange werden die eingehenden Nachrichten eingereiht u.zw.
unabhängig davon, ob sie vom Benutzer, dem lokalen Betriebssystem oder von anderen
Verwaltungsinstanzen stammen. In der Anforderungswarteschlange werden die auf der
Kopie auszuführenden Operationen geführt. Die Aufgaben des Warteschlangenverwaltungs-
mechanismus umfassen die Zuordnung von Nachrichten und Operationen, das Erzeugen,
Verwalten sowie Streichen von Einträgen in der Anforderungswarteschlange und insbesondere das Bereitstellen der Nachrichten für die Auswertung durch die Protokolleinheit. Die Protokolleinheit bildet den eigentlichen Kern der Verwaltungsinstanz; sie
bestimmt die zu unternehmenden Aktionen anhand der bei der Verwaltungsinstanz eingehenden Nachrichten unter Berücksichtigung des aktuellen Zustands, der aufgrund
des Protokolls erreicht wurde.

5.2 Realisierung von Verwaltungsfunktionen mit spezieller Hardware

Die vollständige Integration von Verwaltungsinstanzen in die Arbeitsrechner bedeutet
gerade im Falle der Verfahren mit exklusiver Sperrung eine nicht unbeträchtliche
Belastung der Arbeitsrechner. Neben der Abwicklung des Protokolls, z.B. Durchführen
von Verdrängungen in der Koordinationsphase, müssen zusätzlich Time-out-Schranken
zur Überwachung protokollbezogener Aktivitäten berücksichtigt werden. Die Festlegung
optimaler Time-out-Schranken hängt von sehr vielen Faktoren ab, z.B. von der priori-
tätsmäßigen Einbettung der Verwaltungsinstanz im Arbeitsrechner oder von der Übertragungsgeschwindigkeit des Nachrichtentransportsystems, und kann deshalb nur sehr
grob erfolgen; werden die Schranken zu groß gewählt, wird die Reaktion auf Fehler
verzögert, wählt man sie zu klein, sind zeitaufwendige Bearbeitungen ungerechtfertigter
Fehlerzyklen die Folge.

Es empfiehlt sich daher, gerade für Realzeitanwendungen, Teile des Koordinations-
protokolls in speziellen Komponenten des Nachrichtentransportsystems zu realisieren;
insbesondere bietet sich eine Integration von Koordinationsfunktionen in Kommunikationsprozessoren an.

Dies kann in der Form spezieller Koordinations-Tasks (Sekretäre) geschehen, die eine
ähnliche Struktur wie die Verwaltungsinstanzen in 5.1 besitzen und für die Inter-
kommunikation äquivalente Protokolle benutzen. Eine Verwaltungsinstanz versieht eine
zu bearbeitende Anforderung mit einer systemweit eindeutigen Priorität und übergibt
diese ihrem Sekretär. Dieser führt in Kooperation mit den anderen Sekretären die
Koordinationsphase durch und unterrichtet ggf. seine Verwaltungsinstanz über die
auszuführende Anforderung. Nach Beendigung des kritischen Abschnitts durch die Verwaltungsinstanzen wickelt ihr Sekretär die Restphase ab, deren Ende er der Ver-

..tungsinstanz u. U. nicht notwendig zurückmelden muß; danach kann er bei nicht
leerer Anforderungswarteschlange bereits einen neuen Zyklus initialisieren.

Da ein Kommunikationsrechner die Aufgabe hat, den Status der Verbindungen zu allen
bei ihm angeschlossenen Stationen zu überwachen, kann die Zuständigkeit für die
Time-out-Kontrolle der Protokollaktivitäten ebenfalls dem Sekretär übertragen werden.
Diese Lösung erlaubt die Festlegung kleinerer und besser angepaßter Time-out-Schranken
als in 5.1.

5.3 Effizienzuntersuchungen an Simulationsmodellen

Zur Durchführung von Effizienzuntersuchungen stand ein validiertes Modellierungssystem
für Nachrichtentransportsysteme (siehe Fußnote) zur Verfügung, das im Detail die Arbeitsweise der Transportsystemkomponenten sowie ihr durch unterschiedliche Protokolle
geregeltes Zusammenwirken für die Übertragung von Teilnachrichten (Packets) nachzu-
bilden gestattet. Dieses auf der Programmiersprache SIMULA basierende Modellierungssystem erlaubt die Untersuchung des Leistungsverhaltens unterschiedlicher Rechner-
netzkonfigurationen und Transportsystemkomponenten bei variierender Belastung durch
den Nachrichtenverkehr.

In dieses realitätsnahe Modellierungssystem wurden Modelle der in 5.1 und 5.2 diskutierten Alternativ-Versionen integriert und bzgl. ihrer Effizienz experimentell
untersucht.

Die Experimente basierten auf einer Konfiguration von 4 Prozeßrechnern, die über
170 [K Bytes/sec] schnelle Kanal-Kanal-Kopplungen mit ihren assoziierten Kommunikationsprozessoren gekoppelt waren. Die 4 Kommunikationsrechner waren miteinander
vollständig über Leitungen mit einer um den Faktor 10 kleineren Übertragungskapa-
zität verbunden. Bei den zu simulierenden Softwareaktivitäten wurden die an einem
existierenden verteilten System ermittelten Werte /8/ verwendet. In Anlehnung an
diese wurden auch die Zeiten der Aktivitäten der Verwaltungsinstanzen und Sekretäre
gewählt. Die Länge der Teilnachrichten entstammen einer Gleichverteilung in den
Grenzen 100-500 [Bytes], die Länge der Kontrollnachrichten wurden mit 10 [Bytes]
angenommen.

Im Vordergrund der Untersuchung standen die mittlere Auslastung der Prozeßrechner
und Kommunikationsprozessoren sowie die mittleren Zykluszeiten im stationären Zustand des Gesamtsystems in Abhängigkeit von der Ankunftsrate der Teilnachrichten
(Untergrundbelastung) und der Ankunftsrate der Koordinationsanforderungen.

Die Ergebnisse - vgl. Bild 2 - zeigen eine deutliche Überlegenheit der Version II

Das Modellierungssystem wurde im Auftrag des Hahn-Meitner-Instituts (Berlin) für das
dort existierende Rechnernetz /8/ entwickelt.

(5.2) gegenüber Version I (5.1).

Die erheblich niedrigere Belastung des Prozeßrechners und die Fähigkeit, selbst bei stärkeren Belastungen des Nachrichtentransportsystems die Stationarität des Gesamtsystems zu bewahren, sprechen für den Einsatz von Verfahren mit exklusiver Sperrung für die Führung redundant realisierter Prozeßdatenbasen in verteilten PDV-Systemen, falls ihre Implementierung entsprechend 5.2 möglich ist.

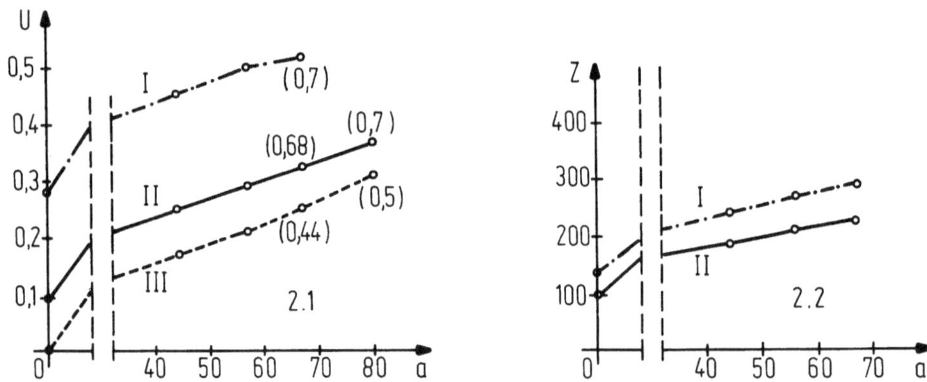

Bild 2: Abhängigkeit der Prozeßrechnerauslastung U-2.1- und der Zykluszeit Z [msec] -2.2- von der Ankunftsrate a [1/sec] von Teilnachrichten im Nachrichtentransportsystem und von der Ankunftsrate b=4 [1/sec] von Koordinationsanforderungen für die Versionen I und II. III beschreibt das System ohne Koordinationsnachrichtenverkehr. In Klammer sind Kommunikationsrechnerauslastungen beigefügt. (System I ist in 2.1 bei a=80 instationär)

6. Zusammenfassung

Es wurden unterschiedliche Verfahren – Sortierverfahren, Verfahren mit exklusiver Sperrung – zur Gewährleistung der operationalen Integrität redundant realisierter Prozeßdatenbasen in verteilten PDV-Systemen einem Leistungsvergleich unterzogen. Für die leistungsstärkeren Verfahren mit exklusiver Sperrung wurden alternative Implementierungsmöglichkeiten entwickelt und deren Effizienz in Experimenten mit "realitätsnahen" Simulationsmodellen untersucht.

Literatur

/1/ Akkoyunlu, E., Bernstein, A., Schantz, R.
Interprocess communication facilities for network operating systems
Computer, June 1974, p. 46

/2/ Davenport, R.A.
Database integrity
The Computer Journal, Volume 19, Number 2, May 1976

/3/ Drobnik, O.
Strukturmodelle dezentralisierter Kontrolle in Mehrrechnersystemen
NTG-GI-Fachtagung "Rechnernetze und Datenfernverarbeitung", Aachen 1976
Informatik Fachberichte 3, Springer-Verlag

/4/ Forsdick, H.C.
A comparison of two schemes that control multiple updating of data bases
MIT, Dept. of Electrical Engineering and Computer Science, May 5, 1975

/5/ Holler, E.
Koordination kritischer Zugriffe auf verteilte Datenbanken in Rechnernetzen
bei dezentraler Überwachung
Dissertation, Universität Karlsruhe 1974

/6/ Johnson, P.R., Thomas, R.H.
The maintenance of duplicate databases
Network Working Group, RFC # 677, NIC # 31507, January 27, 1975

/7/ Thomas, R.H.
A solution to the update problem for multiple copy databases which uses
distributed control
Bolt Beranek and Newman, Inc., 50 Moulton St., Cambridge, Mass., 02138, 1976

/8/ Strack-Zimmermann, H.W., Schrödter, H.D.
The Hahn-Meitner-Institut Computer Network
NTG-GI-Fachtagung "Rechnernetze und Datenfernverarbeitung",
Aachen 1976, Informatik Fachberichte 3, Springer-Verlag

<u>ERFAHRUNGEN MIT DEM PROGRAMMIERSYSTEM   P E A R L</u>

B. Krüger

6800   M a n n h e i m

1. Einleitung

Der 1970 gegründete PEARL-Arbeitskreis hatte sich zum Ziel gesetzt,
eine höhere Prozeßprogrammiersprache zu definieren. Mitglieder dieser
Gruppe sind Prozeßrechnerhersteller, Hochschulinstitute und Anwender.
Der Arbeitskreis, dem die Fa.BBC angehört und die durch die Implementierung der Prozeßprogrammiersprache PAS1 [1] bereits auf diesem Gebiet
seit geraumer Zeit tätig ist, schloß seine Arbeit mit der Sprachdefinition von PEARL [2] im Jahre 1973 ab.

Im Rahmen des 2.DV-Förderungsprogramms wird das Projekt PDV (Prozeßlenkung mit Datenverarbeitungsanlagen) von der BRD gefördert. Hierdurch wurde es -unter der Projektleitung der Gesellschaft für Kernforschung mbH, Karlsruhe [3] - ermöglicht, daß eine Reihe von Gruppen
ein PEARL-Subset auf verschiedenen Prozeßrechnern implementieren.
Das Gremium, in dem alle Aktivitäten der Implementatoren koordiniert
werden, ist der PEARL-Subset-Arbeitskreis (SAK). Hauptaufgabe des
SAK's ist es, auf der Basis der Erfahrungen der Implementatoren und
erster Anwender eine revidierte Fassung der Sprachdefinition von PEARL
zu erarbeiten, die einen gemeinsamen Rahmen für alle PEARL-Subsets der
nächsten Jahre bilden wird. Darüber hinaus wird ein PEARL-Basis-Subset
erarbeitet, das das Minimum aller Sprach- und Echtzeit-Betriebssystem-
fähigkeiten auf Kleinrechnern umfaßt. Es ist selbstverständlich, daß
das Basis-Subset vollständig im PEARL-Subset enthalten sein muß.
BBC hat bereits im Oktober 1974 aus Anlaß der INTERKAMA eine erste
lauffähige Version seines BBC-PEARL-Subsets [4] (auch PAS2 genannt)
vorgestellt und unmittelbar danach industriell eingesetzt. Es liegen
nun seit über zwei Jahren Erfahrungen mit PEARL und seinem praktischen
Einsatz vor. Über diese Erfahrungen, die BBC veranlaßten, das Produkt
weiterzuentwickeln und über den SAK Einfluß auf die Fortschreibung der
Sprache PEARL zu nehmen, soll in dem nachfolgenden Abschnitt 3 berichtet werden.
Zum besseren Verständnis muß im Abschnitt 2 im Überblick auf die
wesentlichen Teile des Programmiersystems und die unterstützte Hardware eingegangen werden.

2. Das Programmiersystem und seine Hardware im Überblick

Das Programmiersystem des BBC-PEARL-Subsets enthält neben dem durch die Sprache bedingten Compiler und Echtzeit-Betriebssystem eine Reihe von aufeinander abgestimmten Hilfsprogrammen oder Zusätzen, die entweder über einen Batch-Monitor während der Vorbereitungsphase oder über das Echtzeit-Betriebssystem POS (PEARL-Operating-System) zur Ausführungsphase angesprochen werden können.

Hierzu gehören:

- ein kontext-orientiertes Editierprogramm mit Displayausgabe
- ein Dateiverwaltungsprogramm
- eine Gruppe von Programmen zur Identifikation und Korrektur von Hard- und Softwarefehlern auf Datenträgern (z.B.Magnetband, Magnetplatte) sowie
- ein mehrteiliger Linker, mit dem u.a. auch die gesamte Speicherplanung über alle Anwendermodule hinweg und die Prüfung aller globalen Bezüge hinsichtlich ihrer Attribute und Gültigkeit durchgeführt wird.

Zum Ausführungszeitpunkt wird das Echtzeit-Betriebssystem unterstützt von

- einer Bedientask, die als Kommunikationsmittel zwischen dem Maschinenbediener und dem Prozeßrechner dient und eine Vielzahl qualifizierter Befehle umfaßt [4] .
- Software-Routinen, die, je nach ausgewähltem Rechnertyp der Familie PDP11 oder nach verfügbaren HW-Optionen des eingesetzten Prozeßrechners, nicht durch Hardware realisierte PEARL-Systemfunktionen simulieren.
- einem Debugging- und Traceprogramm
- einer umfangreichen Bibliothek.

Die Hardware, die von diesem Programmiersystem unterstützt wird,
umfaßt

- die Rechner der Familie PDP11 (/04, /05, /34, /35, /45, /70)
- Terminalgeräte (Konsolschreibmaschinen, alpha-numerische Displays)
- Random-Access-Geräte (Magnetplatten, DEC-Tapes)
- Geräte mit sequentiellem Zugriff (Magnetbänder)
- Lochstreifen- und -kartengeräte
- teilgraphische Farbdisplays
- Rechnerkopplungen
- ein umfangreiches Prozeßperipheriespektrum mit Analog-, Digital-,
  Impuls- und Interruptwerken.

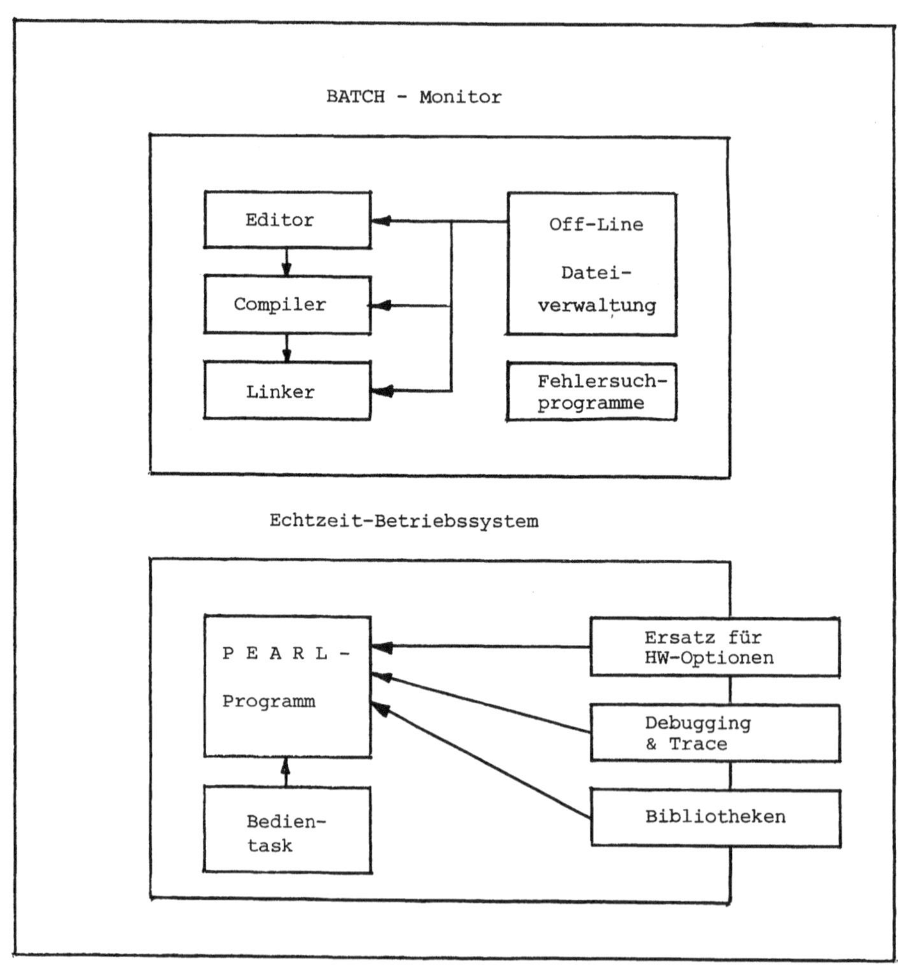

B B C - P E A R L - Programmiersystem

3. Erfahrungen

Die Erfahrungen, die beim Einsatz eines derart komplexen Programmiersystems gemacht werden, reichen von der Implementation bis zum Einsatz
bei realisierten Anlagen. Hier sollen die drei Gesichtspunkte

- Erfahrungen der Anwender
- Erfahrungen mit Anwendern
- Erfahrungen beim Einsatz

näher betrachtet werden.

3.1 Erfahrungen der Anwender

Anwender von Prozeßrechnern haben in den letzten 5 bis 10 Jahren den
Akzent in ihren Anwendungsfällen verlagert. Während zu Beginn des Einsatzes von frei programmierbaren Rechnern der Schwerpunkt beim zeitgerechten Datalogging und einfachen Steuerungs- und Regelungsaufgaben
lag, sind in den letzten Jahren als Schwerpunkte zu nennen:

- komplexe Automatisierungsaufgaben mit den Ebenen:
  Prozeßführung und Betriebsführung
- Mehrrechnersysteme mit dem Ziel der
    Aufgabenteilung oder dem Ziel der
    Sicherheit
- On-Line-Kopplung an bereits bestehende Prozeßrechner-
  systemen an funktionell benachbarten Produktionseinheiten
- On-Line-Kopplung an Großrechner mit dem Ziel des Aus-
  tauschs großer Datenmengen.

Zusätzlich verwischen sich in steigendem Maße die Grenzen zwischen den
historisch gewachsenen Teilgebieten "Technisch-wissenschaftliches
Rechnen", "Kommerzielles Rechnen" und "Prozeßdatenverarbeitung".

An einem Beispiel aus der Grund- und Baustoffindustrie (Zementerstel-
lung mit anschließendem Versand) können typische Aufgaben gezeigt werden, die durch einen Prozeßrechner zu bearbeiten sind:

- Steuerung des Mischbettaufbaus,
- On-Line-Mischungsregelung
- Berechnung mathematischer Modelle
- Entgegennahme von Analysewerten aus einem fremden System
- Buchführung über erstellte Produktsorten und -mengen
- Bilanzierung ausgelieferter Mengen und Rechnungserstel-
  lung aufgrund einer abgespeicherten Kundenkartei.

Die hier aufgezeigten Anforderungen und Erfahrungen der Anwender gaben
BBC die Rechtfertigung, die Hardware und das PEARL-Programmiersystem
um wesentliche Komponenten zu erweitern:

- Einsatz von Rechnerkopplungen (seriell und parallel)
- Einsatz von Mehrrechnersystemen
- Programm- und Datennachschub von Hintergrundspeichern
- Entwicklung eines geeigneten I/O-Konzeptes für Standard-
  peripheriegeräte auf der Basis der Begriffe File und Datei,
  das in das relativ spät festgelegte DATION-Konzept in PEARL
  eingefügt werden kann. Hierbei ist sichergestellt, daß
  Daten auch Off-Line über Datenträger (z.B.Magnetband) mit
  fremden Systemen ausgetauscht werden können.

Ein wesentlicher Punkt der Zukunft wird in diesem Zusammenhang die
Programmierung dezentraler Systeme sein.

Ein sehr wesentliches Ziel von PEARL ist es, erfahrenen Anwendern
(Automatisierungsingenieuren, Verfahrenstechnikern usw.), die jedoch
eine gewisse Aufgeschlossenheit für ein neues Arbeitsgerät (den Prozeßrechner) mitbringen, nach mehr oder weniger intensivem Training
ein Hilfsmittel in die Hand zu geben, mit dem sie selbständig ihre
Automatisierungsaufgaben lösen können, ohne sich in die absolute Abhängigkeit eines EDV-Spezialisten begeben zu müssen. Dabei ist sicherzustellen, daß der Anwender von unnötigem Ballast befreit wird.
Das bedeutet konkret:
Aufgabengebiete, die sowohl vom Anwender programmiert, als auch vom
Betriebssystem (im weitesten Sinne) unterstützt werden können, müssen
in das Betriebssystem verlagert werden, da
1. der Anwender dann ein bereits getestetes Hilfsmittel vorfindet
   (zeit- und kostensparend);
2. die Möglichkeit besteht, daß diese Fähigkeiten zu einem späteren
   Zeitpunkt von einem Hardware-Zusatz übernommen werden.

Beispiele für diese Vorgehensweise sind aus der Vergangenheit bekannt
(Datenformatisierung, Multiplikation) und es sollte auch in Zukunft
der Mut bestehen, dem Betriebssystem Aufgaben anzuvertrauen, bei denen
man heute noch der Ansicht ist, daß sie in die Hand des Anwenders gehören (Verwaltung von Auftragspuffern und Schedules, automatischer
Restart).

3.2. Erfahrung mit Anwendern

Hierbei muß sehr klar zwischen drei Gruppen von Anwendern unterschieden
werden.

a. Anwender mit geringer Programmiererfahrung

Ein derartiger Anwender wird anfänglich nur einfache Sprachelemente
anwenden, die naturgemäß nicht alle Möglichkeiten ausschöpfen. Mit
fortschreitender Einarbeitung ist er in der Lage, qualifizierte Programme zu erstellen, die dann auch auf die Ziele minimaler Zeit-
und/oder Kernspeicherbedarf ausgerichtet sein werden.

PEARL unterstützt diese Vorgehensweise.

b. Anwender mit Erfahrung im Einsatz von Programmiersprachen

Diese Anwender sind in der Regel mit Begriffen wie Datentyp, Blockstrukturen, I/O-Handling in ihrem Wesen und ihrer Wirkungsweise vertraut und haben keine Schwierigkeiten in kurzer Zeit in PEARL
sich
- die Feinheiten der ihnen bereits bekannten Begriffe anzueignen
- die neuen Sachverhalte, wie Multitasking, Schedules, Systemteil, zu erfassen.

c. Anwender mit Assemblererfahrungen

Anwender mit wesentlichen Assemblererfahrungen versuchen sehr bald
kleinere oder größere Korrekturen in ihren übersetzten und gelink-
ten Programmen wieder auf Assembler- oder Maschinencodeebene durchzuführen, um damit besonders schnell und billig ihr Problem zu lösen. Hierbei ist besonders zu beachten, daß bei logischen Fehlern
nicht nur kleinere Korrekturen an den betrachteten Statements ausgeführt, sondern eventuell in die vom Betriebssystem oder Compiler
aufgebauten und verwalteten Tabellen eingegriffen werden muß.

Dieser Wunsch steht im krassen Gegensatz zum Bestreben, ein Anwenderprogramm sicher und zuverlässig zu machen. Es darf jedoch nicht
verkannt werden, daß mindestens während der Inbetriebnahmephase
hier gewisse Konzessionen gemacht werden müssen, falls eine Inbetriebnahme unter Zeitdruck steht oder eine erneute Compilation auf
dem Prozeßrechner vorübergehend nicht möglich ist.

Die hier aufgezeigten Erfahrungen mit Anwendern unterschiedlichen
Wissens zeigen folgende wesentliche Punkte:

- PEARL ist für den Anwender leicht erlernbar;
- die Statements haben selbst dokumentierenden Charakter
  und können durch zusätzlichen Kommentar an beliebigen
  Stellen ergänzt werden
- die freie Wählbarkeit der Namen -auch unabhängig von der
  eingesetzten Hardware- ist von großer Wichtigkeit
- dem Anwender müssen, sofern er im Maschinencode Änderungen
  vornehmen will, Hilfsmittel bereitgestellt werden (ent-
  schlüsselter Befehls- und Staticbereich; Adressen, die vom
  System berechnet werden, Cross-Reference-Listen usw.).

3.3. Erfahrungen beim Einsatz

BBC hat bis jetzt ca. (60) Aufträge für im BBC-PEARL-Subset zu programmierende Prozeßrechensysteme erhalten. Davon sind ca. (25) ausge-
liefert bzw. in der Auslieferungsphase. Das Einsatzgebiet der in PEARL
programmierten Anlagen läßt sich durch folgende Schwerpunkte kennzeichnen:

- Energieverteilung
- Hütten- und Walzwerke
- Verarbeitende Industrie
- Chemie, Petrochemie
- Wasserwirtschaft
- Baustoffe, Grundstoffe, Bergbau
- Lagertechnik
- Labor, Ausbildung, Entwicklung

Die Erfahrungen beim Einsatz dieser Anlagen erstrecken sich also auf
ein weitgefächertes Einsatzgebiet und es arbeiteten Automatisierungs-
ingenieure unterschiedlichster Fachgebiete mit dieser Programmiersprache.

Ziel der Entwicklung von PEARL ist es, ein einfaches effektives
Programmierhilfsmittel zu erhalten, mit dem man möglichst auf dem
Niveau der täglichen technischen Umgangssprache die technischen Pro-
zesse programmieren kann.

Hierbei haben sich zwei wichtige Gesichtspunkte ergeben:
Reicht die Sprache und ein dazu passendes Echtzeit-Betriebssystem zur
Programmierung, Test und Inbetriebnahme eines komplexen technischen
Prozesses aus oder sind weitere Hilfsmittel erforderlich.

In PEARL wurde besonders großer Wert auf die Portabilität und Zuverlässigkeit eines Anwenderprogramms gelegt. Selbstverständlich darf
die Effektivität eines auszuführenden Programms dadurch nicht wesentlich beeinflußt werden. Reichen die in PEARL vorgesehenen Maßnahmen
aus?

Zur ersten Frage, der Frage der Hilfsmittel, läßt sich sagen:
Der Anwender will, auch bei fehlerhafter Programmierung, möglichst
schnell von der Systemanalyse zum funktionsfähigen Programm gelangen.
Hierbei will er in jedem Fall die ihm zur Verfügung stehende Hardware während der Programmerstellung ausnutzen oder ist sogar bereit,
zusätzliche Geräte in sein System zu integrieren, um eine möglichst
kurze Programmerstellungszeit zu erhalten. An Softwarehilfsmitteln
benötigt er einen Compiler, der ihm unterstütztende Hinweise, Fehlermeldungen und Listen ausgibt, mit denen er sich ein umfassendes Bild
über seine

- Blockstrukturen
- Programmierfehler
- Programmlänge
- im Programm verwendeten Größen

gewinnen kann.

Darüber hinaus muß er
- zur Erstellung der Quellprogramme ein E d i t i e r p r o -
  g r a m m haben, das sich möglichst den verfügbaren Ein- und
  Ausgabegeräten anpaßt. Eingabe und Korrektur, z.B. zeilenweise
  über eine Schreibmaschine oder, sofern vorhanden, Eingabe bzw.
  Korrektur über ein Display, auf dem nicht nur die jeweils bearbeitete Zeile, sondern auch die dazugehörige Umgebung angezeigt
  wird.

- Während der Programmerstellungsphase und der Off-Line-Auswertung
  von Daten ist es erforderlich, Datenbestände und Programme unterschiedlichster Struktur von einem Datenträger auf einen beliebigen anderen Datenträger zu bewegen. Hierzu ist ein D a t e i -
  v e r w a l t u n g s p r o g r a m m erforderlich, das den Verkehr mit allen im System befindlichen Standardperipheriegeräten
  erlaubt.

- Durch falschen Umgang des Bedienungspersonals, Netzspannungsaus-
  fall oder Versagen der Hardware ist es möglich, daß Datenbestände
  fehlerhaft sind (Checksum Error, unvollständige Einträge in
  Directories, hardwarebedingte Unterbrechung eines Übertragungsvor-
  ganges). Mit speziell hierfür entwickelten F e h l e r s u c h -
  u n d I d e n t i f i k a t i o n s p r o g r a m m e n muß
  es möglich sein, den Zustand auf einem Datenträger (Magnetplatte,
  Magnetband) zu erfassen und, sofern die Fehler lokalisiert werden
  können, zu korrigieren.

Muß ein Anwender, bedingt durch die Größe seines Programmpaketes oder
durch laufende Änderungen in seinem Programm, häufig compilieren,
linken, laden bzw. Datenbestände während der Vorbereitungsphase bewegen, so bringt ein Monitor mit BATCH-Fähigkeiten, mit dem es möglich
ist, ständig wiederkehrende Arbeiten automatisch ablaufen zu lassen,
eine wesentliche Arbeitserleichterung.

Im BBC-PEARL-Programmiersystem stehen u.a. die oben zitierten Hilfsmittel zur Verfügung.

Darüber hinaus müssen auch während der Ausführungsphase zusätzliche
Hilfsmittel [4] unbedingt bereitgestellt werden, so zum Beispiel
  - Testhilfsmittel mit Off-Line-Charakter (Debugging und Trace).
    Diese Programme sind zwar in erster Linie für den Systemtest ge-
    dacht, können allerdings auch während der Inbetriebnahmephase
    mit Erfolg eingesetzt werden. Es ist zu beachten, daß sie das
    Echtzeit-Verhalten zerstören.

  - Testhilfsmittel, die das Echtzeit-Verhalten nur unwesentlich
    beeinflussen.

- Auskunftsfunktionen über den jeweiligen Zustand des Systems.

- Funktionen, die es gestatten, von der Konsole aus, z.B.während
  der Inbetriebnahme-Phase, Teilprozesse zu beeinflussen, z.B. durch
  taskbezogene Befehle wie sie in der Sprache verankert sind.

Die Vermehrung der Datentypen (CLOCK, DURATION, SEMA usw.), die Verwendung von Signals und die Einführung der OPEN-Controls stellen eine
wichtige Voraussetzung dar, um ein Programm zuverlässiger zu machen
und möglichst viele Fehler bereits vor der eigentlichen Ausführung zu
ermitteln. Es darf in diesem Zusammenhang jedoch nicht übersehen werden, daß die Portabilität von Programmen umso größer ist, je mehr
Standardelemente für Signals und OPEN-Controls festgelegt werden.

Abschließend kann gesagt werden, daß sich das von BBC realisierte
PEARL-Programmiersystem in seinen Einsätzen bewährt hat. Es hat jedoch
auch gezeigt, daß in PEARL weitere Fähigkeiten integriert werden müssen, wie z.B. dezentrale Systeme, Auftragspufferung und der Datentyp
Schedule. Diese Wünsche werden, zusammen mit den Wünschen und Erkennt-
nissen aller PEARL-Implementatoren und Anwender, vom SAK gesammelt und
in der nächsten Stufe berücksichtigt.

Literaturverzeichnis

[1] G. Koch   Die Software des Systems DP1000
                       BBC-Prozeßdatenverarbeitung (Okt.1971),
                       BBC 1264 (10.71.5.A)

[2] K.H.Timmesfeld   PEARL, a proposal for a process and
     u.a.   experiment automation real-time language.
                       PDV-Bericht KFK-PDV1, Gesellschaft für
                       Kernforschung mbH, Karlsruhe, 1973

[3] T. Martin   Zur Situation der PEARL-Entwicklung in der
                       BRD. Regelungstechnische Praxis, Heft 7,
                       1976, Seite 188-190

[4] G.Koch   Mensch-Maschine-Kommunikation in einem
     W.Oberle   PEARL-Echtzeit-Programmiersystem,
     B.Schreck   Vortrag auf der Fachtagung
                       "PROZESSRECHNER 1977" in Augsburg.

<u>IMPLEMENTIERUNG DER PROZESSRECHNERSPRACHE PEARL</u>

FÜR DEN PROZESSRECHNER AEG 60-10

UND ANWENDUNG AN EINEM INDUSTRIELLEN PROZESS

E. Welfonder, M. Alt und J. Bühler, **Stuttgart**

1. <u>Einleitung</u>

Die Erstellung von Anwendungsprogrammen in Assembler-Sprachen führt
infolge hohen Programmieraufwandes, geringer Überschaubarkeit sowie
fehlender Portabilität zu hohen Softwarekosten. Um diesen - beim Einsatz von Prozeßrechnern bereits dominierenden - Kostenanteil zu reduzieren, wird derzeit von der ASME (Arbeitsgemeinschaft Stuttgart,
München, Erlangen) für verschiedene Prozeßrechnertypen ein portables
anwenderfreundliches Programmiersystem auf der Grundlage der Prozeßrechnersprache PEARL erstellt[1] /1-4/.
Innerhalb dieser Arbeitsgemeinschaft hat es das IVD[2] übernommen, die
Prozeßrechnersprache PEARL auf dem Prozeßrechner AEG 60-10 zu implementieren und an einem mit dem Rechner gekoppelten Kraftwerksblock im
Heizkraftwerk (HKW) der Universität Stuttgart zu erproben.

Über die hierbei bislang erzielten Ergebnisse und Erfahrungen wird in
diesem Beitrag berichtet; dabei umfaßt die Implementierung:

- den Einsatz eines - in FORTRAN geschriebenen - PEARL-Compilers
  auf einem wissenschaftlichen Großrechner zur Übersetzung von
  PEARL-Anwenderprogrammen in eine maschinenunabhängige Assembler-
  Zwischensprache.

- die Erstellung eines Codegenerators zur Übersetzung der Programme
  aus der Assembler-Zwischensprache in die Assembler-Sprache der
  AEG 60-10.

- die Erweiterung des bestehenden Betriebssystems zur Realisierung der vielen bei der Prozeßrechnersprache PEARL zusätzlich
  vorgesehenen prozeßbezogenen Realtime-Befehle.

---

[1] Dieses Projekt wird im Rahmen eines PDV-Vorhabens vom BMFT gefördert.

[2] Abteilung für Automatisierungstechnik und Prozeßdatenverarbeitung
am <u>I</u>nstitut für <u>V</u>erfahrenstechnik und <u>D</u>ampfkesselwesen der Universität <u>S</u>tuttgart

Im Rahmen der Erprobung erfolgt ein Sprachvergleich anhand von Anwenderprogrammen, die zum einen in PEARL und zum anderen im Assembler geschrieben sind. Ferner wird die Effektivität der Prozeßrechnersprache PEARL bezüglich Programmieraufwand sowie Speicherplatz- und Rechenzeitbedarf mit anderen Prozeßrechnersprachen verglichen.

2. Implementierung von PEARL auf dem Prozeßrechner AEG 60-10

2.1 PEARL-Übersetzungssystem

Um die Kosten für die Erstellung der PEARL-Übersetzersoftware niedrig zu halten, wurde von der ASME /1/ folgender Weg beschritten, s.Bild 1:

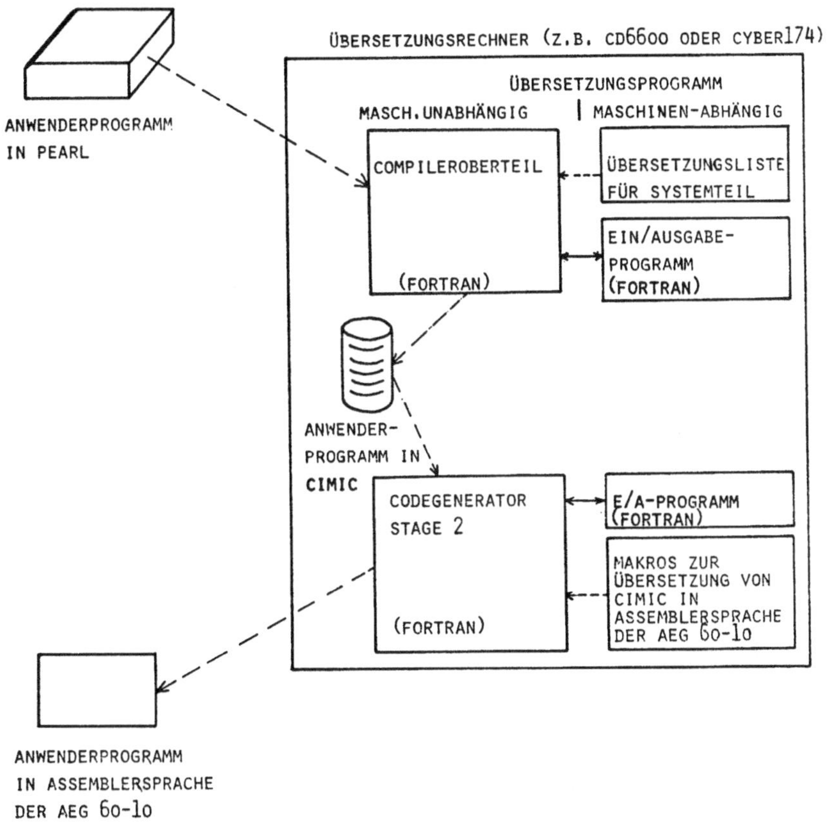

Bild 1: Übersetzung von PEARL-Anwenderprogrammen in die Assemblersprache des Zielrechners AEG 60-10 /1,5/

Der Compiler wurde in einen zielmaschinenunabhängigen Compileroberteil sowie einen zielmaschinenabhängigen Codegenerator aufgeteilt. Da der

Compileroberteil für verschiedene Zielmaschinen nur einmal geschrieben
werden muß, wurden möglichst viele Aufgaben in den Compileroberteil gelegt, so daß die einzelnen Codegeneratoren einfach zu erstellen sind.
Zur Festlegung einer Schnittstelle zwischen den beiden Compilerteilen
wurde die maschinenunabhängige Assembler-Zwischensprache CIMIC/1
(Compiler Intern Machine Independant Code) eingeführt /5/.

Um den oberen Compilerteil möglichst einfach auf verschiedenen Zielrechnern realisieren zu können, wurde dieser Teil von der Fa. ESG (für
die ASME "Stufe 1"-Version) in FORTRAN geschrieben /6/. Der obere Compilerteil ist in 14 Phasen aufgeteilt, die sich aus einem Ablaufsteuer-
programm sowie 13 sequentiell zu durchlaufenden Segmenten ergeben. Da
wir bei unserer PEARL-Implementation an der AEG 60-10 auf keinen
FORTRAN-Compiler zurückgreifen konnten, haben wir unser Compilersystem
auf der CD 6600 und CYBER 174 im Rechenzentrum der Universität Stuttgart in FORTRAN implementiert.
Für die Anpassung des oberen Compilerteils mußten Programme für die
Ein-/Ausgabeorganisation sowie die Ablauforganisation in Overlaytech-
nik erstellt werden.

Um die Zwischensprache "CIMIC/1" in die Assemblersprachen der Zielmaschinen zu übersetzen, wurde von der ASME der Makrogenerator "STAGE 2"
gewählt, der uns ebenfalls in FORTRAN vorlag. Die Zuordnung der Zwischensprache CIMIC zum Zielassemblercode geschieht hierbei über Makro-
Definitionen. Aufgrund des nur begrenzt zur Verfügung stehenden Speicherplatzes für die Makros mußte der Codegenerator bei unserer Implementation auf der CD 6600 bzw. CYBER 174 in 2 Läufe aufgeteilt werden.
Beide Compilerteile wurden mit Hilfe eines Ablaufsteuerprogrammes
programmintern zusammengefügt.
Der Compiler-Benutzer braucht somit nur sein in PEARL geschriebenes
Anwender-Programm in den Rechner einzugeben und erhält dieses - entsprechend Bild 1 - in den Assemblercode der AEG 60-10-Zielmaschine
übersetzt auf Lochstreifen zurück.

Zur Implementierung des Übersetzungssystems auf unserem Übersetzungs-
rechner war folgender Aufwand notwendig:
Die Anpassung des von der Fa. ESG auf über 10 000 Lochkarten gelieferten
ten oberen Compilerteils benötigte - bedingt durch die große Datenmenge
sowie wegen des eingeschränkten Zugriffs zum Rechner - einschließlich
Realisierung der Ein-/Ausgabe-Schnittstelle ungefähr 5 Mannwochen.
Dieser Aufwand hätte bei besserem Zugriff zum Rechner auf 2 bis

3 Mannwochen vermindert werden können.

Zum Schreiben der Makros für den Codegenerator zur Übersetzung von
CIMIC/1 in die Assemblersprache der Zielmaschine AEG 60-10 wurden einschließlich der Einarbeitungszeit ungefähr 1,5 Mannjahre benötigt. Beim
heutigen Wissensstand würde bei uns die Erstellungszeit eines solchen
Codegenerators für eine beliebige Zielmaschine ungefähr 9 Mannmonate,
für Systemsoftwarespezialisten sicher nur 6 Mannmonate betragen.

In dem oberen Compilerteil steckt - lt. Fa. ESG - ungefähr der 20-fache
Erstellungsaufwand wie für den Codegenerator.
Zur Übersetzung eines PEARL-Programms mit 250 PEARL-Anweisungen
(4 Programm-Seiten) beträgt die Rechenzeit des oberen Compilerteils
18 s, die des Codegenerators 122 s, also insgesamt 140 s.
Dabei ergeben bei größeren Programmen 100 PEARL-Befehle im Mittel
300 - 350 CIMIC-Befehle bzw. 400 - 450 AEG 60-10-Assembler-Befehle.

2.2   PEARL-Betriebssystemerweiterung

Die Prozeßrechnersprache PEARL und damit auch die Zwischensprache
CIMIC verfügen über einen wesentlich umfassenderen Befehlsvorrat bezüglich der Realzeit-Programmierung als betriebssystemseitig im Ziel-
prozeßrechner AEG 60-10 vorgesehen.
Zur Ermöglichung der in PEARL vorgesehenen Realzeit-Befehle mußte das
Betriebssystem (KHP 27) des Ziel-Prozeßrechners entsprechend erweitert
werden.

Im folgenden werden die Vorgehensweise bei der PEARL-Betriebssystemerweiterung sowie die dabei gewonnenen Erfahrungen beschrieben.

2.2.1 Generelle Gesichtspunkte

a) Das vorhandene Betriebssystem soll möglichst geschlossen und mit
   möglichst wenig Änderungen in das erweiterte PEARL-Betriebssystem
   integriert sein.

   Am herstellerseitigen Betriebssystem erweisen sich auch nach Auslieferung nicht selten noch Änderungen als erforderlich, welche die
   Fehlerbeseitigung, Verbesserungen allgemeiner Art sowie kleinere
   Betriebssystem-Erweiterungen betreffen. Änderungen dieser Art werden
   meistens rein binär als Patches in das Betriebssystem eingefügt.
   Insgesamt garantieren diese Änderungen ein ausgetestetes und sicheres Betriebssystem. Deshalb sollte das vorhandene Betriebssystem
   derart in das erweiterte PEARL-Betriebssystem eingebracht werden,

daß das vorhandene Betriebssystem funktionsfähig bleibt und nicht
neu generiert zu werden braucht.

Daraus ergibt sich andererseits die Möglichkeit, die PEARL-Erweite-
rungen abschnittweise einzufügen und auszutesten; eine Eigenschaft,
die nicht hoch genug bewertet werden kann.

b) <u>Die Zustandsführung sowie Start und Unterbrechung der PEARL-Tasks
werden direkt von der PEARL-Erweiterung ausgeführt.</u>

Die Taskzustände sind innerhalb der Prozeßrechnersprache PEARL durch
eine exakte Realzeitführung genauestens beschrieben und erlauben
eine klare und einfache Listenführung. Diese Taskzustandsführung muß
unabhängig von der des vorhandenen Betriebssystems durchgeführt werden. Jede diesbezügliche Überschneidung von vorhandenem Betriebssystem und der PEARL-Erweiterung erhöht den Implementationsaufwand
und die Reaktionszeit des Systems, sowie die Gefahr für das Entstehen von Fehlerquellen.

Außerdem kann bei einer Verknüpfung der Zustandsführungen der Vorteil der "Programmkompatibilität" zwischen vorhandenem Betriebssystem und dem PEARL-Betriebssystem verloren gehen.

Als Konsequenz aus der selbständigen PEARL-Taskführung werden Task-
start und -unterbrechung von der PEARL-Erweiterung selbst ausgeführt. Dies kann z.B. dadurch erreicht werden, daß den PEARL-Tasks
ein gesonderter Vorrat an Programmnummern zugeordnet wird, und das
vorhandene Betriebssystem in der Programmnummern-/Ebenenverwaltung
entsprechend reduziert wird.

c) <u>Die Ein/Ausgabe verbleibt beim vorhandenen Betriebssystem.</u>

Die Standard- und Prozeß-Ein/Ausgabe erfordert in ihrem eigentlichen
Kern keine Anpassung an PEARL, abgesehen von eventuellen Modifikationen an den zugehörigen Treibern und deren Unterprogrammen. Die
Verwaltung dieser Systembausteine kann deshalb weiterhin vom vorhandenen Betriebssystem durchgeführt werden. Einziger Eingriff in diesen Betriebssystemteil sind deshalb für die PEARL-Erweiterung der
EA-Ansprung und die EA-Rückmeldung. Die PEARL-Taskführung muß somit
auch eine Tast mit laufender EA verwalten. Fällt in der Zeit, während eine Task EA-aktiv ist, eine PEARL-Taskoperation an, so wird
diese vermerkt und erst bei Aufhebung der EA-Task bearbeitet.

d) <u>Betriebssystem-Aufruferweiterung</u>

Für den Aufbau eines PEARL-Betriebssystems ist auch eine Erweiterung

der Betriebssystem-Aufrufe erforderlich. Da der Einsprung in das
vorhandene Betriebssystem über eine klar definierte Schnittstelle
erfolgt, kann diese Erweiterung mit geringem Aufwand implementiert
werden.

e) <u>Alarm/Clock Auswertung</u>

Auch diese beiden Systembausteine müssen für die PEARL-Realzeitfüh-
rung erweitert werden. Sie haben ebenfalls eindeutige Schnittstellen,
die eine Implementierung mit geringem Aufwand ermöglichen.

2.2.2 <u>Schnittstellen zwischen vorhandenem Betriebssystem und PEARL-
Erweiterung</u>

Durch die in Abschn. 2.2.1 a) - e) beschriebene Vorgehensweise bei der
Implementation der PEARL-Betriebssystem-Erweiterung lassen sich
fünf Schnittstellen zwischen vorhandenem Betriebssystem und der
PEARL-Betriebssystem-Erweiterung definieren, s. Bild 2. Nach gründli-
cher Analyse des vorhandenen Betriebssystems konnten die folgenden
Schnittstellen genau lokalisiert und aktiviert werden:

a) Alarm-Auswertung mit den Unterschnittstellen

    a.1 Clock-Auswertung

    a.2 Verkehrsverteiler-Interrupt-Auswertung

    a.3 Bedienungsperipherie-Interrupt-Auswertung

    a.4 Einleitung einer Programmunterbrechung

b) Betriebssystem-Einsprung

    ≙ Verwaltungsaufruf (VWA)-Auswertung

c) EA-Treiber-Ansprung (VWA-TRAUM)

    ≙ Aufruf "alte Programme"

d) EA-Treiber-Rücksprung (VWA MELDE)

    ≙ Beenden "alte Programme"

e) Programmstart (ECP)

2.2.3 <u>Erhöhung der Grundlast des Betriebssystems durch die PEARL-
Erweiterung</u>

Da die Schnittstellen zwischen vorhandenem Betriebssystem und der
PEARL-Erweiterung genau definiert und lokalisiert sind, ergeben sich
durch eine PEARL-Erweiterung kaum zusätzliche zeitliche Mehr-Belastun-
gen für das erweiterte Betriebssystem. Die im folgenden aufgezeigten
Mehr-Befehle infolge der PEARL-Betriebssystem-Erweiterung stellen die
Mehrbelastung für das bestehende Betriebssystem dar.

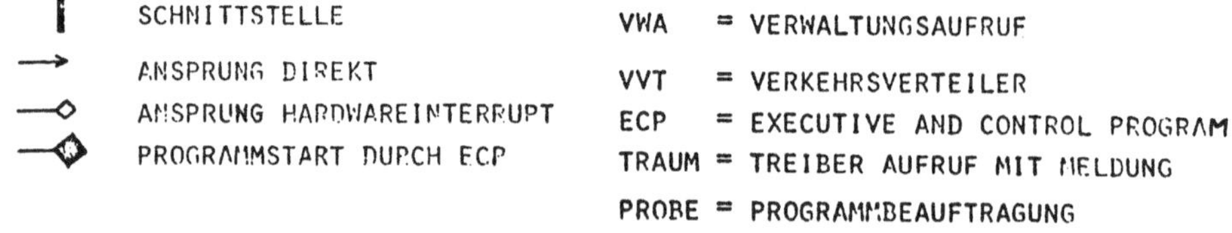

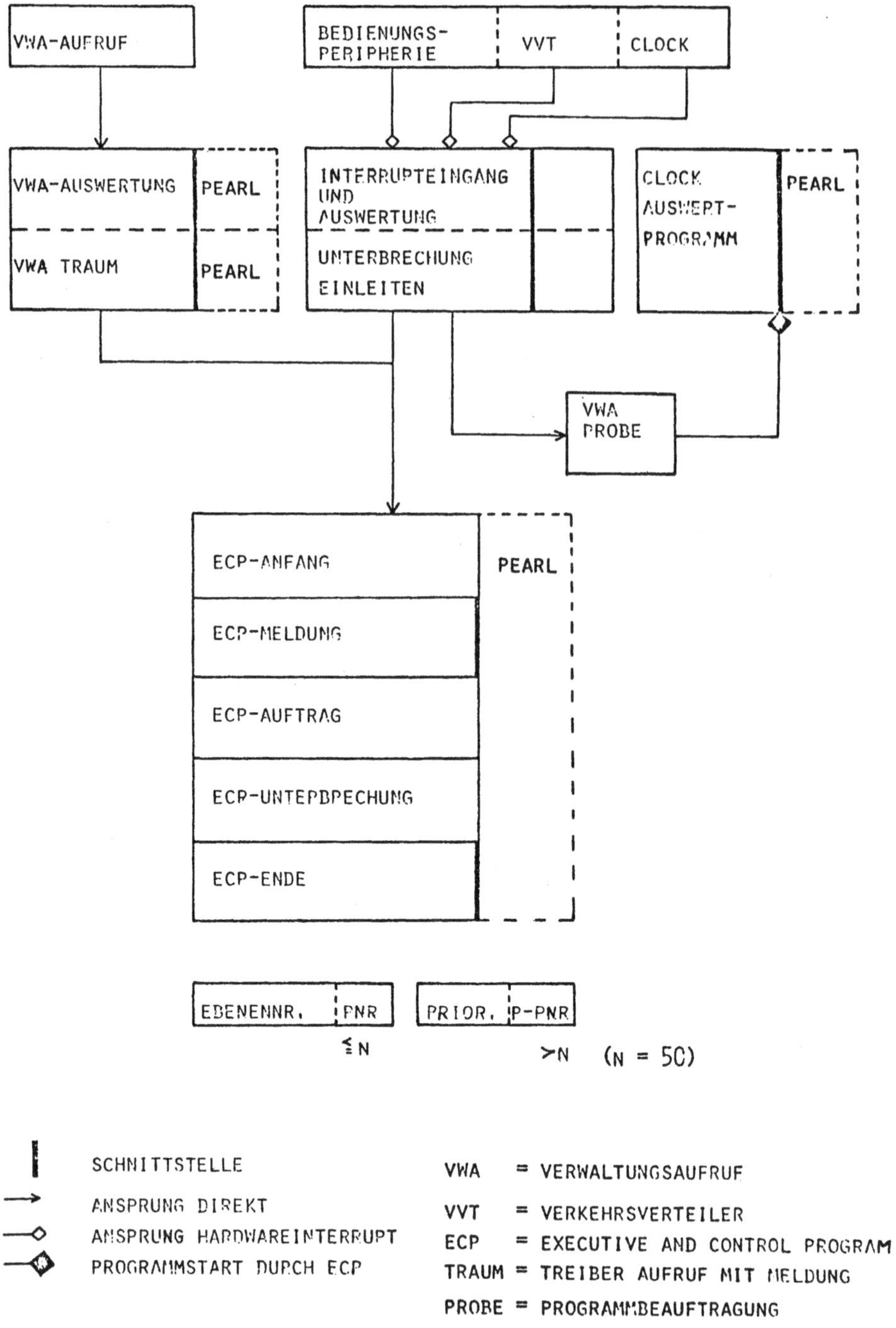

Bild 2: Schnittstellen zwischen vorhandenem Betriebssystem und PEARL-Erweiterung

a) interrupt Auswertung   30 B + 5 B * N

     clock-Auswertung   25 B + 5 B * N

     Programmunterbrechung   6 B

b) VWA-Auswertung   4 B

c) VWA-TRAUM   5 B

d) VWA MELDE   5 B

c) ECP   50 B + 5 B * N

mit

    N - Anzahl der PEARL-Tasks

    B - Befehle

Bei der clock-Auswertung spielen die Erweiterungen keine große Rolle, da das Auswerteprogramm unterbrechbar ist. Außerdem wurde das PEARL-ECP so ausgelegt, daß 80 % des Codes unterbrechbar ist. Weiterhin muß das bestehende Betriebssystem nur noch 2 statt bisher 3 Programmebenen unterstützen, was auch zur Erhöhung der Reaktionszeit des Systems beiträgt.

Im folgenden soll noch ein ungefährer Vergleich sich entsprechender Verwaltungsaufrufe (VWA) aufgeführt werden.

Bestehendes Betriebssystem		PEARL-Erweiterung	
Programmaufruf		Task-Aktivierung ohne schedule	
VWA PROBE	65 B	VWA ACTIV	44 B
Zykl. Beauftragung		Task-Aktivierung mit schedule	
VWA ZYZEI	10 B	(Befehl: AFTER-ALL)	
		VWA ACTIV m. sch.	55 B
Passivieren eines Programms		Task beenden	
VWA PASSI	19 B	VWA TERMI	21 B
ECP Programmstart	104 B	PEARL-Taskstart (N = 12)	110 B

Der Code für die PEARL-Erweiterung umfaßt 1000 Befehle (Befehls-Doppelworte bei 12 bit Wortlänge). Die Listen und Unterbrechungsregister benötigen weitere 2 k Einfach-Worte à 12 bit. Somit erfordert die gesamte PEARL-Betriebssystem-Erweiterung 4 k Worte à 12 bit.

3.   Erprobung von PEARL

Nach Abschluß der PEARL-Implementierung mußte zunächst deren Funktionsfähigkeit erprobt und demonstriert werden; dies erfolgte anhand zweier
einfacher industrieller Anwendungsbeispiele.

3.1   Abwasserneutralisation im Durchfluß mittels DDC-Regelung

Der gerätetechnische Aufbau der Abwasserneutralisationsanlage ist im
Bild 3 a) veranschaulicht:

Die stark sauren oder auch stark basischen Abwässer, die bei der Regenerierung der Mischbettfilter zur Speisewasseraufbereitung anfallen,
werden direkt im Durchfluß durch Zudosierung von NaOH-Lauge bzw. HCl-
Säure neutralisiert. Liegt der pH-Wert im Bereich von $6,5 \leq pH \leq 8,0$,
so wird das neutralisierte Abwasser ins öffentliche Netz abgelassen; im
anderen Falle strömt es zurück ins Auffangbecken.

Die Regelung erfolgt - ausgehend vom pH-Wert-Geber - mittels eines Prozeßrechners Dietz mincal 621, der über einen Digital-/Frequenz-Wandler
Schrittmotoren für die Reagenz-Zudosierung mit Hilfe von Schlauch-
pumpen ansteuert.

Die Schwierigkeit der pH-Wert-Regelung besteht darin, daß die Neutrali-
sationsstrecke (Anlagenabschnitt zwischen Dosierpumpen und pH-Wert-
Geber) folgende ungünstigen Eigenschaften aufweist:

- extrem nichtlinear, aufgrund der pH-Wert-Kennlinie
- zeitvariant, aufgrund schwankender Pufferzustände
- totzeit-behaftet, aufgrund endlicher Strömungsgeschwindigkeit.

Zur Erfüllung dieser extremen Bedingungen wurde ein nichtlinearer adap-
tiver Regelalgorithmus entwickelt und mittels Prozeßrechners realisiert /7/.

Zur Erprobung von PEARL arbeitet der Dietz-Prozeßrechner, bei dem der
Regelalgorithmus in BASEX[3] programmiert ist, wie vorgesehen im closed-
loop-Betrieb; parallel dazu berechnet der Prozeßrechner AEG 60-10, bei
dem derselbe Regelalgorithmus in PEARL programmiert wurde, die Stell-
frequenz f_u im open-loop-Betrieb. Die von beiden Prozeßrechnern in Form
von Plots ausgegebenen Kurvenverläufe, s. Bild 3 b) und c), stimmen jeweils recht gut überein. (Die minimalen Abweichungen im Anfangsbereich
der pH-Wert-Verläufe beruhen auf kleinen Ungenauigkeiten bei der hard-
wareseitigen Meßwerterfassung; diese werden infolge des integral wirkenden Regelalgorithmus aufintegriert und bedingen eine klein bleibende

---

[3] BASEX $\triangleq$ Modifikation von BASIC für Prozeßrechneranwendungen der
   Fa. Dietz /8/

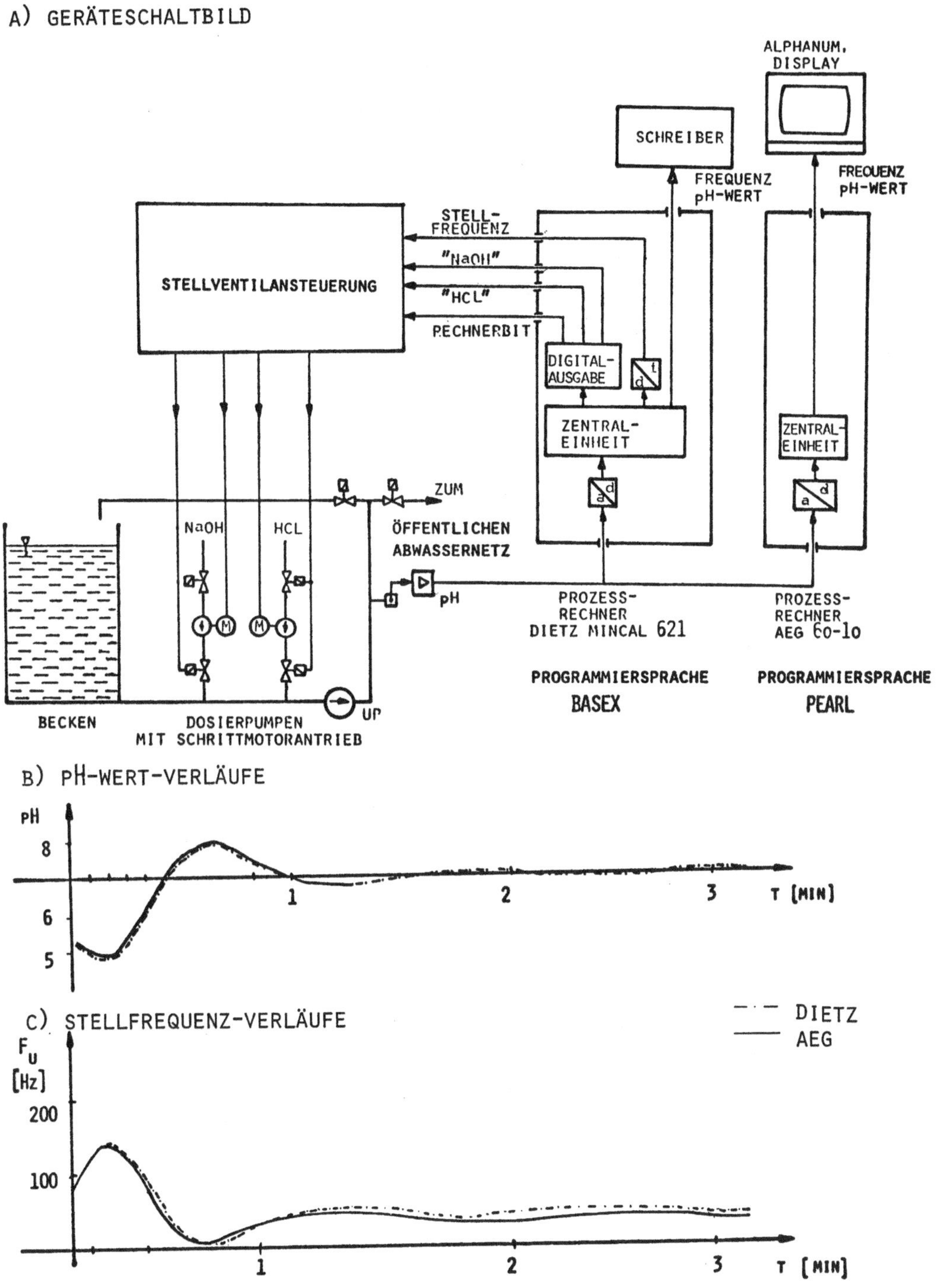

A) GERÄTESCHALTBILD

B) pH-WERT-VERLÄUFE

C) STELLFREQUENZ-VERLÄUFE

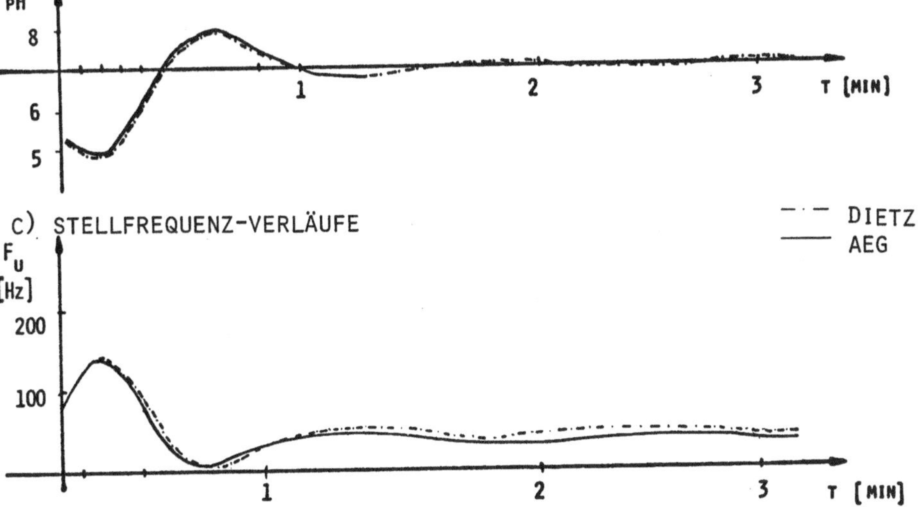

Bild 3: PEARL-Erprobung am Beispiel einer "kontinuierlichen Abwasserneutralisation mittels DDC-Regelung"

Abweichung bei den Stellfrequenzen f_u, eine Erscheinung, die für integral wirkende Back-up-Regler ohne Angleicher-Schaltung typisch ist!) Softwareseitig ist dieser Sprachvergleich damit als voll gelungen anzusehen. Der Programmumfang betrug bei dieser PEARL-Anwendung:

Programmier- sprache	Anweisungen/ Befehle	Codier- u. Testzeit	Bemerkungen
Assembler		> 25 Tage	nur geschätzt, nicht ausgeführt
BASEX	135	3 Tage	
PEARL	154	4 Tage	
Übersetztes PEARL- Progr. in CIMIC	502	–	
Übersetztes PEARL- Progr. in Assembler AEG 60-10	620	–	

3.2 Demonstrationsbox für Prozeß-An-/Abfahrsteuerungen im Kraftwerk

Das An-/Abfahren der Kraftwerksblöcke im HKW erfolgt im Prinzip entsprechend des in Bild 4 dargestellten Flußdiagrammes:
Kommt vom Leitstand der Startbefehl zum Blockanfahren, so schaltet Taktstufe T_1 durch, sofern die zugehörigen Zustandskriteria erfüllt sind, und gibt damit Schaltbefehle an die Hardware des Kraftwerksprozesses aus. Werden diese Schaltbefehle binnen einer Überwachungszeit (von z.B. 210" in Bild 4) ausgeführt und in Form von Schalterfolgsmeldungen quittiert, so schaltet Taktstufe T_2 durch - wiederum vorausgesetzt, daß die zugehörigen Zustandskriteria erfüllt sind. Sind am Eingang einer Taktstufe die Schalt-/Zustandskriteria mal nicht binnen der vorgegebenen Überwachungszeit erfüllt, so erfolgt eine Alarmauslösung, wobei die Anfahrsteuerung in ihrem jeweiligen Zustand stehen bleibt.

Zur Erprobung der PEARL-Implementierung sowie zur anschaulichen Erläuterung der ausgeführten Block-Anfahrsteuerung wurde im HKW eine Demonstrationsbox installiert, die ebenso wie der täglich an-/abzufahrende Kraftwerksblock 5 im Closed-Loop-Betrieb mit dem Prozeßrechner AEG 60-10 gekoppelt ist. Innerhalb der Demonstrationsbox wird - entsprechend Bild 4 - das Anfahrverhalten des Prozesses einschließlich der Signalgeber und Stellantriebe mit Hilfe von Laufzeitgliedern elektrisch nachgebildet.

Zum Austesten der PEARL-Implementierung sowie zur Durchführung eines Sprachvergleiches wurde nun das Teil-Anfahrsteuerprogramm, das anhand des Flußdiagrammes, Bild 4, für den Prozeßrechner AEG 60-10 zu erstellen war, sowohl in PEARL als auch in Assembler programmiert.

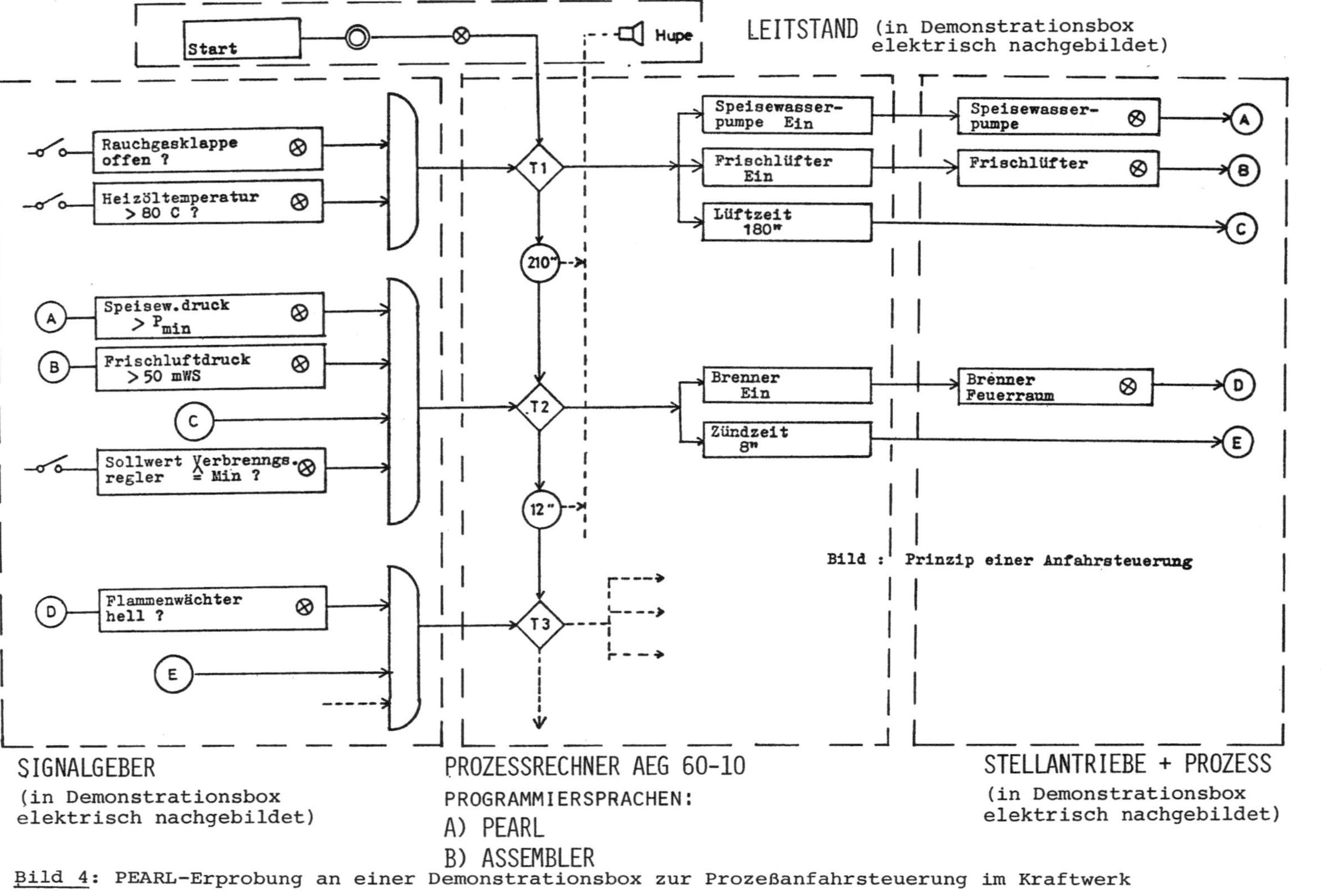

Bild 4: PEARL-Erprobung an einer Demonstrationsbox zur Prozeßanfahrsteuerung im Kraftwerk

Dabei erwiesen sich beim Austesten des PEARL-Programmsystems
die Testhilfen des für PEARL erweiterten Bediensystems als äußerst
hilfreich (diese wurden durch die selbständige Taskzustandsführung
innerhalb der PEARL-Betriebssystemerweiterung ermöglicht).
Mittels dieser Testhilfen können interaktiv während des Realzeitab-
laufes die einzelnen Taskzustände aufgezeigt werden sowie sämtliche
Taskoperationen - verbunden mit etwaigen Schedules - auf die einzelnen Tasks ausgeübt werden; ein Vorteil, der besonders bei der Inbetriebnahme komplexer Prozeßrechensysteme zum Tragen kommt.

Der Programmumfang dieser PEARL-Anwendung betrug:

Programmier- sprache	Anweisungen/ Befehle	Codier- u. Testzeit	Bemerkungen
Assembler AEG 60-10	340	15 Tage	Bei Benutzung des PEARL-erweiterten Betriebssystems
PEARL	100	3 Tage	
Übersetztes PEARL- Progr. in CIMIC	502	-	
Übersetztes PEARL- Progr. in Assembler AEG 60-10	620	-	

Zu diesem Sprachvergleich ist zu bemerken, daß auch der Assembler-
Programmierung das PEARL-erweiterte Betriebssystem zugrundeliegt. Wäre
die Assembler-Programmierung nur mit jenen Realzeitbefehlen ausgeführt
worden, die im herstellerseits gelieferten "vorhandenen" Betriebssystem
möglich sind, so wäre der Programmieraufwand zur Beschreibung der
Realzeitfunktionen des Anfahrprogrammes erheblich größer gewesen.

So kommen anhand dieser beiden abgeschlossenen Erprobungsbeispiele die
Sprachvorteile von PEARL sowohl bei der Programmierung als auch bei der
Inbetriebnahme von Prozeßrechensystemen klar zum Ausdruck.

3.3 Weitere derzeit laufende PEARL-Erprobungen am Kraftwerksblock 5 des HKW's

Während die beiden bisher berechneten Erprobungsbeispiele vornehmlich
dazu dienten, die erfolgreiche PEARL-Implementierung auf dem Prozeßrechner AEG 60-10 zu prüfen und zu demonstrieren, werden derzeit am
Kraftwerksblock 5 des HKW's zwei weitere PEARL-Erprobungen in industri-
ellem Maßstab durchgeführt. Anhand dieser PEARL-Anwendungen sollen die

Vor- und gegebenenfalls auch Nachteile von PEARL bei der Programmierung
sowie bei Inbetriebnahme und Betrieb industrieller Prozesse länger-
fristig untersucht und aufgezeigt werden.
Dabei handelt es sich bei diesen PEARL-Erprobungen:

a) um die Anfahrsteuerung für den Kraftwerksblock 5 bei der die
gesamte Taktebene sowie Teile der Antriebsebene mittels
Prozeßrechners realisiert werden / 9/.

b) um eine optimale Mehrgrößen-Regelung für den Kraftwerksblock 5,
die aufgrund des umfassenden - nur mittels Prozeßrechners reali-
sierbaren - Rückführnetzwerkes wesentlich steilere Laständerungen
zuläßt, als dies mit den bislang üblichen konventionellen PID-
Rückführnetzwerken möglich ist /10/.

Beide Automatisierungskonzepte sind bereits mit Assembler-Programmen
auf dem Prozeßrechner AEG 60-10 ausgeführt und erprobt und somit pro-
zeß- sowie prozeßrechentechnisch ausgereift.

Da die PEARL-Erprobungen für diese Automatisierungsaufgaben noch
nicht abgeschlossen sind, liegen zum gegenwärtigen Zeitpunkt noch
keine quantitativen Ergebnisse vor, jedoch fließen Teilergebnisse
dieser PEARL-Anwendungen bereits in die nachfolgenden generellen Betrachtungen mit ein.

4.   Generelle Erfahrungen aus der bisherigen Anwendung von PEARL

Aufgrund unserer bei der Anwender-Programmierung bereits gesammelten
Erfahrungen wird im folgenden die Anwenderfreundlichkeit von PEARL
anhand der Sprachkriteria Erlernbarkeit, Fehlersuche, Portabilität,
Sprachumfang und Erstellungsaufwand näher untersucht:

a) Erlernbarkeit:
Zum Punkt Spracherlernbarkeit (d.h. Einarbeitung in die jeweilige
Programmiersprache bis zum selbständigen Erstellen einfacher Anwender-Programme) gaben Studenten des 5. - 8. Semesters, die sämt-
lich über FORTRAN-Grundkenntnisse verfügten, folgende Einarbeitungszeit an:

BASEX	1	Tag
PROZESS-FORTRAN	1/2	Woche
PEARL	1-2	Wochen
Assembler (AEG 60-10)	2-3	Wochen

Diese Angaben decken sich auch mit unseren Erfahrungen.

b) <u>Fehlersuche</u>

Die Zeit für Fehlersuche im Anwenderprogramm ist davon abhängig,
inwieweit die Schreibweise selbst-dokumentierend ist. Wird der
Kommentieraufwand in zumutbaren Grenzen gehalten, so kann ein Programmierer bei der Fehlersuche in Assemblerprogrammen meist nur
20 - 30 Assemblerbefehle überschauen. Bei höheren Programmiersprachen ist es aufgrund der vorhandenen Syntax leichter möglich, den
Zusammenhang größerer Programmteile zu überblicken. Hierbei weist
die formatfreie, blockorientierte Schreibweise bei PEARL noch Vorteile gegenüber FORTRAN und BASEX auf.

Beispiel (Auszug aus dem Anwenderprogramm "Abwasserneutralisation")

```
        BASEX                        FORTRAN                       PEARL
470 IF ABSPH7 <= UELI THEN 560   IF(ABSPH7.LE.UELI)GOTO 560   IF ABSPH7 GT UELI THEN BEGIN
480 LET NLOG = NLOG + 1          NLOG = NLOG + 1                          NLOG = NLOG + 1;
490 IF PH7 = 0. THEN 520         IF (PH7) 500,520,520                     IF PH7 GE O. THEN S1=1;
500 S1 = -1                  500 S1 = -1                                              ELSE S1=-1;
510 GO TO 530                    GO TO 530                                FI;
520 S1 = 1                   520 S1 = 1
530 IF NLOG = 1 THEN 550     530 IF (NLOG.EQ.1) S2 = S1                   IF NLOG EQ 1 THEN S2=S1;
540 GO TO 560                                                            FI;
550 LET S2 = S1
560 REM                      560 CONTINUE                                END;

                                                             FI;
```

c) <u>Portabilität</u>

Die Portabilität der Anwenderprogramme ist bei der Prozeßrechnersprache PEARL besonders groß. In Assembler geschriebene Anwenderprogramme sind generell zielmaschinenabhängig; dies gilt auch für
die bisher verfügbaren Modifikationen von Prozeß-BASIC und Prozeß-
FORTRAN. Selbst nach einer evtl. Normung dieser Prozeß-Sprachen
bleibt die Anwenderprogramm-Portabilität bei PEARL größer, da bei
PEARL die Beschreibung der Hardware-Konfiguration getrennt von der
Problemlösung erfolgt.

d) <u>Sprachumfang</u>

Der Sprachumfang von PEARL ist aufgrund der problemorientierten
Echtzeitbefehle besonders für Prozeß-Anwendungen geeignet. Bei
unseren bisherigen PEARL-Programmerstellungen für verschiedene
Automatisierungsaufgaben im Bereich der Energie- und Verfahrens-
technik trat bislang kein Fall auf, der sich nicht mit den in
PEARL gegebenen Sprachmitteln leicht realisieren ließ. Bei BASEX

ergeben sich hingegen im Falle größerer Programmsysteme sehr bald Schwierigkeiten, z.B. dadurch, daß nur die Datentypen: "Gleitkomma und Characterstring" verfügbar sind. Außerdem ist die Programmorganisation, insbesondere die Parameterübergabe an Unterprogramme eingeschränkt.

e) Erstellungszeit:
Der Erstellungsaufwand für Anwenderprogramme ist stets in Abhängigkeit vom erforderlichen Befehlsspeicherplatz sowie der benötigten Erstellungszeit zu sehen: So benötigen zwar im allgemeinen Programme, die in einer höheren Programmiersprache geschrieben wurden, mehr Speicherplatz - abhängig von der Güte des jeweiligen Compilers -, lassen sich dafür jedoch schneller erstellen als entsprechende Assemblerprogramme.

In Bild 5 ist - aufbauend auf unseren bisherigen Erfahrungen - der Erstellungsaufwand für verschiedene Anwender-Programme bei der Assembler- bzw. PEARL-Programmierung - am Beispiel des Prozeßrechners AEG 60-10 - einander gegenübergestellt. Die Darstellung erfolgt in Abhängigkeit vom Aufgabenumfang, der durch die Zahl der PEARL-Anweisungen je Anwenderprogramm angegeben ist.

Bild 5 a) zeigt den nur wenig größeren Speicherplatzbedarf bei der PEARL-Programmierung. Würde das Betriebssystem der AEG 60-10 bereits die Schnittstelle der Zwischensprache CIMIC erfüllen, so wäre der Speicherplatzbedarf sogar geringer als bei der Assemblerprogrammierung.

Bild 5 b) zeigt, daß die Erstellungszeit für das Schreiben und Testen von Anwenderprogrammen bei der Assembler-Programmierung mit zunehmendem Aufgabenumfang stark zunimmt.

Im Bild 5 c) ist der Erstellungsaufwand in DM dargestellt. Dieser wurde durch Addition der Speicherkosten und Programmierkosten errechnet, wobei ein Speicherbefehlswort mit 1.-- DM und eine Mannstunde mit 100.-- DM angesetzt wurde.

Aus dieser Gegenüberstellung geht klar hervor, daß die Prozeßprogrammiersprache PEARL mit zunehmendem Aufgabenumfang große Vorteile bringt.

a) Speicherplatzbedarf zum Ablegen übersetzter Anwenderprogramme

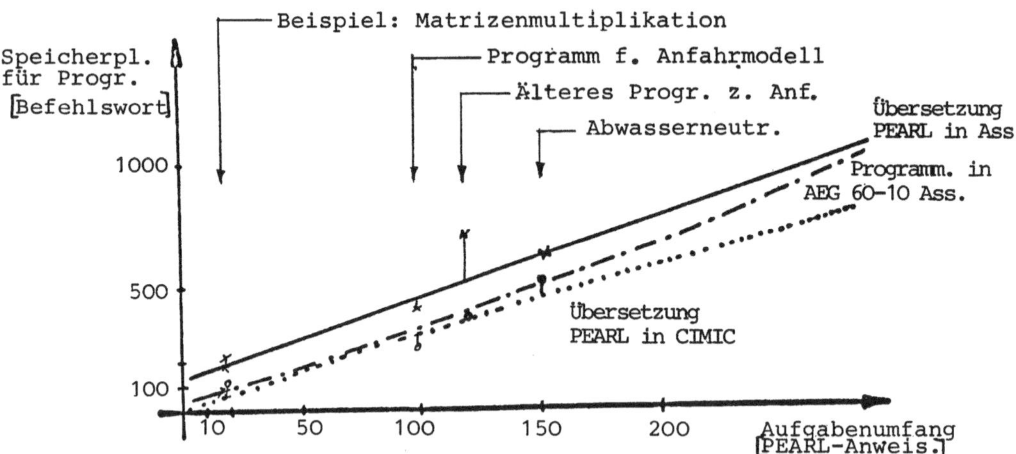

b) Erstellungszeit zum Schreiben und Testen von Anwenderprogrammen

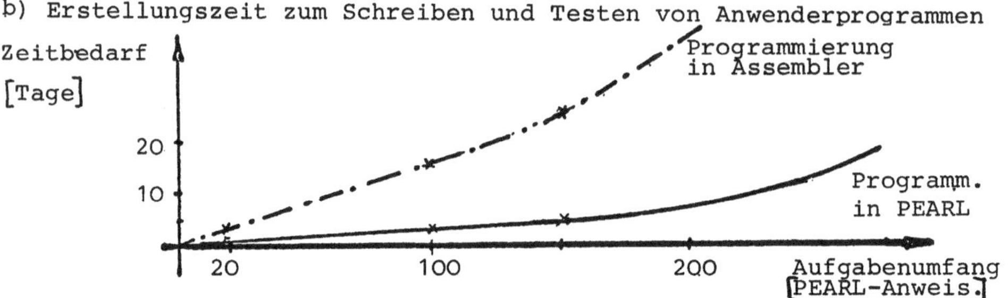

c) Gesamtkosten, bestehend aus Speicher- und Zeitkosten
bei Anwenderprogrammen

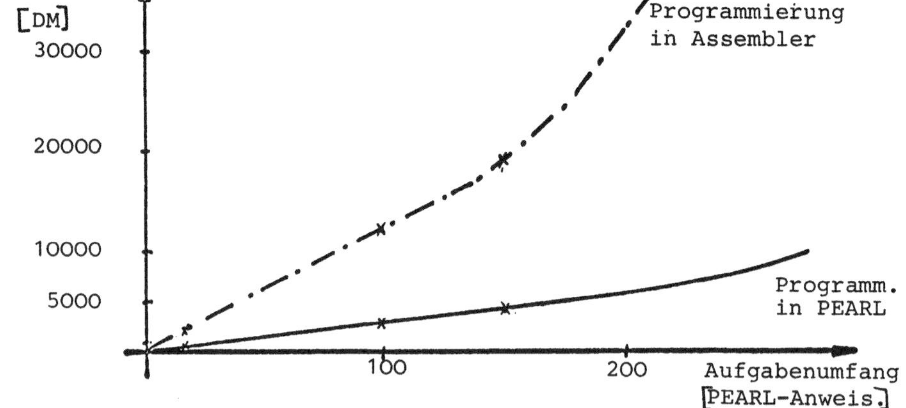

<u>Bild 5:</u> Gegenüberstellung des Erstellungsaufwandes bei Assembler-
bzw. PEARL-Programmierung, durchgeführt am Beispiel des
Prozeßrechners AEG 60-10

5.   <u>Literatur</u>

/ 1/ Eichenauer, B.; "Ein portabler Übersetzer für einen Subset der
     Prozeßrechnersprache PEARL", GfK-GI-GMR Fachtagung Prozeßrechner
     1974, Karlsruhe, Springer Verlag

/ 2/ Elzer P. und P. Holleczek; "ASME-PEARL-Compiler wird der Öffent-
     lichkeit vorgestellt", Regelungstechnik, Heft 12 1975

/ 3/ Lauber, R.; "Prozeßautomatisierung I", Hochschultext, Springer-
     Verlag

/ 4/ Martin, T.; "Zur Situation der PEARL-Entwicklung in der BRD",
     Regelungstechnische Praxis, 1976, Heft 7

/ 5/ ASME, "Spezifikation CIMIC/1", PDV-Bericht 75, Mai 1976

/ 6/ Mühlhahn, Inderst; "Stand der Programmentwicklung in der ESG",
     ASME-interne Notiz vom 4.9.1974

/ 7/ Welfonder, E., T. Beyerle und M. Alt; "Continuous Waste-Water-
     Neutralization Control by Means of a Mini Process Computer",
     Mini- und Microcomputer Symposium, Zürich 1975, Acta Press

/ 8/ Dietz Handbuch

/ 9/ Krenz, R.; "Entwicklung und Erprobung einer freiprogrammierbaren
     Folgesteuerung zum automatischen An- und Abfahren von Kraftwerks-
     einheiten - Vergleich mit einer entsprechenden verbindungspro-
     grammierten Steuerung"

/10/ Dettinger, R. und E. Welfonder; "Ermöglichung wesentlich stei-
     lerer Leistungsgradienten mittels strukturoptimal geregelter
     Kraftwerksblöcke - erprobt im Heizkraftwerk der Universität
     Stuttgart", BWK, Heft 1, 1977.

Automatische Informationsverarbeitung beim Aufbau neuartiger Systeme für die Klein- und Mittelserienfertigung

Dr.-ing. Bey, Karlsruhe
Dipl.-ing. Knauer, Friedrichshafen   27.11.76

1. Einleitung

Entgegen den Prognosen der 60er Jahre hat sich der Trend zur Standardisierung und damit zur Großserienfertigung im Maschinenbau abgeschwächt. Obwohl das "Standardprogramm in Großserie" nach wie vor als wirkungsvollstes Rationalisierungsinstrument gilt, beginnt der Markt, auch den Maschinenbau von dieser Zielsetzung abzudrängen und verlangt von der Produktionstechnik neue wirtschaftliche Lösungen. Selbst klassische Großserienfertigungen, wie der Automobilbau, suchen zunehmend nach Flexibilität der spanenden Fertigung. Dafür gibt es mehrere Gründe:

- Anpassung an die individuellen Kundenwünsche im internationalen Wettbewerb
- vielfältigere und extremere Einsatzfälle für Bauteile und Baugruppen
- beanspruchungsgerechte Konstruktion bei bester Materialausnutzung entsprechend dem speziellen Anwendungsfall
- rasche Weiterentwicklung und damit geringe Typenkonstanz und kurzlebige Aktualität des Konstruktionsstandes beim Einzelteil.

Aus diesen Ursachen resultieren nicht nur schnell umstellbare Fertigungseinrichtungen im Bereich der Großserienfertigung, sondern auch die Forderung nach erhöhter Lieferbereitschaft in terminlicher und technischer Hinsicht in der Kleinserien- und Einzelteilfertigung.

Der folgende Beitrag befaßt sich mit der Hardware- und Software-Struktur von flexiblen Fertigungssystemen, die beim heutigen Stand der Technik aufgrund der systematischen Integration der Informationsverarbeitung in den Material- und Energiefluß der Fertigung eine mögliche Lösung darstellen.

2. Motivation für Planung, Realisierung und Betrieb eines flexiblen Fertigungssystems

2.1 Strukturen der spanenden Fertigung

In der spanenden Fertigung sind heute die Strukturen gemäß **Bild 1** üblich.

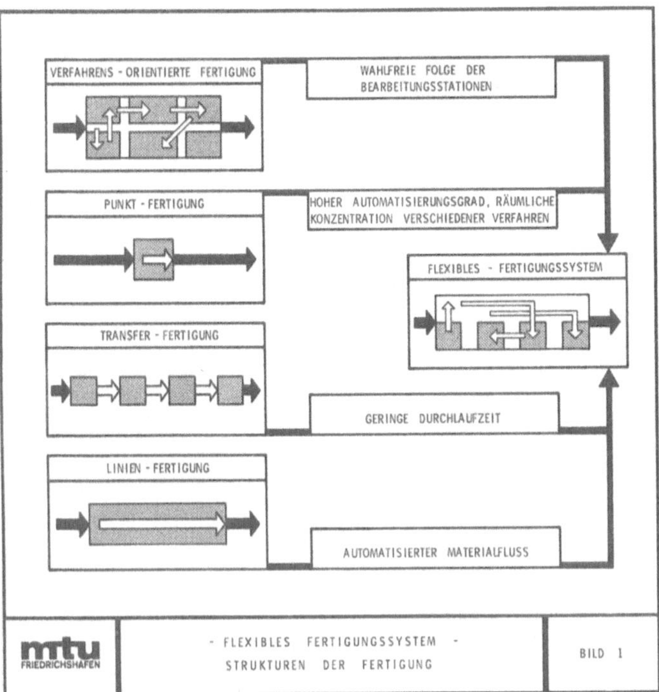

Bei der verfahrensorientierten Fertigung sind die Maschinen weitgehend nach dem Werkstattprinzip in Dreherei, Bohrerei, Fräserei, Schleiferei usw. gegliedert. Der Materialfluß ist ungerichtet, die Reihenfolge der Stationen beliebig und der Informationsfluß deshalb schwer bis zur Einzelmaschine integrierbar. Der Vorteil liegt in der räumlichen Zusammenfassung der sich ersetzenden Maschinen, in der gemeinsamen Benutzung von Hilfs- und Versorgungseinrichtungen sowie in der Spezialisierung des Führungspersonals.

Bei der Punktfertigung - beispielsweise realisiert durch ein Bearbeitungszentrum -
werden mehrere Verfahren auf einer Maschine in wenigen Spannlagen des Werkstückes
durchgeführt (Komplettbearbeitung). Dem Vorteil einer extrem kurzen Durchlaufzeit
stehen die umfangreichen, zum Teil schlecht ausgenutzten Maschinen und Werkzeug-
einrichtungen gegenüber.

Bei der Linienfertigung sind die Maschinen in der Reihenfolge der Bearbeitungsoperat-
ionen angeordnet. Die gleichmäßige Ausnutzung aller Stationen verlangt eine Grob-
abtaktung mit reichlich dimensionierten Zwischenpuffern. Da die einzelnen Stationen
nicht auf eine bestimmte Werkstückvariante ausgelegt sein müssen, liegt eine gewisse
Umstellbarkeit vor. Der Materialfluß wird durch das Bedienungspersonal gesteuert.
Wird die Taktzeit geringer, so wachsen die Materialflußprobleme in der Linie und die
vollautomatisierte Transfertfertigung wird vorgezogen.

In der Kleinserien- und Einzelteilfertigung mit der Forderung nach hoher Flexibilität
erfüllt keine der beschriebenen Strukturen die zu einer wirtschaftlichen Fertigung gehörenden Voraussetzungen. Schwerpunktvorteile der einzelnen Strukturen, ergänzt
durch die Vorteile der durch die PDV möglichen Integration der Informationsverarbeitung
führt zu flexiblen Fertigungssystemen.

2.2   Definition des flexiblen Fertigungssystems

Das flexible Fertigungssystem ist ein Teilbereich der spanenden Fertigung, der folgende
Merkmale aufweist:

- Mehrere numerisch gesteuerte Maschinen (Bearbeitungsstationen), die durch automatisierte Transport- und Lagersysteme verkettet und vernetzt sind.

- Die Werkstücke können die Bearbeitungsstationen palettiert oder nicht palettiert in
  beliebiger Reihenfolge durchlaufen. Der Mensch wird nur bei In- und Output-Vorgän-
  gen sowie bei Spannlagenwechsel der Werkstücke tätig. (Prüf- und Handarbeits-
  tätigkeiten können organisatorisch integriert sein, erfolgen aber abgepuffert zum
  Materialfluß des FFS.)

- Der Werkzeugwechsel innerhalb der Bearbeitungsstationen erfolgt automatisch.
  Die Werkzeugversorgung aus einem Zentralmagazin kann ebenfalls automatisch
  erfolgen.

- Gesamtsteuerung des Informations- und Materialflusses durch einen Prozeßrechner.

2.3 Mögliche Entscheidungskriterien für die Realisierung eines flexiblen Fertigungs-
     systems

Leistungsfähigkeit
- organisatorische Flexibilität bezüglich Auftragsart, Losgröße und Terminierung
- Durchlaufzeitverkürzung
- Qualitätsverbesserung durch automatisierten Fertigungsablauf
- Produktivitätssteigerung bezüglich des investierten Kapitals
- informatorische Integration

Wirtschaftlichkeit
- Stückkostensenkung
- Kapitalrückfluß
- Amortisationsdauer
- Höhe und Zeitpunkt der Mittelbereitstellung
- Sekundareffekte aus Durchlaufzeitverkürzung
- Flächengewinn in der Produktion

Erfahrungssammlung mit
- Einsatz PDV (Software/Hardware)
- Anpassung des Pilotsystems an übrige Fertigung
- anspruchsvollen Engineering-Aufgaben in der Produktion
- Störanfälligkeit und Notbetrieb PDV-gesteuerter Systeme
- Fertigungsergebnissen einer hochautomatisierten Einzelteilfertigung
- Entlohnungsform
- Lernverhalten der Mitarbeiter
- Motivationsbereitschaft der Mitarbeiter

Zukunftsmöglichkeiten

- Kapazitätserweiterung

- Produktvariation

- Kapazitätsübernahme aus anderen Betriebsbereichen

- Erweiterung des automatisierten Informationsflusses von dem Pilotsystem auf Teilbereiche der übrigen Fertigung

- Flexibilität im Hinblick auf Neuprodukte

- Prototypen- und Ersatzteilfertigung

- Erweiterung des Pilotsystems

Personalanforderungen

- Anzahl

- Qualifikation

Arbeitswelt

- menschengerechte Gestaltung von Arbeitsplätzen in hochautomatisierten Systemen

- Arbeitsinhaltsanreicherung

3.   Modulares Modell eines flexiblen Fertigungssystems

Die zur Zeit eingesetzen flexiblen Fertigungssysteme sind weitgehend anwenderorientiert. Lediglich in Japan sind Versuche bekannt, anwenderneutrale Module für flexible Fertigungssysteme anzubieten und einzusetzen. Neben der durch die Modulstandardisierung erzielbaren Verbilligung ist für den Anwender der Vorteil des stufenweisen Aufbaus, des Einsatzes getesteter Module und des Erfahrungsaustausches mit anderen "Modulkunden" gegeben. Die weiteren Ausführungen gehen deshalb davon aus, daß unter Berücksichtigung der Risikobereitschaft das Pilotsystem mit modulartigen Aufbau- und Ausbaumöglichkeiten der Normalfall sein wird.

3.1   Der typische Anwenderfall

Bevor ein Unternehmen in die recht umfangreichen Planungsaktivitäten für ein flexibles Fertigungssystem einsteigt, sollte folgender Fragenkatalog möglichst frei von Argumenten aus der Kriterienliste gemäß Pkt. 2.3 beantwortet werden:

- Liegt eine Fertigungsfamilie in geometrischer und technologischer Hinsicht mit großer Typenvielfalt vor?

- Erfordern die einzelnen Werkstücktypen trotz einer gewissen Fertigungsverwandtschaft unterschiedliche Operationsfolgen?

- Können diese Operationsfolgen alternativ geplant werden?

- Sind Abtaktungsmöglichkeiten des Fertigungsablaufes untersucht?

- Ist die Auftragscharakteristik (Losgröße, Beauftragungstermin, Wiederholhäufigkeit) schwankend?

- Liegt bei der Bearbeitung ein hoher Wertschöpfungsanteil bei automatisierbaren Fertigungsvorgängen?

- Besteht die Forderung nach kurzen Durchlaufzeiten und ist diese Forderung begründet?

- Liegen genügend Erfahrungen mit der Technologie des Teilespektrums vor?

- Liegen ausreichende Erfahrungen mit dem Einsatz von NC-Maschinen vor?

- Zeigt sich bei der Organisation der konventionellen Fertigung eine mit vertretbarem Personalaufwand nicht beherrschbare Entscheidungshäufung?

- Steht für Planung, Realisierung und Betrieb des flexiblen Fertigungssystems ein leistungsfähiges Projektteam zur Verfügung?

- Steht für die 1. Ausbaustufe zum Realisierungstermin ausreichendes Kapital zur Verfügung?

Beim typischen Anwenderfall sollten alle Fragen mit "ja" beantwortet sein.

3.2 Pilotsystem und modularer Ausbau

Risikominderung, Erfahrungssammlung und stetige Integration in den Gesamtbetrieb sprechen für den stufenweisen Ausbau eines flexiblen Fertigungssystems. Die 1. Ausbaustufe muß in sich voll funktionsfähig sein und vor allem hinsichtlich der Informationsverarbeitung alle wesentlichen Elemente des weiteren Ausbaus enthalten. Dieses innerbetriebliche Pilotsystem sollte als "modulares Basismodell" ausgebildet werden, dessen wesentliche Hardware-Elemente in Bild 2 dargestellt sind.

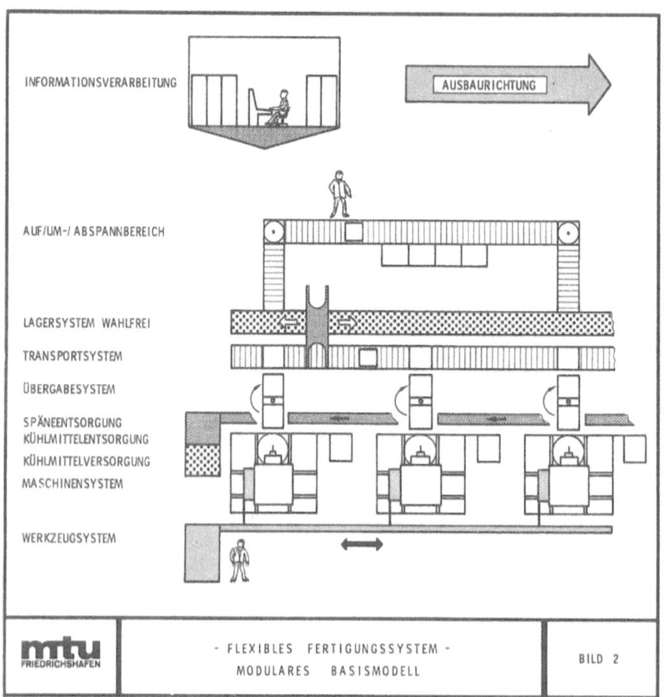

Der weitere Ausbau erfolgt um jeweils einen Modul oder Modulblöcke nach folgenden Gesichtspunkten:

- zufriedenstellender Betrieb des Pilotsystems

- Wirtschaftlichkeit des auf die Ausbaumoduln umzuplanenden Fertigungsumfanges

- Möglichkeit zur Kapitalbereitstellung.

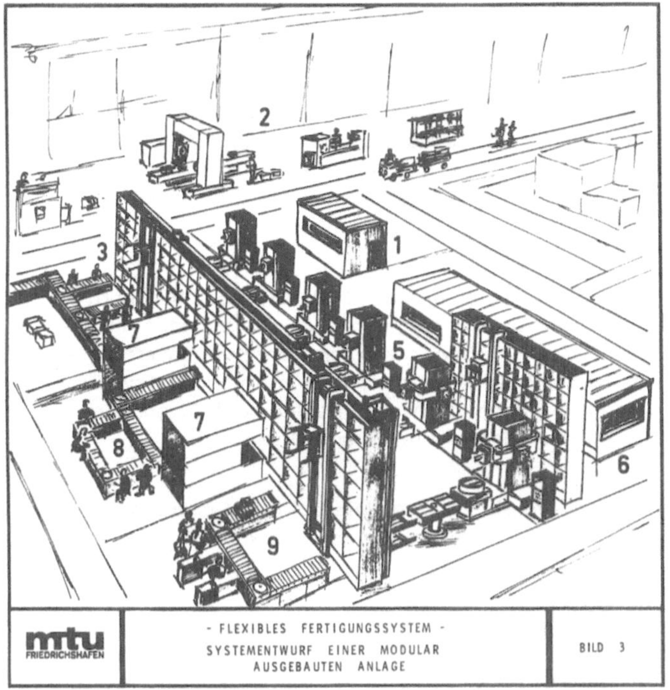

<u>Bild 3</u> zeigt beispielhaft den Systementwurf eines modular aufgebauten Fertigungs-
systems mit folgenden Bereichen.

Bereich 1   Zentrale Informationsverarbeitung und -speicherung

Bereich 2   Konventioneller Vor- und Feinstbearbeitungsbereich, der nur organisatorisch (Kapazitätsplanung) an die Gesamtinformationsverarbeitung gekoppelt ist

Bereich 3   Auf-, Um- und Abspannbereich für Werkstücke

Bereich 4   Regalanlage mit Regalfahrzeugen für Transport- und Lagerfunktionen.
Zugleich Abgriffstrecke für kurzfristige Kapazitätsplanung der einzelnen
Bearbeitungsstationen durch den Prozeßrechner. Verbindung zu den
Maschinen über Doppelschwenktische, die zugleich als Minivorpuffer
wirken.

Bereich 5   Das Maschinensystem mit 4 Einspindel- und 2 Mehrspindelstationen.
Alle 6 Stationen sind mit voll funktionsfähigen CNC-Steuerungen ausgerüstet und über ein DNC-System mit der zentralen Informationsverarbeitung verbunden. Der Prozeßrechner übernimmt jedoch im Gesamtsystem
keinerlei funktionslogische Aufgaben an Maschinenelementen, sondern
wirkt lediglich als Registrator, Datenverteiler und Organisator.

Bereich 6   Werkzeugbereitstellung und -voreinstellung. Die beiden Mehrspindelstationen werden über einen gemeinsamen Mehrspindelkopf-Pool versorgt.

Bereich 7   Wasch- und Trockenmaschinen

Bereich 8   Handarbeitsbereich für Montage, Prüf-, Putz-, Entgrat- und Dichttätig-
keiten (nur über die Kapazitätsplanung an das System gekoppelt)

Bereich 9   Kontrollbereich (nur über die Kapazitätsplanung an das System gekoppelt)

Bild 4 zeigt die entsprechende Struktur der Informationsverarbeitung.

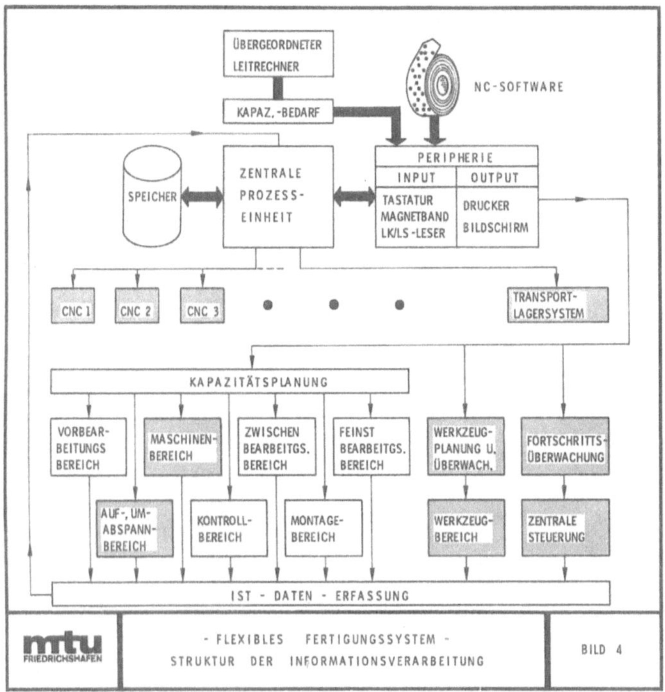

3.3 Einsatzstrategie der PDV bei der Erweiterung des Pilotsystems

Wie in **Bild 5** dargestellt, übernimmt die Informationsverarbeitung bereits beim Pilot-System 3 Aufgabenbereiche:

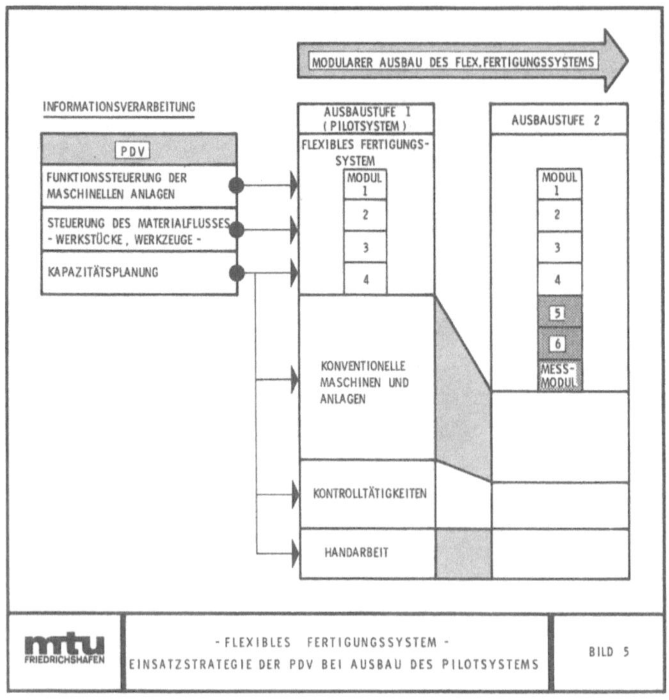

Die Funktionssteuerung der maschinellen Anlagen, die Steuerung des Materialflusses und die Kapazitätsplanung stellen die komplette Informationsverarbeitung für ein flexibles Fertigungssystem dar. Über die Kapazitätsplanung sind auch die konventionellen Maschinen, die Kontrolltätigkeiten und die Handarbeiten organisatorisch angekoppelt, um an den Nahtstellen eine weitgehende Entpufferung zu erreichen. Bei der Erweiterung des Pilotsystems um weitere Maschinen-Moduln muß der Kapazitäts-

planungsumfang des konventionellen Bereiches abgebaut werden. Um eine Überarbeitung der Gesamtsoftware bei jedem Erweiterungsschritt zu vermeiden, sollte die Kapa-
zitätsplanungssoftware im konventionellen Bereich so aufgebaut sein, daß entsprechend
der Kapazitätsverlagerung in das System in sich geschlossene Software-Bausteine
herausgenommen werden können, ohne die Restsoftware funktionsunfähig zu machen.

Das gleiche gilt für die Übernahme von Kontrollfunktionen durch einen Meßmodul in
einer späteren Ausbaustufe.

4. Dynamisches Verhalten des Informationssystems

Die maschinentechnischen und steuerungstechnischen Probleme von flexiblen Fertigungssystemen können heute als gelöst und die Elemente als betriebssicher angesehen werden. Unsicherheit besteht bei der Software-Erstellung für die kurzfristige Kapazitätsbelegung im System und bei der Auslegung der PDV-Hardware bezüglich der Informationsfrequenzen und -sequenzen.

Das Problem der Kapazitätsbelegung kann - wie Planspiele und Rechnersimulationen zeigen - dadurch beliebig vermindert werden, daß die zeitlich und räumlich unkontrollierbaren Strecken des Werkstückdurchlaufes möglichst oft in "Abgriffstrecken" für den SOLL-IST-Vergleich der Planungslogik münden und dann in freiem Zugriff stehen. Dieser Forderung kommen Regalanlagen in Kombination mit Rollenbahnen in fast idealer Weise nach.

Die Vorgehensweise bei der Ermittlung der Informationsfrequenzen und -sequenzen zeigt <u>Bild 6.</u>

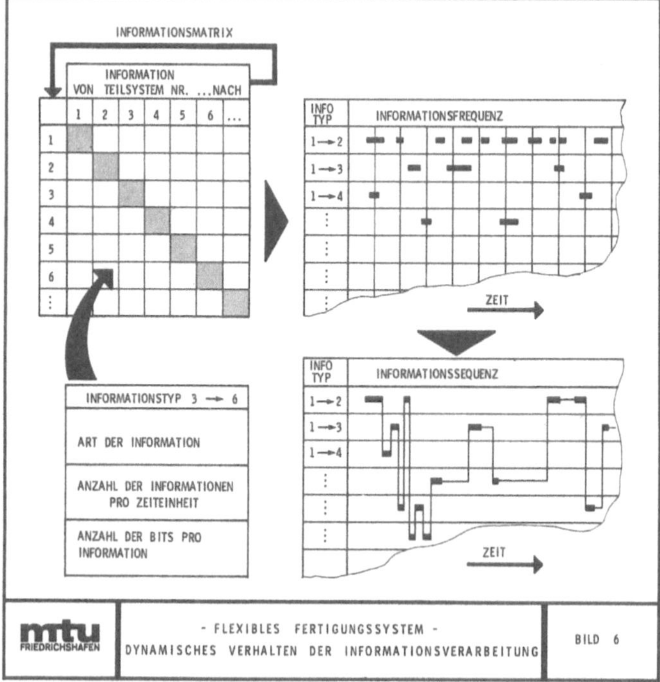

In der Informationsmatrix sind Art, Anzahl pro Zeiteinheit und BIT-Inhalt aller Informationen zwischen den Teilsystemen der Informationsverarbeitung beschrieben. Setzt man für die Informationsübertragung zunächst keine Prioritäten, so ergibt eine Echtzeitsimulation das Informationsfrequenz-Schaubild für den Prozeßrechner. Die Addition der Zeitelemente (Rechnerzeit und Übertragungszeit an die Peripherie) aller Informationstypen darf zu keinem Gesamtstau des Zeitbedarfs führen. Tritt ein Stau ein, müssen die Rechner- und Übertragungsgeschwindigkeiten verkürzt oder die Informationsfrequenz pro Informationstyp verlängert werden.

Wenn die Gesamtrechnerkapazität ausreicht, werden Rechenprioritäten nach folgenden Gesichtspunkten gesetzt:

- Sicherheit der Systemfunktionen (Alarmsignale, Alarmanweisungen)

- keine Unterbrechung der NC-Datenübertragung

- maximale Kapazitätsauslastung der Bearbeitungsstationen

- Datenverteilung hat grundsätzlich Vorrang vor Registratur
usw.

Die Anwendung der Prioritäten führt zur Informationssequenz gemäß Bild 6.

5. Probleme bei der Planung von flexiblen Fertigungssystemen

Flexible Fertigungssysteme zeichnen sich heute noch durch eine Gleichgewichtung von Soft- und Hardware-Problemen aus.

Die Werkzeugmaschinenhersteller der Bundesrepublik sind weitgehend hardware-orientiert und richten sich nur zögernd auf "Paketangebote" ein. Den Rechnerherstellern mangelt es meist an praktischem Wissen um die Probleme des Maschinenbaus und des Betriebs. Trotz dieser unbefriedigenden Situation scheint es sinnvoll zu sein, bei der Realisierung eines derartigen Projektes einen Werkzeugmaschinenhersteller zur Generalunternehmerschaft heranzuziehen, da die maschinelle Hardware den weitaus größten Kapitalanteil beansprucht.

Der Anwender sollte die Nahtstellen bezüglich der Leistungs- und Haftungsabgrenzung so legen, daß der Generalunternehmer nicht mit Garantiezusagen belastet wird, die der Anwender mit seiner Erfahrung besser und billiger selbst übernimmt.

Für das Problem der Prozeßrechnerprogramme gibt es neben ASSEMBLER und allgemeingültigen Sprachen wie FORTRAN oder PL 1 keine eindeutigen Lösungen, da die Entwicklung höherer Programmiersprachen wie PEARL noch nicht abgeschlossen ist. Ob zum Beispiel PEARL tatsächlich die erwarteten wirtschaftlichen Vorteile bringt, kann erst beurteilt werden, wenn das volle Software-Instrumentarium einschließlich Kompilierer auf dem Zielrechner und Testhilfen rechtzeitig zur Verfügung stehen.

Flexible Fertigungssysteme fordern Anwender, Hersteller von Werkzeugmaschinen, Steuerungs- und Rechnerhersteller und beratende Institute zu einer Synthese von Maschinenbau, Elektronik und Software-Denken heraus, die in der Bundesrepublik bereits zu lange auf sich warten läßt. Nicht zuletzt liegen hier die Probleme im menschlichen Bereich, da Erfahrung als statisches Element und die Herausforderung des Neuen als dynamisches Element nur allzu oft als Zielkonflikt empfunden werden.

Der Einsatz von Prozessrechnersystemen zur Geschwindigkeitssteuerung von Schienenfahrzeugen

W. Jakob und M. Michler , Stuttgart

Aufgaben

Die Aufgabe, Züge mit höheren Geschwindigkeiten fahren zu lassen als
sie heute zulässig sind, sowie die Forderung nach größerer Zugdichte
für den S-Bahn-Verkehr in Ballungsgebieten, erforderte die Entwicklung
eines leistungsfähigen kontinuierlichen Signalsystems.

Beim punktförmigen Signalsystem weist ein im Bremswegabstand vor dem
Gefahrenpunkt ortsfest aufgestelltes Signal den Lokführer auf den Brems-
beginn hin. Bei einer Steigerung der Höchstgeschwindigkeit wird wegen
der Verlängerung des Bremsweges der übliche Blocksignalabstand zu kurz,
während andererseits für eine Erhöhung der Zugdichte die Blocksignal-
abstände klein zu halten sind.

Prinzipiell kann nun zur Signalisierung des in diesen beiden Fällen zur
Verfügung stehenden Bremsweges entweder das punktförmige Signalsystem
durch ortsfeste Zusatzsignale ergänzt oder völlig neugestaltet werden,
oder es wird eine kontinuierliche Führerstandssignalisierung als übergeordnetes Signalsystem eingeführt.

Die Hauptaufgabe dieses letzteren Systems ist es dann, dem Fahrzeug in
jedem Augenblick den zur Verfügung stehenden Bremsweg anzugeben, mit
Hilfe einer kontinuierlichen Geschwindigkeitsüberwachung die rechtzei-
tige Bremsung vor Gefahrenpunkten einzuleiten, und somit die Sicherheit
in jedem Augenblick zu gewährleisten. Weiterhin soll das System den Lokführer von Routinehandlungen weitgehend entlasten und eine wirtschaftliche Fahrweise bei hohem Fahrkomfort ermöglichen.

Da zur Erfüllung dieser Forderungen im Gegensatz zur bisherigen punktförmigen Beeinflussung eine kontinuierliche Steuerung und Überwachung
der Züge erforderlich ist, wurde die linienförmige Zugbeeinflussung (LZB)
entwickelt.

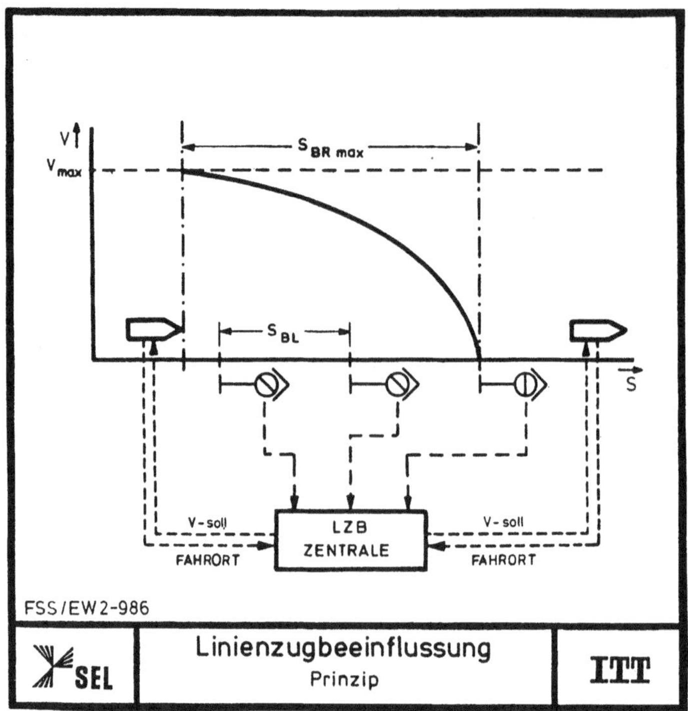

Bild 1

In der LZB-Zentrale sind alle festen Daten (Streckengeographie, ständige Langsamfahrstellen, usw.) gespeichert. Während über die Stellwerke Signalstellungen, Weichenlagen und andere Informationen zur Zentrale übertragen werden, melden die Züge im Systembereich ihre spezifischen Daten wie Zuglänge, Fahrort, Istgeschwindigkeit usw. (Bild 1). Die Zentrale ermittelt aus diesen Daten für jeden Zug dessen momentan zulässige Höchstgeschwindigkeit (V-soll). Die Vorausmeldung der Signalstellungen über mehrere Blockabstände (S_{BL}) hinweg erlaubt eine Erhöhung der maximalen Geschwindigkeit (Vmax), was auch eine Verlängerung des maximalen Bremsweges (S_{BRmax}) mit sich bringt.

Wirkungsweise der LZB

Beim System der Linienzugbeeinflussung arbeiten ortsfeste Streckenein-
richtungen mit ortsveränderlichen Fahrzeugeinrichtungen zusammen. Die
Informationsübermittlung erfolgt auf induktivem Weg über Linienleiter-
schleifen, die zwischen den Schienen verlegt werden. Außer zur Datenübertragung dient der Linienleiter auch zur Eichung der Wegmessung. Zu
diesem Zweck sind Hin- und Rückleiter alle 100 Meter gekreuzt.

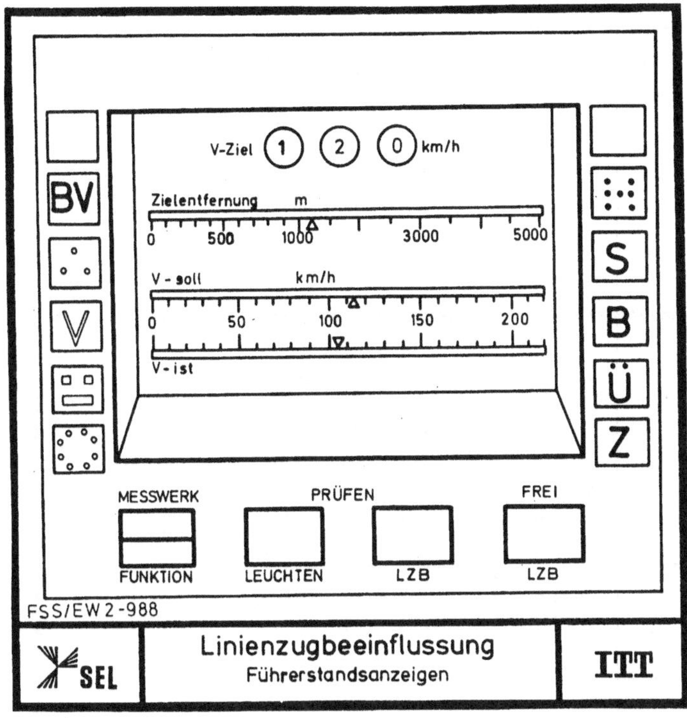

Bild 2

Die in der Streckenzentrale ermittelten Fahrbefehle für die Züge werden
über Fernspeisegerät (FSG), Linienleiter und Antennen an das jeweilige
LZB-Fahrzeuggerät übermittelt, dort aufbereitet und an ein Anzeigegerät
sowie an die Automatische Fahr- und Bremssteuerung (AFB) weitergegeben.
Angezeigt werden im wesentlichen die Sollgeschwindigkeit (V-soll), die
Istgeschwindigkeit (V-ist), die Zielgeschwindigkeit (V-Ziel) und die
Zielentfernung (Bild 2). Die Istgeschwindigkeit des Fahrzeuges wird

durch die LZB kontinuierlich überwacht; übersteigt sie einen zulässigen Wert, wird selbsttätig eine Schnellbremsung ausgelöst.

Die Streckenzentrale

Bild 3 zeigt den Datenfluß zwischen einer LZB-Streckenzentrale und den mit ihr verbundenen peripheren Datenstationen.

Von den Stellwerken (STW) werden die dort vorliegenden Daten (Signalstellungen, Weichenlagen, Zustandsmeldungen von Bahnübergängen, stellwerksbedientes Nothalt etc.) in die Zentrale übermittelt; in der Gegenrichtung werden Anrückmeldungen für Bahnübergänge, etc. übertragen. Ein übergeordnetes System (z.B. eine Bezirkssteuerzentrale BSZ) kann Dispositionsdaten liefern und Betriebsmeldungen von der LZB-Zentrale erhalten. Ebenso besteht ein Datenaustausch mit Nachbarzentralen, wobei diese Verbindungen der Zugübergabe zwischen zwei Zentralen in beiden Richtungen dienen.

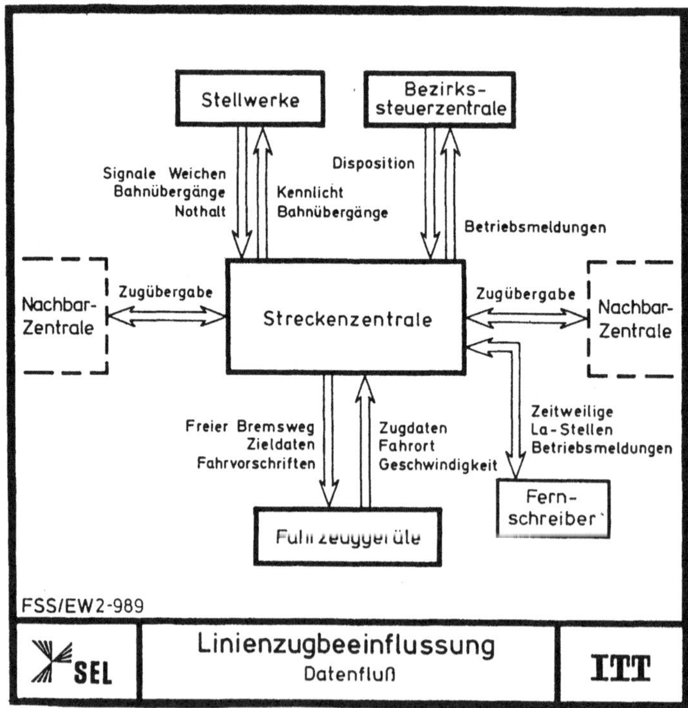

Bild 3

An die Züge sendet die Streckenzentrale Telegramme, deren Informationen
aus dem jeweiligen Zustand des Gesamtsystems ermittelt werden. Ein Be-
dienungsfernschreiber in der Zentrale erlaubt die Eingabe zeitweiliger
Langsamfahrstellen und gibt Betriebs- bzw. Störungsmeldungen aus.

Das Rechnersystem

Ein wesentliches Merkmal der LZB L 72 ist die Verwendung von serienmä-
ßigen Prozessrechnern zur Fahrbefehlsermittlung in den Streckenzentralen.

Bei einem möglichen Zweirechnerbetrieb laufen im Regelfall die Programme
in zwei Rechnern ab. Jede der beiden Maschinen muß in der Lage sein, bei
Ausfall der anderen deren Arbeit zu übernehmen. Ein solches System wird
heute dann eingesetzt, wenn sich seine Reaktionszeit im Sekundenbereich
bewegen darf. Sind kürzere Reaktionszeiten erforderlich, so kann bei
Ausfall eines Rechners aus Gründen der laufenden Funktionsprüfung nicht
mit einer Maschine weitergearbeitet werden. Aus Zuverlässigkeitsgründen
sollte in diesem Falle ein Dreirechnersystem angewendet werden.

Bei diesem System laufen aus Sicherheits- und Zuverlässigkeitsgründen
die Programme in jedem Rechner ab. Externe oder interne Vergleicher kontrollieren die Rechnerergebnisse. Fällt beim Dreirechnersystem ein Rechner aus, kann mit zwei Rechnern ein signaltechnisch sicherer Betrieb auf-
recht erhalten werden. Ein Systemausfall findet statt, wenn während der
Reparaturzeit des einen Rechners (MTTR) ein zweiter Rechner ausfällt.
Die mittlere Zeit zwischen zwei Systemausfällen bei einem Dreirechnersystem beträgt

$$T \;=\; \frac{MTBF^2}{6\ MTTR}$$

Im Regelfall liefern alle 3 Rechner die gleichen Ausgabedaten in seri-
eller Form, die Bit für Bit und pro Kanal von den Vergleichern überprüft
werden. Alle drei Vergleicher geben dann eine positive Meldung an die
Steuerung ab. Zur Ausgabe über die Durchschaltung kommen Telegramme aus
zwei Rechnern, die als Informations- und Redundanzrechner definiert sind.
Der dritte Rechner ist somit Standby-Rechner.Da bei Fehler eines Rechners
jeweils zwei Vergleicher Störung melden, kann sofort der defekte Rechner

ermittelt und durch eine Auswahllogik abgetrennt werden (Abb. 4). Durch
absichtlich gefälschte Ausgaben werden in regelmäßigen Zeitabständen die
Vergleicher und die Auswahllogik durch die Rechner überwacht. Zu diesem
Zweck werden die Aussagen der Vergleicher und Auswahllogik an die Rechner zurückgemeldet,die sich im Fehlerfall selbst zur sicheren Seite abschalten.

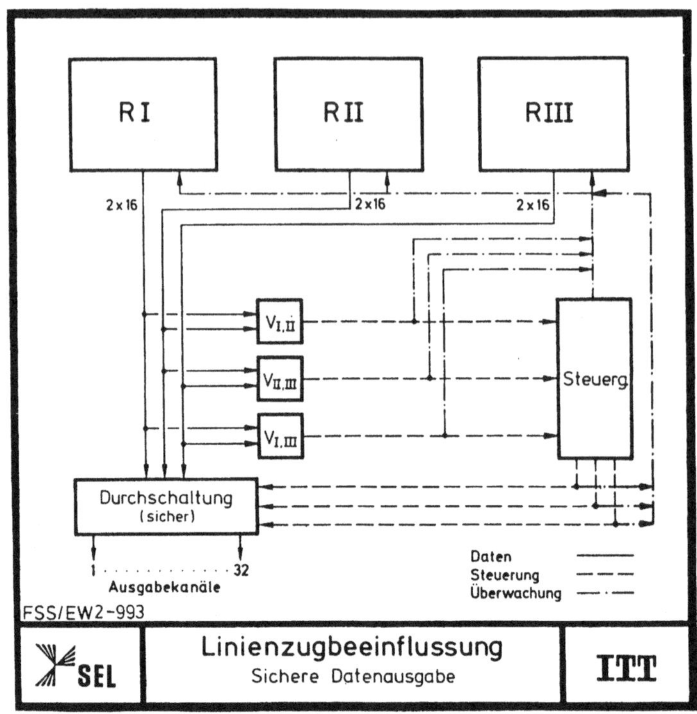

Bild 4

Ein Dreirechnersystem beinhaltet somit Sicherheit durch Verdoppelung und
Zuverlässigkeit durch Verdreifachung der Rechner. Das letzte Verknüp-
fungsglied, die Durchschaltungseinheit, ist in Fail-Safe-Technik aufgebaut. Ein beliebiger Fehler in dessen Bauteilen führt unmittelbar zu einer Blockierung des Datenflusses.

Für die Datenübertragung zu den Zügen, Stellwerken und benachbarten
Streckenzentralen sind besondere Übertragungskodes vorgesehen, die eine
Telegrammverfälschung auf dem Übertragungsweg erkennen lassen. Hierbei

werden die Informationsbits durch Redundanzbits mit einer Hammingdistanz
von 4 gesichert.

Erhält ein Zug 3 Sekunden lang keine Meldungen von der Zentrale, schaltet
das Zuggerät automatisch ab und der Zug fährt mit verminderter Geschwindigkeit (max. 160 km/h) im konventionellen Blocksystem weiter.

Die Software für das System LZB L 72

Aufgrund der geforderten hohen Verarbeitungsgeschwindigkeit befinden
sich sämtliche für den Betriebsablauf erforderlichen Listen und Programme in den Kernspeichern der Rechner; externe Massenspeicher können wegen der zu hohen Zugriffszeiten nicht verwendet werden.

Die wichtigsten Listen im Speicher sind die Streckenliste und die Zugliste. Die Streckenliste enthält die kodierte Streckengeographie mit
den festen Daten (Orte der Streckenelemente, Streckenneigungen, ständige Langsamfahrstellen, Ein-/Ausfahrorte der Schleifen, Bereichsgrenzen)
und den veränderlichen Daten (Stellungen der Streckenelemente, zeitwei-
lige Langsamfahrstellen, Zug- und Stellwerksbedientes Nothalt) des gesamten Systembereichs.

Während die Streckenliste somit teilweise fest kodiert ist, handelt es
sich bei der Zugliste um eine rein dynamische Liste. In diese werden per
Programm sämtliche Züge im Systembereich mit ihren spezifischen Daten
aufgenommen, überwacht und bei Ausfahrt gelöscht. Die Zugliste ist derart aufgebaut, daß jeder LZB-Zug die Positionen des vorausfahrenden bzw.
nachfolgenden Zuges kennt (Listenverkettung).

Der zentrale Taktgeber steuert über das Betriebssystem den Programmablauf in allen drei Rechnern. Durch den Taktinterrupt wird jeweils das
Betriebssystem aktiviert, das dann die zeitgerechte Ein-/Ausgabe von Te-
legrammen übernimmt und den zeitlichen und logischen Ablauf der Arbeitsprogramme steuert.

Die primäre Aufgabe dieser Programme ist die Ermittlung der momentan zulässigen Höchstgeschwindigkeit für jeden Zug im Systembereich. Um die Information für einen Zug zu berechnen, müssen die Eingaben der Stellwerke

und Nachbarzentralen sowie die jeweils letzte Meldung dieses Zuges verarbeitet werden. Weiterhin werden die Telegramme für die Stellwerke und Nachbarzentralen erstellt, Fernschreiber-Eingaben verarbeitet und eventuelle Störungs- und Betriebsmeldungen ausgegeben.

Das Betriebssystem, die Arbeitsprogramme sowie die festen und variablen Datenlisten sind auf den Maximalausbau und eine Maximalbelastung ausgelegt. Somit ist das System universell einsetzbar ohne Programmänderungen.

Neu erstellt werden muß für jede spezifische Anwendung die Streckenliste. Zur Erstellung dieser Liste, die die jeweilige Streckengeographie beinhaltet, wurde ein spezieller Übersetzer entwickelt, der aus den in Klartext vorliegenden Streckendaten für alle drei Rechner die verschieden kodierten Listen erstellt.

Praktische Erprobung

Im ersten Einsatz dieses Systems wurde die Fernbahnstrecke von Bremen nach Hamburg ausgerüstet. Diese ca. 86 km lange Strecke wird von 3 LZB-Streckenzentralen überwacht. Die Linienzugbeeinflussung ist eingerichtet für die beiden durchgehenden Hauptgleise und 26 Überholungen. Von insgesamt 12 Stellwerken wurden ca. 1700 Begriffe von ca. 250 Signalen, 200 Weichen und 30 Bahnübergängen, etc. abgefragt. Bei bis zu 72 möglichen Zügen innerhalb eines Bereiches entspricht dies einem mittleren Datenfluß von ca. 19000 Bit/Sek je Rechner.

Seit Juni 1974 wird auf der Strecke von der Deutschen Bundesbahn ein überwachter Probebetrieb mit täglich ca. 30 fahrplanmäßig verkehrenden Zügen verschiedener Typen (TEE, Schnell- und Eilzüge sowie Güterzüge) durchgeführt. Diese erste Phase des Probebetriebs diente vor allem der Lösung zahlreicher Probleme an den Schnittstellen zwischen ortsfesten und beweglichen Einrichtungen sowie der Erprobung der Übertragungseinrichtungen.

Eine zweite Phase des Probebetriebs seit Oktober 1975 dient der Sammlung von Betriebserfahrungen bei der Deutschen Bundesbahn. Zu diesem Zweck wird über jede Fahrt Buch geführt. Zur Verfügung stehen auf dem Fahrzeug Beobachtungen der Triebfahrzeugführer sowie Aufzeichnungen des Fahrtenschreibers, an der Strecke Beobachtungen der Fahrdienstleiter sowie die Ausdrucke des LZB-Terminals, auf dem außer Störungsmeldungen während des Probebetriebs zusätzlich für jede Fahrt ein Protokoll ausgegeben wird. Zusätzlich werden bei Störungen die Reparaturberichte der zuständigen Werkstätten herangezogen. Aus diesen Informationen wird monatlich eine genaue Störungsstatistik ermittelt - insbesondere der sogenannte Zuverlässigkeitsfaktor

$$Z = \frac{\text{ungestört gefahrene LZB-Km}}{\text{insgesamt gefahrene LZB-Km}} \times 1oo \%$$

Nach einer mit zunehmender Betriebserfahrung stetig steigenden Tendenz dieses Wertes in den vergangenen Monaten nähert sich die Zuverlässigkeit nunmehr einem Wert von ca.98 %.Da bei einer Störung der LZB-Einrichtungen nur mit der für konventionelle Signalsysteme zulässigen Höchstgeschwindigkeit von 16o km/h gefahren werden kann, entspricht dies anders ausgedrückt bei einer Sollgeschwindigkeit von 2oo km/h einer mittleren Verspätung von 1o Sek auf 1oo km.

Durch diese Betriebsergebnisse wird die Richtigkeit des eingeschlagenen Weges bestätigt. Nachdem in diesem ersten Projekt vor allem auf die Lösung prinzipieller Probleme Wert gelegt wurde, wurden bereits bei einer zweiten Strecke bei den Schweizer Bundesbahnen die Aufgaben erweitert (z.B. zusätzlich Mehrfachtraktion und Rangierfahrten). Künftige Erweiterungen zielen hauptsächlich in diese Richtung - nämlich auf Erhöhung des Komforts hinsichtlich Betrieb und Wartung der Anlage.

Literatur

- W. Köth: Systemmerkmale verschiedener Zugbeeinflussungseinrichtungen
  (ETR 1971-7/8)

- H. Appel: Die rechnergesteuerte Linienzugbeeinflussung der Bauform
  Lorenz in der Erprobung auf der Strecke Bremen-Hamburg
  (Signal + Draht 66 (1974/11)

- W. Jakob: Warum neue Wege in der Zukunft der Eisenbahnsignaltechnik?
  (El. Nachrichtenwesen 47 (1972/4)

- L. Wehner: Probleme der Sicherheit und Zuverlässigkeit beim Einsatz
  der Elektronik für die Steuerung des Eisenbahnbetriebes
  (Signal + Draht 68 (1976/9)

- o.A.: Linienzugbeeinflussung LZB L 72
  (SEL Druckschrift 1280-4741.5-U+U)

SOFTWARE-ABNAHME UND -WARTUNG,
VORAUSSETZUNG FÜR ZUVERLÄSSIGE PROZESSRECHNERSOFTWARE
G. Dietel, Karlsruhe

1. Einführung

Bereits zu Beginn des Einsatzes von Prozeßrechnern wurden leistungsfähige Programmsysteme entwickelt. Dies waren aber vorwiegend anlagenspezifische Softwarelösungen,
denn die zunächst vorliegenden geringen Einsatzerfahrungen reichten nicht aus, um
standardisierte Programmpakete zu schaffen.

Derartige Systeme wurden während ihres gesamten Lebenslaufes vom Entwickler selbst be-
treut. Diese zentrale Verantwortung - angefangen von der Planung über die Implementierung bis hin zur Durchführung von Korrekturen und Erweiterungen - in der Hand des
Entwicklers hatte den Vorteil eines schnellen Rückflusses der vor Ort auf den Anlagen
gewonnenen Ergebnisse in die Entwicklung.

Eine solche Art der Einzelfertigung und individuellen Betreuung von Programmen war
aber nur so lange vertretbar, wie die Zahl der installierten Anlagen gering und ein vor-
zeitiges Festschreiben der Ergebnisse dieser Lernphase wenig sinnvoll waren.

Als Nachteile sind zu nennen:
- lange Bindung des Entwicklers an sein Programm,
- fehlende oder ungenügende Dokumentation, da der Entwickler selbst mit einem
  Minimum an schriftlichen Unterlagen auszukommen glaubte,
- unübersichtliche Programmstrukturen durch zahllose unsystematische Erweiterungen,
- hoher Aufwand für Programmwartung und
- keine ausreichende Übertragbarkeit auf andere Anlagen.

Deshalb wurden bessere Arbeitsverfahren nötig. Hinzu kommen zwei weitere Gründe:
Ab 1972 nahm die Zahl der installierten Prozeßrechner stark zu - die jährliche Auslie-
ferungsrate der Prozeßrechner der Siemens-Systeme 300 hat sich von 1972 bis 1976 ver-
zehnfacht. Mit der Übertragung höherer Automatisierungsaufgaben an die Prozeßrechner
stiegen die Anforderungen an Zuverlässigkeit und Verfügbarkeit der eingesetzten Software.

Dies gab den Anstoß, die Entwicklung, Fertigung, Lieferung und Wartung von Software
zu systematisieren, Programme als industrielle Serienprodukte zu betrachten, die in
hohen Stückzahlen verkauft und für die gewisse Garantieleistungen übernommen werden
müssen (Bild 1).

Der Übergang von der Einzelfertigung zu einer Serienfertigung von Softwareprodukten machte technische und organisatorische Maßnahmen erforderlich. Die technischen Fortschritte betrafen sowohl das Produkt selbst (bessere Struktur) als auch die Werkzeuge der Produktentwicklung und -pflege (leistungsfähigere Betriebsmittel).

In organisatorischer Hinsicht führte eine Trennung der Verantwortungsbereiche für Entwicklung, Abnahme, Lieferung und Wartung zu geordneter und wirtschaftlich überschaubarer Abwicklung eines Softwareprojektes. Leistungen und Termine konnten zuverlässiger geplant, Betriebsmittel und Personal effektiver eingesetzt werden.

Die Ergebnisse sind:
- Systematische Überprüfung der Programme vor der Auslieferung,
- vollständige und aktuelle Dokumentation durch regelmäßige Korrektur und Nachführung,
- Erhaltung der Programmstruktur durch systemkonforme Korrekturen und Erweiterungen,
- personenunabhängige Wartung

und damit insgesamt eine spürbare Verbesserung der Zuverlässigkeit und Wartbarkeit von Softwareprodukten.

2. Ziele und Aufgaben der Abnahme und Wartung

Abnahme und Wartung sind technische Leistungen, die der Hersteller im Lebenslauf des
Softwareproduktes erbringt (Bild 2).
Die Abnahme unterzieht das Softwareprodukt einer umfassenden Prüfung *vor der Auslie-
ferung* – die Wartung dagegen hat die Produktpflege *während des Einsatzes* zum Ziel.

Eine eigenständige Abnahme eröffnet stellvertretend für den späteren Benutzer den Dialog mit der Entwicklung, spornt diese zu Fehlerfreiheit und Termintreue an und nimmt
ihr eine Reihe von Aufgaben ab. Dazu gehören im einzelnen:
- die Planung und Erstellung von Prüfmitteln und Prüfdaten für die Abnahme,
- die Einzel- und Systemprüfung des Software-Prototyps und
- die Vorbereitungen für die Fertigung und Auslieferung des Produktes.

Wartung ist ein zunächst unzulänglicher Begriff, der leicht falsche Assoziationen
weckt. Software kennt keine Schmiernippel. Vielmehr sind für Prozeßrechner-Software
System-Komplexität, Leistungsfähigkeit und Innovationstempo kennzeichnend. Sie erzwingen eine ständige Erneuerung innerhalb der Lebensdauer, und hier liegt ein Schwerpunkt
der Aufgaben einer Software-Wartung. Daneben sind nötig:
- die Fehlerbearbeitung mit Prüfen, Reproduzieren, Analysieren und Beheben des
  Fehlers,
- die Information der Benutzer und
- die Aktualisierung der Archivbestände und der Software auf den Anwenderanlagen.

Abnahme- und Wartungstätigkeiten stehen nach Bild 3 in enger Wechselbeziehung. Das von
der Entwicklung übergebene Produkt wird im Abnahmeprüffeld einer genauen Kontrolle unterzogen. Die festgestellten Mängel werden behoben und das Produkt in den Bestandspool
eingebracht. Von dort aus erfolgt die Lieferung an den Anwender. Von den Anwenderanlagen kommen Fehlermeldungen zurück, die von der Wartung bearbeitet werden. Je nach
Korrekturumfang findet im Rahmen der Wartung eine neue Abnahme statt. Das korrigierte
Produkt fließt wieder in den Bestandspool zurück.

2.1. Aufgaben und Methoden der Abnahme

Für eine effektive Abnahme ist eine früh einsetzende Abnahmeplanung erforderlich. Bei
größeren Softwareprodukten empfiehlt sich eine Mitsprache der Abnahme bereits im Zuge
der Entwicklung. Sie betrifft die Festlegung des Produktentwurfes bezüglich der Struktur des Softwareproduktes, die Einsatzmöglichkeiten von systemeigenen Wartungshilfen
und die Abwicklung des Abnahmeverfahrens. Daneben werden für die Abnahmevorbereitung
ausreichende Kenntnisse über das neue Softwareprodukt benötigt. Hierzu ist die Einarbeitung in den logischen Produktentwurf erforderlich. Aufgrund der geforderten Aufgaben und Funktionen des Produktes erfolgt die Festlegung der Prüfmittel und Prüfdaten.

Bild 4 zeigt eine mögliche Struktur eines Abnahme-Prüfsystems. Das Prüfsystem besteht aus einem Steuerteil und mehreren Prüfdatensequenzen. Aus den Prüfdatensequenzen lassen sich durch Voreinstellung beliebige Prüfdaten (PD) zu Prüfdatenprofilen zusammenstellen. Im anschließenden Prüflauf aktiviert der Steuerteil die ausgewählten Prüfdatenprofile in der gewünschten Reihenfolge. Diese Methode ermöglicht ein automatisierbares Prüfen sehr vieler Betriebssituationen.

Prozeßrechner-Software dient vorwiegend der Prozeß*automatisierung*. Letztere muß auch Grenzfälle und Fehlersituationen im Prozeßgeschehen beherrschen. Von der Software wird erwartet, daß sie die dazu nötigen Mittel zur Verfügung stellt und sich selbst gegen Fehlhandlungen des Benutzers und Programmfehlreaktionen absichert. Deshalb sollten Abnahme und Prüfdaten sowohl Positiv-Tests (richtige Ausführung der Nutzfunktionen) als auch Negativ-Prüfungen (Verhalten im Fehlerfall) in ausgewogenem Verhältnis anwenden.

Bei komplexen Softwareprodukten ist die Zahl der unterschiedlichen inneren Betriebszustände und der äußeren Hardware-Konstellationen extrem hoch. Die Abnahme kann daher aus Zeit- und Kostengründen keine vollständige Prüfung des Produktes sein. Die notwendigen Prüfdaten sind deshalb so festzulegen, daß trotz begrenzter Prüfaufwendungen eine ausreichende Produktzuverlässigkeit erreicht wird.

Die Produktabnahme erfolgt in zwei Stufen:
- man überprüft zunächst die Funktionen des Produktes an sich und hält äußere Systemeinflüsse möglichst fern,
- danach testet man das Verhalten des Produktes innerhalb einer Systemumgebung und simuliert dabei die Einsatzbedingungen auf Anwenderanlagen.

Abnahmemittel und Prüfdaten werden nach erfolgreicher Abnahme archiviert. Bei späteren Wartungsfällen kann dadurch immer auf repräsentative Prüfdatensätze zurückgegriffen werden.

Eine weitere Aufgabe der Abnahme ist es, für die Herstellung, Lieferung und spätere Produktaktualisierung die Vorleistungen zu erbringen, die eine schnelle Abwicklung von Bestellungen und Mitteilungen an den Kunden ermöglichen.

Das Produkt ist so aufzubereiten, daß es für die Auslieferung kopier- bzw. generierfähig ist. Während man sich für die interne Produktbearbeitung auf einige wenige Datenträger beschränkt, richtet sich die Auslieferung nach den Anwenderwünschen (Bild 5). Die Vielfalt der Liefermedien und die großen Lieferstückzahlen stellen hohe Anforderungen an die Software-Lieferabteilung.

Quellcode, Objektcode und Produktbeschreibung werden aus Sicherheitsgründen in mehreren Archiven hinterlegt.

Der Quellcode wird gebraucht für spätere Produktnachführungen und für die Verwendung des Produktes als Bestandteil neuer Software-Systeme. Der Objektcode muß über einen längeren Zeitraum für die Produktlieferung zur Verfügung stehen.

2.2. Aufgaben und Methoden der Wartung

Trotz systematischer Abnahme kann das Softwareprodukt nicht vollständig fehlerfrei sein. Dafür gibt es vielfältige Ursachen. So muß die Abnahme zunächst in endlicher Zeit und mit wirtschaftlich vertretbarem Aufwand erfolgen und kann deshalb nicht alle Grenzzustände und alle möglichen Kombinationen von Betriebsarten, Anlagenkonfigurationen und Anwenderaufgaben austesten. Die Zahl der nötigen Prüfläufe wäre unbeherrschbar groß. Weiterhin können sich überdeckende Fehler auftreten, und manche Fehlerreaktionen sind gar nicht als solche erkennbar.

Eine ideal kleine Fehlerquote der Software nach der Abnahme ist deshalb weder erreichbar noch wirtschaftlich sinnvoll: sie muß stets vor dem Hintergrund der auch nicht unbegrenzten Zuverlässigkeit des Gesamtsystems aus Personal, Material, Rechner und Prozeß gesehen werden.

Bei allen nach der Auslieferung auftretenden Fehlern und Mängeln setzt deshalb die *Wartung* des Softwareproduktes ein.

Die einzelnen Schritte einer Fehlerbearbeitung sind im Bild 6 angegeben. Die Fehler werden zentral erfaßt, geprüft und registriert. Die Fehlerursache ist einzugrenzen, und die Hilfsmittel für die Fehlerdiagnose sind auszuwählen und zusammenzustellen. Zur Reproduktion und Lokalisierung des Fehlers ist eine fallweise, systematische oder standardmäßige Datensammlung für die Fehlerbeschreibung notwendig. Als Hilfsmittel dienen:

- hardwareunterstützte Routinen für die Ablaufverfolgung (Trace, Testbefehl),
- interaktive Debug-Hilfen und
- Speicherabzugsroutinen.

Dabei entstehen mitunter Probleme, bestimmte Systemzustände einzustellen oder sie genügend oft bei dynamischen Systemfehlern zu reproduzieren. Ebenso schwierig ist die Diagnose von Folgefehlern, bei denen der Zeitpunkt eines erkennbaren Fehlverhaltens nur mühsam vorverlegt werden kann. Andere Fehler lassen sich nicht nachbilden, sondern nur in Zusammenarbeit mit dem Anwender bzw. nur auf der Anwenderanlage klären. Ist der Fehler gefunden, wird u.U. zunächst eine vorläufige Korrektur erarbeitet, um die betroffene Anlage möglichst schnell wieder betriebsbereit zu machen. Später wird diese Korrektur für die Stammbandnachführung auf Konformität mit der Systemstruktur überprüft und notfalls der Struktur angepaßt.

Die Änderungen am Produkt werden dokumentiert, ebenso etwaige Auswirkungen auf zukünftige Entwicklungen. Die Information der Anwender und die Belieferung der Anlagen mit Korrekturen oder Neuausgaben der Produkte schließen sich an.

Bei Fehlern, die keine großen Benutzungseinschränkungen zur Folge haben, wird die Fehlerkorrektur aus Aufwandsgründen bis zur nächsten Produktüberarbeitung zurückgestellt. Die betroffenen Anwender sind über die bis dahin geltenden Vorbehalte zu benachrichtigen (Benutzermitteilungen).

Wie schon erwähnt, können neben der Fehlerbehebung aber auch technische Änderungen Eingriffe in ein Softwareprodukt erforderlich machen, z.B. neue Funktionen oder Geräte, oder auch Änderungen an anderen Systemkomponenten (Hardware und/oder Software). Vielfach sind solche Modifikationen im Vergleich zur Fehlerbehebung ungleich schwerer einzubringen und stets gegen die Gefahr unentdeckter Systemunverträglichkeiten abzuwägen.

Diese "Runderneuerung" ist der Grund, warum Softwareprodukte oft keine mit der Marktzeit monoton fallende Fehlerquote haben. Nach dem Gesetz der freien Wandelbarkeit angetreten ("Software ist unendlich flexibel"), verliert die Software das sinnvoll Machbare aus dem Auge. Wartung, so mißverstanden, ist also kein Beitrag zur Hebung der Zuverlässigkeit.

3. Einfluß von Abnahme und Wartung auf die Zuverlässigkeit von Prozeßrechner-Software

Die Zuverlässigkeit von Prozeßrechner-Software wird beeinflußt durch den Restfehler-
gehalt des Produktes. In Bild 7 ist die Abnahme der Restfehlerzahl in Abhängigkeit von
der Einsatzdauer dargestellt. Die Restfehlerabnahme ist stark abhängig von der Anzahl
der eingesetzten Produkte. Je intensiver die Benutzung, desto schneller können Fehler
ermittelt und auch behoben werden.
Die Abnahme des Produktes im Softwareprüffeld stellt eine umfassende "Ersatzbenutzung"
vor der Lieferung dar und erzielt damit eine starke Reduzierung noch vorhandener Fehler. Wie im Bild 7 dargestellt, hat die durch Abnahme überprüfte Software schon bei
der Auslieferung eine niedrigere Restfehlerzahl, und die weitere Fehlerabnahme ist weniger abhängig von den unterschiedlichen Einsatzbedingungen des Softwareproduktes.
Die geringere Fehlerzahl zum Auslieferungszeitpunkt führt früher zu dem Zustand einer
relativen Produktruhe, das Produkt wird schneller "operational" /1/.
Diese Produktruhe ist durch einen flachen Fehlerkurvenverlauf gekennzeichnet, bei dem
die Restfehler fast konstant bleiben.

In dieser Phase ist die "Qualität" der noch existierenden Fehler sehr hoch, d.h. sie
treten nur selten auf, sind schwer faßbar und in komplexe Zusammenhänge eingebettet.
Das gleichzeitig "gesunkene" Produkt- und Systemwissen des Wartungspersonals hat zur
Folge, daß Fehlerkorrekturen oft zu neuen Fehlern führen. In großen Programmsystemen
wird der Zustand der Fehlerfreiheit nur asymptotisch erreicht.

Zu festen Zeitpunkten werden Softwareprodukte überarbeitet, um neben Fehlerkorrekturen
auch Produkterweiterungen einzubringen. Die neuen Produktfunktionen führen meist zu
erneutem Anstieg der Restfehlerzahl des Produktes. Bei größeren Änderungen können auch
"systemkonforme" Produkterweiterungen ab einem bestimmten Zeitpunkt zur Verschlechterung des Systemverhaltens und der Systemstruktur führen. In diesen Fällen ist der Neuentwurf des Produktes oder die Abspaltung einer neuen Produktvariante oft wirtschaftlicher und sicherer.

Bild 8 gibt die Ergebnisse der Abnahme und Wartung eines Siemens-Betriebssystems
wieder.

Die Betriebssysteme der Modellreihe 300 - 16 Bit sind in modularer Technik realisiert.
Die Generierung eines Betriebssystems erfolgt auf der Zielanlage aus einem Mastersta-
pel von ca. 200 Einzelmoduln. Die mittlere Modulgröße beträgt ca. 500 Wörter, die des
generierten Gesamtsystems ca. 10-20 KWörter.

Im Bild 8 sind in zeitlicher Abhängigkeit Fehlerhäufigkeiten nach verschiedenen Gesichtspunkten dargestellt.

Die Flächen unter den Fehlerkurven sind ein Maß für die insgesamt bzw. bei der Abnahme
oder Wartung entdeckten Fehler. Die Relation der Kurven von Gesamt- zu Abnahmefehler-
zahl ist ein Maß für die Effizienz der Abnahme im Systemprüffeld.
Ist der Anteil der Fehler, die erst bei Wartungsfällen entdeckt werden, bezogen auf
die Gesamtfehlerzahl relativ hoch, muß dies Anlaß zur Überprüfung der Abnahmemethoden
sein.
Mit zunehmender Betriebsdauer sinkt die Fehlerrate, das Produkt wird zuverlässiger.
Da jedoch die heutigen Softwareprodukte, bedingt durch den Innovationsdruck, sehr
kurzlebig sind, ist die eintretende Systemruhe mitunter aber auch schon der Zeitpunkt
für den Einsatz eines neuen Produktes.

4. Ausblick, zukünftige Möglichkeiten

Software-Zuverlässigkeit ist in mancherlei Hinsicht noch Neuland. Sie wird vielfach
in Verbindung mit der Hardware-Zuverlässigkeit und mit der Software-Qualität zu sehen
sein. Das bedeutet neben Fehlerfreiheit auch

- Schutz gegen Fehlhandlungen
- gute Erlernbarkeit
- geringe Änderungsanfälligkeit bei Einbau von Erweiterungen
- rasche Regeneration defekter Software (kurze Ausfallzeiten).

Die zukünftige Bedeutung zuverlässiger Software hat - neben wirtschaftlichen Belangen -
vorwiegend diese zwei Gründe:

> Zunehmend komplexe technische Strukturen können nur dann erfolgreich sein (ho-
he Verfügbarkeit, lange Lebensdauer), wenn *alle ihre Teile* eine hohe Zuverlässigkeit aufweisen.

> *Prozeßautomatisierung* übernimmt in steigendem Maße Verantwortung für die *Si-
cherheit* von Personen und Sachen. Zuverlässige Software ist deshalb unerläßlich.

Ansätze für zukünftige Verbesserungsmöglichkeiten auf dem Gebiet der Software-Zuverlässigkeit sollten bereits beim Projektmanagement beginnen und alle Möglichkeiten des
Gesamtsystems nutzen. Das können z.B. sein:

- Verstärkter Einsatz geeigneter Programmiermethoden und leistungsfähiger höherer
  Sprachen und dadurch
    - fehlerärmere Entwicklung
    - reduzierter Abnahme- und Wartungsaufwand
    - einfachere Änderbarkeit

- Umfassende Kommunikation zwischen Rechneranwendern und den Hersteller-Service-
  abteilungen über Datenfernübertragung im Rechnerverbund. Dabei sind anzustreben:
    - schnelle, detaillierte Fehlerdiagnose durch zentralen Einsatz beson-
      derer Diagnose-Programme und -Daten,

    - rascher Austausch fehlerhafter Teile ohne Betriebsunterbrechung mit
      geringstem Abwicklungsaufwand,

    - genaue Auswertung der Fehlerdaten und "automatische" unaufgeforderte
      Wartung der übrigen, zunächst vom Fehler nicht betroffenen Anlagen
      vor Eintritt des Fehlerfalls,

    - Selbsttätig ablaufende Hardware- und/oder Software-Routinen für den
      On-Line-Hintergrundtest in Schwachlastzeiten, z.B. mit Mikroprogrammen.

- Erweiterte Absicherung gegen Benutzerfehler durch entsprechende Hardware-Vor-
  leistungen und Softwarekontrollen schon innerhalb der Programme.

- Zurückhaltung gegenüber Perfektionismus und übertriebenem Komfort, die oft auf
  Kosten der Funktionssicherheit gehen.

- Steigerung der Anpassungsfähigkeit, z.B. durch

  • Einführung von Checkmechanismen zur Prüfbarkeit der Auswirkungen von
    Systemmodifikationen,

  • Verringerung des Änderungsaufwandes auf der Softwareseite bei der
    Einführung neuer Geräte durch stärkere Standardisierung.

Hardware-Unzuverlässigkeit wird verursacht durch eine gewisse Unschärfe bei Fertigung
und Prüfung sowie durch Temperaturbeanspruchung, Reibungsverschleiß u.ä. Alterungs-
fehler.

Software ist zwar verschleißfrei, aber mit der Unschärfe menschlicher Logik müssen
wir wohl noch eine Weile leben.

Literatur:

/1/ C.V. Ramamoorthy, R.E. Mecker, J. Turner:
     "Design and Construction of an Automated Software Evaluation System"
     IEEE Symposium on Computer Software Reliability, 1973

Weiterhin:

     DIN 40042: Zuverlässigkeit elektrischer Geräte, Anlagen und Systeme; Begriffe.
     (Vornorm 1970)

     A.Endres:
     "Software als Qualitätsprodukt"
     IBM Nachrichten 25. Jahrgang, Heft 227, 1975

     M.E. Fagan:
     "Design and code inspections to reduce errors in program development"
     IBM System Journal No. 3, 1976, S. 182-211

     H. Kopetz:
     "Softwarezuverlässigkeit"
     Carl Hansen Verlag München/Wien 1976

     W.M. Lindhorst:
     "Scheduled Maintenance of Application Software"
     Datamation 19, May 1973, S. 64-67

     J.L. Odgin:
     "Designing Reliable Software"
     Datamation 18, July 1972, S. 71-78

     C.V. Ramamoorthy, S.F. Ho:
     "Testing Large Software with Automated Software Evaluation Systems"
     IEEE Transactions of Software Engineering, March 1975, S. 46-58

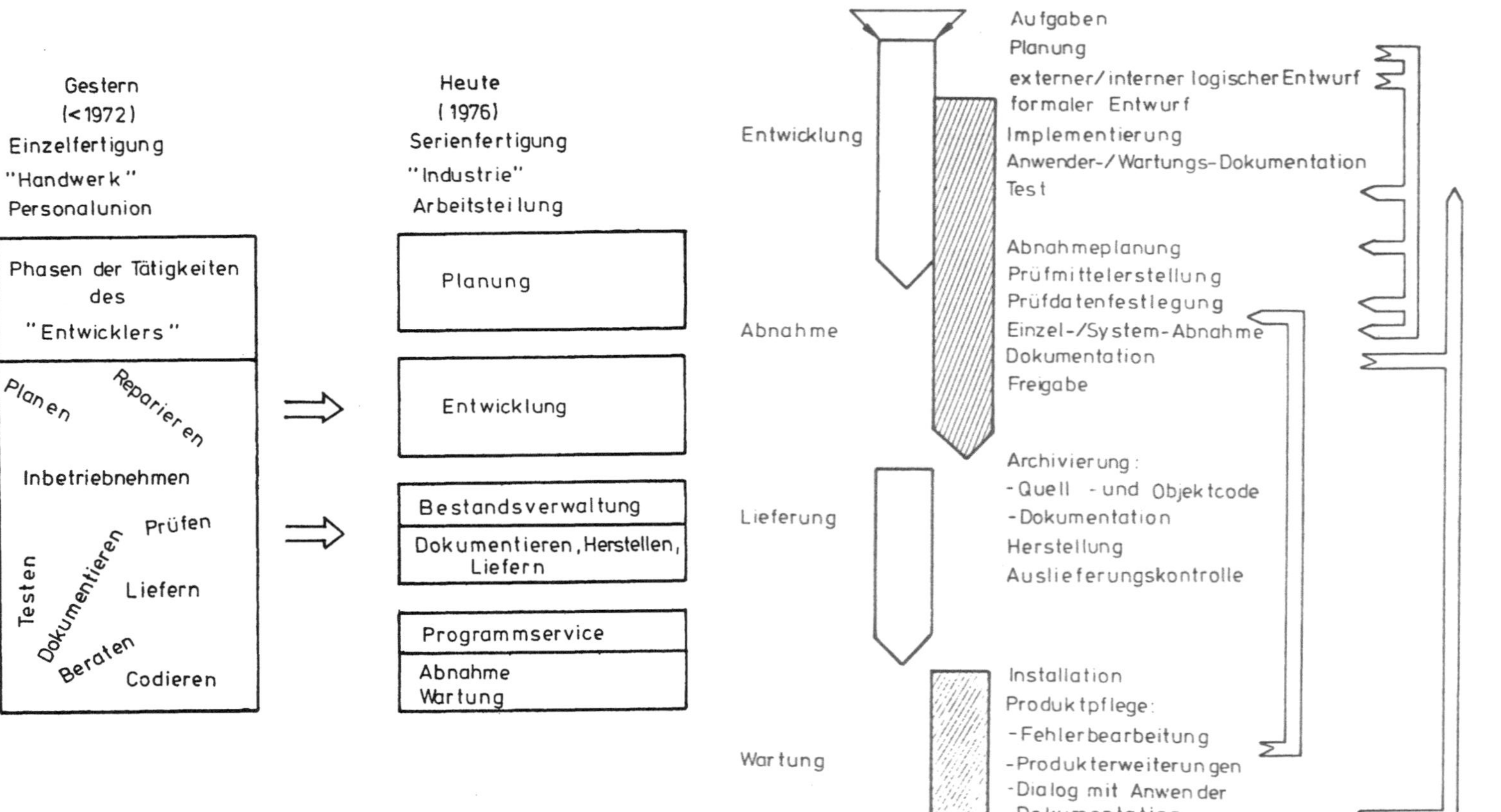

Bild 1 : Übergang von der Einzel-zur Serienfertigung in der Programm=entwicklung

Bild 2: Einordnung von Abnahme und Wartung in den Lebenslauf eines Softwareproduktes

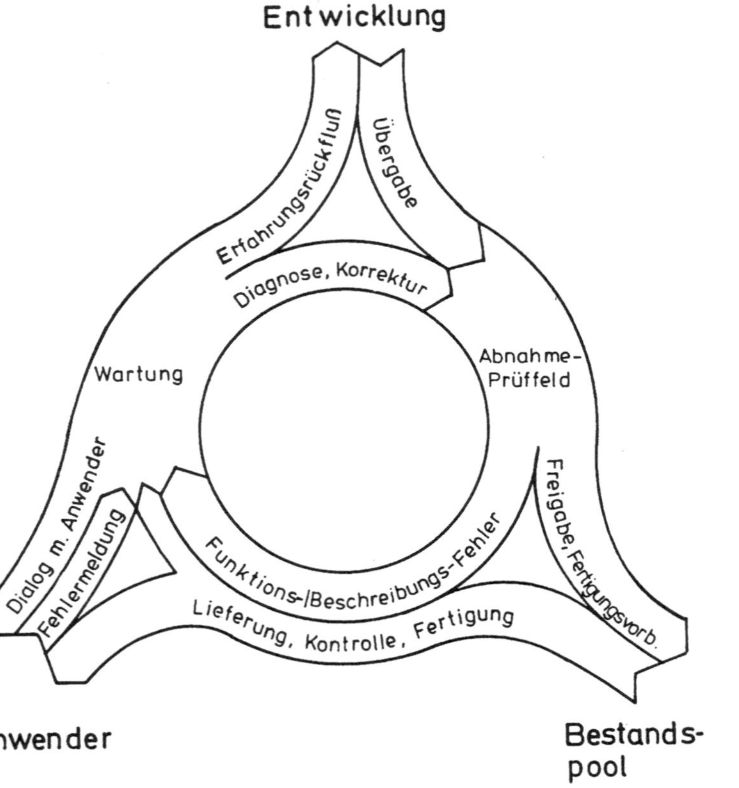

Bild 3 : Funktionelle Verkettung:
Abnahme und Wartung

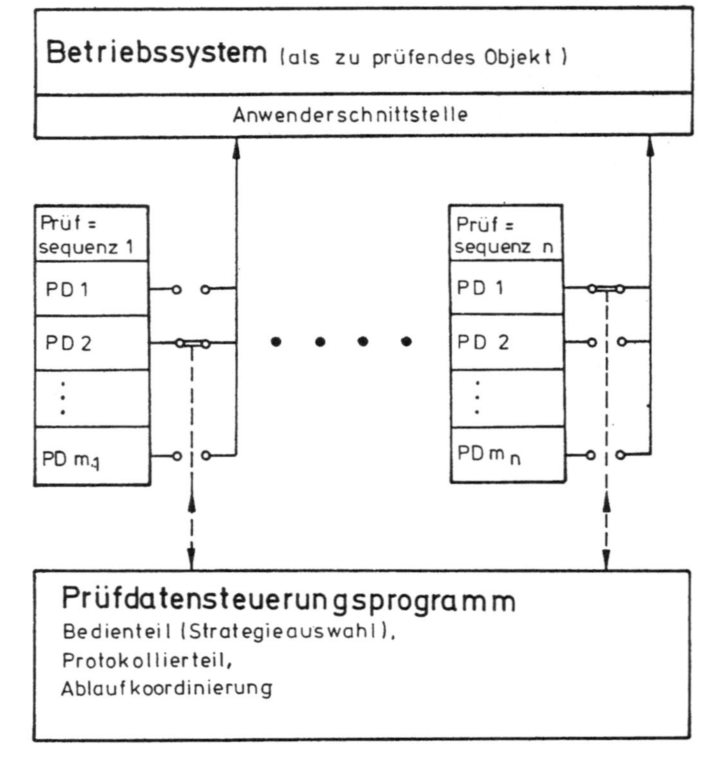

Bild 4 : Beispiel für ein Softwareprüfprogramm
Betriebssystemtest mit wählbaren
Prüfdatenprofilen

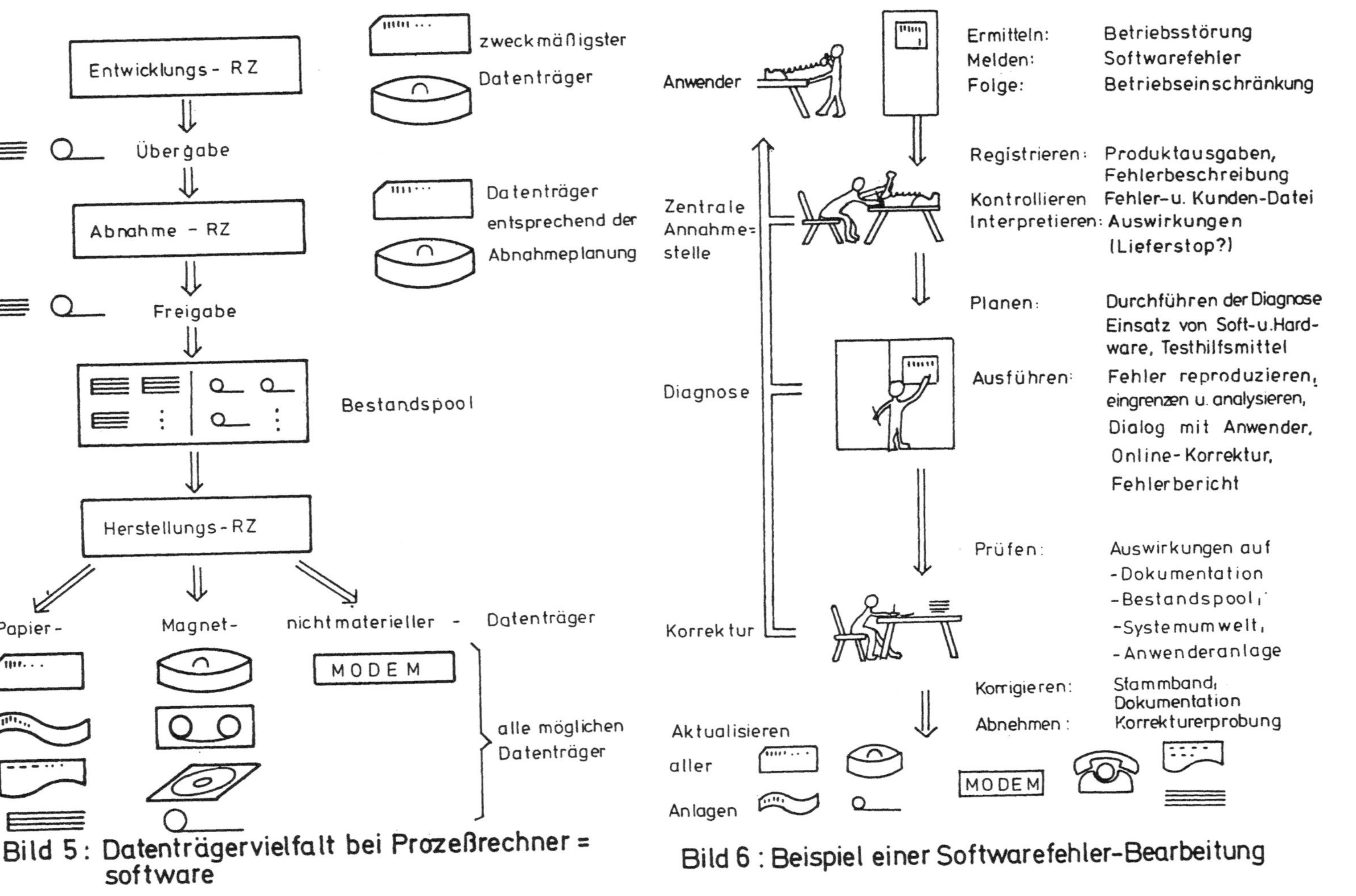

Bild 5 : Datenträgervielfalt bei Prozeßrechner = software

Bild 6 : Beispiel einer Softwarefehler-Bearbeitung

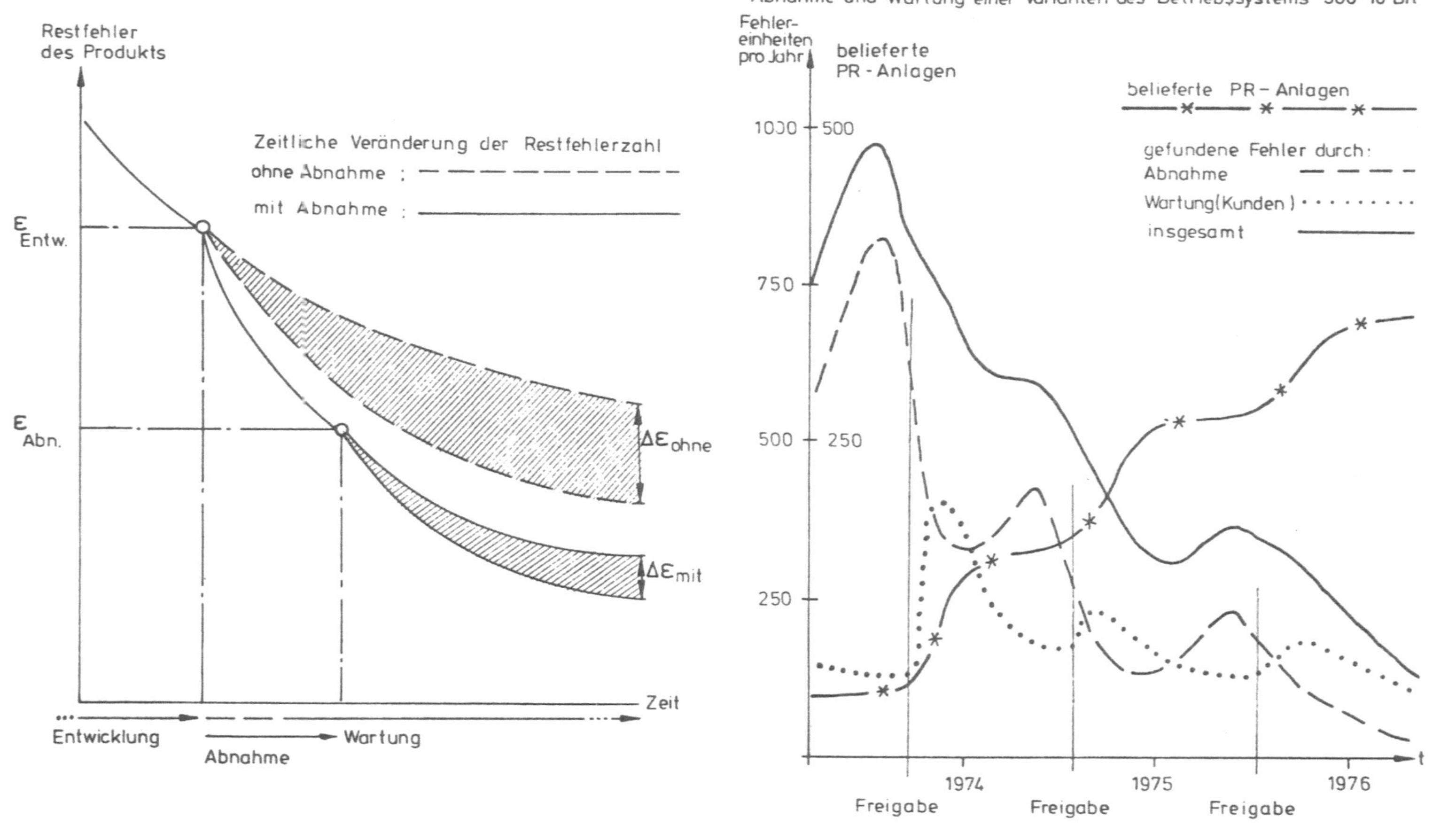

Bild 7: Einfluß der Produkt-Abnahme auf die Restfehlerzahl

Bild 8: Fehlerhäufigkeitsdiagramm

<u>Eine Prüfstrategie für sicherheitsrelevante
Prozeßrechner-Software</u>

W. Geiger, U. Voges
Gesellschaft für Kernforschung mbH, Karlsruhe
Institut für Datenverarbeitung in der Technik

1. Einleitung

Es besteht zunehmend der Bedarf, Prozeßrechner auch in sicherheitsrelevanten Realzeitanwendungen einzusetzen, wie z.B. bei der Bahnsteuerung
oder im Reaktorschutz. Solch ein Einsatz erfordert eine sehr hohe Betriebszuverlässigkeit und -sicherheit und einen Nachweis dieser Eigenschaften gegenüber einer Genehmigungsstelle. Während für festverdrahtete
Systeme bereits anerkannte Methoden und Kriterien hierfür existieren,
ist dies für Rechnersysteme und insbesondere Software weitgehend noch
nicht der Fall.

Im vorliegenden Beitrag wird eine Strategie dargelegt, um eine hohe Zuverlässigkeit und Sicherheit von sicherheitsrelevanter Prozeßrechner-
Software im Rahmen einer Abnahmeprüfung systematisch zu prüfen und nachzuweisen. Mit 'Zuverlässigkeit' wird die Fähigkeit der Software bezeichnet, die beabsichtigte Aufgabe im Betrieb zu erfüllen, wobei die Fehlerfreiheit der Hardware und Eingabe vorausgesetzt wird. 'Sicherheit' kenn-
zeichnet die Fähigkeit des Systems, keinen unzulässigen Fehlzustand und
keine Gefährdung entstehen zu lassen; sie wird durch fail-safe Software-
Techniken erhöht.

Im nächsten Kapitel wird kurz ein Reaktorschutzsystem als Beispiel
eines sicherheitsrelevanten Prozeßrechnersystems skizziert und danach
eine Prüfstrategie für dieses und vergleichbare Prozeßrechnersysteme
dargelegt.

2. Beispiel Reaktorschutz-Rechnersystem

Bei dem im Bau befindlichen Schnellen Brutreaktor SNR 300 wird der Einsatz des <u>B</u>rennelement-<u>S</u>chutzrechner<u>sy</u>stems BESSY als Teil des Reaktor-
schutzsystems in Betracht gezogen /1/. Es soll die Austrittstemperatur
der 205 Brennelemente überwachen. In Abb. 1 ist sein Aufbau dargestellt.

Das System besteht aus drei gleichen gekoppelten Systemsträngen mit einer anschließenden Mehrheitswertung. Die Stränge tasten in bestimmten Zeitabständen die Temperaturwerte ab, vergleichen sie mit festen und variablen Grenzwerten, tauschen diese Information untereinander aus und bestimmen daraus das Abschalt- bzw. Freigabesignal für das Schnellabschaltsystem. Zusätzlich geben die drei Rechner gewisse Zwischenergebnisse an einen Ausgaberechner aus. Die Programme werden in Makroassemblersprache geschrieben.

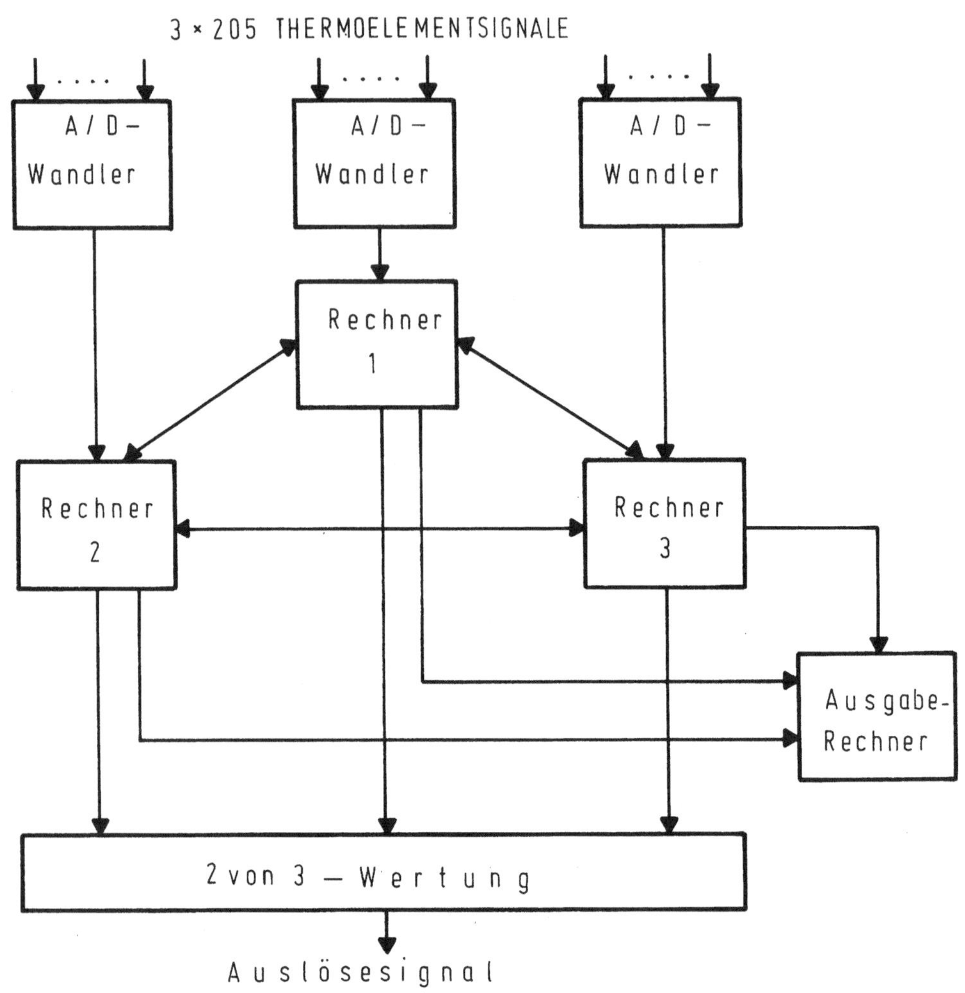

Abb.1 Vereinfachte Hardware-Konfiguration von BESSY

Das System wurde von INTERATOM in Zusammenarbeit mit Siemens entworfen.
Den Abnahmetest führt das Institut für Datenverarbeitung in der Technik unter Mitwirkung des Laboratoriums für Reaktorregelung und Anlagen-
sicherung durch.

3. Programmierrichtlinien und entwicklungsbegleitende Voruntersuchungen

Um eine hohe Betriebszuverlässigkeit der Software nachzuweisen, muß die
gesamte Entwicklungskette, von der Spezifikation bis zur Anwendung des
Softwaresystems, abgedeckt werden. Ein strenger Programmbeweis erscheint
für Softwaresysteme der hier betrachteten Art derzeit nicht durchführbar und würde allein auch nicht ausreichen.

Im folgenden wird eine Prüfstrategie dargelegt, die aus einem Netz von
sich ergänzenden Maßnahmen konstruktiver und analytischer Art besteht.
Schwerpunkte dieser Strategie sind Programmierrichtlinien, ein Softwaretest und ein Systemtest.

In der Phase des Systementwurfs müssen günstige Voraussetzungen für den
Zuverlässigkeitsnachweis geschaffen werden. Hierzu wurden frühzeitig
Richtlinien für Systementwurf, Programmierung und Dokumentation zusammengestellt /2/. Die Richtlinien sollen eine fehlerarme Programmierung und fail-safe Systemkonzeption unterstützen, die Programmanalyse
erleichtern sowie ein gezieltes Testen der Funktion ermöglichen. Neben
Regeln für strukturiertes Programmieren enthalten sie Regeln für de-
fensives Programmieren, um mögliche Software- und Hardware-Fehler zu
erkennen und zur sicheren Seite hin zu reagieren.

Die analytische Phase beginnt mit entwicklungsbegleitenden Überprüfungen. Verschiedene Stufen der Systementwicklung (die System- und
Software-Spezifikation, die Modul-Spezifikationen und der Detailentwurf) werden untersucht, ob die Verfeinerung korrekt vorgenommen wurde
und ob die Anforderungen an das System erfüllt sind. Außerdem wird die
Einhaltung der Entwurfsrichtlinien geprüft. Diese Untersuchungen sind
Prüfungen am Schreibtisch. Mit ihnen können frühzeitig Fehler entdeckt
werden und die Abnahmetest-Gruppe wird mit dem System vertraut.

4. Softwaretest

In einem Modultest und einem Integrationstest wird die Software einer
intensiven statischen und dynamischen Analyse unterzogen. Wegen der

Fehleranfälligkeit manueller Prüfungsaktivitäten und des hohen erforderlichen Aufwands wird zur Prüfung weitgehend ein automatisches Testsystem eingesetzt /3/.

4.1 Statische Analyse des Programmcodes

In einer lexikalischen Analyse werden die vorkommenden Anweisungen, die Variablen und deren Verwendung ermittelt und diese Information in Tabellen festgehalten (Anweisungstabelle, Symboltabelle, Symbolverwendungstabelle). Eine Strukturanalyse liefert Informationen über den Kontrollfluß. Der Programmablauf wird in Form eines gerichteten Graphen dargestellt.

Mit den in der lexikalischen Analyse und Strukturanalyse gewonnenen Informationen über das Programm kann der Datenfluß und die Modularisierung untersucht werden. Weiter können diese Informationen zur Erkennung bestimmter Fehler in der Struktur und bei der Verwendung von Variablen herangezogen werden, z.B. zur Erkennung von Sprüngen von außen in Schleifen, nicht initialisierten Variablen etc.

Ferner wird der Programmcode am Schreibtisch entsprechend den entwicklungsbegleitenden Überprüfungen untersucht. Es wird geprüft, ob der Detailentwurf korrekt verfeinert wurde und ob die Anforderungen an das System und die aufgestellten Programmierrichtlinien eingehalten wurden.

4.2 Dynamische Analyse

In der dynamischen Analyse wird das Verhalten von Programmbausteinen bei der Ausführung mit verschiedenen Eingabedaten ermittelt. Die Testdaten werden überwiegend aufgrund der internen Programmstruktur ausgewählt; insbesondere werden alle Verzweigungen mindestens einmal durchlaufen. Die Testergebnisse werden mit den gemäß den Modul-Spezifikationen zu erwartenden Ergebnissen verglichen.

Um festzustellen, welche Teile des Programms ausgeführt werden und welche Werte die Variablen annehmen, werden die Programmbausteine vom Testsystem automatisch instrumentiert, d.h. es werden an bestimmten Stellen im Programm Anweisungen zur Zählung der Ausführungshäufigkeit und zur Protokollierung der Variablenwerte eingefügt. Das instrumentierte Programm wird übersetzt und auf dem Prozeßrechner mit den Eingabedaten ausgeführt. Während der Ausführung werden die Meßergebnisse

der Instrumentierung von einem Überwachungsprogramm festgehalten. Nach
der Ausführung werden die Meßergebnisse der Instrumentierung für einzelne Tests und für Testreihen automatisch ausgewertet.

Der Benutzer kann so den Datenfluß, die Variablenwerte und die Ausführungshäufigkeit erkennen. Aus der Ausführungshäufigkeit kann er er-
sehen, welche Teile des Programms wenig oder nicht ausgeführt wurden
und deshalb noch getestet werden sollen.

In der dynamischen Analyse werden zunächst die einzelnen Moduln getestet (Modultests). Dazu werden sie mit einer entsprechenden Testum-
gebung versehen, die sie mit Eingangsdaten versorgt und die Testergebnisse protokolliert.

Nachdem die Moduln einzeln geprüft worden sind, werden sie zu größeren
Programmteilen und schließlich zum Gesamtprogramm zusammengesetzt und
getestet. Bei diesem Integrationstest werden vor allem die Schnittstellen zwischen den Moduln überwacht.

5. Systemtest

Nachdem die Software separat ausgetestet worden ist, wird im Systemtest ein einzelner Prozeßrechner mit der vollständigen Software und das
komplett aufgebaute Prozeßrechnersystem im Echtzeitablauf getestet. Die
Testfälle werden ausgehend von der Spezifikation und aus der Sicht des
tatsächlichen Einsatzes ausgewählt. Die Erzeugung der Testdaten, die
Ausgabe an den Prüfling sowie die Protokollierung und Überprüfung der
Korrektheit der Testergebnisse wird von einem Prüfrechner vorgenommen.

5.1 Spezifikationsorientierte Testdatenauswahl

Im 'spezifikationsorientierten Test' ist ein einzelner Rechner des
Systems mit der vollständigen Software das Testobjekt. Die Testdaten
werden aus der Spezifikation der Software-Funktion abgeleitet mit dem
Ziel, alle darin aufgeführten unterschiedlichen Fälle systematisch zu
testen.

Hierzu wird eine Fallanalyse der Funktionsspezifikation gemacht. Es
werden alle Bedingungen festgestellt, die einen für die Funktion relevanten Aspekt beschreiben (wie z.B. Temperaturmeßwert > Temperatur-
grenzwert); die möglichen Kombinationen dieser Bedingungen repräsen-

tieren dann die von der Spezifikation in unterschiedlicher Weise be-
handelten Fälle (siehe dazu /4/). Es werden nun Testdaten so ausgewählt, daß alle diese unterschiedlichen Fälle oder eine systematisch
ausgewählte Teilmenge davon von mindestens einer Testdatenkombination
repräsentiert werden.

Alle unterschiedlichen Fälle können i.a. nur bei einfachen Programmen
mit vernünftigem Aufwand getestet werden. Bei komplexeren Programmen
kann durch den Nachweis bestimmter Programmeigenschaften mit Hilfe der
Programmanalyse die Anzahl der zu testenden Kombinationen von Bedingungen erheblich reduziert werden, ohne daß die Qualität des Tests
sehr darunter leidet.
Eine derartige Reduktionsmöglichkeit besteht darin, das Gesamtprogramm
in einige Teilprogramme aufzuteilen und nur die möglichen Kombinationen
von Bedingungen der einzelnen Teilprogramme zu testen, d.h. die einzelnen Teilprogramme bei der Testdatenauswahl getrennt zu betrachten. Diese
Reduktion kann vorgenommen werden, wenn mit Hilfe der Programmanalyse
genau die Schnittstelle zwischen den einzelnen Teilprogrammen festgestellt werden kann und die Werte der Schnittstellenparameter ausreichend
gut überwacht werden können (siehe Abschnitt 5.3).

Entsprechend kann in Fällen reduziert werden, in denen eine Reihe von
Daten nach dem gleichen Algorithmus verarbeitet werden (was i.a. mit
Hilfe von Datenfeldern und DO-Schleifen realisiert wird), wenn die Pro-
grammanalyse genau die Unabhängigkeit bzw. Abhängigkeit der einzelnen
Verarbeitungsdurchläufe des Algorithmus feststellen kann.

Die Bedingungen der Spezifikation unterteilen den Eingabebereich in
Unterbereiche, die in gleicher Weise behandelt werden. Bei der bisher
dargelegten Methode der Testdatenauswahl war es das Ziel, aus jedem
Unterbereich mindestens eine repräsentative Datenkombination zu testen.
Durch ergänzende Tests wird, zumindest teilweise, die korrekte Unterteilung des Eingabebereichs festgestellt; insbesondere wird die korrekte Lage der Grenzen bei ganzzahligen und reellen Größen geprüft (siehe
auch /5/).

5.2 Applikationsorientierte Testdatenauswahl

Im 'applikationsorientierten Test' ist das vollständig aufgebaute
Rechnersystem, von der Meßfühler-Eingabe bis zur Prozeßsignal-Ausgabe,
das Testobjekt. Ziel dieses Tests ist es, aus der Sicht des tatsächlichen

Einsatzes die korrekte Funktion des Systems bei einem breiten Spektrum
von realistisch erscheinenden sicherheitsrelevanten Fällen zu testen
und zu demonstrieren.

Bei der Prüfung von Prozeßüberwachungssystemen wie z.B. BESSY werden
in diesem Test in erster Linie realistisch erscheinende Signalverläufe
bei Störfällen des Prozesses simuliert.
Neben Störfällen bei intakten Meßfühlern werden auch Störfälle bei Meßfühlerdefekten simuliert; es werden sowohl verschiedene Arten als auch
unterschiedliche Kombinationen von Meßfühlerdefekten getestet.

Ferner werden auch Störfälle bei einem breiten Spektrum von Betriebs-
zuständen und Betriebstransienten der Anlage getestet. Hierunter fallen
bei einem Reaktor z.B. das Anfahren der Anlage, verschiedene Lastzu-
stände und Lastwechsel.

Im applikationsorientierten Test wird nicht eine perfekte Simulation
des Betriebs angestrebt, sondern die Simulation typischer Fälle. Diese
Prüfung hat den Charakter einer abschließenden wirklichkeitsnahen Demonstration der Funktionsfähigkeit des Gesamtsystems.

5.3 Überwachung der Programmfunktion bei den Systemtests

Die große Anzahl der Tests macht es erforderlich, die Korrektheit der
Testergebnisse bezüglich der Spezifikation automatisch zu analysieren.
Das wird wie in Abb. 2 dargestellt realisiert:
Aus der Spezifikation wird ein Modell der Funktion des Prüflings (des
gesamten Prozeßrechnersystems bzw. eines einzelnen Rechners) erstellt.
Die Testdaten werden zusätzlich von diesem Modell verarbeitet und die
Modell-Ergebnisse mit den Testergebnissen des realen Systems verglichen.

Im Modell braucht für die Zuverlässigkeitsprüfung nur die Funktion des
Prüflings realisiert zu werden, nicht das fail-safe Ausfallverhalten. Es
wird im Gegensatz zum Originalsystem in einer höheren Programmiersprache
implementiert.

Um die korrekte Funktion der Software besser prüfen und nachweisen zu
können, werden nicht nur die Endergebnisse (bei BESSY das Auslösesignal),
sondern auch wesentliche Zwischenergebnisse ausgegeben und überwacht.
Dadurch wird auch die Reduktion der Testfälle im spezifikationsorientierten Test abgestützt, da die Ein- und Ausgangsdaten der einzelnen

Teilprogramme teilweise überprüft werden können.

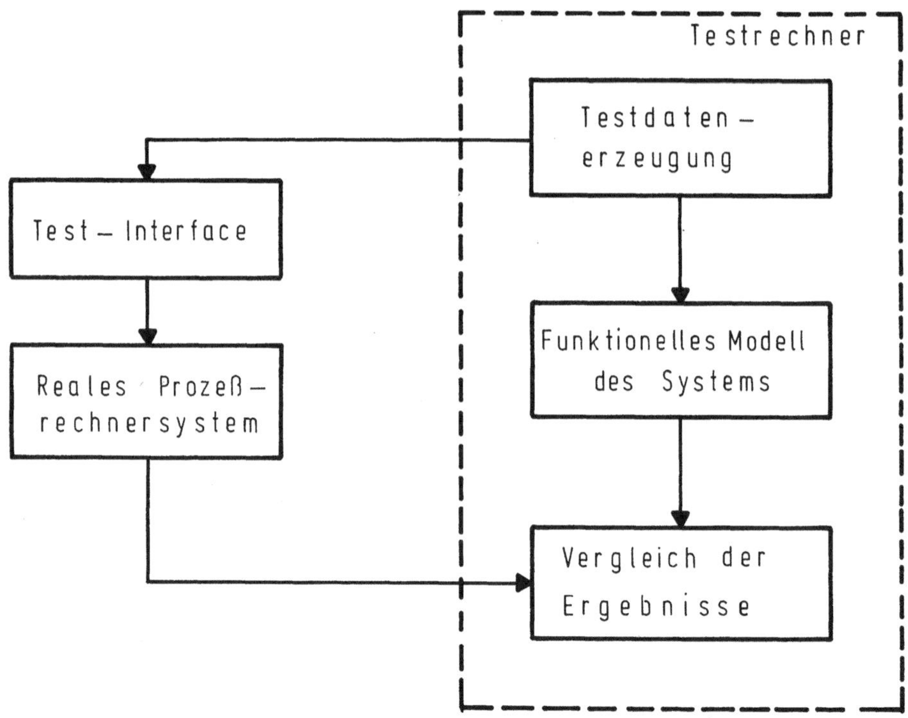

Abb. 2   Blockdiagramm des Systemtests

6. Prüfung des fail-safe Verhaltens

Neben der Zuverlässigkeit bei Fehlerfreiheit der Hardware und der Eingabe wird auch das fail-safe Verhalten bei spontan auftretenden Aus-
fällen der Rechner- und Peripherie-Hardware und bei Eingabe-Fehlern getestet.

Zum fail-safe Verhalten tragen bei BESSY ein im Hintergrund laufendes
Prüfprogramm für die Rechner-Hardware, eine sicherheitsgerichtete Daten-
initialisierung bei Störungen von Peripheriegeräten, eine defensive
Programmierung und Software-Kontrollen bei der Kommunikation mit dem
Bedienungspersonal bei.

Das Prüfprogramm der Rechner-Hardware wird qualitativ untersucht und

durch das Einbringen künstlicher Fehler in die Rechner-Hardware getestet /6/.

Die anderen Programmteile werden zunächst in der Art des Softwaretests
statisch und dynamisch analysiert. Dann werden in einer Prüfung des
vollständig aufgebauten Systems Ausfälle von Systemkomponenten simuliert,
um deren Erkennung und Meldung zu prüfen. Außerdem werden Störfälle
des Prozesses bei gewissen Ausfallkombinationen von Systemkomponenten
getestet, da auch bei gewissen Ausfallkombinationen das System weiter
betrieben wird. Die Kontrollen bei der Kommunikation mit dem Bedienungspersonal werden durch fehlerhafte Eingaben geprüft.

7. Zusammenfassung

Es wurde eine Prüfstrategie dargelegt, mit der die Betriebszuverlässigkeit und -sicherheit von sicherheitsrelevanter Prozeßrechner-Software
im Rahmen einer Abnahmeprüfung systematisch untersucht werden kann. Das
Verfahren besteht aus einem Netz von sich ergänzenden konstruktiven und
analytischen Ansätzen.

Auf konstruktiver Seite werden Richtlinien für Entwurf und Programmierung
vorgegeben. Durch sie soll die Entwicklung eines zuverlässigen und sicheren Systems unterstützt werden und günstige Voraussetzungen für die
Prüfung geschaffen werden.

Im Softwaretest werden die einzelnen Moduln und Modulgruppen untersucht.
Es wird eine statische Analyse des Programmcodes und eine dynamische
Analyse von instrumentierten Programmbausteinen durchgeführt. Die Test-
daten werden überwiegend aufgrund der Programmstruktur ausgewählt. Die
Prüfung wird von einem automatischen Testsystem unterstützt.

Im Systemtest wird ein einzelner Prozeßrechner und das vollständige
Prozeßrechnersystem mit einem Testrechner geprüft. Es werden systematisch
unterschiedliche Fälle der Funktionsspezifikation getestet. Weiter wird
ausgehend von dem tatsächlichen Einsatz ein breites Spektrum von realistisch erscheinenden sicherheitsrelevanten Eingangsdaten ausgewählt.
Die Testergebnisse werden mit Hilfe eines Modells des Testobjekts automatisch überprüft.

Es ist geplant, gemäß der hier dargestellten Prüfstrategie bei der Abnahmeprüfung des Reaktorschutz-Rechnersystems BESSY vorzugehen.

Literatur

/1/ U. Jüngst: Design Features of the Fuel Element Computerized
     Protection System BESSY
     IAEA/NPPCI Specialists' Meeting, München, Mai 1976
/2/ U. Voges, W. Ehrenberger: Vorschläge zu Programmierrichtlinien
     für ein Reaktorschutzrechnersystem
     KFK-Ext. 13/75-2, Mai 1975
/3/ M. Seifert: SADAT. Ein System zur automatischen Durchführung und
     Auswertung von Tests
     KFK-Ext. 13/75-5, Juni 1976
/4/ J.B. Goodenough, S.L. Gerhart: Toward a Theory of Test Data
     Selection
     International Conference on Reliable Software, April 1975
/5/ K. Okroy: Grundzüge eines Verfahrens zur automatischen Analyse
     sequentieller Teile von Prozeßrechner-Programmen
     PDV-Entwicklungsnotizen PDV-E 73, April 1976
/6/ H.A. Hoermann: Principles of Reliability Assessment for Computer-
     ized Safety Systems
     CSNI Specialist Meeting on the Development and Application of
     Reliability Techniques to Nuclear Plant, April 1974

Ein Programmtestsystem für höhere Programmiersprachen

auf einem Prozeßrechner

J. Stamer, Berlin

Einleitung

Für die Prozeßrechnerlinie AEG 80 der AEG-Telefunken werden Vorteile höherer Programmiersprachen (FORTRAN, PEARL, SL3 [1]) genutzt. Es handelt sich dabei um die bekannten Vorteile in der Entwurfs- und Erstellungsphase sowie für die Dokumentation der Software eines Projektes.

Ohne ein geeignetes Programmtestsystem würde man diese Vorteile in der Testphase (Einzel-, Systemtest, Inbetriebnahme) des Projektes - die bis zu 50% des Gesamtaufwandes ausmachen kann - verspielen. So benötigt der Programmersteller eines in einer höheren Sprache geschriebenen Programmes zusätzlich Kenntnisse der Eigenschaften sowohl des Rechners als auch des Compilers, um z.B. mit Hilfe eines sedezimalen Speicherabzuges zu testen.

Deshalb wurde das im folgenden beschriebene Programmtestsystem (PTS) entwickelt. Es soll die Verifizierung des Programms (testing), die Fehlersuche und -behebung (debugging) und die Programmpflege (maintenance) unterstützen.

Forderungen an das Programmtestsystem

Aus dem in der Einleitung dargelegten   lassen sich drei wesentliche Forderungen ableiten:

1) das PTS muß "quellbezogen" sein;

   das heißt, der Programmierer muß auch bei der Benutzung des PTS in der ihm bekannten Umgebung - Namen, Daten, Strukturen - der Programmquelle arbeiten können;

2) das PTS soll auf einem Prozeßrechner laufen;

   das bedeutet im einzelnen, daß

a) die zeitliche Abhängigkeit von Ereignissen eine wichtige Rolle für Programmab-

   lauf und -koordination spielt,

b) viele projektspezifische Programme erstellt werden, wodurch unter anderem der

   Aufwand für die Programmpflege groß ist, und

c) die Systemkonfigurationen in der Mehrzahl der Fälle sparsam ausgelegt sind, also

   im allgemeinen wenig Speicherplatz vorhanden ist;

3) das PTS flexiblen Test zulassen soll;

   das heißt, für die Verifizierung soll ein fester Testplan realisiert werden; für die

   Fehlersuche und die Programmpflege dagegen muß der Testplan leicht geändert

   werden können.

Diese Forderungen tragen teilweise Widersprüche in sich. So ist z.B. Forderung 1)
am einfachsten zu erfüllen, wenn man zur Realisierung des Testplans die durch die
Sprache gegebenen Mittel - als Verbindung zum Tester im wesentlichen EA-Anwei-
sungen - benutzt. Dazu können auch noch vom Compiler automatisch erzeugte Test-
einschübe oder neue, speziell für den Test eingeführte Sprachelemente kommen.Diese
Methode hat aber mehrere Auswirkungen, welche den Forderungen 2) und 3) widersprechen:

a) der aus der Quelle erzeugte Maschinencode wird umfangreicher; dadurch ändern

   sich die vom Betriebsmittelbedarf abhängigen Laufbedingungen des Programms;

b) durch Testzusätze ergeben sich Zeitveränderungen im Programmablauf, die bei

   speziellem EA-Verkehr für den Test zu gravierenden Verzerrungen führen können;

c) durch die Testzusätze können Fehler im Programmablauf dazukommen oder Fehler

   überdeckt werden; diese kommen erst dann zur Wirkung, wenn das ausgetestete

   Programm in der endgültigen Form ohne diese Zusätze laufen muß;

d) die Methode ist nicht flexibel. Eine Änderung des Testplans bedingt eine Änderung

   der Quelle und damit eine neue Übersetzung der Quelle. Da dies bei der Fehlersuche häufig notwendig wird, ist es besonders für den Test auf kleinen Systemen, welche

kein eigenes Übersetzungssystem enthalten, untragbar.

Um zu einer befriedigenden Lösung zu kommen, müssen also Kompromisse bei der

Konzipierung des PTS gefunden werden.

Das quellbezogene Programmtestsystem der AEG 80

1) Überblick

Das hier beschriebene PTS liefert Hilfsmittel zum Testen eines Programms auf Quell-

ebene; es ersetzt nicht die vom Benutzer festzulegende Teststrategie.

Ausgangspunkt ist ein möglichst schon in der Entwurfsphase des Programms mitent-

wickelter Testplan, der die Leistung des Programms bezüglich eines Satzes von aus-

gewählten Testdaten (z.B. für Stichproben, Extremprüfungen) überprüft. Dieser Test-

plan kann durch Testanweisungen in einer Testsprache rechnerunabhängig ausgedrückt

werden. Diese Testsprache ist nicht Bestandteil der zur Erstellung des Programms

benutzten höheren Sprache. Sie wird also nicht vom Compiler dieser Sprache bearbei-

tet, sondern durch das PTS. Dadurch wird die Maschinencodeerzeugung nicht beeinflußt;

der Code eines Programms hat unabhängig vom benutzten Testplan konstante Länge.

In den Testanweisungen sind die Daten des Quellprogramms als symbolische Größen

ansprechbar. Dazu muß das PTS von den Compilern die Information über diese Daten

(Typ, Größe, Ablageort usw.) erhalten. Diese Schnittstelle wird durch die Struktur

des Übersetzungssystems der AEG 80 ⌈2⌉ vereinfacht: es wird eine sprach- und rech-

nerunabhängige Zwischensprache aufgebaut. Das Listenwerk dieser Zwischensprache

(Adreßbücher) dient dem PTS als Verbindung zum Quellprogramm.

Die Testanweisungen werden vom PTS übersetzt und in komprimierter Form im Test-

datenmodell (TDM) abgelegt. Für einen Testlauf wird das übersetzte Programm ent-

sprechend den im TDM enthaltenen Anweisungen präpariert; das heißt, unter Ausnut-

zung der Maschineneigenschaften werden Testpunkte (breakpoints) bzw. Überwachungs-
bereiche (für Trace-Anweisungen) eingebaut. Beim Testlauf werden dann die geforderten Daten gesammelt und in einem Testlaufprotokoll - sofort oder später - ausgegeben.

Bild 1 vermittelt einen Überblick über die Stellung des PTS im Gesamtsystem und
über seine Schnittstellen:

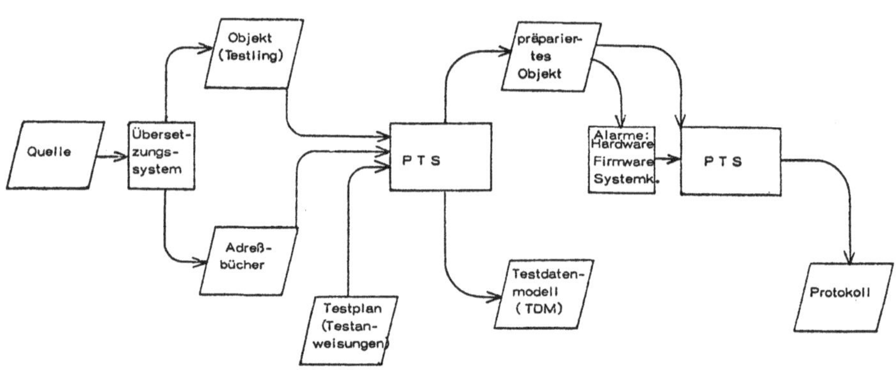

Bild 1 : Schnittstellen des Programmtestsystems (PTS)

2) Benutzung des Programmtestsystem

a) Testsprache

Die Testanweisungen der Testsprache haben folgenden Aufbau:

Testanweisung → ⟦ Ortsangabe ⟧ $_{1-\infty}^{\boxed{\text{I}}}$ DO ⟦ ⟦ IF Bedingung

THEN ⟦ Anweisung ⟧ $_{1-\infty}^{\boxed{\text{I}}}$ FI ⟧ ⟧ $_{1-\infty}^{\boxed{\text{I}}}$;

an eine Ortsangabe sind - evtl. einer Bedingung unterworfene - Gruppen von Grundan-
weisungen gebunden.

Zur Ortsangabe dienen im wesentlichen Namen aus der Quelle: Marken und Prozedur-
namen. Da die Quellen im Texthaltungssystem eine Zeilenstruktur haben, aus der das
Übersetzungssystem eine Zeilen-Spalten-Struktur in die Adreßbücher übernimmt, kann

das PTS auch eine Zeilen- bzw. eine Zeilen-Spalten-Angabe als Ort identifizieren
(s. Beispiel). Wenn in bestimmten Fällen der Ort eindeutig aus dem Zusammenhang
hervorgeht (z.B. beim Test im Dialogverfahren als aktueller Testpunkt), so kann die
Ortsangabe auch entfallen.

Es gibt zwei Arten von Ortsangaben und entsprechend zwei Typen von Anweisungen:

$$\text{Ortsangabe} \rightarrow \begin{Bmatrix} \text{FROM Ort TO Ort} \\ \text{Ort} \end{Bmatrix}; \quad \begin{matrix} : \text{Bereich} \\ : \text{Testpunkt.} \end{matrix}$$

An einen Bereich sind Trace-Funktionen gebunden, die eine Ablaufverfolgung ermöglichen durch

Überwachung der angegebenen Daten	: Datentrace;
Ausgabe überlaufener Marken und Prozeduren	: Namenstrace;
Notierungen der Systemaufrufe	: Systemdiensttrace.

Fehlen die beiden Orte, so gelten die Anweisungen für das gesamte Programm.

Ein Testpunkt kann durch Zusatzangaben modifiziert werden: die zugehörigen Anweisungen werden   nur beim ersten Auflauf

oder   jedesmal, wenn ein Zähler einen vorgegebenen Wert erreicht hat

oder   bei jedem Auflauf   ausgeführt.

Die Anweisungen im einzelnen lauten:

Ausgabe von Daten (DUMP),

Ändern von Daten (CHANGE),

Ausgabe von Text (PRINT),

Umschalten in Dialog (DIALOG),

Sprung auf einen anderen Testpunkt (BRANCH).

Dazu kommen Abschalten der Trace-Funktionen, sowie An-, Abschalten und Löschen
von Testpunkten und Abbruch des Testlaufs.

Die Bedingung besteht aus dem Vergleich zweier Größen. Diese Größen können Daten aus der Quelle, konstante Werte oder ein Wahlschalter sein. Dieser Wahlschalter ist eine Größe im Testdatenmodell, welcher der Benutzer per Kommando Werte zuweisen kann. Durch geeignetes Abfragen des Wahlschalters in Bedingungen kann er den Testablauf steuern.

Beispiel: Testanweisungen in einer SL3-Quelle

```
000010   MODULE TEST&IN&SL3
000015
000020   BEGIN
000025
000030      INT A,B;
000035
000040      [1:3] INT FELD;
000045
000050
000055
                       .
                       .
000100      C&TEST U( DO CHANGE(A := 10); U);      // Testanweisung
000105
000110      M:     B := A * A;
000115
000120
000125
                       .
                       .
000230      C&TEST U( LABEL M DO DUMP(B,A,FELD[1]);
000235
000240             FROM (240,0) TO (710) DO DTRACE(FELD[2]); U);
000245
000250                                     // Testanweisungen
000255
                       .
                       .
000700   END
000705
000710   MODEND
```

b) Testplan

Die Summe aller Testanweisungen für einen Testlauf realisiert einen Testplan. Dabei können diese Testanweisungen in verschiedener Form übergeben werden:

Sie können in der Quelle stehen (s. Beispiel). Dort werden sie vom Übersetzungssystem gesammelt, mit der jeweiligen Quellzeilennummer versehen und mit den Adreßbüchern an das PTS weitergereicht. Vor Beginn eines Testlaufes können Testanweisungen über ein Eingabegerät dem PTS mitgeteilt werden. Während des Tests, beim Auflauf auf einen Testpunkt, können im Dialogverkehr weitere Testanweisungen gegeben werden.

In jedem Fall werden diese Testanweisungen vom PTS in ein Testdatenmodell umgesetzt. Dieses Testdatenmodell ist eine weitere Möglichkeit der Vorgabe von Testanweisungen; denn Testdatenmodelle können konserviert werden und stehen dem Benutzer auch nach dem Testlauf zur Verfügung. Damit wird die Programmpflege unterstützt:

ein Standardtestplan kann in Form eines Testdatenmodells zur Prüfung der Programmfunktionen benutzt werden. Dasselbe TDM kann zum mehrmaligen Test mit verschiedenen Eingangsparametern für das Programm verwendet werden.

c) Protokoll

Das Ergebnis des Testlaufs ist das Protokoll. Die Protokolldaten können sofort bei ihrer Ermittlung ausgegeben werden oder in einem zyklischen Puffer abgelegt werden; die Größe des Puffers kann der Benutzer vorgeben. Die Aufbereitung und Ausgabe des Puffers kann sofort nach Testlauf oder später auf Abruf erfolgen.

Im Dialogverkehr werden die anfallenden Daten außerdem auf dem Dialoggerät ausgegeben.

Die Daten werden typgerecht mit Namenszusatz ausgedruckt. Dazu kommen Angaben über das getestete Programm sowie über Ort und Art der Anweisungen.

d) Kommandos

Der Benutzer nimmt mit Hilfe von Kommandos Verbindung mit dem PTS auf, welche - falls gewünscht - im Dialog fortgeführt wird. Neben dem generellen Kommando:

Testlaufvorbereitung,

welches alle zum Testlauf nötigen Aktionen beinhaltet, gibt es entsprechend dem modularen Ablauf im PTS (s. nächsten Abschnitt) Kommandos für Teilaktionen:

Testplanumsetzung,

Adreßbuchreduzierung,

Testlaufstart,

Testlaufabbruch.

Außerdem existieren Kommandos, die den Testlauf steuern:

Wahlschalter setzen,

TDM konservieren,

Protokoll ausgeben,

Protokoll löschen.

3) Struktur des Programmtestsystem

Das PTS ist modular aufgebaut, wobei die neben einem Steuerteil existierenden Moduln den bei der Vorbereitung und der Ausführung des Testlaufs auftretenden Ablaufschritten entsprechen. Die Schnittstellen zwischen den Moduln sind durch in Dateien abgelegte Datenstrukturen realisiert.

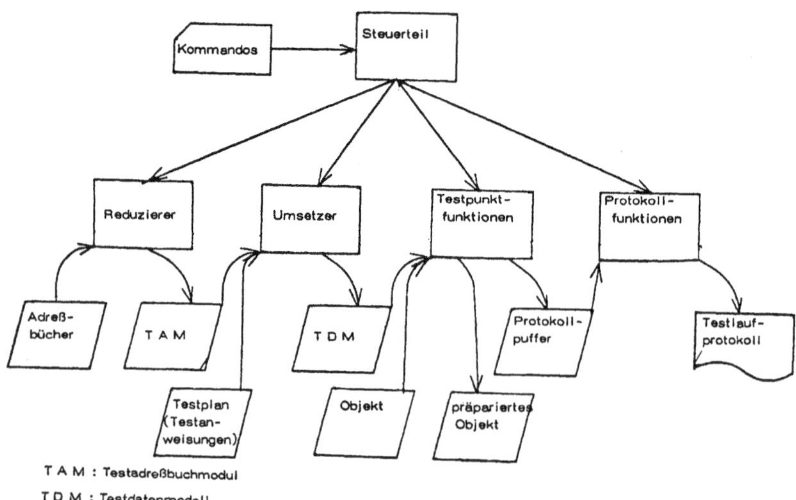

Bild 2: Moduln und Daten des Programmtestsystems

a) Reduzierer

Die vom Übersetzungssystem an den Schnittstellen Zwischensprache, Codegeneratoren und Objektbehandlung (Montieren, Binden, Laden) gelieferten Listen enthalten
mehr Information, als vom PTS benötigt wird. Diese muß aus Platzgründen auf die
wesentlichen Teile reduziert werden:

Daten über die Programmstruktur; dazu gehören die Blockstruktur der Quelle (bei
geblockten Sprachen wie SL3) mit Verweisen auf die jeweils gültigen Größen, eine
Liste der in der Quelle vorkommenden Steuerungsstrukturen (Verzweigungen, Prozeduraufrufe, Sprünge usw.) sowie die Segmentstruktur der übersetzten Quelle im
Gesamtsystem;

Daten über die deklarierten Programmgrößen; jeweils eine Liste mit Namen, Struktur und Typ der Größen. Darin enthalten sind Angaben über die Realisierung dieser
Größen;

die aus der Quelle weitergereichten Testanweisungen.

Diese Daten werden vom Reduzierer im Testadreßbuchmodul (TAM) für den Umsetzer
abgelegt.

Neben der Standardreduzierung kann der Benutzer eine weitere Reduzierung der Information per Kommando fordern. Es kann die Information über bestimmte Gruppen von
Quellgrößen (z.B. Marken, Prozeduren) für einen Test mit eingeschränkten Möglichkeiten zu Grunde gelegt werden. Dies soll den Test auf kleinen Anlagen begünstigen.

b) Umsetzer

Der Umsetzer führt die Übersetzung der Testanweisungen durch. Nach der syntaktischen Prüfung setzt er mit Hilfe des TAM die symbolischen Bezüge auf die Quelle in
maschinennahe Bezüge um. Gleichzeitig baut er für den Testlauf eine Datenstruktur,
das Testdatenmodell (TDM) auf. Dieses enthält neben allgemeinen Daten über die
Quelle eine Liste der Testpunkte, eine geblockte und verzeigerte Liste der übersetzten

Anweisungen, eine verkürzte Liste der Programmstruktur und eine Liste der verwendeten Namen.

c) Testpunktfunktionen

Diese Funktionen übernehmen die Ausführung des TDM. Vor Testlauf wird in den Testling (die übersetzte Quelle) für jeden Testpunkt ein Systembefehl, welcher zur Beauftragung des PTS führt, eingesetzt. Dabei wird jeder Trace-Bereich durch einen Testpunkt eröffnet. Daneben erstellen sie eine Liste der Trace-Bereiche zur späteren Überwachung.

Bei Auflauf auf einen Testpunkt führen sie die für diesen Testpunkt geforderten Aktionen aus. Sie besorgen Daten und schreiben diese zusammen mit Werten über den Testpunkt in den Protokollpuffer.

Die Realisierung der Trace-Anweisungen erfolgt mit Hilfe eines Testbits der Hardware, welches eine Programmunterbrechung nach jedem Maschinenbefehl bewirkt. Die Testpunktfunktionen erhalten die Kontrolle und prüfen dann jeweils, ob entsprechend den gültigen Trace-Anweisungen Eintragungen über Aufrufe oder Datenveränderungen ins Protokoll zu machen sind. Bei Ende oder Abbruch des Testlaufs erfolgt noch eine Bereinigung des Testlings.

d) Protokollfunktionen

Die Protokollfunktionen bereiten die im Puffer in komprimierter Form abgelegten Daten entsprechend den ebenfalls dort eingetragenen Typangaben auf und geben sie mit ihrem Quellnamen typgerecht aus. Daneben werden Angaben über die Anweisung gemacht, die zu dieser Notierung führte. Die Testpunkte, die während des Testlaufs aktiviert wurden, erhalten eine Eintragung im Protokoll.

Im Kopf enthält das Protokoll Angaben über die getestete Quelle.

e) Steuerteil

Diese Funktion übernimmt die Ablaufsteuerung des PTS. Dazu gehört die Betriebsmittelversorgung für das PTS. Sie nimmt Signale (Kommandos, Alarme, Dialogeinga-

ben) entgegen, wertet sie aus und aktiviert die entsprechenden Moduln.

Der modulare Aufbau des PTS erlaubt es, je nach Größe der Anlage, verschiedene Mo-

duln des PTS wegzulassen. Deren Funktionen müssen dann auf einer anderen Anlage

ausgeführt werden. So können z.B. Reduzierung und Umsetzung auf einem fremden

Rechner erfolgen. Für den Test auf dem Zielrechner wird neben dem Testling nur noch

das erzeugte TDM benötigt.

Zusammenfassung

Das vorgestellte Programmtestsystem erlaubt dem Benutzer den Test seiner in einer

höheren Sprache geschriebenen Programme auf Quellebene; er benötigt keine Kennt-

nisse der Maschine, auf der er testet.

Das System arbeitet weder interpretativ noch durch mitübersetzte Sprachelemente.

Ausgehend vom erzeugten Maschinencode benutzt es Hardwarehilfen der Maschine, um

mit Hilfe von Listen des Übersetzungssystems und Daten des Betriebssystems den

Test durchzuführen. Aufgrund dieser Methode ist es möglich, auch Programme in

schon laufenden Systemen ohne neue Übersetzung zu testen.

Der Benutzer arbeitet mit Testanweisungen in einer Testsprache, welche von der Spra-

che, in der das Programm geschrieben wurde, unabhängig ist. Dabei erhält er aber Zu-

griff zu den Daten seines Programmes. Das PTS ist einheitlich für alle Sprachen des

Übersetzungssystems der AEG 80.

Dieser Beitrag enthält Ergebnisse aus einem Forschungs- und Entwicklungsvorhaben

des

  "Projekts Prozeßlenkung mit DV-Anlagen (PDV)"

im 2. DV-Programm der Bundesregierung.

Literatur

[1] D.Dürr, S.Eichentopf, U.Prahl, G.Siegel, G.Tebling,

SL3 - eine maschinenorientierte Programmiersprache auf ALGOL-68-Basis,

Lecture Notes in Computer Science, GFK-GI-GMR Fachtagung Prozeßrechner 1974

[2] D.Dürr,

SL3 - eine Systemprogrammiersprache auf ALGOL-68-Basis als Grundlage für die

Prozeßrechnerlinie AEG 80,

Angewandte Informatik, Heft 9/Sept. 75

Umfangreiche Literaturverzeichnisse über Testsysteme finden sich in:

G.Friesland, H.Ovenhausen,

Test von Prozeßrechnersoftware - Anwenderumfrage und Literaturanalyse,

PDV - Bericht, Projekt Prozeßlenkung mit DV-Anlagen, Forschungsbericht

KFK-PDV39

William C.Hetzel,

Program Test Methods,

Prentice-Hall, Inc., Englewood Cliffs New Jersey

EXPERIMENTELLE ERMITTLUNG DER LEISTUNGSFÄHIGKEIT
VON PROZESSRECHNERN BEI EREIGNISGESTEUERTER PRO-
GRAMMVERARBEITUNG

Rudolf Lauber
Institut für Regelungstechnik und Prozeßautomatisierung
der Universität Stuttgart

1. Was ist die Leistungsfähigkeit eines Prozeßrechners?

Der Begriff der Leistung (als Arbeit pro Zeiteinheit) ist für technische Prozesse, bei denen Energie oder Materie umgeformt oder transportiert wird, eindeutig definiert. Es hat nicht an Versuchen gefehlt, diesen Begriff sinngemäß auch auf Informationsprozesse zu übertragen. So
wird z.B. bei Rechenanlagen, die im Stapelbetrieb arbeiten, im allgemeinen die Durchsatzrate als Bewertungsgröße für "Leistung" verwendet [1].
Von Hellerman [2] wurde vorgeschlagen, für die Arbeit eines Rechners das
"work bit" ("wit") und entsprechend für die Leistung "work bit/sec"
("wat") einzuführen.

Gegenüber diesem theoretischen Versuch, einen der Leistung äquivalenten
Begriff zu definieren, wurden in der Richtlinie [3] empirisch Eigenschaften zusammengestellt, die für die "Leistungsfähigkeit" von Prozeßrechensystemen in der Praxis von Bedeutung sind. Diese Eigenschaften werden
Leistungskriterien genannt. Der dabei verwendete Begriff der Leistungsfähigkeit bedarf jedoch einer näheren Erläuterung. Offenbar ist damit
die Fähigkeit gemeint, die für eine Automatisierungsaufgabe mit einem
bestimmten "Lastprofil" erforderliche Informationsverarbeitung zu erbringen. In [3,4] wird davon ausgegangen, daß es möglich ist, ein solches
"Lastprofil" in Form von Gewichtsfaktoren für die Leistungskriterien zu
bestimmen. Durch Aufsummieren der gewichteten Leistungskriterien läßt
sich dann eine quantitative Maßzahl für diese Art von Leistungsfähigkeit
gewinnen.

Je nach den in Betracht gezogenen Leistungskriterien ergeben sich dabei
die in Bild 1 gezeigten unterschiedlichen Möglichkeiten für die Definition der Leistungsfähigkeit.

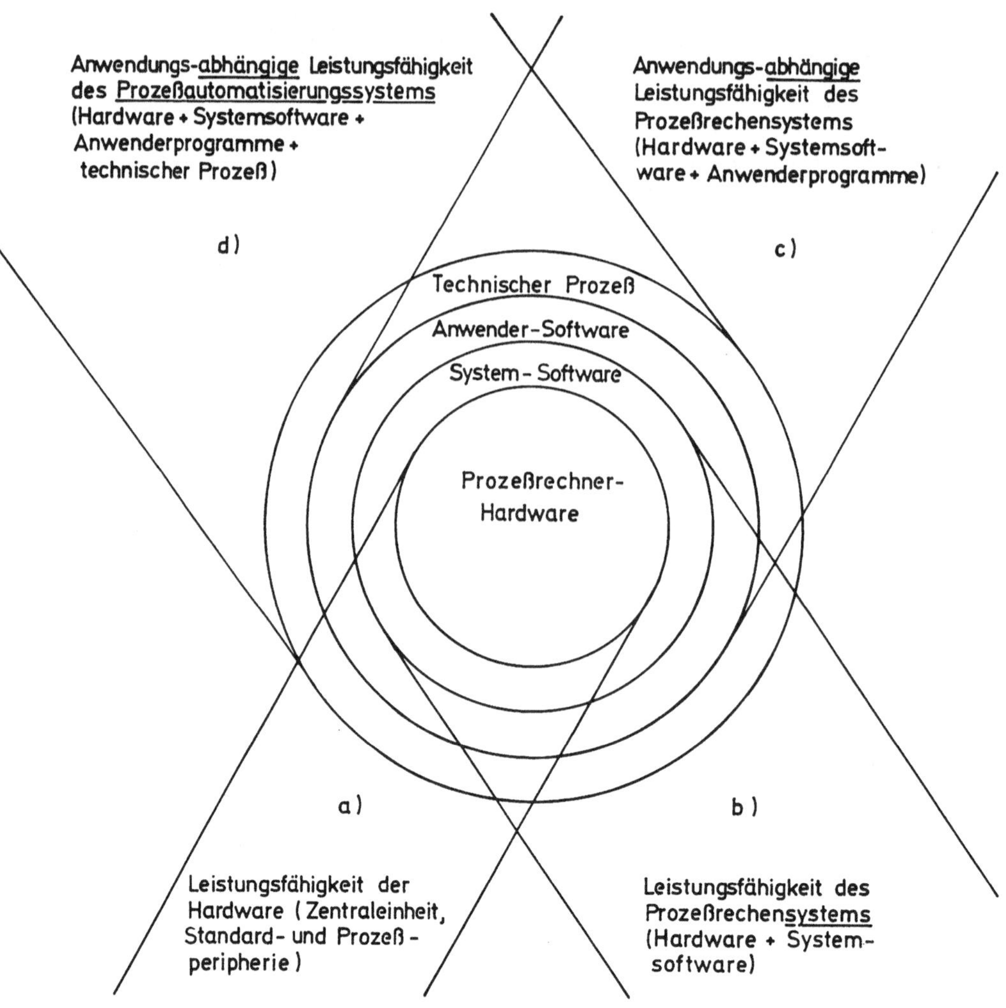

Bild 1: Zur Definition der Leistungsfähigkeit eines Prozeßrechensystems

2. Definition von Lastprofilen bei ereignisgesteuerter Informationsverarbeitung

Bei der Bestimmung von Gewichtsfaktoren zur Festlegung eines Lastprofils müssen die für eine bestimmte Automatisierungsaufgabe geltenden Anforderungen in die in $[3,4]$ aufgeführten Leistungskriterien übersetzt werden. Sind z.B. bei ereignisgesteuerter Verarbeitung mehrere Unterbrechungssignale zu erfassen und diesen zugeordnete Antwortprogramme quasi parallel auszuführen, so müssen die dabei gestellten Anforderungen an die Reaktions- und Ausführungszeiten ausgedrückt werden durch Eigenschaften wie z.B.

- Reaktions- bzw. Ausführungszeit bei Anliegen eines Unterbrechungssignals (Frage 2.2.2.1 in [3]. Die dabei verwendeten Begriffe nach DIN 66 216 sind in Bild 2 erläutert).

- Art der Bearbeitung eines Unterbrechungssignals innerhalb einer Ebene (Frage 2.2.2.5 in [3])

- Möglichkeit, die Priorität eines Rechenprozesses dynamisch zu ändern (Frage 6.2.5 in [3])

- Art der Aktivierung von Rechenprozessen (Frage 6.2.10 in [3])

usw.

Die Umsetzung der Anforderungen der Automatisierungsaufgaben in solche Detail-Eigenschaften des Unterbrechungswerks und des Betriebssystems, sowie die Gewichtung des Einflusses dieser Eigenschaften ist schwierig. Insbesondere gibt es keine eindeutige Zuordnung zwischen den einzelnen Leistungskriterien (Detail-Eigenschaften) und dem von der Automatisierungsaufgabe her gestellten Lastprofil, das ein Zusammenwirken vieler verschiedener Eigenschaften der Hardware und Systemsoftware erfordert.

Hier wird daher ein anderer Weg zur Gewinnung eines Maßes für Leistungsfähigkeit eingeschlagen. Hierbei liegt der Gedanke zugrunde, die bei ereignisgesteuerter Verarbeitung auftretenden Unterbrechungssignale und die ihnen zugeordneten Antwortprogramme als "Lastprofil" zu verwenden. Ausgehend von der oben gegebenen Definition der Leistungsfähigkeit als Fähigkeit, die für ein bestimmtes Lastprofil erforderliche Informationsverarbeitung zu erbringen, wird untersucht, ob ein zu bewertendes Prozeßrechensystem die an mehreren Unterbrechungseingängen eintreffen-

<u>den Unterbrechungssignale in der gewünschten zeitlichen Folge erfassen
und die zugehörigen Antwortprogramme zeitgerecht abarbeiten kann.</u> Die
Leistungsfähigkeit wird also um so höher angenommen, je schneller die
noch verarbeitbaren Unterbrechungssignalfolgen sind.

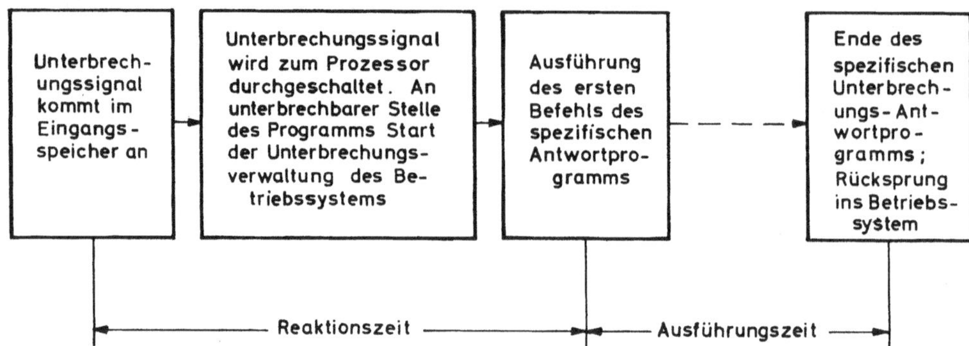

Bild 2: Definition der Begriffe "Reaktionszeit" und "Ausführungszeit"
nach DIN 66 216. Dabei gelten folgende Bedingungen:
- Das betrachtete Unterbrechungssignal hat höhere Priorität als
  alle anderen Unterbrechungssignale
- der gerade bearbeitete laufende Rechenprozess hat niedrigere
  Priorität
- die Ausführung des spezifischen Unterbrechungsantwortprogramms
  wird nicht unterbrochen.

Zur Definition eines Lastprofils nach diesem Verfahren sind Festlegungen zu treffen über

- das zeitliche Muster von parallel auftretenden Ereignissen
- die den einzelnen Ereignissen zugeordneten Antwortprogramme und
  gegebenenfalls deren Zusammenwirken im Rahmen eines Programmsystems.

Dabei können die Verhältnisse in einem speziellen technischen Prozeß
zugrunde gelegt werden, falls die dort auftretenden Zeitpunkte, zu denen
die Ereignisse auftreten, sowie das jeweils abgearbeitete Programmsystem
bekannt sind.

In vielen Fällen dürfte für Leistungsfähigkeits-Vergleiche die Vorgabe
eines vereinfachten "künstlichen" Lastprofils ausreichend sein. Bild 3
zeigt als Beispiel mehrere Möglichkeiten für Unterbrechungssignal-Muster
(bei z.B. 4 parallelen Ereignisquellen):

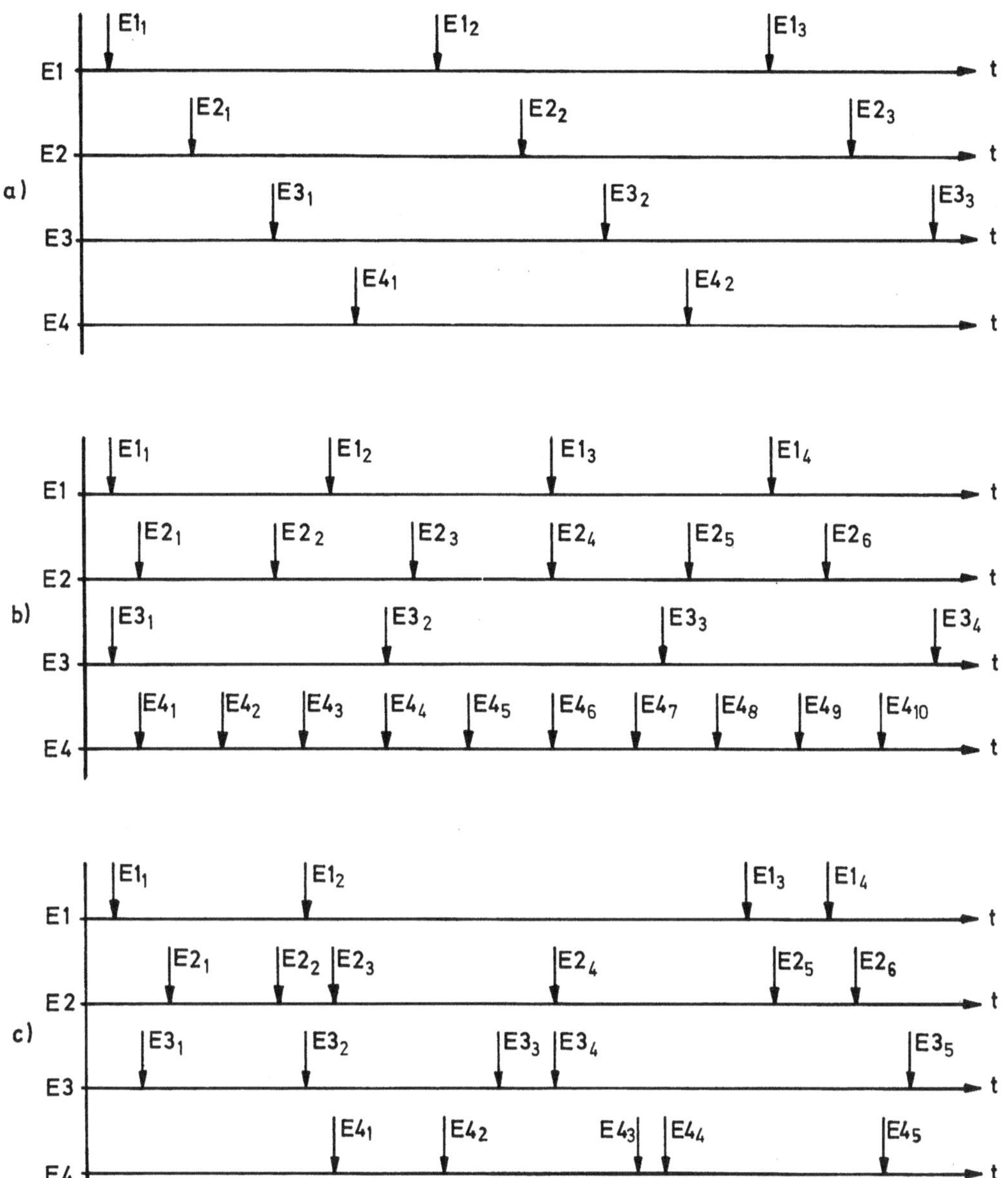

Bild 3: Verschiedene Möglichkeiten für Ereignisfolgen eines technischen
Prozesses bei 4 parallelen Ereignisquellen.

- In Fall a) werden zyklisch auftretende Ereignisse angenommen, die
  in äquidistanten Zeitabständen auftreten
- in Fall b) treten die Ereignisse ebenfalls zyklisch auf, wobei jedoch die Zykluszeiten verschieden sind
- in Fall c) sind regellos auftretende Ereignisse angenommen.

Bei der Erzeugung dieser Ereignismuster bzw. dem Anlegen solcher Unter-
brechungssignalmuster und der Programmierung zugehöriger Antwortprogramme für zu vergleichende Prozeßrechner kann man so vorgehen, daß die Zykluszeiten (beispielsweise in Fall 2a) immer mehr gesteigert werden, bis
die Grenzen der Verarbeitbarkeit erreicht werden. Dasjenige Prozeßrechensystem, das dann als letztes an diese Grenze stößt (das die höchste
eingestellte Frequenz der Unterbrechungssignale noch verarbeiten kann)
besitzt dann nach diesem Vergleichsmaßstab die größte Leistungsfähigkeit.

<u>3. Aufbau eines Prozeßrechner-Testgeräts zur Erzeugung von Unterbrechungs-
   signal-Mustern und zur Messung von Reaktions- und Verarbeitungszeit</u>en
Zur experimentellen Ermittlung der Leistungsfähigkeit von Prozeßrechensystemen nach der oben gegebenen Definition sind folgende Einrichtungen
erforderlich:

- Eine Einrichtung, die ein beliebig vorgebbares, reproduzierbares
  Muster von zeitlich parallelen Unterbrechungssignalen erzeugen
  kann
- eine Meßeinrichtung, die es erlaubt, die Reaktionszeiten und die
  Ausführungszeiten der Automatisierungsprogramme (bzw. des vorgeb-
  baren Programmsystems) zu messen und auszuwerten.

Im Folgenden wird ein Prozeßrechnertestgerät beschrieben, das diese
beiden Aufgaben ausführen kann. Es muß folgenden Anforderungen genügen:

- Flexibilität bezüglich der erzeugbaren Unterbrechungssignal-Muster
- Messung sehr kleiner Reaktionszeiten (Mikrosekundenbereich)
- Auswertung der Meßergebnisse (z.B. Ausgabe in Form von Listen,
  Berechnung von Mittelwerten usw.)

Zur Erzeugung der Unterbrechungssignal-Muster bietet sich die Verwendung eines Mikroprozessors an, da sich beliebige Muster durch entsprechende Programmierung vorgeben lassen. Auch die Auswertung der Meßergebnisse ist mit einem solchen Rechner möglich. Dagegen sind die gegen-

wärtig erhältlichen Mikroprozessoren für die Meßaufgaben zu langsam.
Daher muß für die Zeitmessungen und die Speicherung der Meßwerte eine
fest verdrahtete schnelle Logikeinheit vorgesehen werden.

Bild 4 zeigt ein Blockschaltbild des Prozeßrechnertestgeräts.

Ein Mikrorechner gibt über eine Parallelausgabe-Einheit die Unterbrechungssignalfolgen E 1 bis E 4 auf vier Leitungen aus. Diese sind an
das Unterbrechungswerk des zu testenden Prozeßrechners, des sog. Prüflings, angeschlossen.

In der Zeitmesseinheit wird bei jeder Unterbrechungssignal-Ausgabe ein
diesem Signal zugeordneter Reaktionszeitzähler gestartet. Das als Folge
des Unterbrechungssignals aktivierte spezifische Antwortprogramm im Prozeßrechner gibt zunächst über die Digitalausgabe ein Stoppsignal aus,
das den Reaktionszeitzähler anhält. Gleichzeitig wird ein Ausführungszeitzähler freigegeben, der durch eine Digitalausgabe am Ende des spezifischen Antwortprogramms wieder angehalten wird.

Nach der Reaktions- und Ausführungszeitmessung wird der jeweilige Zäh-
lerinhalt in den Datenspeicher übernommen und der betreffende Zähler
rückgesetzt. Die zum Datentransport benötigten Adressen und Steuersignale erzeugt ein schnelles Steuerwerk.

Nach Beendigung einer Meßreihe stellt der Mikrorechner die Ausgabe von
Unterbrechungssignalen ein. Zu diesem Zeitpunkt befinden sich im Datenspeicher die nach Unterbrechungssignalnummern geordneten Reaktions- und
Ausführungszeit-Zählerstände. Sie werden nun vom Mikrorechner ausgewertet. Die Versuchsergebnisse werden an einem Endgerät ausgedruckt.

Zur lückenlosen Erfassung der Unterbrechungssignale sind alle Zeitzähler (16bit) doppelt vorhanden, d.h. jeweils zwei Reaktionszähler
und zwei Ausführungszeitzähler für jedes der vier Unterbrechungssignale.

Als Mikrorechner wird ein Intel MCS 80-KIT mit dem Prozessor 8080, einem PROM-Speicher von 2k Byte und einem Datenspeicher von ebenfalls 2k
Byte eingesetzt.

Bild 5 zeigt eine Ansicht des aufgebauten Prozeßrechnertestgeräts [6].
Im Vordergrund ist die Leiterplatte mit dem Mikrorechner erkennbar. Da-
hinter befindet sich die auf 12 Flachbaugruppen (Europakarten) unterge-
brachte Zeitmeßeinheit.

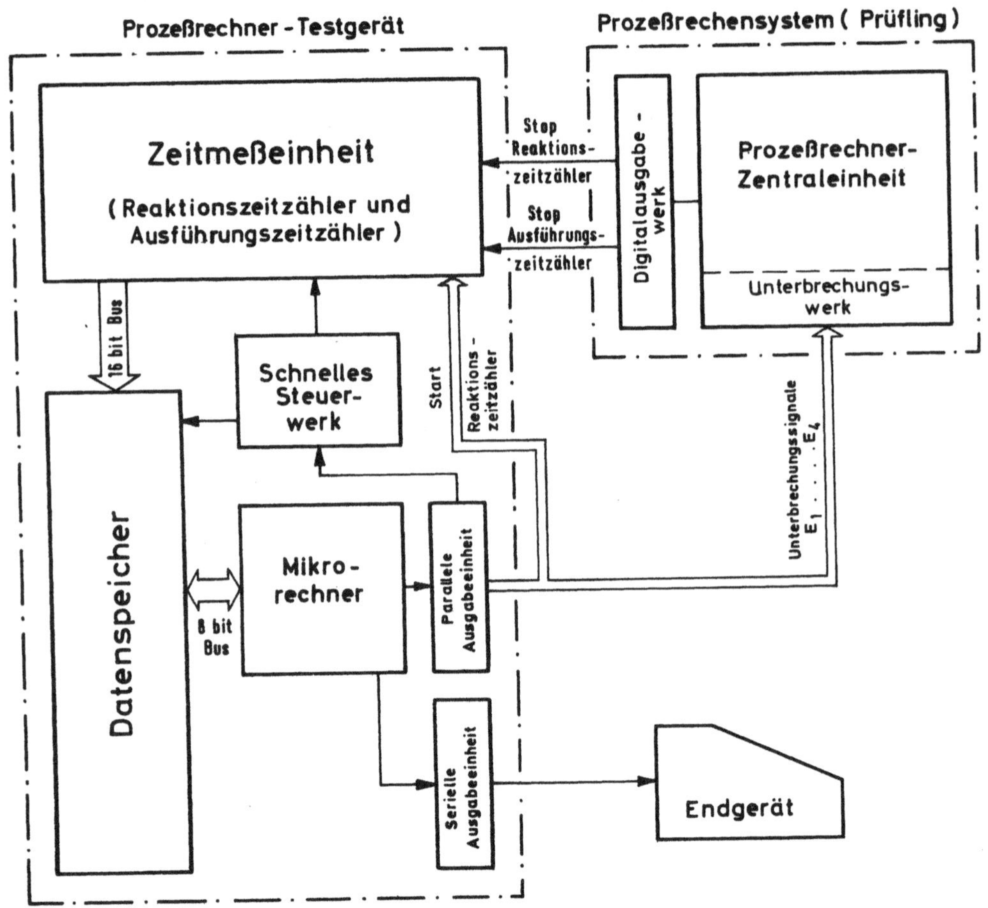

Bild 4: Blockschaltbild des Prozeßrechner-Testgeräts

Bild 5: Ansicht des gerätetechnischen Aufbaus des Prozeßrechnertestgeräts.

4. Erste Ergebnisse der Anwendung des Prozeßrechnertestgeräts

Als Beispiel für die Anwendung des Prozeßrechnertestgeräts[1] soll ein
"Lastprofil" vorgegeben werden, bei dem ein Ereignis zyklisch und ein
weiteres Ereignis stochastisch auftritt, wobei jedem Ereignis ein kurzes Antwortprogramm zugeordnet ist. Für die beiden Ereignisfolgen werden folgende Werte zugrunde gelegt (siehe Bild 6):

- Das zyklisch auftretende Ereignis (Interrupt 1) habe eine Zykluszeit von 10 msec (10000 μs)
- Das stochastisch auftretende Ereignis (Interrupt 2) trete in einem
  minimalen Zeitabstand von 1 msec und einem maximalen Zeitabstand
  von 2 msec auf.

Der Einfluß des Interrupts 2 auf die Reaktionszeit des Interrupts 1 soll
untersucht werden.
Bei dem hier betrachteten Prüfling (AEG 60-10) haben die beiden Interrupts gleiche Priorität, d.h. die Antwortprogramme werden nicht unter-

---

[1] Zum Zeitpunkt der Fertigstellung des Manuskripts (15.11.76) war die
Zeitmeßeinheit noch nicht voll funktionsfähig, so daß hier nur über
ein vereinfachtes Beispiel berichtet werden kann.

brochen. Diese Antwortprogramme bestehen hier aus kurzen Programmschleifen, wobei das Antwortprogramm 1 zu Beginn und am Ende jeweils eine Digitalausgabe zum Stop des Reaktions- bzw. des Antwortzeitzählers enthält.
Um einen"eingeschwungenen" Zustand abzuwarten, werden vor der eigentlichen Meßphase 60 Interrupts (Zykluszeit 1o msec) ausgegeben.

```
INT.ANZAHL: 2
VORWAHL INT.ABSTAENDE(USEC): MIN,MAX
INT.1: 10000,10000
INT.2: 1000,2000
ANZ.INT.1 VOR MESSPHASE: 60
ZUFALLSWORT: 827351
MESSWERTE > 127998 USEC?: N
AENDERN?: N
INT.AUSGABE !
AUSWERTUNG?: J


ZEITEN/USEC              MIN         MITTELWERT        MAX

REAK.ZEIT INT.1        000265        000566          001160
AUSF.ZEIT INT.1        000505        000507          000509



MESSWERTE DRUCKEN: R1
GEORDNET?: N
001152  000740  000273  000265  001015  000464  000882  000601
000267  000595  000267  000878  000322  000267  000878  001158
000599  001013  000599  000271  001019  000738  000269  000267
000271  001158  000269  000265  000267  000265  000599  000269
000738  000464  000273  001158  001154  000603  000326  000876
000878  000464  000267  000271  000269  000267  000738  000267
000880  000603  000873  001152  000273  000267  000269  000603
001015  000601  000267  001017  000736  000269  000269  000265
001013  000318  000269  000876  001160  000271  000601  000267
000603  001152  000462  000460  001017  000275  000326  000320
000269  000878  000267  000460  000271  000267  000460  001023
000742  001019  000271  000267  000269  000269  000267  000324
000324  000269  000880  000458  000271  000267  000738  001158
000269  001158  000740  000267  000269  001017  000458  000880
000601  000271  000599  000269  000880  000322  000269  000878
001152  000601  001015  000607  000267  001017  000742  000275
```

Bild 6: Beispiel für die Messung der Reaktionszeit eines zyklischen
        Unterbrechungssignals (Int.1).

Wie aus Bild 6 hervorgeht, schwankt die Reaktionszeit 1 zwischen 265
und 1160 µs. Der Mittelwert beträgt 566 µs. Die Ausführungszeit ist
dagegen praktisch konstant (507µs), da das Antwortprogramm ja nicht unterbrochen wird. Die Liste der von links nach rechts   ausgedruckten
Reaktionszeiten des Interrupts 1 (R1) umfaßt insgesamt 128 Werte.

5. Zusammenfassung

Mit Hilfe des hier vorgestellten Prozeßrechnertestgeräts läßt sich das
Zusammenwirken von Hardware und Realzeitbetriebssystem eines Prozeßrechners bei der Verarbeitung ereignisgesteuerter Automatisierungsprogramme experimentell untersuchen. Das Gerät beinhaltet gleichzeitig 3
Funktionen:

- Es stellt einen programmierbaren "Lastgenerator" dar, wie er in
  ähnlicher Form bei [7] vorgeschlagen worden war.
- Es arbeitet als Zeitmeßgerät, wobei eine große Anzahl von in ra-
  scher Folge anfallenden Reaktions- und Antwortzeiten gemessen und
  abgespeichert werden können.
- Es gestattet den Ausdruck und die Auswertung der gespeicherten
  Meßwerte.

Damit werden exakte Aussagen über die Auslastung eines Prozeßrechners
bei einem bestimmten "Lastprofil" möglich. Das Prozeßrechnertestgerät
eröffnet die Möglichkeit, Standard-Lastprofile zu definieren und so zu
einem "Benchmark-Test für Prozeßrechner" zu kommen.

Mit der Verfügbarkeit des Prozeßrechnertestgeräts lassen sich erstmalig
die Realzeiteigenschaften eines Prozeßrechensystems experimentell untersuchen. So ist z.B. daran gedacht, dieses Hilfsmittel neben Leistungs-
messungen auch zum Vergleich verschiedener Betriebssystemstrategien, sowie zur Untersuchung von Tasking-Eigenschaften von Realzeitsprachen,
wie z.B. PEARL, einzusetzen.

Literatur

1 Kümmerle K.: Charakteristische Größen zur Beschreibung der Leistungsfähigkeit und Effektivität von EDV-Anlagen. Elektron. Rechenanlagen
  14 (1972) S. 12 - 18.

2 Hellerman L.: A measure of computational work. IEEE Trans. on Computers C-21 (1972) pp. 439 - 446.

3 VDI/VDE-GMR-Richtlinie Nr. 3552 "Leistungskriterien von Prozeßrechensystemen". VDI-Verlag, Düsseldorf 1976.

4 Lauber R.: Leistungskriterien von Prozeßrechensystemen. Fachtagung
Prozeßrechner 1974. Lectures Notes in Computer Science 12 (1974)
S. 586 - 601.

5 Zorn W.: Wozu Leistungsmessung an DV-Anlagen? Universität Karlsruhe,
Informatik-Rechnerabteilung, Interner Bericht Nr. 9/1976.

6 Baeker K.: Entwurf und Aufbau eines Prozeßrechner-Testgeräts.
Diplomarbeit am Institut für Regelungstechnik und Prozeßautomatisierung der Universität Stuttgart (1976).

7 Ege A.: Definition und Messung von Leistungsmerkmalen bei Realzeitsystemen. Elektron. Rechenanl. 17 (1975) S. 139 - 145.

Ein Software-Meßsystem für Prozeßrechner[*)]

W. Rosenbohm, Ulm

Zusammenfassung

Das hier vorgestellte Meßsystem eignet sich für Messungen in System-
und Anwenderprogrammen. Es zeichnet sich aus durch geringen Speicherplatzbedarf, bequeme Handhabung (über Kommando), eine komfortable
Ergebnisausgabe und universelle Verwendbarkeit. Durch Verwendung von
rechnerunabhängigen Programmbausteinen wird eine Übertragbarkeit auf
andere Rechner erreicht. Besonders geringen Aufwand verursacht es,
wenn eine einheitliche Programmiersprache vorhanden ist, z.B. Real-
Time-FORTRAN.

1. Einleitung

Das vorzustellende Software-Meßsystem wurde für einen breiten Anwenderkreis entwickelt. Es soll nicht nur Spezialisten die Möglichkeit
geben, sich über Ablaufvorgänge innerhalb der Software zu informie-
ren, sondern auch allen anderen Programmierern. Damit soll die Möglichkeit geschaffen werden, in vielfältiger Weise von Messungen Gebrauch zu machen und somit aussagefähige Unterlagen für weitere
Software-Entwicklungen zu liefern.

Bei vielen Veröffentlichungen über Softwaremessungen wird die Notwendigkeit von Messungen unterstrichen [1,2,3]. Außerdem wird auf unterschiedliche Meßebenen hingewiesen, wie z.B. Messung an Jobs, in
Betriebssystemen oder Simulationsmodellen [2,3,7,8,9,10]. Es finden
sich auch sehr viel theoretische Überlegungen, die nützliche Informationen über Realisierungsmöglichkeiten enthalten [1,3,4,7,8]. Auf
der anderen Seite wird von praktischen Realisierungen berichtet, wobei spezielle Lösungen und Meßergebnisse im Vordergrund stehen [5,6,
9,10]. Bei diesen Arbeiten handelt es sich um spezielle Meßprogramme,
die nur auf den vorgesehenen Rechnern lauffähig sind.

Mit dem hier vorgestellten Software-Meßsystem wird der Versuch gemacht, ein universell einsetzbares Hilfsmittel zu schaffen, das weder auf spezielle Meßergebnisse abzielt, noch an bestimmte Rechner
gebunden ist. Weitere Ziele bei der Entwicklung des Meßsystems waren:

- Ein geringer Speicherplatzbedarf während einer
  laufenden Messung.

[*)] Die Arbeit ist zu 50% aus Mitteln des 2. DV-Programms der Bundesrepublik gefördert worden.

- Wenig Overhead bei der Meßwertregistrierung.
- Bequeme Handhabung.

Diese Ziele sind weitgehend erreicht worden. Gegenüber ad-hoc-Lösungen ist ein etwas größerer Overhead notwendig.

Im nachfolgenden Abschnitt wird eine Übersicht gegeben, welche Meßmöglichkeiten dieses Programm bietet. Danach erfolgt eine Strukturbeschreibung, die einen Überblick über den Aufbau des Software-Meßsystems gestattet. In Abschnitt 4 wird dann über Erfahrungen bei der Realisierung berichtet.

2. Meßziele

Es ist beabsichtigt, mit dem entwickelten Meßsystem Informationen über folgende Vorgänge zu ermitteln:

* Abläufe im Betriebs- und Anwendersoftware
* Anforderungen an den Prozeßrechner
* Leistungsnachweis

a) Abläufe in Betriebs- und Anwendersoftware

Wir wollen hier einige Beispiele für Meßziele geben und deren Nutzen erläutern.

Die Benutzungshäufigkeit einzelner Betriebssystem-Teile (BS-Teile) gibt Auskunft über ihre dynamische Verwendung.

Nutzen: * Der residente BS-Teil wird hinsichtlich des Speicherbedarfs und der Häufigkeit von Transporten optimal ausgewählt.
  * Die Zahl der vom BS hervorgerufenen Transporte wird minimiert (Zugriffe auf nicht-residente BS-Teile)
  * BS-Leistungen werden in kürzerer Zeit erbracht, wegen geringerer Zahl von Transporten.

Die Zusammenarbeit einzelner BS-Teile kann offengelegt werden.

Nutzen: * Nicht-residente BS-Teile können geeignet in gemeinsame Segmente abgelegt werden. Es ergeben sich dadurch Einsparungen von Transporten.
  * Engpässe werden offensichtlich und können abgebaut werden.
  * Umstrukturierungen können zu erheblichen Leistungsverbesserungen führen.

Messungen des E/A-Verkehrs geben einen Einblick in die tatsächlichen Verkehre.

Nutzen: * Es können optimale Transportgrößen ermittelt werden.
        * Der Einfluß von Speicherverwaltungsstrategien auf notwendige Transportleistungen ist feststellbar.

Die zeitliche Auslastung einzelner Betriebsmittel (Prozessor, Arbeitsspeicher, E/A-Geräte, usw.) kann bestimmt werden.

Nutzen: * Es ist ein Auslastungsnachweis möglich.
        * Wir erhalten eine Hilfe für die Dimensionierung von leistungs-preisgünstigen Konfigurationen.
        * Der Bedarf an Betriebsmitteln zeigt auf, wo Optimierungen ökonomisch sinvoll sind.
        * Es kann eine Zuordnung zwischen Programmen und Transporten hergestellt werden. Damit ist angebbar, wo Optimierungsstrategien angesetzt werden müssen.

Überprüfung der angestrebten BS-Eigenschaften.

Nutzen: * Es kann festgestellt werden, ob die beim Entwurf eines BS gesteckten Ziele erreicht wurden.
        * Bei Abweichungen von angestrebten Eigenschaften kann die Ursache ermittelt werden.

Die verbrauchte Rechenzeit einzelner BS-Teile ist feststellbar.

Nutzen: * Die Quellen für Overhead können ermittelt werden.
        * Es werden Programmstücke ermittelt, bei denen eine Optimierung die größten Vorteile verspricht.

Ähnliche Untersuchungen können auch für Anwenderprogramme gemacht werden.

b) Anforderungen an den Prozeßrechner

Zur Gestaltung der System- und Anwendersoftware sind Informationen über die zu erwartenden Belastungen notwendig. Dazu gehören Anforderungsabstände, Bearbeitungszeiten und Betriebsmittelbedarf, den einzelne Anforderungen verursachen.

Bei den Bearbeitungszeiten muß zwischen Reaktionszeiten und der gesamten Prozessorbelegungszeit unterschieden werden. Streuen Zeitabstände und Zeitdauern, dann ist die Bestimmung von Verteilungsfunktionen sinnvoll. Der Betriebsmittelbedarf kann z.B. sein: Hauptspeicherbedarf angesprochener Prozesse, E/A-Geräte, Transportanforderungen an den Hintergrundspeicher, Dateien, Prioritäten.

c) Leistungsnachweis

Prozeßrechner mit der zugehörigen Software werden für fest umrissene
Aufgaben ausgelegt. In der Planungsphase wird aufgrund der Anforderungen ein Prozeßrechner ausgesucht und die erforderliche Software
erstellt. Dabei werden Abschätzungen über die erforderlichen Betriebsmittel (Prozessoren, Arbeitsspeicher, E/A-Geräte), Auslastung
und Reaktionszeiten gemacht.
Nach der Realisierung einer Aufgabe bietet das Meßsystem die Möglichkeit, tatsächliche Anforderungen an den Prozeßrechner zu ermitteln
und vorgenommene Abschätzungen zu überprüfen. Besteht die Möglichkeit, definierte Anforderungen vorzugeben, so können mit dem Meßsystem Leistungsparameter überprüft werden. Diese Protokolle können
auch als Leistungsnachweis gegenüber Kunden verwendet werden.

3. Aufbau des Software-Meßsystems

3.1 Strukturelle Merkmale

Das Software-Meßsystem setzt sich aus 3 Teilen zusammen.
* Meßpunkte
* Zentrales Meßprogramm
* Meßprozeß

Das zentrale Meßprogramm ist als Unterprogramm (UP) organisiert. Es
ist nicht reentrant-fähig.
Meßpunkte stellen Orte in der Software dar, von denen das Meßprogramm
aufgerufen wird (siehe Bild 1). Zu jedem UP-Aufruf gehört 1 Parameter, der zur Unterscheidung der Meßpunkte dient. Alle weiteren Parameter zur Beschreibung von Meßwünschen befinden sich im Meßprogramm.

Sowohl die Parametereinstellung als auch der Ablauf des Meßprogramms
werden mit einem Kommando gesteuert. Ein Meßprozeß empfängt Komman-
doaufträge und sorgt für ihre Ausführung.
Das Meßprogramm setzt sich aus folgenden Teilen zusammen:

- Eingangs- und Ausgangsbehandlung
- Unterprogramme zur Meßwertregistrierung
- Meßpunktparameter
- Datenpuffer.

Der Zugang zum Meßprogramm kann durch eine Sperre geregelt werden.
Damit ist es möglich, auch bei 'online'-Messungen definierte Meß-
zeiten einzuhalten.

Um den speziellen Meßwünschen gerecht zu werden, wurde ein Parameter
"Meßmethode" MTi (i=1,2,3,4) eingeführt. Für jeden Meßpunkt kann bestimmt werden, nach welcher Meßmethode ein angelieferter Meßwert behandelt wird. Folgende Meßmethoden sind vorgesehen:

> MT1: Absolute Häufigkeit
> MT2: Mittelwert und Standardabweichung
> MT3: Ereignisfolgen
> MT4: Häufigkeitsverteilungen mit zusätz-
> licher Angabe des unteren und oberen
> Extremwertes.

Der Speicherbedarf für die anfallenden Meßwerte hängt von der Meßmethode ab. Um den vorhandenen Speicherraum optimal zu nutzen, wird
einmal zu Beginn der Messung für jeden vorgesehenen Meßpunkt der notwendige Datenpuffer reserviert. Erst bei Parameteränderungen wird
eine neue Speicherplatzzuteilung vorgenommen.

Jeder Aufruf des Meßprogramms durch einen Meßpunkt benutzt nur eines
der UPe zur Meßwertregistrierung (siehe Bild 2). Diese UPe sind sehr
kurz, so daß der dynamische Aufwand gering bleibt, z.B. 2 Befehle
zur Registrierung von absoluten Häufigkeiten. Damit der Speicherplatzbedarf während einer Messung gering bleibt, befindet sich nur
das Meßprogramm im Arbeitsspeicher (resident).

Für die bequeme Handhabung von Meßabläufen wurde eine komfortable
Ergebnisausgabe, ein UP zum Festhalten von Stichproben und ein UP
für Normierungszwecke bereitgestellt. Diese Dienste sind über ein
Kommando ansprechbar (siehe Bild 3). Sie befinden sich im Meßprozeß und werden nur bei Bedarf aus dem Hintergrundspeicher geholt.

3.2 Leistungsmerkmale

Diese Anordnung des Meßsystems bietet folgende Vorteile:

> * Einheitliche Lösung
> * Einfache Handhabung
> * Geringer Speicherplatzbedarf
> * Meßprogramm ist portabel.

Nachteile: * Zeitaufwand zur Registrierung eines Meßwertes
                ist größer als bei individuellen Lösungen

              * Entzugssperre muß möglich sein, wenn gleich-
                zeitig Meßpunkte in unterschiedlichen Prozessen
                ausgewertet werden.

Eine einheitliche Lösung kommt dadurch zustande, daß weder eine Anpassung an die auszumessenden Programme noch an spezielle Meßwert-
registrierungen vorgenommen wird. Der Eingriff in die zu messende
Software beschränkt sich allein auf das Einfügen von UP-Aufrufen.
Dabei wird nur eine einzige Schnittstelle benutzt. Von welcher Art
die Auswertungen sein sollen, kann durch Parametereinstellung festgelegt werden. Damit stehen jedem Meßpunkt alle Dienste des Meßprogrammes offen.
Zur Steuerung des Meßprogrammes steht ein Kommando zur Verfügung.
Dieses Kommando erlaubt folgende Tätigkeiten: Parameter für einen
Meßpunkt einstellen oder löschen, Normierung, Stichproben erzeugen,
Ergebnisausgabe anfordern, Meßprogramm öffnen oder schließen, Meßablauf über interne Uhr abwickeln, Wahl zwischen ereignisgesteuerten
und zeitgesteuerten Meßwertabfragen. Zur Ausführung dieser Anweisungen bedarf es keiner speziellen Kenntnisse. Das Meßprogramm ist damit für jedermann benutzbar. Vorteilhaft wirkt sich auch aus, daß
Ergebnisausgaben sofort zur Verfügung stehen (Bild 4). Dadurch lassen sich ungünstige Meßparameter sehr rasch ändern.
Der für einen Meßablauf notwendige Speicherbedarf beschränkt sich
auf jeweils (2-3) Befehle pro Meßpunkt, der Ein- und Ausgangsbehandlung im Meßprogramm und den UPen zur Meßwertregistrierung. Alle anderen Programmteile befinden sich auf dem Hintergrundspeicher. Sobald für mehrere Meßpunkte je eine Häufigkeitsverteilung aufgezeich-
net werden soll, ist der erforderliche Speicherbedarf geringer, als
bei ad-hoc-Lösungen. Das wird durch mehrfache Nutzung der zentralen
Meßwertregistrierungsprogramme erreicht.
Das Meßsystem ist in seiner Struktur rechnerunabhängig. Es bereitet
deshalb auch keine Schwierigkeiten, dieses Meßsystem auf andere Rechner zu übernehmen. Dagegen muß das Bedienungskommando dem jeweiligen
Rechner angepaßt werden.

Als ein Nachteil der zentralen Meßwertregistrierung ist anzusehen,
daß mehr Prozessorleistung verbraucht wird, als bei individuellen
Lösungen. Bei gleichen Realisierungsalgorithmen muß hier die UP-
Schnittstelle zusätzlich durchlaufen werden. Dieser Nachteil wird

jedoch in Grenzen gehalten, weil bei den meisten Rechnern eine Hardwareunterstützung für UP-Sprünge besteht.
Das Prinzip des UP-Aufrufes kann uneingeschränkt verwendet werden,
wenn sich alle aktiven Meßpunkte in einem einzigen Prozeß befinden.
Erstreckt sich eine Messung jedoch über mehrere Prozesse, so muß
die Unterbrechung des Meßprogrammaufrufes mit Hilfe einer Entzugssperre verhindert werden, damit Störungen ausgeschlossen sind. Eine
Entzugssperre muß für solche Zwecke zur Verfügung stehen.

4. Realisierung und Anwendung des Meßsystems

Das vorgestellte Meßsystem ist auf dem Prozeßrechner AEG 80-60 realisiert. Es wurde in Assemblersprache programmiert. Daneben existiert
eine Realisierung des Meßprogramms in FORTRAN IV. Es ist eine Realisierung in Real-Time-FORTRAN beabsichtigt, so daß eine leichte Übertragbarkeit auf andere Rechner, z.B. die AEG 80-20, gegeben ist.

Der zeitliche Aufwand zum Durchlaufen des Meßprogramms ist abhängig
von der Meßmethode. Es werden zwischen 20 bis 50 Maschinenbefehle
pro Meßwertregistrierung benötigt. Aufgrund des Minimalaufwandes für
Hin- und Rücksprung in ein UP sind Messungen bei Ereignisabständen
im unteren μ-sec-Bereich nicht möglich. Hierfür kommen nur Hardware-
meßeinrichtungen oder individuelle Zähler in Frage.

Der residente Speicherplatzbedarf für den Code des Meßprogramms be-
trägt 0.5 K Bytes. Hinzu kommt noch der Anteil für die Daten- und
Parameterablage. Dieser Platzbedarf ist abhängig von der Anzahl der
Meßpunkte und den gewünschten Auswertungen.
Dafür ergeben sich folgende Werte:

	Speicherplatzbedarf/Bytes	
Meßmethode	Parameter	Daten
MT1	3	4
MT2	20	16
MT3	6	Pufferlänge wählbar
MT4	19	4 (NKL* + 5)

*) NKL = Anzahl der Klassen

Für den restlichen Code des Meßsystems werden weitere ca. 5 K Bytes
auf einem Hintergrundspeicher benötigt. Darin sind auch Auswerteprogramme enthalten. Für Systeme ohne Massenspeicher beträgt der
minimale Arbeitsspeicherbedarf (ohne Auswerteprogramme) ca. 2 K Bytes.

Die Benutzung des Meßprogramms setzt voraus, daß in der zu untersuchenden Software Meßpunkte vorhanden sind. System- und Anwenderprogrammierer können ohne Schwierigkeiten Meßpunkte an geeigneten Stellen ihrer Programme selber einfügen.

Neben speziellen Meßwerten, die nur wenige Personen interessieren, gibt es eine Reihe von Meßwerten, welche von allgemeinem Interesse sind. Hierfür werden in der Systemsoftware Standardmeßpunkte eingerichtet, die immer erhalten bleiben und jedermann zugänglich sind.

Für Anwender ergibt sich damit die Möglichkeit, neben dem eigenen Programmverhalten, auch Informationen über Betriebssystemeigenschaften zu erlangen. Spezielle Informationswünsche können durch Einbau zusätzlicher Meßpunkte befriedigt werden.

<u>Literaturangaben</u>

[1] B.Osswald:
Haupttechniken der Leistungsmessung einer EDVA und ihre Bewertung. Angewandte Informatik 8/72.

[2] E.F. Pantele
Einplanung eines leistungsfähigen Software-Meßsystems bei der
Entwicklung eines Betriebssystems.
Lecture Notes in Economics and Mathematical Systems 78,
Springer-Verlag 1973.

[3] C.C. Gotlieb:
Performance Measurement. Chapter 4 in Software Engineering.
An Advanced Course. G.Goos and J.Hartmann. Lecture Notes in
Computer Science 30. Springer-Verlag 1975.

[4] G. Mersmann:
Planung von Meßverfahren in einem Teilnehmerrechensystem.
Nachrichtentechnische Fachberichte Band 44, 1972,
VDE-Verlag GmbH., Berlin-Charlottenburg.

[5] P.J. Jalics and W.C. Lynch:
Selected measurements of the PDP-10 TOPS-10 timesharing operating system.
Information processing 74 - North-Holland Publishing Company
(1974).

[6] Y. Bard:
Performance criteria and measurement for a timesharing system.
IBM Syst. Journal, 1971, pp. 193.

[7] P.H. Callaway:
Performance measurement tools for VM/370.
IBM System Journal, No. 2, 1975, pp. 134.

[8] D.J. Campbell, W.J. Heffner:
Measurement and analysis of large operating systems during
system development.
AFIPS, Conference Proceedings Vol. 33, Part 1, 1968.

[9] MM.L. Boi, P. Cros, J.P. Drucbert, J.Y. Rousselot, P. Bourret,
R. Trepos:
A performance evaluation of the CII SIRIS 8 operating system -
methodology, tools and first results.
Modelling and Performance Evaluation of Computer Systems,
E. Gelenbe, ed. North-Holland Publishing Company (1976).

[10] H.N. Cantrell and A.L. Ellison
Multiprogramming system performance measurement and analysis.
AFIPS, Vol. 32, 1968.

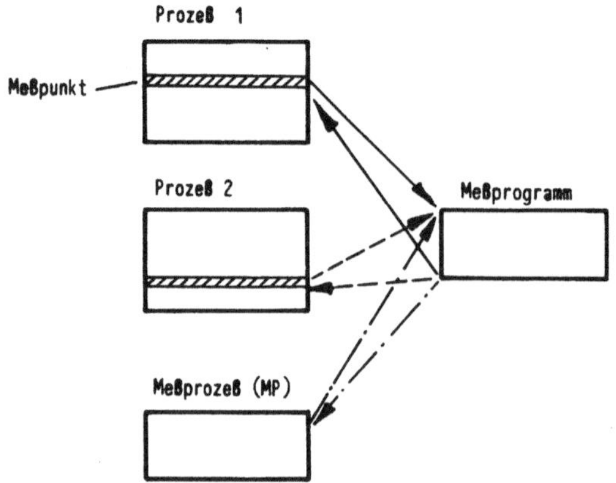

<u>Bild 1</u>: Struktur des Meßsystems.
Der Aufruf des Meßprogramms erfolgt von
Meßpunkten, die jeweils 2 Befehle umfassen.

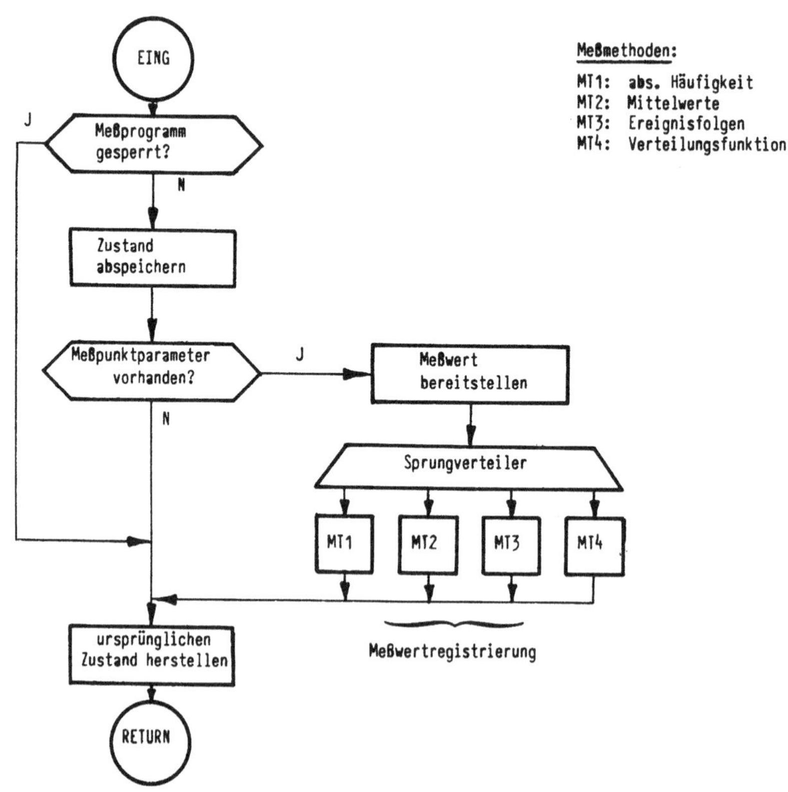

<u>Bild 2</u>: Struktureller Aufbau des Meßprogramms.

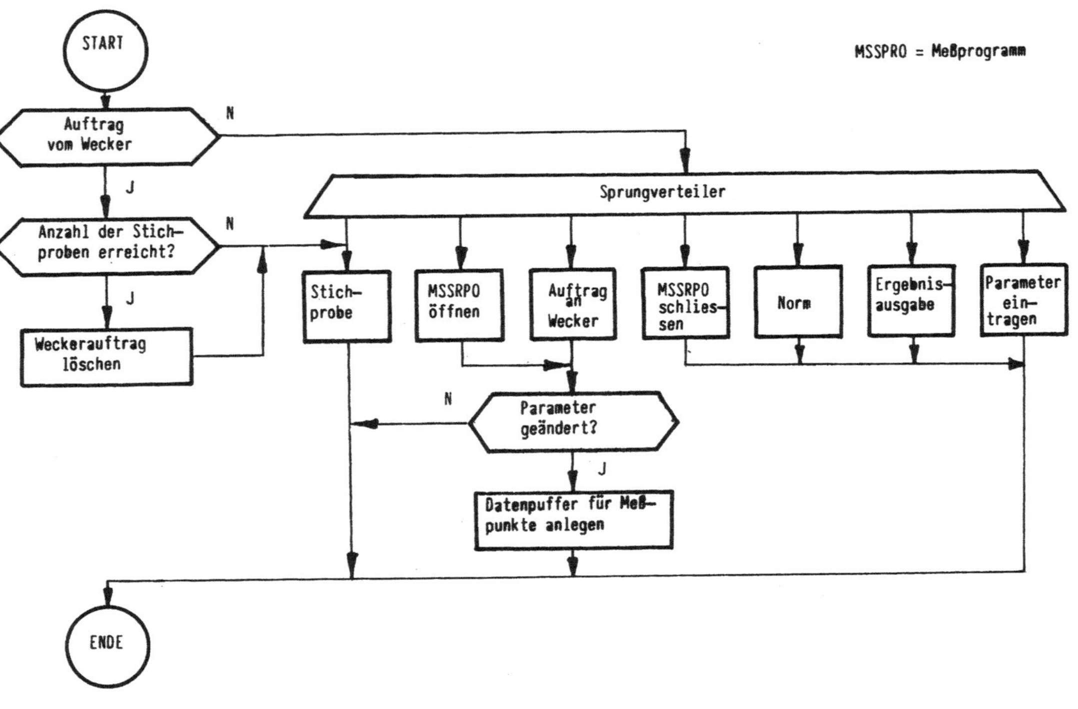

Bild 3: Ablauf im Meßprozeß.

```
ERGEBNISAUSGABE:


STICHPROBE  1
                          MITTELWERT          STD.ABW.        ABS. HAEUFIGK.,

 MESSPUNKT  7:           49.992              28.5428                  17109


                          MITTELWERT    VERTR.-INTVALL   ABS. HAEUFIGKEIT

 MESSPUNKT  8:                                                 17109



ERGEBNISSE  AUS TRACE-PUFFER


          STELLUNG DES ZEIGERS ZTR=   18


 MP-NR.   INHALT
     6  '000000'    17  '00001F'      6  '000000'    17  '000020
     6  '000000'    17  '000021'      6  '000000'    17  '000022
     6  '000000'    17  '000023'      6  '000000'    17  '000024
     6  '000000'    17  '000025'      6  '000000'    17  '000026
     6  '000000'    17  '000027'


     6  '000000'    17  '000027'      6  '000000'    17  '00001E



MESSPUNKT 18:    HAEUFIGKEITSVERTEILUNG


                    HAEUFIGKEIT          KLASSEN-
          KLASSE                         MITTELWERT      VERTLGSFKT
                  ABSOLUT RELATIV
             1      3445  0.2014          10.5109         0.2014
             2      3471  0.2029          30.5111         0.4043
             3      3460  0.2022          50.5000         0.6065
             4      3460  0.2022          70.5000         0.8087
             5      3272  0.1913          89.9908         1.0000

                  -------
                   17108


     MITTELWERT          49.9897
     STANDARDABW.        27.9639
     VARIATIONSKOEF.      0.5594


     UNTERE GRENZE          0.00    UNTERER EXTREMWERT        0.00
     OBERE  GRENZE        100.00    OBERER EXTREMWERT        99.00
     KLASSENBREITE        20.00
```

<u>Bild 4</u>: Beispiel für eine Ergebnisausgabe.

Lecture Notes in Computer Science